KB060729

문명 도스트 漢字

재개정판

문명 도슨트 漢字 [재개정판]

펴낸날 2016년 12월 28일
개정판 펴낸날 2019년 7월 17일
재개정판 펴낸날 2021년 9월 17일

지은이 전동필
펴낸이 주계수 | **편집책임** 이슬기 | **꾸민이** 이슬기, 김소은

펴낸곳 밥북 | **출판등록** 제 2014-000085 호
주소 서울시 마포구 양화로 59 화승리버스텔 303호
전화 02-6925-0370 | **팩스** 02-6925-0380
홈페이지 www.bobbook.co.kr | **이메일** bobbook@hanmail.net

© 전동필, 2021.
ISBN 979-11-5858-813-7 (03710)

※ 이 책은 저작권법에 따라 보호받는 저작물이므로 무단전재와 복제를 금합니다.

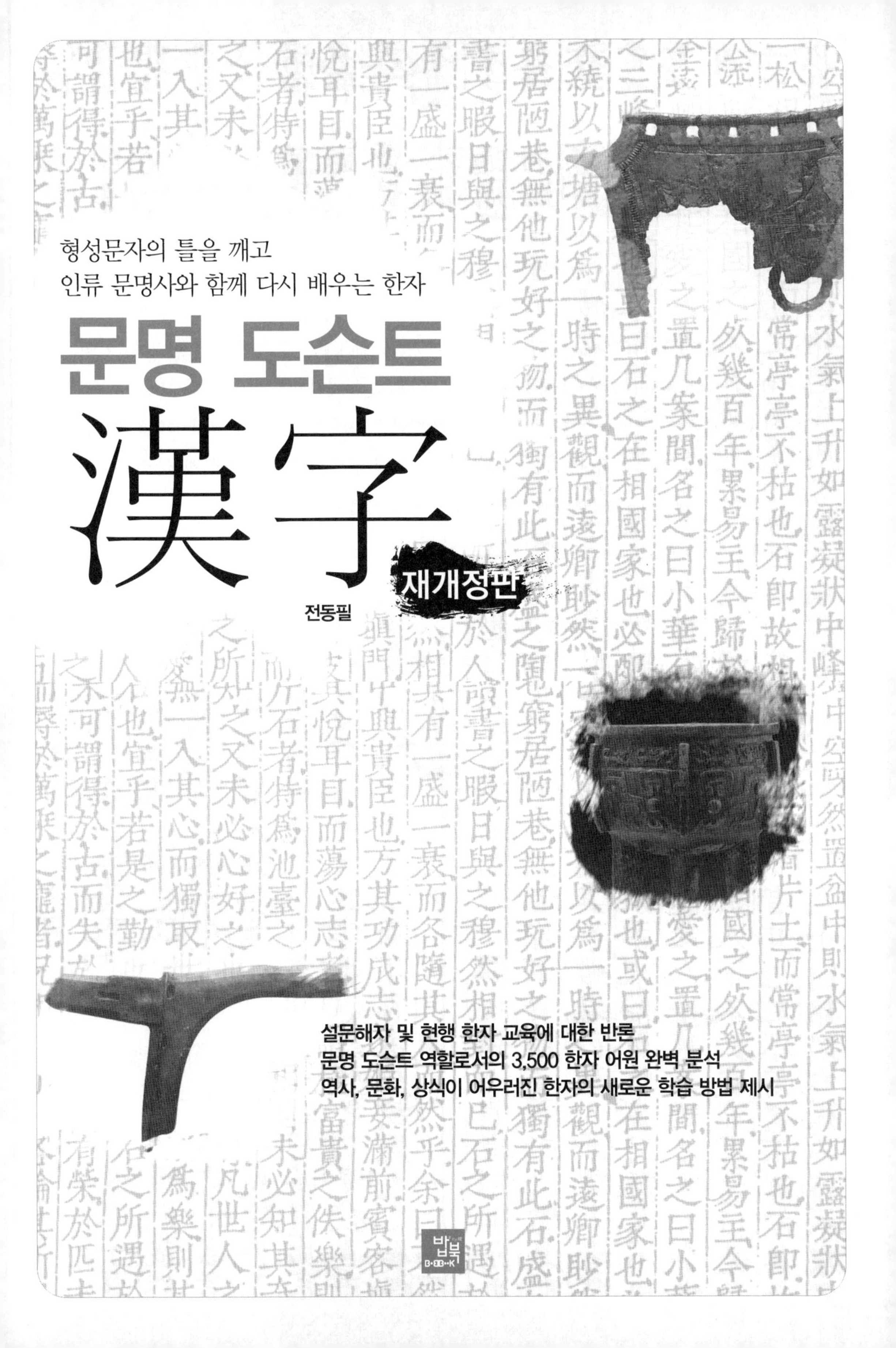

형성문자의 틀을 깨고
인류 문명사와 함께 다시 배우는 한자

문명 도슨트 漢字

재개정판

전동필

설문해자 및 현행 한자 교육에 대한 반론
문명 도슨트 역할로서의 3,500 한자 어원 완벽 분석
역사, 문화, 상식이 어우러진 한자의 새로운 학습 방법 제시

밥북

■ 머리말

한자불용론에 대한 불필요한 논쟁은 접어두고 우리나라 말의 80%가 한자로 되어 있음에도 실상 한자를 배우기 어려운 이유는 무엇일까? 영어는 vocabulary 30,000자를 외우면서 한자는 3,500자만 익히면 고문을 읽기에 불편함이 없다고 하는데도 이를 외우기 어려워하는 이유는 무엇일까? 이러한 문제는 결국 지금까지 우리가 배운 한자 학습 방법에 문제가 있다는 것이 아닐까?

현재 우리가 배우고 있는 한자 학습 방법에 대해 살펴보면 한자는 육서(상형, 지사, 형성, 회의, 전주, 가차)의 제자원리를 가지고 각 한자에 공통으로 들어 있는 부수를 기준으로 분류된다고 한다. 그렇다면 한글은 훈민정음 해례본을 근거로 창제원리를 알 수 있는데 도대체 한자의 제자원리 등은 어디에 기술되어 있는가? 이는 중국 동한시대 사람인 허신이 서기 100년경 초고를 완성하고 서기 121년 임금에게 바쳤다고 하는 '설문해자(說文解字)'에서 그 답을 찾을 수 있다. 결국 현재 한자의 학습 방법의 문제점은 바로 이 '설문해자'에서 기원한다고 할 수 있는 것이다.

설문해자의 문제점은 무엇인가?

첫째, 육서에 대한 난해함

허신이 체계화한 육서는 사물의 모양을 그린 문자인 상형(象形), 추상적인 기호로 그린 문자인 지사(指事), 기존에 있던 뜻글자를 합해 새로운 뜻을 나타내는 문자인 회의(會意), 기존에 있던 음을 나타내는 글자와 뜻을 나타내는 글자를 합해 새로운 뜻을 나타내는 형성(形聲), 의미가 진화한 문자인 전주(轉注), 적당한 글자가 없으면

음이 같은 글자를 빌려 쓰는 방식인 가차(假借)로 나눌 수 있는데 이는 다시 문자의 변화방식인 전주와 가차를 제외하면 상형, 회의, 지사의 한 묶음과 형성으로 분류할 수 있다. 왜냐하면 한자가 그림문자라고 한다면 회의는 풍경화에, 지사는 추상화에 해당하기 때문이다. 따라서 육서는 결국 형성을 위한 분류방식이라고 할 수 있다. 그림문자인 상형, 회의, 지사는 해석하는 데 별문제가 없는 데 반해 실상 해석에 어려움이 있는 문자를 형성이라는 분류방식으로 따로 모아놓은 결과가 되기 때문이다. 그런데 이러한 형성문자가 전체 한자의 90% 이상을 차지하고 있다.

둘째, 한자 해석 자료의 부족

허신은 당시 통용되던 9천여 자에 이르는 한자를 일일이 분류하고 해석을 하였는데 진시황 때 문자를 통일한 양식인 소전에 한나라 때 통용되던 예서를 비교하여 문자의 원형을 밝히고 있다. 허신이 소전을 근거로 문자의 원형을 밝힌 이유는 당시 확인할 수 있는 자료 중 가장 오래된 것이 소전이었기 때문이었다. 현재 우리가 한자가 초기 형태로 알고 있는 갑골문은 1899년 발견된 것으로 허신이 살던 당시에는 은나라가 멸망한 후 그 자취를 감춘 때였다. 이러한 근본적인 문제점으로 인하여 허신은 초기 한자의 원형을 알 수 없었고 해석이 불분명한 한자에 대해서는 형성이라는 분류방법으로 회피하였던 것이다. 결국 한자의 어려움은 형상문자의 해석 오류로 귀결된다.

셋째, 형성문자의 해석 오류

형성이란 기존에 있던 음을 나타내는 글자와 뜻을 나타내는 글자를 합해 새로운 뜻을 나타내는 문자를 만든다는 것인데 이에 대한 의문점이 생기지 않는가? 기존의 글자는 사물을 그림으로 표현하면서 뜻과 음을 생성하였는데 왜 굳이 형성문자는 음을 나타내는 글자를 추가하였다는 것이며 해당 음을 가지고 있는 수많은 글자 중 왜 하필 그 글자를 사용하였냐는 의문 말이다.

이와 같은 의문에 대하여 갑골문 등 고문을 통해 연구한 결과 과거에는 음을 나타내는 글자의 어원을 알 수 없었기 때문에 해석을 못 하였을 뿐이지 결국 음을 나타낸다고 여겼던 글자 역시 뜻을 나타내는 글자라는 결론에 도달하였다. 예를 들어 암컷을 나타내는 빈(牝)의 경우 뜻을 나타내는 소 우(牛)에 음을 나타내는 비수 비(匕)를 합친 형성자라고 설문해자에서는 해석하고 있으나 이는 匕의 정확한 어원을 모르고 해석한 탓이다. 갑골문에서 匕와 칼 刀는 모두 'ʃ' 모양의 상형으로 나타나는데 이는 우리가 알고 있는 칼의 형태가 아니고 초기 농기구인 따비를 표현한 것이다. 따비는 두 갈래의 나무를 자루에 매단 원시 농기구였기에 갈라지다는 의미가 있었고 후에 가르다는 의미로 확장되어 현재 칼이라는 뜻이 되었다. 이러한 어원을 알고 있으면 牝은 갈라진 생식기를 가진 소인 암컷을 의미한다는 해석을 쉽게 할 수 있는 것이다. 또한 칼날 刃은 칼에 점을 찍어 날카로운 칼날 부분을 표현한 것인데 기러기 안(雁)의 갑골문 '[illegible]'을 보면 칼날 刃과 새 隹가 합쳐져 따비의 칼날 부분처럼 갈라져 무리 지어 날아가는 기러기를 표현하였음을 알 수 있다. 소전 이후 이와 같이 칼 刀의 정확한 어원을 알지 못하기 때문에 현재와 같은 모습으로 변형된 것이다. 망할 망(亡)도 마찬가지다. 갑골문 '[illegible]'을 보면 따비의 날 한쪽이 부러진 모습을 표현하여 망하다는 뜻을 나타낸 것인데 이와 같은 어원을 알지 못하기 때문에 사람이 숨는다는 엉뚱한 해석을 하고 있다.

불행하게도 갑골문이 발견된 지 100여 년이 흘렀음에도 이러한 한자의 정확한 어원을 확인할 수 있는 갑골문의 해석은 많은 난관에 부딪히고 있다. 필자는 이러한 난관이 2,000여 년간 한자학을 지배해온 설문해자의 영향력이라고 생각한다. 설문해자의 해석대로 배우고 익힌 사람이 그 해석을 배척하는 새로운 시도를 하는 것은 당연히 어려울 것이다.

필자는 다행히도(?) 한자를 전문적으로 배운 사람이 아닌 관계로 보다 유연한 사고를 할 수 있었다. 따라서 본 책에서는 갑골문 등을 통한 글자의 고문과 파생어 들을 통해 해당 글자의 본질적인 뜻을 찾아 형성문자의 해석 오류를 바로잡고 한자 분류방식을 재정립하고자 새로운 시도를 해보고자 한다.

우선 한자는 모두 사물 및 상황을 그린 그림문자라는 전제에서 출발하는데 형성문자라는 것은 허신이 설문해자를 만든 전후 보편화되어 새로운 한자의 생성에 이바지한 것은 사실이지만 적어도 초창기 한자가 만들어질 당시에는 형성의 방법으로 한자를 만든 것이 아니라는 사실을 증명하는데 주안점을 두었다.

다음으로 허신이 한자를 부수로 분류한 것과 다르게 인류의 문명 흐름에 따라 만들어진 문물에 따라 한자를 분류하였다. 한자가 사물의 모습을 보고 그린 그림문자라면 그 사물이 언제 생겼는지에 따라 한자의 생성도 그 궤를 같이하기 때문이다. 청동기 시대에 만들어진 청동제기를 상형한 글자가 신석기시대부터 만들어져 사용되었다고 생각할 수 없는 것은 당연하지 않은가? 그리하여 본 책에서는 인류의 탄생 → 신석기시대 → 청동기시대 → 철기시대로 세분화하여 당시의 생활상과 생활도구에 따라 한자를 분류해 보고자 한다. 이러한 분류에 따르다 보면 발굴된 유물이 없다 하더라도 한자를 통해 당시 어떠한 문명생활을 하였는지 엿볼 수도 있게 된다.

즉 한자가 문명의 도슨트 역할을 하는 것이다.

이제 함께 문명의 발자취를 따라가 봅시다.

재개정판을 내면서

이 책을 출간한 지도 어느덧 4년이 흘렀는데 졸작임에도 많은 관심과 사랑을 받은 것 같아 부끄러운 마음이다.

새로운 길을 가다보니 나름 최선을 다했다고 생각하였지만 책을 펼쳐보면 부족한 면이 너무 많음을 느꼈다.

돌이켜보면 기존 한자학습법에 대한 반발심에 새로운 학습법을 마련해 보려고 하였지만 나도 모르게 정설처럼 굳어진 어원을 그대로 받아들인 적도 있었고 너무 새로운 발상을 고집하다보니 과대 해석한 내용도 있었던 것 같다.

이에 초심으로 돌아가 한자 원형 및 파생어 등에 대한 고찰을 통해 누구나 수긍할 수 있는 기초적인 어원 분석을 하려고 노력하였다.

개정판에서는 기존 부수 개념으로 다른 글자와 함께 많이 사용되는 한자를 별도로 표시하여 중요도를 높였고, 변형된 한자의 경우 되도록 그 원형을 밝히는데 주안점을 두었다.

또한 신석기–청동기–철기로 이어지는 시대순으로 좀 더 세밀하게 한자를 분류하였고 이해도를 높일 수 있도록 원형 한자와 파생 한자 순으로 배치하였다.

모쪼록 이러한 상형문자로서의 한자 원형에 대한 연구가 지속되기를 바라며 이 책이 작은 밀알이 되었으면 지금까지의 노력이 헛되지 않을 것 같다.

2021 여름 한가운데서

일러두기

현재 확인이 가능한 최고(最古)의 한자는 갑골문이다. 중국의 문명이 BC 5000년 무렵 황하를 중심으로 형성된 것으로 추정되고 있지만 갑골문이 발견된 은허는 상나라의 후기 수도(BC1300 ~ BC1046)로 유물을 통해 청동기시대의 문명으로 확인되고 있다. 상나라에서는 거북 뼈나 짐승 뼈에 글을 새기고 점을 치는 방법이 성행하였는데 따라서 이러한 발굴 유물에 새겨진 글자를 갑골문(甲骨文)이라고 칭하게 되었다. 은을 무너뜨린 주나라에서는 청동제기 등에 글자를 새겼는데 이를 금문이라고 하며 춘추전국시대를 거쳐 중국을 통일한 진시황은 여러 나라에서 쓰던 각각 상이하던 한자를 진나라가 쓰던 한자로 통일하였는데 이를 소전이라고 한다.

1. 갑골문을 사용한 상나라는 이미 청동기시대의 문명을 누리던 왕조이므로 당시 갑골문으로는 그 이전 생활상을 정확하게 알기는 어렵다. 그러므로 기존학계에서 정설로 굳어진 학설을 바탕으로 개인적인 상상력을 추가하였음을 밝혀둔다.
2. 갑골문 상의 상형으로 현재의 한자를 유추할 수 있는 경우 갑골문만을 기재하였고 갑골문 초기의 모양을 유추하기 어려울 정도로 많이 변화된 한자의 경우 주나라의 금문, 진나라의 소전, 한나라 예서로 이어지는 한자의 변화 모습을 같이 기재하도록 노력하였다.
3. 한자가 특정한 사물의 모습을 상형화한 그림문자이지만 모든 단어에 한 글자를 생성하기에는 무리가 있기에 초기 만들어진 문자에 다중적인 의미가 생겨나게 되었다. 그 후에 이러한 다중적인 의미 중 특정성이 필요한 경우 기존에 있던 한자를 추가하여 그 의미를 강조하는 방향으로 파생글자가 생겨나게 되었는데 본 책에서는 근본 의미가 되는 원형문자를 중심으로 기술하고 파생된 문자를 그 하단에 배치하였다. 따라서 원형문자를 기준으로 먼저 살펴보고 익힌 후 다시 파생어를 익히는 방법으로 읽어보기를 권한다.
4. 본 학습서에서는 교육용 한자 1,800자 이외에 한자능력검증시험 1급 수준의 3,500자를 다루었는데 이 정도만 익혀도 고전을 읽는데 아무런 불편이 없다고 한다. 찾아보기에 해당 한자의 급수를 기재하였으니 각자의 필요에 따라 선택하여 학습하기 바란다.

차례

Ⅰ. 인류의 탄생

■ 인간의 특징

Ⅱ. 신석기시대

■ 신석기시대의 특징

■ 신석기시대의 의식주

Ⅲ. 청동기시대

■ 청동기시대의 특징

I.
인류의 탄생

■ 인간의 특징

1. 직립보행

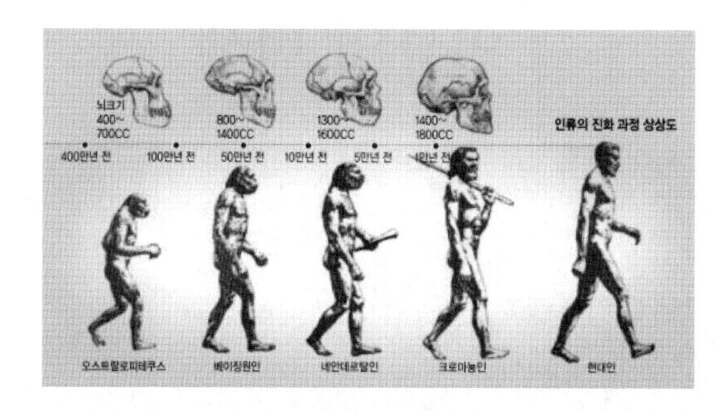

인간과 동물의 가장 큰 특징은 직립보행에 있다. 빙하기가 오면서 나무가 죽게 되자 나무에서 벗어나 땅으로 내려오게 된 인류의 조상은 나뭇가지를 잡고 이동하던 손이 퇴화하면서 물건을 잡고 쓰는 기능이 발달하게 되었고 이에 따라 양손을 사용하게 되어 자연적으로 직립보행이 주류를 이루게 되었다.

사람 인 人

갑골문	금문	소전	예서

사람이 허리를 굽히고 팔을 펴서 일을 하는 모습을 표현하였다. (다른 글자와 같이 사용될 경우 亻으로 쓴다) 용례) 人間(인간)

어질 인 仁	둘 二를 추가하여 사람 둘이 친하게 지냄을 뜻하여 어질다, 사랑하다, 자애롭다는 의미가 되었다. 용례) 仁者(인자)
믿을 신 信	말 言을 추가하여 믿을 만한 사람과 상의한다는 뜻으로 믿다, 신임하다, 맡긴다는 의미가 되었다. 용례) 信仰(신앙)

낄 개 介

갑골문	금문	소전

고문을 보면 사람이 좁은 길에 낀 모습을 표현하였다. (사이에)끼다는 의미이고 후에 몸집이 커서 끼는 것이므로 크다는 의미로 확장되었다. 또한 낀 사람이라는 돕다는 뜻에서 돕다, 시중이라는 의미가 파생되었다. 용례) 介入(개입)

클 개 价	介의 크다는 뜻에서 사람 人을 추가하여 크다는 의미를 강조하였다.
겨자 개 芥	介의 끼다는 뜻에서 풀 艹를 추가하여 큰 식물사이에 끼어 자라는 겨자를 표현하였다. 작다, 자잘하다, 티끌, 겨자라는 의미이다. [우리가 알고 있는 겨자(mustard)는 겨자채의 종자를 건조하여 가루로 낸 것이다] 용례) 芥子(개자)
지경 계 界	介의 끼다는 뜻에서 밭 田을 추가하여 밭과 밭 사이에 끼인 경계를 뜻하여 지경, 경계, 한계를 의미한다. 용례) 世界(세계)

클 대

大

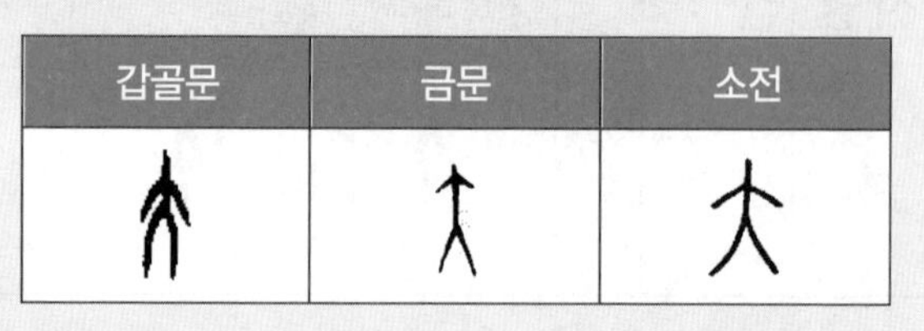

사람이 양팔과 다리를 크게 벌리고 있는 위협적인 모습을 표현하였다. 크다, 높다, 훌륭하다, 심하다는 의미이다.

용례) 大家(대가)

클 태

갑골문	금문	소전

땅 위에 사람이 양팔과 다리를 크게 벌리고 있는 모습을 구체적으로 표현하였다. 大와 같은 의미이다. [소전 이후 설 ⽴과 구분되면서 현재의 모습으로 변형되었다.]

용례) 大家(대가)

물넘이 태 汰

太의 크다는 뜻에서 물 氵를 추가하여 물이 넘치는 모습을 표현하였다. 쌀 등을 씻으면서 겨를 걸러내는 모습이므로 일다, 걸러내다, 도태시키다는 의미가 되었다.

용례) 淘汰(도태)

클 태 泰

汰에 두 손 廾을 추가하여 겨 등을 걸러내는 모습을 강조하였다. 물이 넘치다, 크다, 심하다는 의미 이외에 잘 걸러내었으니 편안하다는 의미가 파생되었다.

용례) 泰然自若(태연자약)

소전	예서

지아비 부
夫

갑골문	금문	소전
[image]	[image]	[image]

결혼하여 비녀를 꼽은 사내를 표현하였다. 고대에는 결혼하면 머리카락을 묶어서 비녀를 꼽아 표시하였다. 지아비, 남편, 사내, 어른, 많다, 크다는 의미이다. 용례) 夫婦(부부)

도울 부 扶 夫의 지아비라는 뜻에서 손 扌를 추가하여 지아비를 떠받들다, 부축하다, 지원하다, 돕는다는 의미이다. 용례) 扶助(부조)

연꽃 부 芙 夫의 비녀를 꼽은 모양에서 풀 艹를 추가하여 비녀를 꼽아 머리를 묶은 모습으로 꽃봉오리를 피우는 연꽃을 의미한다. 용례) 芙蓉(부용)

〈연꽃〉

법 규
規

소전	예서
[image]	[image]

어른 夫와 볼 見을 합쳐 어른이 사물을 보는 관점을 표현하였다. 고대 경험 많은 어른이 모범이 되었으므로 법, 법칙, 모범으로 삼다는 의미가 되었다.

용례) 規定(규정)

엿볼 규 窺 동굴 穴을 추가하여 위험한 동굴 안에 무엇이 있는지 어른이 보는 모습을 표현하였다. 엿보다, 살펴보다, 꾀한다는 의미가 되었다.

용례) 螳螂窺蟬(당랑규선)

설 립(입)

금문	소전

사람이 땅 위에 다리를 벌리고 서 있는 모습을 표현하였다. 용례) 設立(설립)

삿갓 립(입) 笠	대나무 竹을 추가하여 사람이 다리를 벌리고 선 모양처럼 대나무로 만든 삿갓을 의미한다.
낟알 립(입) 粒	쌀 米를 추가하여 쌀 한 톨이 서 있는 모습을 표현하여 낟알이라는 의미가 되었다. 용례) 粒子(입자)
끌 랍(납) 拉	손 扌를 추가하여 두 다리를 넓게 벌리고 힘을 다해 끌어당기는 모습을 표현하였다. 끌다, 당기다는 의미이다. 용례) 拉致(납치)
울 읍 泣	물 氵를 추가하여 사람이 서서 흘리는 눈물을 표현하였다. 소리 없이 흘리는 눈물, 울다, 근심하다는 의미이다. 용례) 泣斬馬謖(읍참마속)
자리 위 位	사람 人을 추가하여 서 있는 위치를 강조하여 자리, 위치, 지위, 직위, 위치하다는 의미가 되었다. [고대에는 신하들의 신분, 지위에 따라 서 있는 위치가 지정되었다] 용례) 位置(위치)

나란히 병

竝

갑골문	금문	소전	예서 1	예서 2

두 사람이 나란히 서 있는 모습을 표현하였다. 함께하다; 나란히 서다, 나란히, 겸하다는 의미이고 후에 견주다는 의미로 확장되었다. (=並) 용례) 竝設(병설)

바꿀 체 替

竝과 구분되게 엇갈려 서 있는 두 사람이 서로 교대하는 모습을 표현하였다. 바꾸다, 교체하다는 의미이다. [소전 이후 암구호를 통해 교대한다는 뜻에서 가로 日이 추가되었고 예서 이후 장정이 교체한다는 뜻으로 立이 夫로 변형되었다.] 용례) 代替(대체)

갑골문	금문	소전	예서
[illegible]	[illegible]	[illegible]	替

넓을 보

소전	예서	해서
[illegible]	普	普

고문을 보면 나란히 竝과 해 日을 합쳐 해가 여러 개 있는 것처럼 온 세상을 밝게 비추는 모습을 표현하였다. 넓다, 광대하다, 두루 미치다는 의미이다.

용례) 普信閣(보신각)

족보 보 譜

普의 두루 미친다는 뜻에서 말, 글이란 뜻의 言을 추가하여 두루 미치는 글이라는 뜻으로 적다, 계보, 악보, 족보라는 의미가 되었다. 용례) 族譜(족보)

물 이름 보 潽

普의 넓다는 뜻에서 물 氵를 추가하여 물이 많은 지역 이름으로 쓰였다.

아우를 병 幷

갑골문	금문	소전	예서

고문을 보면 죄인이나 노예들이 줄줄이 묶인 모습을 표현한 것으로 추정된다. 합하다, 아우르다, 어울린다는 의미이다. 소전 이후 사람 人人과 幵의 형태로 간략화되었다가 예서 이후 현재의 모습으로 변형되었다]

용례) 四者難并(사자난병)

아우를 병 倂	사람 人을 추가하여 다 함께 모여 한 덩어리가 되었음을 강조하였다. 아우르다, 나란히 하다, 물리치다는 의미이다. 용례) 倂合(병합)
병 병 甁	질그릇 瓦를 추가하여 여러 명이 돌려먹을 수 있도록 음식을 아우를 수 있는 큰 그릇인 단지를 의미하고 후에 물이나 술을 담는 병이라는 의미로 확장되었다. 용례) 火焰甁(화염병)
떡 병 餠	음식이란 뜻의 食을 추가하여 여러 명이 널리 아우르게 먹을 수 있는 음식이 떡이란 의미이다. 용례) 煎餠(전병)
병풍 병 屛	주검 尸를 추가하여 주검을 아우르게 둘러칠 수 있도록 여러 판을 나란히 붙여 만든 것이 병풍이라는 의미이다. 후에 가리다는 뜻에서 가리다, 감추다, 숨다, 물러나다, 물리친다는 의미로 확장되었다. 용례) 屛風(병풍)

또 역/ 겨드랑이 액

갑골문	금문	소전	예서

사람의 팔을 벌린 상형에서 양쪽 겨드랑이 부분에 점을 찍어 겨드랑이를 표현하였다. 겨드랑이, 가깝다(액)는 의미이나 겨드랑이가 양쪽에 있으므로 또한, ~도 역시, 모두(역)라는 의미로 확장되었다.

용례) 亦是(역시)

발자취 적 跡	亦의 가깝다는 뜻에서 발 足을 추가하여 짐승이 지나간 발자국을 따라 뒤쫓는 모습을 표현하여 발자취, 좇다, 뒤따르다는 의미이고 후에 (사람이 걸어온) 행적, 업적이란 의미로 확장되었다. (= 迹) 용례) 追跡(추적)
용서할 사 赦	고문을 보면 사람의 겨드랑이를 뜻하는 亦과 칠 攵을 합쳐 묶었던 끈을 풀어 자유롭게 한다는 뜻으로 (죄를) 용서하다, 풀어주다, 탕감한다는 의미이다. [소전 이후 오인되어 亦이 赤으로 변형되었다] 용례) 赦免(사면)

금문	소전	예서

밤 야

금문	소전	예서

고문을 보면 가까울 亦과 달 月을 합쳐 해가 있는 낮과 인접한 달이 뜨는 시간을 표현하였다. 저녁 무렵, 밤이란 의미이다. 후에 달 月을 고기 月으로 해석하여 亦과 같은 겨드랑이라는 의미가 파생되었다. [예서 이후 현재의 모습으로 변형되었다]

용례) 徹夜(철야)

겨드랑이 액 腋	夜의 겨드랑이라는 뜻에서 고기 月을 추가하여 겨드랑이라는 의미를 강조하였다. 용례) 扶腋(부액)
진 액 液	夜의 겨드랑이라는 뜻에서 물 氵를 추가하여 사람이 더울 때 겨드랑이에서 나는 땀처럼 식물 및 과실 등에서 흐르는 진, 진액, 즙이라는 의미이다. 용례) 血液(혈액)

낄 협 夾	금문	소전	예서

큰 사람이 작은 사람들을 양팔 사이에 끼운 모습을 표현하였다. 끼다, 겸하다, 좁다, 가깝다, 곁이라는 의미이고 후에 부축하다, 좌우에서 돕다는 의미로 확장되었다.
용례) 夾路(협로)

낄 협 挾	夾의 끼운다는 뜻에서 손 扌를 추가하여 끼다, 끼우다, 몸에 지니다, 믿고 의지한다는 의미이다. 용례) 挾攻(협공)
골짜기 협 峽	夾의 끼운다는 뜻에서 산 山을 추가하여 산 사이의 끼어 있는 좁은 골짜기를 의미한다. 용례) 峽谷(협곡)
좁을 협 狹	夾의 끼운다는 뜻에서 짐승 犭을 추가하여 짐승이 좁은 공간에 낀 모습을 표현하였다. 좁다, 좁아지다, 조그마하다는 의미가 되었다. 용례) 狹小(협소)
의기로울 협 俠	夾의 부축한다는 뜻에서 사람 人을 추가하여 도와주는 사람이므로 의기롭다, 호협하다(호기롭고 의협심이 많다)는 의미이다. 용례) 俠客(협객)
뺨 협 頰	夾의 겸하다는 뜻에서 머리 頁을 추가하여 머리에 양쪽으로 있는 것이 뺨이라는 의미이다. 용례) 頰囊(협낭)
땅이름 협(합) 陜	夾의 좁다는 뜻에서 마을 阝를 추가하여 좁은 땅에 위치한 마을이라는 의미이다. 용례) 陜川(합천)
땅이름 섬 陝	陜과 같은 어원인데 모양이 분화되었다. 陝西省(섬서성) 등의 땅의 이름으로 쓰인다.

거스를 역 屰	갑골문	금문	소전

고문을 보면 사람이 뒤집힌 모습이다. 몸이 뒤집혀진 모습이니 정상적인 것을 거스르다 는 의미가 되었다.

거스를 역 逆 갈 辶을 추가하여 거슬러 간다는 뜻이니 거스르다, 거역하다, 어기다, 배반하다는 의미가 되었다. 용례) 拒逆(거역)

초하루 삭 朔	금문	소전	예서

고문을 보면 屰과 달 月을 합쳐 달의 모양이 작아진 모습을 표현하였다. 음력에서 처음으로 거슬러 올라간 매달 1일을 뜻하여 초하루, 처음, 시작한다는 의미이다.
용례) 朔望(삭망)

거스를 소 遡 朔의 처음이란 뜻에서 갈 辶을 추가하여 처음으로 거스른다는 의미가 되었다. 용례) 遡及(소급)

흙 빚을 소 塑 朔의 시작한다는 뜻에서 흙 土를 추가하여 토기 등을 만들기 위해 흙을 빚는다는 의미이다. 용례) 塑造(소조)

물리칠 척 斥

소전	예서 1	예서 2	해서

고문을 보면 거스를 屰과 집 广을 합쳐 집에서 쫓아내는 모습을 표현하였다. 물리치다, 내쫓는다는 의미이고 후에 내쫓은 후에 다시 들어오지 못하도록 엿보다, 망보다는 의미로 확장되었다. [예서 이후 屰이 干으로, 广이 厂의 형태로 변형되었다]

용례) 斥邪衛正(척사위정), 斥候(척후)

헐뜯을 척/ 호소할 소 訴

말 言을 추가하여 말로 물리친다는 뜻이니 헐뜯는다는 의미이다. 후에 고소하다, 호소한다(소)는 의미로 확장되었다.

용례) 告訴(고소)

상기 궐 欮

금문	소전

고문을 보면 화살이 거꾸로 박힌 모습과 하품할 欠을 합쳐 부족하다, 모자라다, 없다는 의미를 표현하였다. 이후 사람이 거꾸로 매달려 입을 벌린 모습으로 해석하여 상기, 상기된다(흥분이나 부끄러움으로 얼굴이 붉어지다)는 의미가 파생되었다. [소전 이후 화살 矢를 오인하여 屰으로 변형되었다]

대궐 궐 闕

欮의 없다는 뜻에서 문 門을 추가하여 문이 없는 궐(고대 중국의 궁 앞에 세우는 좌우 한 쌍의 탑루가 있는 건축물)을 표현하였다. 대궐, 궐하다(마땅히 해야 할 일을 빠뜨리다, 자리가 비다)는 의미가 되었다.

용례) 闕位(궐위)

그 궐 厥	欮의 상기되다는 뜻에서 벼랑 厂을 추가하여 사람이 벼랑에 기대어 물구나무 선 모습으로 표현하였다. 상기, 상기되다는 의미이고 후에 머리가 상기되어 정확하게 뜻을 전달하지 못하여 그, 그것이란 지시어로 확장되었다. 용례) 突厥(돌궐)
일어설 궐 蹶	厥에 발 足을 추가하여 거꾸로 서 있다가 반듯하게 발로 선다는 뜻으로 일어선다는 의미이나 거꾸로 있다가 바로 일어나면 넘어지므로 거꾸러뜨리다, 넘어진다는 의미로 확장되었다. 용례) 蹶起(궐기)

갈 거 去

갑골문	금문	소전	예서

고문을 보면 사람이 똥을 싸는 모습을 표현한 것으로 추정된다. 버리다, 내몰다, 덜다, 가다, 지린다는 의미이다. [처음에는 날카로운 것으로 돌, 나무 등에 그림을 그렸기 때문에 동그란 사물도 네모로 그리게 되었는데 점차 문자화가 진행되면서 동그란 사물은 세모 형태로 간략화되었다] 용례) 過去(과거)

위협할 겁 劫	去의 내몬다는 뜻에서 힘 力을 추가하여 힘으로 내몰다, 위협하다, 으른다는 의미이다. 용례) 劫奪(겁탈)
겁낼 겁 怯	劫의 위협한다는 뜻에서 마음 忄을 추가하여 겁내다, 무서워한다는 의미이다. [力이 생략됨] 용례) 卑怯(비겁)
물리칠 각 却	去의 내몬다는 뜻에서 무릎을 꿇은 모양 卩을 추가하여 무릎을 꿇고 항복하는 모습을 표현하였다. 내몰다, 물리친다는 의미이다. 용례) 退却(퇴각)
다리 각 脚	却에 고기 月을 추가하여 무릎을 꿇는 신체가 다리라는 뜻을 강조하였다. 다리, 물건의 하부라는 의미이다. 용례) 脚光(각광)

어릴 요 夭

갑골문	금문	소전	예서	해서

고문을 보면 손을 위아래로 흔드는 아이를 표현하였으나 후에 어린아이는 머리를 길게 기르므로 머리가 긴 모양으로 변화하였다. 아직 성인이 되지 않은 사람을 의미하여 어리다는 뜻으로 쓰인다. 후에 고개를 꺾은 모습으로 해석하여 죽다, 꺾다, 재앙이라는 의미가 파생되었다.

용례) 夭折(요절)

요염할 요 妖

夭의 어리다는 뜻에서 계집 女를 추가하여 나이가 어린 여자를 표현하여 아름답다, 요염하다는 의미이나 후에 夭를 일찍 죽는 것으로 해석하여 요사(夭死)하다, 괴이하다, 재앙, 요괴라는 의미로 확장되었다.

용례) 妖妄(요망)

웃을 소 笑

夭의 어리다는 뜻에서 대나무 竹을 추가하여 대나무 말을 타고 노는 어린아이를 그려 천진난만하게 웃는 모습을 표현하였다.

용례) 微笑(미소)

물 댈/기름질 옥 沃

夭의 꺾다는 뜻에서 물 氵를 추가하여 흐르는 물을 꺾어 논 등에 물을 대다, 관개하다는 의미이다. 후에 물을 댄 논에 식물이 잘 자라므로 성하다, 기름지다, 비옥하다는 의미로 확장되었다.

용례) 肥沃(비옥)

사귈 교 交

금문	소전	예서

고문을 보면 사람의 종아리가 교차한 모습을 강조하여 그렸다. 엇갈리다, 교차하다, 교제하다, 교배하다는 의미이다.

용례) 交友(교우)

한자	설명
들 교 郊	交의 엇갈린다는 뜻에서 고을 阝을 추가하여 마을과 인접하여 오갈 수 있는 곳이 들, 교외라는 의미이다. 용례) 郊外(교외)
견줄 교 較	交의 엇갈린다는 뜻에서 차 車를 추가하여 고대 전투에서 전차가 엇갈려가며 싸우는 모습을 표현하였다. 견주다, 비교한다는 의미이다. 용례) 比較(비교)
물/새소리 교 咬	交의 엇갈린다는 뜻에서 입 口를 추가하여 서로 엇갈리며 말하는 모습을 표현하였다. 시끄럽다, 물소리, 새소리라는 의미이다.
목맬 교 絞	交의 엇갈린다는 뜻에서 실 糸를 추가하여 실을 엇갈리게 한 모양이니 목매다, 묶다, 새끼를 꼰다는 의미가 되었다. 용례) 絞殺(교살)
달 밝을 교 皎	交의 엇갈리다는 뜻에서 밝을 白을 추가하여 밝음이 엇갈린 모습이니 더욱 밝다, 희다, 깨끗하다는 의미이고 후에 눈이 부신 달빛, 햇빛, 달이 밝다는 의미로 확장되었다. 용례) 皎鏡(교경)
교활할 교 狡	交의 엇갈리다는 뜻에서 짐승 犭을 추가하여 짐승이 똑바로 달리지 않고 엇갈리게 달리는 모습을 표현하였다. 재빠르다는 의미이고 후에 재빠르게 도망가니 교활하다, 간교하다는 의미로 확장되었다. 용례) 狡猾(교활)
교룡 교 蛟	交의 교배한다는 뜻에서 벌레 虫을 추가하여 전설상의 용의 한 종류인 교룡을 표현하였다. 교룡이 교미하여 미나리에 알을 낳는데 그 미나리를 사람이 먹으면 병이 생긴다고 한다.
학교 교 校	交의 교제한다는 뜻에서 나무 木을 추가하여 고대 나무 밑에서 여러 명이 어울려 선생으로부터 수업을 받는 모습을 표현하였다. 가르치다, 헤아리다, 본받다, 학교라는 의미이다. 용례) 學校(학교)
본받을 효 效	校에 칠 攵을 추가하여 학교에서 가르치며 때리는 모습을 표현하였다. 배우다, 본받다, 힘쓰다, 공, 공로의 의미가 되었다.(=効) [木이 생략됨] 용례) 效力(효력)

굽힐 비 匕

갑골문	금문 1	금문 2	소전

고문을 보면 일반적으로 서 있는 사람 人과 구분되게 몸을 굽혀 숙인 사람의 모습을 표현하였다. [일반적으로 비수라는 뜻으로 쓰이나 본 책에서는 따로 구분한다. - 칼 刀 참조]

나란할 비 比

갑골문	금문	소전

몸을 굽힌 사람들이 나란히 있는 모습을 표현하였다. 시종들이 따르는 모습이므로 나란하다, 붙어있다, 친하다, 견주다, 따르다, 모방한다는 의미가 되었다.

용례) 比較(비교)

도울 비 毘	比의 나란하다는 뜻에서 밭 田을 추가하여 밭에서 두 사람이 서로 도우면서 일을 하는 모습을 표현하였다. 돕다, 힘을 보태다는 의미이다. 용례) 茶毘(다비)
죽은어미 비 妣	比의 나란하다는 뜻에서 계집 女를 추가하여 죽은 어머니, 어머니라는 의미이다. [고대에 남편이 죽으면 아내는 같이 순장되었기에 아버지와 나란히 누운 여자가 죽은 어머니라는 뜻이 되었다.] 용례) 祖妣(조비)
덮을 비 庇	比의 나란하다는 뜻에서 반지붕 广을 추가하여 사람들이 비 등을 피해 지붕 아래 모여 있는 모습을 표현하였다. 덮다, 덮어 가리다, 감싸다, 보호하다, 의지하다, 그늘, 덮개, 돕다는 의미이다. 용례) 庇護(비호)
비평할 비 批	比의 나란하다는 뜻에서 손 扌를 추가하여 나란하게 강제하는 모습이니 바로잡다, 때린다는 의미이고 후에 말로 바로잡는다는 뜻에서 비평한다는 의미로 확장되었다. 용례) 批評(비평)

섬돌 비 坒	比의 나란하다는 뜻에서 흙 土를 추가하여 고대 신하들이 땅에 나란히 늘어서 있는 모습을 표현하였다. 이어지다, 잇닿다는 의미이고 후에 늘어선 장소가 섬돌 아래이므로 섬돌이란 의미로 확장되었다.
섬돌 폐 陛	坒의 섬돌이란 뜻을 명확하게 하고자 언덕, 계단을 뜻하는 阝를 추가하여 대궐의 섬돌, 계단, 층계, 계급, 품계라는 의미가 되었다. 용례) 陛下(폐하)
삼갈 비 毖	比의 나란하다는 뜻에서 구분할 必을 추가하여 고대 신하들이 직급에 따라 줄을 선 모습을 표현하였다. 후에 삼가다, 근신하다는 의미로 확장되었다. 용례) 懲毖錄(징비록)
쭉정이 비 秕	比의 모방하다는 뜻에서 벼 禾를 추가하여 벼를 모방한 질이 나쁜 쭉정이를 의미하고 후에 나쁘다, 더럽히다는 의미로 확장되었다. 용례) 秕政(비정)
비상 비 砒	比의 모방한다는 뜻에서 돌 石을 추가하여 돌과 비슷하지만, 고대 농약이나 의약에 사용된 비상, 비소를 표현하였다. 용례) 砒霜(비상)

이 차 此

갑골문	금문 1	금문 2	소전

고문을 보면 발 止와 굽힐 匕를 그려 몸을 굽히고 가는 모습을 표현하였다. 몸이 굽은 사람은 노인이므로 약하다는 의미가 되었다. 후에 여기, 이곳이라는 지시사로 쓰이게 되었다. 용례) 此際(차제)

자줏빛 자 紫	此의 약하다는 뜻에서 실 糸를 추가하여 남색보다 옅은 자색을 의미하게 되었다. 용례) 紫色(자색)
암컷 자 雌	此의 약하다는 뜻에서 작은 새 隹를 추가하여 약하다, 암컷이라는 의미이다. 용례) 雌雄(자웅)
허물 자 疵	此의 약하다는 뜻에서 병 疒을 추가하여 약해 병들었다는 뜻이니 흠, 결점, 흉, 허물이라는 의미이다. 용례) 瑕疵(하자)

적을 사 些	此의 약하다는 뜻에서 둘 二를 추가하여 적다, 작다, 약간, 조금이라는 의미이다. 용례) 些少(사소)
섶 시 柴	此의 약하다는 뜻에서 나무 木을 추가하여 땔나무로 쓰는 가지가 가늘고 약한 섶을 의미한다. 용례) 柴扉(시비)

맏 곤
뒤섞일 혼
昆

금문	소전	예서

고문을 보면 해 日과 따를 比를 합쳐 따뜻한 햇살을 찾아 사람들이 모여 있는 모습을 표현하였다. 많다, 크다, 함께, 같이라는 의미이고 후에 덩어리, 뒤섞인다(혼)는 의미로 확장되었다. 또한, 크다는 뜻에서 맏, 형이란 의미가, (다리가) 많다는 뜻에서 벌레라는 의미가 파생되었다. 용례) 昆蟲(곤충)

몽둥이 곤 棍	昆의 크다는 뜻에서 나무 木을 추가하여 길쭉한 몽둥이를 의미한다. 용례) 棍杖(곤장)
산이름 곤 崑	昆의 크다는 뜻에서 산 山을 추가하여 높은 산 이름으로 쓰였다. (= 崐) 용례) 崑崙山(곤륜산)
섞일 혼 混	昆의 뒤섞인다는 뜻에서 물 氵를 추가하여 물이 섞여 있는 모습이므로 섞다, 섞이다, 혼탁하다는 의미가 되었다. 용례) 混亂(혼란)

무리 중 衆

갑골문	금문	소전	예서	해서

고문을 보면 昆과 구분되게 해 日과 해를 향해 모인 많은 사람들을 표현하였다. 사람들이 모여 해를 향해 제사 지내는 모습이므로 많다, 무리라는 의미가 되었다. [금문에서 해를 향해 바라본다는 뜻에서 해 日이 눈 目으로 변형되었다가 예서 이후 오인되어 피 血로 다시 변형되었다]

용례) 大衆(대중)

변화할 화 化

갑골	금문	소전	예서

고문을 보면 몸이 바르게 선 사람(人)과 몸이 굽혀 있는 사람(匕)을 함께 그려 사람이 변화하는 모습을 표현하였다.

용례) 變化(변화)

꽃 화 花	풀 艹를 추가하여 풀이 변화한 것이 꽃이라는 의미이다. 용례) 花草(화초)
재물 화 貨	조개 貝를 추가하여 아름다운 조개가 변하여 재물이 되었음을 표현하였다. 용례) 貨幣(화폐)
신 화 靴	가죽 革을 추가하여 가죽이 변하여 발을 감싸는 신이 된다는 의미이다. 용례) 軍靴(군화)
그릇될 와 訛	말 言을 추가하여 전달하는 말이 변화하였다는 뜻으로 그릇되다, 거짓되다, 속이다는 의미이다. 용례) 訛傳(와전)

둥글 환 丸

갑골문	금문	소전	예서

고문을 보면 사람이 무릎 꿇고 손을 모아 절을 하는 모습을 표현하였다. 사람의 몸이 둥글게 되므로 둥글다, 둥글게 하다는 의미이고 후에 둥근 환약, 탄알이라는 의미로 확장되었다. (다른 글자와 함께 사용될 때에는 凡으로 변형되어 쓰이기도 한다)

용례) 彈丸(탄환)

주검 시 尸

갑골문	금문	소전	예서	해서

고문을 보면 사람이 무릎을 굽히고 앉은 모습을 표현하였다. 앉다, 진을 치다는 의미이나 후에 사람이 죽었을 때 태어난 모습처럼 무릎을 굽혀 매장(屈葬)하였기에 시체라는 의미로 확장되었다.

용례) 尸位(시위)

주검 시 屍	尸의 시체라는 뜻을 강조하고자 죽을 死를 추가하였다. 용례) 屍體(시체)
꼬리 미 尾	털 毛를 추가하여 사람이 짐승의 꼬리를 달고 엎드려 짐승을 흉내내는 모습을 표현하였다. 꼬리, 끝, 뒤쪽이란 의미이고 후에 꼬리가 아닌 성기로 해석하여 교미하다는 의미로 확장되었다. 용례) 交尾(교미)
오줌 뇨(요) 尿	물 水를 추가하여 여자가 무릎을 구부리고 앉아 오줌을 누는 모습을 표현하였다. 용례) 尿道(요도)
샐 루(누) 漏	비 雨를 추가하여 무릎을 꿇고 설사를 하는 모습을 표현하였다. (물이)새다, 틈이 나다, 구멍이란 의미가 되었다. 후에 물 氵를 추가하여 뜻을 강조하였다. 용례) 漏水(누수)

굽힐 굴
屈

금문	소전	예서

고문을 보면 원래 꼬리 尾에 발 止를 추가한 모습으로 사람이 짐승처럼 엎드려 기어가는 모습을 표현하였다. 굽다, 굽히다, 움츠리다는 의미이다. [예서 이후 毛와 止가 합쳐져 날 出로 변형되었다]
용례) 屈折(굴절)

굴 굴 窟 屈의 굽다는 뜻에서 동굴 穴을 추가하여 몸을 굽히고 드나드는 동굴, 움집이라는 의미이다. 용례) 洞窟(동굴)

팔 굴 掘 屈의 굽다는 뜻에서 손 扌를 추가하여 몸을 굽혀 손으로 파는 모습이니 파다, 파낸다는 의미이다. 용례) 掘鑿(굴착)

말릴 닐(일)/ 여승 니(이)

소전	예서	해서

고문을 보면 굽힐 匕와 무릎 꿇은 모습 尸를 합쳐 사람이 가던 길을 멈추고 쉬는 모습을 표현하였다. 멈추다, 정지하다, 화평하다, 말리다는 의미이고 후에 석가모니(釋迦牟尼)를 음역하면서 여자 승려를 일컫는 뜻으로 가차되어 쓰이게 되었다.

물들일 녈(열)/ 진흙 니(이) 泥 尼의 멈춘다는 뜻에서 물 氵를 추가하여 염색물에 오래 두어 염색을 한다는 의미이다. 후에 물이 흐르지 않고 멈춰있다는 뜻에서 진흙, 진창, 수렁이라는 의미가 파생되었다. 용례) 泥田鬪狗(이전투구)

벼슬 위/ 다리미 울 尉			
	소전	예서	해서

고문을 보면 멈출 尼, 불 火, 손 寸을 합쳐 오랜 시간 불로 지지는 모습을 표현한 것으로 추정된다. 뜸, 다리미, 다리다(울)는 의미이고 후에 뜸을 통해 위로하다, 위로해주는 사람, 벼슬아치(위)라는 의미로 확장되었다. [해서 이후 尸의 아랫부분이 示로 변형되었다]

용례) 尉官(위관)

위로할 위 慰	尉의 위로한다는 뜻에서 마음 心을 추가하여 편안하게 하다, 위로한다는 의미를 강조하였다. 용례) 慰勞(위로)
제비쑥 위/ 고을 이름 울 蔚	尉의 뜸이라는 뜻에서 풀 艹를 추가하여 뜸의 재료인 제비쑥이라는 의미이고 후에 제비쑥이 무성하게 자라므로 무성하다, 빽빽하다, 아름답다는 의미로 확장되었다. 고을 이름(울)으로도 쓰인다. 용례) 蔚山(울산)

오랠 구 久			
	소전	예서	해서

고문을 보면 엎드려 누운 사람의 등에 뜸을 놓는 모습을 표현한 것으로 추정된다. 원래 뜸이라는 의미이나 후에 뜸은 오랜 시간 동안 놓아야 하므로 오래다, 길다, 막는다는 의미로 확장되었다.

용례) 永久(영구)

뜸 구 灸	久가 오래다는 뜻으로 주로 쓰이자 불 火를 추가하여 뜸을 뜨다, 뜸이란 의미를 강조하였다. (= 炙) 용례) 鍼灸(침구)
옥돌 구 玖	久의 오래다는 뜻에서 옥 玉을 추가하여 오래 다듬은 옥돌을 의미한다.

널 구 柩

久의 오래다는 뜻에서 상자 匚을 추가하여 죽은 사람을 넣는 널을 표현하였다. 고대에는 사람이 죽으면 일반적으로 풍장을 하였으나 매장을 하여 오랜 기간 보존한다는 뜻이다. 후에 나무 木을 추가하여 나무로 만든 널을 강조하였다.(= 匛) 용례) 靈柩車(영구차)

구부릴 절 卩

갑골문	금문	소전	해서

사람이 무릎을 꿇은 모습 또는 구부려 절하는 모습을 표현하였다. 후에 글자의 모양 형태로 인하여 부절, 병부라는 의미로 확장되었다. (= 㔾)

※ 고대 사신을 파견할 때 옥이나 대나무로 만든 부신(符信)을 둘로 갈라 하나는 조정에 보관하고 하나는 사신에게 주었다. 그중 군인에게 나눠준 것을 병부(兵符)라고 한다.

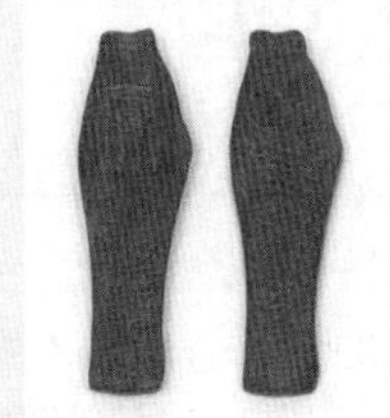

〈청동으로 만든 발해의 부절〉

도장 인 印

갑골문	금문	소전	예서	해서

고문을 보면 무릎 꿇은 모습 卩과 손 모양을 통해 원래 사람을 눌러 무릎 꿇게 한다, 누르다, 제압하다는 의미이다. 후에 卩이 부절이란 뜻으로 사용되면서 부절을 눌러 찍다, 도장이란 의미로 확장되었다. 용례) 捺印(날인)

누를 억 抑

卬이 도장이란 뜻으로 주로 쓰이자 손 扌를 추가하여 억누르다, 물리치다는 의미를 강조하였다. [예서 이후 卬이 卬으로 변형되었다]

용례) 抑制(억제)

소전	예서	해서

우러를 앙

갑골문	금문	소전

고문을 보면 서 있는 사람(人)과 무릎 꿇은 사람(卩)을 그려 서 있는 사람을 우러러보는 모습을 표현하였다. 우러러보다, 고개를 든다는 의미이다. 후에 서 있는 사람을 강조하여 위풍당당한 모습, 나, 자신이란 의미가 파생되었다.

우러를 앙 仰

卬이 자신이란 뜻으로 사용되자 사람 人을 추가하여 우러러보다, 경모한다는 뜻을 강조하였다. 용례) 推仰(추앙)

높을 앙 昂

卬의 우러러본다는 뜻에서 해 日을 추가하여 해가 높이 뜬 모양을 올려 본다는 뜻으로 높다, 오르다, 밝다는 의미이다.

용례) 激昂(격앙)

맞을 영 迎

卬의 우러러본다는 뜻에서 갈 辶을 추가하여 우러르는 사람을 맞이하기 위해 간다는 뜻으로 맞이하다, 맞다, 영접하다, 마중한다는 의미이다. 용례) 歡迎(환영)

범할 범 犯

소전	예서	해서

고문을 보면 무릎 꿇은 모습 卩과 짐승 犭을 합쳐 짐승이 공격하여 사람을 다치게 하는 모습을 표현하였다. 범하다, 공격하다, 거슬린다는 의미이고 후에 범한다는 뜻에서 범인, 범죄라는 의미로 확장되었다. 용례) 犯罪(범죄)

넘칠 범 氾	犯의 범한다는 뜻에서 물 氵를 추가하여 (물이)넘치다는 의미이다. [犭이 생략됨] 용례) 氾濫(범람)
거푸집 범 范	氾에 풀 艹를 추가하여 잎이 여러 개 나는 풀을 뜻하였으나 후에 거푸집의 쇳물을 붓는 틀과 비슷하여 거푸집, 모범, 본보기라는 의미로 확장되었다. 용례) 鎔范(용범)
법 범 笵	范의 거푸집이란 뜻에서 대나무 竹을 추가하여 대나무의 빈 곳처럼 거푸집에 쇳물을 붓는 틀을 표현하였다. 틀, 법이라는 의미이다. [艹가 생략됨]
법 범 範	笵의 거푸집, 본보기라는 뜻에서 차 車를 추가하여 차를 길에 따라 바르게 운행하듯이 지켜야 하는 법, 규범, 본보기, 모범, 한계라는 의미이다. [氵가 생략됨] 용례) 範圍(범위)

꼬리/바랄 파

갑골문	소전	예서

고문을 보면 사람이 무릎을 꿇고 땅을 파는 모습을 표현하였다. 땅속에 있는 음식을 찾는 모습으로 파다, 기다는 뜻 이외에 (음식을) 바라다, 기대한다는 의미가 되었다. 후에 巳와 형태가 비슷하여 뱀, 꼬리라는 의미와 글자 모양이 날개 모양의 기하문(巴紋)과 비슷하여 소용돌이란 의미가 파생되었다.

〈파문〉

긁을 파 爬	巴의 파다는 뜻에서 손톱 爫를 추가하여 긁다, 기다, 기어 다닌다는 뜻을 강조하였다. 용례) 爬蟲類(파충류)
잡을 파 把	巴의 파다는 뜻에서 손 扌를 추가하여 땅을 파고 (동물을) 잡다, (식물을) 묶다, 묶음, 다발, 자루, 손잡이라는 의미가 되었다. 용례) 把守(파수)
파초 파 芭	巴의 기다는 뜻에서 풀 艹를 추가하여 뿌리가 땅을 파고 옆으로 이어져 번식하는 파초를 표현하였다. 용례) 芭蕉(파초)
살찔 비 肥	巴의 기다는 뜻에서 고기 月을 추가하여 살이 쪄서 옆으로 퍼졌으니 살찐다는 의미이다. 용례) 肥大(비대)

빛 색 色

갑골문	금문	소전	예서

고문을 보면 무릎 꿇은 사람()에게 칼()을 휘두르는 모습을 표현하였다. 원래 칼로 목을 친다는 뜻으로 사람의 안색이 변하므로 얼굴빛, 빛깔, 모양, 상태라는 의미이나 후에 무릎 꿇고 바닥에 손을 댄 사람(巴) 위에 사람이 겹친 모습으로 해석하여 색정, 여색, 정욕이라는 의미로 확장되었다. 용례) 色卽是空(색즉시공)

끊을 절 絶	色이 원래 머리를 잘라 죽이다는 뜻이므로 실 糸를 추가하여 끊다, 단절하다, 다하다, 죽는다는 의미가 되었다. 용례) 絶交(절교)

누워 뒹굴 원 夗

갑골문	금문	소전	예서

고문을 보면 뒤져올 夂와 사람 人을 합쳐 사람이 집에서 쉬는 모습을 표현하였다. 쉬다, 누워 뒹군다는 의미이다. [소전 이후 夕과 㔾의 형태로 변형되었다]

원망할 원 怨	夗의 누워 뒹군다는 뜻에서 마음 心을 추가하여 억울하여 몸을 뒹구는 모습이니 원망하다, 책망하다, 나무라다, 미워하다, 슬퍼한다는 의미이다. 용례) 怨望(원망)
동산 원 苑	夗의 쉰다는 뜻에서 풀 艹를 추가하여 집 안에 식물을 가꿔 만든 쉴 수 있는 공간인 동산(큰 집의 정원에 만들어 놓은 작은 산이나 숲)이라는 의미이다. 용례) 秘苑(비원)
원앙 원 鴛	夗의 쉰다는 뜻에서 새 鳥를 추가하여 게으른 새가 원앙이라는 의미이다. [원앙은 새끼에게 먹이를 물어다 주지 않는다고 한다] 용례) 鴛鴦(원앙)
굽을 완 宛	夗의 쉰다는 뜻에서 집 宀을 추가하여 집 안에서 쉬는 모습을 강조하였다. 집 안에서 뒹굴뒹굴하다, 몸을 굽히다, 굽다는 의미가 되었고 후에 아무런 방해가 없으니 완연하다(아주 뚜렷하다), 완연히라는 의미로 확장되었다. 용례) 宛然(완연)
팔뚝 완 腕	宛의 굽다는 뜻에서 고기 月을 추가하여 신체 부위 중 굽혀지는 곳이 팔뚝, 팔목, 팔이라는 의미이다. 용례) 腕力(완력)
순할 완 婉	宛의 굽다는 뜻에서 계집 女를 추가하여 남자에게 굽히는 여자가 순하다, 예쁘다, 아름답다는 의미이다. 용례) 婉曲(완곡)

쌀 포 勹

갑골문	금문	소전

고문을 보면 사람이 몸을 구부려 안은 모습을 표현하였다. 감싸 안다, 싸다는 의미이다.

쌀 포

갑골문	소전	예서

고문을 보면 쌀 勹와 태아 巳를 합쳐 여자가 태아를 감싸 임신한 모습을 표현하였음을 알 수 있다. 원 의미는 아이를 배다, 아기 주머니라는 의미이고 후에 일반적인 싸다, 감싸다, 보따리라는 의미로 쓰이게 되었다. 용례) 包裝(포장)

자궁 포 胞	包의 아기 주머니라는 뜻에서 고기 月을 추가하여 사람의 몸에 있는 아기 주머니인 자궁을 표현하였고 자궁, 포자, 세포, 종기라는 의미가 되었다. 용례) 同胞(동포)
고함지를 포 咆	包의 아이를 배다는 뜻에서 입 口를 추가하여 여자가 아이를 낳을 때 고함을 지르는 모습을 표현하였다. 용례) 咆哮(포효)
배부를 포 飽	包의 아이를 배다는 뜻에서 밥 食을 추가하여 밥을 먹고 아이를 밴 것처럼 배가 부른 모습을 표현하였다. 배부르다, 만족하다는 의미이다. 용례) 飽滿(포만)
품을 포 抱	包의 감싼다는 뜻에서 손 扌를 추가하여 감싸다, 품는다는 의미이다. 용례) 抱負(포부)
대포 포 砲	包의 감싼다는 뜻에서 돌 石을 추가하여 고대에 돌무더기를 싸서 투석기 등을 이용하여 적지에 흩어지게 쏘는 무기가 대포라는 의미이다. 용례) 砲手(포수)

절인 물고기 포 鮑	包의 감싼다는 뜻에서 물고기 魚를 추가하여 물고기를 싸서 절인 음식인 포를 의미한다. 용례) 管鮑之交(관포지교)
물집 포 疱	包의 감싼다는 뜻에서 병 疒을 추가하여 물이 차서 피부가 부풀어 올라 감싼 것처럼 보이는 병이 물집이란 의미이다. 후에 그와 같은 물집이 많이 생기는 천연두라는 의미로 확장되었다. 용례) 疱瘡(포창)
부엌 포 庖	包의 감싼다는 뜻에서 집 广을 추가하여 음식을 만들어 싸는 장소가 부엌이라는 의미이다. 용례) 庖丁(포정)
거품 포 泡	包의 감싼다는 뜻에서 물 氵를 추가하여 물의 형태 중 무엇인가 감싼 모습으로 보이는 것이 물거품이라는 의미이다. 용례) 水泡(수포)
겉옷 포 袍	包의 감싼다는 뜻에서 옷 衤를 추가하여 몸을 감싸는 옷이니 겉옷, 도포라는 의미이다. 용례) 道袍(도포)

움킬 국 匊

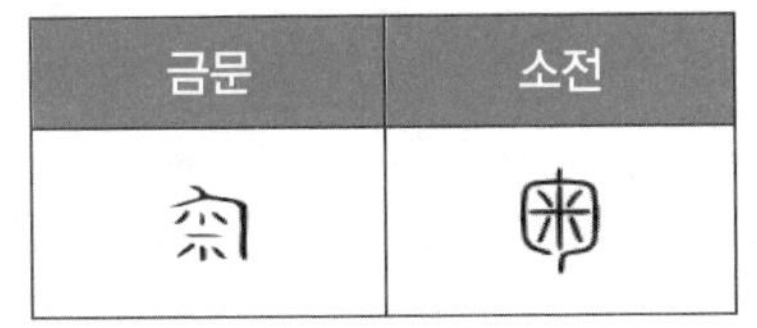

쌀 勹와 쌀 米를 합쳐 쌀을 손으로 둥그렇게 감싸 쥔 모습을 표현하여 움켜쥐다, 움키다(놓치지 않도록 힘 있게 잡다), 움큼(손으로 한 움큼 쥐는 양)이란 의미이다.

국화 국 菊	풀 艹를 추가하여 손으로 쌀을 움켜쥔 둥근 모양으로 꽃이 피는 국화를 의미한다. 용례) 菊花(국화)
공/국문할 국 鞠	가죽 革을 추가하여 가죽을 뭉쳐 둥글게 만든 공을 의미하였고 후에 국문한다는 뜻의 鞫과 음이 같아 국문한다는 의미로도 쓰이게 되었다. 용례) 鞠問(국문)

꼴 추
芻

소전	예서

쌀 勹와 풀 屮를 합쳐 두 손 가득 풀을 모으는 모습을 표현하였다. 말이나 소에게 먹이는 풀인 꼴, 짚, 기르다는 의미이다. 용례) 反芻(반추)

달릴 추/재촉할 촉 趨	芻가 꼴을 들고 말이나 소에게 먹이를 주는 모습이므로 달릴 走를 추가하여 가축들이 먹이를 좇아 모이는 모습을 표현하였다. 달리다, 뒤좇다, 재촉하다, 빠르다(촉)는 의미이다. 용례) 趨勢(추세)
나라 이름 추 鄒	芻에 고을을 뜻하는 阝를 추가하여 나라 이름으로 쓰였다. 맹자의 고향이다. 용례) 鄒魯(추로)

고를 균
匀

금문	소전	예서

고문을 보면 쌀 勹와 둘 二를 합쳐 손으로 어떠한 물건을 둘로 정확하게 나눈 모습을 표현하였다. 고르다, 같다, 나눈다는 의미이다. 용례) 匀旨(균지)

고를 균 均	흙 土를 추가하여 땅을 고르게 하다는 뜻이니 고르다, 평평하다, (밭을)갈다는 의미이다. 용례) 均一(균일)

2. 손과 발의 역할 분화

직립보행하게 된 인간은 보행에 불필요하게 된 손을 다양하게 활용하게 되었다. 나뭇가지를 잡고 이동하는 역할에서 물건을 쥐고 만드는 역할로 세분화되기 시작한 것이다.

〈손에 대한 상형〉

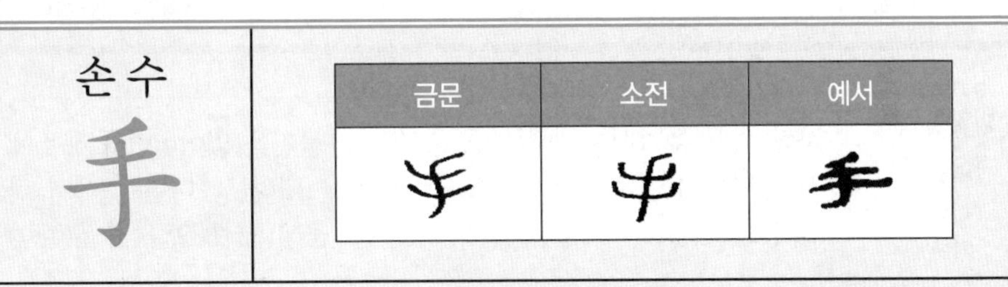

손가락 다섯 개를 모두 그렸다. 손, 재주, 수단, 손수, 손으로 잡다는 의미이다. [예서 이후 현재의 모습으로 변형되었다] (다른 글자와 같이 사용될 경우 扌로 쓰인다)

용례) 着手(착수)

절 배
拜

금문	소전 1	소전 2	예서

고문을 보면 곡식을 손으로 잡아 뽑는 모습을 표현하여 뽑다, 빼다는 의미였다. 후에 손이 합장한 모습으로 오인하여 합장하다, 삼가고 공경하다, 절하다, 굽히다, 절이란 의미가 파생되었다.

용례) 拜上(배상)

물결칠 배 湃 물 氵를 추가하여 물이 절하는 것처럼 물결이 이는 모양, 물결친다는 의미이다.

용례) 澎湃(팽배)

잃을 실/ 놓을 일 失				
	금문	소전	예서	해서
			失	失

고문을 보면 손에 있던 물건이 미끄러져 떨어지는 모습을 표현하였음을 알 수 있다. 잃다, 달아나다, 빠뜨린다(실)는 의미와 스스로 물건을 내려놓는다는 뜻에서 놓다, 풀어놓는다(일)는 의미가 되었다. [예서 이후 현재의 모습으로 변형되었다]

용례) 失敗(실패)

방탕할 질/ 편안할 일 佚	사람 人을 추가하여 행위를 강조하였다. 물건을 잃어버렸다는 뜻에서 방탕하다(질)는 의미와 스스로 물건을 내려놓았다는 뜻에서 편안하다(일)는 의미가 되었다. 용례) 驕佚(교일), 佚蕩(질탕)
넘어질 질 跌	失의 빠뜨린다는 뜻에서 발 足을 추가하여 발을 빠뜨려 넘어지다, 거꾸러지다, 지나치다는 의미이다. 용례) 蹉跌(차질)
번갈아들 질 迭	失의 놓는다는 뜻에서 천천히 갈 辶을 추가하여 무거운 물건을 자주 내려놓고 번갈아들며 천천히 가는 모습을 표현하였다. 번갈아든다는 의미이다. 용례) 更迭(경질)
차례 질 秩	失의 놓는다는 뜻에서 벼 禾를 추가하여 벼를 수확하여 차례로 옮겨 쌓는 모습을 표현하였다. 차례, 순서, 가지런하다, 쌓는다는 의미이다. 용례) 秩序(질서)
책 권 차례 질 帙	秩에 천 巾을 추가하여 고대 죽간 등을 엮어 만든 책을 순서대로 싼 모습을 표현하였다. 여러 권으로 된 책의 한 벌, 책의 권수의 차례라는 의미가 되었다. [禾가 생략됨] 용례) 書帙(서질)

손톱 조 爪

금문	소전	예서

물건을 위에서 아래로 집는 모습을 표현하였다. (= 爫, 叉)
움켜잡다는 의미이나 위에서 아래에 있는 물건을 집어 올리려면 손톱에 힘을 주어야 하므로 손톱이란 의미로 확장되었다.

찾을 멱 覓 볼 見을 추가하여 손톱에 눈이 달린 것처럼 손으로 더듬으며 찾다, 구하다는 의미이다.

소 축 丑

갑골문	금문	소전	예서

물건을 잡기 위해 손끝을 구부린 모습을 표현하였다. 후에 둘째 지지로 사용되면서 십이지수와 결합하여 가축 소라는 의미가 생겼지만 소와는 전혀 상관이 없다.

맺을 뉴(유) 紐 실 糸를 추가하여 실을 잇는 모습을 표현하였다. 묶다, 매다, 맺다, 매듭이라는 의미이다. 용례) 紐帶(유대)

바칠 수 羞

고문을 보면 양 羊과 손 又를 합쳐 양을 제사에 바치기 위해 손으로 잡은 모습을 표현하였다. 바치다, (음식을)올린다는 의미이고 후에 양을 잡으면 양이 뒷걸음치는 모습에서 두려워하다, 싫어하다, 수줍어하다, 부끄러워한다는 의미로 확장되었다. [예서 이후 又가 丑으로 변형되었다] 용례) 珍羞盛饌(진수성찬), 羞恥(수치)

갑골문	금문	소전	예서

또 우

又

갑골문	금문	소전	예서

오른손의 모습을 간략하게 표현하였다. 오른손은 주로 쓰는 손이므로 다시, 또, 거듭하다는 의미로 확장되었다. [오른손의 모양을 표현한 글자였으나 후에 일반적인 손이라는 의미로 사용된다.]

벗 우 友

서로 손잡고 있는 모습을 통해 벗, 친구, 사귀다, 가까이한다는 의미가 되었다. 용례) 友情(우정)

더욱 우 尤

고문을 보면 손에서 물건이 떨어지는 모습을 표현하였다. 놓친 모습이니 허물, 과실, 결점, 원망하다, 책망하다, 나쁘다는 의미가 되었다. 후에 너무 많은 양을 잡으려고 한다는 뜻에서 더욱, 오히려, 심하다, 뛰어난 것이란 의미로 확장되었다. 용례) 尤妙(우묘)

갑골문	금문	소전	예서

깍지 낄 차 叉

양손을 깍지 낀 모습을 표현하였다. 깍지를 끼다, 엇갈리다, 갈래, 가닥, 무기(삼지창 모양)라는 의미이다. 용례) 交叉(교차)

금문	소전	해서

오른쪽 우

갑골문	금문	소전	예서

又가 일반적인 손이란 뜻으로 사용되자 입 口를 추가하여 음식을 먹는 손으로 오른쪽이라는 의미를 표현하였다. 후에 오른손이 많은 일을 하므로 돕다, 강하다, 숭상한다는 의미로 확장되었다. [예서 이후 又가 𠂇로 변형되었다]

용례) 極右(극우)

감싸서 도울 우 佑

右의 돕는다는 뜻에서 사람 人을 추가하여 돕다, 도움을 주다는 의미를 강조하였다. 용례) 天佑神助(천우신조)

복 우 祐

右의 돕는다는 뜻에서 제단 示를 추가하여 제단에 오른손으로 음식을 올리는 모습이다. 올리다, 진헌하다, 돕는다는 의미이고 후에 제사를 지내어 복을 받는다는 의미로 확장되었다.

왼쪽 좌

屮

금문	소전	예서

고문을 보면 왼손의 모습을 표현하였음을 알 수 있다. 현재는 단독으로 쓰이지 않고 일반적인 손이란 의미로 다른 글자와 합쳐 사용된다. (다른 글자와 같이 사용될 경우 𠂇로 쓴다)

왼쪽 좌 左

屮가 일반적인 손이란 뜻으로 사용되자 도구 工을 추가하여 주로 도구를 들고 있는 손이 왼손이라는 의미이다. 왼손 역시 사람의 일을 도와주는 역할이므로 돕는다는 의미가 파생되었다.

용례) 左遷(좌천)

도울 좌 佐

左의 돕는다는 뜻에서 사람 人을 추가하여 돕다, 보좌한다는 의미를 강조하였다.

용례) 補佐(보좌)

다를 차

差

금문 1	금문 2	소전	예서

고문을 보면 벼와 형태는 비슷하나 잡풀인 피를 손으로 뽑아내는 모습을 표현하였다. 피는 벼와 구별되는 표시가 나므로 다르다, 어긋나다, 기이하다는 의미가 되었고 후에 가려 뽑는다는 뜻에서 가리다, 선택하다, 차별, 등급이라는 의미로 확장되었다. 또한, 피가 많으면 농사가 흉작이므로 슬퍼하다, 한탄한다는 의미가 파생되었다. [금문에서는 손의 구별이 없었으나 소전 이후 왼쪽 左로만 쓰인다]

용례) 差異(차이)

탄식할 차 嗟

差의 슬퍼한다는 뜻에서 입 口를 추가하여 탄식하다, 탄식이라는 의미이다.

용례) 傷嗟(상차)

미끄러질 차
蹉

差의 어긋난다는 뜻에서 발 𧾷을 추가하여 미끄러지다, 넘어진다는 의미이다. 용례) 蹉跌(차질)

재 회

소전	예서

고문을 보면 불을 손으로 잡는 모습을 표현하였다. 불을 손으로 잡을 수는 없으므로 불이 다 타고 남은 재를 손으로 모은다는 뜻으로 재, 잿빛, 회색, 석회, 먼지, 재로 만들다는 의미이다. [예서 이후 又가 𠂇로 변형되었다] 용례) 灰色(회색)

넓을 회 恢

灰는 불에 다 타고 남은 재가 흩어지는 것을 손으로 잡는 모습을 표현하여 넓게 흩어지다는 뜻을 내포하고 있어 마음 忄을 추가하여 넓다, 크다, 관대하다는 의미가 되었다. 용례) 天網恢恢(천망회회)

다스릴 윤
尹

갑골문	금문	소전

막대기를 잡고 있는 손을 그려 족장이 지휘봉을 들고 다스림을 표현하였다. 후에 성씨로도 쓰이게 되었다.

저 이 伊

사람 人을 추가하여 지시하는 사람을 강조하였다. 저, 이, 그, 그녀라는 지시어로 쓰인다. 후에 성씨로도 쓰이게 되었다.

임금 군 君

갑골문	금문	소전

고문을 보면 尹에 입 口를 추가하여 우두머리가 명령하는 모습을 표현하였다. 명령하는 우두머리, 임금이라는 의미로 쓰인다. 용례) 檀君(단군)

무리 군 群 양 羊을 추가하여 양 무리가 흩어지지 않도록 막대기를 가지고 한 곳으로 잘 몬다는 뜻이므로 무리, 떼, 여럿의, 모은다는 의미가 되었다. 용례) 群集(군집)

군색할 군 窘 굴 穴을 추가하여 우두머리가 굴에 사는 모습이니 군색하다, 가난하다, 궁하다는 의미이고 굴처럼 꽉 막혀있는 상태이니 막히다, 괴롭다, 좁다는 의미로 확장되었다. 용례) 窘塞(군색)

고을 군 郡 마을 阝를 추가하여 우두머리가 사는 큰 고을을 뜻한다. 후에 행정구역 군이라는 의미로 확장되었다. 용례) 郡守(군수)

다툴 쟁 爭

갑골문	소전	예서

어떠한 물건(길쭉한 막대기 모양)을 차지하기 위해 서로 손으로 당기는 모습을 표현하였다. 다투다, 논쟁하다, 경쟁한다는 의미이다. [소전 이후 爪와 尹의 형태로 변형되었다] 용례) 戰爭(전쟁)

쇳소리 쟁 錚 쇠 金을 추가하여 쇠로 다투는 소리가 난다는 뜻으로 쇳소리, 징이라는 의미이다. 용례) 錚盤(쟁반)

당길/이에 원 爰	갑골문	금문 1	금문 2	소전	예서

고문을 보면 줄을 서로 당기는 모습을 표현하였다. [금문 이후 줄에 사람이 매달린 모습으로 변화하였는데 떨어진 사람을 줄에 묶어 끌어 올린다는 의미로 추정된다] 당기다, 끌다, 이르다, 미친다는 의미이고 후에 여기에서, 이에라는 의미로 확장되었다.

도울 원 援	爰이 이에라는 뜻으로 주로 사용되자 원래 뜻을 강조하기 위해 손 扌를 추가하여 당기다, 잡다, 매달리다, 돕다는 의미이다. 용례) 援助(원조)
계집 원 媛	爰의 당기다는 뜻에서 여자 女를 추가하여 끌어당기는 매력을 가진 여자, 미인, 아름답다는 의미이다. 용례) 才媛(재원)
구슬 원 瑗	爰의 당기다는 뜻에서 구슬 玉을 추가하여 끌어당기는 매력을 가진 구슬이라는 의미이다.
따뜻할 난 暖	爰의 당기다는 뜻에서 해 日을 추가하여 해를 당긴다는 뜻이니 따뜻하다, 따뜻하게 하다는 의미이다. 용례) 溫暖(온난)
더울 난 煖	爰의 당기다는 뜻에서 불 火를 추가하여 불을 당긴다는 뜻이니 덥다, 따뜻하다는 의미이다. 용례) 煖房(난방)
느릴 완 緩	爰의 당기다는 뜻에서 실 糸를 추가하여 실을 당기면 느슨해진다는 의미이다. 용례) 緩和(완화)

몽둥이 수 殳	갑골문	금문	소전

고문을 보면 끝이 둥근 몽둥이를 들고 있는 모습을 표현하였다. 끝이 둥근 몽둥이, 날이 없는 창이란 의미이다.

던질 투 投

殳의 날이 없는 창이란 뜻에서 손 扌를 추가하여 항아리에 던지는 투호를 표현하였다. 투호, 던진다는 의미이고 후에 항아리에 창이 들어간다는 뜻에서 뛰어들다, 합치다, 위탁한다는 의미로 확장되었다.

용례) 投資(투자)

넓적다리 고 股

殳의 끝이 둥근 몽둥이라는 뜻에서 고기 月을 추가하여 사람의 신체 중 끝이 둥근 몽둥이 모양의 뼈가 있는 넓적다리라는 의미이다.

용례) 股肱之臣(고굉지신)

부릴 역 役	갑골문	금문	소전	예서

고문을 보면 사람 人과 몽둥이 殳를 합쳐 몽둥이로 노예를 부리는 모습을 표현하였다. 부리다, 일을 시키다, 일하다, 힘쓴다는 의미이다. [소전 이후 人이 오인되어 彳으로 변형되었다]

용례) 賦役(부역)

돌림병 역 疫

병 疒을 추가하여 온몸을 때리는 것처럼 아픈 병이라는 뜻으로 돌림병, 전염병이란 의미이다. [彳이 생략됨]

용례) 防疫(방역)

칠 복
攴

갑골문	금문	소전

손에 나뭇가지를 잡은 모습이다. 나뭇가지를 잡고 치다, 때린다는 의미이다. (다른 글자와 사용될 때에는 攵으로 쓴다)

가축을 칠 목 牧

소 牛를 추가하여 소를 막대기로 치면서 인도하는 모습을 표현하였다. 치다, (가축을)기르다, 다스리다, 복종한다는 의미이다.

용례) 牧師(목사)

줄기 매 枚

나무 木을 추가하여 손으로 치는 나뭇가지라는 뜻을 강조하였다. 줄기, 채찍이라는 의미이고 후에 얇고 넓적한 물건을 세는 단위 장, 낱이란 의미로 확장되었다.

용례) 枚數(매수)

다스릴 유
攸

갑골문	금문 1	금문 2	소전	예서

고문을 보면 사람 人과 칠 攵을 합쳐 사람을 때리는 태형을 표현하였다. 다스린다는 의미이고 후에 죄인을 다스리는 장소가 정해져 있으므로 곳, 장소, 바(所)라는 의미로 확장되었다. [금문 이후 피를 뜻하는 물 氵가 추가되었고 소전 이후 丨의 형태로 변형되었다]

멀 유 悠

攸의 치다는 원뜻에서 마음 心을 추가하여 마음이 아프게 하는 것이니 태형이 아닌 유배형을 표현하였다. 그리워하다, 아득하다는 의미이고 후에 먼 유배지에서 혼자 생활해야 하므로 멀다, 한가하다는 의미로 확장되었다.

용례) 悠久(유구), 悠悠自適(유유자적)

닦을 수 修	攸의 다스린다는 뜻에서 터럭 彡을 추가하여 닦다, 꾸미다, 다스리다, 뛰어나다는 의미가 되었다. 용례) 修了(수료)
가지 조 條	攸의 다스린다는 뜻에서 나무 木을 추가하여 나무의 잔가지를 치는 모습을 표현하였다. 가지라는 의미이고 후에 가지처럼 뻗어 나간 조목, 법규, 맥락이라는 의미로 확장되었다. 용례) 條件(조건)
씻을 척 滌	條의 잔가지를 쳐 정리한다는 원뜻에서 물 氵를 추가하여 씻다, 닦다(척)는 의미가 되었다. 용례) 洗滌(세척)

지탱할 지 支

금문	소전	예서

고문을 보면 손질하지 않은 갈라진 가지 자체를 손으로 잡고 있는 모습을 표현하였다. 나뭇가지라는 의미이고 후에 갈라진 가지라는 뜻에서 갈라지다, 가르다, 지류라는 의미로 확장되었다. 또한, 가지가 갈라졌으나 붙어있으니 근원, 버티다, 지탱하다, 유지한다는 의미가 파생되었다. 용례) 支援(지원)

가지 지 枝	支의 가지라는 뜻을 명확하게 하기 위해 나무 木을 추가하였다. 용례) 金枝玉葉(금지옥엽)
사지 지 肢	支의 가지라는 뜻에서 고기 月을 추가하여 사람의 신체에서 가지처럼 갈라져 나온 부분이 팔, 다리 즉 사지라는 의미이다. 용례) 四肢(사지)
갈림길 기 岐	支의 갈라진다는 뜻에서 산 山을 추가하여 큰 산에서 여러 작은 산이 갈라져 나온 모습을 표현하였고 후에 갈래짓다, 갈림길이란 의미로 쓰이게 되었다. 용례) 岐路(기로)
재주 기 技	支의 지탱한다는 뜻에서 손 扌를 추가하여 나무를 잘 타는 재주를 부리는 모습을 표현하였다. 재주, 재능, 솜씨, 기술, 장인이라는 의미가 되었다. 용례) 技術(기술)

재간 기 伎	技에 사람 人을 추가하여 재주가 있는 사람이란 뜻으로 재간, 재주, 재능, 광대, 배우, 기생이라는 의미가 되었다. [扌가 생략됨] 용례) 伎樂(기악)
기생 기 妓	伎에 여자 女를 추가하여 기생이란 의미를 명확하게 하였다. [人이 생략됨] 용례) 妓生(기생)

어른 장

소전	예서

고문을 보면 支와 구별되게 손질한 반듯한 나무를 손으로 잡고 있는 모습을 표현하였다. 사람이 지팡이를 짚고 있다는 뜻으로 나이가 든 어른, 의지한다는 의미가 되었다. 후에 자신의 키에 맞는 지팡이를 쓰므로 길이, 장(길이의 단위, 열 자), 측량한다는 의미로 확장되었다. 용례) 丈人(장인)

지팡이 장 杖	나무 木을 추가하여 지팡이라는 뜻을 명확하게 하였다. 지팡이, 몽둥이라는 의미이다. 용례) 棍杖(곤장)
의장 장 仗	丈의 의지한다는 뜻에서 사람 人을 추가하여 사람이 지팡이에 의지하다, 기대다는 의미이다. 후에 의장(위엄을 보이기 위해 세우는 병장기), 호위라는 의미로 확장되었다. 용례) 兵仗器(병장기)

미칠 급 及				
	갑골문	금문	소전	예서

고문을 보면 사람의 몸에 손이 막 닿으려는 찰나의 모습을 표현하였다. 미치다. 이르다. 닿는다는 의미가 되었다. [예서 이후 현재의 모습으로 변형되었다]

용례) 遡及(소급)

미칠 급 扱	손 扌를 추가하여 미치다, 이르다, 다룬다는 의미를 강조하였다. 용례) 取扱(취급)
물길을 급 汲	물 氵를 추가하여 물에 닿는다는 뜻이니 물을 긷다, 푸다, 끌어당기다는 의미이다. 용례) 汲水(급수)
등급 급 級	실 糸를 추가하여 실타래를 다 쓰게 되어 다른 실타래로 잇게 된 모습을 표현하여 차례라는 의미가 되었고 후에 실을 잇게 되면 이은 곳에 매듭이 생기므로 같은 실에서도 차례가 있다는 뜻으로 등급이라는 의미로 확장되었다. 용례) 等級(등급)
마실 흡 吸	입 口를 추가하여 입에 닿은 채 먹는다는 뜻으로 마시다, 빨다, (피리를)불다는 의미이다. 용례) 吸收(흡수)

급할 급 急		
	소전	예서

고문을 보면 及의 원형에 마음 心을 추가하여 사람을 쫓아가 잡으려는 찰나의 마음을 표현하였다. 급하다, 재촉한다는 의미이다.

용례) 緊急(긴급)

죽일 살/빠를 쇄 煞	칠 攵을 추가하여 사람을 빠르게 죽이다는 의미이다. 후에 빠르다(쇄)는 의미로 확장되었다. [마음 心이 불 灬로 변형되었다] ※ 살 – 煞에 대해 중국에서는 흉신을 뜻하는 것으로 쓰였는데 우리나라에 들어오면서 흉악한 기운 등의 뜻으로 받아들여졌다.

마디 촌 寸

금문	소전	예서
(寸)	(寸)	寸

손과 손목에 뛰고 있는 맥을 표현하였는데 이는 손으로 어떠한 행동을 한다는 의미이다. 후에 손목 끝에서 맥이 뛰는 자리까지의 거리를 표시하는 단위 치로 사용됐는데 그 길이가 보통 손가락 한 마디 정도이므로 마디라는 뜻도 되었다. [현재 단위로 치는 3.03cm 정도이다] 이러한 짧은 단위를 나타내므로 조금, 약간, 근소, 적다라는 의미로 확장되었고 길이를 재다는 뜻으로 헤아리다, 촌수라는 의미도 파생되었다.

용례) 寸數(촌수)

헤아릴 촌 忖	寸의 헤아린다는 뜻을 명확하게 하기 위해 마음 忄을 추가하였다. 용례) 忖度(촌탁)
마을 촌 村	고문을 보면 진칠 屯과 마을 邑을 합쳐 사람들이 모여 사는 마을이란 뜻이었으나 예서 이후 邨과 과실을 손으로 따는 모양인 村으로 분화되었다. 둘 다 마을, 시골, 촌스럽다는 의미이고 현재는 村이 더 통용된다. 용례) 農村(농촌)

소전	예서 1	예서 2
(邨)	邨	村

찾을 심 尋

고문을 보면 좌 𠂇, 우 右, 마디 寸을 합쳐 이루어진 글자로 양손으로 잡고 상세하게 살펴본다는 뜻이다. 찾다, 캐묻다, 연구하다, 탐구하다는 의미이다.

용례) 推尋(추심)

대전	소전	예서

줄 부 付

금문	소전	예서

고문을 보면 사람 人과 마디 寸을 합쳐 남에게 어떠한 물건을 건네주는 행동을 표현하였다. 주다, 위탁하다, 부탁하다, 부치다, 붙인다는 의미이다.

용례) 付託(부탁)

부호 부 符

付의 준다는 뜻에서 대나무 竹을 추가하여 부절을 주는 모습을 표현하였다. 부호, 기호, 부합하다, 증거, 증표라는 의미이다. [고대에는 사람이나 물건의 소유 등을 식별하기 위해 대나무 등에 표시를 한 후 이를 나눠 가졌는데 이를 符節(부절)이라고 한다]

용례) 符號(부호)

분부할 부 咐

付의 부탁한다는 뜻에서 입 口를 추가하여 윗사람이 아랫사람에게 부탁한다는 뜻으로 분부한다는 의미가 되었다. 용례) 咐囑(부촉)

붙을 부 附

付의 붙인다는 뜻에서 언덕 阝를 추가하여 이미 흙이 높이 쌓여있는 언덕에 더욱 흙을 보태다, 붙이다, 부착한다는 의미이다.

용례) 附與(부여)

곁마 부 駙

付의 붙인다는 뜻에서 말 馬를 추가하여 마차에 예비용으로 붙여 딸려가는 곁마를 의미한다. 용례) 駙馬(부마)

마을 부 府

付의 위탁한다는 뜻에서 집 广을 추가하여 물건을 보관하다, 모으다, 창고, 곳집, 관청이라는 의미가 되었다. 후에 관청이 관리하는 행정구역, 마을이란 의미로 확장되었다. 용례) 政府(정부)

썩을 부 腐

府의 보관한다는 뜻에서 고기 肉을 추가하여 고기를 보관한 모습을 표현하였다. 고대에는 보관방법이 미흡하므로 고기는 바로 먹어야 하는데 보관하고 있으므로 썩다, 상하다는 의미가 되었다.

용례) 腐敗(부패)

육부 부 腑

府의 보관한다는 뜻에서 고기 月을 추가하여 사람이 배 안에 보관하고 있는 육부(대장, 소장, 쓸개, 위, 삼초, 방광)를 의미하게 되었다. 용례) 五臟六腑(오장육부)

구부릴 부 俯

府의 보관한다는 뜻에서 사람 人을 추가하여 사람이 나타나지 않는 모습이니 숨다, 잠복하다, 고개를 숙이다, 구부린다는 의미가 되었다. 용례) 俯伏(부복)

재주 술/ 차조 출

갑골문	금문	소전	해서 1	해서 2

고문을 보면 물건을 잡은 손이 빠르게 움직이는 모습을 추상적으로 표현한 것으로 추정된다. 고대 손이 빠른 것은 이로운 일이므로 재주, 방법, 수단, 사업이라는 의미가 되었다. 후에 찰기 있는 조는 손에서 떨어지지 않으므로 차조(출)라는 의미도 생성되었다. (=术)

재주 술 術

거리 行이 추가되어 거리에서 재주를 부리는 모습을 강조하였다. 재주, 방법, 술수, 기교라는 의미이다. 용례) 術士(술사)

펼 술 述

갈 辶을 추가하여 끊어지지 않게 죽 이어 간다는 뜻으로 펴다, (글을)짓다, 서술하다, 잇는다는 의미가 되었다. 용례) 述懷(술회)

죽일 살/빠를 쇄

殺

고문을 보면 흉기를 빨리 휘둘러 죽이는 모습을 표현한 것으로 추정된다. [朮+ 殳+ 文] 죽이다, 심하다, 빠르다(쇄)는 의미로 쓰이게 되었다. (= 煞)

용례) 殺害(살해)

소전	예서	해서

손 맞잡을 공

廾

갑골문	금문	소전

양손을 나란히 올린 모습을 표현하였다. 두 손을 맞잡다, 물건을 들어 올린다는 의미이다.

희롱할 롱(농)

弄

구슬 玉을 추가하여 두 손으로 구슬을 가지고 놀다, 희롱하다, 즐기다는 의미이다.

용례) 弄談(농담)

한가지 공

共

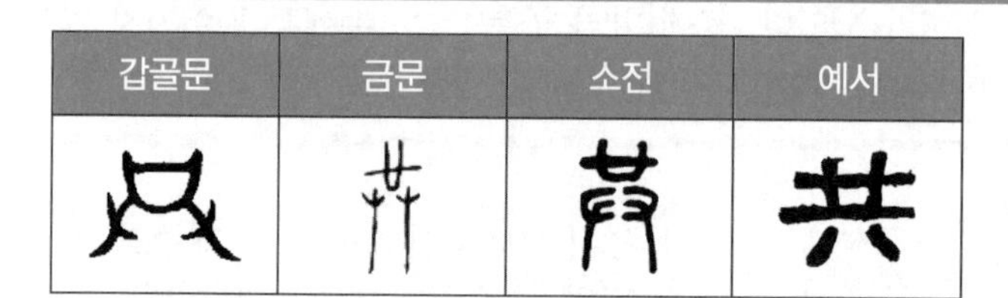

고문을 보면 큰 토기(廿)를 두 손으로 공손하게 든 모습을 표현하였다. 함께, 같이, 함께하다, 하나로 합치다, 조심하다, 공손하다는 의미가 되었다.

용례) 共助(공조)

팔짱낄 공 拱	共의 함께한다는 뜻에서 손 扌를 추가하여 두 손을 맞잡다, 두르다, 껴안다, 팔짱을 끼다는 의미이다. 용례) 拱手(공수)
공손할 공 恭	共의 공손하다는 뜻에서 마음 忄을 추가하여 공손하다, 삼가다, 받들다, 존중한다는 의미이다. 용례) 恭敬(공경)
받들 공 供	共의 공손하다는 뜻에서 사람 人을 추가하여 사람을 받들다, 모시다, 이바지한다는 의미가 되었다. 용례) 供給(공급)
넓을 홍 洪	共의 함께한다는 뜻에서 물 氵를 추가하여 물이 하나로 합쳤으니 많다, 넓다, 크다는 의미이다. 용례) 洪水(홍수)
떠들썩할 홍 哄	共의 함께한다는 뜻에서 입 口를 추가하여 여러 명이 함께 말을 한다는 뜻이니 떠들썩하다, 크게 웃는다는 의미이다. 용례) 哄動(홍동)

거리 항

소전 1	소전 2	예서 1	예서 2

고문을 보면 함께 共과 마을 邑을 합해 여러 사람이 함께 사는 지역을 표현하였다. 여러 사람이 다니는 복도, 거리라는 의미이다. [예서 이후 邑이 오인되어 巳의 형태로 변형되었다]
용례) 街談巷說(가담항설)

항구 항 港	巷의 거리라는 뜻에서 물 氵를 추가하여 물 위에서 배가 다니는 뱃길, 항구를 의미한다. 용례) 港灣(항만)

아뢸 주 奏

갑골문	금문	소전	예서

고문을 보면 두 손으로 나무의 과실을 따는 모습을 표현한 것으로 추정된다. (과일을)모으다, 바치다, 아뢴다는 의미이고 후에 모으다는 뜻에서 여러 명이 모여 악기를 연주하다, 곡조라는 의미로 확장되었다. [소전 이후 과실 부분은 屮의 형태로 나무 부분은 夲의 형태로 나뉘었다가 예서 이후 현재의 모습으로 변형되었다]

용례) 演奏(연주)

모일 주 輳 奏의 모은다는 뜻에서 차 車를 추가하여 전투 중에 전차가 맞부딪히는 모습을 표현하여 모이다, 몰려들다, 접근한다는 의미이다.

받들 봉 奉

금문	소전	예서

고문을 보면 奏와 구분되게 수확한 곡식을 받치는 모습을 표현한 것으로 추정된다. 드리다, 바치다, 받들다, 섬긴다는 의미이다. [소전 이후 生과 毛의 형태로 먹는 부분과 뿌리 부분으로 나뉘었다가 예서 이후 현재의 모습으로 변형되었다]

용례) 奉仕(봉사)

막대 봉 棒 奉의 뿌리를 제거한다는 원뜻에서 나무 木을 추가하여 가지 등을 제거한 몽둥이, 막대라는 의미이다. 용례) 針小棒大(침소봉대)

받을 봉 捧 奉의 받든다는 뜻에서 손 扌를 추가하여 받들다, 섬긴다는 의미를 강조하였다. 용례) 捧納(봉납)

녹 봉 俸

奉의 섬긴다는 뜻에서 사람 人을 추가하여 섬기는 사람이라는 의미로 봉직한다(공직에 종사하다)는 의미였으나 후에 공직에 있는 사람에게 주는 녹, 녹봉(벼슬아치에게 주던 급료)이라는 의미로 확장되었다.

용례) 俸給(봉급)

깍지낄 국/들 거

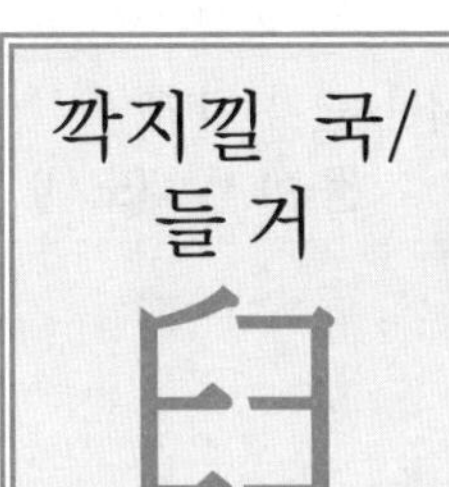

갑골문	소전

廾과 구별되게 아래로 양손을 나란히 내린 모습을 표현하였다. 양손, 양손으로 들다, 깍지를 끼다는 의미이다. [절구 臼와 모양이 비슷하여 통용되어 쓰인다]

마주들 여/들 거 舁

함께 廾을 추가하여 두 명이 어떠한 물건을 위아래에서 서로 맞잡아 든 모습을 표현하였다. 마주 들다, 든다는 의미이다. [臼가 臼로 변형되었다]

더불/줄 여

금문	소전	예서

고문을 보면 舁와 어금니 牙를 합쳐 위아래 딱 맞는 어금니처럼 서로 힘을 조절하여 무거운 물건을 들다, 같이하다, 더불다는 의미이다. 후에 손에서 손으로 물건을 건네 주다는 뜻으로 주다, 베풀어 주다는 의미로 확장되었다. [소전 이후 牙가 与의 형태로 변형되었다]

용례) 與信(여신)

수레 여 輿	舁의 함께 든다는 뜻에서 차 車를 추가하여 여러 사람이 함께 드는 수레, 가마를 표현하였다. [与가 생략됨] 용례) 輿論(여론)
기릴 예 譽	舁의 베푼다는 뜻에서 말 言을 추가하여 칭찬하다, 기리다, 칭찬, 좋은 평판, 명예라는 의미이다. 용례) 名譽(명예)
들 거 擧	舁의 든다는 뜻에서 손 手를 추가하여 들다, 일으키다, 행한다는 의미를 강조하였다. 후에 모두 같이 들어 올린다는 뜻에서 다, 모든, 온통 이라는 의미로 확장되었다. 용례) 擧兵(거병)
섬 서 嶼	舁의 든다는 뜻에서 산 山을 추가하여 바다에서 누군가 함께 들어 올린 산 모양이 섬이라는 의미이다. 용례) 島嶼(도서)

잠깐 유/ 권할 용 臾

갑골문	금문	소전

고문을 보면 臼과 사람 人을 합쳐 영아를 두 손으로 잡아 일으켜 세우는 모습을 표현하였다. 권하다, 종용하다(용)는 의미이고 후에 짧은 시간 서있는 모습에서 잠깐, 잠시(유)라는 의미로 확장되었다. 또한 일어설 정도로 성장하였다는 뜻에서 비옥하다, 기름지다는 의미가 파생되었다. (다른 글자와 사용될 때에는 臾로 쓰인다)

곳집 유 庾	臾의 기름지다는 뜻에서 집 广을 추가하여 기름진 곡식을 쌓아 놓는 곳집, 노적가리(쌓아 둔 곡식더미)라는 의미이다. 용례) 庾廩(유름)
아첨할 유 諛	臾의 기름지다는 뜻에서 말 言을 추가하여 말을 비옥하게 한다는 뜻이니 아첨하다는 의미이다. 용례) 諂諛(첨유)

잡을 극

丮

갑골문	금문	소전	예서

고문을 보면 사람이 무릎 꿇고 두 손으로 받들어 올리는 모습을 표현하였다. 올리다, 잡다는 의미이다. [고문에서는 쓰임이 점차 줄어들게 되면서 비슷한 모양의 丸 또는 凡으로 대체되어 쓰였다]

일찍 숙 夙

고문을 보면 밤 夕과 올릴 丮을 합쳐 달빛이 희미한 새벽에 음식을 올리는 모습을 표현하였다. 아침 식사를 이른 새벽에 올린다는 뜻에서 새벽, 일찍, 빠르다, 이르다는 의미가 되었다. [소전 이후 丮이 凡으로 변형되었다]

용례) 夙興溫凊(숙흥온청)

갑골문	금문	소전

〈발에 대한 상형〉

그칠 지

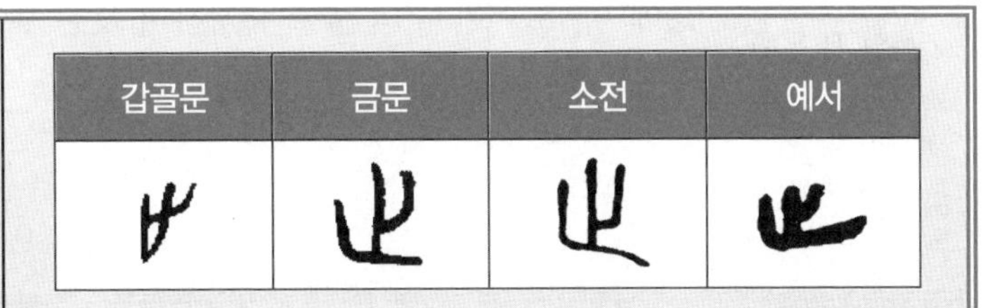

고문을 보면 발 모양을 표현하였음을 알 수 있다. 거동하다, 이르다는 의미이나 후에 이르다는 뜻에서 도달하다, 그치다, 끝나다, 멈춘다는 의미로 확장되었다.

용례) 禁止(금지)

터 지 址	止의 멈춘다는 뜻에서 흙 土를 추가하여 유랑하던 사람이 멈춰 정착하는 땅이 터(집이나 건물을 지었거나 지을 자리)라는 의미이다. 용례) 故址(고지)
복 지 祉	止의 거동한다는 뜻에서 제단 示를 추가하여 제단에 제물을 바치는 모습이니 복이라는 의미가 되었다. 용례) 福祉(복지)
꾀할 기 企	止의 거동한다는 뜻에서 사람 人을 추가하여 사람이 발을 떼는 모습을 표현하여 발돋움하다, 꾀하다, 도모하다, 기도하다, 계획한다는 의미이다. 용례) 企劃(기획)

뜻 지 志

금문	소전	예서

발 止와 마음 心을 합쳐 마음이 어느 곳으로 향해 가는 것을 표현하여 마음이 가다, 뜻하다, 뜻의 의미가 되었다. [예서 이후 止의 상형이 士의 형태로 변형되었다]

용례) 意志(의지)

기록할 지 誌	志에 말, 글이란 뜻의 言을 추가하여 뜻한 바를 글로 적다는 뜻으로 기록하다, 적다는 의미이다. 용례) 雜誌(잡지)

등질 발 癶

갑골문	금문	소전	해서

사람이 발을 벌리고 서 있는 모습을 표현하였다. 등지다, (사이가) 벌어진다는 의미이다. (주로 다른 글자와 함께 사용된다)

쏠 발
發

금문	소전	예서

고문을 보면 등질 癶에 활 弓, 몽둥이 殳를 추가하여 양발을 벌리고 활을 쏘거나 창을 던지는 모습을 구체적으로 표현하였다. (활을)쏘다, 일어나다, 나타내다, 드러내다, 떠나다, (꽃이)피다는 의미이다. 용례) 發表(발표)

다스릴 발 撥	손 扌를 추가하여 활을 쏘는 행위를 강조하여 일으키다, 제거하다, 다스린다는 의미이다. 용례) 反撥(반발)
물뿌릴 발 潑	물 氵를 추가하여 화살이 빗발치는 것을 물에 비유하여 물을 뿌리다, 사납다, 활발하다, 한바탕 내린다는 의미가 되었다. 용례) 潑剌(발랄)
술 괼 발 醱	潑에 술 酉를 추가하여 기포가 일어나게 발효시킨다는 뜻으로 술을 괴다, 술을 빚는다는 의미이다. [氵가 생략됨] 용례 醱酵(발효)
폐할 폐 廢	發의 드러낸다는 뜻에서 반지붕 广을 추가하여 임시 지붕을 없애다, 버리다, 폐하다는 의미이다. 용례) 廢亡(폐망)

걸을 보
步

갑골문	금문	소전	예서

오른발, 왼발을 함께 그려 걷는 모습을 표현하였다. 용례) 初步(초보)

오를 척 陟	언덕 阝를 추가하여 언덕을 올라가는 모습을 표현하였다. 오르다, 등극하다, 승진한다는 의미이다. 용례) 進陟(진척)

건널 섭 涉	물 氵를 추가하여 물을 건너다, 지나다, 거닐다, 이르다, 미친다는 의미이다. 용례) 涉獵(섭렵)
옮길 사 徙	조금걸을 彳을 추가하여 한쪽 길을 따라 사람들이 줄지어 이동하는 모습을 표현하였다. 옮기다, 이사한다는 의미이다. 용례) 移徙(이사)

갑골문	금문	소전

물가/가까울 빈 瀕

금문	소전	예서

고문을 보면 물 氵, 걸을 步, 머리 頁을 합쳐 물가에 다다른 후 물을 건너지 못하여 서성이는 모습을 표현하였다. 물가, 가까이하다, 급박하다, 절박하다는 의미가 되었다. 용례) 瀕死(빈사)

찡그릴 빈 嚬	瀕의 급박하다는 뜻에서 입 口를 추가하여 한숨 쉬다, 찡그리다, 눈살을 찌푸린다는 의미가 되었다. [물 氵가 생략됨]용례) 嚬蹙(빈축)
자주 빈 頻	특이하게 예서 이후 瀕에서 물 氵를 없애고 별도로 파생된 글자로 사람이 물을 건너지 못해 물가만 왔다 갔다 하는 모습을 강조하였다. 자주, 빈번히라는 의미로 쓰인다. 용례) 頻發(빈발)

예서	해서
 頻	 頻

껄끄러울 삽

歰

갑골문	소전

발자국 모양 止를 세 개 겹쳐 사용하여 어느 길로 가야 할지 고민하는 모습을 표현하였다. 어렵다, 껄끄럽다는 의미이다.

떫을 삽 澁 물 氵를 추가하여 물을 건너기 어려운 모습이니 어렵다, 막히다, 껄끄럽다, (맛이)떫다는 의미이다. 용례) 難澁(난삽)

빠를 첩

금문	소전	예서	해서

고문을 보면 무기를 든 사람의 발을 강조하여 표현하였다. 무기를 들고 도달하다, 이긴다는 의미이고 후에 사냥에 성공한다는 뜻의 날래다, 빠르다, 노획물이란 의미로 확장되었다. [소전 이후 무기를 든 손과 발 止의 형태로 간략화되었다]

빠를 첩 捷 疌의 빠르다는 뜻을 명확하게 하기 위해 손 扌를 추가하였다. 빠르다, 이루어지다, 이긴다는 의미이다. 용례) 捷報(첩보)

달릴 주

금문	소전	예서

발 止와 사람이 달리는 모습을 합쳐 달린다는 의미를 표현하였다. [예서 이후 사람의 모습이 土의 형태로 변형되었다]

용례) 走行(주행)

달릴 분 奔

走와 구분되게 발을 세 개 그려 급하게 달리는 모습을 표현하였다. 달리다, 급히 가다, 빠르다는 의미이다. [소전 이후 발 모양을 풀로 오인하여 卉로 변형되었다]

용례) 奔走(분주)

금문 1	금문 2	소전	예서

갈 지

갑골문	금문	소전	예서	해서

발이 땅에서 막 떨어지려는 찰나의 모습을 표현하였다. 발이 땅에서 떨어지니 가다, 이르다는 의미이다.

지초 지 芝

풀 艹를 추가하여 발 모양으로 나는 풀을 뜻하여 지초, 영지버섯을 의미한다.

용례) 芝蘭之交(지란지교)

〈영지버섯〉

모자랄 핍

금문	소전	해서

고문을 보면 발 止의 앞이 막혀있는 모습이다. 앞으로 나가지 못하고 있는 상태이니 힘이 없다, 모자라다, 부족하다. 떨어진다는 의미가 되었다. 용례) 缺乏(결핍)

물소리 핍/뜰 범 泛	乏의 떨어지다는 뜻에서 물 氵를 추가하여 떨어지는 물소리를 의미하고 후에 가벼워서 물에 뜨다는 의미로 확장되었다. 용례) 泛然(범연)
낮출 폄 貶	乏의 떨어진다는 뜻에서 조개 貝를 추가하여 조개가 질이 떨어진다는 뜻으로 낮추다, 폄하다, 떨어진다는 의미이다. 용례) 貶下(폄하)

먼저 선

갑골문	금문	소전	예서

고문을 보면 之와 사람 人을 합쳐 앞으로 나아가는 사람을 표현하였다. 앞으로 나아가다, 뛰어나다, 먼저, 이전, 앞이라는 의미이다. [예서 이후 之의 상형이 현재의 모습으로 변형되었다] 용례) 先生(선생)

무쇠 선 銑	先의 뛰어나다는 뜻에서 쇠 金을 추가하여 일반 쇠보다 더 뛰어난 쇠가 무쇠라는 의미이다. 용례) 鎔銑爐(용선로)
깨끗할 선/씻을 세 洗	先의 뛰어나다는 뜻에서 물 氵를 추가하여 물로 깨끗하게 하다, 목욕한다는 의미이고 후에 씻다, 갈고 닦는(세)다는 의미로 확장되었다. 용례) 洗劑(세제)

발 소/짝 필

갑골문	금문	소전	예서

고문을 보면 종아리와 발바닥까지 발의 모습을 사실적으로 표현하였다. 발, 다리라는 의미이고 후에 발이 두 개이므로 짝, 배필이라는 의미로 확장되었다. 또한, 피륙을 세는 단위(필)로도 쓰이게 되었다.

성길 소 疎	묶을 束을 추가하여 움직이지 못하게 발을 묶은 모습이니 성기다(사이가 뜨다), 거칠다, 멀다는 의미가 되었다. 용례) 疎忽(소홀)
트일 소 疏	아이가 나오는 모습인 㐬를 추가하여 발까지 모두 나온 모습을 표현하였다. 트이다는 의미이다. 용례) 疏通(소통)
나물 소 蔬	疏에 풀 艹를 추가하여 사람과 소통할 수 있는 식물(먹을 수 있는 나물)을 뜻하여 나물, 푸성귀를 의미한다. 용례) 菜蔬(채소)
빗 소 梳	疏에 나무 木을 추가하여 트이게 하는 나무라는 뜻으로 머리를 빗는 얼레빗, (머리를) 빗는다는 의미이다. [疋이 생략됨] 용례) 僧梳(승소)

서로 서 胥

소전	예서	해서

발 疋과 고기 月을 합쳐 양발이라는 신체 부위를 강조하였다. 서로, 함께, 모두, 따르다, 추종하다는 의미이다. 후에 따른다는 뜻에서 아전이라는 의미가 파생되었다.

용례) 胥吏(서리)

사위 서 壻	胥의 함께라는 뜻에서 남성을 뜻하는 士를 추가하여 배필 중 남자인 사위, 남편, 사내라는 의미이다.(= 婿) 용례) 同壻(동서)

발 족 足

갑골문	금문	소전

고문을 보면 성(口)으로 돌아가는 발(止)을 표현하였다. 일을 마치고 돌아가는 모습이니 가다, 충족하다, 이룬다는 의미이다. 후에 疋과 모양이 유사하여 발이라는 의미가 파생되었다. 용례) 滿足(만족)

재촉할 촉 促	사람 人을 추가하여 성으로 돌아가는 사람을 강조하였다. 재촉하다, 촉박하다, 빠르다는 의미이다. 용례) 促迫(촉박)
잡을 착 捉	손 扌를 추가하여 가는 사람을 잡는 모습이니 잡다, 체포한다는 의미이다. 용례) 捕捉(포착)

바를 정

갑골문	금문	소전

고문을 보면 도착지에 도달한 발을 그려 정벌하다, 바로잡다, 바르다는 의미가 되었다. 용례) 正服(정복)

가지런할 정 整	正의 바로잡는다는 뜻에서 다스릴 敕을 추가하여 바르게 다스린다는 뜻이니 가지런하다, 정리한다는 의미이다. 용례) 整備(정비)
칠 정 征	正의 정벌한다는 뜻에서 걸을 彳을 추가하여 정벌하러 가는 행동을 강조하여 치다, 때리다, 정벌한다의 의미이다. 용례) 遠征(원정)
정사 정 政	正의 바로 잡다는 뜻에서 칠 攵을 추가하여 바르게 하다는 뜻을 강조하였다. 정사(나라를 다스리는 일), 법, 법규라는 의미이다. 용례) 政治(정치)

증세 증 症	正의 바로 잡다는 뜻에서 병 疒을 추가하여 병을 바로 잡다는 뜻으로 후에 병을 고치기 위해 알아야 하는 증세, 증상이란 의미로 확장되었다. 용례) 症勢(증세)
기울 왜(외) 歪	正의 바르다는 뜻에서 아니 不을 추가하여 바르지 않다는 뜻이니 기울다, 비뚤다는 의미이다. 용례) 歪曲(왜곡)

정할 정

금문	소전	예전	해서

고문을 보면 바를 正에 집 宀을 합쳐 집안을 바르게 하다는 뜻으로 바로잡다, 다스리다, 편안하다, 안정시키다, 정해지다, 정한다는 의미가 되었다.

용례) 安定(안정)

닻 정 碇	定의 안정시키다는 뜻에서 돌 石을 추가하여 배를 안정시키기 위해 내리는 돌덩어리가 닻이라는 의미이다. (고대에는 돌로 닻을 만들었다) 용례) 碇泊(정박)
은화 정 錠	定의 정해지다는 뜻에서 쇠 金을 추가하여 고대에 은을 녹여 덩이를 만들어 은화로 사용한 것을 표현하였다. 후에 약을 덩이로 만들어 먹게 한 정제라는 의미로 확장되었다. 용례) 錠劑(정제)
터질 탄 綻	定의 바로잡다는 뜻에서 실 糸를 추가하여 옷이 터져 실로 깁다, 꿰매다는 의미이고 후에 옷이 터졌다는 뜻으로 옷이 터지다, 꽃봉오리가 벌어지다는 의미로 확장되었다. 용례) 綻露(탄로)

관청 시/절 사

寺

금문	소전	예서

고문을 보면 손마디 寸 위에 발 止를 그려 사람을 극진히 모시는 모습을 표현하였다. 처음에는 외국 사신들을 접대하는 관공서를 의미하였으나 불교가 전래되면서 부처를 극진히 모시는 절을 의미하는 것으로 확장되었다. [예서 이후 止가 土의 형태로 변형되었다]

용례) 寺刹(사찰)

모실 시 侍	寺의 모시다는 뜻에서 사람 人을 추가하여 모시다, 받들다, 시중든다는 의미를 강조하였다. 용례) 內侍(내시)
시 시 詩	寺의 관청이란 뜻에서 말 言을 추가하여 사신 등을 접대하면서 주고받는 말을 뜻하여 (시를)읊다, (시를)짓다, 시라는 의미가 되었다. 용례) 詩經(시경)
때 시 時	寺의 관청이란 뜻에서 해 日을 추가하여 관청에서 시간별로 알려주는 때를 뜻한다. 때, 때마다, 때를 맞추다는 의미이다. [고대에는 관청에 설치한 기계를 통해 시간을 확인하고 북 등을 통해 매시간을 알렸다.] 용례) 時間(시간)
가질 지 持	寺의 관청이란 뜻에서 손 扌를 추가하여 관청에서 일하는 모습을 표현하였다. 고대 관청에서 하는 주된 일은 세금을 걷어 보관하는 일이므로 보존하다, 유지하다, 손에 쥐다, 지진다는 의미가 되었다. 용례) 持續(지속)
우뚝 솟을 치 峙	持의 유지한다는 뜻에서 산 山을 추가하여 산처럼 높이 쌓다, 저축하다, 우뚝 솟다, 언덕이라는 의미이다. [扌가 생략됨] 용례) 峙積(치적)
치질 치 痔	峙의 솟는다는 뜻에서 병 疒을 추가하여 항문에 장이 빠져나와 솟아오른 병인 치질이라는 의미이다. [山이 생략됨] 용례) 痔疾(치질)
기다릴 대 待	寺의 관청이라는 뜻에서 걸을 彳을 추가하여 사신을 영접하기 위한 장소로 가는 모습을 표현하였다. 사신을 기다린다는 의미였으나 후에 사신을 모시다, 시중들다, 돕다, 거든다는 의미로 확장되었다. 용례) 待機(대기)

무리 등 等	寺의 관청이라는 뜻에서 대나무 竹을 추가하여 관청에 모아놓은 죽간을 표현하였다. 고대에는 대나무 조각인 죽간에 글을 써서 둘둘 말아서 보관하였고 관청에서는 같은 종류의 서류를 모아서 보관하였으므로 무리, 부류, 등급, 계급이란 의미가 되었다. 용례) 等級(등급)
특별할 특 特	寺의 관청이라는 뜻에서 소 牛를 추가하여 관청에서 제사를 지내기 위해 소를 잡는 것을 표현하였다. 보통 털 색이 고르고 힘이 센 수소를 골랐으므로 관에서 고른 소가 특별하다, 뛰어나다, 수컷이란 의미가 되었다. 용례) 特色(특색)

뒤져 올 치

夊

금문	소전	예서

고문을 보면 발 止를 뒤집어 놓은 모양으로 뒷걸음으로 가는 모습을 표현하였다. 천천히 오다, 뒤져오다는 의미이다.

내릴 강/항복할 항 降	고문을 보면 언덕 阝에서 양발이 아래로 내려오는 모습을 표현하였다. 마을이나 성이 있는 언덕에서 내려간다는 뜻이니 내려가다(강), 항복한다(항)는 의미이다. 용례) 降伏(항복)

갑골문	금문	소전

각각 각 各	갑골문 1	갑골문 2	금문	소전

고문을 보면 함정에 빠지는 모습을 표현한 것으로 추정된다. 빠지다, 떨어진다는 의미이나 후에 함정에 빠지는 동물이 다양하므로 각각, 따로따로라는 의미로 확장되었다. 또한, 함정에 빠진 모두, 전부라는 의미도 파생되었다. 용례) 各自(각자)

집 각 閣	各의 모두라는 뜻에서 문 門을 추가하여 큰 문이 있는 집, 관서, 궁전이라는 의미이다. 후에 같은 집에 속한 동문, 내각이란 의미로 확장되었다. 용례) 內閣(내각)
삼갈 각 恪	各의 빠진다는 뜻에서 마음 忄을 추가하여 삼가다는 의미가 되었다. 용례) 恪別(각별)
격식 격 格	各의 빠진다는 뜻에서 나무 木을 추가하여 함정처럼 출입을 가로막은 가로대를 표현하였다. 가로막다, 제한한다는 의미이고 후에 제한에 맞는 사람이란 뜻에서 자리, 지위, 인격, 인품, 격식이라는 의미로 확장되었다. 용례) 格上(격상)
뇌물 뢰(뇌) 賂	各의 빠진다는 뜻에서 재물 貝를 추가하여 함정에 빠지게 하는 재물이 뇌물이라는 의미이다. 용례) 賂物(뇌물)
물이름 락(낙) 洛	各의 떨어진다는 뜻에서 물 氵를 추가하여 물이 아래로 흐르다, 떨어진다는 의미이다. 후에 강 이름으로도 쓰이게 되었다. 용례) 洛東江(낙동강)
떨어질 락(낙) 落	洛의 떨어진다는 뜻에서 풀 艹를 추가하여 나무에서 떨어지는 낙엽을 표현하였다. 낙엽, 떨어지다, 죽는다는 의미이다. 용례) 墜落(추락)
이을 락(낙) 絡	各의 떨어진다는 뜻에서 실 糸를 추가하여 실을 엮어 아래로 늘어뜨린 모습이니 실, 줄, 잇다, 얽히다, 묶는다는 의미가 되었다. 용례) 連絡(연락)
낙타 락(낙) 駱	各의 떨어진다는 뜻에서 말 馬를 추가하여 말과 같은 이동수단이나 격이 떨어지는 동물이 낙타(駱駝)라는 의미이다.

지질 락(낙) 烙	各의 떨어진다는 뜻에서 불 火를 추가하여 불을 떨어뜨려 지진다는 의미이다. 용례) 烙印(낙인)
진한 유즙 락(낙) 酪	各의 떨어진다는 뜻에서 술 酉를 추가하여 술보다 격이 떨어지는 젖을 가공한 마유주 등을 의미하고 후에 타락, 술, 과즙이란 의미로 확장되었다. 용례) 駝酪(타락)
간략할/ 다스릴 략(약) 略	各의 떨어진다는 뜻에서 밭 田을 추가하여 각자 자신의 구획에서 농사를 짓는 모습을 표현하였다. 경영하다, 다스린다는 의미이고 작은 구획만 농사를 짓는 것이므로 간략하다, 생략하다, 대강이라는 의미로 확장되었다. 또한, 구획이 나뉘어 있음에도 다른 구획으로 들어가다, 침범하다, 노략질한다는 의미가 파생되었다. 용례) 簡略(간략)

고대 중국에서는 정전제라는 제도를 시행하였는데 이는 토지를 井 모양으로 구획한 후 가운데 있는 땅은 함께 경작하여 나라에 세금으로 바치고 나머지 구획된 땅은 각자 농사를 짓는 제도였다.

손님 객 客

갑골문	금문	소전

고문을 보면 집에 찾아온 사람에게 음식을 대접하는 모습을 표현하였다. 손님, 나그네, 의탁한다는 의미이다. [금문 이후 各과 집 宀을 합쳐 집으로 각각 찾아온 손님이라는 뜻으로 간략화되었다]
용례) 乘客(승객)

이마 액 額	머리 頁이 추가하여 손님의 머리를 보고 수를 센다, 머릿수, 수효, 수량이라는 의미이다. 후에 머리의 빛나는 부분이 이마이므로 이마라는 뜻으로 확장되었다. 용례) 額數(액수)

길 노(로)
路

금문	소전

고문을 보면 발 足과 함정 各을 합쳐 짐승이 오가는 중요 길목에 함정을 판 모습을 표현하였다. 중요한 자리, 길이라는 의미이다. 용례) 路上(노상)

이슬 노(로) 露
비 雨를 추가하여 길에 내린 빗방울이 이슬이라는 의미이다.
용례) 露出(노출)

해오라기 노(로) 鷺
새 鳥를 추가하여 긴 다리로 길을 오가는 새인 해오라기, 백로를 의미한다.
용례) 鷺梁津(노량진)

어그러질 천
舛

금문	소전	해서
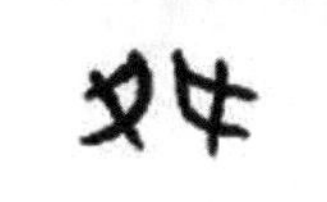		舛

뒤집어진 발(夊)과 앞으로 향한 발(止)이 교차되는 모습을 표현하였다. 어그러지다, 어지럽다는 의미이다.

에워쌀 위 韋
고문을 보면 성(口) 주위를 도는 모습을 표현하였다. 에워싸다, 둘레라는 의미이고 후에 가죽을 돌아가면서 발로 밟아 부드럽게 하는 행위와 같기에 가죽이라는 뜻도 가지게 되었다. (다룸가죽 – 잘 매만져서 부드럽게 만든 가죽)
용례) 韋編三絶(위편삼절)

갑골문 1	갑골문 2	금문 1	금문 2	소전

클 위 偉	사람 人을 추가하여 어떤 지역을 에워싸 보호하는 사람이라는 뜻에서 크다, 훌륭하다라는 의미가 되었다. 용례) 偉大(위대)
지킬 위 衛	사거리 行을 추가하여 사거리를 에워싸 보호하고 지킨다는 뜻이다. 용례) 衛星(위성)
어긋날 위 違	쉬엄쉬엄 갈 辶을 추가하여 어떤 곳을 서로 빙 둘러가며 가고 있으니 서로 만나기 어려워 어긋난다는 의미가 되었다. 용례) 違反(위반)
씨줄 위 緯	실 糸를 추가하여 베틀에서 고정된 날줄 사이를 북에 넣은 실이 오가면서 직물을 짜는 모습을 표현하였다. 가로로 오가는 실이란 뜻으로 씨줄, 가로, 짜다는 의미가 되었다. 용례) 緯度(위도), 經緯(경위)
숨길 휘 諱	말 言을 추가하여 에둘러서 말을 한다는 뜻이니 싫어하다, 피하다, 꺼리다, 숨기다는 의미가 되었다.

길/다닐 행

行

갑골문	금문	소전	예서

사거리의 모습을 표현하였다. 길, 다니다, 행하다는 의미이다. 용례) 行爲(행위)

넓을 연 衍	물 氵를 추가하여 물이 사방으로 흐르는 모습을 표현하였다. 넓다, 넓히다, 넘치다, 널리 퍼지다는 의미이다. 용례) 敷衍(부연)
재갈 함 銜	쇠 金을 추가하여 말을 앞으로 나아가게 하기 위해 입에 물리는 재갈을 뜻한다. 재갈, 머금다, 마음에 품다는 의미이다. 용례) 銜字(함자)

조금걸을 척

彳

갑골문	금문	소전	예서
	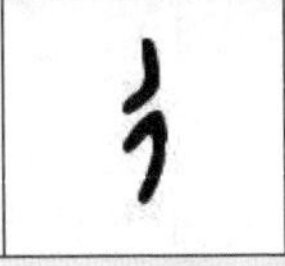		

고문을 보면 사거리의 한쪽만 표현하여 일부분만 통행이 가능한 모습을 표현하였다. 통행이 적다, 조금 걷는다는 의미이다.

뒤 후 後

고문을 보면 조금걸을 彳과 뒤져올 夂에 족쇄를 찬 모습을 합쳐 노예나 죄인들이 줄지어 이동하는 모습으로 표현하였다. 뒤떨어지다, 뒤지다, 늦다는 의미이고 후에 뒤라는 의미로 확장되었다.

용례) 韋編三絕(위편삼절)

갑골문	금문	소전	예서
	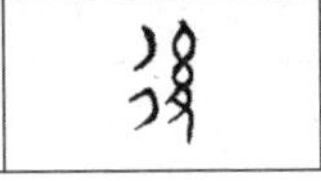	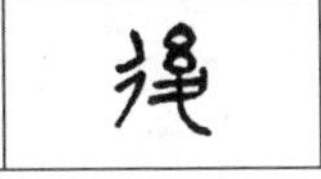	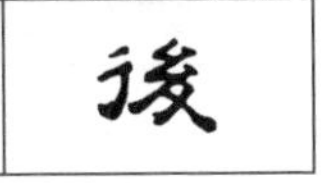

따를 종

從

갑골문	금문	소전	예서
		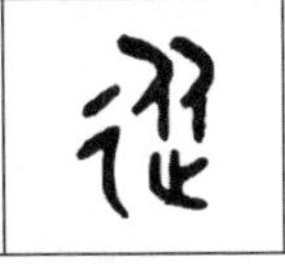	

고문을 보면 조금걸을 彳과 두 사람의 모습을 합쳐 동행하는 사람을 표현하였다. 시종이 따라가는 모습이므로 따르다, 모시다, 시중든다는 의미이다. [금문 이후 따라간다는 뜻에서 발 止가 추가되었다]

용례) 服從(복종)

권할 종 慫

從의 따른다는 뜻에서 마음 心을 추가하여 따르도록 하는 마음이니 권하다, 종용하다는 의미가 되었다.

용례) 慫慂(종용)

세로 종 縱	從의 따른다는 뜻에서 실 糸를 추가하여 베틀에서 날실이 좌우로 편하게 움직이도록 세로로 있는 씨줄을 표현하였다. 세로라는 의미이고 씨줄이 늘어져 있으므로 늘어지다, 놓아주다, 석방한다는 의미로 확장되었다. 용례) 操縱(조종)
솟을 용 聳	從의 따른다는 뜻에서 귀 耳를 추가하여 얼굴에서 나란히 있는 귀를 의미하고 후에 솟다, 솟게 하다는 의미로 확장되었다. 용례) 聳上(용상)

길게 걸을 인 廴

소전	해서
廴	廴

조금걸을 彳의 아랫부분을 늘린 모습으로 길게 늘어져서 천천히 걷는다는 뜻이다.

늘일 연 延

소전	예서	해서
延	延	延

고문을 보면 조금 걸을 廴과 앞이 막힌 모양인 𠂆을 합쳐 길이 막혀 시간이 늦어지는 모습을 표현하였다. 늘이다, 끌다, 펴지다는 의미이고 후에 넓이, 길이라는 의미로 확장되었다. 용례) 延長(연장)

대자리 연 筵	대나무 竹을 추가하여 대나무로 만들어 자리에 길게 펴는 대자리, 좌석을 의미한다. 용례) 經筵(경연)
구불구불할 연 蜒	뱀을 뜻하는 虫을 추가하여 뱀의 꼬리가 구불구불하게 펴져 있는 모습을 표현하였다.

새알 단 蛋	蜑에 발 疋을 추가하여 뱀이 둥글게 똬리를 틀고 있는 모습을 표현하였다. 둥근 모습에서 알이라는 의미가 파생되었다. [延이 생략됨] 용례) 蛋白質(단백질)
거짓/낳을 탄 誕	延에 말 言을 추가하여 말을 길게 한다는 뜻으로 남을 속이기 위해 꾸며대며 말을 한다는 뜻이니 거짓, 속이다는 의미이고 후에 아이를 낳을 때 길게 소리를 지른다는 뜻으로 해석하여 낳다, 탄생하다는 의미로 확장되었다. 용례) 誕辰(탄신)

쉬엄쉬엄갈 착

금문	소전	해서

고문을 보면 조금걸을 彳과 발 止를 합쳐 한 방향으로만 길을 가는 모습을 표현하였다. 쉬엄쉬엄 가다, 끊임없이 간다는 의미이다. (다른 글자와 함께 쓰일 때는 辶으로 쓰인다)

길 영

永

갑골문	금문	소전	예서

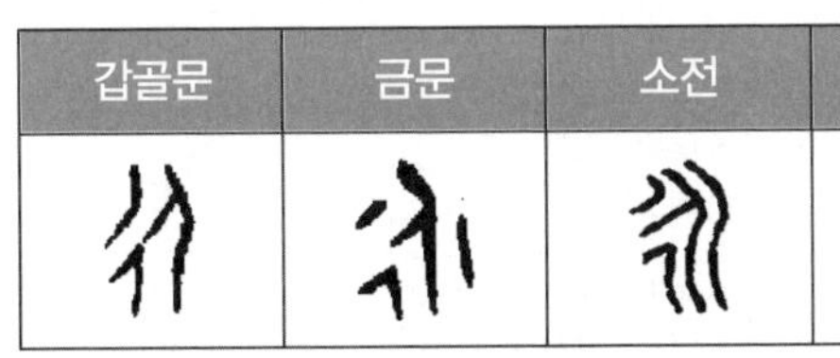

고문을 보면 갈림길에서 사람이 중간에 서서 갈등하는 모습을 표현하였다. 즉 바른길을 찾지 못하여 헤맨다는 뜻이니 길다, 길게 하다, (시간이) 오래다, 오래 끌다는 의미이고 후에 멀다, 깊다, 길이라는 의미로 확장되었다. 용례) 永遠(영원)

읊을 영 詠	말 言을 추가하여 말을 오래 끄는 것이니 읊다, (시가를) 짓다, 노래하다는 의미가 되었다. 용례) 詠歌(영가)

헤엄칠 영 泳	물 氵를 추가하여 물속으로 오래 들어가는 모습을 표현하여 헤엄치다, 무자맥질한다는 의미이다. 용례) 水泳(수영)
해길 창 昶	해 日을 추가하여 해가 길다, 환하다, 밝다는 의미이다.

갈래 파

𠂢

소전	예서	해서

永과 같은 어원이나 永이 멀다는 뜻으로 주로 쓰이자 갈림길이란 뜻을 나타내기 위해 분화되었다. 갈림길, 갈래, 나뉜다는 의미이다.

갈래 파 派	물 氵를 추가하여 물갈래, 지류, 갈라지다, 보낸다는 의미이다. 용례) 派遣(파견)
줄기 맥 脈	고기 月을 추가하여 사람의 신체에서 갈라져 흐르는 맥을 표현하였다. 줄기, 혈관, 맥, 맥박이라는 의미이다. 용례) 脈搏(맥박)

3. 혈연관계에 의한 집단생활

초기 인류는 동물 등의 위험으로부터 서로를 보호하기 위해 현연중심으로 집단생활을 하게 되었다. 그리하여 서로를 아끼고 보호해야 한다는 사고가 자리 잡게 된다.

우뚝할 올 兀	갑골문	금문	소전

고문을 보면 머리에 짐을 올린 모습을 표현한 것으로 추정된다. 머리 위로 짐이 있으니 우뚝하다는 의미가 되었다.

으뜸 원 元	갑골문	금문	소전	예서

고문을 보면 머리에 짐을 많이 올린 모습을 표현하였다. 다른 사람보다 많은 짐을 옮기므로 높다, 으뜸, 우두머리라는 의미가 되었다. 용례) 元首(원수)

완고할 완 頑	머리 頁을 추가하여 많은 짐을 올릴 수 있는 머리가 완고하다, 둔하다는 의미이다. 용례) 頑固(완고)
희롱할 완 玩	元의 높다는 뜻에서 구슬 玉을 추가하여 구슬을 높이 던지고 받는 모습을 표현하였다. 구슬을 가지고 놀다, 희롱하다, 장난하다는 의미이다. 용례) 玩具(완구)

성씨 완/ 나라 이름 원 阮	元의 높다는 뜻에서 마을 阝를 추가하여 마을, 나라 이름으로 사용하였다. 후에 사람의 성씨로도 쓰였다. 용례) 阮堂(완당)
갓 관 冠	덮을 冖과 손 寸을 추가하여 머리에 쓰는 관, 갓을 강조하였다. 용례) 冠禮(관례)

완전할 완 完	소전	예서
	完	完

고문을 보면 으뜸 元과 집 宀을 합쳐 높고 튼튼하게 지은 집을 표현하여 완전하다, 튼튼하다, 끝내다는 의미이다. 용례) 完璧(완벽)

왕골 완 莞	完의 튼튼하다는 뜻에서 풀 艹를 추가하여 크게 자라고 튼튼하여 돗자리나 방석을 만드는 풀인 왕골을 의미한다. 후에 왕골의 줄기의 끝부분에서 꽃자루가 나와 작은 꽃이 둥글게 핀 모양이 웃는 모습과 같다고 하여 빙그레 웃는다는 의미로 확장되었다. 용례) 莞爾(완이)
집 원 院	完이 튼튼하다는 뜻으로 주로 쓰이자 집이라는 의미를 명확하게 하도록 집, 마을이란 뜻의 阝를 추가하였다. 보통 큰 저택을 뜻하며 사원, 정원, 관아, 기루라는 의미로 사용된다. 용례) 病院(병원)
도적 구 寇	完의 집이라는 뜻에서 칠 攴을 추가하여 남의 집에 들어가서 몽둥이로 치고 물건을 빼앗는다는 뜻이니 도적, 약탈하다는 의미이다. 용례) 倭寇(왜구)

가릴 면

丏

갑골문	금문	소전	해서

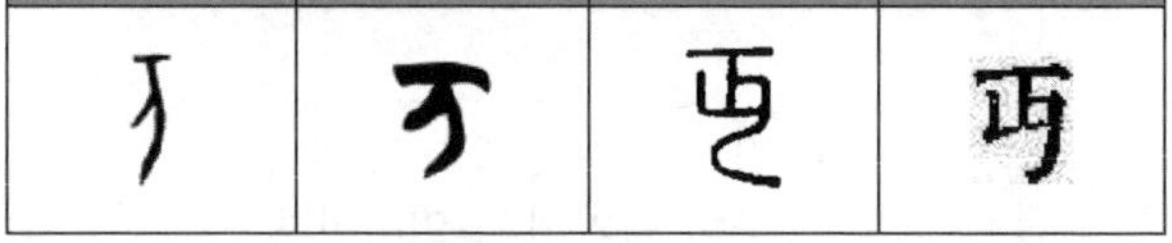

고문을 보면 兀과 같이 어원이나 머리에 짐을 올리면 고개를 숙이게 되므로 가리다, 보이지 아니하다는 의미로 분리되었다.

밀가루 면 麪	보리, 밀을 뜻하는 麥을 추가하여 밀 등을 빻아 형체가 보이지 아니하게 만든 것이 밀가루라는 의미이다. 후에 밀가루로 만든는 국수라는 의미로 확장되었고 丏대신 面을 쓴 麵과 통용하여 쓰이게 되었다.
곁눈질할 면 眄	눈 目을 추가하여 가리어 본다는 뜻이니 똑바로 보지 아니하고 곁눈질하다, 흘긴다는 의미이다. 용례) 眄視(면시)
빠질/물 이름 면 沔	물 氵를 추가하여 물에 빠져 보이지 않는다는 의미이다. 후에 물 이름으로 확장되었다.

손님 빈

賓

갑골문 1	갑골문 2	금문	소전	예서	해서

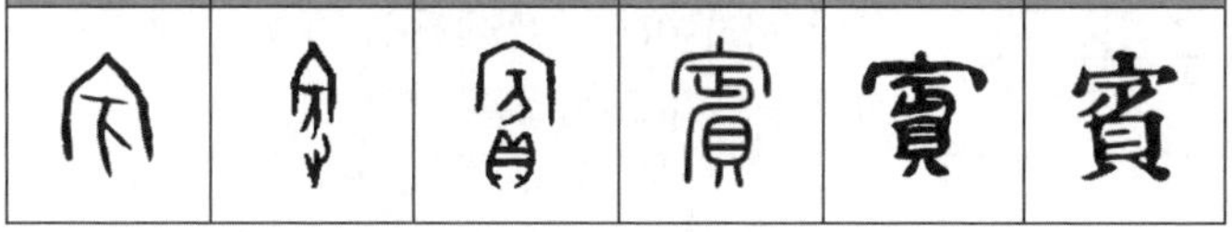

고문을 보면 집 宀, 가릴 丏을 합쳐 고개를 숙이고 다른 사람의 집으로 찾아가는 모습을 표현하였다. 손님이라는 의미이고 후에 고개를 숙이는 모습에서 복종하다, 따르다, 화친하다, 인연을 맺는다는 의미로 확장되었다. [금문 이후 재물 貝를 추가하여 재물을 바치고 화친을 맺는다는 의미를 강조하였다] 용례) 賓客(빈객)

빈소 빈 殯	賓의 손님이라는 뜻에서 죽을 歹을 추가하여 사람이 죽었기에 빈소를 손님이 찾아오는 모습을 표현하였다. 빈소, 염하다는 의미이다. 용례) 殯所(빈소)
물가 빈 濱	賓의 인연을 맺는다는 뜻에서 물 氵를 추가하여 물과 육지가 인연을 맺는 곳이 물가라는 의미이다.
아내 빈 嬪	賓의 복종하다는 뜻에서 계집 女를 추가하여 집에서 복종하는 여자가 아내라는 의미이고 후에 대궐에서 복종하는 여자인 궁녀라는 의미로 확장되었다. 용례) 嬪宮(빈궁)

아비 부 父

갑골문	금문	소전	예서

고문을 보면 손에 씨앗을 들고 있는 모습을 표현하였다. 집안의 가장으로 씨앗을 심는 사람이라는 뜻 이외에 씨(정자)를 내릴 수 있는 사람이 아버지라는 의미이다. 후에 시작, 창시자, 관장(官長)이란 의미로 확장되었다. 용례) 父親(부친)

가마 부 釜	父의 시작이라는 뜻에서 쇠 金을 추가하여 음식을 만들 때 기본적인 도구가 쇠로 만든 가마솥이라는 의미이다. 용례) 釜山(부산)
도끼 부 斧	父의 시작이라는 뜻에서 도끼 斤을 추가하여 나무를 자를 때 기본적인 도구가 도끼라는 의미이다. 용례) 磨斧爲針(마부위침)

어미 모

갑골문	금문 1	금문 2	소전	예서

고문을 보면 여자의 젖가슴을 강조하여 표현하였다. 아이를 낳은 여자, 어머니라는 의미이다. [초기에는 每와 구분이 없었으나 소전 이후 별도의 의미로 분리되었다]

용례) 父母(부모)

업신여길 모
侮

사람 人을 추가하여 여자의 가슴을 풀어헤치다라는 뜻이므로 업신여기다, 조롱한다는 의미가 되었다. 후에 머리까지 풀어헤치다라는 뜻에서 母가 每로 변형되었다.

용례) 侮辱(모욕)

엄지손가락 무
拇

손 扌를 추가하여 손가락 중에 어머니 역할을 하는 손가락이 엄지손가락이란 의미이다.

용례) 拇印(무인)

이랑 무(묘)
畝

밭 田을 추가하여 밭과 밭 사이에 젖가슴처럼 높게 솟아오른 이랑을 표현하였다. [예서 이후 현재의 모습으로 변형되었다]

용례) 畝溝(묘구)

갑골문	소전	예서

말 무

금문	소전	예서

고문을 보면 母를 결박한 모습을 표현한 것으로 추정된다. 아이가 있는 어미를 움직이지 못하게 하는 것이므로 말다, 없다, 아니다라는 의미가 되었다.

독 독 毒	풀 丰을 추가하여 먹지 말아야 하는 풀을 표현하였다. 독, 해치다, 근심하다, 괴로워한다는 의미가 되었다. [해서 이후 毋가 母로 변형되었다] 용례) 毒藥(독약)

소전	예서	해서
毒	毒	毒

매양 매 每

갑골문	금문	소전	예서
每	每	每	每

고문을 보면 머리가 길고 젖가슴이 있는 여자를 표현하였다. 결혼한 여자는 매일 머리를 올려 비녀 등으로 고정하였으므로 늘, 매양, 반복한다는 뜻이 되었고 풍성한 머리 모양으로 인하여 탐내다, 우거지다라는 의미로 확장되었다.

용례) 每年(매년)

매화 매 梅	每의 매양이란 뜻에서 나무 木을 추가하여 항상 꽃을 피우는 매화를 의미한다. [매화는 잎보다 꽃이 먼저 피기에 눈이 내리는 이른 봄에도 핀다고 하여 항상 꽃을 피우는 것으로 생각하였다.]
바다 해 海	每의 우거지다는 뜻에서 물 氵를 추가하여 물이 많이 모여 있는 것이 바다라는 의미이다. 용례) 海洋(해양)
그믐 회 晦	每의 우거지다는 뜻에서 해 日을 추가하여 해가 풀이 우거진 곳에 들어갔으니 밤이 되었다는 뜻이다. 어둡다, 어둠, 밤이란 의미이고 후에 음력의 마지막 달로 해가 가장 작고 어두운 시기인 그믐이란 의미로 확장되었다. 용례) 晦明(회명)
뉘우칠 회 悔	每의 반복한다는 뜻에서 마음 忄을 추가하여 마음속으로 반복적으로 생각나는 일이니 뉘우치다, 스스로 꾸짖다, 뉘우침, 후회라는 의미가 되었다. 용례) 悔改(회개)

가르칠 회 誨 每의 반복한다는 뜻에서 말 言을 추가하여 반복적으로 말해주는 것이니 가르치다, 인도한다는 의미이다. 용례) 誨化(회화)

민첩할 민 敏

갑골문	금문	소전	예서

고문을 보면 풀어진 여자의 머리를 정리해주는 손을 표현하였음을 알 수 있다. 전문가가 도와주는 일이니 민첩하다, 재빠르다, 자세하다, 애써 일한다는 의미가 되었다. [소전 이후 머리를 정리하는 손 又 모양이 攵으로 변형되었다]

용례) 敏感(민감)

번성할 번 繁 敏에 실 糸를 추가하여 머리가 길어 실타래처럼 땋아 묶은 모습을 표현하였다. 많다, 무성하다, 번성하다는 의미이다. 용례) 繁昌(번창)

같을 약 若

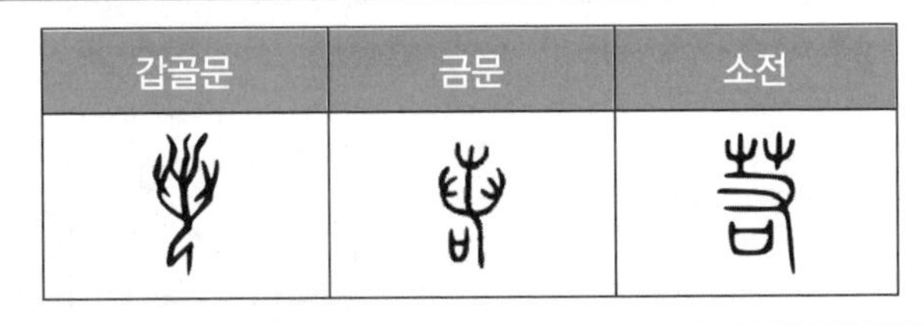

고문을 보면 두 손으로 자신의 머리카락을 풀어 손질하는 여자를 표현하였다. 고대 잠자리를 들기 전 머리카락을 푸는 것이므로 유혹하다, 순종하다, 허락한다는 의미가 되었다. 후에 한몸이 된다는 뜻에서 같다, 만약이라는 의미로 확장되었다. [금문 이후 허락한다는 뜻에서 입 口가 추가되었고 소전 이후 머리카락이 풀 艹로 변형되었다]

용례) 明若觀火(명약관화), 萬若(만약)

허락할 낙(락) 諾	若의 허락한다는 뜻에서 말 言을 추가하여 허락하다, 승낙하다, 따른다는 의미이다. 용례) 許諾(허락)
이끌 야 惹	若의 유혹한다는 뜻에서 마음 心을 추가하여 이끌다, 끌어당긴다는 의미가 되었다. 용례) 惹起(야기)
숨길 닉(익) 匿	若의 순종한다는 뜻에서 숨길 匸을 추가하여 순종하지 않고 숨다, 도피하다, 감춘다는 의미이다. 용례) 隱匿(은닉)
사특할 특 慝	匿에 마음 心을 추가하여 무엇인가 숨기는 마음을 표현하여 사특하다(요사스럽고 간특하다), 간사하다, 악하다, 더럽다는 의미이다. 용례) 邪慝(사특)

이에 내 乃

갑골문	금문	소전	예서

고문을 보면 임신한 여자의 배가 점차 부풀어 오르는 모습을 표현한 것으로 추정된다. 이에, 곧, 그래서, 비로소 등 조사로 쓰인다. [예서 이후 여자가 아이를 낳기 위해 손을 바닥에 집고 무릎 꿇는 모습으로 변형되었다]

아이 밸 잉 孕	아이 子를 추가하여 여자가 임신하였음을 구체적으로 표현하였다. 아이를 배다, 분화하다, 부화한다는 의미이다. 용례) 孕胎(잉태)
찰 영 盈	고문을 보면 그릇에 음식이 가득 담긴 모습을 표현하였다. 가득하다, 차다, 충만하다, 불어난다는 의미이다. [예서 이후 고기 月의 상형이 乃와 겹치면서 손 又의 형태로 변형되었다] 용례) 戒盈杯(계영배)

소전	예서

몸 신

금문	소전	예서

고문을 보면 다리를 묶은 사람을 뜻하는 千에 배가 부른 모습을 합쳐 임신한 여자를 표현하였다. 만삭이 되어 움직이지 못하는 임산부의 부푼 신체를 강조하여 몸, 신체, 자기, 자신이란 의미가 되었다.

용례) 身體(신체)

채울 충

充

소전	예서	해서

여자의 자궁이 열리며 아이의 머리가 나오는 찰나의 모습을 표현하였다. [아이 子의 거꾸로 된 모습으로 자궁을 꽉 채우고 머리부터 나온다] 채우다, 가득하다, 막다, 덮는다는 의미이다.

용례) 充滿(충만)

총 총 銃	쇠 金을 추가하여 쇳덩어리를 채워 넣어 쏘는 총을 의미한다. 용례) 銃彈(총탄)
거느릴 통 統	실 糸를 추가하여 실이 가득 찬 실타래를 뜻하여 합하다, 거느리다, 모두, 줄기, 실마리를 의미한다. 용례) 統一(통일)

흐를 류(유) 㐬			
	갑골문	금문	소전
	[illegible]	[illegible]	[illegible]

고문을 보면 양수가 터지며 아이가 나오는 모습을 표현하였다. 흐르다, 거침없다는 의미이다.

흐를 류(유) 流	물 氵를 추가하여 흐르다, 흘리다, 퍼져 나간다는 의미를 강조하였다. 용례) 流行(유행)
유황 류(유) 硫	돌 石을 추가하여 가열하면 돌이 녹아 흐르는 유황을 의미한다. 용례) 硫黃(유황)
유리 류(유) 琉	硫에 구슬 玉을 추가하여 황을 가열하여 구슬처럼 만든 것이 유리라는 의미이다. 초기 유리는 구슬 등 장신구였다. [石이 생략됨] 용례) 琉璃(유리)
기를 육 育	계집 女를 추가하여 아이를 낳는 모습을 구체적으로 표현하였다. 낳는다는 의미였으나 후에 기르다, 자라다는 의미로 확장되었다. [소전 이후 기른다는 뜻이 강조되면서 양수 대신 고기 月이 추가되었다] 용례) 教育(교육)

갑골문	금문	소전	예서
[illegible]	[illegible]	[illegible]	育

빛날 환 奐

소전	예서	해서

고문을 보면 사람 人과 꼬리 丙, 두 손 廾을 합쳐 아이를 낳기 위해 옥문을 크게 벌린 산모로부터 아이를 받으려는 모습을 표현한 것으로 추정된다. 크게 벌어진 모습이니 성대하다, 선명하다, 빛나다는 의미가 되었다. 용례) 輪奐(윤환)

바꿀 환 換 손 扌를 추가하여 태어난 아이를 받는 모습을 강조하였다. 산모로부터 인계받는 것이니 주고받다, 교체하다, 바꾼다는 의미가 되었다. 용례) 換位(환위)

빛날 환 煥 奐의 빛난다는 뜻에서 불 火를 추가하여 빛나다, 선명하다, 불꽃이라는 의미가 되었다.

부를 환 喚 奐의 선명하다는 뜻에서 입 口를 추가하여 높은 곳에서 크고 선명하게 부르다, 외치다, 소환한다는 의미이다. 용례) 喚呼(환호)

멀 형/구할 현

소전	예서	해서

고문을 보면 奐과 눈깜짝일 旻을 합쳐 계속하여 아이가 나오기를 기다리는 모습을 표현하였다. 찾다, 멀다, 아득하다는 의미이다.

구슬 경 瓊 夐의 아득하다는 뜻에서 구슬 玉을 추가하여 아득하게 빛나는 구슬이라는 의미가 되었다. 용례) 瓊團(경단)

면할 면/ 해산할 문 免		
	소전	예서
	[소전 글자]	[예서 글자]

고문을 보면 奐과 구별되게 옥문에서 아이가 빠져나오는 모습을 표현한 것으로 추정된다. 해산하다(문)는 의미이나 후에 벗어나다, 면하다, 허가한다(면)는 의미로 확장되었다. 용례) 免許(면허)

면류관 면 冕

免의 벗어난다는 뜻에서 쓰개 冃를 추가하여 왕이 쓰던 면류관을 표현하였다. [해서 이후 冃가 오인되어 해 日로 변형되었다]

용례) 冕旒冠(면류관)

소전	예서	해서
[소전 글자]	[예서 글자]	冕

〈면류관을 쓴 진시황〉

힘쓸 면 勉

免의 벗어난다는 뜻에서 힘 力을 추가하여 힘써 어려움에서 벗어난다는 뜻이니 힘쓰다, 부지런히 일한다는 의미이다. 용례) 勉學(면학)

힘쓸 면 俛

勉에 사람 人을 추가하여 힘쓰는 사람이란 뜻에서 힘쓰다, 노력한다는 의미가 되었다. [力이 생략됨] 용례) 俛仰(면앙)

늦을 만 晩

免의 벗어난다는 뜻에서 해 日을 추가하여 해가 하늘에서 벗어난 상태이니 (해가)저물다, 저녁, 해 질 녘, 늦다, 노년, 끝이라는 의미이다. 용례) 晩餐(만찬)

당길 만 挽

免의 벗어난다는 뜻에서 손 扌를 추가하여 구덩이 등에 빠진 것을 끌어 당기다는 의미이다. 후에 죽은 사람을 끌어 올렸으니 애도한다는 의미로 확장되었다. 용례) 挽回(만회)

끌/애도할 만 輓

挽의 끌다는 뜻을 강조하고자 차 車를 추가하였고 挽과 같은 의미이다. 용례) 輓章(만장)

아이 낳을 만 娩

免의 해산한다는 뜻에서 계집 女를 추가하여 아이 낳는 것을 강조하였다. 용례) 分娩(분만)

마칠 료(요)

了

소전 1	소전 2	예서

막에 쌓여 있는 갓 태어난 태아의 모습을 표현하였다. 출산을 마쳤다는 뜻에서 마치다, 끝나다, 결말을 맺다, 완전히, 마침내라는 의미이다. **용례) 終了(종료)**

뱀 사

갑골문	금문	소전

손과 발의 기능이 아직 발달하지 않은 갓 태어난 갓난아이의 모습을 표현하였다. 후에 십이지의 여섯째지지로 사용되면서 십이지수와 결합하여 뱀이란 의미가 생성되었다.

제사 사 祀

제사 示를 추가하여 아이를 낳기를 기원한다는 뜻으로 제사, 제사 지낸다는 의미이다. **용례) 祭祀(제사)**

왕비 비 妃

고문을 보면 아이 巳와 계집 女를 합쳐 태아를 안고 있는 여자를 표현하였음을 알 수 있다. 아이를 낳았으니 아내, 왕비라는 의미가 되었다. [금문 이후 巳이 己로 변형되었다] **용례) 王妃(왕비)**

소전	예서	해서

고칠 개 改

고문을 보면 아이 巳와 칠 攵을 합쳐 아이를 훈육하는 모습을 표현하였음을 알 수 있다. 고치다, 바꾸다, 다시라는 의미가 되었다. [소전 이후 巳가 己로 변형되었다] **용례) 改善(개선)**

소전	예서	해서

아들 자 子

갑골문	금문	소전	예서

손을 움직이나 아직 걷지 못하는 아이를 그렸다. [아직 걷지 못하기에 다리를 표현하지 않았다] 원래 자식이란 의미이나 점차 아들이란 의미로만 쓰이게 되었다.

용례) 子息(자식)

자세할 자 仔	사람 人을 추가하여 갓난아이를 보살피는 모습을 표현하였다. 어리다, 세밀하다는 의미이고 후에 자세하다는 의미로 확장되었다. 용례) 仔細(자세)
좋을 호 好	계집 女를 추가하여 갓난아이를 안고 있는 여자의 모습을 표현하여 좋다, 사랑한다는 의미이다. 용례) 嗜好(기호)

어리석을 매(태) 呆

갑골문	금문	소전

고문을 보면 아이를 두 손으로 잡아 올린 모습을 표현하였다. 아이가 아무것도 하지 못하는 상태이니 어리석다, 미련하다는 의미가 되었다.

용례) 癡呆(치매)

보호할 보 保	呆가 어리석다는 뜻으로 주로 쓰이자 사람 人을 추가하여 등에 아이를 업어 보살피는 모습을 표현하였다. 보호하다, 양육하다라는 의미이다. 용례) 保護(보호)
작은 성 보 堡	保에 흙 土를 추가하여 보호하기 위해 흙을 쌓아 올렸다는 뜻으로 작은 성, 방죽, 둑이란 의미이다. 용례) 堡壘(보루)
기릴 포 褒	保에 옷 衣를 추가하여 사람의 몸을 보호하는 큰 옷자락을 뜻한다. 크다, 넓다, 넓고 큰 옷자락을 의미하고 후에 공을 세운 자에게 왕이 입던 옷을 하사하였기에 기리다, 칭찬한다는 의미로 확장되었다. 용례) 褒賞(포상)

갑골문	금문	소전	예서

미쁠 부 孚

금문	소전	예서

고문을 보면 아이를 사랑스럽게 쓰다듬는 모습을 표현하였다. 갓난아이는 계속 붙어서 보살펴야 하므로 붙다, 붙이다, 미쁘다(믿음성이 있다), 기른다는 의미가 되었다.
용례) 孚佑(부우)

뜰 부 浮	孚의 붙다는 뜻에서 물 氵를 추가하여 물위에 붙어있다, (물에) 뜨다, 떠다니다, 가볍다는 의미가 되었다. 용례) 浮上(부상)
알깔 부 孵	孚의 붙는다는 뜻에서 알 卵을 추가하여 새가 알 위에 붙어서 알을 까다, 부화하다, 자라다는 의미이다. 용례) 孵化(부화)

젖 유 乳	갑골문	금문	소전	예서

어머니가 아이를 감싸 안고 젖을 물리는 모습을 표현하였다. 젖, 유방, 수유한다는 의미이다. [금문 이후 어머니의 젖이 乙의 형태로 변형되었다] 용례) 牛乳(우유)

구멍 공 孔	아이가 젖을 먹는 어머니의 유방만을 강조하여 표현하였다. 아름답다, 크다, 성대하다는 의미이고 후에 젖이 나오는 구멍, 비다, 공허하다란 의미로 확장되었다. 용례) 孔子(공자)
울부짖을 후 吼	孔에 입 口를 추가하여 아기가 젖을 먹기 전에 배고파 우는 모습을 표현하여 울부짖다, 울다, 아우성친다는 의미가 되었다. 용례) 獅子吼(사자후)

성할 발/ 살별 패 孛	갑골문	금문	소전	예서	해서

고문을 보면 풀 屮와 아들 子를 합쳐 식물이 커가는 모습처럼 아이가 부쩍 성장하는 모습을 표현한 것으로 추정된다. 성하다, 변하다는 의미이고 후에 성하다는 뜻에서 큰 빛을 내며 떨어지는 살별(패)이라는 의미로 확장되었다. [예서 이후 싹 屮이 土의 형태로 변하였고 해서 이후 지금의 모습으로 다시 변형되었다]

노할 발 勃	孛의 성하다는 뜻에서 힘 力을 추가하여 성하다, 우쩍 일어서다는 의미이고 후에 우쩍 일어나다의 부정적인 뜻으로 발끈하다, 노한다는 의미로 확장되었다. 용례) 勃發(발발)

바다 이름 발 渤	勃에 물 氵를 추가하여 물길이 성한 모습을 표현하였다. 용례) 渤海(발해)
거스를 패 悖	孛의 살별이라는 뜻에서 마음 忄을 추가하여 마음이 어지럽다, 혼란스럽다, 거스른다는 의미가 되었다. 용례) 悖倫(패륜)

아이 아

갑골문	금문 1	금문 2	소전

고문을 보면 두 발로 걸을 수는 있으나 정수리가 여물지 않아 숨구멍이 있는 어린 아이를 표현하였다. 아이, 연약하다는 의미이다. [소전 이후 숨구멍 상형이 절구 臼로 변형되었다]

용례) 兒女子(아녀자)

쌍상투 관

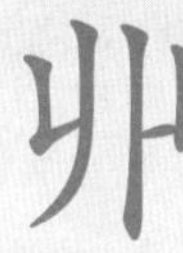

갑골문	금문

아이의 좌우 쌍으로 틀어 올린 상투를 표현하였다. 어린아이가 하는 머리모양이므로 총각(總角), 어린아이, 어리다는 의미이다. [다른 글자와 함께 쓰일 때는 卝으로 쓰인다]

용례) 童丱(동관)

산양 환 萈	산 위에서 아래를 내려다보는 산양을 표현하였다. [볼 見 + 쌍상투 卝 + 꼬리 모양]
너그러울 관 寬	萈에 집 宀을 추가하여 산양의 집이란 뜻으로 산양이 온 산을 제집으로 삼아 돌아다니므로 넓다, 광활하다, 크다는 의미이고 후에 사람에 비유하여 관대하다, 너그럽다, 도량이 크다는 의미로 확장되었다. 용례) 寬大(관대)

계집 녀(여)

갑골문	금문	소전	예서

양손을 가지런히 한 여자를 표현하였다. 양다리를 교차하여 다소곳하게 앉은 여자라고 알려져 있으나 고문을 보면 母와 같은 형태로 젖가슴을 가리고 손을 다소곳하게 한 모양임을 알 수 있다. 용례) 女性(여성)

너 여 汝	물 氵를 추가하여 물 이름으로 쓰였으나 후에 음을 빌려 2인칭 대명사로 확장되었다. 용례) 汝矣島(여의도)
같을 여 如	입 口를 추가하여 순종하다, 따르다는 의미이다. 후에 따른다는 뜻에서 같다, 마땅히, 당연히 ~해야 한다는 의미로 확장되었다. 용례) 如前(여전)
용서할 서 恕	如에 마음 心을 추가하여 순종하는 마음이니 어질다, 동정하다, 용서한다는 의미가 되었다. 용례) 容恕(용서)
온당할 타 妥	위에서 누르는 모양의 爫를 추가하여 여자를 손으로 억누르는 모습을 표현하였다. 고대에는 집안에서 여자를 제압하는 것이 마땅하다고 생각하였기에 온당하다, 타당하다, 편안하다는 의미가 되었다. 용례) 妥協(타협)

편안할 안

갑골문	금문	소전

고문을 보면 해 日과 여자 女를 합해 해처럼 따사로운 여자를 표현하였다. 편안하다, 편안하게 하다는 의미이다.

둑 언 堰	匽에 감출 匸를 추가하여 편안하게 누워 쉰다는 뜻의 匽에 흙 土를 추가하여 물을 막아 편안하게 한다는 뜻으로 둑, 보, 방죽이라는 의미가 되었다. 용례) 堰堤(언제)
잔치 연 宴	晏의 편안하다는 뜻에서 집 宀을 추가하여 집안에서 편안하게 음식을 먹는다는 뜻으로 잔치, 잔치하다, 편안하다는 의미이다. 용례) 宴會(연회)

넘을 릉(능) 夌

갑골문	금문	소전

고문을 보면 아이를 무등 태운 모습을 표현하였다. 넘다, 높다, 언덕이라는 의미이다. [소전 이후 아이를 무등 태우고 천천히 돌아다닌다는 뜻으로 夊가 추가되었다]

언덕 릉(능) 陵	夌의 언덕이란 뜻을 강조하고자 언덕 阝를 추가하였다. 큰 언덕, 넘다, 오르다는 의미이고 후에 짓밟다, 범하다, 업신여기다는 의미로 확장되었다. 용례) 武陵桃源(무릉도원)
업신여길 릉(능) 凌	陵의 업신여기다는 뜻을 명확하게 하기 위해 얼음 冫을 추가하여 차갑게 대한다는 뜻으로 업신여기다, 심하다, 범하다, 능가하다는 의미가 되었다. [阝가 생략됨] 용례) 凌蔑(능멸), 凌駕(능가)
비단 릉(능) 綾	夌의 높다는 뜻에서 실 糸를 추가하여 실로 짠 특출난 직물이 비단이란 의미이다. 용례) 綾羅(능라)
모날 릉(능) 稜	夌의 높다는 뜻에서 벼 禾를 추가하여 특출하게 자란 벼를 뜻하여 모나다(사물의 모습이나 일에 드러난 표가 있다)는 의미가 되었고 후에 모서리라는 의미로 확장되었다. (= 楞) 용례) 稜線(능선)
마름 릉(능) 菱	夌의 넘는다는 뜻에서 풀 艹를 추가하여 물결 위에 잎이 올라와 있는 수초, 마름을 의미한다. 용례) 菱鐵(능철)

길 장

갑골문	금문	소전	예서

고문을 보면 머리카락이 긴 사람을 표현하였다. 어른, 우두머리, 길다, 자라다는 의미가 되었다. 용례) 總長(총장)

장막 장 帳	수건 巾을 추가하여 길게 늘어뜨린 천이 장막(帳幕)이라는 의미이다.
베풀 장 張	활 弓을 추가하여 활에 화살을 매어 길게 늘이다는 뜻으로 세게 하다, 넓히다는 의미이고 후에 활을 크게 잡아당기는 것은 활을 쏜다는 뜻이므로 어떠한 일을 벌이다, 베풀다(일을 차리어 벌리다)는 의미로 확장되었다. 성씨로도 쓰인다. 용례) 主張(주장)
넘칠 창 漲	張의 넓힌다는 뜻에서 물 氵를 추가하여 물이 가득 차다, 넘친다는 의미이다. 용례) 漲溢(창일)
부을 창 脹	張의 넓힌다는 뜻에서 고기 月을 추가하여 신체 부위가 늘어난다는 뜻이니 배가 부풀다, 팽창하다, 붓다는 의미이다. [弓이 생략됨] 용례) 膨脹(팽창)
씌울 투 套	큰 大를 추가하여 크고 긴 덮는 물체를 표현하였다. 씌우다, 겹치다, 덮개라는 의미이다. 후에 일정한 양을 덮는다는 뜻에서 버릇이 된 어떤 일정한 틀, 방법이란 의미로 확장되었다. 용례) 封套(봉투)

공교할 교 丂

갑골문	금문	소전

고문과 파생어들을 보면 지팡이를 표현한 것으로 추정된다. 지팡이, 늙다는 의미이고 후에 고대 나이가 든 사람이 연륜이 있으므로 공교하다, 솜씨가 있다, 재주 등의 의미가 되었다. [소전 이후 제단을 뜻하는 示와 구분하기 위해 휘어진 모습으로 변형되었다]

공교할 교 巧	丂의 공교하다는 뜻에서 장인 工을 추가하여 공교하다는 의미를 강조하였다. 용례) 精巧(정교)
썩을 후 朽	丂의 늙는다는 뜻에서 나무 木을 추가하여 나무가 늙었으니 늙다, 썩다, 부패하다 의미가 되었다. 용례) 不朽(불후)
부를 호 号	丂의 늙는다는 뜻에서 입 口를 추가하여 족장이 명령하는 모습을 표현하였다. 명령하다, 부르다는 의미이다.
부를 호 號	号에 호랑이 虎를 추가하여 호랑이가 크게 부르짖는 모습이니 부르짖다, 명령한다는 의미이고 후에 크게 부른다는 뜻에서 이름, 번호라는 의미로 확장되었다. 용례) 號令(호령)

어조사 우/어 于

갑골문 1	갑골문 2	금문 1	금문 2	소전

고문을 보면 제사장이 사용하는 장식을 한 지팡이를 표현한 것으로 추정된다. 굽어진 지팡이의 모습에서 굽다, 굽히다, 이지러진다는 의미가 되었고 장식한 모습에서 크다, 광대하다는 의미로 확장되었다. 현재는 ~에서, ~까지, ~에게 향한다는 뜻의 어조사로 쓰이게 되었다.(=亐) 용례) 于先(우선)

집 우 宇	于의 크다는 뜻에서 집 宀을 추가하여 규모가 큰 집이란 의미이다. 용례) 宇宙(우주)
멀 우 迂	于의 이지러진다는 뜻에서 갈 辶을 추가하여 똑바로 가지 않고 에돌다(선뜻 나아가지 아니하고 멀리 피하여 돌다), 에두르다, 멀다는 의미이다. 용례) 迂廻(우회)
더러울 오 汚	于의 이지러진다는 뜻에서 물 氵를 추가하여 더럽다, 추하다, 나쁘다는 의미가 되었다. 용례) 汚染(오염)

자랑할 과 夸

금문 1	금문 2	소전

고문을 보면 큰 大와 클 于(亏)를 합쳐 제사장이 큰 지팡이를 들고 있는 모습을 표현하였다. 자랑하다, 뽐낸다는 의미가 되었다.

자랑할 과 誇	夸의 자랑한다는 뜻에서 말 言을 추가하여 말로 자랑하다, 뽐낸다는 의미이다. 용례) 誇大(과대)
바지 고 袴	夸의 뽐낸다는 뜻에서 옷 衤를 추가하여 다른 사람보다 뽐내는 옷이 바지라는 의미이다. [고대에는 말을 타는 사내만 바지를 입었다] 용례) 袴衣(고의)

시끄럽게 다툴 악
咢

갑골문	금문	소전	해서
[illegible]	[illegible]	[illegible]	咢

고문을 보면 나무 위에서 새들이 지저귀는 모습을 표현하였다. 시끄럽게 다투다, 소리친다는 의미이다. [소전 이후 클 亐와 입 口口로 형태로 큰 소리를 치다는 뜻으로 변형되었다]

놀랄 악 愕	咢의 소리친다는 뜻에서 마음 忄을 추가하여 놀란다는 의미가 되었다. 용례) 驚愕(경악)
턱 악 顎	咢의 소리친다는 뜻에서 머리 頁을 추가하여 머리를 들고 소리를 치는 모습이므로 얼굴을 들다, 얼굴이 높다는 의미이다. 후에 얼굴을 들면 턱이 나오므로 턱이란 의미로 확장되었다. 용례) 下顎(하악)

늙을 로(노)
老

갑골문	금문	소전	예서
[illegible]	[illegible]	[illegible]	老

고문을 보면 머리카락이 긴 노인이 지팡이(丂)를 짚고 있는 모습을 표현하였다. 늙다, 오래되다, 익숙하다, 숙달하다는 의미이다. [소전 이후 몸이 굽은 늙은이라는 뜻에서서 굽힐 匕가 추가되었다] (다른 글자와 함께 사용될 때에는 耂로 쓰인다)
용례) 老人(노인)

상고할 고 考	老가 늙는다는 뜻으로 주로 쓰이자 지팡이(=丂)를 든 모습을 강조하여 숙달한다는 의미를 강조하였다. 깊이 헤아리다, 살펴보다, 솜씨가 좋다는 뜻이고 후에 지팡이를 짚고 다니는 모습에서 치다, 두드린다는 의미로 확장되었다. (= 攷) 용례) 考慮(고려)

갑골문	금문	소전 1	소전 2	예서 1	예서 2

칠 고 拷	考의 치다는 뜻에서 손 扌를 추가하여 치다, 때린다는 의미이다. 용례) 拷問(고문)

효도 효
孝

금문	소전	예서

늙을 耂와 아들 子를 합쳐 아들이 노인을 업은 모습을 표현하였다. 효도, 공경한다는 의미이고 후에 부모가 죽어 자식이 부모를 업었다는 뜻으로 상복을 입다, 제사를 지낸다는 의미로 확장되었다. 용례) 孝道(효도)

으르렁거릴 효 哮	孝의 제사를 지내다는 뜻에서 입 口를 추가하여 울부짖다, 소리치다는 의미이고 알 수 없는 소리로 짐승처럼 울부짖다는 뜻에서 으르렁거리다, 성내다는 의미로 확장되었다. 용례) 咆哮(포효)
발효할 효 酵	孝의 공경한다는 뜻에서 술 酉를 추가하여 술이 발효되도록 오래 살펴보는 것이니 발효한다는 의미이다. 용례) 醱酵(발효)

갑골문	금문 1	금문 2	소전	예서

고문을 보면 밭과 밭 사이의 이랑을 표현하였다. 흙을 돋아 높고 길게 만든 이랑, 북(식물의 뿌리를 싸고 있는 흙)을 돋우다, 무리, 떼라는 의미이고 후에 사람에게 비유하여 오래 살다, 장수, 수명, 목숨이란 의미로 확장되었다. [금문 이후 길 長을 추가하였고 예서 이후 손 寸을 추가하여 흙을 돋는 모습을 강조하였다]

용례) 壽命(수명)

이랑 주 疇	밭 田을 추가하여 밭과 밭 사이의 이랑이라는 의미를 강조하였다.
쇠불릴 주 鑄	壽의 돋운다는 뜻에서 쇠 金을 추가하여 (쇠를)불리다, (쇠를)부어 만들다, (인재를)양성한다는 의미이다. 용례) 鑄型(주형)
머뭇거릴 주 躊	壽의 돋운다는 뜻에서 발 足을 추가하여 흙이 돋아 있어 가는 데 지장이 있으니 머뭇거리다, 주저한다는 의미이다. 용례) 躊躇(주저)
비칠 도 燾	壽의 돋운다는 뜻에서 불 灬를 추가하여 불이 크게 비추다, 비치다는 의미이다.
빌 도 禱	壽의 돋운다는 뜻에서 제단 示를 추가하여 음식을 많이 쌓아 놓고 기원하다, 빌다, 바라다는 의미이다. 용례) 祈禱(기도)
물결 도 濤	壽의 돋운다는 뜻에서 물 氵를 추가하여 물결이 올라오는 모습이니 물결, 물결친다는 의미가 되었다. 용례) 波濤(파도)

늙은이 수 叟	갑골문 1	갑골문 2	소전	예서

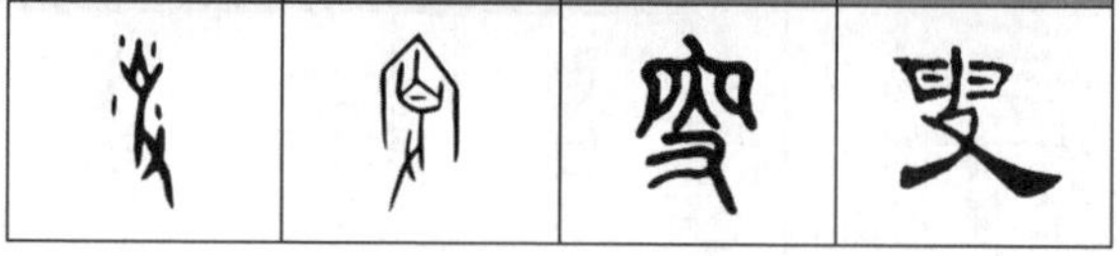

고문을 보면 집안에서 불을 다루는 모습을 표현하였다. 고대에 집안에서 불을 다루는 사람이 가장 경험이 많은 어른, 늙은이라는 의미이다. [예서 이후 부지깽이를 들고(支) 아궁이(臼)의 불을 다루는 모습으로 변형되었다] 용례) 白叟(백수)

찾을 수 搜	손 扌를 추가하여 아궁이에서 불씨를 골라내는 모습을 표현하였다. 찾다, 뒤지다, 가리다, 고르다는 의미이다. 용례) 搜査(수사)
형수 수 嫂	계집 女를 추가하여 여자가 어른이 되었다는 뜻으로 결혼한 여자를 의미하고 후에 형수라는 의미로 확장되었다. 용례) 弟嫂(제수)
파리할 수 瘦	병 疒을 추가하여 늙어서 아픈 모습이니 여위다, 파리하다(핏기가 전혀없다), 마르다는 의미이다. 용례) 瘦瘠(수척)

조상할 조 弔	갑골문	금문	소전	예서

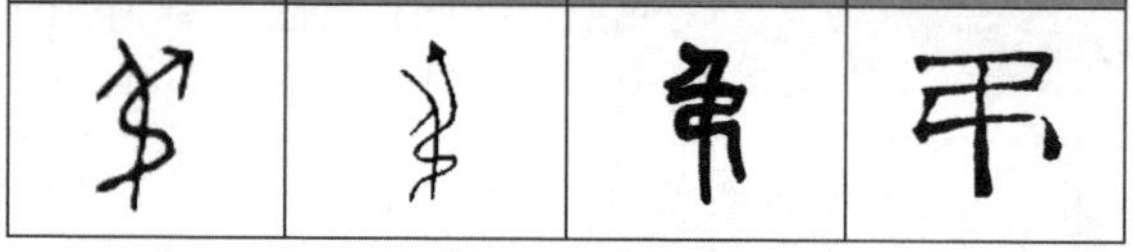

고문을 보면 죽은 사람을 끈으로 묶어 염하는 모습을 표현하였다. 사람이 죽었을 때 하는 행위이므로 조상하다, 조문한다는 의미가 되었다. [예서 이후 현재의 모습으로 변형되었다] 용례) 謹弔(근조)

4. 인간의 신체

인간이 손을 자유자재로 쓰게 되면서 동물과 다른 형태로 신체가 진화하기 시작하였다.

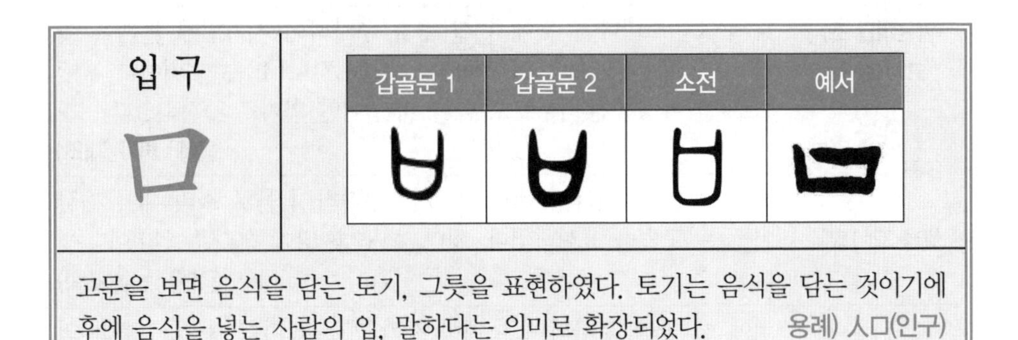

고문을 보면 음식을 담는 토기, 그릇을 표현하였다. 토기는 음식을 담는 것이기에 후에 음식을 넣는 사람의 입, 말하다는 의미로 확장되었다. 용례) 人口(인구)

두드릴 고 叩 무릎 꿇은 모습 卩을 추가하여 무릎 꿇고 말을 한다는 뜻이니 조아리다, 두드리다, 묻다 는 의미이다. 용례) 叩謝(고사)

울 소(조)

喿

금문	소전

고문을 보면 나무 木과 여러 개의 입 口를 합쳐 나무 위에서 새들이 지저귀는 모습을 표현하였다. (새가) 울다, 떠들썩하다, 소란스럽다는 의미이다. (= 噪)

용례) 噪音(조음)

조급할 조 躁 발 足을 추가하여 새가 나뭇가지를 분주히 옮겨 다니며 지저귀는 모습을 강조하였다. 떠들다, 조급하다, 성급하다는 의미이다.

용례) 躁急(조급)

잡을 조 操	손 扌를 추가하여 나무 위에 있던 새를 잡는 모습을 표현하였다. 잡다, 장악한다는 의미이고 후에 조심스럽게 새를 다루어 잡다는 뜻으로 다루다, 부리다는 의미로 확장되었다. 용례) 操縱(조종), 志操(지조)
마를 조 燥	喿의 소란스럽다는 뜻에서 불 火를 추가하여 불이 소란스럽게 타올랐다가 꺼지는 모습을 표현하였다. 불이 마르다, 말리다는 의미이고 후에 불이 잘 붙지 않아 초조하다, 애태운다는 의미로 확장되었다. 용례) 焦燥(초조)
얇은비단 조/ 고치 켤 소 繰	喿의 소란스럽다는 뜻에서 실 糸를 추가하여 시끄럽게 물레를 돌려 실을 뽑는 모습을 표현하였다. 실을 잣다(소)는 의미이나 후에 실로 짠 야청통견(검푸르고 얇을 비단)이란 의미로 확장되었다. 용례) 再繰(재조)
씻을 조 澡	喿의 소란스럽다는 뜻에서 물 氵를 추가하여 물로 소리 내어 깨끗이 씻는 모습을 표현하였다. 씻다, 헹구다, 맑게 하다는 의미이다. 용례) 澡濯(조탁)
마름 조 藻	澡에 풀 艹를 추가하여 물에서 자라 깨끗한 마름 등의 수초를 의미한다. 용례) 海藻類(해조류)

형 형 兄

금문	소전	예서

고문을 보면 사람이 무릎 꿇고 하늘을 향해 입을 벌려 기원하는 모습을 표현하였다. 고대에는 맏이가 제사를 지냈으므로 맏이라는 의미로 확장되었다.

용례) 兄弟(형제)

빌 주 呪	兄이 형이라는 뜻으로 주로 사용되자 입 口를 추가하여 빌다, 기원한다는 의미를 강조하였다. 용례) 呪術(주술)

상황/하물며 황 況	물 氵를 추가하여 물이 잔잔해지기를 기원하는 모습을 표현하였다. 고대 황하 유역은 항상 물이 넘쳤으므로 잔잔해지기를 기도한다는 뜻으로 (물의)상황, 정황, 형편이라는 의미가 되었고 대부분 홍수의 경우 물이 더욱 불어나게 되므로 하물며, 더군다나, 게다가라는 발어(發語)로 쓰이게 되었다. 용례) 況且(황차)

바꿀 태/
날카로울 예

금문	소전	예서

고문을 보면 하늘을 향해 큰소리를 치며 기원하는 모습을 표현한 것으로 추정된다. 크다, 날카롭다(예)는 의미이고 후에 기원을 통해 바뀐다는 뜻에서 바뀌다, 기뻐한다(태)는 의미로 확장되었다. 용례) 兌換(태환)

날카로울 예 銳	兌가 바뀐다는 뜻으로 주로 쓰이자 쇠 金을 추가하여 날카롭다는 의미를 강조하였다. 용례) 銳利(예리)
세금 세 稅	兌의 기원한다는 뜻에서 벼 禾를 추가하여 수확한 농작물을 바치는 모습을 표현하였다. 후에 세금으로 걷어 바치게 되므로 세금이란 의미로 확장되었다. 용례) 稅金(세금)
달랠 세/말씀 설/기뻐할 열 說	兌의 기쁘다는 뜻에서 말 言을 추가하여 기뻐 소리치는 모습을 강조하였다. 기쁘다(열)는 의미이고 후에 兌의 크다는 뜻에서 큰 소리로 말하는 모습으로 해석하여 유세하다(세), 말씀(설)이라는 의미로 확장되었다. 용례) 遊說(유세), 說伏(설복)
기쁠 열 悅	兌의 기쁘다는 뜻에서 마음 忄을 추가하여 기쁘다는 의미를 강조하였다. 용례) 喜悅(희열)
볼/셀 열 閱	兌의 날카롭다는 뜻에서 문 門을 추가하여 문을 열고 안에 있는 물건을 상세히 보다, 세다, 점검한다는 의미이다. 용례) 閱兵(열병)

벗을 탈 脫 兌의 바뀐다는 뜻에서 고기 月을 추가하여 곤충의 탈피를 표현하였다. 벗어나다, 벗다, 나오다, 빠진다는 의미이다. 용례) 脫皮(탈피)

하품 흠 欠

갑골문	금문	소전	해서
			欠

고문을 보면 사람이 정면으로 입을 크게 벌린 모습을 표현하였음을 알 수 있다. 감탄하거나 하품을 하면서 입을 벌리는 것인데 주로 하품이란 의미로 쓰이게 되었다. 후에 하품하는 것은 결함이 있는 모습이므로 결함, 모자라다, 부족하다는 의미로 확장되었다. 용례) 欠缺(흠결)

공경할 흠 欽 쇠 金을 추가하여 귀한 광석을 보고 입을 벌려 좋아하는 모습을 표현하여 흠모하다, 공경하다는 의미가 되었다. 용례) 欽慕(흠모)

흠향할 흠 歆 소리 音을 추가하여 음식을 먹는 소리를 표현하였다. 고대에 제물을 바치면 혼령이 제물을 먹는다고 생각하였고 이를 흠향이라고 하였다. 용례) 歆饗(흠향)

마실 음 飮 먹을 食을 추가하여 음식을 먹듯 입을 벌리고 술이나 물을 마신다는 의미이다. 용례) 飮食(음식)

연할 연 軟 欠의 모자라다는 뜻에서 수레 車를 추가하여 약하다, 가볍다, 보잘것없다, 연하다는 의미이다. 용례) 軟化(연화)

불 취 吹

갑골문	금문	소전	해서

입을 벌린 모습 欠과 입 口를 합쳐 입을 크게 벌리고 앞으로 바람을 내뱉는 모습을 표현하여 불다, 바람이라는 의미이다. 용례) 吹入(취입)

불 땔 취 炊	불 火를 추가하여 불을 땔 때 입으로 크게 바람을 불어 넣어주는 모습을 표현하였다. 불을 때다, 밥을 짓는다는 의미이다. [입 口가 생략됨] 용례) 炊事(취사)

버금 차 次

금문	소전	예서

고문을 보면 입을 벌리고 말하는 모습을 표현한 것으로 추정된다. 의례를 치르는 과정에서 순서에 따라 말한다는 뜻으로 차례, 순서, 이어서, 다음에, 둘째, 버금이라는 의미가 되었다. 용례) 次例(차례)

재물 자 資	재물 貝를 추가하여 재물을 차곡차곡 쌓은 모습이니 재물, 자본, 바탕, 취하다는 의미가 되었다. 용례) 資本(자본)
사기그릇 자 瓷	그릇 瓦를 추가하여 차곡차곡 쌓을 수 있는 사기그릇이란 의미이다. 용례) 瓷器(자기)
물을 자 咨	次의 차례라는 뜻에서 입 口를 추가하여 서로 차례차례 말을 하는 것이니 상의하다, 꾀하다, 묻는다는 의미이다. 용례) 嗟咨(차자)
물을 자 諮	咨에 말 言을 추가하여 묻는다는 의미를 강조하였다. 용례) 諮問(자문)

모양 자 姿	次의 차례라는 뜻에서 계집 女를 추가하여 여자가 순서에 따라 모양을 내다, 자태를 꾸미다, 모양, 맵시, 멋이란 의미이다. 용례) 姿勢(자세)
방자할 자 恣	次의 차례라는 뜻에서 마음 心을 추가하여 마음이 순차적으로 변하는 모양이니 마음대로, 제멋대로, 방자하다는 의미가 되었다. 용례) 放恣(방자)

목멜 기 旡

갑골문	금문	소전	해서

고문을 보면 하품 欠과 달리 고개를 돌리고 입을 벌린 모습으로 지치다, 목메다, 목이 막힌다는 의미이다.

일찍이 참

금문	소전	예서

고문을 보면 목멜 旡와 가로 曰을 합쳐 고대 신하들이 임금에게 참소하는 모습을 표현한 것으로 추정된다. 참소하다, 지나치다는 의미이고 후에 참소할 때 일반적으로 사용하는 일찍이, 곧, 이에라는 관용어로 쓰이게 되었다.

참소할 참 譖	朁의 참소한다는 뜻에서 말 言을 추가하여 참소한다는 의미를 강조하였다.
주제넘을 참 僭	朁의 지나치다는 뜻에서 사람 人을 추가하여 참람하다(분수에 넘쳐 너무 지나치다), 주제넘다는 의미가 되었다. 용례) 僭濫(참람)

잠길 잠 潛	朁의 지나치다는 뜻에서 물 氵를 추가하여 물이 넘쳐 잠기다, 가라앉다, 감춘다는 의미이다. 용례) 潛伏(잠복)
비녀 잠 簪	朁의 지나치다는 뜻에서 대나무 竹을 추가하여 머리카락에 꽂아 밖으로 나오는 것이 비녀라는 의미이다.
누에 잠 蠶	朁의 지나치다는 뜻에서 벌레 虫을 추가하여 지나치게 많이 키우는 벌레가 누에라는 의미이다. 용례) 蠶事(잠사)

사랑 애 愛

금문	소전	예서	해서

고문을 보면 旡와 심장 心을 합쳐 감정에 목메는 모습을 표현하였다. 사랑, 사랑하다, 사모하다, 그리워한다는 의미이다. [해서 이후 소중하게 심장을 부여잡고 헤매는 모습으로 변형되었다]

용례) 愛情(애정)

희미할 애 曖	愛의 그리워한다는 뜻에서 해 日을 추가하여 해가 사라져 그리워진다는 뜻이므로 희미해지다, 가리어진다, 가리다, 흐리다는 의미가 되었다. 용례) 曖昧(애매)

의심할 의 疑

갑골문	금문	소전	예서	해서

고문을 보면 노인이나 소를 몰던 목동이 길에서 고개를 갸웃거리며 고민하는 모습을 표현하였다. 헷갈리다, 비슷하다, 머뭇거리다, 미혹되다, 의심하다는 의미이다. [소전 이후 고개를 갸웃거리는 모습 旡를 오인하여 비수 匕와 화살 矢를 합친 모습으로, 소 대신 아이(子)를 데리고 가는 모습으로 변형되었다가 해서 이후 현재의 모습으로 정착되었다]

용례) 疑心(의심)

비길 의 擬	疑의 비슷하단 뜻에서 손 扌를 추가하여 서로 견주다, 비교하다, 흉내내다, 비긴다는 의미이다. 용례) 擬人化(의인화)
푸른 돌 의/거리낄 애 礙	疑의 머뭇거린다는 뜻에서 돌 石을 추가하여 머뭇거리게 하는 빛이 나는 돌이란 의미이고 후에 거리끼다, 방해하다, 장애가 되다, 막는다는 의미로 확장되었다.(= 碍) 용례) 障礙(장애)
엉길 응 凝	疑의 머뭇거린다는 뜻에서 얼음 冫을 추가하여 얼다, 얼어붙다, 굳다, 굳어지다, 엉긴다(한 덩어리가 되면서 굳어지다)는 의미가 되었다. 용례) 凝固(응고)
어리석을 치 癡	疑의 머뭇거린다는 뜻에서 병 疒을 추가하여 머뭇거리고 방향을 찾지 못하는 것은 어리석다, 미련하다, 미친다는 의미이다. 용례) 癡呆(치매)

가로 왈

曰

갑골문	금문	소전	예서

사람이 입을 벌리고 혀를 움직이는 모습을 표현하였다. 말하다, 이르다, 일컫다, 가로되, 말하기를, 이에라는 의미이다. 용례) 曰可曰否(왈가왈부)

달 감

甘

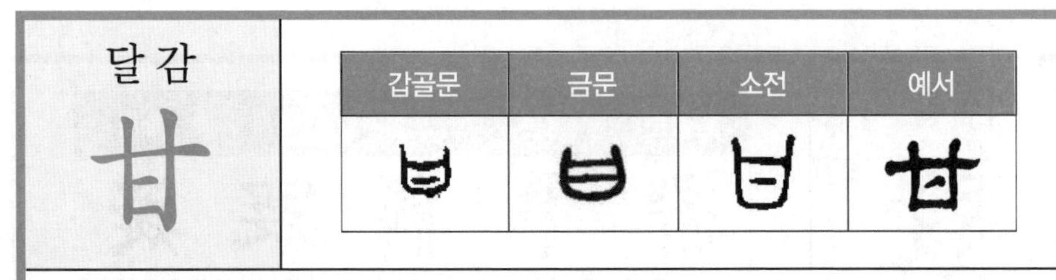

고문을 보면 입안에 음식물이 있는 모습을 표현하여 만족하다, 맛좋다, 달다는 의미가 되었다. [예서 이후 해 日과 구분하기 위해 현재의 모습으로 변형되었다] 용례) 甘受(감수)

귤 감 柑	나무 木을 추가하여 단 열매가 열리는 홍귤나무, 감귤, 柑蔗(사탕수수)를 의미한다. 용례) 柑橘(감귤)
감질 감 疳	병 疒을 추가하여 음식을 입에 넣고도 잘 먹지 못하는 감질을 표현하였다. 용례) 疳疾(감질)
감색 감 紺	실 糸를 추가하여 가장 만족스럽고 귀한 감색을 표현하였다. [고대에는 쪽(식물)으로 실을 짙게 물들여 검은빛을 띤 어두운 남색을 만들었는데 이 중 산뜻한 쪽빛을 감청(紺靑)이라고 하여 제일 좋은 것으로 여겼다] 용례) 紺色(감색)
땅 이름 감(한) 邯	고을을 뜻하는 阝를 추가하여 땅이름으로 쓰였다. 용례) 邯鄲(한단)

심할 심

甚

금문	소전	예서

고문을 보면 음식이 가득 찬 모습 甘과 비수 匕를 합쳐 수저에 음식을 가득 올려 먹는 모습을 표현하였다. 많다, 심하다, 매우, 몹시, 심히라는 의미가 되었다. [소전 이후 匕가 현재의 모습으로 변형되었다] 용례) 極甚(극심)

짐작할 짐 斟	甚의 많다는 뜻에서 말 斗를 추가하여 많은 양을 퍼 올려 재다는 뜻이므로 헤아리다, 짐작한다는 의미가 되었다. 용례) 斟酌(짐작)
견딜 감 堪	甚의 많다는 뜻에서 흙 土를 추가하여 흙을 높이 쌓아 만든 성벽을 표현하였다. 견디다, 이겨내다, 참다, 뛰어나다는 의미가 되었다. 용례) 堪當(감당)
헤아릴 감 勘	甚의 많다는 뜻에서 힘 力을 추가하여 힘을 많이 들여 일하는 모습이니 헤아리다, 조사하다, 심문한다는 의미가 되었다. 용례) 勘定(감정)

혀 설 舌

갑골문	금문	소전	예서

입에서 혀가 나온 모습을 표현하였다. [뱀의 혀가 특징적이었기에 뱀의 갈라진 혀 모양으로 그려졌다] 혀, 표면이라는 의미이다.

용례) 舌禍(설화)

긁을 괄 刮	舌의 표면이라는 뜻에서 칼 刂를 추가하여 칼로 표면을 긁다, 깎다, 도려낸다는 의미이다. 용례) 刮目(괄목)
묶을 괄 括	舌의 혀라는 뜻에서 손 扌를 추가하여 뱀이 혀를 손처럼 사용하여 먹이를 찾아 말아 먹는 모습을 표현하였다. 찾다, 묶는다는 의미이다. 용례) 括約(괄약)
살 활 活	舌의 혀라는 뜻에서 물 氵를 추가하여 뱀이 혀를 내밀어 물을 먹는 모습을 표현하였다. 물은 살기 위한 조건이므로 살다, 생존하다, 목숨을 보전한다는 의미가 되었다. 용례) 生活(생활)
넓을 활 闊	活의 살다는 뜻에서 문 門을 추가하여 큰 집에서 살다, 넓다, 트이다, 관대하다는 의미이다. 용례) 闊步(활보)

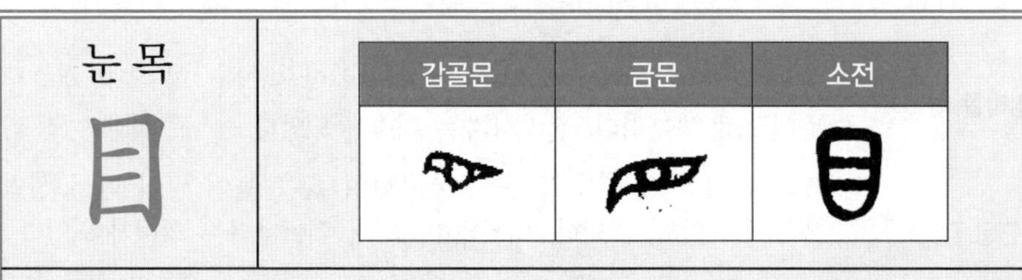

사람의 눈과 눈동자를 표현하였다. [초기 한자를 칼로 새기면서 둥근 형태는 네모지게 그리게 되었고 죽간 등을 이용하게 되면서 세로의 형태로 글자가 회전하였다.]

용례) 眼目(안목)

볼 간 看	손 手를 추가하여 눈 위에 손을 올려 자세히 살피는 모습을 표현하였다. 보다, 관찰하다는 의미이다. 용례) 看做(간주)
눈짓할 혈/혁 瞁	칠 攴을 추가하여 눈으로 지시하는 모습을 표현하였다. 눈짓으로 부리다, 눈을 깜박인다는 의미이다.

볼 견/뵐 현

갑골문	금문	소전

고문을 보면 눈을 강조한 사람을 표현하였다. 사람이 눈으로 사물을 본다는 의미이다. 용례) 見本(견본)

벼루 연 硯	돌 石을 추가하여 먹을 갈면서 계속 지켜보아야 하는 돌이 벼루라는 의미이다. 용례) 硯滴(연적)
나타날 현 現	옥 玉을 추가하여 옥을 갈고 닦아 드디어 빛이 난다는 뜻으로 나타내다, 드러나다, 지금, 현재라는 의미이다. 용례) 現在(현재)
고개 현 峴	산 山을 추가하여 산처럼 솟아 있어 눈으로 보이는 것이 고개, 재라는 의미이다.

서로 상 相	갑골문	금문	소전	예서

고문을 보면 눈 目과 나무 木을 합쳐 좋은 재목을 고르기 위해 나무를 자세히 살피는 모습을 표현하였다. 자세히 보다, 고르다, 모양, 형상, 바탕이라는 의미이나 후에 서로 마주보다는 뜻으로 서로, 이끌다라는 의미로 확장되었다.

용례) 相乘作用(상승작용)

생각 상 想	相의 자세히 보다는 뜻에서 마음 心을 추가하여 생각하다, 상상하다, 그리워한다는 의미가 되었다. 용례) 想像(상상)
상자 상 箱	相의 형상이란 뜻에서 대나무 竹을 추가하여 대나무를 엮어 형상을 만든 상자를 의미한다. 용례) 箱子(상자)
서리 상 霜	相의 형상이라는 뜻에서 비 雨를 추가하여 비가 형상을 나타낸 것이 서리라는 의미이고 후에 서리로 꿋꿋하게 남았다는 뜻으로 깨끗한 절개라는 의미로 확장되었다. 용례) 霜楓高節(상풍고절)
홀어미 상 孀	霜의 깨끗한 절개라는 뜻에서 계집 女를 추가하여 수절하고 있는 과부, 홀어미를 의미하게 되었다. 용례) 靑孀寡婦(청상과부)

뒤따를 답 眔	갑골문 1	갑골문 2	금문	소전

고문을 보면 눈물을 펑펑 흘리는 모습을 표현하였다. 잇달다, 뒤따른다는 의미가 되었다. (= 罘)

뒤섞일 답 遝	갈 辶을 추가하여 잇달아 따라간다는 의미를 강조하였다. 후에 잇달아 모이다, 뒤섞이다라는 의미로 확장되었다. 용례) 遝至(답지)

환어 환 鰥 물고기 魚를 추가하여 눈물을 흘린다는 전설상의 큰 물고기인 환어를 의미한다. 후에 사람에 비유하여 근심하여 잠을 못 이루는 모양, 홀아비라는 의미로 확장되었다. 용례) 鰥寡孤獨(환과고독)

품을 회

금문	소전

고문을 보면 옷 衣와 眔를 합쳐 옷 안에서 눈물을 흘리는 모습을 표현하였다. 밖으로 표현하지 않고 속으로 삭인다는 뜻이니 품다, 생각한다는 의미이고 후에 달래다, 위로하다, 편안하다는 의미로 확장되었다.

품을 회 懷 마음 忄을 추가하여 褱의 뜻을 강조하였다. 용례) 懷疑的(회의적)

무너질 괴 壞 褱가 마음이 무너져 눈물을 흘린다는 뜻이니 흙 土를 추가하여 흙이 무너지다, 허물어지다, 파괴하다, 망가지다는 의미가 되었다. 용례) 破壞(파괴)

곧을 직/값 치

갑골문	금문	소전	예서

고문을 보면 정면을 응시하는 눈을 표현하였다. [금문 이후 눈 옆을 손으로 막아 한눈파는 것을 막는 모습을 추가하였다] 곧다, 바르다, 곧게 하다는 의미이고 후에 사람이나 상품을 똑바로 보고 판단한다는 뜻에서 값(치)이란 의미가 파생되었다. 용례) 直進(직진)

올벼 직 稙

벼 禾를 추가하여 벼가 바르게 자란 모습을 표현하였다. 올벼(일찍 익는 벼), 이르다는 의미이다.

심을 식 植

나무 木을 추가하여 나무를 바르게 심다, 세우다는 의미이다.

용례) 植物(식물)

불릴 식 殖

植에 죽을 歹을 추가하여 동식물이 썩어 부패한 땅에 나무를 심는 모습을 표현하였다. 영양분이 많은 땅이므로 불다, 불리다, 늘어나다, (초목이) 번식하다, 번성한다는 의미가 되었다. [木이 생략됨]

용례) 殖産(식산)

값 치 値

사람 人을 추가하여 사물을 바로 보고 가치를 평가하는 모습을 강조하였다. 값, 가격, 흥정한다는 의미가 되었다.

용례) 價値(가치)

둘 치 置

그물 罒을 추가하여 값을 흥정하기 위해 그물에 쌓아 놓았다는 뜻으로 두다, 차려놓다, 내버려 두다는 의미이다. 후에 팔리지 않고 오랜 기간 내버려 두다는 뜻으로 방치하다는 의미로 확장되었다.

용례) 安置(안치)

덕 덕 德

고문을 보면 사거리 彳과 곧을 直을 합쳐 바르게 행동하는 모습을 표현하였다. [금문 이후 마음 心을 추가하여 바르게 행동하려는 마음이라는 뜻을 강조하였다] 덕, 도덕, 선행, 덕을 베풀다, 어인사람, 크다는 의미이다.(=悳)

용례) 道德(도덕)

갑골문	금문 1	금문 2	소전	예서

그칠 간 艮

갑골문	금문	소전	예서	해서

고문을 보면 뒤에 있는 사물을 뒤돌아보는 모습을 표현하였음을 알 수 있다. 뒤를 돌아보기 위해서는 멈춰서야 하므로 그치다, 멈추다, 머무른다는 의미가 되었다. 또한, 앞이 아닌 뒤를 보는 것이므로 거스르다, 어긋난다는 의미로 확장되었다.

용례) 艮卦(간괘)

간절할 간 豤	艮의 머무른다는 뜻에서 돼지 豕를 추가하여 돼지우리에 머물러 정성스럽게 보살핀다는 뜻으로 정성스럽다는 의미이다. (후에 豕가 짐승 豸로 변경된 貇 와 동자로 쓰이게 되었다)
간절할 간 懇	貇의 뜻을 명확하게 하기 위해 마음 心을 추가하여 정성스럽다, 간절하다, 노력하다, 정성이라는 의미이다 용례) 懇切(간절)
개간할 간 墾	貇에 흙 土를 추가하여 가축을 정성스럽게 키우는 것처럼 땅을 개간하다, 따비질하다, 김매다, 힘써 일하다는 의미이다. 용례) 開墾(개간)
어려울 간 艱	艮의 멈춘다는 뜻에서 조금 堇을 추가하여 조금 먹고 멈추게 되니 가난하다, 어렵다, 괴롭다는 의미가 되었다.용례) 艱難辛苦(간난신고)
눈 안 眼	艮의 멈춘다는 뜻에서 눈 目을 추가하여 한 곳에 멈추어 뚫어지게 보는 눈을 강조하였다. 용례) 慧眼(혜안)
한 한 恨	艮의 멈춘다는 뜻에서 마음 忄을 추가하여 멈추는 심정이니 원통하다, 한하다(몹시 억울하거나 원통하여 원망스럽게 생각하다), 한이라는 의미이다. 용례) 恨歎(한탄)
한할 한 限	艮의 멈춘다는 뜻에서 언덕 阝를 추가하여 언덕이 있어 더 이상 가지 못하다는 뜻으로 지경(땅의 가장자리), 한정한다는 의미가 되었다. 후에 시간의 한정이란 의미로 기한이란 뜻으로도 확장되었다. 용례) 制限(제한)
뿌리 근 根	艮의 멈춘다는 뜻에서 나무 木을 추가하여 나무의 끝이 뿌리, 밑동이라는 의미이고 후에 근본, 근거한다는 의미로 확장되었다. 용례) 根本(근본)
지경 은 垠	艮의 멈춘다는 뜻에서 흙 土를 추가하여 땅의 그치는 곳이 지경(땅의 경계), 가장자리, 낭떠러지, 벼랑이라는 의미이다. 용례) 垠際(은제)
은 은 銀	艮의 멈춘다는 뜻에서 광물 金을 추가하여 밝게 빛나 멈추게 하는 광물이 은이라는 의미이다. 용례) 銀行(은행)
흔적 흔 痕	병 疒을 추가하여 병이 그치고 난 후 남는 것이 흉터, 자취, 흔적이라는 의미이다. 용례) 痕迹(흔적)

물러날 퇴 退

갑골문	금문	소전	예서

고문을 보면 원래 밥그릇과 뒤져올 夊를 합해 밥을 다 먹고 나가는 모습을 표현하였다. 물러나다, 쇠한다는 의미이다. [예서 이후 辶과 艮의 형태로 변형되었다]

용례) 退場(퇴장)

넓적다리 퇴 腿 退의 쇠한다는 뜻에서 고기 月을 추가하여 사람이 쇠하면 알 수 있는 부위가 넓적다리라는 의미이다. 용례) 大腿部(대퇴부)

바랠 퇴 褪 退의 쇠한다는 뜻에서 옷 衤를 추가하여 옷의 색이 바래다, 퇴색한다는 의미이다.

눈썹 미 眉

갑골문	금문	소전	예서

눈 위에 있는 눈썹을 표현하였다. 용례) 眉間(미간)

예쁠 미 媚 계집 女를 추가하여 여자가 눈썹을 움직이는 모습을 표현하였다. 예쁘다, 아름답다, 아양을 떨다, 요염하다, 아첨한다는 의미이다. (= 娓) 용례) 媚笑(미소)

꿈 몽 夢

고문을 보면 倡과 평상 爿을 합쳐 평상 위에 사람이 눈꺼풀이 들린 상태로 누워 있는 모습을 표현하였다. 깊은 잠이 아니고 설익은 잠을 자는 모습이므로 꿈, 꿈꾸다, 혼미하다는 의미가 되었다. [소전 이후 저녁 夕이 추가되어 저녁 무렵 설익은 잠을 잔다는 뜻을 강조하였고 예서 이후 倡이 䒑와 冖의 형태로 변형되었다]

용례) 惡夢(악몽)

갑골문	소전	예서

업신여길 멸 蔑

갑골문	금문	소전	예서

고문을 보면 倡과 창 戈를 합쳐 눈을 치켜뜬 사람을 창으로 베는 모습을 표현하였다. 즉 억울하게 죽임을 당한다는 뜻으로 욕되게 하다, 모독하다, 업신여기다, 멸한다는 의미가 되었다. [소전 이후 䒑와 戍의 형태로 변형되었다]

용례) 侮蔑(모멸)

버선 말 襪

蔑의 업신여긴다는 뜻에서 옷 衤를 추가하여 몸에 걸치는 옷 중에 제일 천한 것은 발에 신는 버선이라는 의미이다. 용례) 洋襪(양말)

낯 면

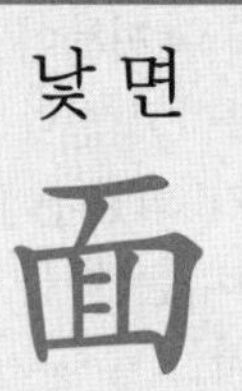

갑골문 1	갑골문 2	소전	예서

사람의 얼굴 윤곽과 얼굴 중 가장 중요한 눈을 상형하여 얼굴 면 자체를 표현하였다. 낯, 얼굴, 표정, 겉, 표면이란 의미이고 후에 가고자 하는 방향으로 얼굴을 돌리게 되므로 향하다, 방면, 면(행정구역)이란 의미로 확장되었다.

용례) 面接(면접)

멀 면 緬

面의 향하다는 뜻에서 실 糸을 추가하여 실이 끝이 보이지 않게 길게 뽑을 수 있으므로 멀다, 아득하다는 의미가 되었다.

용례) 緬禮(면례)

귀 이

갑골문	금문	소전	예서

귀 모양을 표현하였다. 귀라는 의미이고 귀는 사람의 얼굴 중에 유일하게 돋아난 모양이므로 성하다(기운이나 세력이 왕성하다)는 의미로 확장되었다.

용례) 耳鳴(이명)

귀고리 이 珥

구슬 玉을 추가하여 귀에 다는 장신구인 귀고리, 귀걸이를 의미한다.

미끼 이 餌

밥 食을 추가하여 귀 모양의 낚싯바늘에 끼우는 먹이인 미끼, 음식을 의미한다.

부끄러울 치 恥

마음 心을 추가하여 사람이 부끄러우면 귀가 빨개져 마음이 나타나므로 부끄럽다, 욕보이다는 의미가 되었다. 용례) 恥辱(치욕)

버섯 이/풀날 용 茸	풀 艹를 추가하여 귀 모양으로 자라는 버섯을 의미한다. 후에 풀이 나다, 우거지다는 의미로 확장되었다. 용례) 鹿茸(녹용)

귓속말할 집 咠

소전	예서

귀 耳와 입 口를 합쳐 귀에 대고 말을 한다는 뜻이니 귓속말하다, 소곤거린다는 의미이다.

읍할 읍/모을 집 揖	손 扌를 추가하여 윗사람에게 말하기 전에 두 손을 맞잡아 얼굴 앞으로 들어 올리고 허리를 앞으로 공손히 구부렸다가 몸을 펴면서 손을 내리는 인사방법인 읍을 표현하였다. 후에 읍을 하면서 두 손을 맞잡으니 모으다(집)는 의미로 확장되었다. 용례) 揖遜(읍손)
모을 집 輯	揖의 모으다는 뜻을 명확하게 하기 위해 짐을 싣는 차 車를 추가하여 모으다, 합하다는 의미이다. [扌가 생략됨] 용례) 特輯(특집)
기울 집/즙 葺	揖의 모으다는 뜻에서 풀 艹를 추가하여 풀로 (지붕을)이다, (해진 곳을) 깁다는 의미이다. [扌가 생략됨] 용례) 改葺(개즙)

소곤거릴 섭

소전	예서

귀가 서로 붙어있는 모습이니 다른 사람이 듣지 못하도록 무리에게만 소곤거린다는 의미이다. 후에 여러 명의 귀를 모아 잡다는 의미로 확장되었다.

다스릴/잡을 섭
攝

聶의 잡다는 뜻에서 손 扌를 추가하여 다스리다, 당기다, 잡다, 성내다는 의미가 되었다.
용례) 攝取(섭취)

들을 청
聽

갑골문	금문	소전	예서

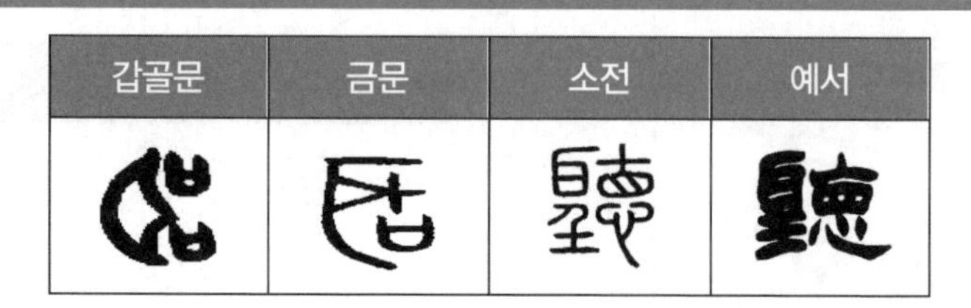

고문을 보면 귀로 여러 사람이 하는 말을 듣는 모습을 표현하였다. 즉 고대 임금이 신하의 말을 듣다, 들어주다, 판결한다는 의미이다. [소전 이후 신하가 숙여 고하는 모습 壬(𡈼의 생략형)과 덕 悳을 추가하여 임금이 경청하여 덕을 베푼다는 뜻을 강조하였다]
용례) 聽力(청력)

관청 청 廳

집 广을 추가하여 듣고 판결하여 주는 곳이 관청이란 의미이다.
용례) 廳舍(청사)

스스로 자

갑골문	금문	소전	예서

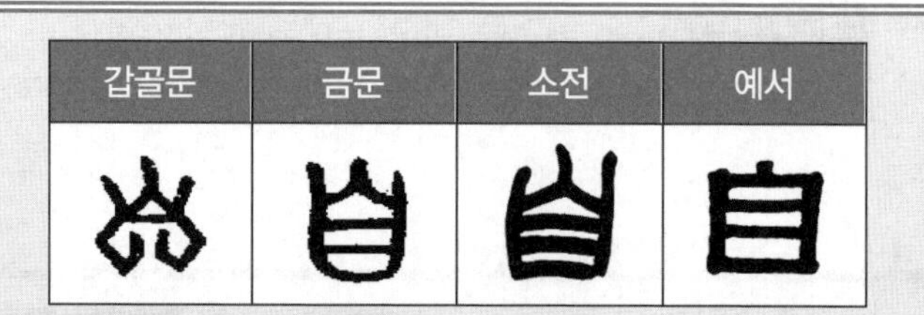

코 모양을 표현하였다. 후에 자신을 가리킬 때 코를 손가락으로 가리키므로 자기 자신이라는 뜻으로 사용되었다. 스스로, 저절로, 처음, 시초, 말미암다, ~로부터 하다는 의미가 되었다.
용례) 自身(자신)

코 비 鼻

自가 스스로라는 의미로 주로 사용되자 음식을 양손으로 들고 코로 냄새를 맡는다는 뜻인 줄 畀를 추가하였다. 용례) 鼻音(비음)

가장자리 변 邊

고문을 보면 코를 뜻하는 自와 꼬리 丙을 합쳐 코의 끝인 콧구멍을 표현하였다. 끝, 가장자리, 곁, 국경, 변방이란 의미가 되었다. [소전 이후 구멍 穴과 둘레 方으로 콧구멍을 간략화하였고 갈 辶이 추가하여 끝으로 간다는 의미를 강조하였다] 용례) 邊方(변방)

갑골문	금문	소전	예서

이 치 齒

갑골문	금문	소전

고문을 보면 입안의 이 모양을 그린 것을 알 수 있다. [후에 止가 추가된 것은 이를 보이기 위해 입을 벌리고 멈춰있다는 의미이다] 용례) 齒牙(치아)

어금니 아 牙

금문	소전	해서
		牙

어금니 두 개가 위아래 겹쳐있는 모습을 표현하였다.

싹 아 芽

풀 艹를 추가하여 식물의 싹이 처음 땅을 뚫고 나올 때 어금니 모양으로 떡잎이 붙어있는 모습을 표현하였다. 새싹, 맹아, 처음, 시초라는 의미이다. 용례) 萌芽(맹아)

의심할 아 訝	말 言을 추가하여 어금니가 보이게 말을 한다는 뜻으로 입을 크게 벌린 모습을 표현하였다. 입을 크게 벌리는 것은 의아한 말이나 행동에 대한 자연스러운 동작이므로 의아하다, 의심하다는 의미가 되었다. 용례) 疑訝(의아)
뚫을 천 穿	구멍 穴을 추가하여 음식을 어금니로 갈고 깨물어 찢는다는 뜻이므로 뚫다, 꿰뚫다, 뚫어지다, 관통하다는 의미가 되었다. 용례) 穿孔(천공)

말이을 이

갑골문	금문	소전	예서

턱수염을 표현하였다. 수염, 구레나룻이라는 의미이고 후에 수염처럼 말을 쭉 잇다는 의미로 확장되었다.

견딜 내 耐	손으로 어떠한 행위를 한다는 뜻인 寸을 추가하여 수염을 잡아당기는 모습을 표현하여 참다, 견디다는 의미가 되었다. 용례) 耐久力(내구력)
삼킬 탄 呑	고문을 보면 구레나룻 而와 입 口를 합쳐 입이 수염에 가려져 있는 모습이니 삼키다, 감춘다는 의미이다. [예서 이후 而가 오인되어 天로 변형되었다] 용례) 甘呑苦吐(감탄고토)

금문	소전	예서
		呑

구할 수 需

금문	소전	예서

현 모습은 비 雨와 而를 합친 모습이나 고문을 보면 비를 기원하는 사람의 모습을 표현한 것임을 알 수 있다. 가뭄이 들어 비를 기원하는 모습으로 구하다, 기다린다는 의미이고 후에 비를 맞는 모습으로 생각하여 비가 긋다, 공급하다, 쓰인다는 의미로 확장되었다. [예서 이후 사람의 모습을 오인하여 而로 변형되었다]

용례) 需要(수요)

선비 유 儒 사람 人을 추가하여 기우제를 지내는 사람, 지도자를 뜻하였으나 후에 선비, 학자, 유교, 유학이라는 의미가 되었고 선비가 나약하다는 뜻으로 나약하다, 유약하다, 너그럽다는 의미로 확장되었다.

용례) 儒教(유교)

나약할 나 懦 儒의 나약하다는 뜻을 명확하게 하기 위해 마음 忄을 추가하여 나약하다, 여리다, 부드럽다, 겁쟁이라는 의미가 되었다. [亻이 생략됨]

용례) 懦弱(나약)

마음 심

갑골문	금문	소전

사람의 심장을 표현하였다. 고대에는 사람의 생각이 머리가 아닌 심장에서 나온다고 생각하여 대부분 생각, 감정을 표현하는 한자에는 心이 포함된다. 또한 심장은 몸의 한가운데 있고 생명을 유지하는 가장 중요한 기관이므로 핵심이란 의미로도 확장되었다. (다른 글자와 함께 사용될 때에는 忄, 㣺로 쓰인다.)

용례) 核心(핵심)

다 실 悉	갖출 釆을 추가하여 모든 것을 갖춘 상태이니 다 알다, 궁구하다, 남김없이, 다, 모두라는 의미가 되었다. 용례) 謹悉(근실)
쉴 식 息	코를 뜻하는 自를 추가하였다. 옛날 사람들은 숨 쉬는 것이 코와 심장을 통한다고 생각했다. 숨 쉬다, 쉬다, 산다는 의미이고 후에 자라다, 번식하다, 자식, 아이라는 의미로 확장되었다. 용례) 子息(자식)
꺼질 식 熄	息의 쉰다는 뜻에서 불 火를 추가하여 불이 꺼진다는 의미이다. 용례) 終熄(종식)
쉴 게 憩	息의 쉰다는 뜻에서 혀 舌을 추가하여 혀가 움직이지 않는 모습이니 말을 하지 않고 쉬다, 휴식한다는 의미이다. 용례) 休憩室(휴게실)

정수리 신

갑골문	금문	소전

어린아이의 여물지 않은 두개골을 표현하였다. 숫구멍(갓난아이의 정수리가 굳지 않아 숨을 쉴 때마다 발딱발딱 뛰는 곳), 정수리라는 의미이다. (다른 글자와 함께 사용될 때에는 田으로 변형되어 쓰이기도 한다)

가늘 세 細	실 糸를 합쳐 골의 가느다란 선을 표현하였다. 가늘다, 미미하다, 작다, 적다, 자세하다는 의미이다. [예서 이후 囟이 밭 田으로 변형되었다] 용례) 細作(세작)

소전	예서

생각 사 思

소전	예서

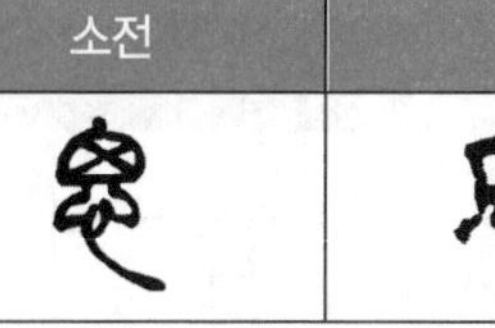

고문을 보면 囟과 마음 心을 합쳐 생각하는 모습을 표현하였다. 생각, 생각하다, 그리워한다는 의미이다. 후에 그리움이 깊어져 시름겨워하다, 슬퍼한다는 의미로 확장되었다. [예서 이후 囟이 밭 田으로 변형되었다] 용례) 思考(사고)

시집 시 媤 思의 슬퍼한다는 뜻에서 계집 女가 추가되어 여자가 슬퍼하는 곳이 시집(남편의 집)이란 의미이다. 용례) 媤宅(시댁)

골 뇌 腦

금문	소전	해서
		腦

고문을 보면 뇌에서 김이 나는 모습을 표현하였다. 골, 뇌, 뇌수, 머리, 마음이란 의미이다. [소전에서 사람 人을 추가하여 사람의 뇌를 표현하였고 해서 이후 고기 月으로 다시 변형되었다] 용례) 頭腦(두뇌)

번뇌할 뇌 惱 腦에 마음 忄을 추가하여 머리에 열이 나는 심정을 표현하였으니 번뇌하다, 괴로워하다, 성내다는 의미이다. 용례) 煩惱(번뇌)

목 갈기 렵(엽) 巤	금문	소전	해서

고문을 보면 짐승의 골과 갈기를 합쳐 짐승의 골을 먹는 모습을 표현하였다. 후에 짐승의 갈기(말 등의 목덜미에 난 긴 털)라는 의미로 쓰이게 되었다.

사냥 렵(엽) 獵	사냥개 犭을 추가하여 사냥개가 짐승의 갈기를 무는 모습을 표현하였다. 사냥하다, 사냥, 찾다, 사로잡는다는 의미이다. 용례) 狩獵(수렵)
섣달 랍(납) 臘	獵에 고기 月을 추가하여 고대 섣달(음력 12월)에 사냥하여 제물을 바치고 제사 지내는 모습을 표현하였다. 섣달, 납향(섣달에 지내는 제사)이라는 의미이고 후에 불교에서 승려가 득도한 햇수를 의미하는 것으로 확장되었다. [犭이 생략됨] 용례) 舊臘(구랍)
밀랍 랍(납) 蠟	臘에 벌레 虫을 추가하여 섣달에 벌레가 만든 것을 바치는 재료가 꿀이라는 의미이다. 후에 꿀을 통해 밀랍을 만들게 되므로 밀랍이라는 의미로 확장되었다. [月이 생략됨] 용례) 蜜蠟(밀랍)

밥통 위 胃	금문	소전	예서

고문을 보면 음식물이 가득 찬 주머니 상형과 고기 月을 합쳐 음식물로 가득 찬 신체 부위가 밥통, 위, 담다라는 의미이다. [예서 이후 음식물이 가득 찬 주머니가 田으로 변형되었다]
용례) 胃腸(위장)

이를 위 謂	胃의 담는다는 뜻에서 말 言을 추가하여 다른 사람의 말을 담아서 전달한다는 뜻이다. 이르다, 알리다, 가리키다, 설명한다는 의미이다. 용례) 所謂(소위)
물 이름 위 渭	胃의 담는다는 뜻에서 물 氵를 추가하여 물이 많이 있는 강을 표현하였다. 渭水 등의 물 이름으로 쓰인다.

무리/
고슴도치 휘
彙

소전	예서	해서

고문을 보면 밥통 胃와 벌레 虫을 합친 모습이다. 즉 밥통모양으로 둥글게 몸을 만 형태의 짐승을 표현하여 고슴도치라는 의미가 되었다. 후에 몸을 둥글게 말다는 뜻에서 모으다, 무리, 동류라는 의미로 확장되었고 가시가 성한 모습에서 성하다는 의미가 파생되었다. [예서 이후 고슴도치 모양이 밤송이와 같으므로 화살촉 彑와 과실 果의 형태로 변형되었다.] 용례) 語彙(어휘)

짐승/
쌓을 축
畜

갑골문	금문	소전

고문을 보면 동물의 밥통과 창자의 모습을 표현하였다. 이는 순대처럼 짐승의 창자에 음식물을 넣어 보관하는 모습을 표현한 것으로 쌓다, 모으다, 비축하다, 소장한다는 의미이다. 후에 짐승의 내장이라는 뜻에서 짐승, 가축이라는 의미로 확장되었다. [소전 이후 玄과 田의 형태로 변형되었다] 용례) 家畜(가축)

쌓을 축 蓄	畜의 쌓는다는 뜻에서 풀 艹를 추가하여 풀 등을 모아 쌓다, 모으다, 저장한다는 의미이다. 용례) 貯蓄(저축)

뼛조각 알 歹	갑골문	금문	소전	해서
				歹

고문을 보면 부서진 뼛조각을 표현하였다. 부서진 뼈, 벌어지다, 벌이다는 의미이다. (= 歺)

죽을 몰 歿	몽둥이 殳를 추가하여 뼈가 부서질 정도로 때려 죽이다, 끝내다는 의미이다. 용례) 戰歿(전몰)
빠질 몰 沒	歿에 물 氵를 추가하여 물에 빠져 죽다, 가라앉다, 다하다는 의미이다. [歹이 생략됨] 용례) 沒人格(몰인격)

벌일 렬(열) 列	소전	예서

고문을 보면 김이 나는 뼛조각을 칼로 가르는 모습을 표현하였다. 벌이다, 분리하다, 진열하다, 늘어서다는 의미를 강조하였다. 용례) 列車(열차)

찢어질 렬(열) 裂	列의 분리한다는 뜻에서 옷 衣를 추가하여 옷이 찢어지다, 해지다는 의미이다. 용례) 龜裂(균열)
매울 렬(열) 烈	列의 벌이다는 뜻에서 불 灬를 추가하여 불이 넓게 타오른다는 뜻이니 맵다, 사납다, 포악하다, 강하다, 세차다는 의미가 되었다. 용례) 先烈(선열)
법식 례(예) 例	列의 늘어선다는 뜻에서 사람 人을 추가하여 임금 앞에서 신하들이 늘어서 있는 모습을 표현하였다. 의례에 따라 서야 했으므로 법식, 규칙, 관례, 전례 등의 의미가 되었다. 용례) 次例(차례)

해칠 잔 𣦼	소전	해서
	𣦼	𣦼

뼛조각 歺과 손 又를 합쳐 뼈를 갈라지게 하다, 해친다는 의미이다.

먹을 찬 餐	먹을 食을 추가하여 짐승을 잡아 뼈를 갈라 먹는 모습이니 밥, 음식, 먹는다는 의미이다. 용례) 朝餐(조찬)
정미 찬 粲	쌀 米를 추가하여 손으로 벼의 껍질을 벗겨낸다는 뜻으로 쌀 찧기, 정미, 곱다, 밝다, 빛나다, 환하다는 의미이다. 용례 粲然(찬연)
빛날 찬 燦	粲의 빛난다는 뜻을 명확하게 하기 위해 불 火를 추가하였다. 용례) 燦爛(찬란)
옥빛 찬 璨	粲의 곱다, 빛난다는 뜻에서 옥 玉을 추가하여 빛나다, 옥빛, 아름다운 옥이라는 의미이다.

준설할 준/
밝을 예

소전	해서
𣦻	𣦻

고문을 보면 歺과 골짜기 谷을 합쳐 산의 한쪽 면이 부서진 것처럼 골짜기로 패 있는 모습을 표현하였다. 흙을 깊게 파내어 준설하다(준), 막힘이 없으니 밝다(예)는 의미이다. (= 睿)

슬기 예 睿	𣦻의 밝다는 뜻에서 눈 目을 추가하여 (깊고) 밝다, 슬기롭다, 총명하다, 슬기라는 의미를 강조하였다. (= 叡) 용례) 睿學(예학)
깊을 준 濬	𣦻(=睿)의 준설하다는 뜻에서 물 氵를 추가하여 깊다, 파낸다는 의미가 되었다. 용례) 濬川(준천)

옥 선 璿	睿의 깊고 밝다는 뜻에서 옥 玉을 추가하여 속이 투명하고 밝은 아름다운 옥을 의미한다. 용례) 璿源錄(선원록)
구렁 학 壑	叡의 준설하다는 뜻에서 흙 土, 손 又를 추가하여 손을 흙을 파서 만든 것이 골, 도랑, 구렁, 해자라는 의미이다. 용례) 萬壑千峰(만학천봉)

죽을 사

死

금문	소전	예서

고문을 보면 歹에 사람 人을 추가하여 사람이 뼛조각을 수습하는 풍장을 표현한 것으로 추정된다. 죽다, 다한다는 의미이다. [예서 이후 人이 匕로 변형되었다]

용례) 死刑(사형)

장사지낼 장 葬	死에 풀 艹를 위, 아래에 추가하여 죽은 사람을 풀로 덮은 모습을 표현하였다. 장사지내다는 의미로 초기 원시시대 장례 모습이다. 용례) 風葬(풍장)

뼈마디 골

骨

갑골문	금문	소전

고문을 보면 뼈마디를 표현하였음을 알 수 있다. [소전 이후 뼛조각 歹과 고기 月의 형태로 골수가 들어있는 싱싱한 뼈를 강조하였다]

용례) 骨肉(골육)

미끄러울 활 滑	물 氵를 추가하여 골수를 표현하였다. 후에 미끄럽다는 의미로 확장되었다. 용례) 滑走路(활주로)
교활할 활 猾	짐승을 뜻하는 犭을 추가하여 뼈를 물고 있는 짐승을 표현하였다. 사냥해서 먹이를 잡지 않고 남이 먹다 남은 뼈를 먹는다는 뜻으로 교활하다, 간사하다는 의미이다. 용례) 狡猾(교활)

뼈 발라낼 과 冎

갑골문	금문	소전

骨과 같은 어원이나 소전 이후 살을 발라낸 뼈마디를 표현하기 위해 분리되었다. 살을 바르다, 따로, 가르다, 헤어진다는 의미가 되었다. (= 另)

후릴 괴 拐	另의 헤어진다는 뜻에서 손 扌를 추가하여 따로 헤어지게 하기 위해 손으로 끈다는 뜻으로 꾀어내다, 유인한다는 의미가 되었다. 용례) 拐引(괴인)
나눌/다를 별 別	另의 헤어지다는 뜻에서 칼 刂를 추가하여 칼로 뼈를 발라내는 모습을 구체적으로 표현하였다. 나누다, 몇 부분으로 가르다, 따로 떨어진다는 의미이고 분류된 각 부분은 다른 용도이므로 다르다, 틀리다, 구별이란 의미로 확장되었다. 용례) 區別(구별)

삐뚤어질 괘 (와)

갑골문	금문	소전

冎과 입 口를 합쳐 입이 따로따로 삐뚤어진 모습을 표현하였다. 후에 사곡하다(사사롭고 마음이 바르지 못하다)는 의미로 확장되었다. (=喎)

소용돌이 와 渦	咼의 삐뚤어진다는 뜻에서 물 氵를 추가하여 물이 삐뚤어져 흐르는 모습이니 소용돌이라는 의미이다. 용례) 渦中(와중)
달팽이 와 蝸	渦에 벌레 虫을 추가하여 소용돌이 같은 딱지를 가진 벌레가 달팽이, 고둥이라는 의미이다. [물 氵가 생략됨] 용례) 蝸角(와각)
지날 과 過	咼의 삐뚤어진다는 뜻에서 갈 辶을 추가하여 본 위치보다 떨어져 간 모습을 표현하였다. 지나치다, 지나다, 초과한다는 의미이다. 용례) 過去(과거)
재앙 화 禍	咼의 사곡하다는 뜻에서 제사 示를 추가하여 사곡한 마음으로 제사를 지낸다는 뜻이니 재앙, 허물, 재앙을 내리다, 화를 입힌다는 의미가 되었다. 용례) 災禍(재화)
사람이름 설 卨	咼의 사곡하다는 뜻에서 점 卜을 추가하여 부정적인 점괘를 표현하였다. 후에 사람 이름으로 쓰이게 되었는데 상나라의 시조 이름이다. (= 契)

Ⅱ. 신석기시대

– 문자의 태동 –

동굴 등에서 몸을 숨기고 깨진 돌로 사냥하고 나무의 열매를 따 먹으며 음식을 찾아 떠돌아다니던 구석기 시대를 지나면서 점차 지능이 좋아지고 불을 사용하게 된 인류는 돌을 가다듬는 법, 작물을 키우는 법, 가축을 기르는 법 등을 깨닫고 물이 가까운 살기 좋은 곳에 움집을 짓고 촌락을 이루어 정착하게 된다. 한 곳에 정착하여 족장을 중심으로 공동체 생활을 하면서 여유로운 생활을 하게 된 인류는 새로운 시각에 눈을 뜨기 시작한다.

■ 신석기시대의 특징

1. 石– 돌의 사용

인류에 있어서 원시 상태에서 가장 단단한 물질은 돌이었다. 그렇기 때문에 처음에는 돌을 때려서 그 일부를 가지고 주먹도끼, 찍개, 긁개 등으로 사용하게 되었고 점차 돌을 단순히 깨뜨리기보다는 갈아서 사용하게 되었다.

돌 석 石	갑골문	금문	소전
암벽에서 떨어진 돌조각을 표현하였다. 원시시대 중국에서는 암벽을 파서 그곳에서 살았기 때문에 암벽을 파면서 나온 돌이란 의미이다. 용례) 巖石(암석)			

클 석 碩	머리 頁을 추가하여 우두머리 같은 큰 돌로 크다는 것을 표현하였다. 용례) 碩士(석사)
넓힐 척 拓	손 扌를 추가하여 암벽을 파내는 모습을 강조하였다. 넓히다, 확장하다, 개척하다, 크다, 줍다는 의미이다. 용례) 開拓(개척)
돌무더기 뢰(뇌) 磊	돌이 많이 쌓여있는 모습을 표현하여 돌무더기라는 의미이다.
이름 돌 乭	우리나라에서 만든 한자로 돌을 뜻하는 石과 돌의 받침 'ㄹ'의 음을 나타내는 乙을 합쳐 생성하였다. 용례) 申乭石(신돌석)

법도 도/
헤아릴 탁
度

갑골문	금문	소전	예서
[illegible]	[illegible]	[illegible]	度

고문을 보면 돌 石과 손 又를 합쳐 돌을 캐는 모습을 표현하였다. 광석을 캐는 것은 어려운 일이므로 법도, 기준으로 삼아 따른다는 의미가 되었고 후에 광석이 있는 장소를 살펴 캐야 했으므로 헤아리다, 추측한다(탁)는 의미로 확장되었다. 또한, 정해진 법도라는 뜻에서 도(온도 등의 단위)라는 의미가 파생되었다. [소전 이후 돌 石이 广과 廿의 형태로 변형되었다]
용례) 溫度(온도), 忖度(촌탁)

건널 도 渡

度의 기준으로 삼아 따른다는 뜻에서 물 氵를 추가하여 강에 설치된 나루를 통해 건너다, 지나가다, 나루라는 의미이다.
용례) 渡江(도강)

도금할 도 鍍

度의 법도라는 뜻에서 쇠 金을 추가하여 쇠를 녹여 법도에 따라 표면에 바른다는 뜻으로 도금한다는 의미이다. 용례) 鍍金(도금)

2. 火– 불의 사용

하늘에서 내리던 번개 등으로 자연이 불타는 모습을 보면서 불을 무서워 하던 인류는 불을 이용하면 음식물 등이 더욱 맛이 좋아진다는 사실을 알게 되고 밤의 어둠을 물리치는 등 점차 불을 이용하는 방법을 터득하게 되었다.

불 화
火

갑골문	소전	예서

불꽃이 활활 타오르는 모습을 표현하였다. 후에 나무장작에서 불꽃이 피는 모양으로 구체화 되었다. 불, 열, 빛, 태우다는 의미이다. (다른 글자와 같이 사용될 경우 灬로 쓰인다)
용례) 火焰(화염)

빛날 경 炅

빛나다, 열기의 의미를 강조하기 위해 해 日을 추가하였다.

불꽃 섭 燮

고문을 보면 손으로 등불을 든 모습을 표현하였다. 불꽃, 조화하다, 정답다는 의미이다. [소전 이후 횃불을 들어 신호를 보낸다는 뜻으로 말 言이 추가되었다]
용례) 燮理(섭리)

갑골문	금문	소전	예서

빛 광 光

갑골문	금문	소전	예서

고문을 보면 사람이 등잔을 들고 있는 모습을 표현한 것으로 추정된다. 어두운 밤에 등잔을 밝힌 것이니 빛, 빛나다는 의미이고 후에 기세, 기운, 크다, 영화롭다는 의미로 확장되었다.

용례) 榮光(영광)

〈쌍용총 등잔을 든 노비〉

오줌통 광 胱	光의 크다는 뜻에서 고기 月을 추가하여 바람을 넣으면 부풀어 오르는 신체부위인 오줌통, 방광을 의미한다. 용례) 膀胱(방광)
황홀할 황 恍	光의 영화롭다는 뜻에서 마음 忄을 추가하여 영화로운 느낌이니 황홀하다, 멍하다는 의미이다. 용례) 恍惚(황홀)
밝을 황 晃	光의 빛난다는 뜻에서 해 日을 추가하여 빛나다, 밝다, 환하다는 의미를 강조하였다.
깊을 황 滉	晃의 밝다는 뜻에서 물 氵를 추가하여 물속이 보일 정도로 깊고 넓다는 의미이다.

불꽃 염/아름다울 담 炎

갑골문	금문	소전

불 火를 겹쳐 불이 위아래로 활활 타오르는 모습을 표현하여 불꽃, 불타다, 태우다, 덥다, 더위라는 의미가 되었고 후에 크게 타오르는 불꽃이 아름답다(담)는 의미로 확장되었다.

용례) 肝炎(간염)

맑을 담 淡	炎의 아름답다는 뜻에서 물 氵를 추가하여 물이 아름답다, 맑다, (빛깔이) 엷다, 담백하다는 의미이다. 용례) 淡白(담백)
말씀 담 談	炎의 아름답다는 뜻에서 말 言을 추가하여 아름답게 말을 주고받는다는 뜻으로 말씀, 이야기, 이야기하다는 의미이다. 용례) 懇談會(간담회)
가래 담 痰	炎의 덥다는 뜻에서 병 疒을 추가하여 몸에 열이 나는 병을 의미하였으나 후에 열이 난 다음의 증세인 담, 가래라는 뜻으로 확장되었다. 용례) 去痰(거담)

도깨비불 린(인)

粦

금문	소문	예서	해서

고문을 보면 불꽃 炎에 어긋난 양발 舛을 합쳐 불빛이 붙어 떠돌아다니는 모습을 표현하였다. 빛이 번쩍이다, 반딧불, 도깨비불이라는 의미이다. [예서 이후 炎이 오인되어 米로 변형되었다]

도깨비불 린(인) 燐	粦의 도깨비불이라는 의미를 강조하기 위해 불 火를 추가하였다. 용례) 燐光(인광)
기린 린(인) 麟	粦의 번쩍인다는 뜻에서 사슴 鹿을 추가하여 번쩍이는 무늬를 가진 기린이란 의미이다. 용례) 麒麟(기린)
비늘 린 鱗	粦의 번쩍인다는 뜻에서 물고기 魚를 추가하여 물고기의 번쩍이는 비늘을 표현하였다. 용례) 逆鱗(역린)
이웃 린(인) 隣	粦의 붙어있다는 뜻에서 마을 邑을 추가하여 마을에 붙어사는 사람이 이웃, 이웃한다는 의미이다. 용례) 隣近(인근)

불쌍히 여길 련(연) 憐	粦의 붙어있다는 뜻에서 마음 忄을 추가하여 어여삐 여기다, 가엾게 여기다, 불쌍히 여기다는 의미가 되었다. 용례) 憐愍(연민)

횃불 료(요)

갑골문 1	갑골문 2	금문	소전

고문을 보면 장작더미에 불을 피워 밝게 빛나는 모습을 표현하였음을 알 수 있다. 고대에는 해충이나, 병균, 악귀들을 물리치기 위해 불을 크게 놓고 다 함께 축제를 즐겼기에 불을 놓다, 횃불이라는 의미가 되었다. [소전 이후 해 日이 추가되어 밝은 불빛을 강조하였다]

횃불 료(요) 燎	불 火를 추가하여 횃불, 화톳불, 태우다, 밝다는 의미를 강조하였다. 용례) 燎原(요원)
밝을 료(요) 瞭	눈 目을 추가하여 밤에 횃불을 크게 놓으니 눈에 사물이 모두 보인다는 뜻으로 밝다, 뚜렷하다, 명백하다는 의미이다. 용례) 明瞭(명료)
멀 료(요) 遼	갈 辶을 추가하여 밤에 횃불을 들고 가는 것이니 멀리 가다, 멀다는 의미가 되었고 후에 나라 이름, 물 이름에도 쓰이게 되었다. 용례) 遼遠(요원)
병 고칠 료(요) 療	병 疒을 추가하여 환자에게 불을 쬐게 하니 병이 치료된다는 의미이다. 용례) 治療(치료)
동료 료(요) 僚	尞의 불을 피우고 축제를 즐긴다는 뜻에서 사람 人을 추가하여 축제를 같이 즐기는 사람들이 동료라는 의미이다. 용례) 同僚(동료)
동관 료(요) 寮	僚에 집 宀을 추가하여 함께 일하는 동료들과 같이 머무는 집을 의미하고 후에 동관(같은 관청에 같은 계급의 관리)이란 뜻으로 확장되었다. [人이 생략됨]

등불 형

갑골문	금문	소전	예서

고문을 보면 나무를 엇갈리게 하여 들고 다니게 만든 원시적인 횃불을 표현하였다. 빛나다, 등불이라는 의미이다. [소전 이후 덮을 冖을 추가하여 횃불에서 진화된 등불을 표현하였다] (다른 글자와 함께 쓰일 때는 炏으로 쓰인다)

용례) 熒燭(형촉)

반딧불 형 螢	벌레 虫을 추가하여 불빛을 내는 벌레, 반딧불, 개똥벌레를 의미한다. 용례) 螢雪之功(형설지공)
밝을 영/의혹할 형 瑩	구슬 玉을 추가하여 구슬이 밝게 빛나다, 투명하다는 의미이고 후에 너무 투명하여 의혹하다(의심하여 수상히 여기다)는 의미로 확장되었다. 용례) 瑩澈(형철)
물 맑을 영(형) 瀅	瑩에 물 氵를 추가하여 물이 투명하다, 맑다는 의미이다.
경영할 영 營	집이 이어진 모습을 뜻하는 呂를 추가하여 불을 환하게 켜고 연이어 막사를 짓는 모습에서 계획적으로 막사를 짓다, 군사를 운영하다는 의미이고 후에 짓다, 계획하다, 경영하다는 의미로 확장되었다. 용례) 軍營(군영)
꽃/영화 영 榮	나무 木을 추가하여 나무에 꽃이 뒤덮어 붉게 피어오른 모습으로 꽃, 영화, 빛나다, 영광스럽다, 무성하다는 의미가 되었다. 용례) 榮華(영화)
꾀꼬리 앵 鶯	새 鳥를 추가하여 밝게 빛나는 새라는 뜻으로 선명한 노란색 깃털을 가진 꾀꼬리를 의미한다.

일할 노(로)

勞

갑골문	금문	소전
[illegible]	[illegible]	[illegible]

고문을 보면 원래 불을 겹친 火火와 옷 衣를 합쳐 옷 안에 열이 나는 모습을 표현하였다. 일을 하여 열이 나는 것이므로 일하다, 애쓰다, 고달프다, 수고, 노고의 의미가 되었다. [소전 이후 𤇾과 힘 力의 형태로 변형되었다] 용례) 勤勞(근로)

건질 노(로) 撈

손 扌를 추가하여 횃불을 밝히고 무엇인가 잡는 모습을 표현하였다. 건지다, 잡다는 의미이다. 용례) 撈採(노채)

찾을 탐

探

갑골문	금문	소전	예서	해서
[illegible]	[illegible]	[illegible]	[illegible]	探

고문을 보면 동굴 속을 횃불을 들고 들어가는 모습을 표현하였음을 알 수 있다. 동굴 깊숙이 찾다, 엿보다, 염탐하다는 의미이다. [소전 이후 손 扌를 추가하여 찾다는 의미를 강조하였고 예서 이후 횃불이 木의 형태로 변형되었다]
용례) 探偵(탐정)

깊을 심 深

探은 깊은 동굴이란 뜻을 내포하고 있으므로 물 氵를 추가하여 물이 깊다는 뜻을 표현하였다. 깊다, 심하다, 두텁다, (색이)짙다, 매우, 깊이 라는 의미이다. [扌가 생략됨] 용례) 深山幽谷(심산유곡)

붉을 적 赤	갑골문	금문	소전	예서

고문을 보면 사람을 불에 태워 죽이는 모습을 표현하였다. 멸하다, 비다, 없다는 의미이고 후에 사람 또한 붉게 타올라 죽게 되므로 붉다는 의미로 확장되었다.

용례) 赤字(적자)

붉을 혁 赫	赤의 붉다는 뜻을 강조하고자 赤을 겹쳐 사용하였다. 붉다, 빛나다, 밝다, 성대하다는 의미이다. 용례) 赫赫(혁혁)
불빛 혁 爀	赫에 불 火를 추가하여 불빛이 붉게 타오르는 모습을 강조하여 불빛, (불빛이) 붉다는 의미이다.
구을 자(적) 炙	사람 대신 고기 肉을 추가하여 고기를 불에 굽는 모습을 표현하였다. 고기를 굽다, (불에) 가까이 하다는 의미이다. 용례) 膾炙人口(회자인구), 散炙(산적)
오랑캐 적 狄	사람 대신 개 犭을 추가하여 개를 불에 굽는 모습을 표현하였다. 후에 개를 잡아먹는 고대 중국의 북쪽에 있는 종족을 뜻하게 되었다. 북방 오랑캐라는 의미이다. 용례) 北狄(북적)

3. 농경의 시작

초기 인류는 자연에서 자르는 식물의 열매를 따 먹고 그것의 씨를 버렸을 때 다시 싹이 나서 자라는 모습을 통해 농경을 시작하게 되었다. 농경을 통해 먹을 것을 찾아 이동하는 생활을 끝내고 한 곳에 정착하는 계기가 되었는데 이를 신석기 혁명이라고 한다.

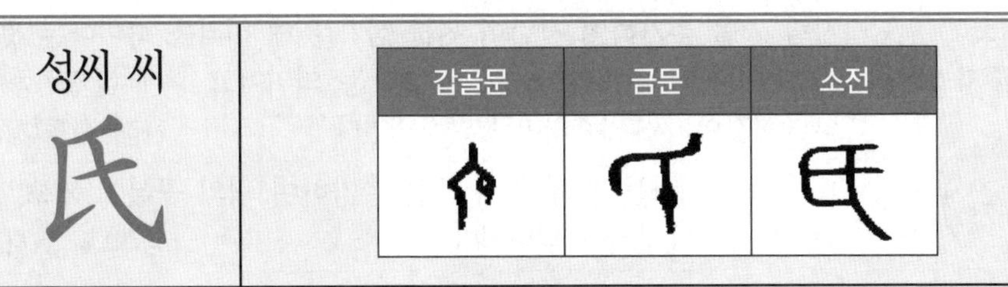

사람이 허리를 숙여 씨앗을 심는 모습을 표현하였다. [후에 씨 부분이 싹이 난 형태로 변화되었다.] 땅에 씨를 심는 것이었으므로 씨, 뿌리, 낮다, 들다는 의미가 되었고 후에 여자에게도 씨를 뿌려 자식을 낳았으니 같은 姓이란 의미로 확장되었다.

용례) 姓氏(성씨)

종이 지 紙

최초의 종이는 AD 105년 후한의 채륜이 나무껍질, 마, 넝마, 헌 어망 등을 절구통에 짓이겨 물을 이용하여 종이를 초조하였다고 한다. 따라서 실(糸)과 나무껍질, 씨(氏)를 통해 만들었다고 하여 紙라고 이름 붙이게 되었다.

용례) 便紙(편지)

근본 저

갑골문	금문	소전

고문을 보면 초기에는 氏와 구분 없이 사용되었으나 후에 땅을 뜻하는 一을 추가하여 땅속에 씨를 심은 모습을 강조하였다. 땅속이라는 뜻에서 근본, 근원이란 의미가 되었다.

낮을 저 低	사람 人을 추가하여 사람이 씨를 심기 위해 허리를 숙이다는 뜻으로 숙이다, 구부리다, 낮다, 약하다는 의미이고 후에 (온도 등이) 낮다, (값이) 싸다는 의미로 확장되었다. 용례) 低廉(저렴)
밑 저 底	氐의 근본이라는 뜻에서 집 广을 추가하여 집의 근본이 기초, 바닥, 밑, 속, 내부라는 의미이다. 용례) 底層(저층)
집 저 邸	氐의 근본이라는 뜻에서 언덕 阝를 추가하여 언덕의 내부를 파고 만든 집을 의미한다. 곳간, 별도로 지은 집이란 의미이나 후에 종친이나 왕후의 사저, 관사, 집이라는 의미로 확장되었다. 용례) 邸下(저하)
거스를 저 抵	손 扌를 추가하여 씨를 심는 것을 막는 모양이니 거스르다, 막다, 거절한다는 의미가 되었다. 용례) 抵抗(저항)
닥뜨릴 저 觝	뿔 角을 추가하여 소들이 바닥에 다리를 박고 서로의 뿔로 미는 모습을 표현하였다. 닥뜨리다, 부딪다, 닿다, 이르다는 의미이고 후에 씨름이라는 의미로 확장되었다. 용례) 角觝(각저)

어두울 혼

昏

갑골문	금문	소전	예서

고문을 보면 氏와 해 日을 합쳐 해를 땅 속에 묻은 모습을 표현하였다. 날이 저물다, 어둡다, 혼란하다는 의미이다. 용례) 昏定晨省(혼정신성)

혼인할 혼 婚	계집 女를 추가하여 고대 어두운 밤에 신부를 데려와 살았던 풍습을 표현하였다. 후에 결혼이라는 의미로 쓰이게 되었다. 용례) 婚姻(혼인)

부탁할 탁

갑골문	금문	소전	예서

고문을 보면 갓 땅을 뚫고 올라온 새싹을 표현한 것으로 추정된다. 보살펴야 하는 연약한 새싹이라는 뜻에서 잎, 보살피다, 부탁하다, 의탁한다는 의미가 되었다.

부탁할 탁 託	말 言을 추가하여 말로 부탁하다, 의탁하다, 의지한다는 의미이다. 용례) 託兒所(탁아소)
맡길 탁 托	손 扌를 추가하여 보살피고 부탁하는 행동을 강조하여 맡기다, 의탁하다, 부탁하다, 의지하다, 받침, 받침대라는 의미가 되었다. 용례) 托鉢(탁발)
집 택/댁 댁 宅	집 宀을 추가하여 몸을 의탁하는 곳이 집이란 의미이다. 후에 자신의 집이 아닌 남의 집에 의지한다는 뜻으로 남의 집(댁)이란 의미로 확장되었다. 용래) 宅地(택지)

진칠 둔/
어려울 준

갑골문	금문	소전	예서	해서

고문을 보면 씨에서 발아하면서 자라난 식물의 뿌리를 강조하여 표현하였다. 복잡하게 얽혀 자라난 뿌리 모습에서 많다, 혼탁하다, 어렵다(준)는 의미가 되었고 후에 전쟁터에서 진을 치다, 견고하게 수비한다(둔)는 의미로 확장되었다.

용례) 屯田(둔전)

무딜 둔 鈍	屯의 진치다는 뜻에서 쇠 金을 추가하여 쇠를 오랫동안 쓰지 않고 나두면 무디어지다, 둔하다는 의미이다. 용례) 愚鈍(우둔)
순수할 순 純	屯의 뿌리라는 원뜻에서 실 糸를 추가하여 식물의 뿌리처럼 실이 약하고 가는 모습이므로 순수하다, 순박하다, 진실하다, 아름답다는 의미가 되었다. 용례) 純粹(순수)
조아릴 돈 頓	屯의 뿌리라는 원뜻에서 머리 頁을 추가하여 머리를 땅 쪽으로 깊이 박은 모습에서 조아리다, 넘어진다는 의미가 되었다. 용례) 査頓(사돈)
엉길 돈 沌	屯의 혼탁하다는 뜻에서 물 氵를 추가하여 혼탁하고 어지럽다, 어둡다는 의미가 되었고 후에 식물의 뿌리에 물을 주면 흙덩이가 엉기게 되므로 엉기다(한 덩어리가 되면서 굳어지다)는 의미로 확장되었다. 용례) 混沌(혼돈)

갑옷 갑 甲

갑골문	금문 1	금문 2	소전	예서
十	十	⊞	甲	甲

고문을 보면 싹이 막 땅을 뚫고 나온 모습을 표현하였다. 아직 본잎이 나오기 전 떡잎 단계로 딱딱한 겉껍질을 하고 있으므로 후에 몸을 보호하다, 껍질, 갑옷이라는 의미가 되었고 후에 첫째 천간으로 쓰이게 되어 첫째라는 의미가 파생되었다.

용례) 遁甲(둔갑)

갑옷 갑 鉀	甲의 갑옷이라는 뜻에서 쇠 金을 추가하여 쇠로 만든 갑옷을 의미한다.
곶 갑 岬	甲의 떡잎이라는 뜻에서 산 山을 추가하여 싹이 땅을 뚫고 나오듯 육지가 바다 쪽으로 산처럼 튀어나간 부분이 곶이라는 의미이다.
갑 갑 匣	甲의 껍질이라는 뜻에서 상자 匚을 추가하여 물건을 보호하기 위해 껍질처럼 겉을 보호하는 상자를 의미한다. 용례) 紙匣(지갑)
수문 갑 閘	甲의 갑옷이라는 뜻에서 문 門을 추가하여 물길을 갑옷같이 두꺼운 물체로 막은 수문을 의미한다. 용례) 閘門(갑문)
오리 압 鴨	甲의 껍질이라는 뜻에서 새 鳥를 추가하여 딱딱한 껍질의 부리가 특징인 오리를 의미한다. 용례) 雁鴨池(안압지)
누를 압 押	甲의 갑옷이라는 뜻에서 손 扌를 추가하여 손으로 갑옷을 눌러 몸에 밀착시킨다는 뜻으로 누르다, 잡아 가둔다는 의미가 되었다. 용례) 押送(압송)

이를 조

소전	예서

고문을 보면 새싹 甲과 해 日을 합쳐 새싹처럼 해가 갓 떠오른 모습을 표현하였다. 이르다, 일찍, 젊다는 의미이다. [예서 이후 甲이 원형인 十의 형태로 변형되었다]

용례) 早速(조속)

높을 탁

소전	예서

고문을 보면 이를 早와 굽을 匕를 합쳐 굽힌 몸을 바르게 펴는 모습을 표현하였다. 높다, 뛰어나다는 의미이다. [예서 이후 匕가 卜의 형태로 변형되었다]

용례) 卓子(탁자)

너그러울 작 綽	卓의 뛰어나단 뜻에서 실 糸를 추가하여 실이 부드럽고 뛰어나다는 뜻으로 유순하다, 얌전하다, 너그럽다는 의미가 되었다. 용례) 綽約(작약)
슬퍼할 도 悼	卓의 높단 뜻에서 마음 忄을 추가하여 감정이 높아진 상태를 뜻하니 슬퍼하다, 가엾게 여기다는 의미이다. 용례) 悼二將歌(도이장가)
흔들 도 掉	卓의 높단 뜻에서 손 扌를 추가하여 높이 있는 물건을 떨어뜨리기 위해 흔든다는 의미이다. 용례) 掉頭(도두)

낮을 비

금문	소전	예서	해서

고문을 보면 새싹 甲과 손 又를 합쳐 자라지 않은 식물을 채취하는 모습을 표현하였다. 천하다, 비루하다, 저속하다는 의미이고 후에 식물이 덜 자랐으므로 작다, 낮다는 의미로 확장되었다. 용례) 卑怯(비겁)

계집종 비 婢	卑의 천하다는 뜻에서 계집 女를 추가하여 천한 여자란 뜻이니 계집종이란 의미이다. 용례) 奴婢(노비)
비석 비 碑	卑의 작다는 뜻에서 돌 石을 추가하여 작은 돌을 세워 놓은 것이 비석이란 의미이다. 용례) 墓碑(묘비)
도울 비 裨	卑의 작다는 뜻에서 옷 衣를 추가하여 작은 옷을 입은 사람을 표현하였다. 고대 제사장의 옆에서 보좌하는 시동을 의미하였으나 후에 돕다, 보좌한다는 의미로 확장되었다. 용례) 裨將(비장)
지라 비 脾	卑의 작다는 뜻에서 고기 月을 추가하여 작은 신체기관인 지라(비장)를 표현하였다. 용례) 脾臟(비장)
저릴/왜소할 비 痺	卑의 낮다는 뜻에서 병 疒을 추가하여 가장 가벼운 병이라는 뜻으로 저리다, 마비된다는 의미이다. 후에 왜소하다는 의미로 확장되었다. 용례) 痲痺(마비)
피 패 稗	卑의 천하다는 뜻에서 벼 禾를 추가하여 벼와 비슷한 모습이지만 천하여 뽑아 없애야 하는 피를 의미한다. 용례) 稗官雜記(패관잡기)
패 패 牌	卑의 작다는 뜻에서 조각 片을 추가하여 고대에 신분을 증명하기 위해 작은 나무 조각 등에 표식을 한 패, 명찰, 부절을 의미한다. 용례) 防牌(방패)

풀 초 艸

갑골문	금문	소전

고문을 보면 땅 위로 자란 새싹을 표현하였음을 알 수 있다. 풀, 잡초라는 의미이고 후에 작은 새싹이라는 뜻에서 시초, 시작하다, 초고라는 의미로 확장되었다. (다른 글자와 함께 사용될 때에는 艹 로 쓰인다)

풀 초 草	이를 早를 추가하여 새싹, 풀이란 의미를 강조하였다. 용례) 草木(초목)
풀 훼 卉	풀을 다발로 그려 풀이 많이 자란 모습을 표현하였다. 풀, 많다, 성하다는 의미이다. 용례) 卉服(훼복)
우거질 망/무 莽	고문을 보면 사냥개가 풀숲 사이로 들어가 숨어있는 모습을 표현하였다. (풀숲이)우거지다, 거칠다, 넓다는 의미이다. [예서 이후 글자 아래 풀 艸의 상형이 두 손 모양 廾으로 변형되었다] 용례) 草莽(초망)

소전	예서	해서

클 분/ 꾸밀 비 賁

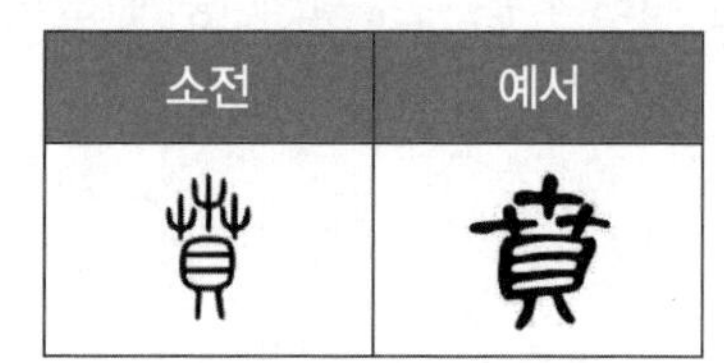

많을 卉와 조개 貝를 추가하여 조개더미를 표현하였다. 크다는 의미이고 후에 여러 개의 조개를 묶어 목걸이로 사용한다는 뜻에서 꾸미다(비)는 의미가 파생되었다.

용례) 麻賁(마분), 賁飾(비식)

무덤 분 墳	賁의 조개더미라는 뜻에서 흙 土를 추가하여 흙을 조개더미처럼 크게 쌓아 올린 것이 무덤이라는 의미이다. 용례) 墳墓(분묘)
뿜을 분 噴	賁의 크다는 뜻에서 입 口를 추가하여 입을 크게 벌린 모습이니 내뿜다, 재채기한다는 의미이다. 용례) 噴出(분출)
분할 분 憤	賁의 크다는 뜻에서 마음 忄을 추가하여 마음이 부풀어 오른다는 뜻이니 분하다, 성내다, 괴로워하다는 의미이다. 용례) 憤怒(분노)

날 생

生

갑골문	금문	소전	예서

새싹이 땅을 뚫고 나와 자란 모습을 표현하였다. 나다, 낳다, 만들다, 산다는 의미이다. 용례) 生命(생명)

희생 생 牲	生의 산다는 뜻에서 소 牛를 추가하여 살아 있는 소를 제사에 사용하는 것을 표현하였다. 희생(제사에 쓰이는 동물)이라는 의미이다. 용례) 犧牲(희생)
생질 생 甥	生의 낳는다는 뜻에서 남자 男을 추가하여 아들을 낳다는 뜻으로 후에 생질(누이의 아들), 사위라는 의미로 쓰이게 되었다. 용례) 甥姪(생질)
기 정 旌	生의 산다는 뜻에서 나부낄 㫃을 추가하여 살아 있는 것처럼 펄럭이는 기를 표현하였다 용례) 旌閭(정려)
성씨 성 姓	生의 만든다는 뜻에서 계집 女를 추가하여 식물이 태어나 듯 한 어머니로부터 만들어진 사람을 뜻하는 말로 씨족, 겨레, 백성이라는 의미이다. 초기 원시사회는 모계사회임을 알 수 있는데 후에 부계사회로 변화되면서 성이 생겼고 같은 성, 성씨라는 의미로 확장되어 쓰이게 되었다. 용례) 姓名(성명)
성품 성 性	生의 만든다는 뜻에서 마음 忄을 추가하여 만들어진 생물체에게 있는 고유의 마음, 타고난 성질, 성품을 뜻한다. 용례) 個性(개성)

별 성 星	生의 만든다는 뜻에서 해 日을 추가하여 태양으로부터 생겨난 것이 별이라는 의미이다. 용례) 彗星(혜성)
깰 성 醒	星은 반짝반짝 빛나다는 뜻을 내포하고 있으므로 星에 술을 뜻하는 酉를 추가하여 술이 깨다, 깨닫다, 깨우친다는 의미가 되었다. 용례) 覺醒(각성)
살필 성/덜 생 省	고문을 보면 날 生과 눈 目이 그려져 있어 작은 새싹이 잘 자라도록 살핀다는 뜻을 표현하였음을 알 수 있다. 살핀다는 의미였으나 후에 작은 새싹이라는 뜻에서 덜다(생)는 의미로 확장되었다. [예서 이후 작은 새싹이라는 뜻의 生이 적을 少로 변형되었다] 용례) 省墓(성묘), 省略(생략)

갑골문	금문	소전	예서
			省

굽을 을 乙

갑골문	금문	소전	예서

식물이 자라 점차 줄기가 굽혀지는 모습을 표현하였다. 굽다는 의미이나 후에 그 모양이 새와 같아 새라는 의미로 확장되었다. 둘째 천간으로 사용된다.

용례) 怒甲移乙(노갑이을)

빌 걸 乞	사람 人을 추가하여 사람이 몸을 굽힌 상태로 구걸하는 모습을 표현하였다. 빌다, 구걸하다, 구하다, 가난하다는 의미이다. 용례) 乞人(걸인)
삐걱거릴 알 軋	수레 車를 추가하여 사람을 수레바퀴로 깔고 지나가면서 허리를 반대로 꺾여 죽이는 고대의 형벌 중 하나를 표현하였다. 후에 사람의 허리뼈가 하나씩 끊어지면서 소리가 나므로 삐걱거린다는 의미로 확장되었다. 용례) 軋轢(알력)

패 찰 札	나무 木을 추가하여 접혀 있는 나뭇조각을 표현하였다. 고대 경매를 할 때 숫자를 적은 나뭇조각을 접어 제출하였기 때문에 나무에 적은 패, 조각, 편지, 뽑다는 의미가 되었다. 용례) 入札(입찰)

아니 불 弗	갑골문	금문	소전

고문을 보면 식물이 바르게 자랄 수 있도록 지지대에 묶은 모습을 표현한 것으로 추정된다. 식물이 바르게 자라지 못하는 경우 지지대를 세우게 되므로 아니다, 말다, 어긋나다, 근심하다는 의미가 되었다.

떨칠 불/도울 필 拂	弗의 어긋하다는 뜻에서 손 扌를 추가하여 어기다, 거스르다, 떨친다는 의미가 되었다. 후에 지지대라는 원뜻에서 바로잡다, 돕다, 보필한다(필)는 의미도 파생되었다. 용례) 拂入(불입)
용솟음할 불/끓을 비 沸	弗의 지지대라는 원뜻에서 물 氵를 추가하여 물이 아래로 퍼지지 않고 위로 솟아오른다는 의미이다. 후에 끓다, 끓이다, 들끓는다(비)는 의미로 확장되었다. 용례) 沸騰(비등)
비슷할 불 彿	弗의 지지대라는 원뜻에서 조금걸을 彳을 추가하여 식물이 지지대에 맞춰 조금씩 자라는 모습이니 비슷하다, 분간할수 없다는 의미가 되었다. 용례) 彷彿(방불)
부처 불 佛	부처 buddha를 음역한 글자가 불타(佛陀)이다. 부처, 불경, 불교 등의 의미로 사용된다. 바르게 하는 사람이란 뜻에서 佛로 가차한 것으로 추정된다.
쓸 비 費	弗의 지지대에 묶는다는 원뜻에서 조개 貝를 추가하여 화폐로 사용하기 위해 묶어 놓은 조개꾸러미를 표현하였다. 쓰다, 소비한다는 의미가 되었다. 용례) 費用(비용)

드리울 수 垂	갑골문	금문	소전	예서	해서

고문을 보면 식물 등이 다 자라서 땅으로 줄기가 늘어진 모습을 표현하였다. 줄기가 늘어졌으므로 드리우다, 늘어뜨리다는 의미이고 후에 가지의 가장자리가 늘어져 땅에 닿으므로 가장자리, 변두리, 변방이라는 의미로 확장되었다.

용례) 懸垂幕(현수막)

잠잘 수 睡	垂의 늘어뜨린다는 뜻에서 눈 目을 추가하여 눈꺼풀이 내려와 눈이 감기는 모양에서 졸리다, 자다는 의미가 되었다. 용례) 睡眠(수면)
저울추 추 錘	垂의 늘어뜨린다는 뜻에서 쇠 金을 추가하여 저울대에 늘어지게 다는 쇳덩어리인 추를 의미한다. 용례) 時計錘(시계추)
침 타 唾	垂의 늘어뜨린다는 뜻에서 입 口를 추가하여 입에서 음식물을 늘어뜨린다는 뜻으로 토하다, 게우다, 침을 뱉다, 침이라는 의미이다. 용례) 唾液(타액)
우편 우 郵	垂의 변방이란 뜻에서 고을阝을 추가하여 변방 지역, 변방에 설치한 역참을 뜻하는 글자였으나 후에 말을 타고 직접 전달하던 것이 우편 제도로 바뀌면서 우편이라는 뜻으로 확장되었다. 용례) 郵便(우편)

빛날 화 華	금문	소전	예서

꽃송이가 만개한 모습을 표현하였다. [소전 이후 뜻을 강조하고자 풀 艹가 추가되었다.] 꽃잎이 겹겹이 화려하게 핀 모습에서 빛나다, 화려하다, 호화롭다, 번성하다는 의미가 되었다.

용례) 華麗(화려)

벚나무/자작나무 화 樺	나무 木을 추가하여 꽃이 만발하는 나무가 벚나무라는 뜻이다. 후에 낙엽이 붉게 꽃처럼 피어나는 단풍나무, 자작나무라는 의미로 확장되었다. 용례) 樺皮(화피)
탐스러울 화 嬅	계집 女를 추가하여 꽃이 만개한 모습을 여자에 비유하여 아름답다, 탐스럽다는 의미이다.
빛날 엽 燁	불 火를 추가하여 불이 타올라 화려하게 빛나는 모습을 표현하였다. 빛나다, 불이 성하다는 의미이다.

아니 부(불) 不

갑골문	금문 1	금문 2	소전	예서

식물의 꽃받침과 씨방을 표현하였다. 일반적으로 과실은 꽃을 피우고 벌 등의 매개체를 통해 꽃가루와 씨방에 있는 밑씨가 만나 수정이 되면 밑씨는 씨가 되고 씨방이 열매가 되는 것이다. 꽃잎이 진 후 씨방만 남아 있어 아직 과실이 되기 전이므로 (열매가) 아니다, 없다, 못하다는 의미이다. 용례) 不足(부족), 不況(불황)

아닐 부 否	입 口를 추가하여 말로 아니다, 부정하다라는 의미이다. 용례) 拒否(거부)
잔 배 杯	나무 木을 추가하여 나무로 씨방 모양으로 만든 것이 술잔이라는 의미이다. (= 桮) 용례) 苦杯(고배)

클 비
丕

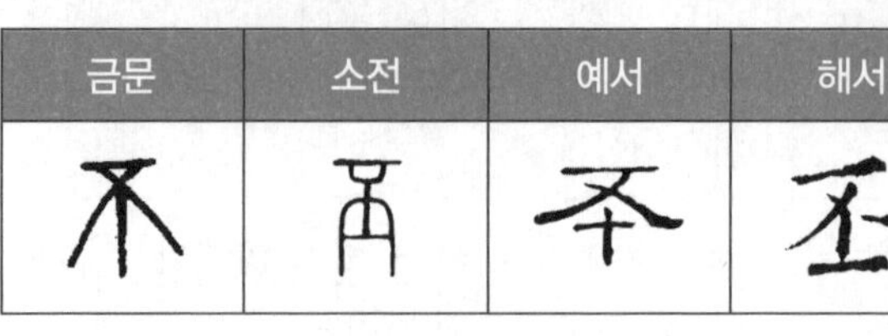

不이 부정이란 의미로 주로 사용되자 부풀어 오른 씨방을 강조하기 위해 지사자 一을 추가하였다. 씨방이 커간다는 뜻에서 크다, 받들다, 엄숙하다, 처음, 으뜸이라는 의미이다.

용례) 丕績(비적)

아기밸 배 胚

고기 月을 추가하여 사람 몸이 씨방처럼 부풀어 올라 있는 모습을 비유적으로 표현하였으니 아기를 배었다는 의미이다. (=肧)

용례) 胚芽(배아)

침 부
咅

금문	소전	예서

고문을 보면 不에 가득 찬 모습 曰을 합쳐 씨방이 커져 먹을 수 있는 열매로 자란 모습을 표현한 것으로 추정된다. 크다는 의미이고 후에 말씀 言의 고자 䇂으로 오인되어 입에서 튀어나오는 침이라는 의미가 파생되었다.

떼 부 部

咅의 크다는 뜻에서 마을 阝를 추가하여 씨방이 부풀어 오르는 것처럼 사람들이 많이 모여 사는 곳이 떼, 부락, 마을, 관청이란 의미가 되었고 후에 특정한 지역이란 뜻에서 분야, 부서라는 의미로 확장되었다.

용례) 部分(부분)

쪼갤 부 剖

咅의 크다는 뜻에서 칼 刂를 추가하여 다자란 열매를 칼로 쪼갠다는 뜻이니 쪼개다, 자르다는 의미이다.

용례) 剖檢(부검)

북돋을 배 培	咅의 크다는 뜻에서 흙 土를 추가하여 씨방 모양으로 부풀어 오르게 북(식물의 뿌리를 싸고 있는 흙)을 돋는 것을 표현하였다. 배양하다, 불리다는 의미가 되었고 흙을 쌓으므로 언덕, 담이란 뜻으로 확장되었다. 용례) 培養(배양)
모실 배 陪	咅의 크다는 뜻에서 언덕 阝를 추가하여 높게 쌓아 올린다는 뜻으로 더하다, 보태다, 상환한다는 의미이고 후에 사람에게 보탬을 주다는 뜻으로 돕다, 보좌하다, 모시다는 의미로 확장되었다. 용례) 陪席(배석)
물어줄 배 賠	咅의 크다는 뜻에서 재물 貝를 추가하여 보상하다, 배상하다, 물어준다는 의미가 되었다. 용례) 賠償(배상)
곱 배 倍	咅의 크다는 뜻에서 사람 人을 추가하여 더하다, 곱하다, 곱, 갑절 등의 의미가 되었다. 용례) 倍加(배가)

무성할 착 丵	소전	예서

한 줄기에 여러 개의 꽃이 달린 모습을 표현하였다. 무성하다, 떨기(한 뿌리에서 여러 줄기가 나와 더부룩한 모습)라는 의미이다.

모일 총 叢	丵의 무성하다는 뜻에서 취할 取를 추가하여 풀을 무성하게 뭉친 모습을 강조하였다. 모이다, 모으다, 번잡하다, 떨기라는 의미이다. 용례) 叢叢(총총)
뚫을 착/구멍 조 鑿	고문을 보면 丵, 臼, 殳, 金의 상형으로 광물을 캐서 무성하게 담는 모습을 표현한 것으로 추정된다. 광물을 캐기 위해 광산에서 뚫다, 파다, 깎는다는 의미이고 후에 파인 구멍(조)이란 의미로 확장되었다. 용례) 鑿空(착공), 方枘圓鑿(방예원조)

소전	예서

번거로울 복 菐

금문	소전

고문을 보면 무성할 착 丵과 양손 廾을 합쳐 여러 개의 일을 하는 모습을 표현하였다. 번거롭다는 의미이다.

종 복 僕	사람 人을 추가하여 번거로운 일을 하는 사람이 종이라는 의미이다. 용례) 公僕(공복)
칠 복(박) 撲	손 扌를 추가하여 많을 일을 하도록 강요한다는 뜻이니 때리다, 치다는 의미이다. 용례) 撲滅(박멸)
나무빽빽할 복/순박할 박 樸	나무 木을 추가하여 나무가 빽빽하게 많이 있다는 의미이다. 후에 사람들이 많이 찾지 않아 빽빽하게 있으므로 순박하다, 질박하다, 바탕이라는 의미로 확장되었다. (= 朴) 용례) 質樸(질박)

끝 단 耑

갑골문	금문	소전

고문을 보면 식물의 밑동(발 止)과 뿌리(수염 而)를 상형하여 식물이 자라는 기초, 시작, 처음, 실마리라는 의미가 되었다. [뿌리채소의 경우 밑동을 다시 심어 재수확한다] 후에 밑동이란 뜻에서 끝, 한계라는 의미로 확장되었다.

끝/바를 단 端	耑의 밑동이라는 뜻에서 설 立을 추가하여 식물의 밑동을 땅에 바르게 심는 모습을 강조하였다. 바르게 심는 모습에서 耑의 끝, 한계, 처음, 실마리라는 뜻 이외에 바르다, 단정하다는 의미가 파생되었다. 용례) 端初(단초), 端整(단정)

여울 단 湍	耑의 시작이라는 뜻에서 물 氵를 추가하여 강이 시작되는 얕은 여울을 의미한다.
숨찰 천 喘	耑의 한계라는 뜻에서 입 口를 추가하여 숨을 쉬기 어려운 모습이니 숨차다, 헐떡인다는 의미이다. 용례) 喘息(천식)
상서 서 瑞	端의 단정하다는 뜻에서 옥 玉을 추가하여 고대에 관료 등이 예복에 드는 상서, 서옥, 홀, 부절 등을 의미하게 되었고 후에 상서롭다, 경사스럽다는 의미로 확장되었다. [立이 생략됨] 용례) 瑞光(서광)

〈농기구〉

별 진/때 신

辰

금문	소전	예서	해서

고문을 보면 큰조개가 입을 벌리고 살이 나와 물체에 붙어 이동하는 모습을 표현하였다. 후에 십이지의 다섯째지지로 사용되게 되면서 오행에 따라 수성을 의미하게 되었는데 수성은 태양에서 가장 가까이 있는 행성이므로 관측하기가 쉽지 않고 해진 후 서쪽하늘과 해가 뜨기 직전 동쪽하늘에서만 볼 수가 있어 수성을 통해 때, 시각을 알 수 있으므로 별(진), 때(신)라는 의미로 확장되어 사용되어졌다. [소전 이후 조개의 살이 나온 모습을 발(止)이 나온 것으로 변형되었다]

용례) 日月星辰(일월성신)

큰 조개 신 蜃	辰이 때, 별이라는 뜻으로 사용되자 벌레 虫을 추가하여 큰 조개라는 의미를 강조하였다. 용례) 蜃氣樓(신기루)
새벽 신 晨	辰의 조개라는 원뜻에서 해 日을 추가하여 조개를 잡을 수 있는 시간인 새벽이라는 의미를 표현하였다. 용례) 晨星(신성)
아이 밸 신 娠	辰의 조개라는 원뜻에서 계집 女를 추가하여 여자의 배가 조개 모양으로 불렀으니 아이를 배었다는 의미이다. 용례) 姙娠(임신)
대궐 신 宸	辰의 조개라는 원뜻에서 집 宀을 추가하여 조개 모양으로 지붕이 높게 솟아 있는 집이니 대궐이라는 의미가 되었다.

떨칠 진 振	辰의 조개라는 원뜻에서 손 扌를 추가하여 조개의 살이 손처럼 움직이는 모습을 표현하였다. 조개가 움직이는 모습이니 떨치다, 떨다, 떨쳐 일어나다, 들어 올린다는 의미가 되었다. 용례) 振作(진작)
구휼할 진 賑	재물을 뜻하는 조개 貝를 추가하여 재물로 쓰이는 조개를 표현하였다. 후에 넉넉한 살림을 부족한 사람에게 구휼한다는 의미로 확장되었다. 용례) 賑恤(진휼)
우레 진 震	辰의 별이라는 뜻에서 비 雨를 추가하여 비가 올 때 땅으로 떨어지는 별 모양이 우레, 천둥, 벼락이라는 의미이다. 용례) 地震(지진)
입술 순 脣	辰의 조개라는 원뜻에서 고기 月을 추가하여 조개 모양으로 위아래가 붙어있는 신체 부위가 입술이라는 의미이다. (= 唇) 용례) 脣亡齒寒(순망치한)
욕될 욕 辱	辰의 조개라는 원뜻에서 손을 움직이는 모습인 寸을 추가하여 고대 큰 조개껍데기로 땅을 파거나 곡식을 자르며 농사일을 하는 모습을 표현한 것이다. 이로 인하여 힘들다, 욕되다라는 의미가 되었다. 용례) 侮辱(모욕)

농사 농 農

갑골문	금문 1	금문 2	소전	예서

고문을 보면 조개 칼을 손에 잡고 농사를 하러 가는 모습을 표현하였음을 알 수 있다. 일반적인 농사를 의미한다. [소전 이후 조개 칼을 이용하여 두 손으로 정성스럽게 농작물을 가꾸는 모습으로 간략화되었고 예서 이후 밭 田이 굽을 曲으로 변형되었다]

용례) 農村(농촌)

짙을 농 濃	물 氵를 추가하여 밭에 고인 물이 일반적으로 흐르는 물보다 짙음을 표현하였다. (색이)짙다는 의미였으나 후에 (음식이)진하고 맛이 좋다, (안개 등이)깊다는 의미로 확장되었다. 용례) 濃度(농도)
고름 농 膿	濃에 고기 月을 추가하여 사람의 신체 중 고여있는 물이 고름이라는 의미이다. [물 氵가 생략됨] 용례) 蓄膿症(축농증)

칼 도 刀

갑골문	금문	소전	예서
[illegible]	[illegible]	[illegible]	[illegible]

일반적으로 칼의 모습을 상형한 것이라고 알려진 刀의 갑골문을 보면 날카로운 두 갈래의 찌르는 도구를 표현한 것임을 알 수 있다. 이는 원시적인 형태의 농기구 따비를 그린 것으로 중국에서는 신농씨가 발명하였다고 알려져 있고 우리나라에서는 최근까지 제주도 등에서 사용되었다. 따비는 주로 끝이 두 갈래로 갈라져 있기에 가르다, 갈라지게 하다는 뜻으로 쓰였고 후에 가르게 하는 도구의 총칭을 칼이라고 하게 되었다. (다른 글자와 함께 사용될 경우 刂로 쓰인다.)

용례) 刀劍(도검)

[사람 人의 상형과 유사하여 후세로 갈수록 많을 글자에서 오인되어 사용되었다. 刀는 자루가 휘어진 형태인 [illegible]으로 人은 앞으로 굽은 형태인 [illegible]으로 구분할 수 있다.]

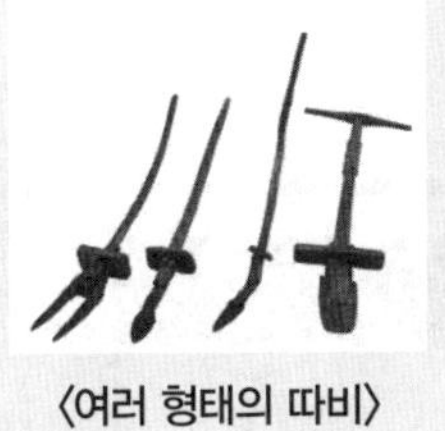

〈여러 형태의 따비〉

〈우리나라 청동기 유물에 나타난 따비를 이용하여 농사짓는 사람 모습〉

처음 초 初	옷 衤를 추가하여 옷을 재단하기 위해서는 맨 처음 칼로 천을 자르므로 처음이란 의미가 되었다. 용례) 初步(초보)

칼날 인 刃

갑골문	금문	소전	예서

따비의 날 부분에 점을 찍어 칼날을 강조하였다. 칼날, 베다는 의미이다.

용례) 白刃(백인)

질길 인 靭	가죽 革을 추가하여 날카로운 칼에도 가죽이 잘 잘리지 않으므로 질기다는 의미이다. 용례) 强靭(강인)
참을 인 忍	마음 心을 추가하여 사람을 베는 마음이라는 뜻에서 잔인하다는 의미가 되었고 후에 사람의 신체가 아닌 마음을 벤다는 뜻으로 해석하여 용서하다, 참는다는 의미로 확장되었다. 용례) 忍苦(인고)
알 인 認	忍의 용서한다는 뜻에서 말 言을 추가하여 허가하다, 인정하다, 인식하다, 안다는 의미가 되었다. 용례) 容認(용인)

비롯할 창 刅

금문	소전	해서
		刅

따비의 양쪽 날을 강조하여 칼날이 모두 갈려있음을 표현하였다. 일을 시작하기 전에 칼날을 갈아야 하므로 비롯하다, 시작하다, 비로소라는 의미가 되었고 후에 날카로운 칼날로 인하여 다친다는 의미가 파생되었다.

나눌 분 分	갑골문	금문	소전	예서

고문을 보면 칼 刀로 사물을 반으로 나눈 모습을 표현하였다. 나누다, 나누어주다, 구별한다는 의미이다. 용례) 分析(분석)

어지러울 분 紛	分의 나눈다는 뜻에서 실 糸를 추가하여 실을 칼로 잘라 흩어 놓았으니 번잡하다, 어지럽다, 섞인다는 의미가 되었다. 용례) 紛亂(분란)
성낼 분 忿	分의 나눈다는 뜻에서 마음 心을 추가하여 심장을 칼로 잘라내는 마음이니 분하다, 원망하다, 성내다는 의미가 되었다. 용례) 忿怒(분노)
가루 분 粉	分의 나눈다는 뜻에서 쌀 米를 추가하여 쌀을 자르면 가루가 된다는 의미이다. 후에 쌀가루를 분으로 하여 얼굴에 발랐으므로 분, 화장하다, 색칠이란 의미로 확장되었다. 용례) 粉塵(분진)
꾸밀 분 扮	粉의 화장하다는 뜻에서 손 扌를 추가하였다. 꾸미다, 분장하다는 의미이다. [米가 생략됨] 용례) 扮裝(분장)
향기 분 芬	粉에 풀 艹를 추가하여 고대에 향초를 잘라 피워 향기를 낸 모습을 표현하였다. 향기, 향기롭다, 아름다운 덕행이나 명성이란 뜻으로 쓰인다. [米가 생략됨] 용례) 芬芳(분방)
눈 날릴 분 雰	分의 구별한다는 뜻에서 비 雨를 추가하여 비와 구분되는 눈이 내리는 모습을 표현하였다. 눈이 날리다, 안개, 서리, 먼지, 어지럽다는 의미이다.
동이 분 盆	分의 구별한다는 뜻에서 그릇 皿을 추가하여 음식을 구별하여 담아 놓는 동이라는 의미이다. 용례) 盆地(분지)
분부할/뿜을 분 吩	分의 구별한다는 뜻에서 입 口를 추가하여 아랫사람들에게 일일이 구별하여 지시한다는 의미로 분부하다, 명령을 내린다는 의미이다. 후에 分의 나눈다는 뜻으로 해석하여 입안에서 밖으로 뿜어져 나오다, 뿜는다는 의미로 확장되었다.
가난할 빈 貧	分의 나눈다는 뜻에서 재물 貝를 추가하여 재물이 나뉜 것이니 가난하다는 의미이다. 용례) 貧困(빈곤)

나눌 반 頒

分의 나눈다는 뜻에서 머리 頁을 추가하여 우두머리가 나누는 행위를 강조하였다. 나눈다는 의미이고 후에 신하들에게 나눠준다는 뜻에서 하사하다, 널리 퍼뜨리다, 반포한다는 의미로 확장되었다.

용례) 頒布(반포)

비수 비 匕

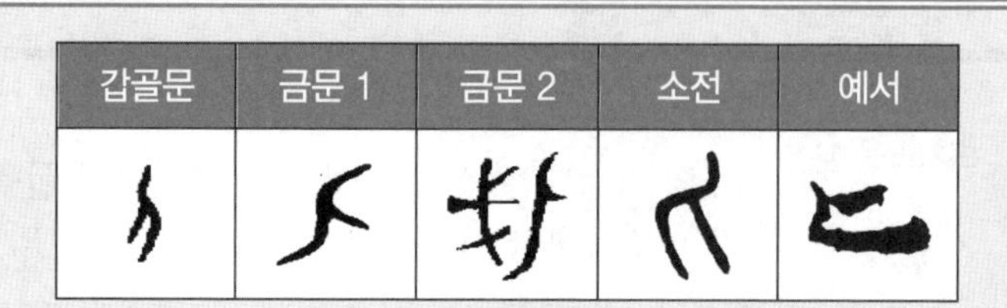

갑골문부터 刀와 혼용되어 사용되었다. 이후 刀는 사람을 찌르는 무기를 일컫게 되었고 匕는 비수(날이 예리하고 짧은 칼), 음식을 찌르는 도구(숟가락)를 뜻하는 것으로 분화되었다.

용례) 匕首(비수)

※ 현재 굽을 匕과 같은 글자로 사용되나 이는 한자의 변화과정을 살펴보면 전혀 다른 경로로 변화되었음을 알 수 있다. 금문에서는 이를 명확하게 하고자 무기를 든 과 몸이 굽은 형태의 로 각각 구분하여 쓴 사실이 확인된다.

암컷 빈 牝

가축의 대표 소 牛를 추가하여 끝이 갈라진 匕와 같은 성기를 가진 암컷을 표현하였다.

용례) 牝牛(빈우)

뜻 지 旨

갑골문	금문	소전	예서	해서

그릇에 담긴 음식을 숟가락으로 떠먹는 모습을 표현하여 맛있는 음식, 맛, 맛이 있다는 의미이다. 후에 음식을 먹고 느끼다, 뜻이란 의미로 확장되었다. [그릇 모양이 소전 이후 가득 찬다는 뜻의 曰로 변형되었다]

용례) 要旨(요지)

기름 지 脂	旨의 맛이라는 뜻에서 고기 月을 추가하여 고기 중에 맛있는 부분이 기름, 비계라는 의미이다. 용례) 脂肪(지방)
가리킬 지 指	旨의 맛이라는 뜻에서 손 扌를 추가하여 맛있는 음식을 향해 가리키는 모습을 표현하여 손가락질하다, 가리키다, 손가락, 발가락을 의미한다. 용례) 指示(지시)
늙을 기 耆	旨의 맛이라는 뜻에서 노인 耂를 추가하여 노인이 음식을 맛있게 먹는 모습을 표현하여 늙다, 즐기다, 좋아한다는 의미가 되었다.
즐길 기 嗜	耆의 즐긴다는 뜻을 명확하게 하기 위해 입 口를 추가하였다. 즐기다, 좋아한다는 의미이다. 용례) 嗜好(기호)
이를 예 詣	旨의 느낀다는 뜻에서 말 言을 추가하여 느낀 바를 말하다, 행하다, 이르다, 도달하다, 나아가다는 의미이다. 용례) 造詣(조예)

일어날 작/ 잠깐 사 乍

갑골문	금문 1	금문 2	소전	예서

고문을 보면 따비로 무엇인가 파내는 모습을 표현하였다. 일어나다, 쪼개다는 의미이고 후에 순식간에 가르는 모습에서 잠깐, 잠시, 별안간(사)이란 의미로 확장되었다. 용례) 猝乍間(졸사간)

지을 작 作	乍의 일어나다는 뜻에서 사람 人을 추가하여 만들다, 창작하다, 짓다, 저작, 작품이라는 의미가 되었다. 용례) 作品(작품)
터질 작 炸	乍의 일어난다는 뜻에서 불 火를 추가하여 불이 일어나는 모양이니 터지다, 폭발한다는 의미이다. 용례) 炸藥(작약)
어제 작 昨	乍의 쪼갠다는 뜻에서 해 日을 추가하여 해가 쪼개져 없어졌으니 어제, 옛날, 이전이라는 의미가 되었다. 용례) 昨日(작일)
좁을 착 窄	乍의 쪼갠다는 뜻에서 구멍 穴을 추가하여 구멍을 내다는 의미이고 후에 좁은 구멍이란 뜻에서 좁다, 비좁다는 의미로 확장되었다. 용례) 窄汁(착즙)

짤 착 搾	窄의 좁다는 뜻에서 손 扌를 추가하여 어떠한 물건을 작게 만드는 것이니 짜다, 짜내다, 거르다(액체만 받아 내다)는 의미가 되었다. 용례) 搾乳(착유), 搾取(착취)
속일 사 詐	乍의 잠깐이란 뜻에서 말 言을 추가하여 깊이 생각하지 않고 순식간에 하는 말이라는 뜻이니 속이다, 거짓말하다, 거짓이란 의미가 되었다. 용례) 詐取(사취)
복 조 祚	제단 示를 추가하여 제단에 농사지은 곡식을 올려 제사 지내는 모습을 표현하였다. 하늘에서 복을 내리다, 복, 보답한다는 의미로 쓰이게 되었다. 용례) 祚業(조업)

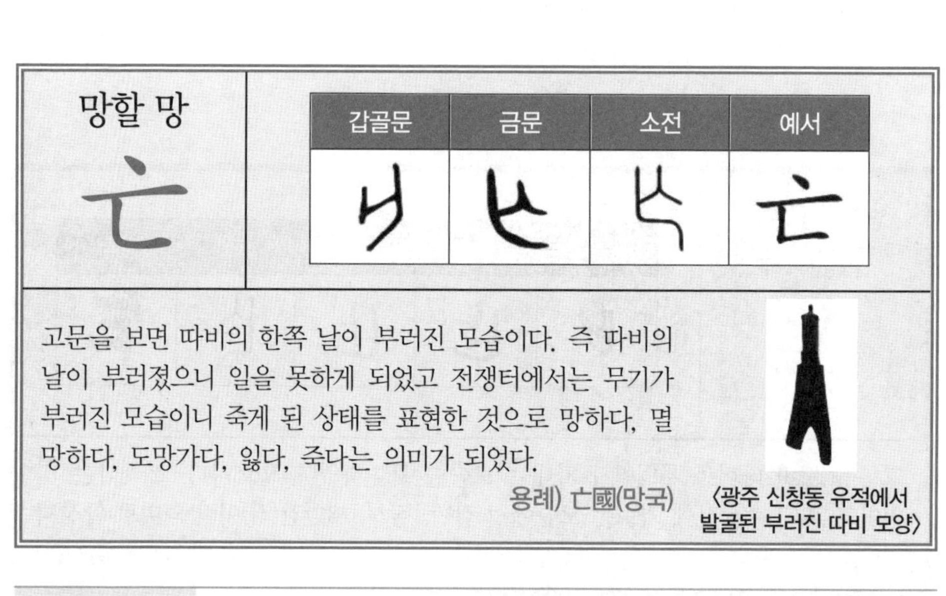

망할 망
亡

갑골문	금문	소전	예서

고문을 보면 따비의 한쪽 날이 부러진 모습이다. 즉 따비의 날이 부러졌으니 일을 못하게 되었고 전쟁터에서는 무기가 부러진 모습이니 죽게 된 상태를 표현한 것으로 망하다, 멸망하다, 도망가다, 잃다, 죽다는 의미가 되었다.

용례) 亡國(망국)

〈광주 신창동 유적에서 발굴된 부러진 따비 모양〉

잊을 망 忘	亡의 망하다는 뜻에서 마음 心을 추가하여 생각을 잃어버리다, 잊다, 버리다, 끝나다는 의미이다. 용례) 忘却(망각)
바쁠 망 忙	亡의 도망간다는 뜻에서 마음 忄을 추가하여 마음을 바로잡지 못한 모습이니 마음이 애타다. 초조하다, 바쁘다는 의미이다. 용례) 公私多忙(공사다망)
망령될 망 妄	亡의 도망간다는 뜻에서 계집 女를 추가하여 여자가 도망간다는 뜻으로 속이다, 허망하다, 어그러지다, 망령되다는 의미이다. 용례) 虛妄(허망)

까끄라기 망 芒	亡의 부러진 칼날이란 원뜻에서 풀 艹를 추가하여 벼, 보리 따위의 껄끄러운 수염을 표현하였고 가시, 비늘, 억새라는 의미로 확장되었다. 용례) 竹杖芒鞋(죽장망혜)
아득할 망 茫	亡의 죽는다는 뜻에서 풀 艹와 물 氵를 추가하여 풀과 물이 없는 아득한 사막을 표현하였다. 아득하다, 망망하다는 의미이다. 용례) 茫茫大海(망망대해)
거칠 황 荒	亡의 망한다는 뜻에서 풀 艹와 내 川을 추가하여 강물과 풀이 못 쓰게 망한 폐허가 된 땅을 표현하였다. 거칠다, 버리다, 폐망시키다, 흉년이 든다는 의미이다. 용례) 荒蕪地(황무지)
어리둥절할 황 慌	荒에 마음 忄을 추가하여 마음이 없어진 상태를 표현하였다. 어리둥절하다, 잃다, 어렴풋하다는 의미이다. 용례) 慌忙(황망)
소경 맹 盲	亡의 망한다는 뜻에서 눈 目을 추가하여 눈이 망한 것이니 소경, 눈이 멀다는 의미이다. 용례) 盲目(맹목)

빌 갈/개 匃

갑골문	금문	소전

고문을 보면 망할 亡과 사람 人을 합쳐 배가 고픈 사람을 표현하였다. 구걸하다, 빈다는 의미이다. [소전 이후 人이 勹로 변형되었다]

어찌 갈/막을 알 曷	가로 曰을 추가하여 구걸하는 모습을 강조하였다. 匃의 의미 이외에 가는 사람을 막고 구걸하는 뜻에서 막다, 그친다는 의미로 확장되었다. 후에 어찌, 어찌하여, 언제, 누가 등의 의미로 가차되어 쓰인다.
다할 갈 竭	曷의 막는다는 뜻에서 설 立을 추가하여 가는 사람을 막아선 모양이니 다하다, 끝난다는 의미이다. 용례) 困竭(곤갈)
비석 갈 碣	曷의 막는다는 뜻에서 돌 石을 추가하여 길을 막는 큰 돌을 의미하나 후에 무덤 앞에 세우는 큰 돌인 비석이라는 의미로 확장되었다. 용례) 墓碣(묘갈)

한자	설명
꾸짖을 갈 喝	曷의 막는다는 뜻에서 입 口를 추가하여 지나가는 사람을 막고 위협하다, 소리친다는 의미이나 후에 꾸짖다, 나무란다는 의미로 확장되었다. 용례) 喝取(갈취)
목마를 갈 渴	曷의 구걸한다는 원뜻에서 물 氵를 추가하여 목이 마르다, 갈증이 나다는 의미이다. 용례) 渴症(갈증)
칡 갈 葛	渴에 풀 艹를 추가하여 수분이 적은 마른 식물이 칡이란 의미이다. [氵가 생략됨] 용례) 葛藤(갈등)
갈색/굵은베 갈 褐	渴에 옷 衤를 추가하여 꺼칠꺼칠한 굵은 베로 만든 갈색 베옷이라는 의미이다. [氵가 생략됨] 용례) 褐色(갈색)
말갈 갈 鞨	渴에 가죽 革을 추가하여 말린 가죽을 의미하였으나 후에 가죽옷을 입는 말갈족을 지칭하게 되었다. [氵가 생략됨] 용례) 靺鞨(말갈)
쉴 헐 歇	曷의 그친다는 뜻에서 입을 벌린 모습인 欠을 추가하여 입을 벌리고 말이 없이 쉰다는 뜻이다. 쉬다, 그치다, 휴식한다는 의미이다. 용례) 間歇(간헐)
뵐 알 謁	曷의 빈다는 원뜻에서 말 言을 추가하여 아뢰다, 고하다, 뵙는다는 의미이다. 용례) 謁見(알현)
아지랑이 애 靄	謁의 고하다는 뜻에서 비 雨를 추가하여 비가 오는 것을 알리는 현상이 아지랑이, 구름이 모이는 현상이라는 의미이다. 용례) 和氣靄靄(화기애애)
높이 들 게 揭	曷의 구걸한다는 원뜻에서 손 扌를 추가하여 손을 들어 구걸하다, 높이 든다는 의미이다. 용례) 揭示(게시), 揭揚(게양)

힘 력(역)

力

갑골문	금문	소전	예서

고문을 보면 따비에서 발전한 형태로 날이 세 개인 쇠스랑을 표현하였다. 쇠스랑은 주로 덩어리진 흙을 깨거나 밭의 흙을 파서 고르게 하고 씨를 뿌린 후 흙을 덮는 데 사용한다. 즉 원시적인 농업에서는 대부분 쇠스랑을 이용하였기에 농사일이라고 하면 쇠스랑을 떠올렸을 것이다. 이로 인해 힘쓰다, 부지런히 일하다, 매우 힘들다, 힘이라는 의미로 쓰이게 되었다.

용례) 努力(노력)

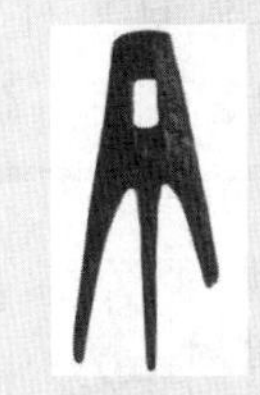

〈광주 신창동에서 출토된 나무 쇠스랑 날〉

못할 렬(열) 劣

적을 少를 추가하여 힘이 적다는 뜻이니 약하다, 남보다 뒤떨어지다, 못하다는 의미이다.

용례) 拙劣(졸렬)

갈비 륵(늑) 肋

고기 月을 추가하여 쇠스랑 모습의 신체 부위가 갈비, 갈빗대라는 의미이다.

용례) 肋骨(늑골)

굴레 륵(늑) 勒

가죽 革을 추가하여 쇠스랑 모양의 가죽이란 뜻으로 마소의 얼굴에 씌어 고삐에 연결하는 굴레, 재갈을 의미하고 후에 다스리다, 억누르다, 졸라매다는 의미로 확장되었다.

용례) 彌勒(미륵)

〈굴레〉

힘줄 근 筋

고기 肉을 추가하여 힘을 쓰는 신체 부위인 힘줄을 표현하였고 힘줄 모양이 대나무의 섬유질과 비슷하기에 후에 대나무 竹을 추가하였다. 힘줄, 정맥이란 의미이고 (식물의)섬유질이란 의미로도 쓰인다.

용례) 筋力(근력)

합할 협
劦

갑골문 1	갑골문 2	금문	소전

고문을 보면 쇠스랑을 토기 등에 모아 놓은 모습을 표현하였음을 알 수 있다. 합하다는 의미로 쓰인다.

화합할 협 協
열 十을 추가하여 모두 합치다, 화합하다는 의미를 강조하였다.
용례) 協力(협력)

옆구리 협 脅
고기 月을 추가하여 사람이 여러 개의 물건을 모으려면 옆구리에 끼게 되므로 옆구리, 겨드랑이라는 의미가 되었다. 후에 여러 개의 무기로 신체를 위협한다는 뜻으로 해석하여 위협하다, 으른다는 의미로 확장되었다.
용례) 威脅(위협)

더할 가
加

금문	소전	예서

고문을 보면 농기구 力과 입 口를 합쳐 농사일하면서 함께 구령을 더 하는 것을 표현하였다. 더하다, 가하다, 베푼다는 의미이다.
용례) 增加(증가)

시렁 가 架
加의 더한다는 뜻에서 나무 木을 추가하여 부엌에서 나무판을 걸쳐놓아 그릇 등을 더하게 만든 것이 시렁이라는 의미이다.
용례) 架橋(가교)

멍에 가 駕
加의 더한다는 뜻에서 말 馬를 추가하여 말에게 덧씌우는 멍에를 의미한다. 멍에를 씌우는 것은 타고 가려는 것이므로 탈것, 수레 등으로 의미가 확장되었다.
용례) 凌駕(능가)

가사 가 袈 加의 더한다는 뜻에서 옷 衣를 추가하여 스님들이 어깨에 겹쳐 입는 옷인 가사를 의미한다. 용례) 袈裟(가사)

하례할 하 賀 加의 베푼다는 뜻에서 재물 貝를 추가하여 돈을 주어 베풀다, 하례한다는 의미이다. 용례) 賀禮(하례)

옳을 시 是

금문 1	금문 2	금문 3	소전	예서

고문을 보면 삽을 발(止)로 밟아 사용하는 모습을 표현한 것으로 추정된다. 땅을 바르게 하는 작업이므로 바르게 하다, 바로잡다, 옳다는 의미가 되었고 후에 이곳, 여기 등의 지시대명사로 확장되었다. [예서 이후 오인되어 삽의 형태가 旦으로 변형되었다]

〈순천 검단산성 출토 나무 삽〉

숟가락 시 匙 비수 匕를 추가하여 작은 삽이라는 뜻으로 밥을 푸는 숟가락이란 의미가 되었다. 용례) 十匙一飯(십시일반)

물 맑을 식 湜 물 氵를 추가하여 물을 바르게 하다는 뜻이니 물이 맑다는 의미이다.

끌 제
提

소전	예서	해서

삽에 구멍을 내고 끈을 매달아 양쪽에서 사람이 삽을 끌어 흙을 더 많이 퍼내는 농기구가 가래이다. 따라서 是에 손 扌를 추가하여 삽에 끈을 매달아 끌어당기는 가래를 표현하였기에 끌다, 끌어당기다, 던진다는 의미가 되었다.

용례) 提示(제시)

〈가래질〉

둑 제 堤	흙 土를 추가하여 가래로 흙을 쌓아 올린다는 뜻으로 둑, 방죽, (둑을) 쌓는다는 의미이다. [扌가 생략됨] 용례) 堤防(제방)
제목 제 題	머리 頁을 추가하여 가래를 끌어당길 때 삽의 머리가 가장 앞으로 나아가는 부분이므로 내세운다는 의미가 되었고 후에 글을 쓸 때 제일 앞이란 뜻으로 머리말, 제목이란 의미로 확장되었다. [扌가 생략됨] 용례) 題目(제목)

가래 뢰(뇌)

금문	소전	예서

고문을 보면 따비를 손으로 잡은 모습을 표현하였음을 알 수 있다. 원시적인 농기구를 의미하는데 이는 가래, 쟁기 등으로 발전하였기에 일반적인 가래라는 의미로 쓰인다. [소전 이후 따비 상형이 나무 木으로 손 모양이 丯의 형태로 변형되었다가 예서 이후 현재의 모습으로 정착되었다]

밭 갈 경 耕	밭을 네모 모양으로 간 모양인 井을 추가하여 따비를 사용하여 밭을 갈다, 농사짓는다는 의미를 강조하였다. 용례) 耕作(경작)

옛 석/섞일 착 昔	갑골문	금문	소전	예서	해서
					昔

고문을 보면 땅을 깊게 갈아엎고 씨앗을 심는 모습을 표현한 것으로 추정된다. 농경 초기에는 땅에 씨를 흩뿌리는 방식이었으나 점차 땅을 깊게 파고 씨를 심는 방식으로 변경되었다. 이는 농작물을 수확하는 데 시간이 오래 걸렸지만, 수확량이 늘어나는 장점이 있었다. 이에 따라 오랜 기간 정성스럽게 키워 농작물을 수확한다는 뜻이니 오래다, 오래되다, 옛날이라는 의미가 되었고 땅을 갈아엎어 섞는다는 뜻에서 섞인다(착)란 의미가 파생되었다. 용례) 今昔之感(금석지감)

포 석 腊	昔의 오래되다는 뜻에서 고기 月를 추가하여 오랜 기간 정성스럽게 말린 고기를 뜻하니 포(말린 고기)라는 의미이다. 용례) 脯肉(포육)
아낄 석 惜	昔의 오래된다는 뜻에서 마음 忄을 추가하여 오랫동안 간직하는 마음이라는 뜻이니 아끼다, 소중히 여기다는 의미이다. 용례) 惜別(석별)
까치 작 鵲	昔의 섞이다는 뜻에서 새 鳥를 추가하여 여러 가지 재료를 섞어 집을 짓는 새가 까치라는 의미이다. 용례) 烏鵲橋(오작교)
어긋날 착 錯	昔의 섞이다는 뜻에서 쇠 金을 추가하여 도금하다, 꾸미다, 섞다는 의미가 되었고 후에 도금이 어려운 일이므로 잘못하다, 어긋나다는 의미로 확장되었다. 용례) 錯亂 (착난)
섞일 착/둘 조 措	昔의 섞인다는 뜻을 강조하고자 손 扌를 추가하였다. 후에 昔의 오래된다는 뜻으로 해석하여 오랫동안 손을 사용하지 않는다, 그만두다, 놓다, 둔다(조)는 의미가 파생되었다. 용례) 措置(조치)
빌릴 차 借	昔이 땅을 깊게 파고 씨앗을 심는 모습이니 사람 人을 추가하여 사람을 빌려 농사일을 한다는 뜻으로 빌리다, 기대다, 의지한다는 의미가 되었다. 용례) 借刀殺人(차도살인)

짓밟을 적 耤	금문	소전	예서

갑골문을 보면 가래로 밭을 가는 모습을 표현하였고 금문 이후에는 가래로 깊이 간 밭에 씨를 심는 모습을 표현하였다. 땅을 갈아엎는다는 뜻에서 짓밟다, 범한다는 의미가 생성되었고 후에 임금을 위해 땅을 갈아 놓은 적전, 친경하다는 의미가 파생되었다. [소전 이후 가래 耒와 昔을 합친 모습으로 변형되었다]

짓밟을 적/깔 자 藉	풀 艹를 추가하여 잡초를 뒤집어 땅바닥으로 깐다는 뜻을 강조하였다. 짓밟는다는 원 의미 이외에 깔다, 깔개, 자리(자)라는 의미로 확장되었다. 용례) 慰藉料(위자료)
문서 적 籍	대나무 竹을 추가하여 죽간에 농사를 짓는 사람, 면적 등을 기록한다는 뜻이다. 고대에는 대나무 조각 등을 잘라 글을 써서 종이 대신 문서를 작성하였는데 가장 중요한 것이 농사 인구와 면적이었다. 호적, 등록부, 문서, 서적이란 의미이다. 용례) 戶籍(호적)

4. 애니미즘

인류에게 자연은 너무나 신비롭고 이해하기 어려운 일이었다. 그로 인해 자연에 순응하고 고통을 주는 자연현상을 회피하기 위해 자연현상이나 자연물을 믿고 기원하는 현상이 자연스럽게 생겨났다.

하늘 천
天

갑골문	금문	소전	예서

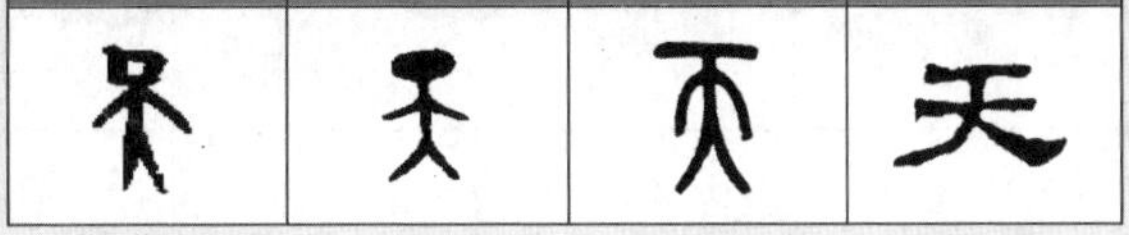

고문을 보면 사람의 머리 위의 공간(口)을 표시하여 하늘을 표현하였다. 하늘이란 의미이고 후에 하느님, 임금이란 의미로 확장되었다. [소전 이후 口이 一로 간략화되었다]

용례) 天子(천자)

하늘 호 昊

하늘이라는 뜻을 명확하게 하고자 하늘에 떠 있는 해 日을 추가하였다. 하늘, 크다, 넓다는 의미이다. 용례) 昊天(호천)

더럽힐 첨
忝

소전	예서	해서

고문을 보면 天과 마음 忄을 합쳐 하늘을 향해 정성을 다해 기원하는 모습을 표현하였다. 공경하다, 황송하다는 의미이나 후에 天이 夭로 변형되면서 부끄러워하다, 욕보이다, 더럽히다, 욕, 수치라는 의미가 파생되었다.

용례) 忝叨(첨도)

더할 첨 添	忝의 욕되다는 뜻에서 물 氵를 추가하여 힘들게 물을 길어오는 모습을 표현하였다. 더하다, 보태다, 덧붙이다는 의미이다. 용례) 添削(첨삭)

해 일 日

갑골문	금문	소전

빛이 밝게 빛나는 해의 모습을 표현하였다. 칼로 상형글자를 새기다 보니 둥근 사물이 네모지게 그려졌다. 용례) 每日(매일)

어두울 묘 杳	나무 木을 추가하여 해가 나무 아래로 떨어졌음을 표현하였다. 어둡다, 희미하다, 깊숙하다, 아득하다는 의미이다. 용례) 杳然(묘연)
흐릴 담 曇	구름 雲을 추가하여 해가 구름에 가려있는 모습을 표현하였다. 흐리다, 구름이 끼다는 의미이다. 용례) 曇天(담천)

창성할 창

갑골문	금문	소전	예서

고문을 보면 해 日과 입 口를 합쳐 밝은 목소리를 내는 모습을 표현하였다. 아름답게 노래한다는 뜻으로 아름답다, 창성하다는 의미가 되었다. [소전 이후 입 口가 말씀 曰로 변형되었다] 용례) 繁昌(번창)

노래부를 창 唱	昌가 창성하다는 뜻으로 쓰이자 입 口를 추가하여 아름답게 노래를 부른다는 의미를 강조하였다. 용례) 合唱(합창)
광대 창 倡	사람 人을 추가하여 아름답게 노래하는 사람을 총칭하여 광대, 기생, 부르다, 번창하다는 의미이다. 용례) 倡義(창의)
창녀 창 娼	계집 女를 추가하여 노래하는 여자를 특히 강조하여 기생, 창녀라는 의미가 되었다. 용례) 娼妓(창기)
창포 창 菖	昌의 창성하다는 뜻에서 풀 艹를 추가하여 창성하게 자라라는 창포를 의미하게 되었다. 용례) 菖蒲(창포)
미쳐 날뛸 창 猖	昌의 창성하다는 뜻에서 짐승을 뜻하는 犭을 추가하여 짐승이 미쳐 날뛰다, 어지럽다는 의미이다. 용례) 猖獗(창궐)

맑을 정 晶

갑골문	금문	소전

빛이 사방으로 퍼지는 모습을 표현하여 밝다, 맑다, 깨끗하다, 수정, 결정이라는 의미이다.
용례) 結晶(결정)

겹쳐질 첩 疊	고문을 보면 晶과 소반에 담긴 고기 상형을 합쳐 신선하고 많은 음식을 올리는 모습을 표현하였다. (음식을) 포개다, 겹쳐지다, 연속하다, 거듭이라는 의미가 되었다. [해서 이후 晶이 畾으로 변형되었다] 용례) 重疊(중첩)

금문	소전	해서
		疊

아침 단 旦			
	갑골문	금문	소전

해가 대지 위로 떠오르는 모습을 그려 아침을 표현하였다. 용례) 旦暮(단모)

다만 단 但	旦이 해가 떠오르는 시작을 의미하므로 사람 人을 추가해 사람이 ~을 시작하려고 한다는 뜻이나 후에 다만, 오직이라는 어조사로 쓰이게 되었다. 용례) 但書(단서)
황달 달 疸	병 疒을 추가하여 해가 떠오를 때 대지가 붉게 물드는 것처럼 몸 등이 누렇게 변화는 병인 황달을 의미한다. 용례) 黃疸(황달)
평탄할 탄 坦	흙 土를 추가하여 해가 떠오르는 모습을 볼 수 있는 평평한 대지를 강조하였다. 평탄하다, 평평하다, 편하다는 의미이다. 용례) 平坦(평탄)

믿을 단 亶			
	소전	예서	해서

고문을 보면 곳집 㐭과 해가 떠오르는 모습 旦을 합쳐 곳집이 가득 차는 모습을 표현하였다. 가득하다, 도탑다는 의미이고 후에 믿음이 두텁다는 뜻에서 믿다, 진실로라는 의미로 확장되었다. 용례) 杏亶(행단)

제단 단 壇	亶의 두텁다는 뜻에서 흙 土를 추가하여 흙을 쌓아 단단하게 만든 단, 제단, 기초라는 의미이다. 용례) 講壇(강단)
박달나무 단 檀	亶의 두텁다는 뜻에서 나무 木을 추가하여 단단한 나무인 박달나무를 의미한다.

선 선 禮

亶의 도탑다는 뜻에서 제사 示를 추가하여 도탑게 제사 지내는 모습을 표현하였다. 후에 불교가 전래되면서 좌선하다, 봉선하다는 의미로 확장되었다. (= 禪)

떨릴 전 顫

亶의 두텁다는 뜻에서 머리 頁을 추가하여 머리가 무거운 모습이니 흔들리다, 떨다, 떨리다는 의미이다. 용례) 手顫(수전)

모전 전 氈

亶의 두텁다는 뜻에서 털 毛를 추가하여 털이 두꺼운 솜털로 만든 모직물인 모전, 융단을 의미한다. 용례) 毛氈(모전)

멋대로 할 천 擅

亶의 두텁다는 뜻에서 손 扌를 추가하여 손에 가득 움켜쥔 모습이니 점유하다, 차지하다, 멋대로 하다는 의미이다. 용례) 擅斷(천단)

뻗칠 긍 亘

갑골문 1	갑골문 2	금문	소전	예서

고문을 보면 사물의 길이가 재는 활과 달 月을 합쳐 달이 하늘을 가로질러 가는 모습을 표현하였다. 가로지르다, 두루, 널리, 넓이, 길이라는 의미가 되었다. [예서 이후 달 月이 해 日로 변형되었다]

항상 항 恒

亘의 두루 라는 뜻에서 마음 忄을 추가하여 두루 미치는 마음이라는 뜻이니 변하지 않고 늘 그렇게 하다, 항상 이란 의미가 되었다. 용례) 恒久的(항구적)

굳셀 환 桓

亘의 멀리 뻗히다는 뜻에서 나무 木을 추가하여 크게 뻗은 큰 나무라는 뜻으로 굳세다, 크다 라는 의미이고 후에 사람들에게 널리 알리게 한다는 뜻으로 푯말이라는 의미로 확장되었다. 용례) 桓因(환인)

베풀 선
宣

갑골문	금문 1	금문 2	소전	예서

고문을 보면 집 안에서 음식의 향기로운 냄새가 퍼지는 모습을 표현하였다. 멀리 퍼지다, 떨친다는 의미이고 후에 잔치를 통해 냄새가 퍼진다는 뜻에서 베푼다는 의미로 확장되었다. [예서 이후 집 宀과 亘의 형태로 변형되었다] 용례) 宣言(선언)

도리옥 선 瑄	옥 玉을 추가하여 벼슬아치의 풍모를 떨치게 하는 관모에 붙이던 옥관자를 의미한다.
지껄일 훤 喧	입 口를 추가하여 멀리 퍼지게 말을 한다는 뜻이니 지껄이다, 떠들썩하다, 시끄럽다는 의미이다. 용례) 喧騷(훤소)

달 월
月

갑골문	금문	소전	예서

초승달의 모습을 표현하였는데 둥근 달을 형상화하면 해와 구별이 되지 않기 때문에 초승달로 달을 그린 것이다. 용례) 月光(월광)

밤 소 宵

고문을 보면 작을 小와 달 月 그리고 집 宀을 그려 집안에 달빛이 적게 들어오는 모습을 표현하였다. 달빛이 어두운 시간인 초저녁, 밤이라는 의미이다. [소전 이후 작을 肖와 집 宀으로 변형되었다]
용례) 秋宵(추소)

금문	소전	해서

저녁 석 夕	갑골문	금문	소전	예서

고문을 보면 달 月에서 달빛이 빠진 모습을 표현하였다. 달빛이 아직 밝지 않은 저녁, 밤을 의미한다. 용례) 秋夕(추석)

이름 명 名	갑골문	금문	소전

고문을 보면 저녁 夕과 입 口를 합쳐 어두운 밤에 소리치는 모습을 표현하였다. 고대에는 어두운 밤에 사람이 안보이므로 적과 구별하기 위해 이름을 불렀기에 이름, 외형이란 의미가 되었다. 후에 공적에 따라 임금이 글자를 새로 만들어 이름을 하사하였기에 평판, 공적, 글자, 문자 라는 의미로 확장되었다. 용례) 名譽(명예)

새길 명 銘	名의 공적이란 뜻에서 쇠 金을 추가하였다. 고대에는 임금이 청동기 등 제기에 이름이나 공적을 새겨 신하에게 하사하였기에 새기다, 기록하다, 조각한다는 의미가 되었다. 용례) 銘心(명심)
술 취할 명 酩	名의 외형이란 뜻에서 술을 뜻하는 酉를 추가하여 술을 마신 외형, 술에 취하다는 의미이다. 용례) 酩酊(명정)

없을 막/ 저물 모/ 덮을 멱 莫						
갑골문 1	갑골문 2	갑골문 3	금문 1	금문 2	소전	예서
						莫

고문을 보면 해가 풀숲 사이로 들어간 모습을 표현하였다. (해가)없다(막), 저물다, 어둡다(모), (풀 등으로) 덮다(멱)는 의미이다. 용례) 索莫(삭막)

고요할 막 寞	莫의 (해가)없다는 뜻에서 집 宀을 추가하여 집안에 빛이 없는 어두운 상태이니 고요하다, 쓸쓸하다는 의미이다. 용례) 寞寞(막막)
장막 막 幕	莫의 (해가)없다는 뜻에서 수건 巾을 추가하여 해를 가리기 위해 천으로 덮어 만든 것이 장막이라는 의미이다. 용례) 幕僚(막료)
꺼풀 막 膜	幕에서 고기 月을 추가하여 신체 부위 중 장막 역할을 하는 것이 막, 꺼풀이라는 의미이다. [巾이 생략됨] 용례) 網膜(망막)
사막/넓을 막 漠	莫의 없다는 뜻에서 물 氵를 추가하여 물이 없다는 뜻이니 사막이라는 의미이고 후에 (사막처럼) 넓다, 광막하다, 쓸쓸하다는 의미로 확장되었다. 용례) 漠然(막연)
저물 모 暮	莫의 저물다는 뜻을 명확하게 하고자 해 日을 추가하였다. 용례) 歲暮(세모)
꾀 모 謨	莫의 어둡다는 뜻에서 말 言을 추가하여 어두운 밤에 주고받는 은밀한 말이라는 뜻으로 꾀, 계략, 꾀하다, 도모한다는 의미이다.(= 謀) 용례) 暗謨(암모)
모을 모 募	謨에 힘 力을 추가하여 힘써 도모하다, 불러 모은다는 의미이고 후에 불러 모아 뽑는다는 의미로 확장되었다. [言이 생략됨] 용례) 募集(모집)
그릴 모 慕	莫의 어둡다는 뜻에서 마음 忄을 추가하여 어두운 밤에 생각난다는 뜻이니 그리워하다, 사모한다는 의미가 되었다. 용례) 戀慕(연모)
본뜰/모호할 모 模	莫의 어둡다는 뜻에서 나무 木을 추가하여 형태가 없는 상태에서 나무로 틀을 만든 모습을 표현하였다. 모양, 본보기, 법식, 본뜨다, 쓰다듬다 는 의미이고 후에 그 형체가 아직 모호하므로 모호하다는 의미로 확장되었다. (= 糢) 용례) 模型(모형)

본뜰 모/더듬을 막 摸	模에 손 扌를 추가하여 질그릇을 만드는 과정을 표현하였다. 본뜨다, 베끼다, 탐색하다는 의미이고 후에 손으로 더듬다, 잡다(막)는 의미로 확장되었다. [木이 생략됨] 용례) 摸索(모색)
무덤 묘 墓	莫의 덮는다는 뜻에서 흙 土를 추가하여 사람이 죽은 후 흙으로 덮어 장사지내다, 무덤, 묘지라는 의미이다. 용례) 墓地(묘지)

아침 조

朝

갑골문	금문 1	금문 2	소전	예서
[glyph]	[glyph]	[glyph]	[glyph]	朝

고문을 보면 해가 우거진 풀숲 사이에 있는 모습(莫)과 희미한 달빛을 그려 해가 풀숲 사이에서 막 나오려는 시기인 아침을 표현한 것으로 추정된다. 금문에서는 莫과 물 水를 통해 밀물이 들어오는 때인 아침을 표현하는 것으로 변화하였다가 이는 조수 潮로 분화되었고 예서 이후 다시 현재의 모습을 갖추게 되었다. 아침이라는 의미이고 후에 아침마다 임금과 신하가 모여 회동하고 정사를 논의하였기에 조정, 정사, (임금을) 배알하다, 문안하다, 회동한다는 의미로 확장되었다.

용례) 朝廷(조정)

조수 조 潮

朝과 어원이 같으나 소전 이후 분화되었는데 해가 없는 이른 새벽의 밀물을 표현하여 밀물, 조수(주기적으로 높아졌다가 낮아졌다 하는 바닷물)라는 의미가 되었다. 용례) 潮水(조수)

금문 1	금문 2	소전	예서
[glyph]	[glyph]	[glyph]	潮

비웃을 조 嘲	朝가 해가 서서히 떠오른다는 뜻이므로 입 口를 추가하여 입이 서서히 벌어지는 모습에 비유하여 비웃다, 조롱하다는 의미가 되었다. 용례) 嘲弄(조롱)
사당 묘 廟	朝의 문안하다는 뜻에서 집 广을 추가하여 일반 집에서 아침마다 문안을 드리는 곳이 사당(조상의 신주를 모신 곳)이라는 의미이다. 용례) 家廟(가묘)

햇빛이 빛나는 모양 간 倝	

금문	소전	예서

고문을 보면 풀 屮, 언덕 厂, 이를 早를 합쳐 해가 언덕 위로 솟아오르면서 빛을 비추는 모습을 표현한 것으로 추정된다. [소전 이후 언덕 厂이 사람 人의 형태로 변형되었다]

하늘/마를 건(간) 乾	식물이 몸을 움트는 모습인 乙을 추가하여 해가 밝게 솟아 식물이 움트는 모습을 표현하였다. 하늘, 마르다, 건조하다는 의미이다. 용례) 乾坤一擲(건곤일척), 乾燥(건조)
줄기 간 幹	줄기 干을 추가하여 식물이 햇빛을 받아 줄기가 곧게 잘 자란 모습을 표현하여 줄기, 근본, 본체, 담당하다는 의미가 되었다. 용례) 幹部(간부)
빨래할 한 澣	榦에 물 氵를 추가하여 근본을 깨끗하게 물로 빨다는 뜻으로 빨래하다, 빨다는 의미이다. 용례) 澣滌(한척)
날개 한 翰	날개 羽를 추가하여 새가 햇빛을 받으면서 빛나게 나는 모습을 표현하였다. 금계(꿩과의 새), 날개, 깃털을 의미하였으나 후에 붓으로 일필휘지하는 모습에 비유하여 글, 문장, 문서, 편지라는 의미로 확장되었다. 용례) 書翰(서한)
돌 알 斡	북두칠성 뜻하는 斗를 추가하여 북두칠성이 돌면서 빛나는 모습을 표현하였다. 돌다, 관리하다라는 의미이다. 용례) 斡旋(알선)

틈 극 覍

소전	예서

고문을 보면 해 日과 작을 小를 합쳐 햇볕이 조금씩 스며드는 모습을 표현하였다. 틈, 구멍, 결점, 갈라지다라는 의미이다.

틈 극 隙	언덕 阝를 추가하여 언덕에 해가 솟아오르며 햇볕이 조금씩 나타나는 모습을 구체적으로 표현하였다. 覍과 같은 의미이다.

거듭 신 申

갑골문	금문	소전	예서

원래 번갯불이 하늘에서 번쩍이는 모습을 표현한 것이었는데 소전 이후 하늘에서 누군가 손으로 번개를 내리치는 모습으로 변화되었다. 번갯불이 거듭, 되풀이되므로 거듭, 되풀이하다는 의미이고 넓게 퍼져 번쩍이므로 늘리다, 펴다, 알리다는 의미가 되었다. 용례) 申請(신청)

펼 신 伸	申의 펴다는 뜻에서 사람 人을 추가하여 사람이 어떠한 물건을 펴다, 늘리다, 내밀다는 의미이다. 용례) 伸縮(신축)
띠 신 紳	실 糸를 추가하여 고대 벼슬아치가 허리에 두르던 넓게 펴진 띠를 의미한다. 용례) 紳士(신사)
읊조릴 신 呻	입 口를 추가하여 계속 되풀이하여 말을 한다는 뜻으로 읊조리다, 웅얼거리다, 끙끙거리다, 앓는 소리를 하다는 의미이다. 용례) 呻吟(신음)
귀신 신 神	보일 示를 추가하여 모든 사람들에게 보이는 큰 번개를 표현하였다. 고대 번개를 하늘의 계시라고 여겼기에 귀신, 신령이란 의미가 되었다. 용례) 精神(정신)

땅 곤 坤	흙 土를 추가하여 흙이 넓게 펼쳐진 것이 땅이라는 의미이다. 후에 하늘을 임금, 땅을 왕비라고 비유하게 되면서 왕비라는 의미로 확장되었다. **용례) 乾坤一擲(건곤일척)**

늘어놓을 진 陳

금문	소전 1	소전 2	예서

고문을 보면 계단 阝와 번개 申을 합쳐 단계적으로 길게 내리치는 번개를 표현하였다. 펴다, 늘어놓다라는 의미이다. [예서 이후 길게 내리치는 번개의 상형을 오인하여 東으로 변형되었다]

용례) 陳列(진열)

진칠 진 陣	전차 車를 추가하여 전차가 늘어져 진을 친 모습을 표현하였다. 진치다, 진, 대열, 싸움, 전투라는 의미이다. [東이 생략됨] **용례) 陣營(진영)**

문득/가릴 엄 奄

고문을 보면 사람의 머리 위로 번개가 치는 모습을 표현하였다. [소전 이후 사람과 번개의 위치가 변화하였는데 이는 단순히 글자의 조합 방식의 편의를 위해 申을 아래로 위치시킨 것으로 추정된다.] 번개가 치는 과정을 보면 검은 먹구름이 하늘을 덮고 갑자기 치게 되는 것이므로 문득, 갑자기라는 의미와 (먹구름이) 덮다, 가리다는 의미가 생성되었다.

가릴 엄 掩	奄의 가리다는 뜻을 명확하게 하기 위해 손 扌를 추가하였다. 가리다, 숨기다, 감싸다, 비호하다는 의미이다. 용례) 掩壕(엄호)
암자 암 庵	奄의 가리다는 뜻에서 집 广을 추가하여 암자, 초막이란 의미이다. 용례) 庵子(암자)

비 우

雨

갑골문	금문	소전	예서

하늘에 있는 구름에서 비가 떨어지는 모습을 표현하였다. [소전 이후 하늘과 구름을 구분하였다.]

용례) 降雨量(강우량)

눈 설 雪

빗자루 帚를 추가하여 하늘에서 내리는 것 중 비로 쓸어야 하는 눈을 표현하였다. [해서 이후 비의 상형이 손의 모습으로 간략화되었다]

용례) 雪上加霜(설상가상)

금문	소전	예서	해서
			雪

번개 전 電

번개 申을 추가하여 하늘에서 비가 내릴 때 번개도 같이 치는 모습을 표현하였다. 후에 전기가 발견되면서 전기라는 의미로 확장되었다.

용례) 家電(가전)

금문	소전	해서
		電

우레 뢰(뇌)
雷

고문을 보면 갑골문에서는 번개 申과 입 口를 합쳐 번개가 치는 소리를 표현하였다가 금문 이후 차의 바퀴소리로 변화되었고 최종적으로 소전 이후 비가 올 때 들리는 차 바퀴소리로 우레를 표현하였음을 알 수 있다. 우레, 천둥이란 의미이다. 용례) 地雷(지뢰)

갑골문	금문	소전	예서

빠를 곽
霍

갑골문	금문	소전	예서

고문을 보면 비 雨와 새 여러 마리 모습을 합쳐 새들이 비 내리는 하늘을 빠르게 날아가는 모습을 표현하였다. 비가 와서 새들이 둥지로 빠르게 돌아가는 모습이니 빠르다, 사라지다는 의미이다. [예서 이후 雨와 隹로 간략화되었다.]

용례) 霍亂(곽란)

곽향 곽 藿

霍의 빠르다는 뜻에서 풀 艹를 추가하여 빠르게 자라는 식물이 곽향, 콩잎, 미역이라는 의미이다. 용례) 藿食者(곽식자)

구름 운
云

갑골문	금문	소전	예서

하늘 위로 영롱하게 올라가는 수증기의 모습을 표현하였다. 이르다, 성하다, 다다르다, 운행하다, 구름이라는 의미이다. 용례) 云云(운운)

구름 운 雲	비 雨를 추가하여 비를 머금고 있는 구름을 강조하였다. 용례) 雲集(운집)
평지 운 芸	풀 艹를 추가하여 구름 모양의 꽃이 피는 궁궁이 등 식물을 의미한다. 용례) 芸香(운향)
김맬 운 耘	芸에 가래 耒를 추가하여 밭을 갈아 잡초를 뒤집어엎는다는 뜻이다. 김매다(논밭의 잡풀을 뽑아내다), 제거하다라는 의미이다. [풀 艹가 생략됨] 용례) 耕耘機(경운기)
넋 혼 魂	귀신 鬼를 추가하여 사람이 죽어 구름처럼 하늘로 올라간 것이 혼이란 의미이다. [고대에는 사람이 죽으면 魂은 하늘로 올라가고 魄은 땅으로 내려간다고 생각하였다] 용례) 靈魂(영혼)

기운 기

气

갑골문	금문	소전

하늘과 땅 사이에 있는 공기를 형상화하였다. 기운, 기백이라는 의미이다.

용례) 感氣(감기)

김 기 汽	물 氵를 추가하여 물을 끓였을 때 하늘로 오르는 김을 표현하였다. 수증기, 증기라는 의미이다. 용례) 汽車(기차)
기운 기 氣	쌀 米를 추가하여 밥을 할 때 올라가는 수증기를 표현하였다. 기운, 기세, 공기, 기후, 날씨 등의 의미로 쓰인다. 용례) 感氣(감기)
성낼 개 愾	氣에 마음 忄을 추가하여 심리 상태가 부풀어 오른 모습이므로 화가 오르다, 성내다, 분개하다는 의미이다. 용례) 敵愾心(적개심)

흙 토 土

갑골문 1	갑골문 2	갑골문 3	금문	소전

고문을 보면 모래 알갱이들을 뭉친 흙덩이를 표현하였다. 흙, 토양, 땅이란 의미가 되었다.
용례) 土地(토지)

토할 토 吐
입 口를 추가하여 뭉친 덩어리가 입에서 나오는 모습이니 토하다라는 의미이다.
용례) 嘔吐(구토)

막을 두 杜
土의 뭉친다는 원뜻에서 나무 木을 추가하여 군집을 이루어 자라는 팥배나무를 표현하였다. 후에 군집을 이루어 가는 길을 막는다는 뜻으로 막다, 닫다라는 의미로 확장되었다.
용례) 杜門不出(두문불출)

무리 도 徒
고문을 보면 흙 土와 발 止를 합쳐 뭉쳐서 가는 모습을 표현하였다. 모여서 간다는 뜻이니 무리, 동아리, 동류, 문하생이란 의미가 되었다. [금문 이후 걸을 彳이 추가되어 뭉쳐서 간다는 뜻을 강조하였다]
용례) 徒勞無功(도로무공)

갑골문	금문	소전

귀할 귀 貴

갑골문 1	갑골문 2	금문	소전	예서

고문을 보면 두 손으로 흙을 뭉쳐 망태기에 모아 담는 모습이다. 고대에 기름진 흙이 가장 귀한 것이므로 귀하다, 비싸다, 귀하게 여기다는 의미가 되었다. [소전 이후 귀하다는 뜻을 강조하기 위해 재물 貝가 추가되었고 예서 이후 흙을 두 손으로 담은 모습이 뵤의 형태로 변형되었다]
용례) 稀貴(희귀)

궤짝 궤 櫃	상자 匚을 추가하여 귀한 물건을 보관하는 상자 匱를 표현하였고 후에 함을 만드는 재료인 나무 木을 추가하여 그 뜻을 명확하게 하였다. 함, 궤, 상자라는 의미이다. 용례) 金櫃(금궤)
무너질 궤 潰	貴의 흙을 모은다는 원뜻에서 물 氵를 추가하여 홍수로 인하여 둑이 무너진 모습을 표현하였다. 무너지다, 흩어지다, 어지럽다는 의미이다. 용례) 潰滅(궤멸)
남길 유 遺	貴의 흙을 모은다는 원뜻에서 갈 辶을 추가하여 흙을 퍼담아 다른 장소로 옮겨 버리다, 떨어지다, 빠뜨린다는 의미이고 후에 흙을 옮겨 쌓는다는 뜻에서 더하다, 남기다라는 의미로 확장되었다. 용례) 遺棄(유기)

버섯 록(녹) 圥

갑골문	금문	소전

고문을 보면 사람이 흙덩이를 머리에 이고 있는 모습이다. 흙을 다른 곳으로 옮기는 모습을 표현한 것으로 추정되는데 후에 튀어나온 모양에서 언덕, 버섯이라는 의미가 되었다.

언덕 륙(육) 坴	圥의 언덕이라는 뜻을 명확하게 하기 위해 흙 土를 추가하였다.
뭍 륙(육) 陸	坴에 언덕, 마을이라는 뜻의 阝를 추가하여 사람들이 사는 높은 언덕, 높고 평평한 땅, 육지, 뭍이라는 의미가 되었다. 용례) 大陸(대륙)
화목할 목 睦	陸의 평평하다는 뜻에서 눈 目을 추가하여 다른 사람을 평평한 땅 모양의 부드러운 눈으로 바라본다는 뜻이니 친하다, 도탑다, 가깝다, 화목하다는 의미이다. [阝가 생략됨] 용례) 和睦(화목)
길거리 규 逵	陸에 갈 辶을 추가하여 여러 사람이 돌아다닐 수 있는 평평한 땅을 뜻하여 길거리, 한길(사람이나 차가 많이 다니는 넓은 길)이란 의미이다. [阝가 생략됨] 용례) 逵路(규로)

앉을 좌 坐

갑골문	금문	소전	예서	해서

고문을 보면 여러 사람이 앉는 넓은 돗자리를 표현하였다. 머무르다, 앉다, 자리라는 의미이다. [금문 이후 여러 명이 앉는다는 뜻에서 흙 土와 사람 두 명의 상형으로 변형되었다]

용례) 坐礁(좌초)

자리 좌 座 坐의 자리라는 뜻을 명확하게 하기 위해 반 지붕을 뜻하는 广을 추가하여 궁궐 마당에 신하들이 위치하는 자리, 깔개, 지위라는 의미가 되었다. 용례) 座右銘(좌우명)

꺾을 좌 挫 손 扌를 추가하여 자리를 빼앗다라는 뜻으로 창피를 주다, 손상시키다, 꺾다, 꺾이다라는 의미가 되었다. 용례) 挫折(좌절)

작을 소 小

갑골문	금문 1	금문 2	금문 3	소전

고문을 보면 흙이 뭉쳐진 모습 土와 구분되게 뭉쳐지지 않는 모래 알갱이들을 표현한 것으로 추정된다. [초기부터 다른 상형과 함께 크기가 작다, 어리다는 의미로 쓰였다] 작다, 적다, 짧다, 어리다는 의미이다.

용례) 縮小(축소)

뾰족할 첨 尖 큰 大를 아래에 추가하여 아래는 크고 위로 갈수록 작아지는 뾰족한 모습을 표현하였다. 용례) 尖端(첨단)

작을 소/ 닮을 초 肖	금문 / 소전
고문을 보면 작을 小와 고기 月을 합쳐 신체가 작다, 갓난아이, 쇠약하다는 의미를 표현하였다. 후에 갓난아이가 부모를 닮았으므로 닮다, 본받다(초)는 의미로 확장되었다. 용례) 肖像(초상)	

사라질 소 消	肖의 쇠약하다는 뜻에서 물 氵를 추가하여 얼음이 점차 녹아 없어진다는 뜻으로 녹이다, 사라지다, 없애다라는 의미이다. 용례) 消燈(소등)
노닐 소 逍	肖의 작다는 뜻에서 쉬엄쉬엄 갈 착 辶을 추가하여 사람이 조금씩 걸어 다닌다는 뜻으로 거닐다, 노닐다라는 의미이다. 용례) 逍遙(소요)
채지 소/ 깎을 삭 削	肖의 작다는 뜻에서 칼 刂를 추가하여 원래 땅을 작게 분할하여 공신에게 주는 채지를 의미하였으나 후에 칼로 작게 깎는다(삭)는 의미로 확장되었다. 용례) 削髮(삭발)
나뭇가지 끝 초 梢	肖의 닮다라는 뜻에서 나무 木을 추가하여 나뭇가지의 끝에서 새로운 새싹이 자라는 모습을 표현하였다. 후에 나뭇가지의 끝, 말단이란 의미로 확장되었다. 용례) 末梢神經(말초신경)
점점 초 稍	肖의 닮다라는 뜻에서 벼 禾를 추가하여 벼 이삭이 자라라는 모습을 표현하였고 후에 벼 이삭이 조금씩 낟알을 채운다는 뜻에서 약간, 점점, 점차, 이미 등의 의미로 확장되었다. 용례) 稍饒(초요)
화약 초 硝	肖의 닮다는 뜻에서 돌 石을 추가하여 돌과 비슷하게 생긴 초석(질산칼륨)을 의미하고 초석이 가연성 물질과 섞이면 폭발하므로 화약이란 의미로 확장되었다. 용례) 硝石(초석)
망볼 초 哨	肖의 본받다라는 뜻에서 입 口를 추가하여 암호를 말하고 교대하여 망보다, 보초 서다, 경계하다라는 의미이다. 용례) 哨兵(초병)

적을/젊을 소 少			
	갑골문	금문	소전

小와 같이 모래 알갱이들을 표현하였다. 고문에서는 같은 의미로 사용되었으나 점차 小가 크기가 작다는 뜻으로 사용되자 少는 양이 적다는 의미로 쓰이게 되었다.
용례) 減少(감소)

볶을 초 炒	불 火를 추가하여 불에 약간 볶는다는 의미이다. 용례) 炒醬(초장)
뽑을/베낄 초 抄	손 扌를 추가하여 원래 쌀 등을 물에 헹구면서 뜨는 이물질을 제거한다는 뜻으로 뜨다, 떠내다, 거르다, 뽑다는 의미이나 후에 글에서 중요한 부분만 뽑아 사용한다는 뜻으로 초하다(필요한 것만을 뽑아서 기록하다), 가려 베끼다, (문서를) 베끼다는 의미로 확장되었다. 용례) 抄錄(초록)
분초 초 秒	벼 禾를 추가하여 벼에 이삭이 패기 전에 피는 보일 듯 말듯 아주 작은 꽃술 까끄라기를 표현하였다. 후에 그 시간이 매우 짧다는 의미로 분초를 나타내는 초로 쓰이게 되었다. 용례) 秒速(초속)
묘할 묘 妙	계집 女를 추가하여 어린 계집을 뜻하니 예쁘다, 묘하다(말할 수 없이 빼어나고 훌륭하다)는 의미이다. 용례) 奧妙(오묘)
애꾸눈 묘 眇	눈 目을 추가하여 한쪽 눈이 조금 작은 모습이니 애꾸눈이라는 의미이다.
아득할 묘 渺	眇에 물 氵를 추가하여 물이 많고 넓어 눈을 찌푸리고 보아야 한다는 뜻이다. 아득하다, (물이) 끝없이 넓다, 어렴풋하다는 의미이다. 용례) 渺然(묘연)
작을 묘/비단 사 紗	실 糸를 추가하여 실로 짠 직물에 빈틈이 적게 잘 짜졌다는 뜻으로 비단, 깁(명주실로 바탕을 조금 거칠게 짠 비단)을 의미하고 후에 미세하다, 작다(묘)는 의미로 확장되었다. 용례) 紗帽(사모)
모래 사 沙	물 氵를 추가하여 물이 적다는 뜻이니 사막, 모래, 거칠다는 의미이다. 용례) 沙漠(사막)

산 산

갑골문	금문	소전	예서

연달아 높이 솟은 산등성이 3개를 표현하였다. 산이란 의미이다. 용례) 山脈(산맥)

산증 산 疝	병 疒을 추가하여 허리 또는 아랫배가 아파 배가 산처럼 부풀어 오르는 병을 의미한다. 용례) 疝症(산증)
신선 선 仙	사람 人을 추가하여 산에 사는 사람이 신선이라는 의미이다. 용례) 神仙(신선)

언덕 구

丘

갑골문	금문 1	금문 2	소전	예서 1	예서 2

山과 구별되게 연달아 솟아 있는 산등성이 2개를 표현하였다. 산보다 낮고 완만한 구릉, 언덕을 의미한다. 후에 왕과 왕후의 무덤 등을 구릉처럼 높이 쌓아 만들므로 무덤, 폐허, 공허하다는 의미로 확장되었다. 용례) 丘陵(구릉)

언덕 구 邱	언덕 阝를 추가하여 언덕, 구릉, 무덤이란 의미를 강조하였다. 용례) 大邱(대구)
큰 산 악 岳	산 山을 추가하여 언덕이 산처럼 높다는 뜻으로 큰 산, 높은 산 이란 의미이다. 용례) 山岳部(산악부)

나무 목

갑골문	금문	소전	예서

나무의 가지와 뿌리를 그려 나무의 모습을 표현하였다. 용례) 木材(목재)

머리감을 목
沐

물 氵를 추가하여 나무에 물을 주는 모습을 표현하였다. 후에 사람에 비유하여 씻다, 머리를 감다는 의미로 확장되었다.
용례) 沐浴(목욕)

쉴 휴
休

갑골문	금문	소전

나무에 기대어 쉬고 있는 사람을 표현하여 쉬다, 편안하다, 휴식하다, 그만두다라는 의미이다.
용례) 休憩室(휴게실)

아름다울 휴
烋

마음 心을 추가하여 쉬고 있는 심정이니 아름답다, 경사롭다, 행복이란 의미가 되었다. [후에 心이 불 灬로 오인되어 변형되었다] (= 恷)

옻 칠

桼

금문	소전	예서	해서
桼	桼	桼	桼

고문을 보면 나무의 수액이 나오는 모습을 표현하였다. 옻, 옻나무, 옻칠하다, 검다는 의미이다.

옻 칠 漆	물 氵를 추가하여 옻나무에서 채취하는 수액을 강조하였다. 桼과 같은 의미이다. 용례) 漆板(칠판)
무릎 슬 膝	桼의 검다는 뜻에서 고기 月을 추가하여 사람의 신체 중에 검은 부분이 무릎이라는 의미이다. [노예나 종의 경우 항상 무릎을 꿇고 일을 하므로 무릎이 검게 된다] 용례) 膝下(슬하)

탈 승

乘

갑골문	금문	소전	예서	해서
乘	乘	乘	乘	乘

고문을 보면 나무 위에 사람이 올라간 모습을 표현하였다. 타다, 오르다, 이기다, 꾀하다라는 의미이다. [소전 이후 사람의 양발 상형이 추가되었고 해서 이후 舛이 현재의 모습으로 변형되었다] 용례) 乘客(승객)

남을 잉 剩	칼 刂를 추가하여 나무에 올라가 잔가지를 친다는 뜻이다. 거세하다라는 의미이나 후에 중요 부분만 남기다에서 남다는 의미로 확장되었다. 용례) 剩餘(잉여)
어그러질 괴 乖	乘에서 나무의 뿌리가 없어진 형태이다. 나무의 뿌리가 없으면 나무가 쓰러지므로 어그러지다, 어긋나다, 끊어지다, 비뚫어지다는 의미가 되었다. 용례) 乖離(괴리)

아닐 미 未

갑골문	금문	소전

고문을 보면 나무의 잎이 풍성하게 자란 모습을 표현한 것으로 추정된다. 풍성하다는 의미이나 후에 아직 열매를 맺기 전이라는 뜻에서 아직 ~하지 못하다, 아니다, 어리다라는 의미로 확장되었다. 용례) 未達(미달)

맛 미 味	未의 풍성하다는 뜻에서 입 口를 추가하여 풍성하게 음식을 먹다, 맛, 맛보다, 기분이라는 의미가 되었다. 용례) 味覺(미각)
누이 매 妹	未의 어리다라는 뜻에서 계집 女를 추가하여 소녀, 손아래 누이를 의미한다. 용례) 姉妹(자매)
매혹할/도깨비 매 魅	未의 아니다라는 뜻에서 귀신 鬼를 추가하여 귀신이 아닌 도깨비를 표현하였다. 도깨비라는 의미이나 후에 도깨비가 사람을 홀리므로 홀리다, 매혹하다라는 의미로 확장되었다. 용례) 魅力(매력)
어두울 매 昧	未의 아직 ~하지 못하다라는 뜻에서 해 日을 추가하여 아직 해가 뜨지 않았으니 어둡다, 어둑새벽이란 의미이다. 용례) 曖昧(애매)
잠잘 매 寐	未의 아직 ~하지 못하다라는 뜻에서 집 宀과 침상 爿을 추가하여 아직 일어나지 못하고 잠을 잔다는 의미이다. 용례) 寤寐不忘(오매불망)

절제할 제 制

소전	예서	해서

고문을 보면 未에 칼 刂를 추가하여 잎이 무성하게 자란 나무의 가지를 치는 모습을 표현하였다. 마름질하다, 만들다, 바로 잡다는 의미이고 후에 마구잡이로 자라는 것을 바로 잡다는 뜻에서 절제하다, 억제하다, 금하다, 법도, 규정이란 의미로 확장되었다. [예서 이후 未가 현재의 모습으로 변형되었다] 용례) 規制(규제)

지을 제 製	制의 마름질 한다는 뜻에서 옷 衣를 추가하여 옷을 짓다, 만든다는 의미이다. 용례) 製作(제작)

끝 말

末

금문	소전	예서

나무의 끝부분을 뜻하기 위해 나무의 끝에 점을 찍어 추상적으로 표현하였다. 끝, 꼭대기를 의미하고 후에 사물에 비유되어 마지막, 시간의 끝, 없다, 보잘것없다, 낮다는 의미로 확장되었다. [예서 이후 未와 구분하기 위해 줄이 더 길게 그어졌다] 용례) 末世(말세)

말갈 말 靺	末의 보잘것없다는 뜻에서 가죽 革을 추가하여 고대 중국의 북쪽 변방에서 가죽옷을 입고 생활하던 말갈족을 의미한다.
지울 말 抹	末의 없다는 뜻에서 손 扌를 추가하여 손으로 없애버리다는 뜻으로 지우다, 지워 없애다는 의미이다. 용례) 抹殺(말살)
물거품 말 沫	末의 없다는 뜻에서 물 氵를 추가하여 물인데 금방 없어지는 것이니 물거품이라는 의미이다. 용례) 泡沫(포말)

붉을 주

朱

갑골문	금문	소전

나무의 중심을 뜻하기 위해 나무의 중심에 점을 찍어 추상적으로 표현하였다. 중심, 근본, 줄기라는 의미이고 후에 고대 건물의 기둥으로 사용하던 赤心木이 붉으므로 붉다는 의미로 확장되었다. 용례) 朱紅(주홍)

그루 주 株

나무 木을 추가하여 근본, 그루, 그루터기라는 의미를 강조하였다. 현대에 와서는 주식이란 의미로 확장되어 쓰인다. 용례) 株式(주식)

구슬 주 珠

朱의 붉다는 뜻에서 구슬 玉을 추가하여 아름다운 붉은 빛이 나는 구슬을 의미한다.

벨 주 誅

고문을 보면 朱와 戈를 합쳐 나무를 베는 모습을 표현하였다. 베다, 치다는 의미이다. [소전에서 戈가 칼을 뜻하는 辛의 형태로 변형되었으나 이를 오인하여 예서 이후 言으로 다시 변형되었다]

용례) 誅殺(주살)

금문	소전	예서

다를 수 殊

朱의 붉다는 뜻에서 죽을 歹을 추가하여 고대 사약 등을 마시고 피를 흘리며 죽게 하는 형벌을 표현하였다. 죽이다는 의미이나 후에 이러한 형벌이 이례적인 것이므로 다른 형벌과 다르다, 유달리, 특히라는 의미로 확장되었다. 용례) 特殊(특수)

물이름 수 洙

朱의 붉다는 뜻에서 물 氵를 추가하여 붉은빛이 나는 강 이름으로 쓰이게 되었다.

저울눈 수 銖

朱의 붉다는 뜻에서 쇠 金을 추가하여 고대에 저울의 중간 부분의 기준점에 붉은색을 칠한 모습을 표현하였다. 저울눈, 무게의 단위라는 의미가 되었다.

근본 본 本

금문	소전	예서

나무의 뿌리 부분을 뜻하기 위해 뿌리 부분에 점을 찍어 추상적으로 표현하였다. 사물의 근본, 뿌리, 바탕이란 의미이다. 용례) 根本(근본)

수풀 림(임) 林	갑골문	금문	소전

나무가 많이 모여 있는 모습을 표현하기 위해 나무를 겹쳐 그렸다. 수풀, 집단, 많다는 의미이다.
용례) 密林(밀림)

장마 림(임) 霖	林의 많다는 뜻에서 비 雨를 추가하여 비가 많이 내리는 모습이니 장마라는 의미이다.
장마/임질 림(임) 淋	林의 많다는 뜻에서 물 氵를 추가하여 물이 많은 모습이니 장마라는 의미이다. 후에 질병으로 인하여 생식기를 통해 계속 진물이 흘러나오는 임질이라는 의미로 확장되었다.(= 痳) 용례) 淋疾(임질)
빛날 빈(반) 彬	林의 많다는 뜻에서 터럭 彡을 추가하여 머리털이 길고 풍성한 모습이니 아름답고 성하다, 빛나다는 의미가 되었다. 용례) 彬蔚(빈울)
불사를 분 焚	林의 많다는 뜻에서 불 火를 합쳐 불사르다, 불태우다라는 의미이다. 용례) 焚身(분신)
나무빽빽할 삼 森	나무가 많이 모여 있는 자체를 표현하여 나무가 빽빽하게 차 있다는 의미이다. 용례) 森林(삼림)

갑골문	금문	소전

금할 금
禁

소전	예서	해서
禁	禁	禁

고문을 보면 수풀 林과 제단 示를 합쳐 수풀이 우거진 곳에 있던 제단을 표현하였다. 외부인들의 출입을 막고 별도로 제사를 지내는 장소이므로 금하다, 꺼리다, 삼가다라는 의미가 되었다. 용례) 禁止(금지)

옷깃 금 襟 옷 衤를 추가하여 옷이 벌어지지 않게 여미는 부위가 옷깃, 앞섶이라는 의미이다. 용례) 胸襟(흉금)

울타리 번
棥

금문	소전
棥	棥

고문을 보면 나무와 나무 사이에 얼기설기 덩굴을 엮어 만든 울타리를 표현하였다. 울타리, 우리, 에워싸다, 어수선하다는 의미이다.

울타리 번 樊 양손(廾)을 추가하여 울타리는 만드는 모습을 강조하였다.

더위잡을 반 攀 樊에 손 手를 추가하여 덩굴이 매달려 오르는 것을 강조하였다. 더위잡다(높은 곳에 오르려고 무엇을 끌어 잡다), 매달리다, 달라붙다, 의지하다라는 의미이다. 용례) 登攀(등반)

명반 반 礬 攀에 돌 石을 추가하여 달라붙는데 쓰는 돌이란 뜻으로 명반을 의미한다. (명반(백반)은 지혈을 하거나 설사를 멈추게 하는데 쓰였다) [手가 생략됨] 용례) 白礬(백반)

가시 자

갑골문	금문	소전

날카로운 쐐기가 달린 가시나무를 표현하였다. 가시, 가시나무라는 의미이다.

찌를 자(척) 刺	칼 刂를 추가하여 날카로운 가시처럼 찌르다, 나무라다는 의미이다. 용례) 刺傷(자상), 刺殺(척살)
채찍/꾀 책 策	대나무 竹을 추가하여 대나무로 만든 채찍을 의미한다. 채찍, 채찍질하다, 독촉하다라는 의미이고 후에 대나무를 날카롭게 잘라 점대(점을 치는 대가지)로 사용하였기에 제비, 헤아리다, 예측하다, 계책, 꾀, 꾀하다라는 의미로 확장되었다. 용례) 策動(책동)
가시 극 棘	朿를 겹쳐 가시가 달린 가시나무를 강조하였다. 가시, 가시나무라는 의미이다. 용례) 荊棘(형극)
대추 조 棗	朿를 위아래로 겹쳐 가시가 다발로 나는 대추나무를 표현하였다. 용례) 棗栗(조율)

꾸짖을 책/빚 채

責

갑골문	금문	소전	예서

고문을 보면 가시 朿와 재물 貝를 합쳐 재물에 가시가 달린 모습을 은유적으로 표현하였다. 빌린 재물이라는 뜻으로 빚, 부채, 빌리다(채)는 의미이다. 후에 빚을 갚지 못하여 책임을 지우다, 책임, 의무, 꾸짖다, 나무라다, 취하다, 받아내다, 요구하다(책)는 의미로 확장되었다. 용례) 責任(책임)

빚 채 債	責의 빚이란 뜻을 강조하고자 돈을 빌린 사람 人을 추가하였다. 빚, 부채, 빌리다는 의미이다. 용례) 債務(채무)
쌓을 적/저축 자 積	責의 빚이란 뜻에서 벼 禾를 추가하여 수확한 쌀로 갚는다는 뜻이니 쌓다, 더미라는 의미이다. 후에 저축하다, 모으다(자)라는 의미로 확장되었다. 용례) 累積(누적)
길쌈 적 績	積의 모으다는 뜻에서 실 糸를 추가하여 잣다(물레 따위로 섬유에서 실을 뽑다), 길쌈하다(실을 내어 옷감을 짜다), 길다, 잇다는 의미이다. [禾가 생략됨] 용례) 成績(성적)
자취 적 蹟	積의 모으다는 뜻에서 발 足을 추가하여 지나온 자취, 행적, 업적, 명성이라는 의미이다. [禾가 생략됨] 용례) 古蹟(고적)

나뭇잎 엽 葉

소전	예서	해서

고문을 보면 나뭇가지 끝에 달린 나뭇잎을 표현하였음을 알 수 있다.

나뭇잎 엽 葉	풀 艹를 추가하여 나뭇잎이란 의미를 강조하였다. 용례) 落葉(낙엽)
나비 접 蝶	벌레 虫을 추가하여 나뭇잎 같은 날개를 가진 나비를 의미한다. 용례) 蝶泳(접영)
편지 첩 牒	조각 片을 추가하여 나뭇잎처럼 얇은 조각에 글을 쓴 모습을 표현하였다. 편지, 서찰, 문서, 장부, 증서라는 의미이다. [고대에는 나무조각 등에 글을 썼다] 용례) 請牒狀(청첩장)
염탐할 첩 諜	牒에 말 言을 추가하여 적의 기밀이 적혀있는 문서 등을 보고 말한다는 뜻으로 염탐하다, 문서, 기록이라는 의미이다. [片이 생략됨] 용례) 諜報(첩보)

대 세 世

금문	소전	예서	해서

나뭇가지 끝에 돋아난 나뭇잎만을 따로 표현하였다. 나무는 나뭇잎이 나고 떨어지는 모습을 반복하므로 이를 통해 시기, 대를 잇다, 대, 세대라는 의미가 되었다. 후에 사람에 비유하여 한평생, 일생, 세상, 인간이라는 의미로 확장되었다.

용례) 世界(세계)

세낼 세 貰	世의 시기라는 뜻에서 재물 貝를 추가하여 돈을 통해 일정기간 빌리다, 세내다는 의미가 되었다. 용례) 傳貰(전세)
샐 설 泄	世의 잇다는 뜻에서 물 氵를 추가하여 물이 조금씩 흐르다, (물이) 새다, (소식 등이 새어) 알려지다는 의미이고 후에 물이 조금씩 샌다는 뜻에서 설사하다, 설사라는 의미로 확장되었다. 용례) 泄瀉(설사)
파낼 설 渫	泄에 나무 木을 추가하여 부목을 대면서 인공적으로 물이 새게 한다는 뜻으로 파내다, 준설하다는 의미이다. 용례) 浚渫(준설)

내 천 川

갑골문	금문	소전

양 둑 사이로 흐르는 물을 표현하였다. 정비되기 전의 자연 그대로의 하천을 말한다. (다른 글자와 함께 사용될 때는 巛으로 쓰인다)

용례) 河川(하천)

팔찌 천 釧	쇠 金을 추가하여 쇠를 가늘게 만들어 팔에 여러 개를 두른 모습을 표현하였다. 팔찌를 의미한다. 용례) 腕釧(완천)
순행할 순 巡	갈 辶을 추가하여 물이 흐르는 모습을 강조하였다. 돌다, 순행하다는 의미이다. 용례) 巡行(순행)

순할 순 順

머리 頁을 추가하여 동물들이 물길에 따라 머리를 내놓고 자연스럽게 헤엄치는 모습을 그려 ~ 따르다, 순응하다는 의미가 되었다.

용례) 順應(순응)

길들일 순 馴

順에 말 馬를 추가하여 다루기 힘든 말을 길들이다, 따르다, 순하다는 의미가 되었다. [頁이 생략됨]

용례) 馴鹿(순록)

재앙 재 災

고문을 보면 巛과 火를 합쳐 하천이 범람하거나 불이 났음을 표현하였다. 고대에 이를 재앙이라고 여겼음을 알 수 있다. 중국에서는 하천이 정비되면서 집에 불이 난 경우를 재앙이라고 여겨 灾라고 쓰고 있다.

용례) 罹災民(이재민)

금문	소전

고을 주 州

갑골문	금문	소전	예서	해서

흐르는 하천의 중간에 섬이 생긴 모습을 표현하였으나 이러한 땅이 비옥하여 사람들이 모여들어 마을을 이루게 되므로 모이다, 고을, 마을, 나라라는 의미로 쓰이게 되었다.

용례) 慶州(경주)

물가 주 洲

州가 고을이라는 뜻으로 주로 사용되자 물 氵를 추가하여 물가, 모래톱이란 의미를 강조하였다. 물가, 모래톱이란 의미이다.

용례) 三角洲(삼각주)

물 수

水

갑골문	금문	소전	예서	해서

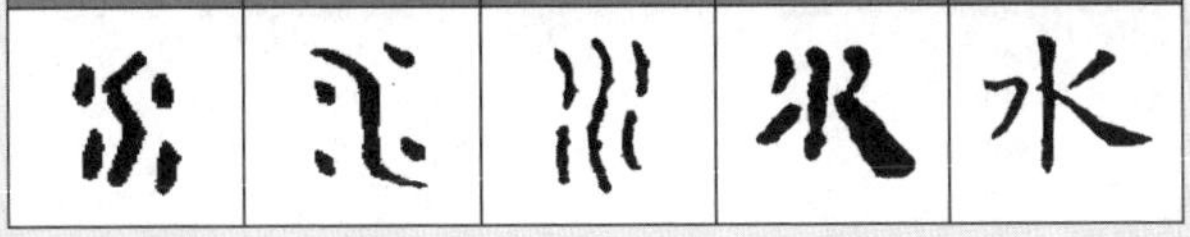

고문을 보면 하천이 흐르면서 튀는 물 자체를 표현하였다. (다른 글자와 함께 사용될 경우 氵로 쓰인다) 용례) 洪水(홍수)

빠질 골/물이름 멱

汨

해 日을 추가하여 해가 물 속으로 빠진 모습을 표현하였다. [고대에는 하루 뜬 해가 물 속으로 빠져 죽으면 다음 날 다른 해가 떠 오른다고 생각하였다.] (물에)잠기다, 가라앉다, 골몰하다는 의미이고 후에 물의 이름(멱)으로도 사용되었다. 용례) 汨沒(골몰), 汨水(멱수)

못 연 淵

물이 흐르지 않고 고여있는 못을 표현하였다. 못, 근원, 깊다, 조용하다는 의미이다. [예서 이후 물 氵가 추가되었다] 용례) 淵源(연원)

갑골문	금문	소전	예서

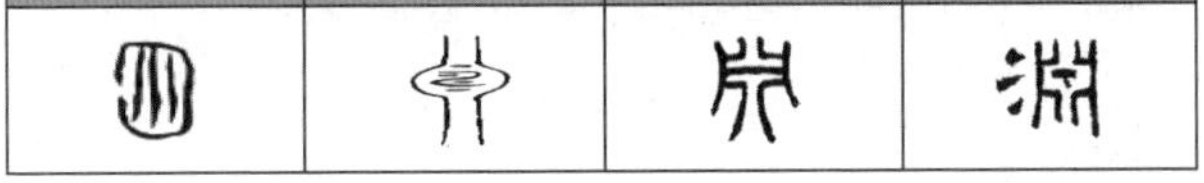

얼음 빙

氷

갑골문	금문	소전	예서	해서

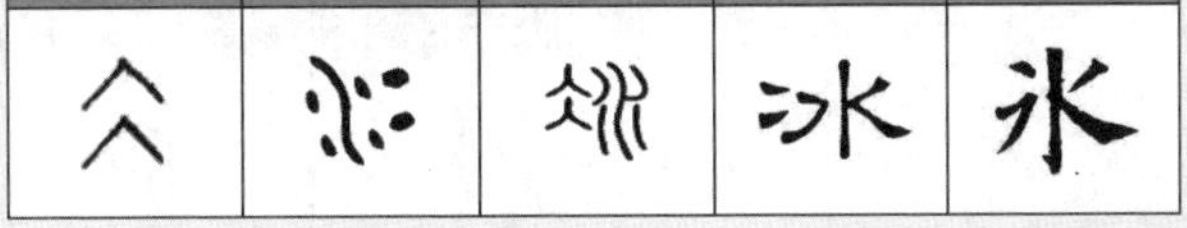

고문을 보면 물이 얼어 솟아오른 仌 모양을 표현하였다. 얼음, 얼다, 서늘하게 하다는 의미이다. [다른 글자와 함께 쓰일 때는 冫으로 쓴다] 용례) 氷水(빙수)

업신여길 빙/성씨 풍

馮

말 馬를 추가하여 말이 추운 입김을 내뱉으면서도 힘차게 뛰어나가는 모습을 통해 업신여기다, 뽐내다는 의미이고 후에 성씨(풍)로 쓰이게 되었다. 용례) 暴虎馮河(포호빙하)

기댈 빙 **憑**

馮에 마음 心을 추가하여 추운 겨울에 말에 의지하여 간다는 뜻으로 기대다, 의지하다, 의탁하다는 의미이다. 용례) 憑依(빙의)

샘 천 泉

갑골문	금문	소전	예서

고문을 보면 막혀있는 바위 사이에서 물이 졸졸 흐르는 모습을 표현하였다. 물줄기의 근원, 샘, 지하수라는 의미이다. [예서 이후 맑다는 뜻의 白과 물 水로 간략화되었다]

용례) 源泉(원천)

줄 선 **線**

실 糸를 추가하여 가늘게 흐르는 샘처럼 가는 실을 뜻하여 줄, 선이라는 의미이다. 용례) 混線(혼선)

샘 선 **腺**

고기 月을 추가하여 신체 기관 중 泉과 같은 곳이 샘(생물체 내에서 분비 작용을 하는 기관)이라는 의미이다. 용례) 扁桃腺(편도선)

근원/언덕 원

금문	소전	예서

고문을 보면 암벽 厂과 泉을 합쳐 암벽에서 샘이 흘러나오는 모습을 구체적으로 표현하였다. 언덕이라는 의미 이외에 물이 나오는 근원, 기원하다라는 의미로 확장되었다.

용례) 原則(원칙)

근원 원 **源**

물 氵를 추가하여 암벽으로부터 흘러나오는 물을 강조하였다. 근원, 기원, 출처, 발원지라는 의미이다. 용례) 根源(근원)

원할 원 願	原의 근원이라는 뜻에서 머리 頁을 추가하여 사람의 머리에서 나오는 근원적인 생각이란 뜻으로 원하다, 바라다는 의미이다. 용례) 祈願(기원)

잔무늬 목 㣎

소전	예서	해서
㣎	㣎	㣎

고문을 보면 泉에 터럭 彡을 추가하여 샘의 물결이 잔잔하게 치는 모습을 표현하였다. 잔무늬, 아름다운 광채라는 의미이다.

화목할 목 穆	㣎에 벼 禾를 추가하여 벼 이삭이 바람결에 흔들리는 모습을 표현하였다. 아름답다, 기쁘게 하다, 온화하다, 화목하다는 의미이다. 후에 주로 왕의 시호에 사용되었다.

강 강 江

금문	소전	예서
江	江	江

고문을 보면 물 氵와 돌달구 工을 합쳐 자연적인 하천을 인공적으로 공사하여 물이 넘치지 않도록 정비한 모습을 표현하였다. 강이란 의미이고 중국에서는 예로부터 장강(양자강)을 江이라고 불렀다. 용례) 江南(강남)

큰기러기 홍 鴻	새 鳥를 추가하여 강에서만 보이는 큰기러기라는 의미이다. 용례) 鴻雁(홍안)

들보 량(양)
梁

금문	소전	예서

고문을 보면 물 氵와 비롯할 办를 합쳐 강을 파내고 치수하는 모습을 표현하였다. 제방이란 의미이나 후에 치수하고 설치하는 교량, 들보라는 의미로 확장되었다. [소전 이후 다리의 재료인 나무 木이 추가되었다.] 용례) 橋梁(교량)

들보 량(양) 樑	梁의 뜻을 명확하게 하기 위해 나무 木을 추가하였다. 梁과 같은 의미이다. 용례) 上樑(상량)
기장 량(양) 粱	쌀 米를 추가하여 물을 많이 먹어 치수에 도움이 되는 기장이란 의미이다. [木이 생략됨] 용례) 玉稿粱(옥고량)

골짜기 곡

금문	소전	예서

물이 산골짜기를 흘러 샘을 만드는 모습을 표현하였다. 골, 골짜기, 깊은 굴이라는 의미이다. 용례) 溪谷(계곡)

풍속 속 俗	사람 人을 추가하여 골짜기에 사는 사람을 뜻한다. 도시가 발달하였지만 깊은 골짜기에서 자신들의 풍습을 지키며 사는 사람들이란 뜻으로 풍습, 관습, 속인, 평범하다, 저급하다는 의미가 되었다. 용례) 低俗(저속)
목욕할 욕 浴	물 氵를 추가하여 골짜기의 샘에 들어가 물을 튀기며 목욕을 하는 모습을 표현하였다. 용례) 浴室(욕실)

하고자할 욕 欲	입을 벌린다는 뜻의 欠을 추가하여 골짜기의 샘이 시원하고 맑은 물이 가득 차 있는 모습을 좋아하다, 바라다, 하고자 하다, 장차 ~ 하려하다, 욕심, 욕망, 희구라는 의미이다. 용례) 欲求(욕구)
욕심 욕 慾	欲의 욕심이란 뜻을 강조하고자 마음 心을 추가하여 욕심, 욕정, 탐내다는 의미이다. 용례) 慾望(욕망)
넉넉할 유 裕	옷 衤를 추가하여 옷의 소매가 깊게 파여 옷이 헐렁하다는 의미이니 넉넉하다, 너그럽다, 관대하다, 용납하다는 뜻이 되었다. 용례) 裕福(유복)

산속의 늪 연

소전	예서	해서

谷이 물이 많이 흘러 내려 샘을 이룬 모습이라면 산속에서 물이 조금씩 흘러내려 작은 샘을 이룬 모습을 표현하였다.

따를 연 沿	물 氵를 추가하여 물이 졸졸 흘러 샘을 이루었음을 강조하였다. 물 따라가다, 좇다, 따르다는 의미이다. 용례) 沿岸(연안)
납 연 鉛	쇠 金을 추가하여 금속 중 물처럼 흘러내리는 성질을 가진 것이 납이라는 의미이다. 용례) 鉛筆(연필)
배 선 船	배 舟를 추가하여 물이 흘러가는 데로 운행하는 배를 표현하였다. 용례) 宇宙船(우주선)

돌 회

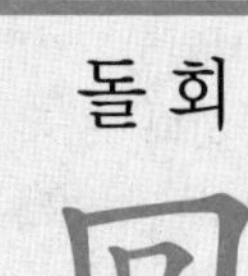

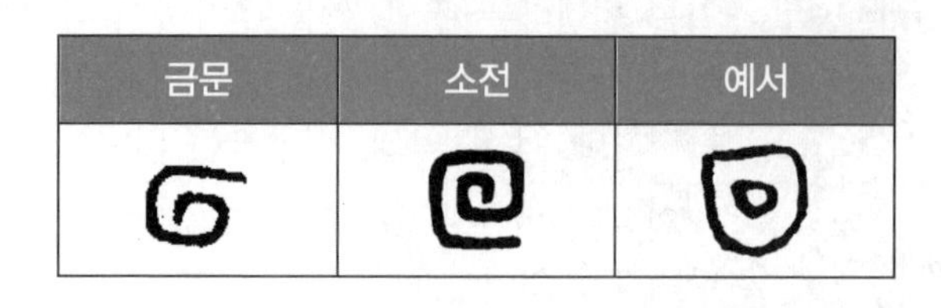

물이 둥글게 회오리치며 도는 모습을 표현하였다. 용례) 回復(회복)

돌 회 廻	도는 모습을 강조하기 위해 길게 걸을 인(廴)을 추가하였다. 용례) 迂廻(우회)
노닐 회 徊	조금 걸을 彳을 추가하여 계속 같은 장소를 돈다는 뜻이다. 노닐다, 배회하다, 돌다, 머뭇거리다는 의미이다. 용례) 徘徊(배회)
회충 회 蛔	벌레 虫을 추가하여 사람의 몸 속을 돌아다니는 벌레인 회충을 의미한다. 용례) 蛔蟲(회충)

5. 토테미즘과 샤머니즘

자연물을 믿고 따르던 인류는 자기의 부족을 특정 동식물과 연결하여 믿게 되고 하늘에서 자연현상을 관장한다고 생각하여 인간과 하늘 사이에 연결되는 끈을 닿기 위해 여러 가지 노력을 기울이게 된다.

머리 수

首

갑골문	금문 1	금문 2	소전	예서

고문을 보면 짐승의 잘린 머리를 표현하였다. 고대에 동물의 머리는 제사에 바치는 중요한 제물이었다. 머리라는 의미이고 후에 우두머리, 으뜸이라는 의미로 확장되었다.

용례) 首都(수도)

길 도 道	首의 우두머리라는 뜻에서 갈 辶을 추가하여 우두머리가 앞장서 나아가는 모습이니 이끌다, 길이라는 의미가 되었다. 후에 길이 비유적으로 쓰여 도리, 이치, 방법 등의 의미로 확장되었다. 용례) 道理(도리)
인도할 도 導	道의 이끌다는 뜻을 명확하게 하기 위해 손을 뜻하는 寸을 추가하여 인도하다, 이끌다는 의미이다. 용례) 導入(도입)
매달/고을 현 縣	고문을 보면 머리를 실로 묶어 나무에 매단 모습을 표현하였음을 알 수 있다. 매달다는 의미이고 후에 진시황이 중국을 통일한 후 전국을 36개 군으로 나눈 뒤 군 아래에 다수의 현을 두는 군현제(郡縣制)를 실시하면서 고을이라는 의미가 생성되었다. [군에 매달려 속해있는 마을이라는 의미이다] 약자로는 県로 쓰인다.

금문	소전	예서

머리 혈 頁	갑골문	금문	소전	예서

고문을 보면 고대 자신의 부족이 숭상하는 동물의 탈을 쓰고 기원하는 모습을 표현하였다. 머리가 강조되었으므로 머리라는 의미로 쓰이게 되었다.

괴로워할 번 煩

불 火를 추가하여 머리가 불이 난 것처럼 열이 난다는 뜻이니 괴로워하다, 어지럽다, 번거롭다, 번잡하다, 성가시다는 의미이다.

용례) 煩悶(번민)

모름지기 수 須

터럭 彡을 추가하여 얼굴에 수염이 난 사람을 표현하였다. 고대 성인 남자는 수염을 자르지 않고 길렀으므로 마땅히, 마침내, 모름지기, 틀림없이라는 의미가 되었다.

용례) 必須(필수)

적을 과 寡

고문을 보면 머리 頁과 집 宀을 합쳐 집안에만 있는 사람을 표현하였음을 알 수 있다. 몸이 약해 집 안에만 있다는 뜻으로 약하다, 작다, 적다, 돌보다는 의미가 되었고 후에 집에 홀로 남게 된 사람이란 뜻에서 홀어머니, 과부라는 의미로 확장되었다. [소전 이후 홀로 있다는 뜻을 강조하고자 나눌 分을 추가하였다]

용례) 寡婦(과부)

금문 1 	금문 2 	소전 	예서 

모양 모/ 모사할 막 皃	금문 / 소전

동물 머리가 아닌 일반적인 탈을 쓴 사람의 모습을 표현하였다. 탈을 쓰고 다른 사람을 흉내 내는 것이므로 모양, 자태, 행동거지라는 의미이고 후에 본뜨다, 모사하다(막)는 의미로 확장되었다.

모양 모/모사할 막 貌

짐승 豸를 추가하여 짐승을 흉내 낸다는 뜻이니 모양, 행동거지, 모사하다(막)라는 의미이다. (= 額) 용례) 容貌(용모)

엇비슷할 뇌(뢰) 頪	금문 / 소전

고문을 보면 머리 頁과 가루 米를 합쳐 얼굴에 화장한 모습을 표현하였다. 하얗게 화장한 얼굴은 비슷해 보이므로 닮다, 엇비슷하다는 의미가 되었다.

무리 류 類

짐승 犬을 추가하여 네발로 움직이는 짐승들이 서로 비슷하다, 같다는 의미이고 후에 비슷한 것들이 모인다는 뜻에서 무리, 동아리라는 의미로 확장되었다. 용례) 種類(종류)

잠깐 경

頃

소전	예서

고문을 보면 머리 頁과 굽을 匕를 합쳐 몸을 숙여 머리가 기울어지는 모습을 표현하였다. 기울다라는 의미이고 후에 갑자기 쓰러진다는 뜻에서 잠깐, 잠시란 의미로 확장되었다.

용례) 頃刻(경각)

기울 경 傾 頃이 잠깐이라는 뜻으로 주로 사용되자 사람 人을 추가하여 기운다는 의미를 강조하였다. 용례) 傾斜(경사)

근심 우

소전	예서	해서

고문을 보면 머리 頁, 마음 心, 뒤져올 夂를 합쳐 머리와 마음이 무거워 걸음걸이가 늦어짐을 표현하였다. 근심하다, 괴로워하다, 근심, 고통, 병을 의미한다.

용례) 憂鬱(우울)

넉넉할 우 優 憂가 천천히 걷는 모습이므로 사람 人을 추가하여 다른 사람들보다 품위 있게 천천히 걷는 사람이란 뜻이다. 넉넉하다, 뛰어나다, 품위가 있다는 의미가 되었다. 용례) 優秀(우수)

어지러울 요 擾 손 扌를 추가하여 괴로워 손을 휘젓는 모습이니 어지럽다, 시끄럽다는 의미가 되었다. 용례) 騷擾(소요)

다를 이
異

갑골문	금문	소전	예서
			異

얼굴에 가면(귀신머리 甶)을 쓴 샤먼이 양손을 크게 벌려 하늘과 소통하는 모습을 표현하였다. 샤먼은 일반 사람과 다른 특별한 능력이 있다고 믿었기에 다르다, 뛰어나다, 진귀하다, 특별하게 다루다, 우대하다라는 의미가 되었다. [고대 인간과 자연 또는 신의 세계와 연결해주는 중재자 역할을 하는 신비로운 능력을 지닌 사람을 샤먼이라고 한다. 샤먼은 고대 종교생활을 이끄는 중요한 역할을 담당하였고 때로는 병을 고치는 의사의 역할도 수행하였다]

용례) 差異(차이)

날개 익 翼

날개 羽를 추가하여 샤먼이 하늘과 소통한다는 의미로 새의 날개 모양을 장식한 모습을 표현하였다. 날개, 아름답다는 의미가 되었고 후에 하늘과 소통하는데 도움을 주므로 돕다, 도움이라는 의미로 확장되었다.

용례) 右翼(우익)

바랄 기
冀

금문 1	금문 2	소전	예서	해서
				冀

고문을 보면 뿔 등 장식이 달린 가면을 쓴 샤먼의 모습을 표현한 것으로 추정된다. [고대에 사슴의 뿔 등이 하늘로 솟아 있기에 하늘과 통하는 도구로 여겨져 사슴뿔 등으로 장식을 하였는데 삼국시대 우리나라 왕관 등도 이에 영향을 받은 것이다] 샤먼이 하늘과 통하길 간절히 바라는 모습이므로 바라다, 하고자 하다, 바라건대라는 의미가 되었다. [소전 이후 뿔 모양이 北의 형태로 변형되었다]

용례) 冀願(기원)

〈알타이 샤먼〉

천리마 기 驥	말 馬를 추가하여 사람들이 바라는 말이 천리마, 준마라는 의미이다.

두려워할 외 畏

갑골문	금문 1	금문 2	소전	예서

고문을 보면 샤먼이 주술 도구를 들고 주술을 하는 모습을 표현하였다. 신성한 행위이므로 두려워하다, 경외하다, 꺼리다라는 의미가 되었다. 용례) 敬畏(경외)

함부로 외 猥	짐승 犭을 추가하여 샤먼이 주술행위가 과격한 모습을 표현하였다. 외람하다(하는 행동이나 생각이 분수에 지나치다), 더럽다, 추하다, 함부로, 갑자기라는 의미이다. 용례) 猥褻(외설)

귀신 귀 鬼

갑골문	금문	소전	예서	해서

가면을 쓴 샤먼이 무릎을 꿇고 제사 지내는 모습을 표현하였다. 고대에는 사람이 죽으면 귀신이 된다고 믿었고 샤먼이 중간에서 이를 중개할 수 있다고 생각하였기 때문에 샤먼의 모습을 통해 귀신, 혼백이란 의미가 되었다. 후에 귀신이란 뜻에서 두렵다, 크다는 의미로 확장되었다. 용례) 鬼神(귀신)

허수아비 괴 傀	鬼의 귀신이라는 뜻에서 사람 人을 추가하여 보이지 않는 귀신을 사람처럼 만들어 놓은 것이 허수아비라는 뜻이다. 용례) 傀儡(괴뢰)

덩어리 괴 塊	鬼의 크다는 뜻에서 흙 土를 추가하여 흙이 크게 뭉친 모양이니 덩어리, 흙덩이, 뭉치, 우뚝하다는 의미이다. 용례) 金塊(금괴)
부끄러울 괴 愧	鬼의 크다는 뜻에서 마음 忄을 추가하여 마음이 크게 흔들리는 모습이니 부끄럽다, 부끄러워하다, 모욕하다는 의미가 되었다. 용례) 自愧(자괴)
회화나무 괴 槐	鬼의 크다는 뜻에서 나무 木을 추가하여 큰 덩치로 인하여 귀신으로 보이는 회화나무, 느티나무 등을 의미한다.
괴수 괴 魁	鬼의 크다는 뜻에서 큰 용량을 재는 기구인 말 斗를 추가하여 귀신 중에서도 큰 귀신, 괴수, 우두머리, 으뜸이란 의미이다. 용례) 魁首(괴수)
꼭두서니 수 蒐	鬼의 크다는 뜻에서 풀 艹를 추가하여 크게 덩굴로 자라는 꼭두서니를 의미하나 후에 풀을 크게 모으다, 찾다는 의미로 확장되었다. 용례) 蒐集(수집)

없을 무 無

갑골문	금문	소전	예서

샤먼이 손에 잎이 달린 나뭇가지를 들고 무아지경으로 춤추는 모습을 표현하였다. 잎이 달린 나뭇가지를 흔들면 비가 떨어지는 소기가 나므로 하늘에 비를 기원하는 의식을 표현한 것이다. 비가 오지 않는 가뭄이란 뜻이므로 없다는 의미가 되었고 후에 아니다, ~하지 않다, 금지하다는 부정의 뜻으로 확장되었다.

용례) 無視(무시)

춤출 무 舞	無가 없다는 의미로 사용되자 다리가 엇갈린 모습인 舛을 추가해 춤을 추는 의미를 강조하였다. 용례) 舞踊(무용)
거칠 무 蕪	無의 없다는 뜻에서 풀 艹를 추가하여 풀이 없는 거친 땅이란 뜻이니 거칠다, 황무지(荒蕪地)라는 의미이다.

어루만질 무 撫	無가 잎이 달린 나뭇가지를 흔드는 모습이니 이를 강조하기 위해 손 扌를 추가하여 어루만지다, 치다, 두드리다는 의미가 되었다. 후에 사랑스럽게 어루만지다는 뜻으로 사랑하다, 위로하다는 의미로 확장되었다. 용례) 愛撫(애무)
어루만질 무 憮	撫의 사랑스럽게 어루만지는 뜻을 명확하게 하기위해 마음 忄을 추가하였다. [扌가 생략됨]

무당 무
巫

갑골문	금문	소전 1	소전 2	예서

고문을 보면 샤먼이 신을 부를 때 사용하는 청동방울을 표현한 것으로 추정된다. 현대에 와서도 무당은 방울을 흔들며 신과 소통을 한다. [소전 이후 갈라진 도구를 표현하여 양손으로 청동방울을 잡고 흔드는 모습으로 구체화 되었는데 예서 이후 갈라진 부분의 표현을 사람 人으로 오인하여 현재의 모습으로 변형되었다.]

용례) 巫堂(무당)

※ 巫의 현재 모습으로 인하여 하늘과 땅을 이어주는 무당 둘이 춤을 추고 있다고 해석하고 있으나 사람(人)의 상형([illegible])이 아니라 갈라졌다는 뜻의 칼(刀)의 상형([illegible])이다.

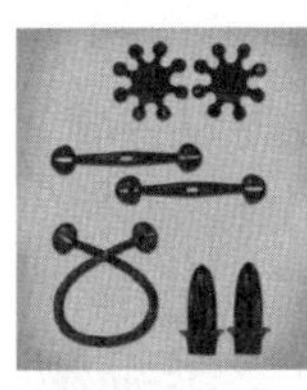

〈출토된 여러 형태의 청동방울〉

속일 무 誣	말 言을 추가하여 원시시대 영적인 존재였던 무당의 권위가 점차 떨어져 미신의 행위로 받아들이게 되면서 후에 무당이 하는 말이 속이다, 꾸미다, 과장하다는 의미로 쓰이게 되었다. 용례) 誣告(무고)
박수 격 覡	볼 見을 추가하여 무당이 신과 소통을 할 때 이를 지켜보며 보조를 하는 사람을 뜻하였는데 후에 남자 무당(박수)을 의미하게 되었다. 용례) 巫覡(무격)

신령 령(영) 靈	고문을 보면 비가 내리기를 간절하게 기원하는 모습을 표현하였다. 비를 내리는 존재를 뜻하여 신령, 귀신, 영적인 존재, 신령하다, 영험하다, 아름답다는 의미가 되었다. [소전 이후 示가 巫로 변형되었다] 용례) 心靈(심령)

금문	소전	예서
靈	靈	靈

보일 시 示

갑골문 1	갑골문 2	금문 1	금문 2	소전
示	示	示	示	示

고문을 보면 고대 하늘에 제사를 지내기 위해 세운 제단을 표현하였다. 제단은 여러 단을 쌓아 모든 사람이 볼 수 있게 높게 만드는 것이므로 높다, 보이다, 알리다는 의미가 되었다. (다른 글자와 함께 사용될 경우 礻로 쓰인다) 용례) 例示(예시)

볼 시 視	示의 보이다는 뜻에서 볼 見을 추가하여 보다는 의미를 강조하였다. 용례) 監視(감시)
빌 기 祈	示의 제단이라는 뜻에서 도끼 斤을 추가하여 제단에서 전쟁과 관련하여 승리를 기원한다는 의미이다. 용례) 祈禱(기도)
모일 사 社	示의 제단이라는 뜻에서 흙 土를 추가하여 토지신에게 제사를 지낸다는 의미이고 후에 마을 사람들이 모두 모여 토지신에게 제사 지낸다는 뜻에서 모이다라는 의미로 확장되었다. 용례) 會社(회사)
빌 축 祝	示의 제단이라는 뜻에서 비는 모습을 뜻하는 兄을 추가하여 제단 앞에서 빌다, 기원하다라는 의미이다. 용례) 祝願(축원)

정성/항목 관
款

고문을 보면 제단에 많은 음식을 올리고 제사를 지내는 모습을 표현하였다. 정성, 제사를 지내다라는 의미이나 후에 제사상에 정해진 물건을 올린다는 뜻으로 항목, 조목이란 의미로 확장되었다. [예서 이후 절을 하는 사람의 모습이 欠로, 쌓아올린 음식이 士의 형태로 변형되었다]

용례) 款待(관대)

소전	예서	해서

부드러울 손
巽

소전	예서	해서

고문을 보면 제단 示와 여러 사람들의 모습을 합쳐 함께 모여 제사를 지내는 모습을 표현하였다. 함께 드리는 제사라는 뜻에서 예서 이후 共이 추가되었다. 공손하다, 부드럽다, 유순하다는 의미이고 후에 周易의 팔괘 중 하나로 사용되면서 고르다, 뽑는다는 의미가 파생되었다. [예서 이후 巳이 己로 변형되었다가 해서 이후 巳로 다시 변형되었다]

가릴 선 選

巽의 고른다는 뜻에서 갈 辶을 추가하여 고르기 위해 나가는 모습이니 뽑다, 고르다는 의미를 강조하였다. 용례) 選擧(선거)

반찬 찬 饌

巽의 고른다는 뜻에서 밥 食을 추가하여 밥을 먹으면서 고르는 것이 반찬, 음식이라는 의미이다. 용례) 飯饌(반찬)

지을 찬 撰

巽의 고른다는 뜻에서 손 扌를 추가하여 뽑는 행위를 강조하였다. 후에 중요부분을 발췌하여 기록하다, 시문을 짓는다는 의미로 확장되었다. 용례) 撰修(찬수)

볕 양 昜

갑골문	금문 1	금문 2	소전

고문을 보면 해 日과 높다는 뜻의 丂를 합쳐 해가 높이 솟아오른 모습을 표현하였다. 볕, 양지, 오르다, 따뜻하다는 의미이다. 쉬울 易과 모양이 비슷하여 易과 병행되어 쓰인다. [금문 이후 불빛이 퍼지는 모습이 추가되면서 현재의 모습으로 변형되었다]

볕 양 陽	높다는 뜻의 언덕 阝를 추가하여 昜의 의미를 강조하였다. 용례) 太陽(태양)
날릴 양 揚	昜의 오른다는 뜻에서 손 扌를 추가하여 올리다, 쳐들다, 들날리다라는 의미이다. 용례) 浮揚(부양)
버들 양 楊	昜의 오르다라는 뜻에서 나무 木을 추가하여 크게 자라는 나무가 버들, 버드나무라는 의미이다. 성씨로도 쓰인다. 용례) 綠楊芳草(녹양방초)
헐 양 瘍	昜의 오르다라는 뜻에서 병 疒을 추가하여 피부가 부풀어 올라오는 병이 종기, 부스럼, 헐다라는 의미이다. 용례) 腫瘍(종양)
마당 장 場	昜의 볕이라는 뜻에서 흙 土를 추가하여 볕이 많이 내리쬐는 넓을 장소인 마당, 무대, 시장이란 의미이다. 용례) 市場(시장)
창자 장 腸	昜의 양기라는 뜻에서 고기 月을 추가하여 짐승 등의 신체 중에 마지막까지 따뜻한 부위가 창자라는 의미이다. 용례) 大腸(대장)
화창할 창 暢	昜의 볕이라는 뜻에서 펼 申을 추가하여 볕이 널리 퍼졌다는 뜻으로 화창하다, 막힘이 없다, 펴다, 번성하다는 의미이다. 용례) 流暢(유창)
끓을 탕 湯	昜의 따뜻하다는 뜻에서 물 氵를 추가하여 (물을) 끓이다, 끓인 물, 온천이란 의미이다. 용례) 再湯(재탕)
방탕할 탕 蕩	湯에 풀 艹를 추가하여 탕에 채소 등이 이리저리 마구잡이로 떠다니는 모습을 표현하여 흔들다, 움직이다, 방종하다, 방탕하다는 의미가 되었다. 용례) 放蕩(방탕)

다칠 상
傷

금문	소전	예서

고문을 보면 화살 矢와 볕 昜을 합쳐 화살촉을 따뜻하게 하여 상처를 치료하는 모습을 표현하였다. 다치다, 상하다, 해치다, 상처라는 의미이다. [소전 이후 화살촉으로 사람을 치료한다는 뜻으로 사람 人을 추가하였고 화살 矢가 화살촉만 남은 형태로 변형되었다]

용례) 傷害(상해)

잔 상 觴

뿔 角을 추가하여 뿔잔으로 다친 사람에게 치료하기 전 술을 마시게 하는 모습이므로 잔이란 의미가 되었다. [사람 人이 생략됨]

용례) 玉觴(옥상)

어조사 혜

갑골문	금문	소전

고문을 보면 제단 위에 제물을 올린 모습을 표현하였다. 현재는 어조사나 감탄사로 가차되어 사용된다. [금문 이후 제단 示가 丂로 변형되었다]

어조사 호

갑골문	금문 1	금문 2	소전	예서

고문을 보면 兮와 같은 어원이나 제물을 가득 올린 모습이다. 현재는 兮와 같이 어조사나 감탄사로 사용된다.

부를 호 呼	입 口를 추가하여 제물을 바치고 조상을 부르는 모습을 표현하였다. 부르짖다, 큰소리로 부르다는 의미이다. 용례) 呼價(호가)

평평할 평 平

금문	소전	예서

고문을 보면 兮, 乎와 같은 어원이나 제단 위에 제물을 골고루 올려놓은 모습으로 분화되었다. 고르다, 평평하다는 의미가 되었다. 용례) 平地風波(평지풍파)

부평초 평 萍	물 氵와 풀 艹을 추가하여 물 위에 평평하게 떠서 자라는 부평초를 의미한다.
들 평 坪	흙 土를 추가하여 땅이 평평한 곳이 들이라는 의미이다. 후에 땅의 면적을 재는 단위로 확장되어 사용되어졌다. 용례) 坪數(평수)
평할 평 評	말 言을 추가하여 공평하게 논하다, 평하다라는 의미이다. 용례) 評傳(평전)
저울 칭 秤	벼 禾를 추가하여 곡식을 수평으로 하여 무게를 재는 저울, 저울을 달다는 의미이다. 용례) 天秤(천칭)

저자 시 市

갑골문	금문	소전	예서

고문을 보면 제단 위에 음식과 발의 상형을 통해 제단에 올라가 제물을 올릴 정도로 높게 쌓은 모습을 표현한 것으로 추정된다. 많다, 높다는 의미이나 후에 물건이 쌓여 있는 곳이란 뜻에서 저자, 시장이란 의미로 확장되었다. 용례) 市場(시장)

감나무 시 柿	市의 많다는 뜻에서 나무 木을 추가하여 열매가 많이 열리는 감나무를 표현하였다. 용례) 乾柿(건시)
비 쏟아질 패 沛	市의 많다라는 뜻에서 물 氵를 추가하여 비가 쏟아지는 의미이다. 후에 물이 많이 모인 늪, 습지라는 의미로 확장되었다. 용례) 顚沛(전패)
허파 폐 肺	市의 많다라는 뜻에서 고기 月을 추가하여 사람의 신체 중 가장 큰 장기가 폐라는 의미이다. 용례) 肺癌(폐암)
손윗누이 자 姉	市의 많다라는 뜻에서 여자 女를 추가하여 여자 형제 중 나이가 많은 사람이 윗누이라는 의미이다. (= 姊) 용례) 姉妹(자매)

제사 제 祭	갑골문	금문	소전

고문을 보면 제단 위에 음식을 올리는 모습을 표현하였음을 알 수 있다. 제사, 제사를 지낸다는 의미이다. [금문 이후 고기를 바치는 모습으로 변형되었다]

용례) 祝祭(축제)

가 제 際	언덕 阝를 추가하여 제사를 지내기 위해 높게 제단을 쌓은 모습을 표현하였다. 고대에는 인접한 나라가 경계에서 만나 제단을 쌓고 함께 제사를 지내면서 동맹을 맺었기에 가, 끝, 변두리, 사이, 즈음, 만나다, 닿다는 의미가 되었다. 용례) 國際(국제)
나라이름 채 蔡	풀 艹를 추가하여 제사에 쓰는 풀을 뜻한 것으로 추정되나 후에 성씨와 나라 이름으로 쓰였다.

살필 찰 察

소전	예서

고문을 보면 집 宀과 제사 祭를 합쳐 집에서 조상에게 제사를 지내는 모습을 표현하였다. 밖에서 제사를 지내는 것보다 집 안에서 제사를 지내는 것이 청결하므로 깨끗하다, 자세하다, 살피다라는 의미로 확장되었다. 용례) 査察(사찰)

문지를 찰 擦 察의 깨끗하다는 뜻에서 손 扌를 추가하여 깨끗하게 하기 위해 문지르다, 비비다라는 의미가 되었다. 용례) 摩擦(마찰)

말이잴 병

갑골문	금문	소전

고문을 보면 제단 위에 대바구니를 올린 모습으로 수확한 상태 그대로 올렸다는 뜻으로 성급하다는 의미이다. 후에 성급하게 말하다, 말이 재다는 의미로 확장되었다. [소전 이후 대바구니 모양이 由로 변형되었다]

부를 빙 聘 甹의 성급하다는 뜻에서 귀 耳를 추가하여 급한 일에 대하여 의견을 구하다, 부르다, 찾아가다라는 의미이다. 후에 결혼할 상대의 집에 찾아가다라는 뜻에서 장가가다라는 의미로 확장되었다. 용례) 聘母(빙모)

스승 사

師

갑골문	금문 1	금문 2	소전	예서

고문을 보면 고대 제사에 사용하기 위해 팔다리를 제거한 제물을 표현한 것으로 추정된다. 제사장이 제물을 올리고 제사를 지내므로 제물, 제사장이란 의미가 되었다. 후에 제사장이란 뜻에서 남을 이끄는 사람인 벼슬아치, 스승, 군사라는 의미로 확장되었다. [금문 이후 두를 帀을 추가하여 띠를 두른 제사장, 벼슬아치라는 뜻을 강조하였다]

용례) 師事(사사)

사자 사 獅	師의 군사라는 뜻에서 동물 犭을 추가하여 싸움에 능한 사자(獅子)라는 의미이다.

쫓을 추

追

갑골문	금문	소전	예서

고문을 보면 제물과 발 止를 추가하여 제사장이 제물을 제단에 올리는 모습을 표현하였다. 거슬러 올라가다, 채우다, 이루다는 의미이고 후에 군인들이 줄지어 행군하는 모습으로 해석하여 잇닿다, 쫓다, 따르다라는 의미가 파생되었다. [금문 이후 걸을 彳이 추가되었고 소전 이후 제물의 상형을 오인하여 언덕 阜의 형태로 변형되었다]

용례) 追伸(추신)

망치 추(퇴) 槌	追의 잇닿다는 뜻에서 나무 木을 추가하여 북, 징 등의 타악기에 달려 북 등을 치는 망치 모양의 도구를 표현하였다. 후에 치다, 때리다라는 의미로 확장되었다.
쇠망치 추 鎚	槌에 쇠 金을 추가하여 쇠로 만들어진 쇠망치, 철퇴를 의미한다. [木이 생략됨] 용례) 空氣鎚(공기추)

보낼 견 遣

갑골문 	금문 1 	금문 2 	소전 	예서 

고문을 보면 제물을 제기에 담는 모습을 표현하였다. 제물을 손질한 후 제사 지내는 장소로 보낸다는 뜻이니 보내다, 파견하다라는 의미가 되었다. 후에 다른 장소로 보내다라는 뜻에서 놓아주다, 내쫓는다는 의미로 확장되었다. [금문 이후 갈 辶을 추가하여 보낸다는 의미를 강조하였다]

용례) 派遣(파견)

꾸짖을 견 譴

遣의 내쫓다라는 뜻에서 말 言을 추가하여 내쫓으며 말을 한다는 뜻이니 꾸짖다, 혼내다, 질책하다, 책망하다라는 의미가 되었다.

용례) 譴責(견책)

돌아갈 귀 歸

갑골문 	금문 	소전 	예서 

고문을 보면 제물과 비 帚를 합쳐 제사를 마친 후 제물을 거두는 모습을 표현하였다. 제사를 마쳤으므로 끝내다, 마치다, 돌아가다라는 의미가 되었다. [소전 이후 가다는 뜻을 강조하기 위해 발 止가 추가되었다]

용례) 復歸(복귀)

또 차 且	갑골문	갑골문	금문 1	금문 2	소전

여러 학설이 있으나 고문과 파생어들을 종합하여 보면 우두머리 등이 죽은 후 여러 개의 돌을 겹쳐 크게 세워 놓은 모습인 선돌을 표현한 것으로 추정된다. [금문에서 돌을 쌓는 손이 명확하게 보이고 상형마다 돌의 개수도 제각각이다.] 돌을 쌓은 것이니 또, 또한 이란 의미가 되었고 우두머리가 죽기 전에 적당한 큰 돌 등을 준비하여야 하므로 우선, 장차, 만일이란 의미가 파생되었다. 용례) 苟且(구차)

〈제천 입석리 선돌-3단〉

조사할 사 査	且의 쌓다라는 원뜻에서 나무 木을 추가하여 나무를 겹쳐 쌓아 만드는 뗏목을 의미한다. 후에 뗏목을 만들려면 각각의 나무가 크기와 종류가 같아야 하므로 사실하다(사물을 있는 그대로 그리다), 조사하다라는 의미로 확장되었다. 또한, 몽골어인 사돈(xaдam)을 음역하여 査頓(사돈)이라는 의미로도 쓰이게 되었다. 용례) 調査(조사)
도울 조 助	且의 쌓다라는 원뜻에서 힘 力을 추가하여 돌을 겹쳐 세울 때 함께 힘을 쓴다는 뜻으로 돕다, 거들다, 기리다, 도움, 구조, 원조라는 의미이다. 용례) 援助(원조)
조상 조 祖	且의 쌓다라는 원뜻에서 제단 示를 추가하여 묘지 앞에서 제단을 쌓고 제사를 지내는 모습이니 자신의 조상, 시초, 할아버지라는 의미가 되었다. 용례) 祖上(조상)
조세 조 租	且의 쌓다라는 원뜻에서 벼 禾를 추가하여 벼를 높게 쌓은 모습을 표현하였다. 후에 걷어 들인 쌀이라는 뜻에서 조세라는 의미가 되었다. 용례) 租稅(조세)
짤 조 組	且의 쌓다라는 원뜻에서 실 糸를 추가하여 실을 짜서 쌓는다는 뜻이니 (베를)짜다, 조직하다, 끈, 줄이라는 의미이다. 용례) 組合(조합)
거칠 조 粗	且의 쌓다라는 원뜻에서 쌀 米를 추가하여 타작한 낟알을 그대로 쌓아놓은 모습을 뜻하니 크다, 거칠다는 의미이다. 용례) 粗雜(조잡)

막힐 조 阻	且의 쌓다라는 원뜻에서 언덕 阝를 추가하여 언덕이 쌓여 있다는 뜻이니 험하다, 막힌다는 의미이다. 용례) 隔阻(격조)
막을 저 沮	且의 쌓다라는 원뜻에서 물 氵를 추가하여 물줄기를 넘치지 않게 막는다는 뜻으로 막다, 꺾이다, 그치다라는 의미이다. 용례) 沮止(저지)
저주할 저 詛	且의 쌓다라는 원뜻에서 말 言을 추가하여 말을 반복적으로 한다는 뜻이니 저주하다, 헐뜯다라는 의미이다. 용례) 詛呪(저주)
원숭이/엿볼 저 狙	且의 쌓다라는 원뜻에서 동물을 뜻하는 犭을 추가하여 사람보다 팔이 긴 (긴팔)원숭이를 의미한다. 후에 원숭이의 습성인 엿보다, 노리다, 교활하다는 의미로 확장되었다. 용례) 狙擊(저격)

도마 조

俎

갑골문 1	갑골문 2	금문	소전	예서

현재 모습은 且의 형태이나 고문을 보면 큰 나무판에 음식을 겹겹이 쌓은 모습으로 도마를 의미한다. [금문 이후 받침이 있는 상의 모양으로 표현된 후 소전을 거쳐 현재의 모습으로 변형되었다] 용례) 刀俎(도조)

씹을 저 咀	俎에 입 口를 추가하여 도마 위에 있는 음식을 먹다, 맛보다, 씹다는 의미이다. [음식 모양이 생략됨] 용례) 咀嚼(저작)

갑골문	금문 1	금문 2	소전	예서

고문을 보면 음식을 쌓은 모습 俎과 집 宀을 합쳐 형편이 좋다, 화목하다, 마땅하다, 알맞다는 의미가 되었다.

용례) 便宜(편의)

옳을 의 誼

宜의 마땅하다는 뜻에서 말 言을 추가하여 옳다, 정의, 정(情)이라는 의미가 되었다.

용례) 友誼(우의)

■ 신석기시대의 의식주

1. 衣

석기시대에는 자연에서 얻을 수 있는 짐승의 털, 가죽 등을 이용하여 몸을 보호하였는데 점차 식물에서 식물성 섬유를 뽑아 옷을 만들어 입는 단계에 이르렀다.

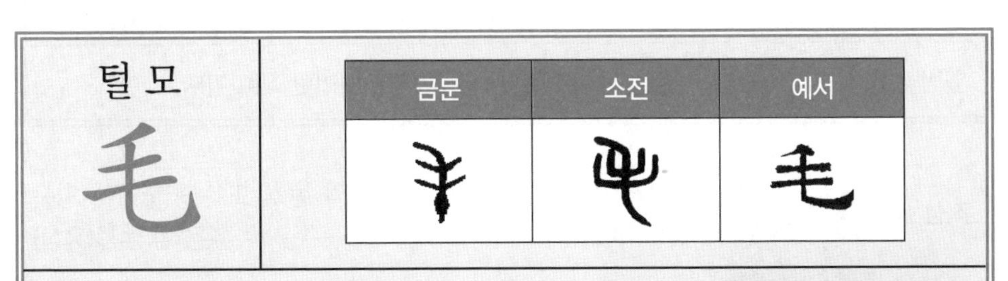

깃털 하나를 표현한 것으로 손 手와 비슷하나 毛는 모근까지 세밀하게 묘사하였다. [소전 이후 모근은 생략되고 깃촉을 길게 늘여 手와 구분하였다.] 털, 가볍다, 가늘다는 의미로 사용된다. 용례) 毛根(모근)

소모할 모 耗	毛의 가볍다는 뜻에서 쟁기 耒를 추가하여 쟁기를 너무 많이 사용하여 닳아 가벼워졌다는 뜻으로 소모하다, 쓰다, 없애다는 의미가 되었다. 용례) 消耗(소모)
가는 털 호 毫	높을 高를 추가하여 길고 가는 털을 뜻하여 가는 털, 터럭, 붓이란 의미이다. 용례) 揮毫(휘호)

걸 표 表

옷 衣를 추가하여 짐승 털로 만든 옷을 표현하였다. 겨울에 짐승 털로 만든 옷을 겉옷으로 입었으므로 겉, 거죽, 바깥이란 의미가 되었고 겉에 입는 가죽옷으로 누구인지 표가 나므로 표, 도표, 표지, 푯말, 표하다, 나타내다는 의미로 확장되었다. 용례) 表具(표구)

소전	예서

터럭 삼 彡

갑골문	금문	소전

일반적인 짐승의 몸에 난 털을 표현하였다. 터럭, 머리털이란 의미이다.

적삼 삼 衫

옷 衤를 추가하여 털이나 실로 만든 옷의 총칭 또는 윗도리에 입는 홑옷 적삼을 의미한다. 용례) 油衫(유삼)

숱 많고 검을 진 㐱

소전	예서	해서

짐승의 몸에 털이 많이 나 있는 모습을 표현하였다. 숱이 많고 검다, 털이 검고 윤기가 있다는 의미이다.

보배 진 珍	㐱의 윤기있다라는 뜻에서 구슬 玉을 추가하여 윤기가 흐르는 구슬이라는 뜻이니 보배, 보물, 진귀하다는 의미이다. 용례) 珍貴(진귀)
진찰할 진 診	㐱의 많다는 뜻에서 말 言을 추가하여 말을 상세하게 한다는 뜻으로 병세를 보고 고하다, 맥보다, 진찰하다라는 의미이다. 용례) 診察(진찰)
홍역 진 疹	㐱의 많다는 뜻에서 병 疒을 추가하여 심하게 앓는 병인 홍역, 천연두라는 의미이다. 용례) 濕疹(습진)

가죽 피 皮

금문	소전 1	소전 2	예서

고문을 보면 짐승의 가죽을 손으로 벗기는 모습을 표현하였다. 가죽, 껍질, 겉이라는 의미이다. [예서 이후 손에 도구를 들고 가죽을 벗기는 모습으로 변형되었다] 용례) 皮膚(피부)

헤칠 피 披	손 扌를 추가하여 가죽을 벗기는 행위를 강조하였다. 헤치다, 펴다, 열다, 쪼개다, 찢다라는 의미이다. 용례) 披瀝(피력)
피곤할 피 疲	병 疒을 추가하여 허물이 벗겨지는 병을 뜻하여 피곤하다, 지치다라는 의미가 되었다. 용례) 疲勞(피로)
저 피 彼	거리 彳을 추가하여 길의 가장자리인 바깥쪽을 표현하였다. 후에 저쪽, 저, 그라는 바깥쪽을 지칭하는 지칭사로 쓰이게 되었다. 용례) 彼此(피차)
덮어쓸 피 被	옷 衤를 추가하여 가죽으로 만든 옷을 표현하여 (옷을) 입다, 덮어쓰다, 당하다, 씌우다, 떠맡다는 의미이다. 용례) 被害(피해)
물결 파 波	물 氵를 추가하여 물의 겉면이 물결이란 의미이다. 용례) 波濤(파도)

할머니 파 婆	波에 계집 女를 추가하여 물결처럼 주름이 많은 여자가 할머니라는 의미이다. 후에 불교용어 사바의 음역으로도 쓰이게 되었다. 용례) 老婆(노파)
깨뜨릴 파 破	돌 石을 추가하여 가죽을 벗기듯 돌을 벗겨 내다는 뜻이니 깨뜨리다, 부수다, 쪼개다는 의미이다. 용례) 破片(파편)
언덕 파 坡	흙 土를 추가하여 땅의 가죽처럼 벗겨 올라온 부분이 언덕이라는 뜻이다. 용례) 坡州(파주)
절름발이 파 跛	다리 足을 추가하여 다리 가죽이 벗겨졌다는 뜻이니 다친 상태를 표현하여 절름발이, 절룩거리다, 비스듬히 서다(피)라는 의미이다. 용례) 跛行(파행)
자못 파 頗	머리 頁을 추가하여 머리 가죽을 벗기듯 얼굴이 일그러진 모습을 표현하였다. 비뚤어지다, 치우치다, 편파적이다는 의미이고 후에 자못, 꽤, 몹시, 매우라는 어조사로 확장되었다. 용례) 偏頗(편파)

가죽 혁 革

갑골문	금문 1	금문 2	소전

고문을 보면 짐승의 가죽을 벌려놓은 모습을 표현하였다. 皮는 가죽의 형태를 온전히 유지하고 벗기는 반면 革은 고기를 우선으로 하고 가죽은 부수적으로 벗긴다는 의미이다. 물건을 만드는 데 사용하는 가죽이라는 의미이고 후에 새로운 물건으로 바뀐다는 뜻으로 다시금, 고치다, 새롭게 하다는 의미로 확장되었다.

용례) 革新(혁신)

으뜸 패 䩗	기간을 뜻하는 달 月을 추가하여 오랜 기간 무두질한 가죽을 표현하였다. 뛰어나다, 으뜸이라는 의미이다.
두목 패 霸	䩗에 비 雨를 추가하여 비를 막을 수 있는 가죽을 표현하였다. 뛰어나다. 으뜸, 우두머리라는 의미로 쓰이게 되었다. [현재는 덮을 襾가 쓰인 覇가 속자로 사용된다] 용례) 覇權(패권), 連覇(연패)

마를 근

堇

갑골문	금문	소전	예서

고문을 보면 불로 가죽을 그을리는 모습을 표현하였다. 짐승의 가죽은 그대로 보관할 경우 부패하기 때문에 무두질(유성작업)이 필요하였는데 초기에는 불의 연기로 가죽을 그을리는 연기 유성법을 사용하였다. 가죽을 불로 조금 그을리게 하는 것이므로 마르다, 조금, 약간이란 의미가 되었다. 후에 천연으로 산출되는 백반이 강한 수렴성으로 인하여 유성효과를 준다는 사실을 알게 되어 백반 유성법으로 기술이 발전하였는데 이를 사용할 때 진흙을 바르는 모양이므로 진흙, (흙을)바르다라는 의미로도 확장되었다. [소전 이후 불 火가 흙 土로 변형되었다]

부지런할 근 勤	힘 力을 추가하여 가죽을 부드럽게 무두질한다는 뜻을 강조하였다. 무두질이란 것이 힘이 드는 일이므로 부지런하다, 힘쓰다, 괴롭다는 의미가 되었다. 용례) 勤勉(근면)
아름다운옥 근 瑾	구슬 玉을 추가하여 무두질한 것처럼 잘 세공된 옥을 의미한다.
겨우 근 僅	堇의 조금이란 뜻에서 사람 人을 추가하여 사람이 겨우, 근근이 살아간다는 의미가 되었다. 용례) 僅少(근소)
삼갈 근 謹	堇의 조금이란 뜻에서 말 言을 추가하여 (말과 행동을) 삼가다, 금하다 는 의미이다. 용례) 謹嚴(근엄)
무궁화 근 槿	堇의 조금이란 뜻에서 나무 木을 추가하여 꽃이 피었다가 빨리 지는 무궁화를 의미하게 되었다. [무궁화의 꽃잎은 이른 새벽에 피어나서 오후에 떨어져 버리고 다음날 다른 꽃들이 피어난다.] 용례) 槿花(근화)
뵐 근 覲	堇의 조금이란 뜻에서 볼 見을 추가하여 잠깐 본다는 의미가 되었다. 용례) 覲見(근현)
주릴 근 饉	堇의 조금이란 뜻에서 음식 食을 추가하여 음식이 조금밖에 없으니 주리다, 흉년이라는 의미이다. 용례) 饑饉(기근)

어려울 난 難

금문	소전	예서 1	예서 2
𩁹	𩁹	難	難

진흙 堇과 새 隹를 합쳐 진흙탕에 빠진 작은 새를 표현하였다. 진흙에서 빠져나오기 힘드니 어렵다, 꺼리다, 싫어하다, 괴롭히다라는 의미가 되었다.

용례) 困難(곤란)

푸닥거리 나 儺

사람 人을 추가하여 새가 진흙탕에서 빠져나오기 위해 발버둥 치는 모습을 사람에 비유하여 몸을 마구잡이로 흔드는 푸닥거리라는 의미이다. 후에 무당이 하는 몸짓을 보고 푸닥거리라고 칭하게 되었다. 용례) 儺禮(나례)

여울 탄 灘

難의 어렵다라는 뜻에서 물 氵를 추가하여 물살이 세게 흘러 빠져나오기 어려운 여울을 의미한다. 용례) 漢灘江(한탄강)

탄식할 탄 歎

難의 어렵다라는 뜻에서 입을 벌린 모습 欠을 합쳐 힘들어서 나오는 한숨, 탄식을 의미한다. [隹가 생략됨] 용례) 恨歎(한탄)

구할 구 求

갑골문	금문	소전	예서
求	求	求	求

고문을 보면 짐승의 몸통 가죽만 잘 벗겨낸 모습을 표현한 것으로 추정된다. 가죽, 갖옷(짐승의 털가죽으로 안을 댄 옷)이란 의미이고 후에 가죽옷은 누구나 원하는 것이므로 탐하다, 구하다, 취하다는 의미로 확장되었다. 용례) 求職(구직)

갖옷 구 裘

求가 구하다라는 의미로 주로 쓰이자 옷 衣를 추가하여 갖옷이라는 의미를 강조하였다. 용례) 裘葛(구갈)

구원할 구 救	求의 갖옷이라는 뜻에서 칠 攵을 추가하여 갖옷이 몸을 보호하다, 막다, 구원하다는 의미이다. 용례) 救出(구출)
공 구 球	求의 가죽이라는 뜻에서 옥 玉을 추가하여 옥처럼 가죽을 둥글게 만든 것이 공이라는 의미이다. 용례) 地球(지구)

두를 잡 帀

갑골문	금문	소전

고문을 보면 짐승의 가죽 중 두 발과 꼬리 부분만을 표현한 것으로 추정된다. 보통 허리에 둘러 밑을 가렸으므로 두르다, 두루, 널리라는 의미가 되었다. (= 匝)

띠 대 帶

고대 지위가 높은 사람이 허리에 두른 여러 가지 장식과 천을 매단 띠를 표현하였다. 띠, 두르다, 꾸미다는 의미이다. 용례) 連帶(연대)

〈도깨비무늬전돌에 보이는 허리띠 장착 모습〉

막힐 체 滯	帶가 옷이 펴지는 것을 막는다는 뜻을 내포하고 있으므로 물 氵를 추가하여 (물을) 막다, 막히다는 의미이다. 용례) 停滯(정체)

슬갑 불 巿

무릎을 보호하기 위해 바지에 껴입는 무릎까지 닿는 가죽옷(슬갑)을 의미한다. [저자 市의 속자로도 사용된다] 용례) 徐巿(서불)

금문	소전

흩을 산 散					
	갑골문	금문 1	금문 2	소전	예서

고문을 보면 나무 등에서 껍질을 벗기는 모습을 표현한 것으로 추정된다. 흩뜨리다, 헤어지다라는 의미이다. [소전 이후 고기 月이 추가되어 나무 등의 껍질을 벗긴다는 뜻을 강조하였다]

용례) 散亂(산란)

뿌릴 살 撒 손 扌를 추가하여 껍질을 벗기는 행위를 강조하였다. 흩뜨리다, 떨어지다, 놓다, 뿌리다는 의미이다. 용례) 撒布(살포)

삼 마 麻		
	금문	소전

고문을 보면 나무껍질을 벗겨 그늘진 곳에 널어서 말리는 모습을 표현하였다. 일반적으로 삼베의 재료인 삼(대마)의 줄기를 벗겨 말린다는 뜻으로 삼이란 의미이고 후에 대마의 잎과 꽃에서 대마초를 얻게 되므로 마비되다, 마비시키다라는 의미로 확장되었다. [소전 이후 厂이 广으로 변형되었다]

용례) 麻中之蓬(마중지봉)

문지를 마 摩 손 手를 추가하여 속껍질을 벗기기 위해 삼의 줄기를 문지르는 모습을 표현하였다. 문지르다, 비비다, 스치다라는 뜻이다. 용례) 摩天樓(마천루)

갈 마 磨 摩에 돌 石을 추가하여 삼을 돌에 문지른다는 뜻을 강조하였다. [手가 생략됨] 용례) 切磋琢磨(절차탁마)

저릴 마 痲 麻의 마비되다라는 뜻에서 병 疒을 추가하여 대마초를 피워 마비증세가 오는 것을 표현하였다. 저리다, 마비되다, 홍역이라는 뜻이다. 용례) 痲痺(마비)

마귀 마 魔	麻의 마비되다라는 뜻에서 귀신 鬼를 추가하여 대마초를 피우면 사람이 이상해지므로 마귀, 악마, 마술이라는 의미로 쓰이게 되었다. 용례) 魔鬼(마귀)
쓰러질 미 靡	麻의 마비되다라는 뜻에서 벌린 모습 非를 추가하여 마비되어 팔을 활짝 벌리고 쓰러진 모습에서 쓰러지다, 멸하다, 다하다라는 의미가 되었고 후에 이를 금지하다, 말다라는 의미로도 확장되었다. 용례) 靡費(미비)
기 휘 麾	고문을 보면 靡에 손 手를 추가하여 전쟁 시 대장기를 휘었다 들었다 하는 모습을 표현하였다. 대장기(麾旗), 가리키다, 부르다라는 의미이다. [예서 이후 手가 오인되어 毛로 변형되었다] 용례) 麾下(휘하)

소전	예서

바탕 소 素

금문	소전	예서

고문을 보면 드리울 垂와 실 糸, 양손을 합쳐 식물의 늘어진 줄기에서 섬유질을 뽑아내는 모습을 표현한 것으로 추정된다. 원시적인 초기 형태의 실을 의미하므로 바탕, 성질, 처음, 희다는 의미가 되었다. 용례) 素材(소재)

〈장신구〉

구슬 옥

玉

갑골문	금문	소전 1	소전 2	예서

고문을 보면 끈에 연결한 옥구슬을 표현하였음을 알 수 있다. 옥, 구슬, 아름답다는 의미이다. [소전 이후 王과 구분하기 위해 현재의 모습으로 변형되었다] (다른 글자와 함께 사용될 경우에는 여전히 王로 쓴다)

용례) 玉篇(옥편)

보배 옥 鈺	금 金을 추가하여 귀한 금과 옥이 보물, 보배라는 의미이다.
뒤통수 옥/ 삼갈 욱 頊	머리 頁을 추가하여 사람에서 머리가 제일 중요하듯 구슬을 소중하게 여기다는 뜻으로 삼가다는 의미이다.

벗 붕

朋

갑골문	금문	소전	예서

고문을 보면 구슬을 꿰맨 장식을 여러 개 혁대에 매단 모습을 표현하였음을 알 수 있다. [중국 은나라 때 손수건이나 장식품을 한 쌍으로 하여 혁대에 매고 다니는 것이 풍습이었는데 이를 패라고 하였다.] 보통 두 개를 쌍으로 하여 매달았으므로 짝, 패, 무리라는 의미가 되었고 후에 같이 어울려 다니는 친구, 벗이란 의미로 확장되었다.

용례) 朋友(붕우)

사다리 붕 棚	朋의 늘어지다라는 원뜻에서 나무 木을 추가하여 나무를 차례차례 늘어뜨려 만든 것이 사다리, 시렁이라는 의미이다. 용례) 大陸棚(대륙붕)
붕새 붕 鵬	朋의 늘어지다라는 원뜻에서 새 鳥를 추가하여 몸집이 크고 하루에 구만리를 날아간다는 상상의 새인 붕새를 의미한다. [붕새는 꼬리가 공작을 닮았다고 하여 꼬리가 여러 장식을 매단 모양이라고 여겨 朋을 추가하였다] 용례) 鵬程萬里(붕정만리)
붕사 붕 硼	朋의 늘어지다라는 원뜻에서 돌 石을 추가하여 녹으면 늘어지는 성질을 갖는 붕사를 의미한다. 붕사는 티베트 사막 등에서 발견되어 후에 도자기 유약 원료, 의약품 등에 사용되었다. 용례) 硼砂(붕사)
무너질 붕 崩	朋의 늘어지다라는 원뜻에서 산 山을 추가하여 산사태 등으로 산의 흙이 무너져 내린 모습이므로 무너지다, 훼손되다라는 의미이다. 후에 (천자가)죽다라는 의미로 확장되었다. 용례) 崩御(붕어)
묶을 붕 繃	崩에 실 糸를 추가하여 훼손된 것을 실로 묶는다는 뜻으로 묶다, 감다는 의미이다. 용례) 繃帶(붕대)

2. 食

신석기시대에는 주로 자연에서 쉽게 얻을 수 있는 나무 열매 등과 원시적인 사냥도구로 강가와 숲에서 사냥을 통해 먹을거리를 마련하였다.

〈채집〉

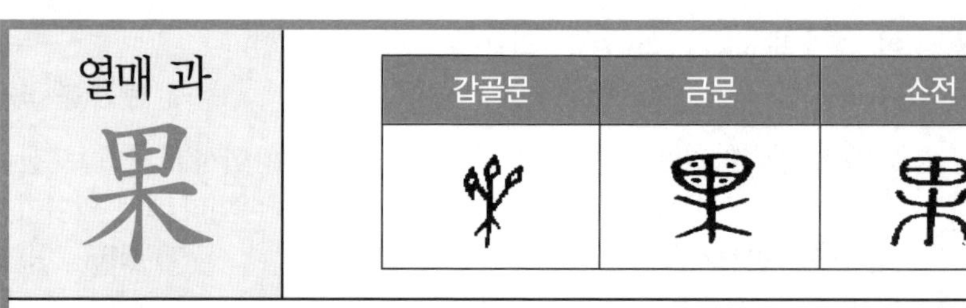

나무에 열매가 줄줄이 잘 열린 모습을 표현하였다. 과실, 열매, 결과, 끝내, 마침내, 이루다는 의미이다. [나뭇가지에 과일이 여러 개 열린 모양이 금문 이후 밭 田의 형태로 변형되었다] 용례) 結果(결과)

과자/실과 과 菓	풀 艹를 추가하여 나무에서 열리는 먹을 수 있는 과실과 새싹 등을 일컫게 되었다. 과일, 실과, 과자라는 의미이다. 용례) 菓子(과자)
매길 과 課	말 言을 추가하여 과일이 열린 양을 말한다는 뜻으로 고대에는 수확량에 따라 세금을 매겼으므로 매기다, 부과하다, 조세, 세금이라는 의미이고 후에 세금을 내기 위해 정해진 일정 양이란 뜻으로 과정, 과목이란 의미로 확장되었다. 또한 관공서에서 각자 할당된 일을 하는 부서라는 의미로도 쓰인다. 용례) 課題(과제)
낟알 과 顆	머리 頁을 추가하여 머리처럼 동글동글한 과일을 표현하였다. 후에 벼의 열매인 낟알이란 의미로도 확장되었고 작고 둥근 물건이란 의미로 쓰이게 되었다. 용례) 橘顆(귤과)
벗을 나(라) 裸	옷 衤를 추가하여 열매의 껍질을 표현하였다. 후에 껍질을 벗기다, 벗다, 나체라는 의미가 되었다. 용례) 裸體(나체)

새집 소 巢

고문을 보면 나무 위에 바구니 모양의 새집이 있는 모습이다. 새집, 깃들이다, 모이다라는 의미이다. [예서 이후 나무의 새집(果)에 새들(巛)이 있는 모습으로 변형되었다] 용례) 巢窟(소굴)

금문	소전	예서

캘/풍채 채

갑골문	금문	소전

나무의 새싹이나 열매를 따는 모습을 표현하였다. 캐다, 채취하다, 채집하다는 의미이고 후에 먹을 수 있는 잘 익은 열매를 따야 하므로 고르다, 분간하다, 무늬, 풍채라는 의미로 확장되었다. 또한 자기 소유의 나무에서 열매를 따다는 뜻으로 식읍, 벼슬이라는 의미가 파생되었다. 용례) 風采(풍채)

캘 채 採	采가 풍채라는 뜻으로 주로 쓰이자 손 扌를 추가하여 캐다는 의미를 강조하였다. 용례) 採集(채집)
나물 채 菜	풀 艹를 추가하여 나무 새싹뿐 아니라 먹을 수 있는 풀을 캔다는 의미이다. 용례) 菜蔬(채소)
무늬 채 彩	采의 무늬라는 뜻을 명확하게 하고자 터럭 彡을 추가하여 무늬, 채색, 고운빛깔, 윤기라는 의미가 되었다. 용례) 色彩(색채)
영지 채 埰	采의 식읍이란 뜻을 명확하게 하고자 흙 土를 추가하여 임금으로부터 받은 영지, 사전이라는 의미이다.

밤나무 률(율)

栗

갑골문	금문	소전	예서	해서

나무에 열린 밤송이를 표현하였다. [해서 이후 밤을 덮고 있는 밤송이라는 뜻에서 나무 木과 덮을 覀의 형태로 변형되었다]

용례) 生栗(생률)

떨릴 률(율) 慄

밤은 밤송이가 있어 다칠 위험도 있으니 마음 忄을 추가하여 떨다, 두려워하다는 의미가 되었다.

용례) 戰慄(전율)

아무 모/ 매화 매

某

갑골문	금문	소전	예서

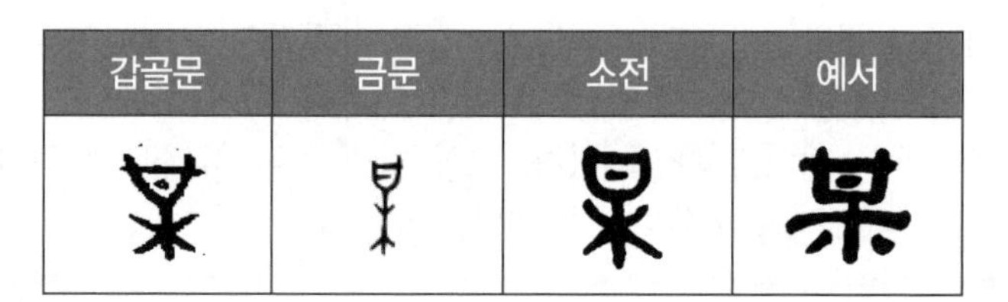

고문을 보면 나무 木과 달 甘을 합쳐 매실이 열리는 매화나무(매)를 표현하였다. 후에 매실의 위치를 지칭하여 아무, 어느, 어느 곳(모)이라는 의미로 가차되어 쓰이게 되었다.

용례) 某處(모처)

꾀 모 謀

某의 아무, 어느라는 뜻에서 말 言을 추가하여 서로 말을 주고받는다는 의미이므로 꾀하다, 도모하다, 꾀, 계책이라는 의미이다.

용례) 謀士(모사)

중매 매 媒

某의 아무, 어느라는 뜻에서 계집 女를 추가하여 어느 곳에 사는 여자를 소개한다는 뜻으로 중매하다, 매개하다라는 의미가 되었다.

용례) 媒婆(매파)

그을음 매 煤	某의 매화라는 뜻에서 불 火를 추가하여 매실을 따서 짚 연기 등에 그을려 훈증하여 말린 검은색을 띠는 오매(烏梅)를 만드는 과정을 표현하였다. 오매는 고대부터 약재로 사용됐다. 용례) 煤煙(매연)

오얏나무
리(이)

금문	소전

나무 木과 아이 子를 합쳐 갓난아이 엉덩이 모양의 오얏(자두)이 열리는 오얏나무를 의미한다. 용례) 瓜田李下(과전이하)

살구 행

갑골문	금문	소전

고문을 보면 나무 아래에 열매가 떨어져 있는 모습으로 잘 익어 쉽게 떨어지는 살구나무를 의미한다. 용례) 銀杏(은행)

어찌 내(나) 내

갑골문	소전	예서

고문을 보면 제단 示와 나무 木을 합쳐 제단에 올리는 귀한 능금, 능금나무를 표현하였다. 후에 어찌라는 의문사로 가차되어 쓰이게 되었다. [예서 이후 나무 木이 큰 大로 변형되었다] (= 柰) 용례) 奈落(나락)

누를 날 捺

손 扌를 추가하여 제단에 깨끗한 과일을 올려놓는 행위를 강조하였다. (과일을) 문지르다, 올려놓다, 누르다는 의미가 되었다.

용례) 捺印(날인)

뽕나무 상 桑

고문을 보면 나무 木과 손 又가 여러 개 합쳐 있는데 이는 손 모양으로 잎이 열리는 뽕나무를 표현한 것이다. 뽕나무, 뽕잎을 따다는 의미가 되었다.

용례) 桑田碧海(상전벽해)

뽕나무 잎

잃을 상 喪

고문을 보면 뽕나무 주위로 입 口를 여러 개 그렸는데 고대 사람이 죽으면 뽕나무로 만든 위패를 사용하였으므로 사람이 죽어 울며 곡을 하는 모습을 표현한 것이다. 죽다, 상복을 입다, 잃다, 망하다라는 의미이다. [금문 이후 망하다라는 뜻을 강조하기 위해 亡이 추가되었고 소전 이후 현재의 모습으로 변형되었다]

용례) 喪失(상실)

갑골문	금문	소전	예서

흰 백 白	갑골문	금문	소전	예서

위로 뾰족하고 위아래 구분이 있는 상수리(밤, 도토리) 모습을 표현하였다. 원시인들에겐 저장성이 있고 나무에서 쉽게 구할 수 있는 밤이 초기 주요 식량으로 사용되었기 때문에 음식이란 의미가 되었다. 그 후 밤을 까면 그 속이 희기 때문에 희다, 깨끗하다, 밝다, 뛰어나다는 의미로 확장되었다. (다른 글자와 함께 사용될 때에는 日로 쓰이기도 한다.)

용례) 明白(명백)

측백 백 柏	白의 희다라는 뜻에서 나무 木을 추가하여 나무껍질이 회갈색인 측백나무를 의미한다. 후에 밤과 같이 저장성이 있는 잣이 열리는 잣나무라는 의미로 확장되었다. 용례) 松柏(송백)
맏 백 伯	白의 뛰어나다는 뜻에서 사람 人을 추가하여 뛰어난 사람이니 맏이, 큰아버지, 남편, 뛰어나다란 의미이다. 용례) 畵伯(화백)
넋 백 魄	귀신 鬼를 추가하여 사람이 죽어 밤이 땅에 떨어지듯 땅으로 내려간 것이 넋이라는 의미이다. [고대에는 사람이 죽으면 魂은 하늘로 올라가고 魄은 땅으로 내려간다고 생각하였다] 용례) 魂魄(혼백)
비단 백 帛	白의 희다는 뜻에서 피륙을 뜻하는 巾을 추가하여 하얗고 깨끗한 견직물, 명주, 비단이라는 의미이다. 용례) 帛書(백서)
솜/이어질 면 綿	帛의 견직물이라는 뜻에서 실 糸를 추가하여 실이 끊이지 않고 계속 이어져 짜진 견직물을 뜻하고 후에 무명이 생기면서 무명을 의미하게 되었다. 용례) 綿密(면밀)
목화 면 棉	帛의 견직물이라는 뜻에서 나무 木을 추가하여 견직물을 만드는 목화를 의미한다. 용례) 棉花(면화)
지게미 박 粕	白의 희다라는 뜻에서 쌀 米를 추가하여 쌀로 술을 만들고 남은 흰 찌꺼기인 지게미를 의미한다. 용례) 糟粕(조박)
큰배 박 舶	白의 뛰어나다라는 뜻에서 배 舟를 추가하여 큰 배를 의미한다. 용례) 船舶(선박)

머무를 박 泊	白의 음식이라는 뜻에서 물 氵를 음식을 준비하는 모습이니 머무르다, 묵다, 여관이라는 의미가 되었다. 용례) 宿泊(숙박)
발 박 箔	泊에 대나무 竹을 추가하여 대나무를 엮어 만든 음식을 거르는 채를 표현하였다. 후에 발(대나무나 갈대 등으로 엮어 만든 햇볕 가리개)이란 의미로 확장되었다. 용례) 金箔(금박)
칠 박 拍	白의 상수리라는 원뜻에서 손 扌를 추가하여 밤을 까기 위해 손으로 두드리는 모습을 표현하였다. 두드리다, 어루만지다라는 의미이고 후에 두드리며 연주하다라는 뜻에서 박자, 손뼉을 치다는 의미로 확장되었다. 용례) 拍子(박자)
핍박할 박 迫	白의 상수리라는 원뜻에서 쉬엄쉬엄 갈 辶을 추가하여 밤의 생김새가 위로 갈수록 좁아지는 모습을 표현하였다. 좁다, 몰리다, 줄어들다, 가까이하다, 닥치다라는 의미이다. 용례) 逼迫(핍박)
호박 박(백) 珀	白의 상수리라는 원뜻에서 나무의 진 따위가 굳어 만들어진 보석인 호박을 의미한다. 호박의 모양이 대부분 밤의 형태처럼 둥근 타원형이므로 구슬 玉과 밤 白을 합쳐 생성되었다. 용례) 琥珀(호박)
푸를 벽 碧	珀에 돌 石을 추가하여 호박 모양의 옥돌을 의미한다. 후에 옥돌이 푸른 빛을 띠므로 푸르다, 푸른 빛, 푸른 옥이란 의미로 확장되었다. 용례) 桑田碧海(상전벽해)

다 개

皆

갑골문	금문	소전

고문을 보면 큰 그릇에 담긴 음식을 여러 마리의 가축이 함께 먹는 모습을 표현하였다. 다 함께 식사한다는 뜻으로 다, 모두, 함께라는 의미이다. [금문 이후 가축이 사람으로 변화되었고 소전 이후 그릇 모양이 음식 白으로 변형되었다]

용례) 皆勤(개근)

섬돌 계 階	皆의 함께라는 뜻에서 계단을 뜻하는 阝를 추가하여 많은 사람들이 올라가고 내려가도록 만든 것이 섬돌, 계단이라는 의미이다. 용례) 階級(계급)
함께 해 偕	皆의 함께라는 뜻에서 사람 人을 추가하여 함께라는 의미를 강조하였다. 용례) 偕老(해로)
본보기 해 楷	皆의 모두라는 뜻에서 나무 木을 추가하여 모두에게 통용되도록 나무로 만든 물건을 뜻하여 본보기, 모범, 바르다, 본받다는 의미이다. 용례) 楷書(해서)
화할 해 諧	皆의 모두라는 뜻에서 말 言을 추가하여 모두 어울려 말을 한다는 뜻이니 화합하다, 화하다, 어울리다라는 의미이다. 용례) 諧謔(해학)

차 차(다)

茶

예서 1	예서 2	해서

고문을 보면 차나무의 잎을 손으로 따는 모습을 표현하였다. 중국에서 차를 언제부터 마셨는지는 정확하게 알려지지 않았으나 현재 중국 운남성 천가채에 수령 2700년된 야생 차나무가 가장 오래된 차나무로 공인되어 있다.

용례) 茶飯事(다반사)

부추 구

소전	예서

부추의 많은 비늘줄기를 표현하였다. 부추가 가늘고 연하기에 가늘다, 연하다, 부드럽다는 의미가 생겼다. (= 韮)

오이 과

금문	소전

넝쿨 사이로 외롭게 열리는 열매 오이를 표현하였다. 원래 (참)외를 일컫는 말이었으나 (물)외가 나중에 들어와 오이라는 의미로 쓰이게 되었다. 용례) 木瓜(모과)

외로울 고 孤	아들 子를 추가하여 외처럼 혼자인 아이를 뜻한다. 외롭다, 떨어지다, 단독, 홀로라는 의미이다. 용례) 孤兒(고아)
울 고 呱	孤에 입 口를 추가하여 혼자 떨어진 아이가 운다는 의미이다. [子가 생략됨] 용례) 呱呱(고고)
활 호 弧	활 弓을 추가하여 오이처럼 활이 구부러졌다는 뜻을 강조하였다. 활, 활모양의 기구, 굽다는 의미이다. 용례) 括弧(괄호)
여우 호 狐	짐승을 뜻하는 犭을 추가하여 홀로 다니는 짐승이 여우라는 의미이다. 용례) 九尾狐(구미호)

대나무 죽

竹

갑골문	금문	소전	예서

두 갈래로 갈라진 대나무 가지 끝의 댓잎을 표현하였다. 용례) 爆竹(폭죽)

두터울 독/ 나라이름 축 竺	대나무가 많이 쌓여있는 모습을 표현하여 두텁다, 도탑다는 의미이고 후에 인도를 음역하여 天竺(천축)이라고 칭하게 되었다.
도타울 독 篤	竺에 말 馬를 추가하여 수레를 끌 말이 많다는 뜻으로 도탑다, 견실하다는 의미가 되었다. [二가 생략됨] 용례) 篤實(독실)

셈/산가지 산 算

소전	예서	해서

고문을 보면 대나무 竹, 눈 目, 양손 廾을 합쳐 손으로 대나무 조각을 움직여 눈으로 그 숫자를 세는 모습을 표현하였다. 고대 계산에 사용한 산가지를 의미하고 후에 산가지를 가지고 셈을 하다는 의미로 확장되었다. 용례) 算數(산수)

모을 찬 纂 算의 산가지라는 뜻에서 실 糸를 추가하여 산가지를 묶어 보관하는 모습이므로 모으다라는 의미가 되었다. 용례) 編纂(편찬)

빼앗을 찬 簒 纂에 사사로울 厶를 추가하여 모아놓은 것을 개인적으로 빼다는 뜻으로 빼앗다, 강탈하다는 의미이다. (= 속자 簒) 용례) 簒奪(찬탈)

벌레 충(훼) 虫

갑골문	금문 1	금문 2	소전	예서

고문을 보면 뱀의 모습을 표현하였다. 고대에는 크기가 작은 동물을 모두 벌레라고 총칭하였고 벌레의 대표로 뱀을 표현하였던 것이므로 벌레, 많다는 의미이다. 현재는 단독으로 쓰이지 않고 蟲으로 쓴다. 용례) 害蟲(해충)

녹을 융 融 虫의 많다는 뜻에서 솥 鬲을 추가하여 솥에서 오래 음식을 익히는 모습이니 녹이다, 융합하다라는 의미이다. 용례) 金融(금융)

어리석을 치 蚩

금문	소전	예서

고문을 보면 뱀 虫과 발 止를 합쳐 뱀이 기어서 움직이는 모습을 표현하였다. 뱀이 발 없이 기어가므로 어리석다, 업신여기다, 못생기다, 추하다는 의미가 되었다.

용례) 蚩尤(치우)

비웃을 치 嗤 蚩의 업신여기다는 뜻에서 입 口를 추가하여 비웃다, 어리석다, 추하다는 의미이다.

용례) 嗤點(치점)

벼룩 조 蚤

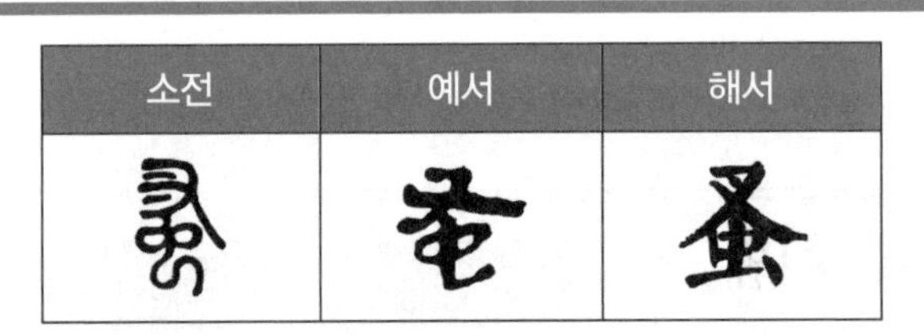

손톱 叉와 벌레 虫을 합쳐 손톱으로 잡아야 하는 벌레를 표현하였다. 벼룩, 손톱이라는 의미이다.

용례) 鼠蚤科(서조과)

피부병 소 瘙 병 疒을 추가하여 벼룩이 몸에 옮겨 가려움이 생기는 피부병, 종기, 부스럼, 가렵다는 의미이다.

용례) 皮膚瘙痒症(피부소양증)

긁을 소 搔 瘙에 손 扌를 추가하여 가려워 손톱으로 긁다는 의미이다. [疒이 생략됨]

용례) 搔痒(소양)

떠들 소 騷 말 馬를 추가하여 말이 벼룩으로 인하여 괴로워 떠들다, 떠들썩하다, 근심하다는 의미이다.

용례) 騷動(소동)

뱀 사/다를 타

갑골문	금문	소전	예서

고문을 보면 뱀의 머리가 발 모양으로 넓게 퍼져 다른 뱀과 구별되는 코브라를 표현한 것으로 추정된다. 뱀이라는 원 의미 이외에 다르다(타)는 의미가 파생되었다. [예서 이후 큰 머리 부분을 동굴 穴의 상형으로 오인하여 현재의 모습으로 변형되었다]

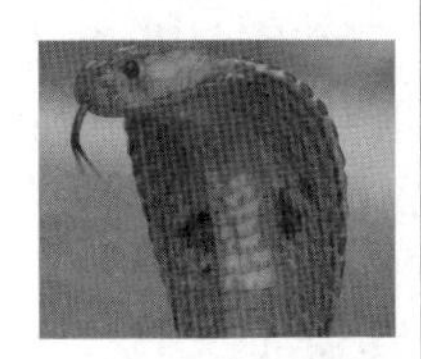

뱀 사 蛇	它이 다르다는 뜻으로 주로 쓰이자 벌레 虫을 추가하여 뱀이란 의미를 강조하였다. 용례) 毒蛇(독사)
낙타 타 駝	它의 다르다는 뜻에서 말 馬를 추가하여 말과 비슷하나 다른 동물인 낙타, 곱사등이를 의미한다. 용례) 駱駝(낙타)
키 타 舵	배 舟를 추가하여 배의 방향을 조정하는 장치인 키를 의미한다. 코브라처럼 머리가 큰 모양이다. 용례) 操舵手(조타수) 〈배의 키〉

잇달을 야

금문	소전	예서

고문을 보면 코브라가 입을 크게 벌린 모습을 표현하였다. 다르다는 원 의미 이외에 뱀이 길게 꿈틀대며 움직이므로 잇기(한곳에 대어 있거나 한 곳에 닿아서 붙는 일), 잇달다, 또한, 역시라는 의미로 확장되었다. 현재는 끝맺음을 의미하는 어조사로 가차되어 쓰인다.

뱀 사/ 구불구불 갈 이 虵	也가 주로 어조사로 쓰이자 뱀이란 뜻을 명확하게 하기 위해 벌레 虫을 추가하였다. 뱀, 구불구불 가다, 느긋하다는 의미이다.
다를 타 他	也의 다르다는 뜻에서 사람 人을 추가하여 일반사람과 다른 사람이라는 뜻으로 다르다, 간사하다(마음이 바르지 않다), 겹치다, 남, 타인, 두 마음이란 의미가 되었다. 용례) 他人(타인)
늦출 이 弛	也의 다르다는 뜻에서 활 弓을 추가하여 메어 있던 활시위를 벗겨 죽 늘어진 모습을 표현하였다. 느슨히 하다, 풀리다, 늦추다라는 의미이다. 용례) 解弛(해이)
땅 지 地	也의 다르다라는 뜻에서 흙 土를 추가하여 곡식을 키울 수 있는 영양분 있는 땅을 의미한다. 용례) 土地(토지)
못 지 池	也의 다르다라는 뜻에서 물 氵를 추가하여 물이 흐르지 않고 멈춰 있는 것이 못이라는 의미이다. 용례) 貯水池(저수지)
달릴 치 馳	也의 다르다라는 뜻에서 말 馬를 추가하여 평소보다 빨리 달리다, 질주하다, 쫓다, 빨리 몰다라는 의미이다. 용례) 背馳(배치)

베풀 시 施

고문을 보면 죽은 적의 시체를 깃대에 매달아 놓은 모습을 표현하였다. 효시하다, 드러내다라는 의미이고 후에 뽐내다, 실시하다라는 의미로 확장되었다. [소전 이후 나부낄 㫃과 늘어질 也로 변형되어 뜻을 강조하였다]

용례) 實施(실시)

갑골문	소전	예서

몸 기 己

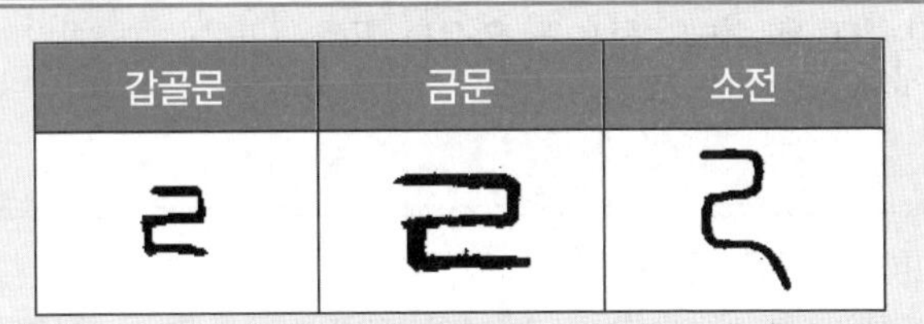

갑골문	금문	소전

뱀이 위협적으로 몸을 일으킨 모습을 표현하였다. 자기 스스로 몸을 일으켰으므로 자기, 몸이란 의미가 되었다. 후에 여섯째천간으로 쓰이게 되었다.

용례) 自己(자기)

꺼릴 기 忌

마음 心을 추가하여 위협적인 모습의 뱀에 대하여 느끼는 마음이니 꺼리다, 경계하다라는 의미이고 후에 사람을 꺼린다는 뜻에서 미워하다, 증오하다, 시기하다라는 의미로 확장되었다.

용례) 忌避(기피)

기록할 기 記

말 言을 추가하여 말을 지나치지 않고 상기시킨다는 뜻이니 기록하다, 적다, 쓰다, 기억하다, 외우다라는 의미가 되었다.

용례) 記錄(기록)

벼리 기 紀

실 糸를 추가하여 실을 크게 돋아나게 한다는 뜻으로 그물의 벼리(그물코를 꿴 굵은 줄, 일이나 글의 뼈대가 되는 줄거리)를 의미한다. 후에 밑바탕, 실마리, 단서라는 의미로 확장되었다.

용례) 紀綱(기강)

일어날 기 起

달릴 走를 추가하여 몸을 세워 달리는 모습이니 몸을 일으키다, 일어나다라는 의미이고 후에 일에 비유하여 (일이)일어나다, 발생하다, 시작하다라는 의미로 확장되었다.

용례) 提起(제기)

구기자 기 杞	나무 木을 추가하여 몸에 좋은 열매가 열리는 구기자를 의미한다. 후에 나라 이름으로 쓰였다. 용례) 杞憂(기우)

이미 이

已

소전	예서	해서

뱀이 허물을 벗고 나간 모습을 표현한 것으로 추정된다. 빈 허물은 이미 뱀이 나간 상태를 뜻하므로 이미, 벌써, 매우, 대단히, 끝나다, 버리다는 의미가 되었다.

용례) 已往(이왕)

장구벌레 연

肙

소전	예서

모기의 애벌레인 장구벌레를 표현하였다. 장구벌레의 형태는 머리가 크고 몸이 길쭉한 모양이므로 머리와 몸만으로 상형하였으며 물이 괸 연못이나 웅덩이에 300~400개체가 활동하므로 요란하다, 요동하다라는 의미가 생겼다.

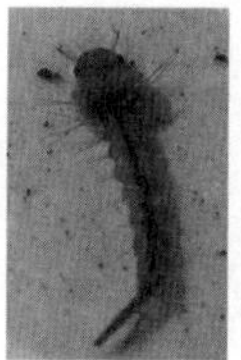

〈장구벌레〉

버릴 연 捐	손 扌를 추가하여 모기를 잡는 모습을 표현하였다. 없애다, 버리다, 기부하다는 의미이다. 용례) 出捐(출연)
비단 견 絹	실 糸를 추가하여 장구벌레가 연못 등에 빈틈없이 꽉 차 모습을 직물에 비유해 꼼꼼하게 잘 짜여진 비단, 명주, 견직물을 의미한다. 용례) 絹織物(견직물)
두견새 견 鵑	새 鳥를 추가하여 모기처럼 시도 때도 없이 울어 귀찮게 하는 새가 두견새라는 의미이다. 용례) 杜鵑(두견)

물릴 염

금문	소전

모기를 뜻하는 肙과 개 犬을 합쳐 개가 모기에 물리는 모습을 표현하였다. 물리다, 싫증이 나다라는 의미이다. [소전 이후 肙의 口가 무는 것을 강조하여 曰로 변형되었다]

싫어할 염/누를 엽 厭	기슭 厂을 추가하여 처마 밑으로 피한 개가 모기에 물려 짜증 내는 모습을 표현하였다. 싫어하다, 물리다라는 의미이고 후에 억압하다, 누르다(엽)는 의미로 확장되었다. 용례) 厭世(염세)
누를 압 壓	厭의 누르다라는 뜻에서 흙 土를 추가하여 흙덩이로 누르다, 억압하다, 막다, 죄어들다, 무너뜨리다, 진압하다라는 의미이다. 용례) 壓倒(압도)

맹꽁이 맹/ 힘쓸 민

갑골문	금문	소전 1	소전 2	예서

고문을 보면 맹꽁이의 모습을 사실적으로 표현하였다. 후에 맹꽁이가 쉬지 않고 우는 특징에서 힘쓰다, 노력하다라는 의미가 파생되었다. [소전 이후 뱀 它에 손이 있는 형태로 변형되었다] 용례) 黽勉(민면)

파리 승 蠅	벌레 虫을 추가하여 맹꽁이가 잡아먹는 것이 파리라는 의미이다.
노끈 승 繩	실 糸를 추가하여 맹꽁이의 혀처럼 끈끈한 실이 노끈, 줄이라는 의미이다. 용례) 捕繩(포승)

토끼 묘 卯	갑골문	금문	소전	예서

고문을 보면 원래 수초에 달려있는 개구리 알을 표현한 것으로 추정된다. 무성하다, 왕성하다는 의미이나 후에 십이지의 넷째지지로 사용되면서 십이지수와 결합하여 토끼라는 의미로 쓰이게 되었다.

용례) 卯酒(묘주)

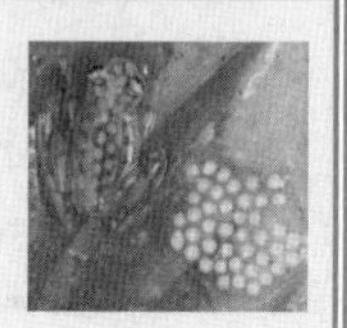

별 이름 묘 昴	해 日을 추가하여 하늘에 있는 별자리 이십팔수 중 열여덟 번째 별 昴星의 이름으로 지어졌다. 용례) 昴星(묘성)
귀 울 료(요) 聊	卯의 무성하다는 뜻에서 귀 耳를 추가하여 소리가 무성하게 들리니 귀가 울다(이명나다)라는 의미이고 후에 귀를 열어 세상 소식을 더 빨리 듣고 산다는 뜻으로 힘입다, 편안하다, 애오라지(부족하나마 그대로)라는 의미로 확장되었다. 용례) 無聊(무료)
버들 류(유) 柳	卯의 무성하다는 뜻에서 나무 木을 추가하여 나뭇잎이 무성하게 자라는 버들, 버드나무를 의미하게 되었다. 용례) 路柳墻花(노류장화)
죽일 류(유) 劉	卯의 무성하다는 뜻에서 쇠 金, 칼 刂를 추가하여 쇠를 많이 넣어 튼튼한 칼을 만드는 모습을 표현하였다. 튼튼한 칼, 도끼를 의미하고 후에 튼튼한 칼은 전쟁에서 승리를 이끌므로 이기다, 죽이다라는 의미로 확장되었다. 후에 성씨로도 쓰이게 되었다
머무를 류(유) 留	卯의 무성하다는 뜻에서 밭 田을 추가하여 많은 밭을 경작하다라는 뜻이니 정착한다, 머무르다, 정지하다라는 의미가 되었다. 용례) 抑留(억류)
혹 류(유) 瘤	留에 병 疒을 추가하여 무엇인가 뭉쳐 머무르고 있는 병이 혹이라는 의미이다. 용례) 瘤贅(유췌)
낙숫물 류(유) 溜	留에 물 氵를 추가하여 물방울이 머무르다 뭉쳐 떨어지는 것이 낙숫물, 물방울이라는 의미이다. 용례) 蒸溜(증류)

무역할 무 貿

卯의 무성하다는 뜻에서 재물 貝를 추가하여 많은 재물을 오가는 모습을 표현하였다. 무역하다, 바꾸다라는 의미이다.

용례) 貿易(무역)

금문	소전	예서	해서 1	해서 2

알 란(난) 卵

소전	예서

卯가 무성하다는 뜻으로 주로 사용되자 본래 개구리 알을 강조하기 위해 개구리 알의 점을 찍어 구체적으로 표현하였다. 일반적인 알을 총칭하는 의미로 사용된다.

용례) 鷄卵(계란)

〈어로〉

배 주

갑골문 1	갑골문 2	금문	소전	예서

고문을 보면 통나무 속을 파낸 원시적인 통나무배를 표현하였다. (다른 글자와 함께 쓰일 때에는 月로 혼용되어 쓰인다)

용례) 方舟(방주)

앞 전

前

갑골문	금문	소전 1	소전 2	예서

고문을 보면 배 舟와 발 止를 합쳐 배가 앞으로 나아가는 모습을 표현하였다. 나아가다, 앞서다, 앞, 미리, 사전에라는 의미이다. 후에 옷을 만들기 위해 사전에 옷감을 자르다라는 뜻에서 자르다, 가위라는 의미가 파생되었다. [소전 이후 자르다라는 뜻을 강조하기 위해 칼 刂가 추가되었다]

자를/가위 전 **剪**	前의 가위라는 뜻에서 칼 刀를 추가하여 가위, 자르다라는 의미를 강조하였다. 용례) 剪定(전정)
화살 전 **箭**	前의 자르다라는 뜻에서 대나무 竹을 추가하여 대나무를 잘라 만든 것이 화살이라는 의미이다. 용례) 神機箭(신기전)
달일 전 **煎**	前의 자르다라는 뜻에서 불 灬를 추가하여 불로 자르는 것이 달이다, 졸이다, 끓이다라는 의미이다. 용례) 花煎(화전)

점점 유

兪

갑골문	금문	소전	예서

고문을 보면 배 舟와 합할 合의 상형으로 배에 짐을 싣고 옮기는 모습을 표현하였다. 옮기다, 지나가다, 편안하다는 의미이고 후에 잔잔한 물 위를 조금씩 이동하는 모습에서 점점, 더욱 이라는 의미로 확장되었다. [금문 이후 合이 亼과 물결 모양으로 변형되었다] 용례) 允兪(윤유)

점점 유 **愈**	兪의 점점이란 뜻을 강조하고자 마음 忄을 추가하여 더욱, 점점 더, 근심하다, 고민하다라는 의미이다. 용례) 憂心愈愈(우심유유)

야유할 유 揄	兪의 지나가다라는 뜻에서 손 扌를 추가하여 손을 다른 사람의 몸 앞으로 휘젓는 모습이니 희롱하다, 야유하다, 빈정거리다라는 의미이다. 용례) 揶揄(야유)
넘을 유 踰	兪의 지나가다라는 뜻에서 발 𧾷을 추가하여 지나가다, 넘다라는 의미를 강조하였다.
느릅나무 유 楡	兪의 편안하다는 뜻에서 나무 木을 추가하여 나무를 다듬는데 편안한 느릅나무를 의미한다.
즐거울 유 愉	兪의 편안하다는 뜻에서 마음 忄을 추가하여 즐겁다, 기쁘다는 의미이다. 용례) 愉快(유쾌)
병 나을 유 癒	愈의 편안하다는 뜻에서 병 疒을 추가하여 병이 나서 편안해지다라는 의미이다. 용례) 癒着(유착)
놋쇠 유 鍮	兪의 편안하다는 뜻에서 쇠 金을 추가하여 낮은 열로 쉽게 얻을 수 있는 놋쇠, 자연동을 의미한다. 용례) 鍮器(유기)
깨우칠 유 喩	兪의 옮기다라는 뜻에서 입 口를 추가하여 생각한 바를 입으로 옮겨 말하다라는 뜻이니 깨우치다, 깨닫다라는 의미이다. 용례) 比喩(비유)
타이를 유 諭	兪의 옮기다라는 뜻에서 말 言을 추가하여 마음이 바뀌도록 말을 한다는 뜻이니 타이르다, 이끌다, 간하다는 의미이다. 용례) 勸諭(권유)
보낼 수 輸	兪의 옮기다라는 뜻에서 차 車를 추가하여 차에 실어 보내다, 나르다, 실어내다는 의미가 되었다. 용례) 輸出(수출)

그물 망

网

갑골문	금문	소전

일반적인 그물의 정상적인 모습을 구체적으로 표현하였다. (다른 글자와 함께 쓰일 때는 罒, 罓, ⺳로 쓰인다)

그물 망 罔	망할 亡을 추가하여 사용하여 훼손된 그물이란 의미이다. 그물, 속이다는 원 의미 이외에 훼손되었다는 뜻에서 없다, (사리에)어둡다라는 의미가 파생되었다. 용례) 欺罔(기망)
그물 망 網	罔의 그물이란 뜻에서 실 糸를 추가하여 그물이란 의미를 명확하게 하였다. 용례) 網羅(망라)
멍할 망 惘	罔의 없다라는 뜻에서 마음 忄을 추가하여 아무런 생각이 없는 상태를 뜻하여 멍하다, 멍한 모양을 의미한다. 용례) 憫惘(민망)

산등성이 강
岡

금문	소전

그물 网과 산 山을 합쳐 그물을 높이 던져 떨구듯이 높이 솟은 언덕, 고개, 산등성이를 의미한다. 후에 높은 언덕이라는 뜻에서 높다, 험하다, 단단하다는 의미로 확장되었다. 용례) 丘岡(구강)

언덕 강 崗	岡이 단단하다는 뜻으로 주로 쓰이자 산 山을 추가하여 높이 솟아 있는 언덕이라는 의미를 강조하였다. 용례) 花崗巖(화강암)
강철 강 鋼	岡의 단단하다는 뜻에서 쇠 金을 추가하여 단단한 쇠라는 의미이다. 용례) 鋼鐵(강철)
굳셀 강 剛	岡의 단단하다는 뜻에서 칼 刂를 추가하여 단단한 칼이니 단단하다, 굳세다는 의미가 되었다. 용례) 剛勁(강경)
벼리 강 綱	岡의 단단하다는 뜻에서 실 糸를 추가하여 튼튼한 벼리(그물코를 꿴 굵은 줄)를 의미한다. 용례) 紀綱(기강)

조개 패

갑골문	금문 1	금문 2	소전

조개를 활짝 벌린 모습을 표현하였다. [소전 이후 조개에 끈을 단 모습으로 변화되었다.] 조개라는 의미 이외에 돈이란 뜻으로도 확장되었는데 이는 일반조개가 아닌 열대지방의 해안가에 서식하는 카오리(개오지– 개보지라는 방언을 순화하여 만든 우리말)를 뜻하는 것으로 중국 근해에서는 많이 채취되지 않아 희귀하였고 그 모양이 여성의 생식기를 닮아 아이를 많이 낳고 건강하길 기원하는 의미로 비싸게 거래를 하였기 때문에 생긴 의미이다. 카오리는 중국에서 자안패(子安貝)라고 불린다.

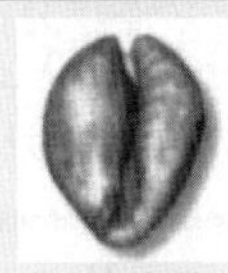

〈카오리〉

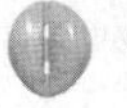

〈貝貨〉

패할 패 敗	칠 攴을 추가하여 조개를 깨버리는 모습을 표현하였다. 깨뜨리다, 패하다, 지다, 무너지다는 의미이다. 용례) 敗亡(패망)
염불소리 패 唄	입 口를 추가하여 자안패와 비슷한 모양인 목탁을 두드리며 내는 소리를 의미한다.
재물/뇌물 회 賄	있을 有를 추가하여 손에 재물을 든 모습을 표현하였다. 재물, 선물, 뇌물, 뇌물을 주다는 의미이다. 용례) 贈賄(증회)
질 부 負	고문을 보면 사람이 재물(貝)을 지고 있는 모습을 표현하였다. 빚지다, 빚이라는 의미이고 후에 (짐을)지다, 떠맡다, 근심하다는 의미로 확장되었다. 용례) 負擔(부담)

소전	예서	해서
	負	負

가루 쇄 肖	소전	예서

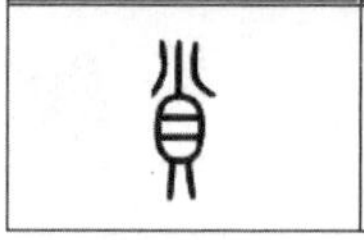

작을 小와 조개 貝를 합쳐 작은 조개를 의미한다. 후에 조개를 갈아 가루로 사용하였기에 가루라는 의미로 확장되었다.

가루 쇄 瑣	옥 玉을 추가하여 옥처럼 곱게 갈아 가루로 만들다라는 뜻으로 가루, 세분하다, 자질구레하다는 의미이다. 용례) 瑣屑(쇄설)
쇠사슬 쇄 鎖	쇠 金을 추가하여 쇠를 가늘고 작게 만들다라는 뜻으로 쇠를 가늘게 만들어 이은 쇠사슬이란 의미이다. 후에 쇠사슬이 죄인을 묶는 용도로 사용되었으므로 가두다, 잠그다, 수갑, 자물쇠라는 의미로 확장되었다. 용례) 鎖國政策(쇄국정책)
태평소 쇄 嗩	肖의 작은 조개라는 뜻에서 입 口를 추가하여 고대 조개를 불어 소리를 낸 악기 호적(胡笛), 태평소를 의미한다.

목치장 영 賏	금문	소전

조개껍데기를 엮어 만든 목걸이(목치장)를 표현하였다.

갓난아이 영 嬰	계집 女를 추가하여 고대 태어난 여자 갓난아이에게 작은 조개를 엮은 목걸이를 건 풍습을 표현하였다. 두르다, 목에 걸다, 갓난아이라는 의미이다. 용례) 嬰兒(영아)
앵두 앵 櫻	嬰에 나무 木을 추가하여 작은 조개를 엮은 모양으로 여러 개의 열매가 맺는 앵두나무를 의미한다. 용례) 櫻花(앵화)

살 매
買

갑골문	금문	소전

고문을 보면 그물에 조개를 잡은 모습을 표현하였다. 후에 조개를 얻다, 구입하다라는 뜻에서 (물건을)사다라는 의미로 확장되었다. 용례) 買入(매입)

구멍 두/팔 매

소전	예서	해서

고문을 보면 조개를 그물로 잡은 모양 買와 날 出을 합쳐 조개가 빠져나가는 모습을 표현하였다. 원래 나가다, 구멍(두)이라는 의미이나 후에 조개를 팔아서 내보내다라는 뜻으로 팔다, 내보이다, 과시하다, 뽐내다(매)라는 의미로 확장되었다. [예서 이후 날 出이 士의 형태로 변형되었다] 용례) 賣買(매매)

구멍 두 竇	賣의 구멍이란 뜻에서 구멍 穴을 추가하여 구멍이라는 의미를 강조하였다.
구절 두/읽을 독 讀	賣의 구멍이란 뜻에서 말 言을 추가하여 말이 하다가 구멍에 빠진 것처럼 끊는 부분이 구절이라는 의미이다. 후에 책을 읽다라는 의미로 확장되었다. 용례) 讀書(독서)
도랑/더럽힐 독 瀆	賣의 구멍이란 뜻에서 물 氵를 추가하여 물이 구멍에 있는 모습이니 도랑이라는 의미이다. 후에 도랑이 더러우므로 더럽히다, 업신여기다, 깔보다라는 의미로 확장되었다. 용례) 冒瀆(모독)
이을 속 續	賣의 구멍이란 뜻에서 실 糸를 추가하여 구멍에 실을 끼워 잇다, 계속하다, 더하다, 계승하다라는 의미이다. 용례) 續出(속출)
속죄할 속 贖	續의 더하다라는 뜻에서 재물 貝를 추가하여 죄에 더하여진 재물을 내다는 뜻이므로 속죄하다, 속전을 내다는 의미이다. [糸가 생략됨] 용례) 贖罪(속죄)

값 가/장사 고

賈

갑골문	금문 1	금문 2	소전

고문을 보면 넓은 뜰에 조개를 펼치고 파는 모습을 표현하였다. 팔다, 장사라는 의미이고 후에 값을 매겨 팔게 되므로 값, 가치라는 의미로 확장되었다. [소전 이후 조개를 덮어 판다는 뜻에서 덮을 襾의 형태로 변형되었다] 용례) 富賈(부고)

값 가 價 사람 人을 추가하여 가치를 흥정하는 모습을 강조하였다. 값, 가격이란 의미이고 후에 사람에 대한 값이란 뜻으로 명성, 평판이란 의미로 확장되었다. 용례) 價値(가치)

언을 득

得

갑골문	금문 1	금문 2	소전	예서

고문을 보면 조개를 손으로 캐는 모습을 표현하였다. 얻다, 손에 넣다, 만족하다, 이루어지다라는 의미가 되었다. (= 㝵) [금문 이후 갈 彳을 추가하여 조개를 캐서 간다는 의미를 추가하였다]

거리낄 애 碍 돌 石을 추가하여 조개가 돌 밑에 숨어 있어 캐기 어려운 모습을 표현하였다. 거리끼다, 방해하다, 장애가 되다, 막다라는 의미이다. (= 礙의 속자) 용례) 障碍(장애)

물고기 어 魚

물고기 머리, 비늘이 있는 몸통, 꼬리를 세밀하게 표현하였다. 용례) 魚類(어류)

고기 잡을 어 漁

물 水를 추가하여 강에서 물고기를 잡는다라는 의미이다.

용례) 漁夫(어부)

깨어날 소

금문	소전	예서	해서

고문을 보면 물고기 魚와 나무 木이 합쳐진 모습이다. 겨울에 죽은 듯 있다가 봄이 되면 다시 살아나는 나무와 물고기를 대표로 상형하여 되살아나다, 깨어나다라는 의미가 되었다. [소전 이후 나무 木이 벼 禾로 변형되었다] (= 甦)

용례) 蟾穌(섬소)

깨어날 소 蘇

풀 艹를 추가하여 되살아나다, 깨어나다라는 의미를 강조하였다.

용례) 蘇生(소생)

남녘 병

고문을 보면 생선의 꼬리 부분을 표현하였음을 알 수 있다. 생선이 헤엄치면서 꼬리가 햇빛에 반사되어 밝게 빛나니 밝다, 빛나다, 불이라는 의미가 되었고 후에 생선의 꼬리 부분을 잡아 올리므로 자루, 근본이라는 의미로 확장되었다. 또한, 셋째 천간으로 쓰이게 되면서 남쪽 방위를 맡아 남쪽이란 의미가 파생되었다.

용례) 丙付(병부)

자루 병 柄	丙의 자루라는 뜻에서 나무 木을 추가하여 자루(끝에 달린 손잡이), 근본이라는 의미이다. 용례) 身柄(신병)
밝을 병 炳	丙의 밝다는 뜻에서 불 火를 추가하여 밝다, 빛나다, 불꽃이라는 의미이다. (= 昞)
밝을 병 昺	丙의 밝다는 뜻에서 해 日을 추가하여 해가 밝다, 환하다, 빛나다, 선명하다는 의미이다.
병 병 病	丙의 불이라는 뜻에서 병 疒을 추가하여 열이 나서 아프다는 뜻이니 병, 앓다, 피로하다는 의미이다. 용례) 病院(병원)

고칠 경/다시 갱

갑골문	금문	소전	예서

고문을 보면 꼬리 丙과 칠 攴을 합쳐 엉덩이를 때리는 모습을 표현하였다. 죄인의 엉덩이를 때려 개선하도록 한다는 뜻이니 고치다, 개선하다, 바꾸다(경)라는 의미이고 엉덩이를 반복하여 때린다는 뜻에서 다시(갱)의 의미로 확장되었다.

용례) 變更(변경), 更生(갱생)

줄기/막힐 경 梗	更의 엉덩이를 치다라는 원뜻에서 나무 木을 추가하여 엉덩이를 치는 데 사용하는 나무의 튼튼한 줄기, 가지라는 의미이고 후에 사람에 비유하여 굳세다, 강경하다는 의미로 확장되었다. 용례) 梗塞(경색)
굳을 경 硬	梗의 굳세다는 뜻에서 돌 石을 추가하여 굳다, 강하다, 단단하다는 의미이다. [木이 생략됨] 용례) 强硬(강경)

편할 편/
똥오줌 변

소전	예서 1	예서 2	해서
便	便	便	便

고문을 보면 고칠 更에 사람 人을 합쳐 고친 행위를 강조하여 편하다, 익다는 의미가 되었다. 후에 곤장을 맞는 사람이라는 뜻으로 해석하여 똥오줌을 싸다(변)란 의미가 파생되었다. 용례) 便宜(편의), 便器(변기)

채찍 편 鞭	便의 편하다는 뜻에서 가죽 革을 추가하여 가축을 다루는데 편리한 도구인 채찍, 회초리, 채찍질하다라는 의미이다. 용례) 指導鞭撻(지도편달)

더러울 루

소전	예서	해서
㔷	㔷	㔷

고문을 보면 감출 匸와 엉덩이 丙을 합쳐 구석에서 엉덩이를 까고 볼일을 보는 모습을 표현한 것으로 추정된다. 더럽다, 천하다는 의미이고 후에 볼일 보는 곳이 좁으므로 좁다, 협소하다는 의미로 확장되었다.

좁을 루(누)

언덕 阝를 추가하여 구석진 곳에서 볼일을 보는 모습을 강조하였다. 좁다, 협소하다, 추하다, 더럽다는 의미이다. (= 陋)

용례) 陋醜(누추)

다시 재

再

갑골문	금문 1	금문 2	소전

여러 학설이 있으나 고문을 보면 물고기를 잡는 통발을 표현한 것으로 추정된다. 통발은 싸리 등을 엮어서 만들고 아가리에 작은 발을 달아 그 날카로운 끝이 가운데로 몰리게 하여 일단 물고기가 통발에 들어가면 다시 거슬러 나오지 못하게 하고 뒤쪽 끝은 마음대로 묶었다 풀었다 하게 되어 있어 잡은 물고기를 쉽게 꺼낼 수 있게 만든 것이다. 통발 안에서 물고기가 거듭 나오려고 한다는 뜻으로 두, 두 번, 재차, 거듭, 거듭하다는 의미가 되었다.

용례) 再開(재개)

짤 구 冓	갑골문 1	갑골문 2	금문 1	금문 2	소전

고문을 보면 통발 두 개를 마주하여 설치하는 모습을 표현하였다. 서로 만나다라는 의미이고 후에 (재목을 어긋매끼어) 쌓다, 짜다는 의미로 확장되었다.

얽을 구 構	나무 木을 추가하여 나무와 나무를 맞대어서 집을 짓는 모습을 표현하였다. [고대에는 못을 박지 않고 나무에 홈을 파서 서로 맞붙여 집을 지었다.] 얽다, 집을 짓다는 의미이다. 후에 생각을 얽어 짜내다는 뜻으로 거짓을 꾸며내다. 이간질하다는 의미로 확장되었다. 용례) 構內(구내)
도랑 구 溝	물 氵를 추가하여 물길이 서로 만나도록 만든 모습을 표현하였다. 원래 해자를 뜻하였으나 후에 일반적인 도랑이란 의미로 확장되었다. 용례) 溝橋(구교)
살 구 購	재물 貝를 추가하여 파는 사람과 사는 사람이 이해관계가 잘 맞아떨어져 재물을 주고 물건을 산다는 의미이다. 용례) 購買(구매)
외울 강 講	말 言을 추가하여 글을 읽고 딱 맞춰 다시 말로 한다는 뜻으로 외우다, 암송하다, 설명하다, 풀이하다, 연구하다, 배우다, 강의라는 의미가 되었다. 용례) 講義(강의)

들 칭 爯	갑골문	금문	소전

물고기가 들어있는 통발을 손으로 드는 모습을 표현하였다. 들다, 무게를 가늠하다, 저울질하다라는 의미이다.

일컬을/저울 칭 稱

爯의 저울질하다라는 뜻에서 벼 禾를 추가하여 수확한 곡식의 무게를 달다, 저울질하다라는 의미이다. 후에 저울질하여 부합하는 무게를 부르므로 부합하다, 일컫다, 부르다, 명칭, 칭호라는 의미로 확장되었다. (= 秤)

용례) 稱讚(칭찬)

너 이

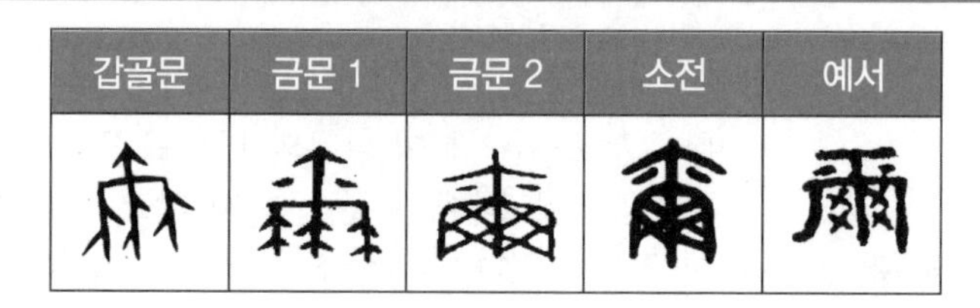

정확한 어원을 알 수 없으나 고문을 파생어를 보면 그물낚시를 표현한 것으로 추정된다. 그물낚시는 기둥을 박고 그물을 넓게 펴서 잡는 방식이므로 함께, 같이, 넓다는 의미가 되었다. 후에 너, 그, 이를 뜻하는 어조사로 가차되어 쓰인다. [고문에서는 爯과 병행하여 사용되었다]

용례) 蠢爾(준이)

두루 미 彌

爾의 넓다라는 뜻에서 길이를 재는 도구인 활 弓을 추가하여 멀다, 가득 메우다, 퍼지다, 두루, 널리, 멀리라는 의미이다. 후에 불교가 전래되면서 미륵이란 뜻으로 음역되어 쓰이게 되었다.

용례) 彌縫策(미봉책)

옥새 새 璽

爾의 넓다라는 뜻에서 옥 玉을 추가하여 크고 아름다운 옥을 의미하고 후에 임금이 쓰는 도장인 옥새라는 의미로 확장되었다.

용례) 玉璽(옥새)

〈수렵〉

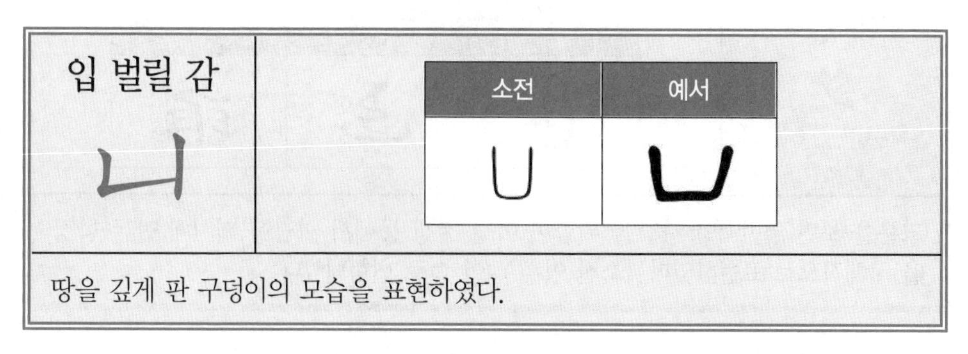

흉할 흉 凶	소전	예서

동물을 잡기 위해 판 구덩이에 날카로운 창 등을 박아 놓은 모습을 표현하였다. 흉하다, 흉악하다, 해치다는 의미이고 후에 함정에 빠지다라는 뜻에서 두려워하다, 운수가 나쁘다, 재앙이라는 의미로 확장되었다. 용례) 凶器(흉기)

흉악할 흉 兇	凶의 흉악하다는 뜻에서 사람 人을 추가하여 모질고 사납다, 흉악하다는 의미를 강조하였다. 용례) 元兇(원흉)
오랑캐 흉 匈	凶의 창 등을 박아 놓은 구덩이라는 원뜻에서 쌀 勹를 추가하여 함정을 숨기기 위해 덮은 모습을 표현하였다. 숨기다는 의미이나 후에 중국 황하 북쪽에 있는 부족을 匈奴(흉노)라고 칭하면서 오랑캐라는 의미로 쓰이게 되었다. 흉노가 자주 중국을 침범하여 약탈하였기에 떠들썩하다, 인심이 수선스럽다는 의미가 파생되었다.
가슴 흉 胸	匈에 고기 月을 추가하여 사람의 신체기관 중 창 등이 박혀있는 부분을 덮은 부분이 가슴이라는 의미이다. [갈비뼈를 창으로 생각하면 된다] 용례) 胸襟(흉금)
용솟음칠 흉 洶	匈의 떠들썩하다는 뜻에서 물 氵를 추가하여 (물이) 용솟음치다, 물살이 세차다, 혼란스럽다는 뜻이다. 용례) 洶洶(흉흉)

함정 함

갑골문	금문	소전

고문을 보면 일반적인 사냥을 위함이 아닌 전쟁 등에서 사람을 빠지게 만든 함정을 구체적으로 표현하였다. [소전 이후 凵이 臼로 변형되었다]

빠질 함 陷	언덕 阝를 추가하여 언덕처럼 흙을 쌓아 놓은 함정에 사람이 빠지는 모습을 표현하였다. 빠지다, 결점, 결함의 의미이다. 용례) 缺陷(결함)
아첨할 첨 諂	말 言을 추가하여 사람이 빠지게 말을 하다는 뜻이다. 아첨하다, 비위를 맞추다, 알랑거리다는 의미이다. 용례) 阿諂(아첨)
불꽃 염 焰	불 火를 추가하여 구덩이를 파서 불을 크게 피운 모습을 표현하였다. 불꽃, 불빛, 불을 댕기다는 의미이다. 용례) 焰硝(염초)
마을 염 閻	문 門을 추가하여 마을 어귀에 세우는 이문(里門)을 표현하였다. [고대에는 외지인의 침입을 막기 위해 마을 어귀에 함정을 파 놓고 마을 사람들은 비밀출입구로 왕래하였다.] 이문, 마을이라는 의미이다. 용례) 閭閻(여염)

나갈 출

出

갑골문	금문	소전	예서

함정 밖으로 나가는 발 모양을 통해 나가는 모습을 표현하였다. 나가다, 떠나다, 드러내다는 의미이다. 용례) 輸出(수출)

물리칠 출 黜	죄인에게 묵형을 한 모양을 뜻하는 黑을 추가하여 죄인에게 문신을 새겨 쫓아낸다는 의미이다. 용례) 黜黨(출당)

서투를 졸 拙 손 扌를 추가하여 손이 나갔다고 비유적으로 표현하여 손재주가 없음을 뜻한다. 서투르다, 둔하다는 의미이다. 용례) 拙作(졸작)

도울 승/구할 증

갑골문	소전	예서

구덩이에 빠져 축 늘어진 사람을 두 손으로 끌어 올리는 모습을 표현하였다. 돕다, 받들다, 이어받다, 구하다(증)라는 의미이고 후에 백성을 돕는 사람이란 뜻에서 벼슬 이름, 정승이란 의미로 확장되었다. [예서 이후 현재의 모습으로 변형되었다]

용례) 政丞(정승)

김 오를 증 烝 丞의 오르다는 원뜻에서 불 灬를 추가하여 불을 때면 오르는 김을 표현하여 김이 오른다, 찌다는 의미이다.

찔 증 蒸 烝의 찌다는 뜻을 명확하게 하기 위해 음식 위에 덮는 풀 艹를 추가하여 찌다, (증기로)데우다, 김이 오르다라는 의미이다.

용례) 蒸溜(증류)

이을 승/구할 증 承 고문을 보면 丞와 구분되게 높은 사람을 두 손으로 떠받드는 모습을 표현하였음을 알 수 있다. 받들다, 돕는다는 의미이나 예서 이후 丞의 영향으로 손 手를 추가한 형태로 변형되면서 잇다, 계승하다, 받아들이다라는 의미가 파생되었다.

용례) 繼承(계승), 承認(승인)

갑골문	소전	예서	해서
			承

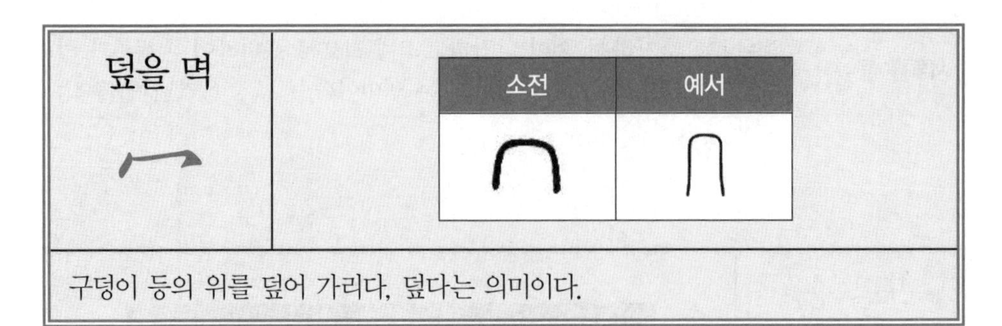
덮을 멱

소전	예서

구덩이 등의 위를 덮어 가리다, 덮다는 의미이다.

어두울 명

갑골문	금문	소전

고문을 보면 창을 천으로 덮어 가리는 모습을 표현하였다. 어둡다, 아득하다, 어둠, 저승이란 의미이고 후에 어리석다는 의미로 확장되었다. [소전 이후 창의 모습이 해 日로 변형되었고 장막을 뜻하는 六을 추가하여 그 의미를 강조하였다.]

용례) 冥福(명복)

저물 명 暝	冥의 어둡다는 뜻에서 해 日을 추가하여 해가 지다, 저물다, 어둡다는 의미를 강조하였다. 용례) 暝想(명상)
바다 명 溟	冥의 어둡다, 아득하다 뜻에서 물 氵를 추가하여 물이 많이 모여 있어 속을 알 수 없는 어둡고 아득한 바다를 의미한다.
멸구 명 螟	冥의 어둡다는 뜻에서 벌레 虫을 추가하여 벼 등을 농작물에 서식하며 피해를 주는 멸구, 마디충 등을 의미하는데 눈에 잘 보이지 않는 해충이란 뜻이다.

에워쌀 위/ 나라 국 	

고문을 보면 주위를 에워싼 모습을 표현하였다. 에워싸다, 포위하다, 사냥하다, 둘레, 경계, 포위라는 의미이다. 후에 고대에는 성곽을 쌓아 나라를 구분하였으므로 나라라는 의미로 확장되었다.

에워쌀 위/나라 국 圍	어떤 지역을 경비한다는 뜻의 韋를 추가하여 에워싸서 지킨다는 뜻을 강조하였다. 후에 성곽으로 둘러싼 나라의 의미로 확장되었다. 용례) 範圍(범위)
피곤할 곤 困	나무 木을 추가하여 침입을 대비하여 목책을 친 모습을 표현하였다. 통하지 아니하다, 막다르다는 의미이고 적이 침입하면 마지막 보루이므로 위태롭다, 괴롭다, 지치다, 피곤하다는 의미로 확장되었다. 용례) 疲困(피곤)
가둘 수 囚	사람 人을 추가하여 사람을 에워싸 가둔 모습이니 가두다, 죄인, 포로라는 의미이다. 용례) 罪囚(죄수)

곳집 균 	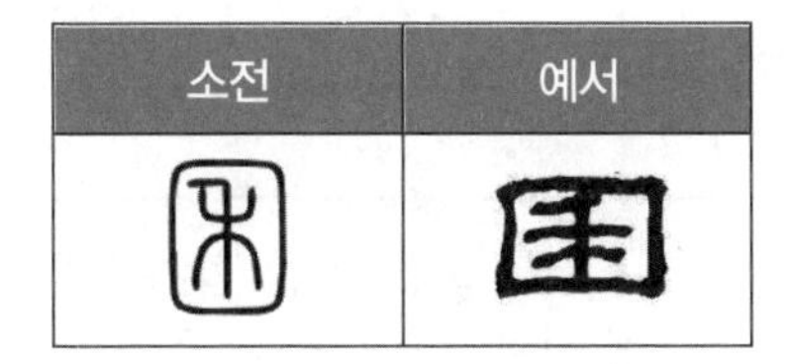

에워쌀 口와 벼 禾를 합쳐 벼를 수확하여 다른 사람이 침입하지 못하도록 에워싼 곳에 보관하는 곳집을 의미한다.

버섯 균 菌	풀 艹를 추가하여 오래 묵혀 놓으면 생기는 균, 세균을 표현하였다. 후에 균처럼 자라는 버섯이란 의미로 확장되었다. 용례) 細菌(세균)

고을 읍

갑골문	금문	소전	예서

고문을 보면 성을 뜻하는 口과 사람이 무릎 꿇은 모습 巴를 합쳐 성안에서 편히 쉬고 있는 사람을 표현하였다. 성, 지역, 고을이라는 의미이다. (다른 글자와 함께 사용될 경우 오른변에 阝로 쓴다) 용례) 都邑(도읍)

어찌 나/ 어조사 내

那

수염이 덥수룩한 모습 冄을 추가하여 수염이 많이 자라는 서역 지역을 표현하였다. 후에 어느, 어떤, 어찌, 어찌하여 등의 어조사로 쓰이게 되었다. 용례) 刹那(찰나)

소전	예서	해서 1	해서 2

간사할 사/ 어조사 야

邪

금문	소전	예서 1	예서 2

고문을 보면 어금니 牙와 고을 邑을 합쳐 지명을 표현하였음을 알 수 있다. 후에 간사하다, 사악하다, 바르지 아니하다, 품행이 부정한 사람이란 의미로 쓰이게 되었다. [마을 이름에서 간사하다는 의미로 변하게 된 경위는 자세히 알 수 없으나 반역이 일어나서 부정적인 뜻이 덧붙여진 것으로 추정된다] 용례) 邪惡(사악)

간사할 사/ 어조사 야

耶

邪가 예서 이후 牙이 오인되어 耳로 변형되었다. 현재는 병행하여 쓰인다. 용례) 耶蘇(야소)

야유할 야 揶	耶의 간사하다는 뜻에서 손 扌를 추가하여 사람을 괴롭히다, 야유하다, 놀리다, 조롱하다라는 의미이다. (=捓) 용례) 揶揄(야유)
아버지 야 爺	耶이 일반적인 어조사로 사용되어 아비 父를 추가하여 아버지를 지칭하는 의미가 되었다. 용례) 爺孃(야양)
가야 야 倻	伽倻(가야) 등의 땅이름으로 쓰였고 우리나라에서 만들었다.

막힐 옹

금문	소전	예서

고문을 보면 성 주위에 물이 있어 성을 보호하는 모습을 표현하였다. 고대 성 주위로 해자를 파서 침입을 막았으므로 막히다, 막다라는 의미이고 물로 막혀있어 외부의 침입을 막으면서 화목하게 산다는 뜻으로 화락하다, 화하다라는 의미로 확장되었다.

화할 옹 雍	邕의 가로막다는 뜻 이외에 화하다(서로 뜻이 맞아 사이좋은 상태), 화목하다는 의미를 강조하고자 평화로운 모습의 새를 추가하였다. 새가 침입을 막으려고 만들어 놓은 물가에 와서 물을 마시는 모습에서 화하다, 기쁘다, 돕다, 껴안다는 의미이고 가로막다는 의미는 계속 포함하고 있다. [예서 이후 邕의 상형이 현재의 모습으로 간략화되었다.]
막을 옹 壅	雍이 화하다는 뜻으로만 쓰이자 흙 土를 추가하여 (흙으로) 막다, 가리다, 장애물이란 의미가 되었다. 용례) 壅固執(옹고집)
독 옹 甕	雍의 막는다는 뜻에서 질그릇 瓦를 추가하여 막혀있는 질그릇인 독, 항아리라는 의미이다. 용례) 甕器(옹기)

금문	소전	예서

낄 옹 擁	雍의 막는다는 뜻에서 손 扌를 추가하여 손으로 막는다는 뜻으로 끼다, 안다, 호위하다, 가리다는 의미이다. 용례) 擁壁(옹벽)

홑 단/ 이름 선 單

갑골문	금문	소전	예서
[illegible]	[illegible]	單	單

돌 두 개를 끈에 연결하여 원심력을 이용하여 던져 동물을 잡던 원시 사냥도구를 표현하였다. [유물로 확인하기는 어려우나 돌과 그물 모양의 상형이 있는 것으로 보아 돌의 원심력을 이용하여 그물로 덮치는 사냥도구였던 것으로 추정된다] 이러한 사냥은 다른 방법의 사냥에 비해 무리를 짓지 않고 혼자서 하는 사냥이므로 혼자, 홑, 하나, 오직, 다만 이란 의미가 되었다. 후에 오랑캐, 고을의 이름(선) 등으로 가차되어 쓰이게 되었다.

용례) 單獨(단독)

〈인디언 사냥도구 볼라의 모습〉

소쿠리 단 簞	대나무 竹을 추가하여 單의 달린 그물처럼 대나무로 얽기 설기 짠 모양을 표현하였다. 소쿠리, 상자, 밥그릇이라는 의미이다. 용례) 簞食瓢飮(단사표음)
꺼릴 탄 憚	마음 忄을 추가하여 單의 사냥하는 방법이 어렵고 혼자 사냥하여야 하므로 이를 꺼린다는 의미가 되었다. 용례) 忌憚(기탄)
탄알 탄 彈	활 弓을 추가하여 손으로 돌려서 던지는 單이 후에 활에 쏘아 던지는 무기로 발전하였다는 뜻으로 탄알, 탄알을 쏘는 활, 튀기다는 의미이다. 용례) 彈丸(탄환)
선 선 禪	제사를 뜻하는 示를 추가하여 사냥하기 전에 산천에 제사를 지내는 것을 표현하였다. (= 禮) 용례) 禪讓(선양)
매미 선 蟬	單의 혼자라는 뜻에서 벌레 虫을 추가해 홀로 지내는 것으로 보이는 매미라는 의미이다.

싸울 전 戰	창 戈를 추가하여 무기를 들고 전쟁을 하다, 싸우다라는 의미가 되었다. 용례) 戰爭(전쟁)
열 천 闡	單을 던져 활짝 펼쳐지게 하는 모습에서 문 門을 추가하여 닫혀 있는 문을 열다, 넓히다, 들어내다, 밝히다, 분명하게하다라는 의미이다. 용례) 闡明(천명)
짐승 수 獸	고문을 보면 사냥도구 單과 짐승 犬을 합쳐 그물에 걸린 짐승을 표현하였다. 사냥하다라는 의미였으나 후에 사냥하여 잡힌 짐승이라는 의미로 확장되었다. [소전 이후 사냥된 짐승이 울부짖는 것을 표현하여 입 口를 추가한 형태로 변형되었다] 용례) 猛獸(맹수)

갑골문	금문	소전	예서

감히 감 敢

갑골문	금문	소전	예서

고문을 보면 짐승을 원시적인 사냥도구 또는 맨손으로 직접 사냥하는 모습을 표현하였다. 맹수를 직접 사냥을 하는 것은 위험한 일이므로 용맹스럽다, 굳세다는 의미이고 직접 때려 사냥한다는 뜻으로 감히, 구태여, 함부로라는 의미로 확장되었다. [소전 이후 짐승(머리 ヨ + 몸 月)을 직접 때려잡는(攴) 모습으로 구체화 되었고 예서 이후 현재의 모습으로 변형되었다] 용례) 敢行(감행)

굽어볼 감 瞰	눈 目을 추가하여 사냥하기 위해 높은 곳에서 사냥감을 살핀다는 뜻으로 굽어보다, 내려다보다는 의미이다. 용례) 鳥瞰圖(조감도)

엄할 엄
嚴

금문	소전

고문을 보면 敢과 벼랑 厂, 바위 모양을 합쳐 벼랑 위에서 바위를 던져 짐승을 사냥하는 모습을 표현하였다. 힘든 사냥 방법이므로 엄하다, 혹독하다, 지독하다, 심하다는 의미로 쓰이게 되었다. 용례) 嚴格(엄격)

의젓할 엄 儼	嚴의 엄하다는 뜻에서 사람 人을 추가하여 몸가짐이 엄하다, 삼가다, 공손하다, 의젓하다, 근엄하다는 의미이다. 용례) 儼然(엄연)
바위 암 巖	嚴의 엄하다는 뜻에서 산 山을 추가하여 산이 험하다는 의미이고 후에 험한 형태인 벼랑, 낭떠러지, 바위산, 바위라는 의미로 확장되었다.(= 岩, 嵒, 喦) 용례) 巖壁(암벽)
암 암 癌	喦에 병 疒을 추가하여 몸속이 바윗덩어리처럼 딱딱한 종양이 생기는 병인 암을 의미한다. 용례) 肝癌(간암)

이제 금
今

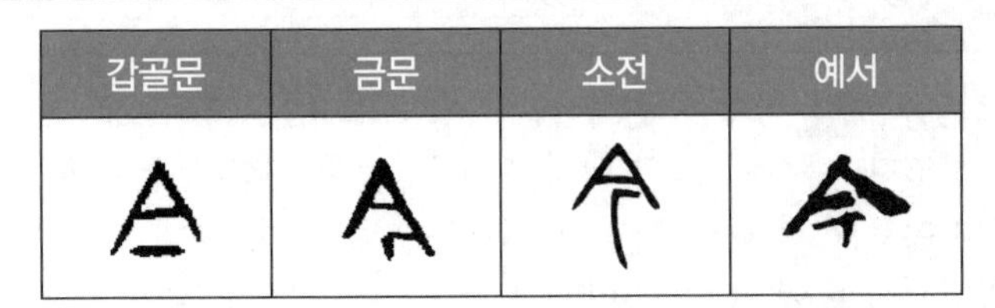

고문과 파생된 글자들을 보면 새 등을 잡는 덫을 표현한 것으로 추정된다. 덫에 들어가는 순간 바로 끈을 당겨 갇히게 하는 구조이므로 이제, 지금, 곧, 바로라는 의미로 쓰이게 되었다. 용례) 古今(고금)

읊을 음/입 다물 금 吟	今이 덫을 당겨 닫는다는 뜻이므로 입 口를 추가하여 입을 다물고 있는 모습을 표현하였다. 입 다물다(금)란 의미이고 입을 다물고 말을 한다는 뜻에서 신음하다, 읊조리다(음)라는 의미가 파생되었다. 용례) 呻吟(신음)

밝을 금 昑	今이 덫을 당겨 닫는다는 뜻이므로 해 日을 추가하여 해를 닫아 가졌다는 추상적인 뜻으로 밝다, 환하다는 의미이다.
옷깃 금 衿	今이 덫을 당겨 닫는다는 뜻이므로 옷 衤를 추가하여 옷이 흩어지지 않게 닫게 하는 것이 옷깃이라는 의미이다. 용례) 靑衿(청금)
이불 금 衾	衿과 다르게 옷 衣를 아래에 추가하여 옷처럼 위아래에 깔고 덮는 것이 이불이라는 의미이다. 용례) 衾枕(금침)
자랑할 긍 矜	창 矛를 추가하여 덫 옆에서 무기를 가지고 사냥감을 조용히 기다리는 모습을 표현하였다. 엄숙하다, 삼가다, 괴로워한다는 의미이나 후에 사냥감을 잡았다는 뜻에서 자랑하다라는 의미가 파생되었다. 용례) 矜持(긍지)
생각 념(염) 念	今이 덫을 당겨 닫는다는 뜻이므로 생각 心을 추가하여 생각을 밖으로 내보지 않고 속으로 생각하다, 기억하다라는 의미이다. 용례) 黙念(묵념)

그늘 음/
침묵할 암
陰

갑골문	금문	소전	예서

고문을 보면 새 덫에 새가 들어온 순간을 표현하였다. 조용하다, 입을 다물다라는 의미이고 후에 침묵하다라는 뜻에서 어둡다, 어둠, 그늘이란 의미로 확장되었다. [소전 이후 그늘이란 뜻으로 주로 사용되면서 언덕 阝와 구름 云이 추가되어 언덕 아래에서는 햇빛을 구름이 가린 것처럼 그늘이란 의미를 강조하였다]

용례) 陰陽(음양)

그늘 음 蔭	陰의 그늘이란 뜻을 강조하기 위해 풀 艹를 추가하여 덮어 가리다, 그늘이란 의미가 되었다. 용례) 蔭職(음직)

머금을 함

갑골문	금문 1	금문 2	소전

고문을 보면 今과 같은 어원이나 금문 이후 덫 안에 사냥감을 잡은 모습을 강조하기 위해 사물형태인 口를 추가하였다. 머금다, 품는다는 의미로 구분되어 쓰인다.

용례) 包含(포함)

탐낼 탐 貪	재물을 뜻하는 조개 貝를 추가하여 재물을 품고 있다는 추상적인 표현으로 탐내다, 바라다, 탐욕이란 의미가 되었다. [口가 생략됨] 용례) 貪慾(탐욕)

날짐승 금

禽

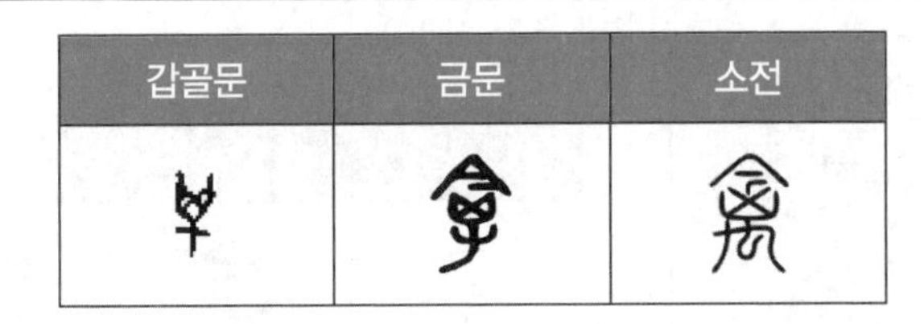

갑골문	금문	소전

고문을 보면 포충망이나 덫으로 잡은 날짐승을 표현하였음을 알 수 있다. [소전 이후 덫을 의미하는 今과 함정을 의미하는 凶 그리고 짐승발자국 禸로 간략화되었다]

용례) 禽獸(금수)

사로잡을 금 擒	날짐승을 잡는 것을 강조하기 위해 손 扌를 추가하였다. 용례) 七縱七擒(칠종칠금)
떠날 리(이) 离	禽에서 새 덫의 덮개가 없어진 모습이니 새가 새 덫에서 빠져나가 떠나다, 떨어지다, 흩어지다는 의미이다.
떠날 리(이) 離	离의 뜻을 명확하게 하고자 날아가는 작은 새 隹를 추가하였다. 용례) 分離(분리)

울타리 리(이)
籬

離에 대나무 竹을 추가하여 떠나지 못하게 대나무로 막은 것이 울타리라는 의미이다.

용례) 牆籬(장리)

고기 육

갑골문	금문	소전	예서	해서

고문을 보면 초기에는 비계와 살이 나눠진 고기 덩어리를 표현하였으나 해서 이후 짐승을 잡아 내장을 버리고 활짝 벌려놓은 모양으로 표현하였다. 고기, 살, 몸이라는 의미로 사용된다. (다른 글자와 함께 사용될 경우 月으로 쓰는데 月과 혼용된다.)

용례) 筋肉(근육)

즐길 긍 肯

고문을 보면 고기 肉에 덮을 冖을 추가하여 뼈를 덮고 있는 고기를 표현한 것으로 추정된다. 뼈에 붙은 살이란 뜻으로 제일 맛이 좋은 고기이므로 즐기다, 옳게 여기다는 의미가 되었다. [해서 이후 덮을 冖이 머물 止로 변화하여 뼈에 붙어있는 고기라는 뜻을 더욱 명확하게 하였다]

용례) 首肯(수긍)

금문	소전	예서	해서

있을 유 有

금문	소전	예서

고문을 보면 손에 고기를 들고 있는 모습이다. 손에 가지고 있으니 있다, 소지하다라는 의미가 되었다. 용례) 有利(유리)

너그러울 유 宥

집 宀을 추가하여 집에 고기가 있으니 너그럽다, 너그럽고 어질다, 용서하다라는 의미이다. 용례) 宥和(유화)

동산 유 囿

고문을 보면 식물을 심어 놓은 일정한 구역을 표현하였음을 알 수 있다. 큰 집의 정원에 마련해 놓은 동산을 의미한다. [금문 이후 에워쌀 口과 소유할 有의 형태로 간략화되었다] 용례) 園囿(원유)

갑골문	금문	소전

게으를 타/수나라 수 隋

소전	예서

고문을 보면 언덕에서 왼손에 든 고기를 떨어뜨리는 모습을 표현하였다. 떨어뜨리다, 떨어지다라는 의미이고 후에 사람에 비유하여 게으르다, 퍼지다는 의미로 확장되었다. 또한, 나라 이름(수)으로 사용되었다.

떨어질 타 墮	陏의 떨어지다는 뜻을 강조하기 위해 흙 土를 추가하였다. 용례) 墮落(타락)
게으를 타 惰	陏의 게으르다라는 뜻을 명확하게 하기 위해 마음 忄을 추가하였다. (= 憜) 용례) 惰性(타성)
길쭉할 타 楕	陏의 퍼지다는 뜻에서 나무 木을 추가하여 둥글고 길쭉한 몽둥이를 의미한다. 길쭉하다, 둥글고 길쭉하다는 의미이다. (= 橢) 용례) 楕圓(타원)

따를 수
隨

소전 1	소전 2	예서 1	예서 2

떨어질 陏과 갈 辶을 합쳐 떨어져서 가는 모습을 표현하였다. 따르다, 추종하다, 좇다라는 의미이다. [辶과 阝가 원래 주로 좌측변에 쓰이는 관계로 소전부터 위치가 혼용되어 쓰였다] 용례) 隨伴(수반)

골수 수 髓	뼈 骨을 추가하여 뼈에 딸린 골수, 뼛속 기름을 의미하게 되었다. [阝가 생략됨] 용례) 骨髓(골수)

등골뼈 척
脊

금문	소전	예서

고문을 보면 원래 생선의 가시 부분을 표현한 것이다. 후에 짐승의 살을 발라낸 중심 뼈 부분을 통칭하면서 등골뼈, 척추를 의미하게 되었다. 용례) 脊椎(척추)

여월 척 瘠	병 疒을 추가하여 등골뼈가 보일 정도로 여위다, 파리하다, 메마르다는 의미이다. 용례) 瘠薄(척박)

줄춤 일

소전	해서

나눌 八과 고기 肉을 합쳐 원래 고기를 반으로 나눈다는 의미이나 후에 합쳐 있다가 줄을 나눠 추는 춤이란 의미로 확장되었다.

줄춤 일 佾	佾의 의미를 강조하고자 사람 人을 추가였다. 용례) 佾舞(일무)
가루 설 屑	주검 尸를 추가하여 주검이 썩어 분해된 모습을 표현하였다. 부수다, 가루라는 의미로 쓰인다. [해서 이후 오인되어 佾이 肖로 변형되었다] 용례) 屑糖(설탕)

소전	예서	해서

많을 다

갑골문	금문	소전	예서

고문을 보면 고기덩어리 여러 개를 모아 놓은 모습을 표현하였음을 알 수 있다. 고기가 많이 있으니 많다는 의미이다. 용례) 多樣(다양)

사치할 치 侈	사람 人을 추가하여 사람이 물건을 많이 가지고 있다는 뜻으로 많다, 과분하다, 사치하다는 의미이다. 용례) 奢侈(사치)
옮길 이 移	벼 禾를 추가하여 벼를 수확하여 한 곳에 모아 놓는 것을 표현하여 옮긴다는 의미가 되었다. 용례) 移動(이동)

꿰뚫을 관 毌	갑골문	금문	소전

고문을 보면 짐승의 고기를 잘라 꼬챙이로 꿰뚫어 놓은 모양을 표현하였다.

꿸 관 貫	조개 貝를 추가하여 자안패를 실로 꿴 모습을 표현하였다. 꿰다, 뚫다, 통과하다는 의미이다. 용례) 貫通(관통)
익숙할 관 慣	貫의 꿰다는 뜻에서 마음 忄을 추가하여 마음이 어느 곳에 꿰어져 있는 모양이니 익숙하다, 익숙해지다, 버릇이 되다, 버릇, 관례라는 의미가 되었다. 용례) 慣例(관례)
꿸 관/땅이름 곶 串	꼬챙이에 여러 개의 고기를 꼽아 꼬치로 만든 모습이다. 꿰다(관), 꿰미(천), 꼬챙이(찬) 등의 의미로 쓰이고 우리나라에서는 땅이름(곶)으로도 사용된다. 용례) 串柹(관시), 虎尾串(호미곶)
근심 환 患	串의 꿰다라는 뜻에서 마음 心을 추가하여 마음을 꼬치로 만들다라는 추상적인 표현으로 근심하다, 앓다, 근심, 질병, 재앙이란 의미이다. 용례) 患者(환자)

열매 실 實

고문을 보면 원래 집 안에 밭에서 난 곡식과 물에서 잡은 조개를 모아 놓은 모습을 표현하였다. 곡식이 익다, 열매를 맺다, 풍족하다는 의미이다. 후에 정성스럽게 일을 하여 수확물을 알차게 수확하였다는 뜻에서 정성스러움, 참됨, 참으로, 진실로라는 의미로 확장되었다. [소전 이후 毌이 毋으로 변형되었다]

용례) 事實(사실), 實際(실제)

금문	소전	예서

〈동물〉

새 추/높을 최 隹

갑골문	금문	소전	예서

고문을 보면 주위에 흔한 일반적인 작은 새를 표현하였음을 알 수 있다. 작은 새, 작다는 의미이다. 후에 새가 하늘 높이 나는 모습에서 높다(최)는 의미로 확장되었다.

송곳 추 錐

隹의 작다는 뜻에서 쇠 金을 추가하여 쇠를 사용하여 작게 만든 것이 송곳이란 의미이다. 용례) 試錐船(시추선)

몽치/등골 추 椎

隹의 작다는 뜻에서 나무 木을 추가하여 몽치(작고 짤막하고 단단한 몽둥이)를 의미하였으나 후에 몽치들이 붙어있는 모양이 비슷하여 사람의 등뼈, 등골이라는 의미로 확장되었다. 용례) 脊椎(척추)

밀 추(퇴) 推

隹의 작다는 뜻에서 손 扌를 추가하여 조금씩 손으로 민다는 의미이다. 후에 사람에 비유하여 (사람을 미는 것이니) 추천하다, 천거하다, 받들다라는 의미로 확장되었다. 용례) 推仰(추앙), 推敲(퇴고)

어릴 치 稚

隹의 작다는 뜻에서 벼 禾를 추가하여 아직 크지 않은 어린 낟알을 표현하였다. 어리다, 작다, 늦다는 의미이다. 용례) 幼稚(유치)

높을 최 崔	隹의 높다는 뜻에서 산 山을 추가하여 높다는 의미를 강조하였다. 후에 성씨로도 쓰이게 되었다.
재촉할 최 催	崔에 사람 人을 추가하여 사람이 크게 일어난 모습이니 일어나다, 어떠한 일을 열다, 베풀다라는 의미이다. 후에 잔치를 준비한다는 뜻에서 재촉하다, 독촉하다는 의미로 확장되었다. 용례) 主催(주최), 催眠(최면)
쌓을 퇴 堆	隹의 높다는 뜻에서 흙 土를 추가하여 흙을 높게 쌓는다는 의미이다. 용례) 堆積(퇴적)
물 이름 회 淮	隹의 높다는 뜻에서 물 氵를 추가하여 물의 깊은 회하(淮河) 등 물 이름으로 쓰였다.
나아갈 진 進	고문을 보면 새 隹와 발 止를 합쳐 날아가기 위해 앞으로 발걸음을 옮기는 새를 표현하였다. 나아가다, 오르다라는 의미이다. [금문 이후 조금걸을 彳이 추가되었고 소전 이후 辶으로 변형되었다] 용례) 推進(추진)

갑골문	금문	소전

놀랄 구 瞿

소전	해서

새 隹와 크게 뜬 두 눈 目目을 합쳐 새가 놀라 눈을 크게 뜬 모습을 표현하였다. 놀라다, 두려워하다라는 의미이다.

두려워할 구 懼	마음 忄을 추가하여 두려워하다라는 뜻을 강조하였다. 용례) 疑懼(의구)

네거리 구 衢	사거리를 뜻하는 行을 추가하여 사거리에 서서 눈을 크게 뜨고 갈피를 못 잡는 모습을 표현하였다. 네거리, 갈림길이라는 의미이다. 용례) 街衢(가구)

새 한쌍 수 雔

금문	소전

새 두 마리가 서로 마주 보고 있는 모습을 표현하였다. 새 한 쌍이라는 의미이다.

원수 수 讎	말 言을 추가하여 서로 마주 보고 지저귀는 모습을 표현하여 대답하다, 갚다, 맞다, 원수라는 의미가 되었다. (= 讐) 용례) 怨讐(원수)

비록 수 雖

금문	소전

고문을 보면 입이 크고 작은 새처럼 종종거리며 다니는 도마뱀을 표현하였다. 현재는 비록, 아무리 ~하여도라는 의미로 가차되어 쓰인다. 용례) 雖然(수연)

오직 유/ 누구 수

唯

갑골문	금문	소전

고문을 보면 새 隹와 입 口를 합쳐 사람처럼 말하는 앵무새를 표현하였다. 후에 사람처럼 말하는 새가 흔하지 않으므로 오직, 다만이라는 의미로 쓰이게 되었고 후에 앵무새가 말하는데 다른 사람이 말하는 것으로 착각하여 찾는다는 뜻으로 누구(수)라는 의미가 파생되었다. 용례) 唯一(유일)

생각할 유 惟	唯의 오직이라는 뜻에서 마음 忄을 추가하여 오직이라는 의미를 강조하였다. 후에 사람처럼 생각하여 말을 한다는 뜻에서 생각한다는 의미로 확장되었다. [口가 생략됨] 용례) 思惟(사유)
누구 수 誰	唯의 누구라는 뜻에서 말 言을 추가하여 누구, 무엇이라는 의미를 강조하였다. [口가 생략됨] 용례) 誰何(수하)

벼리 유

維

금문	소전

고문을 보면 새 隹와 실 糸가 합쳐 새가 도망가지 못하게 실로 묶어 놓는다는 뜻이다. 매다, 유지하다라는 의미이고 후에 그물이 풀어지지 않게 유지하는 벼리(그물코를 꿴 굵은 줄)라는 의미로 확장되었다. 용례) 維新(유신)

벌일/그물 나(라) 羅	그물 网을 추가하여 새를 잡는 그물, 그물 치다, 막다, 벌이다, 늘어서다, 두르다라는 의미이다. 용례) 網羅(망라)

순찰할 나(라) 邏	羅의 막다는 뜻에서 갈 辶을 추가하여 범죄를 막기 위해 순찰하다, 돌다, 순라(순찰하는 사람)이란 의미이다. 용례) 巡邏(순라)
근심 리(이) 罹	羅의 그물이란 뜻에서 마음 忄을 추가하여 마음이 한 곳에 빠져 헤어나오지 못하는 모습이니 근심하다, 앓다, (병, 재앙에)걸리다라는 의미가 되었다. [糸가 생략됨] 용례) 罹災民(이재민)

그을릴 초 焦	

금문	소전

고문을 보면 새 隹와 불 火를 합쳐 새를 잡아 불로 구워 먹는 모습을 표현하였다. 타다, 태우다, 그을리다, 탄내 난다는 의미이다. 후에 새를 불에 구워 맛있는 냄새가 나는 것을 참을 수 없다는 뜻으로 애태우다, 안달하다, 초조하게 굴다라는 의미로 확장되었다. 용례) 焦燥(초조), 焦眉(초미)

나무할 초 樵	焦의 태우다라는 뜻에서 나무 木을 추가하여 불로 태우기 위해 나무를 한다는 의미이다. 용례) 薪樵(신초)
암초 초 礁	焦의 애태우다는 뜻에서 돌 石을 추가하여 배를 운항할 때 부딪힐 것을 애태우게 하는 암초, 숨은 바윗돌을 의미한다. 용례) 坐礁(좌초)
파리할 초 憔	焦의 애태우다는 뜻에서 마음 忄을 추가하여 애태우는 마음이라는 뜻이니 파리하다(핏기가 전혀 없다), 수척하다, 애태우느라 쇠약하다는 의미이다. 용례) 憔悴(초췌)
파초 초 蕉	焦의 애태우다는 뜻에서 풀 艹를 추가하여 파초를 의미하게 되었는데 파초의 열매는 겹겹이 껍질이 쌓여있지만 그 속 알맹이가 없기 때문에 애태우기만 하는 식물이라는 뜻으로 추정된다. (= 파초 파 芭)

모일 집 集

갑골문	금문 1	금문 2	소전 1	소전 2

고문을 보면 나무 위에 새들이 모인 모습을 표현하였다. 모이다, 모으다, 가지런하다는 의미이다. (= 雧)

용례) 集團(집단)

판금 집 鏶 쇠 金을 추가하여 쇠붙이를 모았다는 뜻으로 판금(얇고 넓게 조각을 낸 쇠붙이)이라는 의미이다.

샘솟을 집 潗 물 氵를 추가하여 물이 모여 솟아오르다, 샘솟다는 의미이다.

섞일 잡 雜 고문을 보면 모일 集과 옷 衣를 합쳐 여러 천을 모아 옷을 만든 모습이니 섞이다, 어수선하다, 만나다, 모이다, 꾸미다, 천하다, 모두, 함께라는 의미이다. [예서 이후 衣가 현재의 모습으로 변형되었다]

용례) 複雜(복잡)

소전 1	소전 2	소전 3	예서

외짝 척 隻

갑골문	금문	소전	예서

고문을 보면 새 한 마리를 잡은 손을 그렸음을 알 수 있다. 외짝, 하나, 단독이라는 의미이다. 只가 약자로 쓰인다.

둘 쌍 雙 새 隹를 두 개 추가하여 새 두 마리를 한 손에 쥔 모습을 표현하였다. 둘, 한 쌍, 짝수라는 의미이다.

용례) 雙方(쌍방)

다만 지
只

고문을 보면 새 한 마리를 두 손으로 소중하게 잡고 있는 모습을 표현하였다. 다만, 단지, 오직, 겨우라는 의미이다. [소전 이후 새 隹 대신 사물의 형태 口로 변형되어 일반적인 사물의 세는 단위가 되었다] 용례) 只今(지금), 但只(단지)

길이 지 咫 — 자 尺을 추가하여 길이를 재는 단위로 쓰였다. 짧다, 여덟 치(3.03cm×8)라는 의미이다. 용례) 咫尺(지척)

탱자 지(기) 枳 — 나무 木을 추가하여 크기가 작은 열매가 열리는 탱자나무를 의미한다.

살찐새 전
雋

금문	소전	예서

고문을 보면 살이 통통하게 오른 새를 표현하였음을 알 수 있다. [금문에서는 丙을 통해 좌우로 벌어진 살찐 모습을 표현하였는데 예서 이후 乃로 변형되었다]

이끌 휴 携 — 손 扌를 추가하여 사냥하여 잡은 새를 끈으로 묶어서 다니는 모습을 표현하였다. 가지다, 휴대하다, 끌다, 이끌다는 의미이다. 용례) 携帶(휴대)

떨칠 분

奮

금문	소전

고문을 보면 새 隹, 밭 田, 덮을 衣를 합친 모습이다. 새가 심어 있는 씨앗을 먹기 위해 밭의 덮어져 있는 흙을 파헤치는 모습을 표현한 것으로 떨치다, 휘두르다, 힘쓰다라는 의미가 되었다. [소전 이후 옷 衣가 큰 大로 변형되었다]

용례) 奮鬪(분투)

빼앗을 탈 奪

새가 밭에 심어진 씨앗을 빼앗아 먹는다는 뜻을 강조하고자 손 寸을 추가하여 빼앗다, 약탈하다, 잃다, 없어지다라는 의미가 되었다. [田이 생략됨]

용례) 奪取(탈취)

맑을 아

雅

소전	예서

새 隹와 송곳니 牙를 합쳐 부리가 두드러지는 메까마귀를 표현하였다. 맑다, 아름답다, 고상하다, 크다는 의미이고 후에 까마귀가 효성이 깊은 새로 여겨져 바르다, (규범에)맞다는 의미로 확장되었다.

용례) 雅致高節(아치고절)

참새 작

雀

갑골문	소전	예서

새 隹와 작을 小를 합쳐 조그만 새인 참새를 표현하였다. [예서 이후 小가 少로 변형되었다]

용례) 雀舌茶(작설차)

꿩 적 翟

갑골문	금문	소전

새 隹에 깃 羽를 합쳐 깃털을 유용하게 쓰는 꿩을 의미한다. 용례) 翟衣(적의)

뽑을 탁 擢	손 扌를 추가하여 꿩을 잡아 깃털을 뽑는 것을 표현하였다. 주로 화살 깃으로 사용하였다. 용례) 拔擢(발탁)
씻을 탁 濯	물 氵를 추가하여 꿩을 잡아 강가에서 씻는 것을 표현하였다. 화살 깃으로도 사용하므로 구석구석 깨끗하게 씻는다는 의미이다. 용례) 洗濯(세탁)
뛸 약 躍	발 足을 추가하여 꿩이 하늘로 날기 위해 땅에서 종종걸음으로 뛰는 모습을 표현하여 뛰다, 뛰어오르다는 의미이다. 용례) 跳躍(도약)
빛날 요 曜	해 日을 추가하여 꿩이 하늘을 날아올라 해 가까이 있는 모양을 통해 빛나는 모습을 표현하였다. 빛나다, 비추다, 햇빛이라는 의미이고 후에 요일이라는 의미로 확장되었다. (= 耀) 용례) 曜日(요일)

두루미 학/고상할 각 隺

소전	예서

머리에 관을 쓴 듯한 새가 두루미라는 의미이다. [두루미의 정수리 부분이 붉은색을 띠어 관을 쓴 것으로 여겼다] 후에 새가 높이 날다, 오르다, 희다, 고상하다(각)는 의미로 확장되었다.

〈민화 속의 두루미〉

학 학 **鶴**	隺이 고상하다는 뜻으로 주로 쓰이자 두루미(학)라는 의미를 명확하게 하기 위해 새 鳥를 추가하였다. 용례) 群鷄一鶴(군계일학)
굳을 확 **確**	隺의 고상하다는 뜻에서 돌 石을 추가하여 단단한 돌을 뜻한다. 굳다, 단단하다, 견고하다는 의미이다. 용례) 確信(확신)

매 응 鷹

금문	소전	예서
		鷹

고문을 보면 새 隹와 칼 刀를 합쳐 칼처럼 날카로운 부리를 가진 매를 표현하였다. [소전 이후 칼 刀의 상형을 오인하여 사람 人으로 변화하였고 예서 이후 집 广과 새 鳥가 추가되었는데 이는 매를 사냥용으로 집에서 키우게 되었음을 뜻한다]

가슴 응 **膺**	고기 月을 추가하여 매가 가슴을 펴고 앉아 있어 신체 부위 중 두드러져 보이는 곳이 가슴, 흉부라는 의미이고 후에 (마음속에) 품다, 받다, 접수하다라는 의미로 확장되었다. [鳥가 생략됨] 용례) 膺受(응수)
응할 응 **應**	膺에 마음 心을 추가하여 가슴 속으로 받아들이는 마음이라는 뜻이니 응하다, 승낙하다, 대답하다, 맞장구 치다라는 의미가 되었다. [月이 생략됨] 용례) 應分(응분)

매 준 隼

소전 1	소전 2	해서

고문을 보면 매 등 맹금류가 작은 새를 사냥하는 모습을 표현하였다. 매 등 맹금류를 의미한다. [소전 이후 사냥한다는 뜻에서 손 又의 형태로 간략화되었고 해서 이후 十의 형태로 변형되었다]

준할 준 準	물 氵를 추가하여 매가 넓은 물 위를 수평으로 날아가는 모습을 표현하였다. 고르다, 평평하다, 정밀하다는 의미이다. 후에 표준, 기준, 본보기로 삼다, 준하다(어떤 본보기에 비추어 그대로 좇다)는 의미로 확장되었다. 용례) 標準(표준)
비준 준 准	準의 속자로 주로 준하다, 허가하다, 승인하다는 의미로 사용된다. 용례) 批准(비준)

기러기 안 雁

갑골문	소전 1	소전 2	예서

고문을 보면 새 隹와 칼날 刃을 합친 모습이다. 이는 'Y'형태로 무리를 지어 날아가는 기러기의 특성을 갈라진 따비 날로 표현한 것이다. [소전 이후 刃의 상형을 오인하여 厂과 사람 人의 형태로 변형되었다]
용례) 鴻雁(홍안)

부엉이 확 萑		
	갑골문	소전

고문을 보면 쌍상투 ⺾ 모양으로 깃털이 솟아있는 부엉이를 표현하였다. 후에 그 솟은 깃털 모양이 물억새와 비슷하여 물억새라는 의미로 확장되었다.

얻을 획 獲	萑에 손 又와 개 犭을 합해 잠들어 있는 부엉이를 사냥하다, 잡다, 얻다라는 의미이다. 용례) 獲得(획득)
거둘 확 穫	獲에 벼 禾를 추가하여 벼를 수확하다는 의미이다. [犭이 생략됨] 용례) 收穫(수확)
도울 호 護	獲에 말 言을 추가하여 사냥하는데 말로 지시하다, 통솔하다, 돕다, (사냥감이 도망가지 않게) 지키다, 보호하다는 의미이다. [犭이 생략됨] 용례) 保護(보호)

황새 관 雚			
	갑골문	금문	소전

고문을 보면 萑에 두 눈을 합쳐 눈 주위가 크게 두드러지게 보이는 황새를 표현하였다. [황새의 눈 주위가 붉은색이라서 더 두드러져 보인다]

광대뼈 관(권) 顴	얼굴 頁을 추가하여 얼굴에서 황새의 눈처럼 튀어나온 부위가 광대뼈라는 의미이다.

볼 관 觀	볼 見을 추가하여 황새가 큰 눈으로 본다는 것을 강조하였다. 용례) 觀光(관광)
물 댈 관 灌	雚에 물 氵를 추가하여 논에 물을 대는 모습을 주의 깊게 지켜본다는 의미이다. [見이 생략됨] 용례) 灌漑(관개)
권세 권 權	觀에 나무 木을 추가하여 자 등 측량기구를 정확하게 보는 모습을 표현하였다. 저울, 저울추, 계량하다라는 의미이고 후에 측량되는 형세, 권세라는 의미로 확장되었다. [見이 생략됨] 용례) 政權(정권)
권할 권 勸	觀에 힘 力을 추가하여 밭에서 일하는 모습을 지켜본다는 뜻으로 권하다, 권장하다, 인도하다, 힘쓰다라는 의미가 되었다. [見이 생략됨] 용례) 勸告(권고)
기쁠 환 歡	입을 크게 벌린 모습인 欠을 추가하여 황새가 부리를 벌리고 기뻐하는 모습을 표현하였다. 기쁘다, 좋아하다라는 의미가 되었다. 용례) 歡迎(환영)
기뻐할 환 驩	歡에 말 馬를 추가하여 말이 입을 벌리고 기뻐하는 모습을 표현하였다. 기뻐하다, 즐거워하다라는 의미이다. [欠이 생략됨]

뻐꾸기 호/ 품팔 고 雇

갑골문	금문	소전

고문을 보면 새 隹와 지게문 戶를 합쳐 날개가 아래로 꺾여 지게문처럼 보이는 뻐꾸기를 표현하였다. 후에 뻐꾸기가 다른 새의 둥지에 몰래 알을 낳고 위탁하여 키우게 하는 모습에서 고용하다, 빌리다, 두리번거리다, 세내다(고)라는 의미로 확장되었다.

용례) 雇用(고용)

돌아볼 고 顧	雇의 두리번거리다는 뜻에서 머리 頁을 추가하여 돌아보다, 돌보다, 지난날을 생각하다, 생각건대라는 의미가 되었다. 용례) 回顧(회고), 顧問(고문)

새 조 鳥

갑골문	금문	소전	예서

새의 눈, 머리털, 꼬리를 상세하게 표현하여 비교적 큰 새를 상형하였다.

용례) 鳥類(조류)

섬 도 島

산 山을 추가하여 바다 위에서 새가 쉴 수 있는 산처럼 솟아있는 곳이 섬이란 의미이다. 후에 솟았다는 뜻으로 뾰족하다는 의미로 확장되었다.

용례) 島嶼(도서)

찧을 도 搗

島의 뾰족하다는 뜻에서 손 扌를 추가하여 뾰족한 것을 손으로 잡고 찧다는 의미이다. 후에 두드리다, 다듬이질하다는 의미로 확장되었다.

용례) 搗精(도정)

울 명 鳴

고문을 보면 원래 벼슬이 달린 수탉이 우는 모습을 표현하였다. 울다, 부르다는 의미이다. [소전 이후 수탉이 일반적인 새 鳥로 변형되었다]

용례) 悲鳴(비명)

갑골문	금문	소전

어찌 언 焉

금문	소전	예서	해서

고문을 보면 새 鳥와 바를 正이 합쳐진 글자임을 알 수 있다. 상상 속의 새인 언조(焉鳥)를 표현한 것으로 황색이며 장강과 회수에 살았다고 알려져 있는데 바를 正이 포함된 것으로 미루어 옳고 그름을 판단하는 새로 추정된다. 후에 어찌, 어떻게 등의 의문을 뜻하는 어조사로 사용되어졌다.

용례) 焉敢生心(언감생심)

까마귀 오

금문	소전

고문을 보면 새 鳥의 상형에서 눈알이 없는 모습이다. 까마귀의 몸과 눈동자가 모두 까만색이기에 눈이 없는 모습으로 표현되었다.

용례) 烏合之卒(오합지졸)

슬플/탄식할 오

嗚

烏에 입 口를 추가하여 사람이 죽었을 때 까마귀가 다가와 우는 모습을 표현하였다. 사람이 죽었으니 슬프다, 탄식한다는 의미이다.

용례) 嗚咽(오열)

솔개 연

鳶

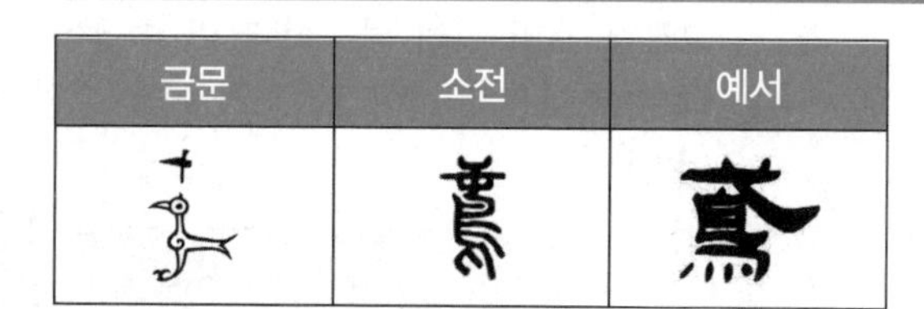

금문	소전	예서

고문을 보면 새 鳥와 무기 戈를 합쳐 하늘에서 작은 새를 낚아채는 사냥 솜씨를 가진 솔개를 표현하였다. 후에 솔개처럼 하늘 높이 난다는 뜻에서 연이란 의미로 확장되었다. [예서 이후 戈가 弋으로 변형되었다.]

용례) 鳶工(연공)

봉황새 봉

갑골문	금문	소전	예서

고문을 보면 상상 속의 새 봉황을 표현하였음을 알 수 있다. 봉황은 앞부분은 기린, 뒷부분은 사슴, 목은 뱀, 꼬리는 물고기, 등은 거북, 턱은 제비, 부리는 닭을 닮았다고 한다. [소전 이후 모든 새를 대표한다는 뜻에서 무릇 凡과 새 鳥를 합친 모습으로 변형되었다]

용례) 鳳凰(봉황)

바람 풍 風

갑골문	금문	소전	예서

고대에는 봉황의 날갯짓으로 바람이 생긴다고 생각하였기 초기에는 봉황과 바람이 같은 글자로 사용되었다. 후에 봉황이 鳳로 쓰이게 되자 무릇 凡과 벌레 虫을 합쳐 봉황에서 떨어져 나와 사람들을 간지럽히는 벌레가 바람이란 뜻으로 風이 생성되었다.

용례) 颱風(태풍)

단풍 풍 楓	나무 木을 추가하여 나무가 바람을 많이 맞아 나뭇잎의 색이 변했다는 의미이다. 용례) 丹楓(단풍)
풍자할 풍 諷	말 言을 추가하여 직접적으로 말을 하는 것이 아니고 바람을 통해 말을 전하는 것이니 풍자하다는 의미이다. 용례) 諷刺(풍자)

까치 작/신 석

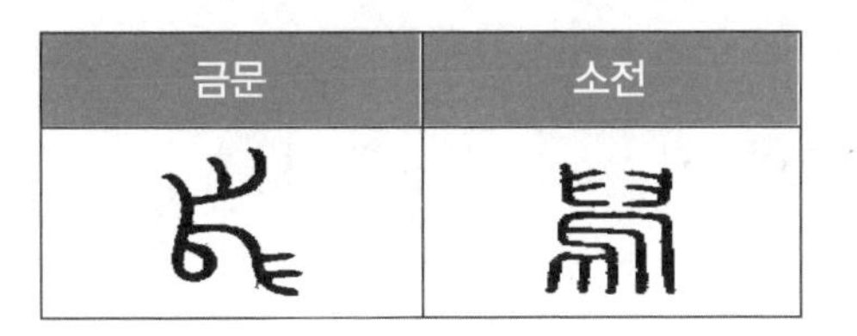

입을 강조하여 집을 짓기 위해 입에 나뭇가지 등을 항상 물고 다니는 까치를 표현하였다. 후에 까치가 지은 집 모양이 짚신과 비슷하므로 신발(석)이라는 의미가 파생되었다. [소전 이후 臼를 추가하여 사람처럼 두 손으로 무엇인가 만드는 새라는 의미를 강조하였다](= 舃)

개펄 석 潟	舄의 신이라는 뜻에서 물 氵를 추가하여 물인데 신을 신고 다닐 수 있는 곳이 개펄이라는 의미이다. 용례) 干潟地(간석지)

베낄 사 寫	舃의 신이라는 뜻에서 집 宀을 추가하여 집 안에서 새끼를 꼬아 신을 만드는 모습을 표현하였다. 발의 크기에 따라 신을 만들게 되므로 본뜨다, 베끼다라는 의미가 되었다. 용례) 寫出(사출)
쏟을 사 瀉	寫의 본뜨다는 뜻에서 물 氵를 추가하여 먹었던 음식물을 그대로 쏟다, 쏟아지다, 설사하다, 게우다라는 의미이다. 용례) 泄瀉(설사)

제비 연
燕

갑골문	소전	예서

제비집에서 어미가 물어온 벌레를 먹기 위해 입을 벌리고 날개짓하고 있는 긴 꼬리가 특징인 제비를 표현하였다. 후에 나라 이름으로도 쓰였다.

용례) 燕山君(연산군)

깃/날개 우
羽

고문을 보면 새의 펼쳐진 한쪽 날개를 그렸음을 알 수 있다. 깃, 날개라는 의미이다. [금문 이후 양쪽 날개의 형태로 변형되었다] 용례) 羽化登仙(우화등선)

익힐 습 習

고문을 보면 羽에 음식을 뜻하는 白을 추가하여 새가 하늘을 날다 땅에 있는 먹이를 잡는 모습을 표현하였다. 먹이를 잡기 위해 땅으로 여러 번 날갯짓하여 내려오므로 익히다. 연습하다라는 의미로 확장되었다. 용례) 學習(학습)

갑골문	소전	예서	해서

햇빛 밝을 욱

갑골문	금문	소전

고문을 보면 해 日과 깃 羽를 합쳐 해가 하늘 높이 솟은 모습을 표현하였다. 해가 높이 뜬 모습이니 밝다, 빛나다는 의미이다. [금문 이후 해가 솟았다는 뜻을 강조하기 위해 설 立을 추가되었고 소전 이후 날개 羽가 생략되었다] 용례) 昱耀(욱요)

빛날 욱 煜

昱의 빛나다라는 뜻을 강조하고자 불 火를 추가하여 빛나다, 비치다, 성하다는 의미가 되었다. 용례) 炳煜(병욱)

도울 익

갑골문	금문	소전

고문을 보면 설 立과 날개 羽를 합쳐 날개를 활짝 편 모습을 표현하였다. 새가 날다라는 의미이나 후에 날개는 새가 나는 것을 도와주는 역할이므로 돕다, 보좌하다라는 의미로 확장되었다. (=翌)

다음날 익 翌

원래 翊과 같은 어원이나 후에 빛날 昱과 오인되면서 (새날이) 밝다, 이튿날이라는 의미가 파생되었다. 용례) 翌日(익일)

높이 날 료(요)

翏

금문	소전	예서	해서

고문을 보면 새가 날개를 활짝 펴고 높이(㐱) 날아오른 모습을 표현하였음을 알 수 있다. 높이 날다, 높다, 바람 소리라는 의미이다.

쓸쓸할 료(요) 寥	翏의 바람 소리란 뜻에서 집 宀을 추가하여 집에 바람 소리만 나고 있으니 쓸쓸하다, 적막하다는 의미이다. **용례) 閑寥(한료)**
그르칠 류(유) 謬	翏의 바람 소리란 뜻에서 말 言을 추가하여 의미 없는 말을 한다는 뜻이니 속이다, 사리에 맞지 않다, 잘못하다, 그르치다, 틀리다, 잘못, 착오라는 뜻이다. **용례) 誤謬(오류)**
아교 교 膠	翏의 높다는 뜻에서 고기 月을 추가하여 고기 등을 오래 고아서 만드는 아교(阿膠)를 의미하게 되었다. [아교는 짐승의 가죽, 힘줄, 뼈 등을 진하게 고아서 굳힌 것이다] **용례) 膠着(교착)**
죽일 륙(육) 戮	翏의 높다는 뜻에서 창 戈를 추가하여 심하게 창을 휘두른다는 뜻이니 죽이다, 육시하다, 욕보이다 는 의미이다. **용례) 戮屍(육시)**

아닐/비방할 비

非

금문	소전	예서

새가 양 날개를 활짝 편 모습을 표현하였다. 새를 잡으려고 하였으나 날아가 버린다는 뜻이므로 아니다, 그르다, 나쁘다, 어긋나다는 의미가 되었고 후에 새가 움츠리고 있다가 날개를 활짝 편 모습에 비유하여 숨기고 있던 허물, 거짓을 퍼트려 헐뜯다, 비방하다는 의미로 확장되었다. 또한 한자 모습이 北과 비슷하여 등지다, 배반하다는 의미로도 쓰인다. **용례) 非難(비난)**

슬플 비 悲	마음 心을 추가하여 새가 날아가 버렸으니 그 마음이 슬프다, 서럽다는 의미이다. 용례) 悲嘆(비탄)
바퀴/날 비 蜚	곤충 虫을 추가하여 잘 나는 곤충이 바퀴라는 의미이다. 용례) 流言蜚語(유언비어)
물총새 비 翡	가지런한 날개모양인 羽를 추가하여 새가 날개를 활짝 폈다가 가지런히 모으며 물 속의 고기를 잡는 물총새를 표현하였다. 후에 물총새의 몸 색이 비취색이므로 비취옥이라는 의미로 확장되었다. 용례) 翡翠(비취) 〈사냥하는 물총새〉
비단 비 緋	실 糸를 추가하여 새가 날개를 활짝 편 것처럼 자수가 화려하게 새겨져 있는 비단을 의미한다. 용례) 緋緞(비단)
헐뜯을 비 誹	非의 비방하다는 뜻을 명확하게 하기 위해 말 言을 추가하여 감춰 있던 허물을 말하는 것이니 헐뜯다, 비방하다는 의미이다. 용례) 誹謗(비방)
비적 비 匪	상자 匚을 추가하여 상자 안에 있던 물건이 날아가 버렸다는 뜻으로 누군가 훔쳐갔으니 비적(떼지어 다니는 도적)이란 의미가 생겼다. 후에 상자에 새의 날개처럼 활짝 핀 그림을 그린 것에 비유하여 문채, 채색이란 의미로 확장되었다. 용례) 共匪(공비)
사립문 비 扉	문 戶를 추가하여 새의 날개처럼 펼쳐 여는 사립문이란 의미가 되었다. 용례) 柴扉(시비)
성씨 배 裵	옷 衣를 추가하여 화려하게 치장한 옷을 표현하였으나 후에 사람의 성씨로 사용되었다.
무리 배 輩	차 車를 추가하여 고대에 전쟁은 전차전이 주였기에 전차를 새의 날개처럼 활짝 펼친 모습을 통해 무리, 줄, 순서라는 의미가 되었다. 용례) 先輩(선배)
밀칠 배 排	손 扌를 추가하여 날개를 펼치는 것처럼 두 손으로 밀어내는 모습을 통해 밀치다, 밀어내다, 물리치다, 배척하다라는 의미이다. 용례) 排除(배제)
어정거릴 배 徘	걸을 彳을 추가하여 새가 하늘을 자유롭게 나는 것을 사람에 비유하여 여기저기 돌아다니다, 어정거리다, 방황하다는 의미이다. 용례) 徘徊(배회)

배우 배 俳	사람 亻을 추가하여 새의 깃털로 장식한 우두머리를 표현하였다. 고대에는 새가 하늘의 전령사라고 여겼기에 새의 깃털로 분장을 하였다. 이와 같이 새의 형상을 하던 우두머리라는 의미가 후에 분장한 사람, 다른 형상을 표현하는 사람, 배우, 광대라는 의미로 확장되었다. 용례) 俳優(배우)
허물 죄 罪	고문을 보면 원래 허물은 코를 뜻하는 自와 형벌도구인 辛을 상형하여 죄를 지은 죄인에게 형벌을 가하는 모습을 표현한 것이다. 후에 해당 글자가 皇과 비슷하여 그물 罒과 그릇될 非를 합쳐 허물이란 의미로 사용하게 되었다. 재앙, 잘못, 허물이란 의미이다. 용례) 犯罪(범죄)

금문	소전 1	소전 2	예서 1	예서 2

날 비
飛

소전	예서	해서

새가 날개를 펴고 하늘을 나는 모습을 표현하였다. [새가 나는 것은 먹이를 잡기 위해서이므로 날개 이외에 새가 먹이를 낚아채는 손 모양을 추가하였는데 예서 이후 되 廾의 형태로 변형되었다.] 용례) 飛上(비상)

개 견 犬

갑골문	금문	소전	예서

입을 벌리고 있고 귀가 긴 것이 특징인 개의 모습을 표현하였다. 개는 인류가 늑대를 길들여 처음 사육하였던 동물이다. (다른 글자와 함께 사용될 경우 犭으로 쓰고 일반적인 짐승이란 의미로 쓰인다) 용례) 忠犬(충견)

삽살개 방 尨

터럭 彡을 추가하여 털이 많이 난 개를 표현하였다. 삽살개, 높고 크다, (색이) 섞이다, 얼룩얼룩하다는 의미이다. 용례) 尨大(방대)

갑골문	소전

울 곡 哭

고문을 보면 머리를 풀어 헤진 사람이 크게 소리치는 모습을 표현하였음을 알 수 있다. 상을 당해 울다, 곡하다는 의미이다. [소전 이후 엎드린 사람의 상형이 犬으로 변형되었다] 용례) 痛哭(통곡)

갑골문	금문	소전

옥 옥 獄

고문을 보면 짐승 둘이 서로 으르렁거리며 싸우는 모습을 표현하였다. 둘이 서로 비난한다는 뜻에서 송사라는 의미이나 후에 송사에 대한 과정이란 뜻에서 옥, 판결, 죄라는 의미로 확장되었다.

용례) 地獄(지옥)

금문	소전	예서

엎드릴 복 伏

금문	소전

고문을 보면 사람 옆에 개가 바짝 엎드린 모습을 표현하였다. 주인의 눈치를 보면 복종하는 모습이므로 살피다, 엎드리다, 굴복하다, 숨기다는 의미이다.

용례) 屈伏(굴복)

보 보/스며흐를 복 洑

伏의 굴복하다라는 뜻에서 물 氵를 추가하여 흐르는 물을 굴복시켜 모아 놓은 것이 보라는 의미이다. 후에 보에서 물이 흐른다는 뜻으로 스며흐르다(복)라는 의미로 확장되었다. **용례) 水中洑(수중보)**

냄새 취 臭

고문을 보면 개 犬과 코를 뜻하는 自를 합쳐 냄새를 잘 맡는 사냥개의 특성을 표현하였다. 냄새를 맡다, 냄새라는 의미이나 후에 지독한 냄새라는 뜻에서 썩다, 몹시, 심하게라는 의미로 확장되었다.

용례) 惡臭(악취)

맡을 후 嗅

臭가 냄새라는 의미로 주로 쓰이자 입 口를 추가하여 사냥개가 냄새를 맡고 사냥감을 찾아 짖다, (냄새를) 맡다라는 의미를 강조하였다.

용례) 嗅覺(후각)

그럴 연 然

금문	소전	예서

고문을 보면 짐승의 털을 불로 그을리는 모습을 표현하였다. 가장 맛있게 먹는 방법이므로 그러하다, 틀림이 없다, 명백하다는 의미가 되었다. 용례) 自然(자연)

탈 연 燃
然이 그러하다는 뜻으로 주로 사용되자 불 火를 추가하여 불에 타다, 사르다는 의미를 강조하였다. 용례) 燃料(연료)

비틀 년(연) 撚
然의 불로 그을리다라는 원뜻에서 손 扌를 추가하여 비틀다, 손끝으로 비비다라는 의미이고 후에 (실, 종이 따위를)비비어 꼬다는 의미로 확장되었다. 용례) 撚紙(연지)

달릴 발

소전	예서	해서

고문을 보면 사냥개가 사냥감을 낚아챈 모습을 표현한 것으로 추정된다. 후에 개가 달리는 모양, 달리다라는 의미가 되었다.

뽑을 발 拔
손 扌를 추가하여 사냥개가 사냥감을 잡은 모습을 강조하였다. 손으로 잡다, 빼다, 뽑다라는 의미이고 후에 훌륭한 사냥 솜씨라는 뜻에서 빼어나다, 뛰어나다는 의미로 확장되었다. 용례) 拔群(발군), 拔刀(발도)

밟을 발 跋
발 足을 추가하여 사냥개가 사냥감을 잡아 발로 제압한 모습을 강조하였다. 밟다, 짓밟다, 난폭하다, 사납다는 의미이다. 용례) 跋扈(발호)

터럭 발 髮	머리카락이 늘어진 모습 髟을 추가하여 개가 달리면서 털이 날리는 모습을 표현하였다. 사람의 머리카락이나 짐승의 털 등을 포괄하는 터럭을 의미한다. 용례) 假髮(가발)
가물 발 魃	귀신 鬼를 추가하여 빨리 달리는 귀신이란 뜻으로 원래 태양을 다루는 신을 의미한다. 후에 태양의 신으로 인하여 가뭄이 생기므로 가물다, 가뭄이란 의미가 되었다. 용례) 旱魃(한발)

고대 중국 신화에 황제 헌원의 딸이 魃이었는데 태양의 힘을 다루는 신이었다고 한다. 황제 헌원이 치우와 싸우게 되었을 때 치우의 부하 중에 비의 신 우사와 구름의 신 운사가 만들어 낸 폭풍우를 魃이 태양의 힘으로 날려버리고 승리를 거두게 되었는데 그로 인하여 힘이 빠져 천계로 가지 못하고 지상에 남게 되었다고 한다. 그 이후로 그녀가 머무는 곳은 태양의 기가 너무 강해 가물게 되었기에 계곤산으로 들어가 홀로 살게 되면서 가끔 지상으로 내려올 때 가뭄이 생긴다고 한다.

사슴 록 鹿

갑골문	금문	소전	예서

큰 눈과 긴 다리, 뿔이 특징인 사슴을 표현하였다. [뿔과 몸 형태가 예서 이후 집 广 모양으로 변형되었다] 용례) 鹿茸(녹용)

산기슭 록 麓	수풀 林을 추가하여 나무들 사이에 사슴이 보이니 사슴이 출몰하는 산기슭이라는 의미이다. 용례) 短麓(단록)
티끌 진 塵	흙 土를 추가하여 사슴이 무리 지어 달려가 흙먼지가 일어나는 모습을 표현하여 티끌, 더럽힌다는 의미이다. 용례) 粉塵(분진)
경사 경 慶	고문을 보면 심장이 뛰는 짐승을 표현한 것으로 추정된다. 즉 살아있는 짐승을 잡았다는 뜻이니 복, 경사, 경사스럽다, 기뻐한다는 의미이다. [금문 이후 일반 짐승의 상형이 귀한 사슴으로 변형되었다] 용례) 慶事(경사)

갑골문	금문	소전

고울 려(여)

麗

갑골문	금문	소전	예서

고문을 보면 사슴뿔이 양쪽으로 자란 모습을 표현하였다. 짝, 짝짓다라는 의미이나 후에 짝으로 이루어진 아름다운 뿔이라는 뜻에서 곱다, 아름답다, 빛나다는 의미로 확장되었다.

용례) 華麗(화려)

가라말 려(여) 驪

麗의 아름답다는 뜻에서 말 馬를 추가하여 고운 가라말(털빛이 온통 검은 말), 검은 말을 의미한다.

뿌릴 쇄 灑

麗의 아름답다는 뜻에서 물 氵를 추가하여 물을 뿌려 깨끗하고 빛나게 하다는 뜻으로 뿌리다, 깨끗하다, 소제하다는 의미이다.

용례) 灑掃(쇄소)

해태 치(태)

갑골문	금문	소전

몸 전체가 비늘로 덮여 있고 머리에는 뿔, 목에는 방울이 달려 있으며 겨드랑이에는 날개를 닮은 깃털이 있는 전설 속의 동물 해태를 의미한다.

고대 중국 신화에 나오는 상상 속의 동물 해태(獬豸)는 사람의 옳고 그름을 판단할 수 있는 능력이 있어 사람이 싸우거나 사람의 정직하지 못함을 보면 이를 응징한다고 알려져 있으며 해치라고 불리기도 하는데 해치는 순우리말 고어로 '해님이 파견한 벼슬아치'의 줄임말이라고 한다. 고대부터 사법의 상징으로 법을 집행하는 사람들의 의복이나 모자에 장식하여 사용하였다.

천거할 천 薦	풀 艹를 추가하여 해태가 풀을 먹는 모습을 표현하였다. 후에 해태에게 음식을 올리다라는 뜻에서 제사 지내다, 드리다, 올리다, 천거하다라는 의미로 쓰이게 되었다. 용례) 薦擧(천거)
법 법 法	고문을 보면 해태 廌, 갈 去, 물 水의 조합으로 이루어져 있다. 해태는 전설상의 동물로 옳고 그름을 분별하여 잘못을 저지른 사람을 뿔로 들이박는다고 알려져 있으므로 잘못한 사람을 해태가 뿔로 받아 물에 빠지게 한다는 뜻으로 고대의 법의 집행을 표현한 것이다. 법이란 의미이다. [소전 이후 해태가 빠진 형태로 간략화되었다] 용례) 法律(법률)

금문	소전 1	소전 2	예서
			法

말 마
馬

갑골문	금문	소전	예서
			馬

말의 큰 눈과 갈기, 꼬리를 표현하였다. 용례) 出馬(출마)

꾸짖을 매 罵	그물 罒을 추가하여 말을 안 듣는 야생말을 그물로 씌어 잡는다는 뜻으로 꾸짖다, 욕설이란 의미로 확장되었다. 용례) 罵倒(매도)
굴레 기 羈	罵가 꾸짖다는 뜻으로 쓰이자 가죽 革을 추가하여 야생말을 얽매인다는 뜻을 명확하게 하였다. 굴레, 얽매이다, 구금하다, 억류하다는 의미이고 후에 인질로 억류되어 있는 사람이란 뜻으로 객지살이, 타관살이하다, 나그네라는 의미로 확장되었다. 용례) 羈束(기속)

소 우 牛	갑골문	금문	소전	예서

소의 특징인 눈과 위로 솟은 뿔을 표현하였다. [예서 이후 뿔 하나의 형태로 간략화되었다.] 용례) 牛耕(우경)

소 우는 소리 모 牟	소가 입을 벌린 모습을 표현하였다. 소 우는 소리, 소가 울다, 소가 여물을 먹는 모양을 의미하고 후에 소가 여물을 많이 먹으므로 크다, 탐내다, 범하다는 의미로 확장되었다. 또한 글자 모양으로 인하여 날카롭게 자라는 보리라는 뜻도 생성되었다.
숫컷 모 牡	솟아난 성기 모습을 추가하여 수컷을 표현하였다. [금문 이후 성기 모양이 흙 土로 변형되었다] 용례) 牡丹(모란) 갑골문 / 금문 / 소전
우리 뢰(뇌) 牢	집 宀을 추가하여 소가 지내는 집이 우리라는 의미이다. 용례) 牢獄(뇌옥)
물건 건 件	사람 人을 추가하여 사람이 소를 잡고 있는 모습을 표현하였다. 고대에는 소가 농사일에 가장 중요한 일을 하므로 하여 집집마다 소를 키웠기에 자신의 물건, 세는 단위를 의미한다. 후에 사물 이외에 일, 사건 등을 센다는 의미로 확장되어 사건, 조건, 문건 등으로 확장되었다. 용례) 件數(건수)

해체할 해
解

갑골문	금문	소전

고문을 보면 소의 뿔 角을 해체하는 모습을 표현하였음을 알 수 있다. 해체하다, 쪼개다, 풀다, 벗다라는 의미이다. [금문 이후 칼 刀가 추가되었다]

용례) 解脫(해탈)

게으를 해 懈 — 解의 풀다라는 뜻에서 마음 忄을 추가하여 마음이 풀어져 버렸다는 뜻으로 게으르다, 나태하다는 의미이다. 용례) 懈怠(해태)

만날 해 邂 — 解이 쪼개다라는 뜻에서 갈 辶을 추가하여 헤어진다는 의미였으나 후에 (우연히) 다시 만나다, 우연, 요행이라는 의미로 확장되었다. 용례) 邂逅(해후)

알릴 고/국문할 곡
告

갑골문	금문	소전	예서

고문을 보면 제기에 소를 잡아 담은 모습을 표현하였다. 소를 제물로 바치는 것은 큰 제사이므로 (하늘에) 고하다, 알리다, 여쭈다, 하소연하다, 깨우쳐 주다라는 의미이다. 큰 제사라는 뜻에서 크다라는 의미를 내포한다. 후에 임금이 직접 주재하는 큰 조사 대상인 국문이란 의미로 확장되었다. 용례) 告別(고별)

지을 조 造 — 告의 소를 잡는다는 원뜻에서 갈 辶을 추가하여 제물을 제단으로 가져가는 모습이니 이루다, 성취하다, 이룩하다, 짓다, 만들다라는 의미가 되었다. 용례) 造作(조작)

넓을 호 浩	告의 크다라는 뜻에서 물 氵를 추가하여 넓다, 광대하다, 크다, 성대하다는 의미이다. 용례) 浩然之氣(호연지기)
희다 호 皓	告의 크다라는 뜻에서 흰 白을 추가하여 선명하게 희다, 깨끗하다는 의미이다. 용례) 丹脣皓齒(단순호치)
넓을 호 澔	皓에 물 氵를 추가하여 깨끗하고 넓다, 광대하다, 크다, 성대하다는 의미이다.
밝을 호 晧	告의 크다라는 뜻에서 해 日을 추가하여 선명하게 밝다, 빛나다, 넓고 크다는 의미이다. 용례) 晧雪(호설)
심할 혹 酷	告의 큰 제사라는 뜻에서 술 항아리 酉를 추가하여 제사를 지내면서 쓰는 전국술(군물을 타지 않은 진국의 술)을 의미하여 독하다, 심하다는 뜻이다. 용례) 酷毒(혹독)
고니/과녁 곡 鵠	告의 크다라는 뜻에서 새 鳥를 추가하여 큰 새인 흰 백조, 고니를 의미한다. 후에 과녁에 눈에 잘 띄는 흰 백조를 그렸으므로 과녁, 정곡이란 의미로 확장되었다. 용례) 正鵠(정곡)
수갑 곡 梏	告의 조사하다, 국문하다는 뜻에서 나무 木을 추가하여 조사하기 위해 죄인에게 나무로 만든 수갑을 채운다는 뜻이다. 용례) 桎梏(질곡)

반 반 半

금문	소전

소 牛와 나눌 八을 합쳐 소를 반으로 나눈 모습을 표현하였다. 용례) 折半(절반)

짝 반 伴	사람 人을 추가하여 반으로 나누어진 소를 사람에 비유하여 짝, 반려자, 동반자, 동반하다, 의지하는 의미가 되었다. 용례) 伴侶者(반려자)
얽어맬 반 絆	실 糸를 추가하여 반으로 나누어진 어떠한 물건을 실로 얽어매다, 묶다는 의미이다. 용례) 絆瘡膏(반창고)

밭두둑 반 畔 밭 田을 추가하여 밭과 밭을 나누는 지경, 밭두둑이란 의미가 되었다. 용례) 湖畔(호반)

버릴 반 拌 반으로 나누는 것을 강조하여 손 扌를 추가하였고 나누다, 쪼개다는 의미였으나 후에 내버리다는 의미로 확장되었다. 용례) 攪拌(교반)

판단할 판 判 칼 刂를 추가하여 반으로 나눈다는 뜻이다. 고대에는 물건 등을 반으로 나눠 서로 증표로 삼은 후 나중에 이를 맞춰보았으므로 나누다, 가르다, 떨어지다, 구별하다는 의미 이외에 판단하다, 판가름하다는 의미가 생겼다. 용례) 判斷(판단)

무소 서 犀

금문	소전	예서

고문을 보면 소 牛와 꼬리 尾를 합친 모습으로 尾에는 교미하다라는 뜻이 있어 소가 다른 짐승과 교미하여 낳은 것이 무소(코뿔소)라는 의미이다. 용례) 犀角(서각)

더딜 지 遲 갈 辶을 추가하여 코뿔소가 천천히 간다는 뜻으로 더디다, 늦다, 느리다, 굼뜨다, 오래다는 의미이다. 용례) 遲延(지연)

뿔 각 角

갑골문	금문 1	금문 2	소전	예서

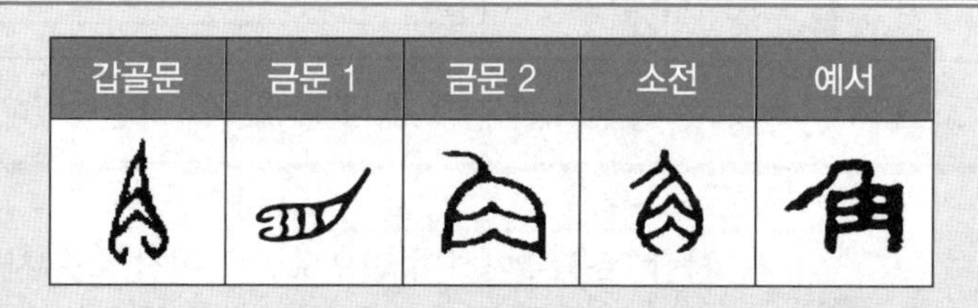

소의 뿔 모습으로 끝이 뾰족하고 테가 있는 특징을 표현하였다. 짐승의 뿔이란 의미이고 뿔이 각이 졌으므로 모, 구석, 각도라는 의미로 확장되었다. 또한, 짐승들이 뿔을 부딪쳐 싸우므로 닿다, 접촉하다, 겨루다, 견주다라는 뜻도 파생되었다. 용례) 角逐(각축)

저울대 형/ 가로 횡 衡	고문을 보면 뿔 角, 큰 大, 사거리 行의 조합으로 소의 뿔에 맞는 뿔막이 나무를 달고 거리를 지나감을 표현하였다. 후에 (수레의)가로장, 도리(서까래를 받치기 위하여 기둥 위에 건너지르는 나무), 비녀라는 의미로 확장되었고 가로로 넓은 나무라는 뜻으로 저울대, 저울, 가로지르다, 가로(횡)이라는 의미가 파생되었다. 용례) 衡平(형평), 連衡策(연횡책)

금문	소전	예서

양 양

갑골문	금문	소전	예서

양의 구부러진 뿔을 특징적으로 표현하였다. 양은 젖도 짤 수 있으므로 소중한 동물이었기 때문에 고대에 제물로 바치는 동물 중 가장 신성시 여겼으므로 양, 상서롭다, 크다는 의미가 되었다. 후에 양이 떼로 뭉쳐 다닌다는 뜻에서 배회하다는 의미로 확장되었다.

용례) 羊毛(양모)

큰 바다 양 洋	羊의 크다는 뜻에서 물 氵를 추가하여 물이 크게 모인 큰 바다라는 의미이다. 용례) 海洋(해양)
강이 길 양 羕	羊의 크다는 뜻에서 길 永을 추가하여 강의 수량이 풍부하고 길다는 의미이다.
모양 양 樣	羕에 나무 木을 추가하여 목재로 사용하기 좋은 키가 크고 넓은 나무를 표현하였다. 모범, 본보기, 표본, 견본, 모양, 꼴, 형태, 형상, 태도, 표정이라는 의미가 되었다. 용례) 樣式(양식)
기를 양 養	羊의 크다는 뜻에서 먹을 食을 추가하여 양에게 밥을 먹여 크게 하다, 기르다, 먹이다는 의미이다. 용례) 養成(양성)

가려울 양 癢	養에 병 疒을 추가하여 양을 많이 기르면 생기는 병이 가려움이란 뜻으로 가렵다, 넓다, 종기라는 의미이다. [양을 키우려면 넓은 초원을 다녀야 하므로 풀 등에 있는 진드기로 인하여 가려움이 많이 생긴다] 용례) 技癢症(기양증)
근심할/병 양 恙	羊의 배회하다라는 뜻에서 마음 心을 추가하여 마음이 계속 방황하고 있으니 근심하다, 걱정하다, 병이라는 의미가 되었다. 용례) 無恙(무양)
날 상 翔	羊의 배회하다는 뜻에서 깃 羽를 추가하여 새가 깃을 펴고 하늘을 배회하는 모습이니 날다는 의미이다. 용례) 飛翔力(비상력)
상서로울 상 祥	羊의 상서롭다는 뜻에서 제단 示를 추가하여 제단에 귀한 양을 바치는 것이니 제사, 상서롭다, 복이란 의미이다. 용례) 不祥事(불상사)
자세할 상 詳	羊의 상서롭다는 뜻에서 말 言을 추가하여 상서로운 양을 바치고 정성스럽게 기원하는 모습이니 자세하다, 자세히 알다, 다하다, 모두, 모조리라는 의미가 되었다. 용례) 詳細(상세)
학교 상 庠	羊의 상서롭다는 뜻에서 집 广을 추가하여 상서로운 것을 가르치는 곳이 학교라는 의미이다. 용례) 庠序(상서)
성씨 강 姜	여자의 머리 모양이 양의 뿔처럼 양쪽으로 묶은 모습을 표현하였다. 해당 머리를 하는 강족을 의미한다. 용례) 姜太公(강태공)

갑골문	금문	소전

아름다울 미 美

갑골문	금문	소전

고문을 보면 원래 깃털 등을 머리에 꽂아 장식한 사람을 표현하였다. 축제를 위해 머리 장식을 한 모습이므로 아름답다, 즐기다라는 의미가 되었다. [금문 이후 머리 장식 모양을 오인하여 羊으로 변형되었다] 용례) 美人(미인)

새끼양 고

갑골문	금문	소전	예서

고문을 보면 양을 불에 올려 굽는 모습을 표현하였다. 불에 굽다, 맛있다, 즐기다는 의미이다. 후에 작은 양이 맛있으므로 작은 양이란 의미로 확장되었다. (= 羙)

용례) 羔羊(고양)

가마 요 窯

羔의 굽다라는 뜻에서 동굴 穴을 추가하여 동굴과 같은 모양에 물건을 넣고 굽는 가마(도자기, 기와, 벽돌 따위를 구워내는 시설)를 의미한다.

용례) 陶窯(도요)

국 갱 羹

고문을 보면 羔를 위아래에 겹쳐 많은 음식을 먹으며 즐기는 모습을 표현하였다. 후에 많은 음식이란 뜻에서 국이란 의미가 되었다. [예서 이후 아래 羔가 오인되어 美로 변형되었다]

용례) 羊羹(양갱)

소전	예서

착할 선

금문	소전	예서

고문을 보면 양을 사이에 두고 두 사람이 거래하는 모습을 표현하였다. 품질이 좋은 양을 거래하는 모습이니 옳다, 훌륭하다, 착하다는 의미이다.

용례) 善行(선행)

선물/반찬 선 膳	善의 훌륭하다는 뜻에서 고기 月을 추가하여 제물로 바칠 수 있는 좋은 양을 강조하여 선물, 희생고기, 음식, 반찬이라는 의미가 되었다. 용례) 膳物(선물)
기울 선 繕	善의 훌륭하다는 뜻에서 실 糸를 추가하여 실로 바르게 만든다는 뜻이니 헤진 곳을 깁다, 고치다, 수선하다는 의미이다. 용례) 修繕(수선)
고울/생선 선 鮮	善의 훌륭하다는 뜻에서 물고기 魚를 추가하여 물고기가 좋다는 뜻이니 잡은 물고기가 싱싱하다, 선명하다, 곱다, 생선이라는 의미이다. [言이 생략됨] 용례) 鮮明(선명)
부러워할 선 羨	善의 훌륭하다는 뜻에서 침을 흘리는 모습 次을 추가하여 품질이 좋은 양을 보고 침을 흘린다는 뜻으로 탐내다, 부러워하다라는 의미이다. [言이 생략됨] 용례) 羨望(선망)

어린양 달 羍	소전	예서	해서 1	해서 2
	羍	羍	羍	幸

고문을 보면 사람 大와 양 羊을 합쳐 옆에서 끌고 다녀야 하는 아직 어린 양을 표현하였다.(= 幸)

통달할 달 達	갈 辶을 추가하여 양떼를 잘 이끌고 목적지에 간다는 뜻으로 통달하다, 통하다, 이르다, 도달하다, 능숙하다는 의미가 되었다. 용례) 達人(달인)
때릴 달 撻	達에 손 扌를 추가하여 무리에서 벗어난 양을 때려 제자리로 돌아가게 한다는 뜻으로 때리다, 매질하다는 의미이다. 용례) 指導鞭撻(지도편달)

산양 환 莧

갑골문	금문	소전

일반 양보다 뿔이 가늘고 산에 살고 있는 산양의 모습을 표현하였다.

너그러울 관 寬

莧에 집 宀을 추가하여 산양의 집이란 뜻으로 산양이 온 산을 제집으로 삼아 돌아다니므로 넓다, 광활하다, 크다는 의미이고 후에 사람에 비유하여 관대하다, 너그럽다, 도량이 크다는 의미로 확장되었다.

용례) 寬大(관대)

돼지 시

갑골문	금문	소전	예서

고문을 보면 얼굴이 평평하고 살이 찐 모습이 특징인 돼지를 표현하였다.

용례) 豕心(시심)

돼지 돈 豚

멧돼지를 고기를 목적으로 집에서 키우게 되었는데 이러한 가축으로의 돼지를 의미하여 고기 月을 추가하였다.

용례) 養豚(양돈)

쫓을 축 逐

고문을 보면 돼지 豕와 발 止를 합쳐 돼지를 잡기 위해 뒤쫓다, 쫓다, 쫓아내다는 의미가 되었다. [소전 이후 조금걸을 彳을 추가하였다]

용례) 逐出(축출)

갑골문	소전	예서

단 단 彖

갑골문	금문	소전	예서	해서

고문을 보면 돼지에 화살이 박혀 튀어나온 모습을 표현하였다. 튀어나오다, 뚫다, 끊다, 토막, 자르다라는 의미이다. [소전 이후 돼지 豕와 뚫어 나온 화살촉 彑의 형태로 변형되었다]

용례) 彖角果(단각과)

부리 훼(달) 喙	彖의 튀어나오다라는 뜻에서 입 口를 추가하여 튀어나온 새의 부리라는 의미이다. 용례) 喙長三尺(훼장삼척)
인연 연 緣	彖의 튀어나오다라는 뜻에서 실 糸를 추가하여 튀어나온 실을 잇는 모습에서 인연, 연줄, 연유하다, 인하다, 말미암다는 의미가 되었다. 용례) 緣分(연분)
서까래 연 椽	彖의 튀어나오다라는 뜻에서 나무 木을 추가하여 집의 지붕에 튀어나오게 올리는 서까래라는 의미이다. 용례) 野椽(야연)
전자 전 篆	彖의 토막이라는 뜻에서 대나무 竹을 추가하여 고대 대나무 조각에 글을 써서 묶어 놓은 책을 의미한다. 고대 중국 진시황은 이사를 통해 통일된 문자인 전자(篆字)를 만들게 하였기 때문에 통상적으로 당시 사용하던 서체를 의미하게 되었다. 용례) 篆書(전서)

따를/드디어 수

갑골문	소전	예서

고문을 보면 돼지 豕와 나눌 八을 합쳐 멧돼지가 풀을 헤치고 도망가는 모습을 표현하였다. 가다, 떠나가다라는 의미이고 이를 쫓아간다는 뜻에서 따르다, 순응하다, 답습하다라는 의미로 확장되었다. 후에 따라잡다라는 뜻에서 이루다, 드디어, 마침내라는 의미가 파생되었다.

따르를/드디어 수 遂	㒸의 따르다라는 뜻에서 갈 辶을 추가하여 따르다라는 의미를 강조하였다. 㒸와 같은 의미이다. 용례) 遂行(수행)
떨어질 추/무리 대 隊	언덕 阝를 추가하여 도망가던 멧돼지가 언덕에서 떨어지는 모습을 표현하였다. 떨어지다(추)라는 의미이고 후에 무리 지어 멧돼지를 몰아 떨어뜨린다는 뜻에서 무리(대)라는 의미로 확장되었다. 용례) 軍隊(군대)
떨어질 추 墜	隊의 떨어지다라는 뜻에서 흙 土를 추가하여 땅으로 떨어지다라는 의미를 강조하였다. 용례) 墜落(추락)

성나 털 일어날 의 豙

금문	소전	예서	해서
			豙

고문을 보면 돼지 豕에 문신을 새기는 도구 辛를 합쳐 구별하기 위해 낙인을 찍는 모습을 표현하였다. 돼지가 화가 나 털이 일어난다는 의미로 쓰인다. [소전 이후 辛이 立으로 축약되었다]

굳셀 의 毅	豙의 화를 낸다는 뜻에서 몽둥이 殳를 추가하여 성내다, 발끈하다라는 의미이나 후에 굳세다, 강인하다, 용맹스럽다는 의미로 확장되었다. 용례) 毅然(의연)

발 얽은 돼지 축(촉)

갑골문	금문	소전

돼지를 잡거나 거세하기 위해 다리를 묶은 모습을 표현하였다.

다듬을 탁 琢 豖의 거세한다는 뜻에서 옥 玉을 추가하여 옥을 쪼다, 다듬다, 연마하다라는 의미이다.

용례) 琢磨(탁마)

무덤 총

금문	소전	해서
		冢

고문을 보면 묶을 돼지 豖와 쌀 勹를 합쳐 돼지의 네다리를 묶어 돼지가 둥글게 몸을 만 형태를 표현하였다. 많다, 크다는 의미이고 후에 큰 언덕, 봉토, 무덤이라는 의미로 확장되었다. [해서 이후 勹가 冖으로 변형되었다]

무덤 총 塚 흙 土를 추가하여 언덕, 무덤이란 의미로 강조하였다.

용례) 貝塚(패총)

돼지 해

亥

갑골문	금문 1	금문 2	소전	예서	해서
[illegible]	[illegible]	[illegible]	[illegible]	[illegible]	亥

고문을 보면 머리와 다리 부분을 자른 짐승의 몸통만을 표현한 것으로 추정된다. 자르다, 분리하다, 핵심이라는 의미이다. 후에 십이지의 열둘째 지지로 쓰이게 되면서 십이지수와 결합하여 돼지라는 뜻이 파생되었다.

기침 해 咳	亥의 분리하다라는 뜻에서 입 口를 추가하여 입에서 말과 분리되어 나오는 기침이란 의미이다. 용례) 咳嗽(해수)
놀랄 해 駭	亥의 분리하다라는 뜻에서 말 馬를 추가하여 말에서 분리되어 떨어지다라는 의미이다. 후에 말이 놀라다, 소란스럽다는 의미로 확장되었다. 용례) 駭怪罔測(해괴망측)
갖출 해 該	亥의 핵심이라는 뜻에서 말 言을 추가하여 핵심적인 말을 뜻하여 군대의 강령, 군호를 의미한다. 후에 군대의 강령은 무조건 따라야 하고 서로 맞아야 하므로 마땅히, 모조리, 모두, 갖추다, 맞다는 의미로 확장되었다. 용례) 該當(해당)
뼈 해 骸	亥의 핵심이라는 뜻에서 뼈 骨을 추가하여 동물의 핵심이 뼈라는 의미이다. 용례) 骸骨(해골)
씨 핵 核	亥의 핵심이라는 뜻에서 나무 木을 추가하여 나무에서 나는 열매의 핵심인 씨를 의미한다. 현대에 와서 원자핵이란 의미로 쓰인다. 용례) 核心(핵심)
꾸짖을 핵/힘쓸 해 劾	亥의 핵심이라는 뜻에서 힘 力을 추가하여 힘쓰다, 노력한다(해)는 의미이고 후에 핵심을 밝히기 위해 (죄상을)조사하다, 캐묻다(핵)라는 의미로 확장되었다. 용례) 彈劾(탄핵)
새길 각 刻	고문을 보면 자를 亥과 칼 刂를 합쳐 칼로 자르다, 깎는다는 의미이다. 후에 깎아내다, 새기다, 조각하다라는 의미로 확장되었다. 용례) 彫刻(조각)

갑골문	소전	예서
[illegible]	[illegible]	刻

벌레 치
/해태 태
豸

갑골문	금문	소전

짐승이 몸을 웅크리고 등을 굽혀 먹이를 노려보고 있는 모습을 표현하였다. 몸을 웅크리고 있어 발이 안 보이는 짐승이라는 뜻으로 벌레라는 의미로 확장되었다. 후에 시비와 선악을 판단하는 상상 속의 동물 해태라는 의미로도 파생되었다.

용례) 獬豸(해태)

승냥이 시
豺

재주 才를 추가하여 머리가 비상한 동물이 승냥이라는 의미이다.

용례) 豺狼(시랑)

표범 표 豹

고문을 보면 몸에 점이 박혀있는 동물을 표현하여 표범이란 의미가 되었다. [소전 이후 짐승 豸와 구기 勺을 합쳐 꼬리가 구기의 손잡이처럼 휘어져 올라간 표범이란 뜻으로 변형되었다]

용례) 豹死留皮(표사유피)

갑골문	소전	예서

범 호
虎

갑골문	금문	소전	예서	해서
				虎

고문을 보면 호랑이의 특징인 큰 몸집과 큰 입, 날카로운 발톱을 표현하였다. [소전 이후 큰 몸집(厂), 날카로운 비수 같은 양발(七), 높은 다리 几모양으로 간략하게 변화되었다.] 범, 용맹스럽다는 의미이다.

용례) 猛虎(맹호)

호박 호 琥	옥 玉을 추가하여 나무의 진 따위가 땅속에 굳어진 누런색 광물인 호박(琥珀)을 의미한다.

호박(琥珀)은 호백(虎魄)에서 유래하였는데 어느 사냥꾼이 밤중에 호랑이의 눈에서 나는 광채로 생각하여 활을 쏘았는데 나중에 찾아보니 화살이 호박에 박혀있었기 때문에 호박을 호랑이의 혼이 박힌 보석으로 여겼고 후에 호박을 악귀 등을 쫓는 용도로 단추 등에 사용하였다고 한다.

호피 무늬 호 虍	호랑이의 가죽을 벗긴 모습을 표현하였다. 호피의 무늬라는 의미로 사용된다.
살갗 부 膚	虍에 담을 胃를 추가하여 장기를 담는 가죽이 살갗, 피부라는 의미이다. 용례) 皮膚(피부)
삼갈 건 虔	虍에 무늬 文을 합쳐 무늬가 예쁜 호피를 표현하였다. 귀한 물건이었으므로 삼가다, 공경하다라는 의미가 되었다. 용례) 敬虔(경건)

사로잡을 로(노) 虜

소전	예서	해서
		虜

고문을 보면 虍와 묶을 毌, 힘 力을 합쳐 호랑이를 산 채로 잡아 묶은 모습을 표현하였다. 사로잡다, 생포하다, 포로라는 의미이다. 용례) 捕虜(포로)

노략질할 로(노) 擄	虜의 뜻을 강조하고자 손 扌를 추가하여 사로잡다, 노획하다는 의미이고 후에 빼앗다, 노략질하다는 의미로 확장되었다. 용례) 擄掠(노략)

생각할 려(여) 慮

소전	예서	해서

고문을 보면 범 虍와 생각 思를 합쳐 호랑이를 생각하는 모습을 표현하였다. 걱정하다, 근심하다, 생각하다라는 의미이다. 용례) 考慮(고려)

거를 려(여) 濾 慮의 걱정하다라는 뜻에서 물 氵를 추가하여 물로 씻다, 여과하다, 거른다는 의미가 되었다. 용례) 濾過(여과)

펼 터 攄 慮의 생각하다라는 뜻에서 손 扌를 추가하여 생각한 바를 펴서 놓다, 펴다, (생각이나 말을)늘어놓다, 나타내다, 발표하다라는 의미이다. 용례) 攄得(터득)

빌 허 虛

소전	예서	해서

호랑이 虍와 언덕 丘를 합쳐 호랑이가 언덕 위에 올라 있는 모습을 표현하였다. 언덕 위에 오른 호랑이는 먹이를 찾는 것이므로 주위에 있는 모든 동물들이 도망을 가니 비다, 없다, 헛되다, 공허하다는 의미가 되었다. 용례) 謙虛(겸허)

터 허 墟 흙 土를 추가하여 아무것도 없는 빈터, 황폐하게 하다는 의미이다. 용례) 廢墟(폐허)

불 허 噓 입 口를 추가하여 입에 아무것도 없게 하는 것이니 불다, 숨을 바깥으로 내보내다, 탄식하다는 의미이다.

사나울 학 虐

갑골문	금문	소전	예서

고문을 보면 호랑이 虎와 칼 刀를 합쳐 호랑이의 날카로운 손을 강조하였다. 모질다, 사납다, 해치다라는 의미이다. 용례) 虐待(학대)

희롱할 학 謔	말 言을 추가하여 모질게 말을 한다는 뜻이니 희롱하다, 농담하다는 의미이다. 용례) 諧謔(해학)
학질 학 瘧	병 疒을 추가하여 모진 병이란 뜻으로 춥고 떨리다가 온몸에 열이 나서 견디기 힘든 학질, 말라리아를 의미한다. 용례) 瘧疾(학질)

뿔범 사/ 땅이름 제

소전	예서

호랑이 虎와 벼랑 厂을 합쳐 뿔이 달린 전설상의 뿔범을 표현하였다. 뿔범은 땅과 물을 번갈아 다니던 전설상의 동물이다. 후에 땅이름(제)으로도 쓰였다.

갈마들 체 遞	虒의 번갈아다니다라는 뜻에서 갈 辶을 추가하여 갈마들다(서로 번갈아들다), 갈리다, 전하다, 교대로, 번갈아라는 의미를 강조하였다. 후에 말을 갈아타는 역참, 역말을 의미하는 것으로 확장되었다. 용례) 遞信(체신)

원숭이 거 豦

금문	소전

고문을 보면 호랑이 虍와 돼지 豕를 합친 모습이다. 이는 호랑이로 대표되는 야생동물과 돼지로 대표되는 가축의 성질을 모두 가지고 있는 원숭이를 표현한 것이다.

근거 거 據	손 扌를 추가하여 원숭이가 나뭇가지를 옮겨 다니며 사는 모습을 표현하였다. 웅거하다, 살다, 의지하다, 근거, 근원이란 의미이다. 용례) 證據(증거)
추렴할 거/갹 醵	據의 근거라는 뜻에서 술 酉를 추가하여 술을 마신 후 마신 양에 따라 돈을 내다, 추렴하다는 의미이다. [扌가 생략됨] 용례) 醵出(갹출)
심할 극 劇	칼 刂를 추가하여 평소 온순한 원숭이가 공격적으로 변한 모습을 표현하였다. 심하다, 혹독하다는 의미이다. 후에 이러한 원숭이의 변덕스러운 습성으로 인하여 장난하다, 놀이, 연극이라는 의미로 확장되었다. 용례) 劇的(극적)

쥐 서 鼠

갑골문	소전	예서	해서
			鼠

쥐의 특징인 양손(臼)으로 먹이를 잡고 먹는 모습, 긴 꼬리, 작은 발 등을 표현하였다.
용례) 首鼠兩端(수서양단)

코끼리 상

갑골문	금문	소전	예서

코끼리의 긴 코와 큰 귀를 표현하였다. 코끼리, 상아, 모양, 형상이라는 의미이다.

용례) 對象(대상)

모양 상 像

사람 人을 추가하여 사람이 코끼리의 모양을 본떠 그리는 모습을 표현하였다. 본뜬 형상, 모양, 형상, 본뜨다, 닮다, 모방하다는 의미이다.

용례) 想像(상상)

다스릴 위

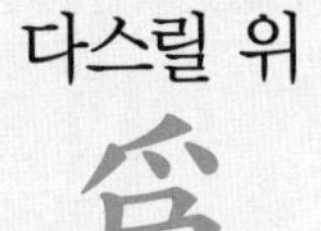

갑골문	금문	소전	예서

고문을 보면 코끼리를 손으로(爫) 길들이는 모습을 표현하였다. 다스리다, 하다, 위하다, 되다, 행위라는 의미이다.

용례) 行爲(행위)

거짓 위 僞

사람 人을 추가하여 코끼리를 다스리는 사람을 강조하였다. 코끼리를 속여서 다루다는 뜻으로 거짓, 잘못, 속이다란 의미가 되었다.

용례) 僞裝(위장)

토끼 토

兔

큰 귀와 눈 그리고 짧은 꼬리를 특징으로 하는 토끼를 표현하였다. (= 兎)

용례) 犬兎之爭(견토지쟁)

잃을/편안할 일 逸	쉬엄쉬엄갈 辶을 추가하여 토끼가 뛰어서 멀리 달아나는 것을 표현하였다. 달아나다, 뛰어가다, 잃다, 없어지다라는 의미이고 후에 토끼의 처지에서는 달아나 숨은 것이므로 편안하다는 의미가 파생되었다. 용례) 逸脫(일탈), 安逸(안일)
원통할 원 冤	덮을 冖을 추가하여 토끼를 바구니 등으로 덮어 잡는 모습을 표현하였다. 후에 덮어 잡다는 뜻에서 누명, 원한, 원통하다, 억울하다는 의미가 파생되었다. 용례) 徹天之冤(철천지원)

약은 토끼 참

소전	예서	해서

토끼가 다른 토끼를 뛰어넘는 모습을 표현하였다. 약빠르다, 약은 토끼라는 의미이다.

참소할 참 讒	毚의 약다는 뜻에서 말 言을 추가하여 다른 사람을 뛰어넘기 위해 말을 한다는 뜻으로 참소하다(남을 헐뜯어서 죄가 있는 것처럼 꾸며 윗사람에게 고하다), 헐뜯다라는 의미이다. 용례) 讒訴(참소)

긴꼬리 원숭이 우 禺			
	금문	소전	예서

사람이 가면 쓴 것처럼 생긴 얼굴(= 甶)에 긴 꼬리를 가지고 손을 사용할 수 있는 긴꼬리원숭이나 나무늘보의 모습을 표현하였다. 사람과 닮은 동물이므로 닮다, 허수아비라는 의미가 파생되었다.

어리석을 우 愚	마음 心을 추가하여 원숭이의 행동이 어리석다는 의미이다. 용례) 愚鈍(우둔)
짝 우 偶	사람 人을 추가하여 사람과 닮은 허수아비를 표현하였다. 허수아비라는 의미이고 후에 사람과 닮은 모습에서 짝, 배필이란 의미로 확장되었다. 또한, 의도하지 않았지만 비슷한 모양이 되므로 우연이란 뜻이 파생되었다. 용례) 配偶者(배우자), 偶然(우연)
붙어살 우 寓	偶의 배필이라는 뜻에서 집 宀을 추가하여 붙어살다, 위탁하다라는 의미가 되었다. [亻이 생략됨] 용례) 寓話(우화)
만날 우 遇	偶의 우연이라는 의미에서 갈 辶을 추가하여 길을 가는 길에 우연히 보게 되는 경우를 표현하였다. (우연히) 만나다, 조우하다, 합치다, 짝하다, 대접하다는 의미가 되었다. [人이 생략됨] 용례) 境遇(경우)
산굽이 우 嵎	遇에 산 山을 추가하여 산에서 우연히 만나는 곳이 산굽이, 산모퉁이라는 의미이다. [辶이 생략됨]
모퉁이 우 隅	嵎와 같은 의미로 언덕 阝를 추가하여 언덕에서 우연히 만나는 곳이 모퉁이, 구석이라는 의미이다. [山이 생략됨] 용례) 邊隅(변우)

능할 능 能	금문	소전	예서	해서
			能	能

큰 얼굴과 몸집, 날카로운 손을 사용하는 곰을 표현하였다. 후에 곰은 머리도 좋고 힘도 세기 때문에 재능이 있다, 능하다는 의미로 확장되었다. [예서 이후 큰 입과 덩치, 양발로 간략하게 표현되었다] 용례) 能力(능력)

곰 웅 熊	能의 능하다라는 뜻에서 불 灬를 추가하여 불이 세차다, 밝게 빛나다는 의미이다. 현재는 곰이라는 뜻으로 주로 사용된다. 용례) 熊女(웅녀)
모습 태 態	能의 능하다는 뜻에서 마음 心을 추가하여 당당한 태도를 표현하였다. 모습, 모양, 상태, 태도, 몸가짐이란 의미이다. 용례) 態度(태도)
마칠 파/고달플 피 罷	그물 罒을 추가하여 그물에 곰이 걸린 모습을 표현하였다. 곰의 힘으로 그물을 다 찢어버리므로 마치다, 그만두다, 놓아주다, 방면하다라는 의미가 되었고 곰을 잡기 어렵다는 뜻에서 고달프다(피)는 의미로 확장되었다. 용례) 罷業(파업)

용 용/언덕 롱(농)/은총 총 龍	갑골문	금문	소전	예서
				龍

상상의 동물인 용을 표현하였다. 몸은 뱀과 비슷하며 뿔은 사슴, 귀는 소, 눈은 귀신과 같고 등에 81개의 비늘이 있다고 한다. [고문에는 머리에 관을 쓴 모습으로 형상화 되었다] 용이란 의미이고 후에 임금, 훌륭한 사람이란 의미로 확장되었고 임금으로부터 받은 은총(총)이란 뜻도 파생되었다. 또한, 크다, 높다, 언덕이(롱)라는 의미로도 쓰인다. 용례) 龍門(용문)

대바구니 롱(농) 籠	龍의 크다는 뜻에서 대나무 竹을 추가하여 대나무로 볼록하게 만든 대바구니, 싸다, 뒤덮다, 한데 뭉치다는 의미이다. 용례) 籠球(농구), 籠城(농성)
밭두둑 롱(농) 壟	龍의 언덕이란 뜻에서 흙 土를 추가하여 흙을 크게 부풀어 올려놓은 것이 밭두둑, 밭이랑, 언덕, 돈대란 의미이다.
귀먹을 롱(농) 聾	龍의 크다는 뜻에서 귀 耳를 추가하여 귀에 큰소리로 말을 해야 한다는 뜻으로 귀먹다, 귀머거리, 어리석다는 의미가 되었다. 용례) 聾啞(농아)
옥소리 롱(농) 瓏	龍의 크다는 뜻에서 구슬 玉을 추가하여 구슬에서 나는 크고 밝은 옥소리를 의미한다. 용례) 玲瓏(영롱)
충실할 롱(농)/ 클 방 龐	龍이 언덕이란 뜻에서 집 广을 추가하여 언덕에 지은 집을 뜻하여 두텁고 크다, 알차다, 충실하다는 의미이다.
사랑할 총 寵	龍의 은총이란 뜻에서 집 宀을 추가하여 임금으로부터 큰 집을 받았다는 뜻으로 영화, 영애, 은혜, 사랑하다, 괴다(유난히 귀엽게 여겨 사랑함)는 의미이다. 용례) 寵兒(총아)
엄습할 습 襲	고문을 보면 용 두 마리 사이에 옷이 한 벌 있는 모습이다. [소전 이후 龍과 衣가 합쳐진 모습으로 간략화되었다.] 즉 임금과 임금 사이에 옷을(왕위를) 물려준다는 뜻으로 물려받다, 인습하다, 되풀이하다, 껴입다는 의미이고 왕위를 물려받는다는 것은 선왕이 죽었음을 의미하여 엄습하다(뜻하지 아니한 사이에 습격하다), 염하다는 의미로 확장되었다. 용례) 世襲(세습), 襲擊(습격)

금문	소전

거북 구(귀)/
터질 균

龜

갑골문	금문	소전	예서

거북이의 눈, 딱딱한 등껍질과 다리를 표현하였다. 거북이라는 의미이고 갈라진 등껍질로 인하여 터지다(균)는 의미가 파생되었다.

용례) 龜旨歌(구지가), 龜鑑(귀감), 龜裂(균열)

〈용기〉

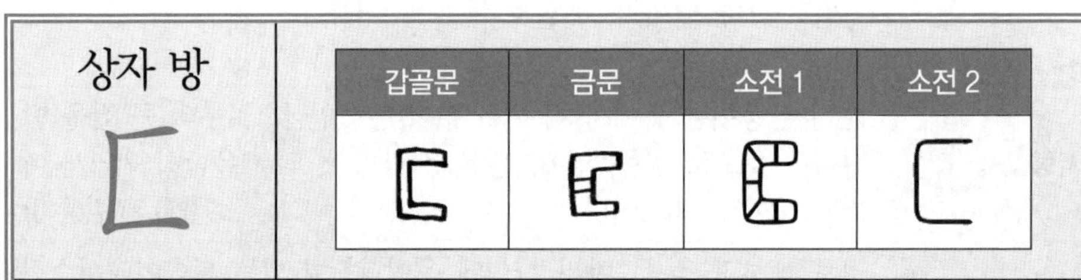

상자 방

匚

갑골문	금문	소전 1	소전 2

고문을 보면 덮개가 없이 간단한 물건을 담는 바구니, 상자를 표현하였다. 다른 글자와 함께 쓰이게 되면서 세로로 변형되었다.

장인 장 匠 자귀 斤을 추가하여 도구 상자에 자귀를 넣고 다니는 사람은 목재를 다듬는 장인이므로 장인, 기술자라는 뜻이 되었다. 용례) 匠人(장인)

감출 혜 匸

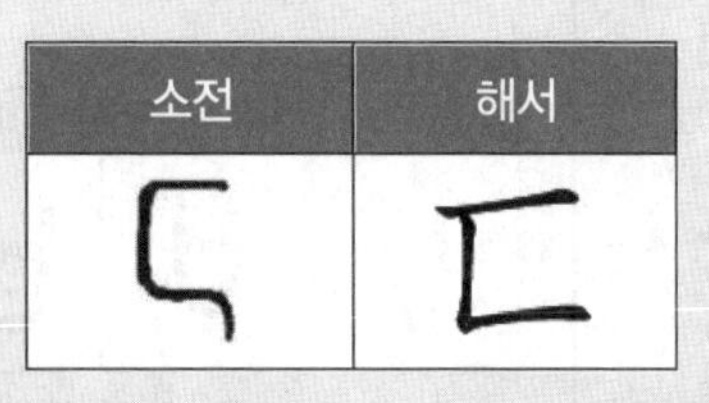

고문을 보면 匚과 구분되게 덮개가 있는 상자를 연 모습을 표현한 것을 알 수 있다. 이후 덮개가 생략되어 상자 匚과 큰 구분이 없어졌다. 덮개로 가릴 수 있으므로 감추다, 덮다는 의미이다.

바를 광

금문	소전	예서	해서

상자 匚과 날 生을 합쳐 식물로 상자를 만든 모습을 표현하였다. 광주리라는 의미이나 후에 찌그러진 상자를 바르게 하다, 바로 잡다는 의미로 확장되었다. [예서 이후 生이 主로 변형되었다가 해서 이후 다시 王으로 변형되었다] 용례) 匡正(광정)

광주리 광 筐 대나무 竹을 추가해 물건을 보관하는 대나무로 짠 광주리 자체를 강조하였다. 용례) 筐籠(광롱)

스물 입

廿

갑골문 1	갑골문 2	금문 1	금문 2	금문 3	소전

고문을 보면 음식물을 담는 바닥이 뾰족한 토기를 표현하였다. [금문 이후 손잡이가 있는 토기로 변형되었다] 일반적인 그릇이라는 의미이고 후에 열 十을 겹쳐 쓴 스물 卄과 모양이 비슷하여 스물이라는 뜻이 파생되었다. (다른 글자와 함께 쓰일 때는 ㅁ의 형태로 쓰인다)

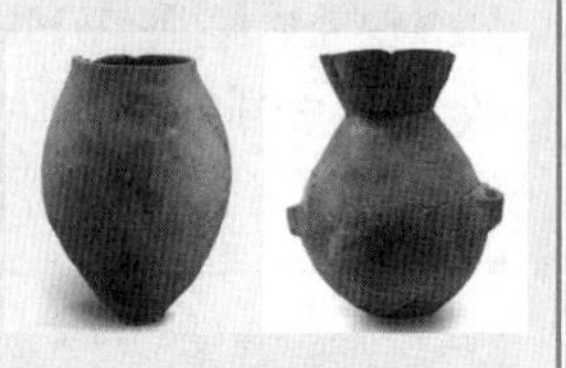

맡을 사

갑골문	금문	소전

고문을 보면 토기 ㅁ와 칼 刀를 합쳐 음식을 넣어둔 토기를 지키는 모습을 표현하였다. 어떠한 일을 맡다, 살피다, 지키다라는 의미가 되었고 후에 일하는 벼슬아치, 관리라는 의미로 확장되었다. 용례) 司法(사법)

먹일 사 飼	밥 食을 추가하여 밥을 먹이는 일을 맡아서 하는 사람이란 뜻으로 가축을 먹여 기르는 일, 먹이, 사료, 기르다는 의미이다. 용례) 飼育(사육)
말씀/글 사 詞	말, 글을 뜻하는 言을 추가하여 임금의 말을 전하는 사람이라는 뜻으로 임금의 말을 글로 적어 내리게 되면서 말씀, 문장, 글, 시문이라는 의미가 되었다. 용례) 名詞(명사)
사당 사 祠	제단을 뜻하는 示를 추가하여 제사 지내는 일을 맡다는 뜻으로 제사 지내다, 사당이란 의미가 되었다. 용례) 祠堂(사당)

이을 사 嗣

책 冊을 추가하여 관리가 책을 읽는 모습을 표현하였다. 고대에 임금이 왕위를 물려줄 때 사당에서 칙서를 읽는 모습을 뜻하여 잇다, 계승하다, 이어받다, 후손, 후임자라는 의미이다. [소전 이후 읽는다는 뜻에서 입 口가 추가되었다]

용례) 後嗣(후사)

금문	소전	예서

임금 후

갑골문	금문	소전

고문을 보면 司와 같은 어원이나 司와 달리 음식을 지키는 주체를 뜻하여 임금이란 의미가 되었다. 후에 남자와 여자의 역할이 분할되면서 음식을 주로 여자가 관리하였으므로 왕후라는 의미로 확장되었다. 또한, 왕후가 왕의 뒤에 위치하므로 뒤, 뒤서다, 뒤지다라는 의미가 파생되었다.

용례) 皇后(황후)

만날 후 逅

后의 왕후라는 뜻에서 갈 辶을 추가하여 왕후가 왕의 곁에 있으니 만나다라는 의미가 되었다.

용례) 邂逅(해후)

때 구 垢

后의 뒤지다라는 뜻에서 흙 土를 추가하여 흙 등이 묻어 뒤떨어진 모습이므로 때, 때 묻다, 더럽다, 수치라는 의미가 되었다.

용례) 純眞無垢(순진무구)

부를 소 召	

갑골문	금문	소전	예서

고문을 보면 비수 匕와 그릇 口를 합쳐 그릇에 있는 음식을 떠먹는 모습을 표현하였다. 뜨다, 파내다, 많다는 의미이나 후에 사람을 초빙하여 음식을 대접한다는 뜻에서 부르다, 불러들이다, 알리다, 청하다, 부름이라는 의미로 확장되었다. [소전 이후 비수 匕가 칼 刀로 변형되었다]

용례) 召集(소집)

못 소 沼	召의 파내다라는 뜻에서 물 氵를 추가하여 물이 깊게 팬 연못을 의미한다. 용례) 龍沼(용소)
이을 소 紹	召의 파내다라는 뜻에서 실 糸를 추가하여 파내진 곳을 실로 다시 엮다, 잇다라는 의미이다. 용례) 紹介(소개)
땅이름 소 邵	召의 파내다라는 뜻에서 고을을 뜻하는 阝를 추가하여 움푹 파진 지형의 고을 이름, 땅 이름으로 사용되었고 후에 성씨로도 쓰이게 되었다.
밝을 소 昭	召의 많다는 뜻에서 해 日을 추가하여 햇빛이 밝다, 밝히다, 인도하다는 의미이다. 용례) 昭詳(소상)
비출 조 照	昭에 불 灬를 추가하여 햇빛이 골고루 비치는 것을 강조하였다. 비추다, 밝다, 알리다, 빛 등의 의미로 쓰였다. 용례) 照明(조명)
고할 조 詔	召의 부르다라는 뜻에서 말 言을 추가하여 고하다, 부르다는 의미를 강조하였다. 후에 글로 부르다는 뜻으로 조서(임금의 명령을 알리기 위해 적은 문서)라는 의미로 확장되었다. 용례) 詔勅(조칙)
부를 초 招	召의 부르다라는 뜻에서 손 扌를 추가하여 손짓하여 부르다는 의미이다. 후에 강제적으로 부른다는 뜻으로 묶다, 결박하다라는 의미로 확장되었다. 용례) 招來(초래)
뛰어넘을 초 超	召의 부르다라는 뜻에서 달릴 走를 추가하여 멀리 있는 사람을 부르다, 청하다는 뜻으로 멀다, 멀리 떨어지다라는 의미이고 후에 먼 곳을 빨리 가서 부르다는 뜻으로 빠르다, 뛰어나다는 의미로 확장되었다. 용례) 超人(초인)

담비 초 貂	超에 벌레 豸를 추가하여 재빠른 동물인 담비를 표현하였다. [走가 생략됨] 용례) 狗尾續貂(구미속초)

유창할 답 沓

갑골문	소전	예서

고문을 보면 그릇에 물을 가득 담는 모습을 표현하였다. 합하다, 겹치다, 솟구치다라는 의미이다. [소전 이후 口가 가득 찬 모양 曰로 변형되었다]

용례) 沓雜(답잡)

밟을 답 踏	沓의 겹치다는 뜻에서 발 足을 추가하여 발로 겹쳐서 밟다는 뜻이다. 밟다, 밟아 누르다는 뜻이고 여러 번 밟고 지나갔다는 뜻으로 살피다, 조사하다는 의미로 확장되었다. 용례) 踏査(답사)
논 답 畓	沓의 합하다라는 뜻에서 밭 田을 추가하여 밭에 물을 담아 벼를 심는 논을 표현하였다. 우리나라에서 만든 한자이다. [曰이 생략됨] 용례) 田畓(전답)

합할 합 合

고문을 보면 그릇에 뚜껑을 덮은 모습을 표현하였다. 합하다, 모으다, 적합하다는 의미가 되었다.

용례) 綜合(종합)

조개 합 蛤	合의 합하다라는 뜻에서 벌레 虫을 추가하여 위아래 껍질을 합하는 조개라는 의미이다. 용례) 紅蛤(홍합)
합 합 盒	合의 합하다는 뜻에서 그릇 皿을 추가하여 그릇 위에 덮는 소반 뚜껑 합을 의미한다. 후에 음식을 담는 뚜껑이 있는 놋그릇이라는 의미로 사용되어졌다. 용례) 饌盒(찬합)
흡족할 흡 洽	合의 합하다라는 뜻에서 물 氵를 추가하여 물이 모여 넉넉하다, 넓다, 젖다, 흡족하다는 의미이다. 용례) 洽足(흡족)
흡사할 흡 恰	合의 합하다는 뜻에서 마음 忄을 추가하여 마음이 하나로 합쳐졌다, 사이가 좋다, 흡사하다, 꼭, 반드시, 흡사, 마치라는 뜻이 되었다. 용례) 恰似(흡사)
줍다 습/열 십 拾	合의 합하다라는 뜻에서 손 扌를 추가하여 물건이 손에 합쳐졌으니 줍다, 습득하다, 거두다는 의미가 되었다. 후에 숫자 열이란 의미로 가차되었다. 용례) 拾得(습득)
줄 급 給	合의 합하다라는 뜻에서 실 糸를 추가하여 실로 잇는다, 더하다, 보태다, 대다, 공급하다, 주다는 의미이다. 용례) 供給(공급)

대답 답 荅

소전	예서	해서 1	해서 2
荅	荅	荅	答

고문을 보면 合과 풀 艹를 합쳐 위아래 깍지가 합쳐진 모양의 콩, 팥을 표현하였다. 후에 위아래를 합하다라는 뜻에서 합치하다, 응대하다, 답하다라는 의미로 확장되었다. [해서 이후 고대 대나무 조각을 맞춰 증표로 삼은 데에서 풀 艹가 대나무 竹으로 변형되어 쓰이기도 한다] (= 答) 용례) 答信(답신)

탈 탑 搭	荅의 합치하다는 뜻에서 손 扌를 추가하여 손으로 매달다, 걸다는 의미이고 후에 차량이 발전하면서 태우다, 싣다는 의미로 확장되었다. (= 撘) 용례) 搭乘(탑승)

탑 탑 塔	荅의 합치하다라는 뜻에서 흙 土를 추가하여 흙을 여러 겹으로 쌓아 올린 것이 탑이라는 의미이다. 용례) 多寶塔(다보탑)

곳집 창

갑골문	금문	소전	예서

고문을 보면 곡식을 수확하여 뚜껑을 덮어 저장하는 모습을 표현하였다. 창고, 곳집, 크다라는 의미이다. [금문 이후 合과 음식을 뜻하는 白이 합친 모습으로 변형되었다]

용례) 倉庫(창고)

비롯할 창 創	倉의 창고라는 뜻에서 따비의 상형(刀)을 추가하여 창고를 짓는다는 뜻이다. 고대에 사람들이 모여 마을을 이룰 때 제일 먼저 음식을 저장할 창고를 지었기에 비롯하다, 시작하다라는 의미가 되었다. 용례) 創造(창조)
부두 창 艙	倉의 창고라는 뜻에서 배 舟를 추가하여 배가 모이는 창고이니 부두, 선창이라는 의미가 되었다. 용례) 船艙(선창)
푸를 창 蒼	倉의 크다라는 뜻에서 풀 艹를 추가하여 풀이 무성하게 자랐음을 표현하였다. 우거지다, 푸르다는 의미이다. 용례) 蒼空(창공)
큰 바다 창 滄	倉의 크다는 뜻에서 물 氵를 추가하여 역시 물이 많고 넓으니 바다라는 의미이다. 용례) 滄海(창해)
창 창 槍	倉의 크다는 뜻에서 나무 木을 추가하여 나무자루가 긴 무기인 창을 표현하였다. 용례) 竹槍(죽창)
부스럼 창 瘡	倉의 크다는 뜻에서 병 疒을 추가하여 살이 크게 부풀어 오르는 병이 부스럼, 종기라는 의미이다. 용례) 痘瘡(두창)
슬플 창 愴	倉의 크다는 뜻에서 마음 忄을 추가하여 감정이 크게 부풀어 오르니 슬프다, 마음을 아파하다라는 의미이다. 용례) 悲愴(비창)

모일 회

갑골문	금문	소전

고문을 보면 合과 음식 모습을 합쳐 찬합에 음식을 담고 덮은 모습을 표현하였다. 맞다, 부합하다, 모으다라는 의미이고 후에 사람들이 모이다는 뜻에서 만나다, 집회, 회합이란 의미로 확장되었다. [금문 이후 오인되어 曾의 형태로 변형되었다]

용례) 社會(사회)

회 회 膾	會의 모으다라는 뜻에서 고기 月을 추가하여 고기를 썰어 모아놓은 모습이니 회를 의미하게 되었다. 용례) 生鮮膾(생선회)
전나무 회 檜	會의 모으다라는 뜻에서 나무 木을 추가하여 가지가 쳐지지 않고 줄기에 붙어 자라는 전나무를 의미한다.
그림 회 繪	會의 모으다라는 뜻에서 실 糸를 추가하여 비단 등에 여러 색의 실로 수놓아 하나의 문양을 만드는 모습을 표현하였다. 그림, 그리다, 채색하다라는 의미이다. 용례) 繪畫(회화)

물건 품

品

갑골문	금문	소전	예서

고문을 보면 토기를 구분하여 모아 놓은 모습을 표현하였다. 음식물을 분류하여 각각의 토기에 보관하는 것이므로 물건, 성질, 등급, 종류, 규정 등의 의미가 생겼다.

용례) 物品(물품)

그릇 기 器

고문을 보면 양식을 보관한 토기들과 이를 지키는 개를 표현하였다. 후에 음식을 담은 토기라는 뜻에서 그릇, 접시, 그릇으로 쓰다, 도구라는 의미가 되었다. 용례) 武器(무기)

금문	소전

구분할 구

갑골문 1	갑골문 2	금문	소전

고문을 보면 토기들을 구석에 모아 놓은 모습을 표현하였다. 구분하다, 나누다, 넣다, 구별, 구역이란 의미이다. [소전 이후 감출 匸을 추가하여 중요한 물품을 특정한 장소에 소중하게 보관한다는 뜻을 강조하였다] 용례) 區別(구별)

노래 구 謳

區의 구분하다라는 뜻에서 말 言을 추가하여 단어를 잘라 말하는 시구, 노래를 의미한다.

험할 구 嶇

區의 구분하다라는 뜻에서 산 山을 추가하여 산이 구분되어 있는 것처럼 여러 겹으로 있으니 험하다, 가파르다는 의미이다.
용례) 崎嶇(기구)

게울 구 歐

區의 구분하다라는 뜻에서 하품 欠을 추가하여 입을 벌리고 먹었던 음식을 구분하여 토해내다, 게우다라는 의미이다. 현재는 구라파(유럽)로 가차되어 쓰인다. 용례) 歐刀(구도), 歐羅巴(구라파)

게울 구 嘔

區의 구분하다라는 뜻에서 입 口를 추가하여 입을 벌리고 먹었던 음식을 구분하여 토해내다, 게우다라는 의미이다. 용례) 嘔吐(구토)

몰 구 驅

區의 구역이라는 뜻에서 말 馬를 추가하여 풀어 놓았던 말들을 한 장소로 몬다는 뜻이다. (말을)몰다, 몰아내다는 의미이다.
용례) 驅迫(구박)

갈매기 구 鷗	區의 구역이라는 뜻에서 새 鳥를 추가하여 바닷가 구역에만 서식하는 새가 갈매기라는 의미이다.
몸 구 軀	區의 구역이라는 뜻에서 임신한 사람의 몸을 뜻하는 身을 추가하여 태아가 자라고 있는 구역인 임신한 여자의 배, 몸을 의미하게 되었다. 용례) 體軀(체구)
때릴 구 毆	區의 구역이라는 뜻에서 몽둥이 殳를 추가하여 어떠한 지역을 공격하다, 치다, 때리다라는 의미이다. 용례) 毆打(구타)
지도리 추 樞	區의 넓다라는 뜻에서 나무 木을 추가하여 나무문이 회전할 때 굴대를 딱 맞춰 넣는 구멍, 지도리(돌쩌귀)를 말한다. 후에 그곳이 중요한 곳이므로 중요하다, 근원, 본질이란 의미로 확장되었다. 용례) 中樞(중추) 〈돌쩌귀〉

쓸 용 用

갑골문	금문	소전	예서

대나무나 식물 줄기 등으로 격자 모양 바구니를 만드는 모습을 표현하였다. 그릇, 도구라는 의미이고 후에 (도구를) 쓰다, 일하다, 베풀다(일을 차리어 벌이다)라는 의미로 확장되었다.

용례) 雇用(고용)

길 용/ 대롱 동 甬	금문	소전	예서
	[illegible]	[illegible]	[illegible]

격자 모양으로 만든 물건을 담는 둥근 바구니를 표현하였다. 빈 바구니라는 의미이나 후에 속이 빈 대롱(동)이라는 의미로 확장되었다. 또한, 사람이 다녀서 풀숲에서 중간에 풀이 비어있는 길(용)이라는 의미가 파생되었다. 용례) 甬筒(용통)

날랠 용 勇	甬의 막힘없는 길이란 뜻에서 힘 力을 추가하여 거침없이 힘을 쓰는 모습을 표현하여 날래다, 용감하다, 용기를 의미한다. 용례) 勇氣(용기)
뛸 용 踊	甬의 막힘없는 길이란 뜻에서 발 足을 추가하여 거침없이 나가는 모습이니 뛰다, 오르다, 춤추다라는 의미이다.(=踴) 용례) 舞踊(무용)
물솟을 용 涌	甬의 막힘없는 길이란 뜻에서 물 氵를 추가하여 물이 물길을 통해 솟아오른다는 의미이다.(= 湧) 용례) 涌沫(용말)
통할 통 通	甬의 막힘없는 길이란 뜻에서 갈 辶을 추가하여 통하다, 내왕하다는 의미이다. 용례) 通過(통과)
통 통 桶	甬의 대롱이라는 뜻에서 나무 木을 추가하여 나무로 만든 통을 표현하였다. 용례) 休紙桶(휴지통)
아플 통 痛	甬의 속이 빈 대롱이란 뜻에서 병 疒을 추가하여 사람의 배 속이 아픔을 의미한다. 용례) 痛症(통증)
외울 송 誦	甬의 속이 빈 대롱이란 뜻에서 말 言을 추가하여 말을 막힘없이 외우다, 암송하다, 읊다, 읽다라는 의미이다. 용례) 暗誦(암송)

해할 해

금문 1	금문 2	소전	예서

고문을 보면 등잔(古)을 바구니로 덮는 모습을 표현하였다. 어둡게 하는 행위이므로 해하다, 거리끼다, 방해하다, 해, 재앙이란 의미가 되었다. [소전 이후 덮는다는 뜻에서 宀의 형태로 변형되었다]

용례) 被害(피해)

벨 할 割

害의 해하다라는 뜻에서 칼 刂를 추가하여 칼로 해를 끼치는 행위이므로 베다, 자르다, 끊어버리다, 해치다라는 의미이다.

용례) 割引(할인)

비녀장 할 轄

害의 방해하다는 뜻에서 차 車를 추가하여 수레바퀴가 빠지지 않도록 굴레 머리 구멍에 끼우는 큰 못인 비녀장을 의미하고 후에 관리하다, 다스리다는 의미로 확장되었다.

용례) 管轄(관할)

법 헌

금문 1	금문 2	소전	예서

고문을 보면 눈이나 심장을 바구니로 덮은 모습을 표현하였다. 즉 사람들의 눈과 마음을 통제한다는 뜻으로 법, 명령, 가르침, 깨우침, 고시하다는 의미가 되었다. [소전 이후 害의 영향으로 현재의 모습으로 변형되었다]

용례) 憲法(헌법)

3. 住

신석기인들은 주로 자연적으로 형성된 동굴이나 바위틈 등에서 거주하다가 농사를 짓기 시작하면서 강가 등에 정착하였고 나무나 갈대 등을 이용하여 움집을 짓고 살게 되었다.

구멍 혈

갑골문	금문	소전	예서

자연적으로 구멍이 뚫린 동굴 모습을 표현하였다. 후에 사람들이 사는 집이란 의미로 집 宀이 추가된 형태가 되었다.
용례) 穴居(혈거)

갑자기 돌 突

짐승을 뜻하는 犬을 추가하여 동굴 속에서 짐승이 갑자기 뛰어나오는 모습을 표현하였다. 갑자기, 갑작스럽다, 내밀다, 쑥 나오다라는 의미이다.
용례) 突出(돌출)

훔칠 절 竊

고문을 보면 동굴에 저장해 놓은 쌀을 좀벌레가 갉아먹는 모습을 표현하였다. 훔치다, 도둑질하다라는 의미이다. [해서 이후 쌀 米가 釆으로 변형되었다]
용례) 竊取(절취)

소전	예서	해서

기슭 엄 厂

갑골문	금문	소전

벼랑의 앞쪽이 튀어나와 그 밑에서 비를 피하면서 사람이 살만한 장소를 표현하였는데 고대 중국에서는 황토고원 언덕에 구멍을 파서 토굴로 사용하였기에 자연적인 벼랑 이외에 인공적인 벼랑을 모두 포함한다. (= 𠂆)

언덕 애 厓	흙 土를 겹쳐 추가하여 흙이 놓게 쌓여있는 것이 언덕, 낭떠러지, 끝, 한계, 가장자리라는 의미이다. 용례) 西厓(서애)
물가 애 涯	厓의 가장자리라는 뜻에서 물 氵를 추가하여 물가, 끝, 한계라는 의미이다. 용례) 生涯(생애)
언덕 애 崖	厓의 가장자리라는 뜻에서 산 山을 추가하여 산의 끝에 위치한 낭떠러지, 벼랑, 언덕을 의미한다. 용례) 斷崖(단애)
언덕 안 岸	厈에 산 山을 추가하여 언덕이 산처럼 높이 솟은 모양을 표현하였다. 용례) 海岸(해안)
숯 탄 炭	언덕이 산처럼 높은 모양 岸에 불 火를 추가하여 높게 만든 숯가마에서 불을 때 숯을 만드는 모습을 표현하였다. [干이 생략됨] 용례) 炭素(탄소)

뒤집을 반 反

손으로 인공적인 벼랑을 파는 모습을 표현하였다. 되풀이하다, 돌아오다라는 의미이고 자연의 섭리를 어기는 것이므로 뒤집다, 어기다, 배반하다라는 의미로 확장되었다. 용례) 反對(반대)

밥 반 飯	反의 파다는 원뜻에서 밥 食을 추가하여 밥을 퍼서 먹는 모습을 표현하였다. 밥, 식사, 먹다라는 의미이다. 용례) 飯饌(반찬)
돌이킬 반 返	反의 돌아오다는 뜻을 명확하게 하기 위해 걸을 辶을 추가하여 돌아오다, 돌려보내다, 바꾸다는 의미가 되었다. 용례) 返戾(반려)
배반할 반 叛	反의 배반하다는 뜻을 명확하게 하기 위해 반쪽 半을 추가해 친한 반쪽이 배반한다는 의미이다. 용례) 叛亂(반란)
언덕 판 阪	反의 파다는 원뜻에서 언덕 阝를 추가하여 언덕, 비탈이라는 의미이다. 용례) 峻阪(준판)
장사할 판 販	反의 되풀이하다라는 뜻에서 재물 貝를 추가하여 재물이 오가는 것이 장사라는 의미이다. 용례) 販賣(판매)
판목 판 版	反이 뒤집다는 뜻에서 조각 片을 추가하여 고대 인쇄를 위해 글을 파놓은 판목을 의미한다. 고대에는 판목을 글자를 판 후 먹을 바른 후 찍어내는 것이기에 글을 반대로 새겨야 했다. 용례) 出版(출판)
널빤지 판 板	版과 같은 의미로 조각 片이 나무 木으로 변경된 형태로 혼용되어 쓰이고 있다. 용례) 看板(간판)

재앙 액 厄

소전	예서	해서
厄	厄	厄

고문을 보면 언덕 厂과 굽은 모습 㔾을 합쳐 언덕에서 사람이 떨어진 모습을 표현하였다. 재앙, 액(모질고 사나운 운수), 고생하다라는 의미이다. 용례) 厄境(액경)

잡을 액 扼	손 扌를 추가하여 떨어진 사람을 잡은 모습을 표현하였다. 잡다, 움켜쥐다, 누르다는 의미이다. 용례) 扼腕(액완)

위태로울 위/ 우러러볼 첨

소전	예서	해서

고문을 보면 벼랑 위에 서 있는 사람을 표현하였다. 위태롭다는 의미이고 후에 벼랑 위에 있는 사람은 밑에서 올려보아야 하므로 우러러본다는 의미가 파생되었다.

위태할 위 危	벼랑 아래에 떨어진 사람 㔾을 추가하여 떨어질 것처럼 위태롭다, 위태하다, 불안하다, 두려워하다라는 의미를 강조하였다. 용례) 危殆(위태)
무를 취 脆	危의 위태롭다는 뜻에서 고기 月을 추가하여 고기가 위험한 상태가 되었다는 뜻이니 무르다, 가볍다, 연하다는 의미이다. 용례) 脆弱(취약)
속일 궤 詭	危의 위태롭다는 뜻에서 말 言을 추가하여 위태롭게 말을 한다는 뜻이니 속이다, 헐뜯다라는 의미이다. 용례) 詭辯(궤변)

이를 첨/ 넉넉할 담

詹

소전	예서	해서

고문을 보면 벼랑에 오른 모습 厃과 말 言, 소리가 퍼지는 모양(八)을 합쳐 높은 곳에 올라 멀리 소리치는 모습을 표현하였다. 여러 사람이 들을 수 있도록 소리치는 모습이니 이르다, 도달하다라는 의미가 되었고 후에 소리치는 사람을 바라보다, 쳐다보다라는 의미로 확장되었다. 또한, 큰 소리라는 뜻에서 넉넉하다(담)는 의미가 파생되었다.

볼 첨 瞻	詹의 바라보다는 뜻에서 눈 目을 추가하여 보다는 의미를 강조하였다. 용례) 瞻星臺(첨성대)
멜 담 擔	詹의 넉넉하다는 뜻에서 손 扌를 추가하여 가득 찬 짐을 메다, 들어 올리다, 짊어지다, 책임지다는 의미가 되었다. 용례) 擔任(담임)
맑을 담 澹	詹의 넉넉하다는 뜻에서 물 氵를 추가하여 물이 넉넉하니 맑다, 싱겁다, 담백하다는 의미가 되었다. 용례) 暗澹(암담)
쓸개 담 膽	詹의 넉넉하다는 뜻에서 고기 月을 추가하여 두려움을 없애고 넉넉한 마음을 가지게 하는 신체 기관이 쓸개라는 의미이다. [고대에는 쓸개가 용기를 내게 하는 신체 기관이라고 생각하였다.] 쓸개, 담, 담력, 배짱이란 의미로 쓰인다. 용례) 大膽(대담), 膽力(담력)
편안할/참담할 담 憺	詹의 넉넉하다는 뜻에서 마음 忄을 추가하여 마음이 편안하다는 의미이고 후에 두려운 마음이 넉넉하다는 뜻으로 해석하여 두렵다, 참담하다는 의미가 파생되었다. 용례) 慘憺(참담)
두꺼비 섬 蟾	詹의 넉넉하다는 뜻에서 벌레 虫을 추가하여 개구리보다 더 두꺼운 것이 두꺼비라는 의미이다. 용례) 玉蟾(옥섬)

집 엄 广

갑골문	금문	소전

고문을 보면 언덕 厂에 집 宀을 합쳐 언덕에 인위적으로 구멍을 파고 살았던 토굴집을 표현한 것으로 추정된다. [고대 중국에서는 황토고원의 단단한 흙을 파고 토굴집(窯洞)에서 생활하였다] (고문에서는 厂과 병행되어 쓰였다)

〈요동〉

곳간 고 庫	수레 車를 추가하여 수레 등을 넣기 위해 간략하게 만든 곳간이라는 의미이다. 용례) 倉庫(창고)

무리 서 庶

갑골문	금문 1	금문 2	소전	예서

고문을 보면 토굴집에서 토기에 불을 피워 음식을 먹는 모습을 표현하였다. 원시적인 삶이므로 천하다는 의미이고 후에 토굴집에 무리를 지어 살고 있으므로 여러, 무리, 많다, 살찌다는 의미로 확장되었다. 용례) 庶民(서민), 庶出(서출)

사탕수수 자 蔗

庶의 살찌다라는 뜻에서 풀 艹를 추가하여 당분이 있어 살을 찌게 하는 사탕수수를 의미한다.

가릴 차 遮

庶의 토굴집이란 원뜻에서 갈 辶을 추가하여 (동굴 속에) 감추다, 숨기다, 가리다, 차단하다, 속이다라는 의미가 되었다.

용례) 遮光(차광)

도끼 근 斤

갑골문	금문 1	금문 2	소전	예서

고문을 보면 도끼의 초기 형태인 자귀를 표현하였다. 자귀는 나무를 깎거나 구멍을 파는 도구로 쓰였기에 금문 이후에는 언덕을 파는 모습으로 변형되었다. 자귀, 도끼, 파다, 베다는 의미이다. 또한, 청동기시대를 거쳐 철을 거푸집에 부어 물건을 만들 때 사람들이 많이 사용하는 도끼를 주로 만들었기에 맨 처음 계량화되어 크기, 용량 등을 재는 단위로도 쓰이게 되었다. 용례) 斤兩(근량)

※ 1근은 600g

〈창원 다호리 고분에서 출토된 자귀〉

가까울 근 近

斤의 단위의 뜻에서 갈 辶을 추가하여 도끼 크기 정도의 거리를 간다는 의미이므로 가까운 거리를 간다, 가깝다는 의미이다.

용례) 隣近(인근)

기쁠 흔 欣

입 벌릴 欠을 추가하여 도끼로 나무를 자르듯 입을 벌리는 모습이니 웃다, 기쁘다는 의미이다.

용례) 欣快(흔쾌)

지경 은 沂

斤의 파다는 뜻에서 물 氵를 추가하여 도시를 방어하기 위해 인위적으로 파낸 해자를 표현하였다. 지경, 변두리라는 의미이고 후에 지명(기)으로도 쓰이게 되었다.

용례) 沂州(기주)

모탕 은 所

금문	소전

같은 크기의 도끼를 나란히 놓은 모습을 표현하였다. 같다는 의미이나 후에 나무를 팰 때 밑에 받치는 나무토막인 모탕이란 의미가 파생되었다.

바탕 질 質

화폐 貝를 추가하여 같은 값어치를 표현하였다. 저당물, 저당 잡히다라는 의미이나 후에 저장물로 평가하다는 뜻에서 바탕, 본질, 품질, 성질이란 의미로 확장되었다.

용례) 性質(성질)

짝 필 匹

고문을 보면 벼랑을 파는 자귀 두 개를 표현하였다. 짝을 이루어 벼랑을 파는 모습이므로 짝, 상대, 상대하다라는 의미이다. 후에 토굴집에 사는 사람이라는 뜻에서 천하다, 천한 사람이란 의미로 확장되었다. 또한, 옷감의 양쪽을 말아 짝을 이른 단위 1필이란 의미로도 파생되었다. [소전 이후 벼랑 厂이 상자 匚의 형태로 변형되었다]

용례) 配匹(배필), 匹夫(필부)

금문 1	금문 2	소전	예서

병사 병

兵

갑골문	금문	소전	예서

고문을 보면 양손으로 자귀(후에 도끼로 변화)를 들고 있는 모습을 표현하였다. 잉여 생산물이 많아지면서 이를 관리하기 위해 사용하던 도끼를 들고 지키는 모습으로 병사, 군인, 전쟁이라는 의미가 되었다. **용례) 將兵(장병)**

쪼갤 석

析

갑골문	금문	소전

고문을 보면 도끼 斤과 나무 木을 합쳐 도끼로 나무를 자르는 모습을 표현하였다. 쪼개다, 가르다는 의미이고 후에 어떠한 사물을 갈라 속을 명확히 확인한다는 뜻에서 해부하다, 밝히다는 의미로 확장되었다. **용례) 分析(분석)**

밝을 석 晳

析의 쪼개다라는 뜻에서 해 日을 추가하여 햇빛이 쪼개져 널리 퍼지는 모습이니 밝다, 분명하다는 의미이다. **용례) 明晳(명석)**

꺾을 절

折

갑골문	금문	소전	예서

고문을 보면 나무를 두 조각으로 쪼갠 모습을 표현하였다. 자르다, 쪼개다, 꺾다라는 의미이고 후에 값을 깎다, 할인한다는 의미로 확장되었다. [소전 이후 도끼를 들고 자르다라는 뜻에서 扌과 斤의 형태로 변형되었다] **용례) 折半(절반)**

밝을 철 哲	도끼를 든 모습 折에 입 口를 추가하여 도끼를 들고 어떠한 나무를 자를 것인지 말한다는 뜻이니 슬기롭다, 알다, 밝다, 철인이라는 의미가 되었다. (= 喆) 용례) 哲學(철학)
갈 서 逝	折의 자르다라는 뜻에서 갈 辶을 추가하여 나무 등을 자르며 헤쳐 나아가는 모습을 표현하였다. 후에 인생길이 잘렸다는 뜻으로 해석하여 죽다라는 의미가 파생되었다. 용례) 逝去(서거)
맹세할 서 誓	折의 쪼개다라는 뜻에서 말 言을 추가하여 고대 부절 등을 쪼개 나눠 가지며 맹세하는 모습을 표현하였다. 맹세하다, 서약하다, 고하다, 아뢰다라는 의미이다. 용례) 誓約(서약)

빌릴 가 叚

금문	소전

고문을 보면 언덕을 파서 광물을 채취하는 모습을 표현하였다. 광물의 소유자는 자연이므로 자연으로부터 빌리다는 의미가 생겼다. 후에 고대에 광물을 채취하는 광산은 산 위에서부터 아래로 단계적으로 채광하는 방식이므로 그 모양이 계단과 비슷하여 계단이라는 의미로 확장되었다.

〈노천광산 모습〉

거짓 가 假	叚의 빌리다는 뜻에서 사람 人을 추가하여 빌리다, 임시, 거짓, 가짜라는 의미가 되었다. 용례) 假定(가정)
틈 가 暇	叚의 빌리다는 뜻에서 시간을 뜻하는 해 日을 추가하여 시간을 빌리다는 뜻으로 한가하다, 틈, 겨를이라는 의미이다. 용례) 休暇(휴가)
멀 하 遐	叚의 계단이라는 뜻에서 갈 辶을 추가하여 계단으로 올라가는 길이 멀다는 뜻으로 멀다는 의미이고 후에 힘이 들다는 뜻으로 어찌라는 어조사로 쓰이게 되었다. 용례) 昇遐(승하)
새우 하 蝦	叚의 계단이라는 뜻에서 벌레 虫을 추가하여 몸에 계단처럼 층이 나 있는 새우, 두꺼비를 의미한다. 용례) 大蝦(대하)

허물 하 瑕	叚의 계단이라는 뜻에서 옥 玉을 추가하여 옥에 계단처럼 줄이 그어져 있는 모습을 표현하여 허물, 티, 옥에 티, 틈이라는 의미이다. 용례) 瑕疵(하자)
노을 하 霞	叚의 계단이라는 뜻에서 구름 雲을 추가하여 해가 뜨거나 질 무렵 햇빛에 반사되어 구름의 색이 층으로 나눠지는 노을을 의미한다. [云이 생략됨] 용례) 夕霞(석하)

층계 단
段

금문	소전 1	소전 2	예서

고문을 보면 叚와 구분되게 손에 도구를 들고 광물을 채취하는 모습을 구체적으로 표현하였다. 도구를 사용하여 본격적으로 광물을 채취한 광산을 의미하므로 층계, 단, 구분이란 의미가 되었다. 용례) 段丘(단구)

쇠불릴 단 鍛	段의 구분이란 뜻에서 쇠 金을 추가하여 쇠를 차례차례 단계별로 두드려 연장을 만드는 것을 표현하였다. 쇠를 불리다, 두드리다, 대장일이라는 의미이다. 용례) 鍛鍊(단련)
비단 단 緞	段의 구분이란 뜻에서 실 糸를 추가하여 실을 차례차례 연결하여 만든 것이 비단이라는 의미이다. 용례) 緋緞(비단)

빠를 극

갑골문	금문	소전	예서
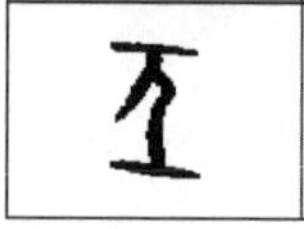		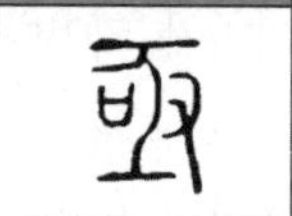	

고문을 보면 위아래가 막혀있는 갱도에서 사람이 광석을 채취하는 모습을 표현하였다. 고대에 광도에 지지대를 설치하지 않고 광석을 캤으므로 위험한 작업이었기 때문에 서둘러 광석을 캐야 했다. 그리하여 빠르다, 긴급하다, 절박하다, 심하다, 삼가다라는 의미가 되었다. [금문 이후 광석 모양 口과 손 又의 모습이 추가되어 광석을 캐는 모습을 구체화하였다]

다할 극 極

나무 木을 추가하여 갱도에 버팀목을 설치한 모습을 표현하였다. 대들보, 근본이라는 의미이고 후에 버팀목을 설치하면 광석이 고갈될 때까지 모두 캐낼 수 있으므로 다하다, 다다르다, 극진한다는 의미로 확장되었다.

용례) 極盡(극진)

삼합 집

고문을 보면 동굴이 아닌 땅 위에 나뭇가지나 갈대 같은 것으로 지붕을 엮어 만든 움집을 표현하였음을 알 수 있다.

〈움집〉

온전할 전

금문	소전	예서
	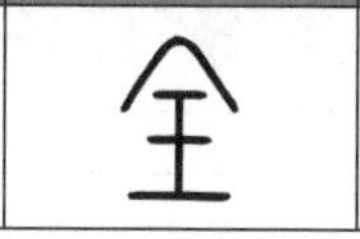	

고문을 보면 삼합 亼과 돌달구 工을 합쳐 바닥을 단단하게 다진 움집을 표현한 것으로 추정된다. 오래 머물기 위해 튼튼하게 지은 모습이니 온전하다, 무사하다, 흠이 없다, 완전히라는 의미가 되었다. [소전 이후 工이 土의 형태로 변형되었다]

용례) 安全(안전)

사람 가릴 전 銓	쇠 金을 추가하여 온전한 광석을 골라야 좋은 제품이 나오는 것을 사람에 비유하여 사람을 가리다, 선발하다, 인재를 저울질하다는 의미가 되었다. 용례) 銓衡(전형)
마개 전 栓	나무 木을 추가하여 흠이 없는 튼튼한 나무라는 의미로 나무못, 마개라는 의미로 쓰이게 되었다. 용례) 消火栓(소화전)

집 사 舍

금문 1	금문 2	소전	예서

고문을 보면 바닥에 터를(口) 닦고 기둥을(木) 세운 다음 지붕을(亼) 얹은 집, 가옥을 구체적으로 표현하였다. 용례) 寄宿舍(기숙사)

버릴 사 捨	손 扌를 추가하여 움집을 없애는 모습을 표현하여 버리다, 내버려두다라는 의미가 되었다. 용례) 取捨選擇(취사선택)
펼 서 舒	베틀 북을 뜻하는 予를 추가하여 집을 순서에 따라 해체하는 모습이므로 펴다, 흩어지다라는 의미가 되었다. 용례) 急舒(급서)

나/남길 여

갑골문	금문 1	금문 2	소전	예서

고문을 보면 舍와 구분되게 터를 닦지 않고 임시로 나무기둥만 세운 움집을 표현하였다. 임시로 짓고 바로 버리는 것이므로 버리다, 남다, 나머지, 여분이라는 의미이다. 후에 개인이 임시로 자기 위해 작게 만든 것이란 뜻에서 개인의 것, 나라는 의미가 파생되었다. 용례) 余等(여등)

남을 여 **餘**	余의 남다는 뜻에서 밥 食을 추가하여 밥이 여유가 있어 남는다는 뜻이므로 남다, 여유가 있다, 나머지, 잉여의 의미가 되었다. 용례) 剩餘(잉여)
평온할 서 **徐**	余의 남다는 뜻에서 조금걸을 彳을 추가하여 여유있게 걷는다는 뜻이므로 평온하다, 천천히 하다는 의미이다. 용례) 徐行(서행)
펼 서 **敍**	余의 버리다라는 뜻에서 칠 攴을 추가하여 집을 순차적으로 해체하다, 펴다, 차례, 순서라는 의미가 되었다. 용례) 敍述(서술)
비스듬할 사 **斜**	余의 버리다는 뜻에서 양을 재는 도구 斗를 추가하여 가득 담은 곡식을 쏟아버리는 모습이니 기울다, 비스듬하게 하다는 의미이다. 용례) 傾斜(경사)
덜/없앨 제 **除**	余의 버리다는 뜻에서 언덕 阝를 추가해 언덕 아래로 움집을 버린다, 없애다, 제거하다는 의미이다. 용례) 除外(제외)
길 도 **途**	고문을 보면 나라는 뜻의 余에 발 止를 추가하여 道와 같이 기존의 길이 아니라 개인이 스스로 만들며 가는 길이란 의미이다. [소전 이후 발 止가 갈 辶으로 변형되었다.] 용례) 途中下車(도중하차)

갑골문	소전

칠할 도 涂

갑골문	금문	소전

고문을 보면 움집 余과 물 氵를 합쳐 움집의 내벽을 진흙으로 칠하는 모습을 표현한 것으로 추정된다. 칠하다, 더럽히다, 진흙이란 의미이다.

칠할 도 **塗**	涂의 진흙으로 칠하다라는 뜻을 명확하게 하기 위해 흙 土를 추가하였다. 용례) 塗褙(도배)

막을 녈(열)

圼

금문	소전

고문을 보면 해 日과 흙 土를 합쳐 움집 틈으로 들어오는 햇볕을 진흙으로 막는 모습을 표현한 것으로 추정된다. 막다라는 의미이다.

개흙 열 涅

물 氵를 추가하여 움집에 바르는 개흙(갯바닥이나 늪 바닥에 있는 거무스름하고 미끈미끈한 고운 흙), 진흙이라는 의미이고 후에 사람이 죽으면 흙빛이 되므로 죽다, 극락에 가다, 열반이란 의미로 확장되었다. 용례) 涅槃(열반)

꾸밀 날 捏

손 扌를 추가하여 손으로 움집에 개흙을 바르는 모습을 표현하였다. 꾸미다, 반죽하다라는 의미이다.(= 揑) 용례) 捏造(날조)

하여금/
부릴 령(영)

갑골문	금문	소전	예서

고문을 보면 움집 亼과 무릎 꿇은 모습 卩을 합쳐 족장이 거주하는 가옥에 신하가 무릎 꿇고 있는 모습을 표현하였다. 족장의 명령을 기다린다는 뜻에서 ~하게 하다, 명령하다, 법령, 규칙이란 의미가 되었다. 후에 누구에게 일을 시킨다는 뜻에서 하여금이란 의미로 확장되었다. 용례) 令狀(영장)

거느릴 령(영) 領

머리 頁을 추가하여 명령하는 우두머리를 강조하였다. 거느리다, 다스리다, 통솔하다라는 의미이다. 용례) 領土영토)

고개 령(영) 嶺	領의 거느리다라는 뜻에서 산 山을 추가하여 큰 산이 거느리고 있는 작은 고개를 의미한다. 용례) 分水嶺(분수령)
방울 령(영) 鈴	쇠 金을 추가하여 족장이 명령하면서 흔드는 쇠로 만든 방울을 의미한다. 용례) 鐃鈴(요령)
옥소리 령(영) 玲	鈴에 옥 玉을 추가하여 옥으로 만든 방울을 뜻하여 옥소리라는 의미가 되었다. [金이 생략됨] 용례) 玲瓏(영롱)
옥 령(영) 囹	에두를 口를 추가하여 족장이 명령하여 죄인을 옥에 가두다라는 의미이다. 용례) 囹圄(영어)
나이 령(영) 齡	令의 규칙이라는 뜻에서 이 齒를 추가하여 이가 규칙적으로 자라남을 표현하였다. 이가 난 개수 등으로 나이를 알 수 있으니 나이라는 의미가 되었다. 용례) 年齡(연령)
물소리 령(영) /찰 랭(냉) 冷	令의 규칙이라는 뜻에서 얼음 冫을 추가하여 원래 자연의 규칙에 따라 물이 어는 모양을 표현하였다. 후에 차다, 쌀쌀하다(냉)는 의미로 확장되었다. 용례) 冷酷(냉혹)
떨어질 령(영) 零	令의 규칙이라는 뜻에서 비 雨를 추가하여 규칙적으로 떨어지는 빗방울을 표현하였다. 비가 오다, 떨어지다라는 의미이고 후에 숫자 영이라는 의미로 가차되어 쓰이게 되었다. 용례) 零細(영세)
목숨/명령할 명 命	고문을 보면 令과 어원이 같으나 금문 이후 입 口를 추가하여 족장이 특정인에게 지시하는 것을 강조하여 표현하였다. 명령하다, 분부라는 의미이고 후에 명령을 받은 사람은 해당 목표를 목숨을 걸고 완수해야 했으므로 목숨, 표적, 목표물이란 의미로 확장되었다. 용례) 命令(명령)

갑골문	금문	소전	예서

다 첨 僉	금문	소전	예서

집안에 사람들이 꽉 차 있는 모습을 표현하였다. 모두 모여 있으니 다, 모두, 여러라는 의미가 되었다.
용례) 僉使(첨사)

검소할 검 儉	僉의 여러라는 뜻에서 사람 亻을 추가하여 집안에 사람이 많다는 뜻을 강조하여 가난하다, 검소하다는 의미가 되었다. 용례) 儉素(검소)
칼 검 劍	僉의 모두라는 뜻에서 칼 刂를 추가하여 양날이 있는 칼을 의미한다. 즉 칼은 한쪽으로만 찍거나 벨 수 있었는데 검은 양쪽을 쓸 수 있게 만들었다는 뜻이다. 용례) 刻舟求劍(각주구검)
검사할 검 檢	僉의 모두라는 뜻에서 나무 木을 추가하여 고대 簡牘(간독)을 표현하였다. 고대 종이가 발명되기 전 나무 조각 등에 글을 새긴 후 이를 엮어 책으로 만들었으므로 묶다라는 의미였다. 후에 묶기 전에 순서를 잘 살피다, 검사하다, 조사하다라는 의미로 확장되었다. 용례) 檢事(검사)
시험 험 驗	僉의 모두라는 뜻에서 말 馬를 추가하여 여러 조건을 모두 갖춘 말을 의미한다. 후에 해당 조건을 검사하다, 시험한다는 의미로 확장되었다. 용례) 試驗(시험)
험할 험 險	僉의 모두라는 뜻에서 언덕 阝를 추가하여 언덕이 겹겹이 쌓여 있는 모습이니 험하다, 위험하다, 위태롭다는 의미이다. 용례) 危險(위험)
거둘 렴(염) 斂	僉의 모이다는 뜻에서 도구를 든 모습인 攵을 추가하여 모으다, 저장하다, 감추다, 오므리다, 염하다는 의미가 되었다. 용례) 收斂(수렴)
염할 렴(염) 殮	斂의 염하다는 뜻을 명확하게 하기 위해 뼈 歹을 추가하여 사람이 죽어 염하다는 의미이다. [攵이 생략됨] 용례) 殮襲(염습)

들 입

갑골문	금문	소전	예서

고문을 보면 움집의 출입문이 활짝 열려있는 모습을 표현하였다. 출입문이 열려있으므로 들다, 들이다는 의미가 되었다. 용례) 入場(입장)

안 내/들일 납

갑골문	금문	소전	예서

고문을 보면 들 入과 집 宀을 합쳐 집의 출입문이 활짝 열려있는 모습을 강조하여 표현하였다. 출입문이 열려있으니 안, 속이란 의미가 되었고 후에 안으로 들어오게 하다는 뜻으로 들이다, 받아들이다(납)라는 의미로 확장되었다. [예서 이후 집 宀이 冂이 형태로 변형되었다] 용례) 内容(내용)

들일 납 納	内의 들이다는 뜻을 명확하게 하기 위해 실 糸를 추가하여 실이 옷의 안으로 들어가는 모습을 표현하였다. 들이다, 받아들이다는 의미이고 후에 (물건을) 접수하다, (곡식을) 수확하다, (세금을) 바치다, 납부하다 는 의미로 확장되었다. 용례) 納付(납부)
기울 납 衲	納에서 옷 衤를 추가하여 옷에 실을 집어넣는 것을 강조하였는데 실이 옷에 들어가는 것은 옷이 헤어져 이를 수선한다는 뜻이므로 깁다, 꿰매다는 의미가 되었고 후에 중이 헤어진 옷을 입고 다니므로 승려의 옷, 승려라는 의미로 확장되었다. [糸가 생략됨] 용례) 衲衣(납의)
말 더듬거릴 눌 訥	内의 안이라는 뜻에서 말 言을 추가하여 말을 내보내 지지 않고 입 안에 있는 상태니 말을 더듬는다는 의미가 되었다. 용례) 訥辯(눌변)
성씨 예/나라이름 열 芮	内의 안이라는 뜻에서 풀 艹를 추가하여 물가에 피어나는 풀이란 의미이나 후에 나라 이름, 성씨로도 쓰이게 되었다.

Ⅲ. 청동기시대

– 문자의 발전 –

인류는 우연히 화산이 폭발할 때 흐르던 용암이 굳으면 아주 단단한 현무암이 된다는 사실을 알게 되었고 그 현무암을 관찰하는 과정에서 구리를 발견하게 되었다. 그로 인해 석기시대에서 청동기시대로 접어들게 되는데 청동기의 제조과정이 매우 복잡하였기 때문에 대부분의 청동기는 지배계층의 장신구나 권위를 상징하는 제기 등으로 사용되었다.

■ 청동기시대의 특징

1. 청동기의 제련

석기를 사용하던 인류는 우연히 불 속에 넣은 돌이 이상한 액체로 변하는 것을 발견하였는데 아마 최초로 발견된 금속은 주석이었을 것이다. 주석의 녹는점이 231.93°로 낮은 금속이었기 때문이다. 이후 인류는 1,084°에서 녹는 구리도 발견하게 되었는데 구리와 주석을 합성하면 더욱 강력한 금속이 된다는 사실을 알게 되었고 이로 인해 인류는 청동기를 제련하게 된다.

오목할 요 	거푸집의 오목한 부분을 표현하였다.

볼록할 철 	거푸집의 볼록하게 튀어나온 부분을 표현하였다. 용례) 凹凸(요철)

법칙 려(여) 呂	갑골문	금문 1	금문 2	소전

고문을 보면 거푸집의 양쪽 모습을 표현한 것으로 추정된다. 거푸집의 같은 모양 두 개라는 뜻에서 짝이란 의미이고 후에 거푸집 두 개를 모두 합쳐야 하나의 물건이 완성되는 것이므로 법칙, 음률이란 의미로 확장되었다. 또한, 글자 모양이 등뼈와 같아 등뼈라는 뜻도 파생되었다. 용례) 律呂(율려)

짝 려(여) 侶	呂의 짝이란 뜻에서 사람 人을 추가하여 짝, 벗이라는 의미가 되었다. 용례) 伴侶者(반려자)
마을 려(여) 閭	呂의 짝이란 뜻에서 문 門을 추가하여 성문 안으로 여러 짝을 이루는 집이 있으니 마을이란 의미가 되었다. 용례) 閭閻(여염)
집 궁 宮	집 宀을 추가하여 지붕 아랫방 한 칸이 아니라 방이 짝으로 이루어진 큰 집을 표현하였다. 초기에는 방이 여러 개 있는 공공건물이란 의미로 쓰였으나 진나라 이후 대궐이란 의미로 사용되게 되었다. 용례) 宮闕(궁궐)

쇠 금 金	금문 1	금문 2	소전	예서

고문을 보면 도끼를 만드는 틀인 거푸집에 쇳물을 붓는 모습을 표현한 것으로 추정된다. 일반적인 금속, 광물, 쇠라는 의미이나 후에 쇠가 귀한 것이므로 금, 돈, 귀하다란 의미로 확장되었다. 이후 성씨(김)로도 사용되게 되었다. 용례) 稅金(세금)

비단 금 錦	金의 귀하다는 뜻에서 견직물 帛을 추가하여 귀한 견직물인 비단을 의미한다. 용례) 錦衣還鄕(금의환향)

쇠 쇠 釗	金의 쇠라는 뜻에서 칼 刂를 추가하여 칼을 만드는 튼튼한 광물이 쇠라는 뜻을 강조하였다.

선비 사 士

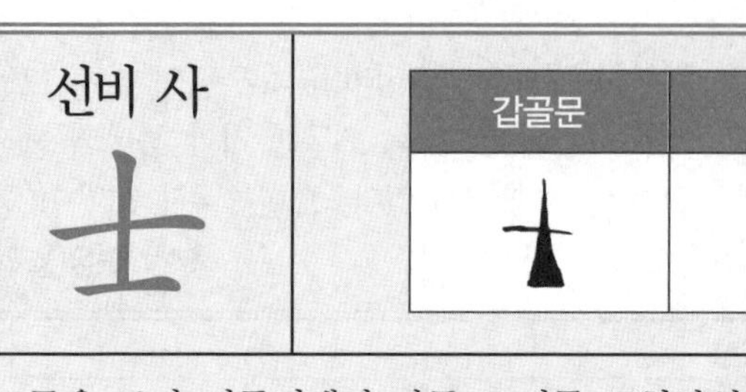

갑골문	금문	소전

고문을 보면 거푸집에서 만든 도끼를 표현하였다. 고대 형관들이 차고 다니던 무기를 뜻하여 군사, 병사, 남자라는 의미가 되었다. 후에 일반적인 지배계층을 뜻하게 되어 선비, 벼슬, 종사하다는 의미로 확장되었다.

용례) 博士(박사)

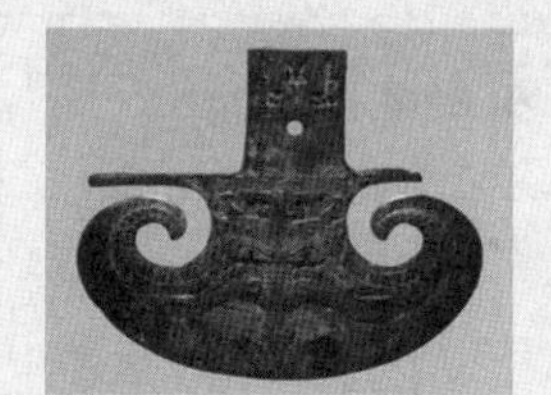

〈청동기 도끼의 모습〉

섬길 사 仕	士의 종사하다라는 뜻에서 사람 人을 추가하여 일하다, 섬기다, 벼슬하다라는 의미를 강조하였다. 용례) 奉仕(봉사)

임금 왕 王

갑골문	금문	소전

고문을 보면 양날의 도끼 모양을 표현하였다. 무겁고 큰 도끼는 힘이 있는 사람이 들 수 있으므로 우두머리, 수령, 으뜸, 크다, 통치하다, 임금이라는 의미가 되었다.

용례) 王朝(왕조)

굽을 왕 枉

王의 도끼라는 원뜻에서 나무 木을 추가하여 나무를 도끼로 찍어 쓰러뜨리다라는 의미이다. 후에 복종하다, 굽히다, 굽다는 의미로 확장되었다.

용례) 枉告(왕고)

넓을 왕 汪

王의 크다는 뜻에서 물 氵를 추가하여 물이 깊고 넓다는 의미이다.

용례) 汪洋(왕양)

왕성할 왕 旺

王의 크다는 뜻에서 해 日을 추가하여 빛이 밝고 아름답다, 왕성하다는 의미이다.

용례) 旺盛(왕성)

갈 왕 往

갑골문	금문	소전	예서

고문을 보면 도끼 王과 발 止를 합쳐 도끼를 들고 앞을 헤치며 나가는 모습을 표현하였다. 가다, 향하다라는 의미이고 후에 이미 지나온 길, 옛날, 뒤라는 의미로 확장되었다. [금문 이후 걸을 彳이 추가되었고 예서 이후 도끼와 발을 합친 모양이 主의 형태로 변형되었다]

용례) 往來(왕래)

미칠 광 狂

고문을 보면 갈 往과 짐승 犭을 합쳐 도끼로 짐승을 사냥하는 모습을 표현하였다. 사납다, 기세가 세다는 의미이나 후에 어리석다, 경솔하다, 미치다라는 의미로 확장되었다. [해서 이후 主가 王으로 변형되었다]

용례) 熱狂(열광)

갑골문	금문	소전	예서	해서

2. 농경의 발달

초기 자연에서 얻은 식물을 주거지 인근에 다시 심는 방식의 원시적인 농경에서 가축을 이용하고 좋은 씨를 고르고 거름을 주는 등 많은 수확물을 얻을 수 있는 여러 가지 방법의 농경 기술과 농기구가 발전하면서 비약적으로 수확물이 증가하게 된다.

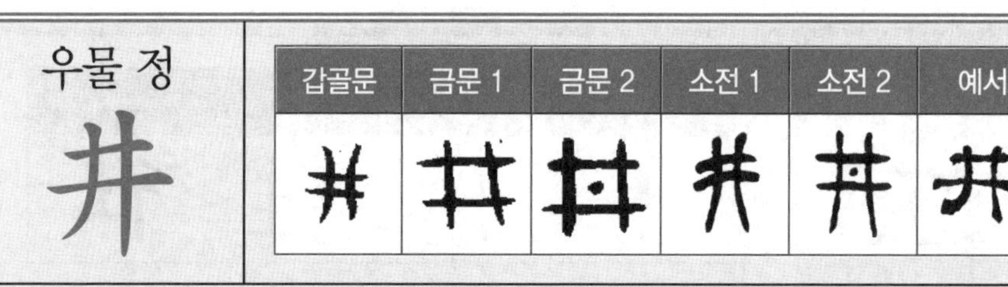

우물 정
井
갑골문
금문 1
금문 2
소전 1
소전 2
예서

구덩이를 파고 무너지지 않게 사각형으로 짠 나무틀을 표현하였다. 갱도, 우물 등에 모두 사용되는 나무틀이었으나 후에 우물을 의미하게 되었다. [우물 안에 있는 두레박을 표현한 丼이 쓰이기도 한다]

용례) 油井(유정)

함정 정 穽

구멍 穴을 추가하여 아래로 구멍을 깊게 판 함정을 의미한다.

용례) 陷穽(함정)

형벌 형

刑

금문	소전	예서

고문을 보면 사각형으로 짠 나무틀 井과 칼 刀를 합쳐 죄인을 호송하기 위한 나무틀에 가둔 모습을 표현하였다. 제어하다, 형벌이란 의미이고 후에 감옥에 가둬 다른 사람들에게 보이는 모습에서 모범이 되다, 본받다라는 의미로 확장되었다. 또한, 격자 모양에서 꼴, 모양이란 의미가 파생되었다.

용례) 刑事(형사)

모형 형 型	刑의 꼴이란 뜻에서 흙 土를 추가하여 모형을 만들다라는 의미이다. 용례) 模型(모형)
모양 형 形	刑의 꼴이란 뜻에서 터럭 彡을 추가하여 그림자가 그 모양 그대로 나타나므로 모양, 꼴, 형상, 형상하다, 나타나다라는 의미가 되었다. [刂가 생략됨] 용례) 形便(형편)
나라 이름 형 邢	刑의 모범이 되다는 뜻에서 고을 阝를 추가하여 나라 이름으로 쓰였고 후에 성씨로도 사용되었다. [刂가 생략됨]
가시나무 형 荊	刑의 형벌이라는 뜻에서 풀 艹를 추가하여 형벌에 쓰이는 식물이 가시나무, 가시라는 의미이다. 용례) 荊棘(형극)

푸를 청 靑

금문 1	금문 2	소전	예서	해서

고문을 보면 우물 주위에 풀이 생생하게 자란 모습을 표현하였다. 물이 있는 곳에 풀이 생생하게 자라므로 푸르다, 푸른빛, 깨끗하다, 고요하다, 조용하다는 의미이고 후에 새싹이라는 의미에서 봄, 젊다는 의미로 확장되었다. (= 青)

용례) 靑年(청년)

맑을 청 淸	靑의 푸르다는 뜻에서 물 氵를 추가하여 물이 푸른빛을 띤다는 뜻이니 맑다, 깨끗하다는 의미이다. 용례) 淸掃(청소)
갤 청 晴	靑의 푸르다는 뜻에서 해 日을 추가하여 푸른 하늘에 해가 뜬 모습이니 구름이 없이 해가 떠서 갰다는 의미이다. 용례) 快晴(쾌청)
청어 청 鯖	靑의 푸르다는 뜻에서 물고기 魚를 추가하여 푸른빛을 띠는 물고기인 청어, 고등어를 의미한다. 용례) 鯖魚(청어)
청할 청 請	靑의 조용하다는 뜻에서 말 言을 추가하여 조용하게 말한다는 뜻으로 청하다, 바라다, 청탁하다라는 의미이다. 용례) 要請(요청)

편안할 정 靖	靑의 조용하다는 뜻에서 설 立을 추가하여 고요한 상태에 있음을 표현하였다. 편안하다, 평안하다, 평정하다, 안정시키다는 의미이다. 용례) 靖國(정국)
뜻 정 情	靑의 깨끗하다는 뜻에서 마음 忄을 추가하여 마음이 깨끗한 상태이니 뜻, 사랑, 인정, 본성이라는 의미이다. 용례) 情事(정사)
깨끗할 정 精	靑의 깨끗하다는 뜻에서 쌀 米를 추가하여 곡식을 찧어 깨끗한 상태를 만든 모습이니 깨끗하다, 찧다라는 의미이고 후에 도정하는 것은 어려운 일이므로 훌륭하다, 정성스럽다는 의미로 확장되었다. 용례) 精誠(정성)
눈동자 정 睛	靑의 푸르다라는 뜻에서 눈 目을 추가하여 눈 안에 푸른 빛을 띠는 눈동자를 의미한다. 용례) 畵龍點睛(화룡점정)
고요할 정 靜	靑의 조용하다는 뜻에서 다툴 爭을 추가하여 다툼이 있었던 이후 잠시 쉬는 상태, 쉬다, 고요하다, 조용하다는 의미이다. 용례) 靜中動(정중동)
맑을 정 瀞	靜에 물 氵를 추가하여 물이 고요한 상태이니 맑다, 깨끗하다는 의미이고 현재는 주로 靑이 생략되어 淨으로 쓰인다. 용례) 淨化(정화)
시기할 시 猜	靑의 고요하다는 뜻에서 개 犭을 추가하여 개가 큰 짐승을 향해 덤비지 못하고 조용하게 지켜보는 모습을 표현하였다. 두려워하다, 의심하다, 혐오하다, 시기하다는 의미이다. 용례) 猜忌(시기)

밭 전 田	갑골문	금문	소전
	田	田	田

잘 정비된 밭의 모습을 표현하였다. 신석기 이후 농업이 발전하면서 밭을 체계적으로 가꾸고 구획을 정리하여 농사를 짓게 되었음을 뜻한다. 용례) 田園(전원)

경기 전 甸	쌀 勹를 추가하여 사람이 안을 정도로 가까운 거리에 있는 밭이란 뜻으로 고대에 임금이 직접 관리를 하던 왕도 주위 500리 이내 지역인 경기를 의미한다.

사내 남 男	고문을 보면 밭 田과 농기구 상형 力을 합쳐 밭에서 쟁기질하는 남자를 표현하였다. 용례) 男性(남성)

갑골문	금문	소전

지경 강 畺			
	갑골문	금문	소전

고문을 보면 밭과 밭 사이를 나눈 두둑을 표현하였다. 두둑, 지경, 한계, 구획하다는 의미이다.

굳셀 강 彊	고대 측량 기구로 사용된 활 弓을 추가하여 명확히 구획하다, 굳어지다, 굳다, 굳세다는 의미가 되었다. 용례) 彊求(강구)
지경 강 疆	彊에 흙 土를 추가하여 명확히 측량하여 흙을 쌓아 올려 경계를 삼다는 뜻으로 두둑, 지경, 한계, 구획하다라는 의미이다.
생강 강 薑	畺의 두둑이라는 뜻에서 풀 艹를 추가하여 두둑처럼 튀어나온 식물인 생강을 의미한다. 용례) 生薑(생강)

밭 갈피 뢰(뇌)

畾

소전	예서	해서
		畾

고문을 보면 원래 여러 개의 밭이 두둑으로 인하여 구분된 모습을 표현하였다. 두둑, 밭 갈피(밭 사이사이의 틈, 갈래가 구별되는 어름)라는 의미이다. [해서 이후 壘와 구분되어 畾의 형태로 쓰이게 되었다]

꼭두각시 뢰(뇌) 儡	畾의 밭 갈피라는 뜻에서 사람 亻을 추가하여 어느 한 곳에 정착하지 못하고 밭 갈피를 돌아다니는 망석중이, 꼭두각시를 의미한다. 용례) 傀儡(괴뢰)
보루 루(누) 壘	畾의 원 형태로 밭과 밭의 경계를 나타내기 위해 흙을 쌓아 올린 두둑을 표현하였다. 후에 흙을 쌓아 올린다는 뜻에서 보루, 진이란 의미로 쓰이게 되었다. 용례) 堡壘(보루)

여러 루(누)/ 맬 류(유)

금문	소전

고문을 보면 畾과 실 糸를 합쳐 연달아 이어진 밭을 표현하였다. 많다, 여러, 자주라는 의미이고 후에 연이어지다, 얽히다, 매다(류)는 의미로 확장되었다. (= 累)

용례) 連纍(연루)

소라 라(나) 螺	累의 여러라는 뜻에서 벌레 虫을 추가하여 껍데기가 여러 층으로 되어 있는 소라, 고동, 다슬기 등을 의미한다. 용례) 螺線(나선)

마을 리(이) 里

금문	소전

고문을 보면 밭 田과 흙 土를 합쳐 농사를 지을 수 있는 땅을 표현하였다. 농사를 지을 만한 곳에 사람들이 정착하였으므로 소규모의 마을이란 의미가 되었다. 후에 규모가 작은 행정단위, 길이의 단위로 쓰이게 되었다. 용례) 鄕里(향리)

속될 리(이) 俚

里의 작은 행정구역이라는 뜻에서 사람 亻을 추가하여 작은 마을에 사는 사람이니 촌스럽다, 속되다는 의미가 되었다.
용례) 質而不俚(질이불리)

속 리(이) 裡

里의 작다는 뜻에서 옷 衤를 추가하여 작은 옷이니 속옷, 속, 내부, 안쪽이라는 의미가 되었다. (= 裏) 용례) 裡面(이면)

다스릴 리(이) 理

里의 작다는 뜻에서 옥 玉을 추가하여 작은 옥을 다듬다, 다스리다, 깁다, 수선하다는 의미이다. 용례) 理由(이유)

다스릴 리(이) 釐

고문을 보면 밭에서 잡초를 따비로 제거하는 모습을 표현하였다. 다스리다, 정리하다, 개정하다라는 의미이다. [소전 이후 따비와 잡초의 모습이 오인되어 未와 厂의 형태로 변형되었다] (= 厘)
용례) 毫釐(호리)

금문 1	금문 2	소전	해서
			釐

묻을 매 埋

里의 밭이란 원뜻에서 흙 土를 추가하여 묻다, 메우다, 채우다, 감추다라는 의미이다. 용례) 埋伏(매복)

가게 전 廛

소전	해서
廛	廛

고문을 보면 짧은 길이의 단위 里와 나눌 八, 흙 土, 집 广을 합쳐 땅을 구획하여 나눠 집이 지은 모습을 표현하였다. 시장에서 구획을 나눠 물건을 파는 가게, 전방(廛房)이라는 의미이다.

얽을 전 纏 실 糸를 추가하여 가게에서 물건을 끈으로 묶어 주는 모습을 표현하였다. 얽다, 감다는 의미이다. 용례) 纏帶 (전대)

두루 주 周

갑골문	금문 1	금문 2	금문 3	소전	예서
周	周	周	周	周	周

고문을 보면 밭에서 골고루 곡식이 잘 자란 모습을 표현하였다. 골고루, 두루 미치다, 두르다, 돌다, 둘레라는 의미가 되었다. [금문 이후 곡식이 잘 자라는 지역이란 의미로 口이 추가되었고 나라 이름으로 쓰이게 되었다] 용례) 周圍(주위)

돌 주 週 周의 돌다라는 뜻에서 갈 辶을 추가하여 돌다, 회전하다, 둘레라는 의미이다. 용례) 一週日(일주일)

고를 조 調 周의 두루 미치다라는 뜻에서 말 言을 추가하여 사람들에게 모두 두루 미칠 수 있는 말을 한다는 뜻이니 고르다, 조절하다, 어울리다, 적합하다는 의미이고 후에 음을 고르게 맞춘다는 뜻으로 음률, 가락이라는 의미로 확장되었다. 용례) 調停(조정)

새길 조 彫 周의 둘레라는 뜻에서 터럭 彡을 추가하여 도자기 등의 둘레를 칼 등으로 꾸민다는 뜻으로 아로새기다, 새기다라는 의미이다. 용례) 彫刻(조각)

시들 조 凋	周의 곡식이 잘 자란 모습이란 원뜻에서 찰 冫을 추가하여 잘 자란 곡식이 추위에 쪼그라든 모습을 표현하였다. 시들다, 느른하다, 여위다는 의미이다. 용례) 凋弊(조폐)
빽빽할 조(주) 稠	周의 곡식이 잘 자란 모습이란 원뜻에서 벼 禾를 추가하여 벼가 골고루 잘 자랐음을 표현하여 빽빽하다, 많다, 진하다는 의미이다. 용례) 稠密(조밀)

클 보 甫	갑골문	금문	소전	예서

고문을 보면 밭 田과 새싹 屮를 합쳐 밭에서 싹이 올라오는 모습을 표현하였다. 원래 채마밭, 채소밭이란 의미이나 처음 싹이 올라오므로 겨우, 비로소, 막, 갓이란 의미로 확장되었다. 또한, 채소밭에 가득 채소가 자란 모습에서 크다, 많다는 의미가 파생되었다. 용례) 甫田(보전)

기울 보 補	甫의 많다는 뜻에서 옷 衤를 추가하여 옷에 추가적인 장식을 다는 모습에서 꾸미다, 채우다라는 의미이고 후에 헤진 부위에 덧대어 깁다, 고치다, 돕다, 보태다라는 의미로 확장되었다. 용례) 補佐(보좌)
도울 보 輔	甫의 많다는 뜻에서 차 車를 추가하여 차바퀴가 빠져나가지 않도록 추가적인 나무를 덧대는 모습에서 덧방나무(수레 양쪽 가장자리에 덧대는 나무)를 의미하였으나 후에 돕다, 도움이란 의미로 확장되었다. 용례) 輔弼(보필)
채마밭 포 圃	甫가 크다는 뜻으로 주로 사용되자 채마밭이란 의미를 강조하고자 밭의 둘레인 口를 추가하였다. 채마밭, 채소밭, 들판, 넓다, 크다는 의미이다. 용례) 老圃(노포)
길 포 匍	甫의 크다는 뜻에서 몸을 웅크린 모양 勹를 추가하여 몸을 크게 웅크린 모양이니 기다, 기어가다라는 의미이다. 용례) 匍匐(포복)
포 포 脯	甫의 크다는 뜻에서 고기 月을 추가하여 고기를 크게 만든 것이 넓게 펴서 말린 포라는 의미이다. 용례) 肉脯(육포)

펼/가게 포 鋪	甫의 크다는 뜻에서 쇠 金을 추가하여 쇠를 넓게 펴다는 뜻으로 펴다, 퍼지다, 늘어놓는다는 의미이고 후에 물건을 늘어놓는다는 뜻에서 가게, 점포라는 의미로 확장되었다. 용례) 鋪裝(포장), 店鋪(점포)
먹일 포 哺	甫의 갓이란 뜻에서 입 口를 추가하여 어린아이가 음식을 먹는다는 뜻이다. 먹다, 먹이다, 먹여 기르다는 의미이다. 용례) 哺乳類(포유류)
물가 포 浦	甫의 갓이란 뜻에서 물 氵를 추가하여 물이 막 시작되는 곳이 개(강가나 내에 조수가 드나드는 곳), 물가라는 의미이다. 용례) 浦口(포구)
부들 포 蒲	浦에 풀 艹를 추가하여 물가에 자라는 식물인 갯버들, 부들을 의미한다. 용례) 菖蒲(창포)
잡을 포 捕	甫의 겨우라는 뜻에서 손 扌를 추가하여 사람을 힘들게 잡은 모습이니 찾다, 잡다, 사로잡다라는 의미이다. 용례) 逮捕(체포)
도망갈 포 逋	捕에 갈 辶을 추가하여 힘들게 잡은 사람이 도망가다, 달아나다, 포탈하다라는 의미이다. [扌가 생략됨] 용례) 逋脫(포탈)

펼 부/퍼질 포 尃

금문	소전	예서	해서

고문을 보면 새싹 甫와 손 又를 합쳐 채소밭에 채소를 심는 모습을 표현하였다. 펴다, 깔다라는 의미이고 후에 퍼지다, 두루 알리다(포)는 의미로 확장되었다. [소전 이후 又가 寸의 형태로 변형되었다]

스승 부 傅	尃의 두루 알리다는 뜻에서 사람 亻을 추가하여 지식을 다른 사람에게 알려주는 사람이 스승이라는 의미이다. 용례) 太傅(태부)
부의할 부 賻	尃의 두루 알리다는 뜻에서 재물 貝를 추가하여 두루 알리기 위해 재물을 주는 것이 부의하다는 의미이다. 용례) 賻儀(부의)

펼 부/넓을 보 溥	尃의 펴다라는 뜻에서 물 氵를 추가하여 물이 넓게 퍼진 모습이니 펴다, 베푼다는 의미이고 후에 넓다(보)는 의미로 확장되었다.
문서 부 簿	溥의 펴다라는 뜻에서 대나무 竹을 추가하여 대나무를 넓게 펴서 만든 죽간이란 의미이고 후에 문서, 장부라는 의미로 확장되었다. 용례) 帳簿(장부)
얇을 박 薄	簿가 문서라는 뜻으로 주로 쓰이자 竹 대신 풀 艹를 추가하여 얇고 넓게 편 모습을 표현하였다. 얇다, 엷다, 적다, 야박하다라는 의미가 되었다. 용례) 薄利多賣(박리다매)
얽을 박 縛	尃의 퍼지다는 뜻에서 실 糸를 추가하여 퍼진 것을 실로 얽다, 동이다, 묶다라는 의미가 되었다. 용례) 捕縛(포박)
두드릴 박 搏	尃의 펴다라는 뜻에서 손 扌를 추가하여 사물을 펴기 위해 두드리는 모습을 표현하였다. 두드리다, 치다, 어루만지다는 의미이다. 용례) 脈搏(맥박)
넓을 박 博	尃의 펴다라는 뜻에서 열 十을 추가하여 넓게 펴다, 넓다, 많다, 넓히다, 면적이란 의미가 되었다. 용례) 博學多識(박학다식)
팔뚝 박 膊	尃의 펴다라는 뜻에서 고기 月을 추가하여 펴지는 신체 부위가 팔뚝이라는 의미이다. 용례) 上膊(상박)
펼 부 敷	고문을 보면 펼 尃과 칠 攵을 합쳐 도구를 이용하여 사물을 넓게 펴는 모습을 표현하였다. 펴다, 퍼지다, 널리 흩어진다는 의미이다. [해서 이후 寸이 方으로 오인되어 변형되었다] 용례) 敷衍(부연)

소전	예서	해서
敷	敷	敷

모 묘
苗

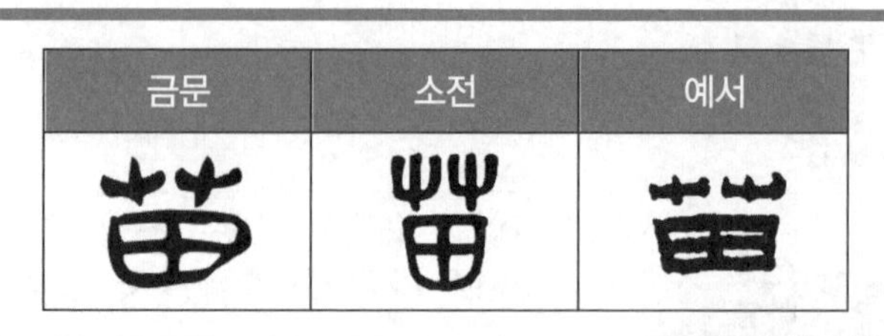

고문을 보면 이식용으로 못자리에서 키운 모를 표현하였다. [초기 농사는 밭에 식물의 씨를 바로 뿌리는 것이었으나 못자리에서 모를 키워 밭에 이식하는 이양법으로 발전하였다] 모, 모종, 핏줄, 곡식이라는 의미이다. 용례) 苗木(묘목)

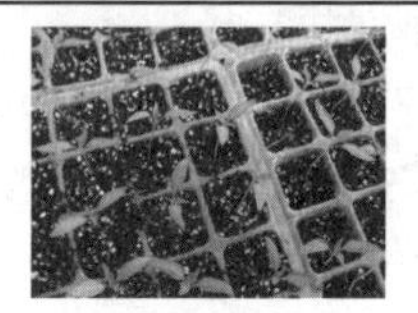

〈고추 모판〉

그릴 묘 描	손 扌를 추가하여 못자리에서 모를 손으로 옮겨 본 밭에 이식하는 모습을 표현하였다. 있는 그대로 새로 옮겨 심는 것이므로 후에 묘사하다, 그리다는 의미로 확장되었다. 용례) 描寫(묘사)
고양이 묘 猫	동물이란 뜻의 犭을 추가하여 모처럼 가늘고 긴 수염이 나는 동물의 총칭이 되었다. 살쾡이, 삵, 고양이 등을 의미한다. 용례) 窮鼠囓猫(궁서설묘)

소금 로(노)

금문	소전

자연적으로 생성된 소금밭을 표현하였다. [물을 흐르게 하여 밭을 만들고 햇빛에 말려 소금결정체를 얻는 모습이다] 지구의 대륙판이 충돌하여 바다였던 곳이 융기하면서 해당 지역의 온천수에 다량의 염분이 포함되어 흐르게 되었는데 이러한 물을 말리면 소금을 얻을 수 있었다. 대표적인 곳이 중국 차마고도의 옌징이다.

용례) 鹵獲物(노획물)

〈옌징〉

벼 화 禾	갑골문	금문	소전	예서
	[glyph]	[glyph]	[glyph]	[glyph]

벼의 이삭이 여물어 숙인 모습을 표현하였다. 청동기시대부터 본격적으로 벼농사가 시작되었다. 용례) 禾尺(화척)

화할 화 和	입 口를 추가하여 벼를 수확하여 먹는다는 뜻이므로 화목하다, 온화하다, 화하다(서로 뜻이 맞아 사이좋은 사이가 되다), 서로 응하다는 의미이다. 용례) 平和(평화)
과목 과 科	양을 재는 도구 斗를 추가하여 수확한 벼에 대하여 양을 재고 세금을 매긴다는 의미이다. 후에 쌀의 등급에 따라 각자 다른 세금을 매기게 되면서 품등이란 의미로 확장되었다. 또한, 가르치는 학문의 품등이란 뜻에서 과목(가르치거나 배워야 할 지식 및 경험의 체계를 세분하여 계통을 세운 영역)이라는 의미가 파생되었다. 용례) 科目(과목)
향기 향 香	고문을 보면 벼 禾와 그릇 口를 추가하여 밥을 지어 그릇에 담은 모습을 표현하였다. 밥이 다 되어 향기가 나므로 감미롭다, 향기롭다, 향기라는 의미가 되었다. [소전 이후 口가 曰로 변형되었다] 용례) 香氣(향기)

갑골문	금문	소전	예서
[glyph]	[glyph]	[glyph]	[glyph]

계절 계
季

갑골문	금문	소전	예서

고문을 보면 벼 禾와 아이 子를 합쳐 아직 자라지 않는 어린 벼를 표현하였음을 알 수 있다. 어리다, 젊다, 막내, 끝이라는 의미이다. 후에 계절을 삼등분하여 孟, 仲, 季로 나눠 사용하면서 계절이란 의미가 파생되었다. [형제의 경우 伯, 仲, 叔, 季로 순서를 나눔]

용례) 季節(계절)

두근거릴 계 悸

季의 작다는 뜻에서 마음 忄을 추가하여 심장이 작아진다는 뜻이니 (가슴이)두근거린다, 두려워하다라는 의미이다. **용례) 驚悸(경계)**

빼어날 수
秀

소전	예서	해서

고문을 보면 벼 禾와 굽을 乃를 합쳐 벼의 이삭이 여물어 굽혀진 모습을 표현하였다. 벼가 다 익었으니 성장하다, 빼어나다, 훌륭하다, 아름답다는 의미이다.

용례) 秀才(수재)

통과할 투 透

秀의 빼어나다라는 뜻에서 갈 辶을 추가하여 빼어나게 이동한다는 의미이니 통과하다, 뚫고 들어오다, 투과하다, 사무치다라는 의미로 쓰이게 되었다.

용례) 透明(투명)

꾈 유 誘

秀의 빼어나다라는 뜻에서 말 言을 추가하여 말을 빼어나게 잘한다는 뜻이므로 가르치나, 지도하다, 유도하다, 꾀다라는 의미이다.

용례) 誘致(유치)

대머리 독

秃

소전	해서

禾가 이삭이 여물어 숙인 모습이므로 사람 人을 추가하여 사람이 늙어 고개를 숙인 모습을 표현하였다. 기울다, 쇠하다라는 의미이나 후에 고개를 숙이면 정수리가 훤히 보이므로 대머리, 대머리가 되다는 의미로 확장되었다.

용례) 秃頭(독두)

무너질 퇴 頹 머리 頁을 추가하여 머리를 숙이는 모습을 강조하였다. 무너지다, 기울다, 쇠하다라는 의미이다.

용례) 頹廢(퇴폐)

이로울 리(이)

갑골문	금문	소전

고문을 보면 벼 禾와 칼 刂를 합쳐 벼를 수확하는 모습을 표현하였다. 먹을 곡식을 수확하였으니 이롭다. 유익하다는 의미가 되었다. (= 秎)

용례) 利益(이익)

배 리(이) 梨 나무 木을 추가하여 가장 유익한 큰 과실이 열리는 나무가 배나무라는 의미이다.

용례) 梨花(이화)

영리할 리(이) 悧 마음 忄을 추가하여 이로운 생각을 한다는 뜻이니 영리하다, 약다는 의미이다.

용례) 怜悧(영리)

이질 리(이) 痢 병 疒을 추가하여 이로운 병이라는 뜻으로 몸속의 나쁜 병원균이 들어왔을 때 이를 해결하기 위해 하는 설사, 이질을 뜻한다.

용례) 痢疾(이질)

잡을 병
秉

갑골문	금문	소전

벼를 손으로 잡은 모습으로 잡다, 장악하다, 따르다, 권력, 볏단이라는 의미이다.

용례) 秉權(병권)

겸할 겸

금문	소전

여러 개의 벼를 손으로 잡은 모습으로 겸하다, 아우르다, 둘러싸다, 포용하다, 합치다, 함께라는 의미이다.

용례) 兼備(겸비)

겸손할 겸 謙	兼의 아우르다는 뜻에서 말 言을 추가하여 아울러 말하는 것이니 겸손하다, 사양하다는 의미이다. 용례) 謙讓之德(겸양지덕)
싫어할 혐 嫌	兼의 겸하다는 뜻에서 계집 女를 추가하여 한 여자를 남자 둘이 겸한다는 뜻이니 불만스럽다, 싫어하다, 미워하다, 의심하다는 의미가 되었다. 용례) 嫌惡(혐오)
청렴할 렴(염) 廉	兼의 아우르다는 뜻에서 집 广을 추가하여 여러 명이 한집에 같이 산다는 뜻이니 청렴하다, 검소하다는 의미이다. 후에 청렴한 것은 너무 바른 것이니 원만하지 않다, 모나다, 모서리, 구석, 옆이라는 의미로 확장되었다. 용례) 廉恥(염치)
물 이름 렴(염) 濂	廉에 물 氵를 추가하여 깨끗한 물을 의미하고 후에 물 이름으로 쓰이게 되었다.
발 렴(염) 簾	廉의 옆이란 뜻에서 대나무 竹을 추가하여 가느다란 대나무를 잇대어 햇빛 등을 가리기 위해 방의 한쪽 벽에 다는 발을 의미하게 되었다. 용례) 垂簾聽政(수렴청정)

해 년 年

갑골문	금문	소전	예서

고문을 보면 사람이 볏단을 이고 있는 모습을 표현하였다. 벼를 수확하여 옮기는 모습이니 오곡이 잘 익다, 수확하다라는 의미이다. 후에 한 해 농사를 마무리하였다는 뜻에서 해, 새해, 나이라는 의미로 확장되었다. 용례) 昨年(작년)

지날 력(역)

갑골문	금문	소전

고문을 보면 볏단 禾禾과 발 止를 합쳐 수확한 볏단을 옮기는 모습을 구체적으로 표현하였다. 벼를 심고 수확하게 되는 일련의 과정을 뜻하여 세월을 보내다, 지나다, 겪다라는 의미이다. [금문 이후 집 厂을 추가하여 창고로 수확한 벼를 옮긴다는 뜻을 강조하였다] 용례) 歷史(역사)

스밀 력(역) 瀝	歷이 천천히 시간이 흐르는 과정을 뜻하므로 물 氵를 추가하여 천천히 물이 스며들다, (물방울이) 떨어지다, 천천히 흘려보내다라는 의미가 되었다. 용례) 披瀝(피력)
책력 력(역) 曆	달력이 발명되면서 이를 나타내는 글자를 歷에서 따와 해 日을 합쳐 하루하루를 나타내는 책력, 역법 등을 뜻하게 되었다. [止가 생략됨] 용례) 太陽曆(태양력)

맡길 위 委

갑골문	금문	소전	예서

고문을 보면 벼 禾와 계집 女를 합쳐 수확한 벼를 여자에게 맡겨 정미하는 모습을 표현하였다. 정미하여 별도로 보관하는 것이므로 맡기다, 자세하다, 쌓다, 곳집이라는 의미가 되었다. 후에 이러한 정미 과정이 마지막 단계이므로 끝, 말단, 시들다, 쇠퇴하다, 작다는 의미로 확장되었다. 용례) 委任(위임)

시들 위 萎	委의 시들다라는 뜻에서 풀 艹를 추가하여 시들다, 마르다, 앓다는 의미이다. 용례) 萎縮(위축)
왜나라 왜 倭	委의 작다는 뜻에서 사람 亻을 추가하여 작은 종족인 왜나라라는 의미이다. 용례) 倭寇(왜구)
난쟁이 왜 矮	委의 작다는 뜻에서 길이를 재는 도구인 화살 矢를 추가하여 키가 작다, 짧다, 난쟁이라는 의미가 되었다. 용례) 矮小(왜소)

조 속 粟

갑골문	소전	예서

고문을 보면 이삭이 벼보다 많이 열리는 조를 표현하였다. 좁쌀, 오곡의 하나인 조를 의미한다. 조는 찰기가 있는 차조와 일반 메조로 구분된다. [소전 이후 이삭이 많이 달린 모습을 밤에 비유하여 밤 栗과 쌀 米의 형태로 변형되었다] 용례) 罌粟(앵속)

올 래(내)

來

갑골문	금문	소전	예서

벼와 다르게 하늘로 꼿꼿이 서 있는 보리의 모습을 표현하였다. 보리라는 의미이나 후에 보리가 외지에서 중국으로 유입된 것이기에 오다는 의미로 가차되어 쓰이게 되었다.

용례) 未來(미래)

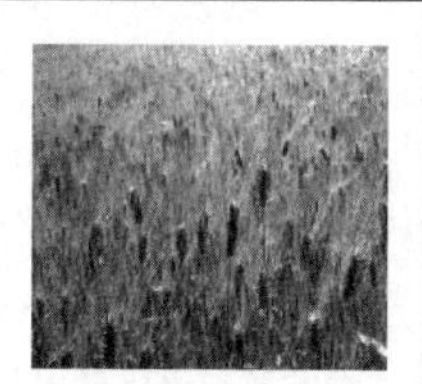

명아주 래(내) 萊

풀 艹를 추가하여 꽃이 보리 이삭처럼 피는 명아주를 의미한다. 명아주는 주위 환경에 따라 성장을 달리하여 거름이 많은 곳에서는 크게 자라는 성향이 있기에 다른 농작물에 피해를 주어 잡초라는 의미로도 쓰인다.

보리 맥 麥

來가 주로 오다는 뜻으로 쓰이게 되자 외지에서 늦게 유입된 곡식임을 명확하게 하기 위해 뒤쳐져올 夂를 추가하여 보리임을 강조하였다.

용례) 麥酒(맥주)

갑골문	금문	소전

기장 서
黍

갑골문	금문	소전	예서

고문을 보면 벼 禾와 물 水를 합쳐 물가에서 자라는 기장을 표현하였다. 초기 인류가 재배한 곡물은 척박한 환경에서도 잘 자라던 기장이었다. 그렇기에 벼 禾는 초기 기장을 뜻하는 글자였으나 점차 벼가 주식이 되면서 기장은 물을 따로 공급하지 않고 물가에 심어 놓기만 해도 잘 자라는 곡식이란 의미로 변형되어 쓰이게 되었다. 용례) 黍離(서리)

검을 려(여) **黎**

이로울 利를 추가하여 기장을 칼로 수확하는 모습을 표현하였다. 기장 이삭에 낱알이 많이 있으므로 많다, 무리라는 의미이고 후에 기장의 색이 검었기에 검다는 의미로 확장되었다. 용례) 黎明(여명)

피 직
稷

갑골문	금문	소전	예서

고문을 보면 둥글게 뭉친 모양으로 이삭을 맺는 피를 표현하였다. 피는 볏과의 일년초로 오곡(벼,보리,기장,피,콩) 중 하나로 초기 농경사회에서부터 재배되었던 중요 작물이었다. 피가 중요 식량으로 사용되었으므로 후에 곡신(穀神)으로 받들어졌다. [금문 이후 가면을 쓴 족장이 무릎을 꿇고 수확한 피를 제사에 올리는 모습으로 변형되었다] 용례) 社稷(사직)

놈 자 者	금문 1	금문 2	소전	예서

고문을 보면 뿌리에 주렁주렁 열매가 열리는 작물을 그릇에 담는 모습을 표현하였다. 즉 줄기식물인 감자 등을 캐서 담는 것으로 감자가 여러 개 달리므로 감자, 여러, 무리라는 의미가 되었다. 후에 특정할 수 없는 무리라는 뜻에서 불특정한 사람, 불특정한 장소라는 의미로 확장되었다. [예서 이후 줄기와 뿌리는 耂로 열매는 白의 형태로 변형되었다]
용례) 患者(환자)

삶을 자 煮	者의 감자라는 뜻에서 불 灬를 추가하여 감자를 그릇에 담아 삶은 모습을 표현하였다. 용례) 煮沸(자비)
사치할 사 奢	者의 감자라는 뜻에서 큰 大를 추가하여 아주 큰 감자 줄기를 표현하였다. 넉넉하다, 많다, 과분하다, 자랑하다, 사치하다, 낭비하다라는 의미이다. 용례) 奢侈(사치)
젓가락 저 箸	者의 감자라는 뜻에서 대나무 竹을 추가하여 감자를 찍어 먹는 젓가락을 표현하였다. 용례) 匙箸(시저)
돼지 저 猪	者의 여러, 무리라는 뜻에서 동물 犭을 추가하여 감자가 한 줄기에 여러 개 달렸듯 새끼를 여러 마리 낳는 동물이 돼지라는 의미이다. (= 豬) 용례) 猪突(저돌)
모두 제 諸	者의 여러, 무리라는 뜻에서 말 言을 추가하여 말하는 모든 것이니 모두라는 의미이다. 용례) 諸侯(제후)
실마리 서 緖	者의 여러, 무리라는 뜻에서 실 糸를 추가하여 실타래에서 실을 뽑는 모습이니 실마리, 차례라는 의미가 되었다. 용례) 端緖(단서)
더울 서 暑	者의 여러, 무리라는 뜻에서 해 日을 추가하여 해가 여러 개 있는 것처럼 따갑게 비추는 모습이니 덥다는 의미이다. 용례) 避暑(피서)
담 도 堵	者의 여러, 무리라는 뜻에서 흙 土를 추가하여 흙이 여러 개 모여 있다는 뜻이니 흙으로 만든 담을 의미한다. 용례) 安堵(안도)
볼 도 睹	者의 여러, 무리라는 뜻에서 눈 目을 추가하여 눈으로 여러 번 보다, 자세히 보다, 분별하다는 의미이다. 용례) 目睹(목도)

내기 도 賭	者의 여러, 무리라는 뜻에서 재물 貝를 추가하여 돈을 모아 놓고 내기, 도박을 한다는 의미이다. 용례) 賭博(도박)
도읍 도 都	者의 여러, 무리라는 뜻에서 마을 阝를 추가하여 사람이 많이 사는 동네, 장소가 도읍이란 의미이다. 용례) 都市(도시)
죽일 도 屠	者의 여러, 무리라는 뜻에서 주검 尸를 추가하여 시체가 많이 쌓여 있으니 (많은 사람을) 죽이다는 의미이다. 용례) 屠殺(도살)

나타날 저/ 붙을 착 著

금문	소전

고문을 보면 감자 者와 풀 艹를 합쳐 줄기식물인 감자를 강조하였고 땅속에 있던 감자를 캔다는 뜻에서 나타나다, 분명해지다는 의미가 되었다. 후에 감자가 뿌리에 붙어 열리므로 붙다, (옷을)입다, (신을)신다, (머리에)쓰다(착)라는 의미로 확장되었다. [着이 속자이나 우리나라에서는 붙는다는 뜻으로는 주로 着이 통용된다]

용례) 著作(저작), 着劍(착검)

머뭇거릴 저 躇	著의 붙다라는 뜻에서 발 足을 추가하여 발이 땅에 붙어있는 모습이므로 머뭇거리다라는 의미가 되었다. 용례) 躊躇(주저)

관청 서
署

소전	예서
[glyph]	[glyph]

고문을 보면 놈 者와 그물 罒을 합쳐 죄인을 잡아들이는 관청을 표현하였다. 관청, 관아, 부서라는 의미이고 후에 죄인을 잡아 명부를 작성하므로 쓰다, 적다, 수결하다라는 의미로 확장되었다. 용례) 署名(서명)

감자 서 薯 署를 감자를 캐 망에 담은 모습으로 보아 풀 艹를 추가하여 감자, 고구마, 마를 의미하게 되었다. 용례) 薯童謠(서동요)

새벽 서 曙 署를 땅속에 있던 감자를 캐 망에 담은 모습으로 보아 해 日을 추가하여 땅속에 있던 해가 떠오른다는 뜻으로 새벽, 동이 트다, 밝다는 의미가 되었다. 용례) 曙光(서광)

심을 예/
기세 세
埶

갑골문	금문	소전	예서
[glyph]	[glyph]	[glyph]	[glyph]

고문을 보면 사람이 무릎 꿇고 정성스럽게 나무를 심는 모습을 표현하였다. 곡물을 재배하는 것과 다르게 과실을 키우기 위해 나무를 심는 것은 기술이 필요한 일이므로 심다, 재주, 기예라는 의미가 되었고 후에 기술자로부터 정해진 규칙에 따라 나무를 심는 방법이 알려지게 되어 법, 법도, 학문이라는 의미로 확장되었다. 또한, 나무가 잘 자라는 모습에서 형세, 기세(세)라는 의미도 파생되었다. [소전 이후 나무를 심고 두 손으로 북을 돋우는 모습이 坴과 丮의 형태로 간략화 되었으나 예서 이후 丮이 丸으로 다시 변형되었다]

심을 예 蓺 풀 艹를 추가하여 과일나무뿐만 아니라 식용식물을 포함하여 모두 심는다는 의미로 확장되었다.

심을/재주 예 藝	埶에 구름 云(물이라는 뜻)을 추가하여 나무를 심고 물을 주면서 키우는 모습을 표현하였다. 埶의 의미를 강조한 것이었으나 현재는 주로 藝를 사용한다. 용례) 藝術(예술)
기세 세 勢	埶의 형세, 기세라는 의미를 강조하기 위해 힘 力을 추가하였다. 용례) 勢力(세력)
더울 열 熱	埶의 형세, 기세라는 뜻에서 불 灬를 추가하여 불의 활활 타오르는 모습을 표현하였다. 불이 기세 좋게 타오른다는 뜻이니 덥다, 따뜻하다, 더워지다, 더위, 열이라는 의미이다. 용례) 熱中(열중)

봉할 봉 封

갑골문	금문	소전	예서

고문을 보면 나무를 심고 북을 돋우는 모습을 표현하였다. 북을 돋우다, 쌓다, 높이다, 봉하다, 무덤이라는 의미이고 후에 흙을 쌓아 경계를 삼는다는 뜻에서 지경, 경계라는 의미로 확장되었다. 용례) 封墳(봉분)

도울 방 幇	封의 경계라는 뜻에서 천 巾을 추가하여 고대 천으로 서로를 구분하던 모습에서 무리, 단체라는 의미가 되었다. 후에 각자의 무리들은 서로 뭉치게 되었으므로 돕다, 보좌하다, 지원하다라는 의미가 파생되었다. 용례) 青幇(청방), 幇助(방조)

〈농기구〉

모 방

方

갑골문	금문	소전

고문을 보면 따비에 손잡이를 단 모습이다. 고대 원시적인 농기구였던 따비는 소등이 끌 수 있는 장비를 달아 손잡이로 조정하게 만든 쟁기로 발전하였다. 소가 끄는 쟁기로 네모난 밭을 오가며 쟁기질을 하게 되므로 두루, 널리, 둘레, 네모라는 의미가 되었고 손잡이를 잡는 방향에 따라 쟁기가 움직이니 방위, 방향이란 의미로 확장되었다. 또한, 쟁기를 조종하는 것은 어려운 일이므로 도리, 방법, 법이란 의미도 파생되었다. 용례) 方針(방침)

방해할 방 妨	方의 쟁기라는 뜻에서 계집 女를 추가하여 여자가 쟁기를 끄는 모습이니 일을 방해하다, 거리끼다라는 의미이다. [초기에 쟁기는 사람이 끌었고 이후 마소가 끄는 것으로 개량되었다] 용례) 妨害(방해)
길쌈 방 紡	方의 쟁기라는 뜻에서 실 糸를 추가하여 쟁기처럼 실을 오가며 직물을 짜는 길쌈을 의미한다. 용례) 紡績(방적)
문지방 방/ 자루 병 枋	方의 쟁기라는 뜻에서 나무 木을 추가하여 쟁기에 단 나무자루, 손잡이를 뜻한다. 후에 방의 경계에 두는 나무인 문지방이란 의미로 확장되었다. 용례) 門地枋(문지방)
거닐 방 彷	方의 둘레라는 뜻에서 조금 걸을 彳을 추가하여 주위를 거닐다라는 의미이다.
살찔 방 肪	方의 둘레라는 뜻에서 고기 月을 추가하여 두루 살이 찐 모습으로 살이 찌다, 비계, 기름이란 의미이다. 용례) 脂肪(지방)
동네 방 坊	方의 둘레라는 뜻에서 흙 土를 추가하여 고대 성곽도시의 둘레를 흙으로 막아 놓은 성곽을 쌓는 모습을 표현하였다. 동네, 마을, 집, 방(행정구역)이란 의미가 되었다. 용례) 坊坊曲曲(방방곡곡)

둑 방 防	方의 둘레라는 뜻에서 언덕 阝를 추가하여 언덕처럼 강 둘레를 막다, 둑이라는 의미이다. 용례) 豫防(예방)
꽃다울 방 芳	方의 두루라는 뜻에서 풀 艹를 추가하여 식물이 두루 활짝 핀 모습을 표현하였다. 아름답다, 향기가 나다는 의미이고 후에 (이름이) 빛나다, (맛이) 좋다는 의미로 확장되었다. 용례) 芳名錄(방명록)
찾을 방 訪	方의 두루라는 뜻에서 말 言을 추가하여 사방으로 두루 묻고 다니는 것을 표현하여 (의견을)묻다, 뵙다, 상의하다, 찾다, 탐구하다라는 의미이다. 용례) 巡訪(순방)
밝을/찾을 방 昉	方의 두루라는 뜻에서 해 日을 추가하여 해가 두루 비추는 모습이니 밝아지다라는 의미이다.
방 방 房	方의 네모라는 뜻에서 외짝 문 戶를 추가하여 네모난 방에 문이 달린 모습으로 방, 가옥이라는 의미이다. 용례) 冷房(냉방)

곁 방 旁

갑골문	금문 1	금문 2	소전	예서

고문을 보면 쟁기와 짐승을 연결하는 멍에를 표현한 것으로 추정된다. 쟁기와 멍에는 한 묶음이므로 곁, 옆이라는 의미가 되었고 후에 옆에서 도움을 준다는 뜻에서 도움, 보좌, 의지하다라는 의미로 확장되었다.

곁 방 傍	두 사람이 쟁기를 끄는 의미를 강조하기 위해 사람 人을 추가하였다. 용례) 傍觀(방관)
헐뜯을 방 謗	旁의 옆이란 뜻에서 말 言을 추가하여 사람의 앞이 아닌 옆에서 말을 한다는 뜻이니 헐뜯다, 나무라다는 의미이다. 용례) 誹謗(비방)
오줌통 방 膀	旁의 옆이란 뜻에서 고기 月를 추가하여 생식기 옆에 붙어있어 오줌을 모으는 신체기관이 오줌통이란 의미이다. 용례) 膀胱(방광)

방 붙일 방 榜	旁의 도움이라는 뜻에서 나무 木을 추가하여 도움을 주는 나무 팻말을 뜻하여 방을 붙이다, 패, 나뭇조각이라는 뜻이다. 용례) 標榜(표방)

놓을 방 放

금문	소전	예서
𢻱	𢻱	放

고문을 보면 쟁기 方과 칠 攵을 합쳐 쟁기를 맨 짐승의 엉덩이를 때려 부리는 모습을 표현하였다. 밭을 널리 펴다라는 의미이고 후에 엉덩이를 때리고 추방하는 형벌이라는 뜻으로 추방하다, 내쫓다, 내놓다라는 의미로 확장되었다.

용례) 放任(방임), 追放(추방)

본뜰 방 倣	放의 태형이라는 뜻에서 사람 亻을 추가하여 사람을 때리는 모습을 구체적으로 표현하였다. 후에 기준으로 삼다, 본보기로 삼다, 본받다, 닮다라는 의미로 쓰이게 되었다. 용례) 倣刻(방각)

거만할 오 敖

소전	예서	해서
𢾊	敖	敖

고문을 보면 놓을 放과 나갈 出을 합쳐 밖으로 멀리 나가 놀다, 시끄럽다는 의미이고 후에 시끄럽게 놀다라는 뜻에서 거만하다는 의미로 확장되었다.

거만할 오 傲	敖의 거만하다는 뜻을 명확하게 하기 위해 사람 人을 추가하였다. 용례) 傲慢(오만)

혹 췌 贅	敖의 나가다는 뜻에서 조개 貝를 추가하여 조갯살이 밖으로 빠져나간 모습을 표현하였다. 후에 살이 튀어나온 모습에서 군더더기, 혹이란 의미로 확장되었다. 또한, 군더더기라는 뜻에서 데릴사위란 의미가 파생되었다. 용례) 贅壻(췌서)

노래할 교 敫

소전	예서	해서
𣀔	敫	敫

고문을 보면 치다는 뜻의 放과 두드릴 拍을 합쳐 악기를 두드리며 노래하는 모습을 표현하였다.

맞을 요 邀	敫의 노래한다는 뜻에서 갈 辶을 추가하여 사람을 맞이하러 나가 환영하는 모습을 표현하였다. 맞이하다, 만나다라는 의미이다. 용례) 邀擊(요격)
격할 격 激	敫의 노래한다는 뜻에서 물 氵를 추가하여 물결이 세차게 부딪혀 소리가 나는 것을 노래하는 것에 비유하였다. 격하다, 세차다, 빠르다, 격렬하다, 과격하다는 의미이다. 용례) 激動(격동)
격문 격 檄	激의 격하다는 뜻에서 나무 木을 추가하여 격렬하게 사람들의 마음을 움직이는 격문을 의미한다. [고대에는 죽간 등에 글을 적었기에 나무 木이 추가되었고 氵가 생략됨] 용례) 檄文(격문)

어조사 어 於

금문 1	금문 2	소전	예서

문을 보면 죽은 사람과 까마귀를 그려 전쟁터의 시체를 먹는 까마귀를 표현한 것으로 추정된다. 시체에 까마귀가 붙어있으므로 있다, 기대다, 따르다라는 의미가 되었고 후에 탄식하다(오)라는 의미로 확장되었다. 현재는 감탄을 뜻하는 어조사로 사용된다. [소전 이후 곁이라는 뜻에서 새의 상형이 方으로 변형되었다]

용례) 於中間(어중간)

어혈질 어 瘀	於의 있다는 뜻에서 병 疒을 추가하여 타박상 등으로 살 속에 피가 맺히는 어혈, 어혈지다라는 의미가 되었다. 용례) 瘀血(어혈)
막을 알 閼	於의 기대다는 뜻에서 문 門을 추가하여 문에 의지하여 성을 지키다, 가로막는다는 의미이다. 용례) 閼伽杯(알가배)

옳을 가 可

갑골문 1	갑골문 2	금문 1	금문 2	소전

고문을 보면 사람이 멜대를 이용하여 짐을 든 모습을 표현하였다. 메다, 들다, 들어주다, 부담하다라는 의미이나 후에 힘을 경감하여 많은 짐을 지는 행위이므로 옳다, 허락하다라는 의미로 확장되었다.

용례) 可能(가능)

가지 가 柯	나무 木을 추가하여 멜대로 쓰이는 튼튼한 나뭇가지를 뜻한다. 용례) 南柯一夢(남가일몽)
가혹할 가 苛	可의 부담하다라는 뜻에서 풀 艹를 추가하여 풀을 가득 올린 짐을 멘 모습에서 가혹하다, 까다롭다는 의미이다. 용례) 苛酷(가혹)

수레 가 軻	可의 부담하다라는 뜻에서 차 車를 추가하여 사람 대신 물건을 나르게 된 수레를 의미한다. 용례) 孟軻(맹가)
꾸짖을 가 呵	可의 부담하다는 뜻에서 입 口를 추가하여 부담되는 말을 하는 것이니 꾸짖다, 책망하다는 의미이다. (=訶) 용례) 呵責(가책)
성씨 가 哥	可의 부담하다라는 뜻에서 겹쳐 사용하여 많은 짐을 옮기는 모습을 표현하였다. 후에 성씨로 쓰이게 되었다.
노래 가 歌	哥에 하품 欠을 추가하여 많은 짐을 지고 힘들어 입을 벌린 모습을 표현하였다. 후에 힘든 일을 하면서 노래를 한다는 뜻으로 확장되었다. 용례) 歌曲(가곡)
언덕 아 阿	可의 부담하다라는 뜻에서 언덕 阝를 추가하여 흙을 쌓아 놓은 모습이 언덕이라는 의미이다. 후에 계속하여 쌓는다는 뜻에서 알랑거리다, 아첨하다라는 의미로 확장되었다. 용례) 曲學阿世(곡학아세)
물 하 河	可의 부담하다라는 뜻에서 물 氵를 추가하여 물이 많이 모여 있는 모습을 표현하였다. 물, 운하, 황하라는 의미이다. 용례) 氷河(빙하)

어찌 하

何

금문	소전

짐을 진 모습 可와 사람 人을 합쳐 짐을 진 행위를 강조하였다. 메다, 맡다, 걸다는 의미였으나 후에 왜 이리 무겁냐는 뜻으로 어찌, 어느, 어떤, 얼마, 무엇이란 의미로 가차되었다. 용례) 如何(여하)

멜 하 荷	풀 끈 艹를 추가하여 메다, 짊어지다, 부담하다, 책임지다, 짐, 화물, 부담이란 의미를 강조하였다. 용례) 荷役(하역)

기이할 기/ 의지할 의 奇

금문	소전

고문을 보면 큰 大와 멜 可를 합쳐 가마 등에 사람을 태운 모습을 표현하였다. 가마에 탄 사람이 높은 사람이므로 뛰어나다, 기이하다는 의미가 되었고 후에 가마에 의지하다(의)라는 의미로 확장되었다. 용례) 奇行(기행)

말 탈 기 騎	奇의 타다는 원뜻에서 말 馬를 추가하여 말을 탄다는 의미가 되었다. 용례) 騎兵(기병)
부칠 기 寄	奇의 타다는 원뜻에서 집 宀을 추가하여 어떠한 장소로 이동하다, 도달하다는 의미가 되었다. 후에 가마에 실어 보낸다는 뜻에서 위임하다, 맡기다, 부치다, 보내다라는 의미로 확장되었다. 용례) 寄附(기부)
옥 이름 기 琦	奇의 기이하다라는 뜻에서 구슬 玉을 추가하여 기이한 옥이란 의미이다.
비단 기 綺	奇의 기이하다라는 뜻에서 실 糸를 추가하여 평범하지 않은 옷이란 뜻으로 무늬가 좋은 비단, 무늬라는 의미가 되었다. 용례) 綺羅星(기라성)
험할 기 崎	奇의 기이하다라는 뜻에서 산 山을 추가하여 평범하지 않은 산이란 뜻이니 험하다, 사납다는 의미가 되었다. 용례) 崎險(기험)
뙈기밭 기 畸	奇의 기이하다라는 뜻에서 밭 田을 추가하여 평범하지 않은 밭이란 뜻이니 큰 밭에 딸린 조그마한 뙈기밭을 의미하게 되었고 후에 뙈기밭을 사람에 비유하여 불구, 병신이란 의미로 확장되었다. 용례) 畸形兒(기형아)
의자 의 椅	奇의 의지하다는 뜻에서 나무 木을 추가하여 사람의 몸이 의지하는 나무가 의자라는 의미이다. 용례) 椅子(의자)

별 경 庚	갑골문	금문	소전	예서	해서

고문을 보면 이삭을 털어내는 원시 탈곡기를 표현한 것으로 추정된다. 탈곡하다라는 의미이나 후에 낱알을 분리하는 모습에서 바꾸다, 변화하다라는 의미로 확장되었다. 후에 일곱 번째 천간으로 사용되면서 오행 상 金을 뜻하게 되었고 금성, 별이라는 의미가 파생되었다. [해서 이후 오인되어 집 广의 형태가 추가되었다]
용례) 庚戌國恥(경술국치)

편안 강 康	갑골문	금문	소전	예서

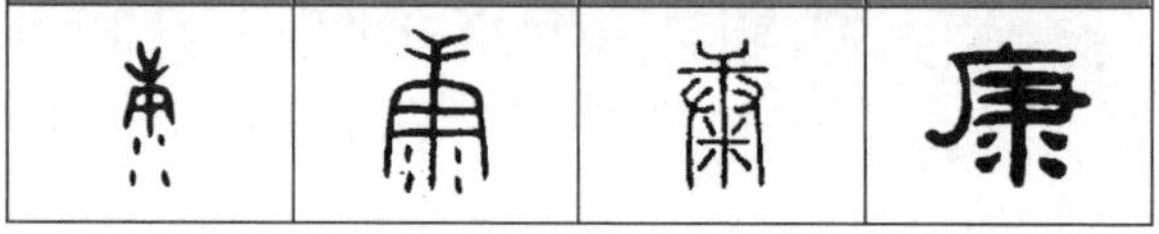

고문을 보면 탈곡기 庚에서 낱알이 분리되는 모습을 구체적으로 표현하였다. 탈곡 되었으니 편안하다, 즐겁다, 성하다는 의미가 되었다. 후에 낱알이 떨어진 빈 벼 이삭이라는 뜻에서 비다, 공허하다는 의미가 파생되었다. 용례) 康健(강건)

겨 강 糠	康의 비다는 뜻에서 쌀 米를 추가하여 쌀이 탈곡하고 남은 빈 껍질인 겨를 의미하게 되었다. 용례) 糟糠之妻(조강지처)
슬플 강 慷	康의 비다는 뜻에서 마음 忄을 추가하여 마음이 허전한 것이니 슬프다, 강개하다는 의미가 되었다. 용례) 慷慨無量(강개무량)

쓸 용 庸

갑골문	금문	소전	예서	해서

고문을 보면 탈곡기 庚과 바구니 用을 합쳐 큰 바구니를 아래에 받치고 탈곡기를 사용하는 모습을 표현하였다. 사용하다, 채용하다는 의미이고 후에 탈곡기를 이용할 때 낟알을 받는 바구니를 받치는 것이 당연하므로 보통, 범상하다는 의미로 확장되었다.

용례) 庸劣(용렬)

품팔 용 傭 庸의 채용하다는 뜻을 강조하기 위해 사람 人을 추가하여 고용당한 사람이라는 뜻에서 품팔다, 품팔이하다는 의미이다.

용례) 傭兵(용병)

쇠북 용 鏞 庸의 사용하다는 뜻에서 쇠 金을 추가하여 쇠를 사용하여 만든 쇠북, 쇠종을 의미한다.

당나라 당 唐

갑골문 1	갑골문 2	금문	소전	예서	해서

고문을 보면 탈곡기 庚와 그릇 口를 합쳐 탈곡한 식량을 그릇에 가득 담은 모습을 표현하였다. 크다, 많다는 의미이고 후에 나라 이름으로도 쓰이게 되었다.

용례) 唐惶(당황)

엿 당/탕 糖 唐의 크다는 뜻에서 쌀 米를 추가하여 쌀을 오래 끓여 달게 만든 것이 엿이란 의미이다. 용례) 糖尿(당뇨), 屑糖(설탕)

못 당 塘 唐의 크다는 뜻에서 흙 土를 추가하여 흙을 높이 쌓아 올린 방죽, 제방, 못이란 의미이다. 용례) 堤塘(제당)

3. 사유재산의 발생 및 계급사회의 시작

신석기시대에는 혈연중심의 소규모 공동체 사회였기 때문에 나이가 가장 많은 경험자가 부족을 이끌었다. 그러나 점차 농사를 짓기 좋은 땅에 여러 사람이 모여 살게 되면서 마을공동체를 이루게 되고 서로 힘을 도와 농사를 짓게 되면서 농작물의 수확이 증가하게 되었는데 이에 따라 남는 잉여 생산물을 소유하고 관리하는 강력한 힘을 가진 우두머리가 생기게 되었다.

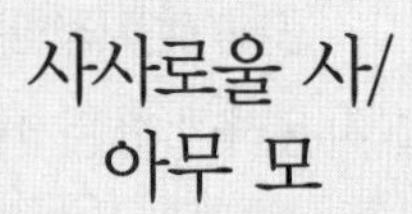

금문	소전	예서	해서
			厶

여러 의견이 있으나 고문을 보면 물건을 싼 모습을 표현한 것으로 추정된다. 후에 자신의 몫으로 싸다는 뜻에서 사사롭다, 자기의 것이란 의미가 되었다. 또한, 어떠한 물건을 싸다는 뜻에서 아무(모)라는 의미가 파생되었다.

사사로울 사 私	厶의 싸다는 뜻에서 벼 禾를 추가하여 쌀을 싼 모습이니 사사롭다는 의미를 강조하였다.

클/팔뚝 굉 厷

갑골문	금문	소전	예서	해서

고문을 보면 손 又와 쌀 厶를 합쳐 손을 둥글게 감싸 안은 모습을 표현하였다. 팔뚝, 팔뚝으로 감싸다, 포용하다는 의미이고 팔뚝으로 감싸면 많은 물건을 담을 수 있으므로 크다, 넓다, 광대하다란 의미로 확장되었다.

팔뚝 굉 肱 고기 月을 추가하여 팔뚝이란 의미를 강조하였다.
용례) 股肱之臣(고굉지신)

클 굉 宏 厷의 크다는 뜻에서 집 宀을 추가하여 크다, 넓다, 광대하다는 의미가 되었다.
용례) 宏壯(굉장)

수컷 웅 雄 厷의 크다는 뜻에서 새 隹를 추가하여 암컷보다 큰 것이 수컷이라는 의미이고 후에 씩씩하다, 용감하다, 뛰어나다, 웅장하다는 의미로 확장되었다.
용례) 英雄(영웅)

공평할 공

갑골문	금문	소전	예서

고문을 보면 쌀 厶와 나눌 八을 합쳐 개인적으로 싼 물건을 풀어 함께 나누는 모습을 표현하였다. 공평하게 나누다라는 뜻에서 공평하다, 공변되다, 공적인 것이란 의미가 되었다.
용례) 公用(공용)

곤룡포 곤 衮 옷 衣를 추가하여 공평하게 일을 처리하여야 하는 사람이 입는 옷이란 뜻으로 임금이 입는 곤룡포를 의미한다. 용례) 衮龍袍(곤룡포)

기릴 송/얼굴 용 頌	머리 頁을 추가하여 얼굴의 좌우대칭이 잘 어우러진 모습을 표현하여 용모가 아름답다는 의미이다. 후에 칭송하다, 기리다라는 의미로 확장되었다. 용례) 頌德碑(송덕비)
소나무 송 松	나무 木을 추가하여 잎이 둘 갈래로 갈라져 나오는 소나무를 의미하게 되었다. 용례) 松板(송판)
송사할 송 訟	말 言을 추가하여 공평하게 해 줄 것을 말로 요청한다는 뜻으로 송사하다, 고소하다, 다투다라는 의미이다. 용례) 訟事(송사)
늙은이 옹 翁	깃 羽를 추가하여 수염이 골고루 많이 난 늙은이를 의미하게 되었다. 용례) 塞翁之馬(새옹지마)

얼굴 용

容

금문	소전	예서

고문을 보면 동굴 穴과 함께할 公을 합쳐 여러 명이 들어가는 큰 동굴을 표현한 것으로 추정된다. 담다, 받아들이다, 용납하다, 용서하다라는 의미가 되었고 후에 몸에 여러 장식구를 담는다는 뜻에서 치장하다, 몸을 꾸미다, 몸가짐, 용모, 모양, 얼굴이라는 의미로 확장되었다. 용례) 容納(용납), 容貌(용모)

쇠녹일 용 鎔	容의 담다라는 뜻에서 광석 金을 추가하여 광물을 거푸집 등에 담는 모습이니 쇠를 녹이다, 주조하다, 거푸집이란 의미가 되었다. (=熔) 용례) 鎔接(용접)
녹을 용 溶	鎔의 쇠를 녹인다는 뜻에서 물 氵를 추가하여 물에 녹다, 용해하다는 의미가 되었다. [金이 생략됨] 용례) 溶媒(용매)
패옥소리 용 瑢	容의 치장하다는 뜻에서 옥 玉을 추가하여 몸을 치장하기 위해 차는 패옥, 패옥소리를 의미한다.
연꽃 용 蓉	容의 얼굴이라는 뜻에서 풀 艹를 추가하여 사람의 얼굴모양으로 피는 꽃이 연꽃이라는 의미이다. 용례) 芙蓉(부용)

묶을 속
束

갑골문 1	갑골문 2	금문	소전	예서

고문을 보면 나뭇단을 끈으로 묶은 모습을 표현하였다. 묶다, 결박하다, 삼가하다라는 의미이다. 후에 사람 간의 묶음이라는 뜻으로 약속하다라는 의미로 확장되었다.
용례) 約束(약속)

빠를 속 速	束의 묶다라는 뜻에서 갈 辶을 추가하여 식량 등을 묶어 간단하게 준비를 마치면 빠르게 이동할 수 있다는 의미이다. 용례) 迅速(신속)
두려울 송 悚	束의 삼가다라는 뜻에서 마음 忄을 추가하여 공경하다, 두려워하다라는 의미가 되었다. 용례) 罪悚(죄송)
칙서 칙 勅	고문을 보면 묶을 束과 칠 攵을 추가하여 묶어서 때리는 형벌을 표현하였다. 꾸짖다, 다스리다라는 의미이고 후에 형벌을 명령하는 칙서, 조서의 의미로 확장되었다. [해서 이후 칙서라는 뜻이 강조되면서 힘 力이 추가된 勅의 형태가 병행되어 쓰이게 되었다] (=敕) 용례) 勅使(칙사)

금문	소전	예서	해서

발랄할/어그러질 랄(날)
剌

갑골문	금문	소전

고문을 보면 묶을 束과 칼 刂를 합쳐 묶은 것을 칼로 풀어버리는 모습을 표현하였다. 어그러지다, 어지럽게 되다는 의미이다. 후에 무거운 짐을 없애버리니 발랄하다는 뜻으로 확장되었다.
용례) 潑剌(발랄)

매울 랄(날) 辣	剌과 구분되게 묶을 束과 문신을 새기는 칼 辛을 합쳐 묶어 놓고 문신을 새기는 모습을 표현하여 잔인하다, 모질다, 악랄하다, 맵다는 의미가 되었다. 용례) 辛辣(신랄)

의지할 뢰(뇌) 賴	소전1	소전2	예서 1	예서 2
	賴	賴	賴	賴

고문을 보면 묶을 束과 질 負를 합쳐 단단하게 묶은 짐을 짐꾼에게 지게 하는 모습을 표현하였다. 의뢰하다, 의지하다, 전가시키다라는 의미이다. [원래 질 負는 사람 人과 화폐 貝의 합친 모습이나 사람 人이 오인되어 현재는 칼 刀로 변형되어 賴, 頼로 모두 쓰이고 있다]

용례) 依賴(의뢰)

게으를 라(나) 懶	賴의 의지하다라는 뜻에서 마음 忄을 추가하여 남에게 의지하는 성격이니 게으르다, 의욕이 없다는 의미이다. 용례) 懶怠(나태)
문둥이 라(나) 癩	懶에 병 疒을 추가하여 나병(한센병), 문둥병, 문둥이라는 의미이다. [나병은 치료하지 않으면 신경계의 합병증으로 인하여 사지의 무감각과 근육의 병적인 증상이 발생하는데 병에 의해 움직이지 못하는 것을 게으른 병이라고 표현하였다] [忄이 생략됨] 용례) 癩病(나병)

가릴 간

금문	소전

고문을 보면 묶을 束에 나눌 八을 합쳐 물건을 구분하여 묶은 모습을 표현하였다. 구분하다라는 뜻에서 고르다, 가리다, 분간하다라는 의미가 되었다. 후에 물건을 분간하기 위해 작은 나무 조각에 글로 간략하게 표시를 했으므로 간략하다, 서찰(글씨를 쓰는 나뭇조각), 편지라는 의미로 확장되었다. 용례) 書柬(서간)

가릴 간 揀	손 扌를 추가하여 가린다는 뜻을 강조하였다. 용례) 分揀(분간)
간할 간 諫	柬의 가리다는 뜻에서 말 言을 추가하여 말을 잘 가려서 윗사람에게 말한다는 의미이다. 용례) 諫言(간언)
익힐 련(연) 練	柬의 구분하여 묶다라는 원뜻에서 실 糸를 추가하여 물건을 잘 나눠서 끈으로 묶는 모습을 강조하였다. 구분하여 묶는 것은 어려운 일이므로 노련하다, 익숙하다는 의미가 되었고 후에 계속 연습하여야 한다는 뜻에서 단련하다, 익히다라는 의미로 확장되었다. 용례) 訓練(훈련)
단련할 련(연) 鍊	練의 단련하다라는 뜻에서 쇠 金을 추가하여 (쇠를)불리다, (불에) 달구다, 단련하다는 의미이다.(= 煉) [糸가 생략됨] 용례) 鍛鍊(단련)

동녘 동

갑골문	금문	소전

고문을 보면 柬과 구분되게 더욱 꽁꽁 묶은 모습을 표현하였다. 꼭 묶다, 보통이라는 의미이나 후에 나무에 해가 걸려있는 모습으로 오인하여 해가 뜨는 동쪽이란 의미로 가차되어 쓰이게 되었다. 용례) 東海(동해)

얼 동 凍	東의 꼭 묶다라는 뜻에서 얼음 冫을 추가하여 사물이 꼭 묶인 것처럼 단단히 움츠러든 모습이니 춥다, 얼다, 얼음이란 의미이다. 용례) 凍傷(동상)
마룻대 동 棟	東의 꼭 묶다라는 뜻에서 나무 木을 추가하여 집을 묶고 있는 마룻대, 용마루라는 의미이다. 용례) 棟梁(동량)

무거울 중

금문	소전	예서

고문을 보면 사람 人과 보퉁이 東을 합쳐 사람이 꼭 묶은 보따리를 드는 모습을 표현하였다. 무거운 짐을 드는 모습이니 무겁다, 소중하다, 무게, 중량이란 의미가 되었다. [소전 이후 무거워 땅에서 움직이지 않는다는 뜻에서 土가 추가되었다]

용례) 重要(중요)

씨 종 種	重의 소중하다는 뜻에서 벼 禾를 추가하여 벼이삭 중 중요한 것이 씨라는 의미이다. 용례) 種類(종류)
발뒤꿈치 종 踵	重의 무겁다는 뜻에서 발 足을 추가하여 무거운 것을 지고 가면 발을 끌면서 가게 되므로 행동이 불편한 모양, 발뒤꿈치, 죽 이으면서 가다, 뒤따르다는 의미가 되었다. 용례) 擧踵(거종)
종기 종 腫	重의 무겁다는 뜻에서 고기 月을 추가하여 살이 무겁게 부풀어 오르는 것이 종기, 부스럼이라는 의미이다. 용례) 腫氣(종기)
쇠북 종 鍾	重의 무겁다는 뜻에서 쇠 金을 추가하여 쇠로 만든 무거운 쇠북을 표현하였다. 용례) 鍾路(종로)
찌를 충 衝	重의 무겁다는 뜻에서 사거리 行을 추가하여 원래 전쟁에서 두꺼운 나무로 둘러쌓은 후 돌격하는 전차를 표현하는 글자였다. 뚫고 나가다, 찌르다, 부딪히다라는 의미이다. 용례) 衝突(충돌)

감독할 동 董	重의 무겁다는 뜻에서 풀 艹를 추가하여 뿌리가 무겁고 견고하게 자라는 연근을 의미하였으나 후에 견고하다, 굳다는 의미로 확장되었다. 또한, 연근의 바른 모양에서 바르다, 바로잡다, 감독하다는 의미가 파생되었다. 용례) 董督(동독)
움직일 동 動	重의 무겁다는 뜻에서 힘 力을 추가하여 힘을 주어 무거운 짐을 옮기다는 뜻으로 움직이다, 옮기다는 의미이다. 용례) 運動(운동)
서러워할 통 慟	動에 마음 忄을 추가하여 마음이 크게 움직인다는 뜻이니 서러워하다, 서럽게 울다, 대단히 슬퍼하다는 의미이다. 용례) 慟哭(통곡)

헤아릴 량(양) 量

갑골문	금문	소전	예서

고문을 보면 보통이 東과 입구를 뜻하는 입 口를 합쳐 보통이의 입구를 통해 물건을 넣거나 빼는 모습을 표현하였다. 보통이에 들어있는 물건의 양이란 의미이고 후에 입구를 통해 양을 헤아리다, 추측하다라는 의미로 확장되었다. [금문 이후 口는 曰의 형태로 東은 重의 형태로 변형되었다] 용례) 力量(역량)

양식 량 糧	量의 양이란 뜻에서 쌀 米를 추가하여 쌀을 자루에 적당한 양을 넣은 모습이니 하루하루 살아갈 양식이라는 의미이다. 용례) 糧食(양식)

무리 조 曹

갑골문	금문	소전	예서 1	예서 2

고문을 보면 단단히 묶은 짐 두 개를 한 그릇에 담는 모습을 표현하였다. 무리, 짝이라는 의미이고 후에 모여 있다는 뜻에서 마을, 관청, 소송의 당사자라는 의미로 확장되었다. [소전 이후 그릇 口가 曰로 변형되었다] 용례) 法曹人(법조인)

성씨 조 曺	曹와 같은 어원이나 예서 이후 분화되었다. 성씨로 쓰인다.
만날 조 遭	曹가 한 곳에 모으다는 뜻이므로 갈 辶을 추가하여 (우연히) 만나다는 의미이다. 용례) 遭遇(조우)
구유 조 槽	나무 木을 추가하여 많은 것을 한 곳에 담는 나무라는 뜻으로 여러 가축이 같이 밥을 먹게 만든 구유를 의미한다. 용례) 浴槽(욕조)
지게미 조 糟	쌀 米를 추가하여 쌀로 술을 짜내고 남은 찌꺼기를 한곳에 모아 놓은 것이 지게미라는 의미이다. 용례) 糟糠之妻(조강지처)
배로 실어 나를 조 漕	물 氵를 추가하여 짐을 여러 개 모아 물로 옮긴다는 뜻으로 배로 실어 나르다는 의미이다. 용례) 漕運(조운)

올가미 구/ 글귀 귀

갑골문	금문	소전	예서

고문을 보면 얽힐 丩와 사물의 상형을 합쳐 사물을 꼼꼼하게 싼 모습을 표현한 것으로 추정된다. 빠지지 않게 싼다는 뜻에서 올가미, 굽다는 의미가 되었고 후에 글에 비유하여 마디, 문장의 단락, 구절, 글귀(귀)라는 의미로 확장되었다. [소전 이후 쌀 勹와 입 口의 형태로 변형되었다] 용례) 美辭麗句(미사여구)

잡을 구 拘	句의 올가미라는 뜻에서 손 扌를 추가하여 올가미로 잡다, 감싸다는 의미를 강조하였다. 용례) 拘束(구속)
갈고리 구 鉤	句의 굽다는 뜻에서 쇠 金을 추가하여 구부러진 쇠가 갈고리라는 의미이다. 용례) 雙鉤法(쌍구법)
망아지 구 駒	句의 굽다는 뜻에서 말 馬를 추가하여 등이 아직 굽어 있는 망아지라는 의미이다. 용례) 隙駒光陰(극구광음)
개 구 狗	句의 굽다는 뜻에서 짐승犭을 추가하여 사람에게 복종하는 짐승이 개라는 의미이다. 용례) 兎死狗烹(토사구팽)
구기자 구 枸	句의 굽다는 뜻에서 나무 木을 추가하여 잎이 안으로 말려 굽혀있는 헛개나무, 구기자를 의미한다. 용례) 枸杞子(구기자)

구차할/
진실로 구
苟

갑골문	금문	소전	예서

고문을 보면 귀만 쫑긋하고 앉아 먹이를 바라는 개를 표현한 것으로 추정된다. 탐하다, 바라건대, 진실로, 참으로라는 의미이고 후에 비굴하게 굴다는 뜻에서 겨우, 간신히, 다만, 단지, 구차하다, 미봉하다는 의미로 확장되었다. [소전 이후 굽은 모습 句과 귀 모양 艹로 변형되었다] 용례) 苟且(구차)

개 구 狗	苟가 진실로라는 의미로 주로 사용되자 짐승 犭을 추가하여 개라는 의미를 강조하였다.

공경 경 敬

금문	소전	예서

고문을 보면 개 苟와 칠 攵을 합쳐 복종하도록 가르치는 모습을 표현하였다. 공경하다, 훈계하다, 삼가다라는 의미이다. 용례) 尊敬(존경)

경계할 경 儆 敬의 삼가다라는 뜻에서 사람 人을 추가하여 주의시키다, 경계하다라는 의미가 되었다.

경계할/깨우칠 경 警 敬의 훈계하다라는 뜻에서 말 言을 추가하여 말로 경계하다, 주의하다, 깨우치게 한다는 의미이다. 용례) 警察(경찰)

놀랄 경 驚 敬의 치다는 원뜻에서 말 馬를 추가하여 말을 길들이기 위해 때리는 모습으로 말이 놀라 날뛰게 되니 놀라다, 놀라게 하다, 두려워하다라는 의미이다. 용례) 驚愕(경악)

끌 루(누) 婁

금문	소전	예서	해서

고문을 보면 여자가 머리에 대나무로 만든 바구니를 이고 두 손으로 잡은 모습을 표현하였다. 머리에 이다, 거두다, 끌다는 의미이고 후에 대나무 바구니라는 뜻에서 성기다(물건 사이가 뜨다)는 의미로 확장되었다. [소전 이후 바구니의 상형이 현재의 모습으로 변형되었다]

누더기 루(누) 褸 婁의 성기다는 뜻에서 옷 衤를 추가하여 옷에 구멍이 뚫린 모습이니 누더기라는 의미이다. 용례) 襤褸(남루)

누각 루(누) 樓	婁의 이다는 뜻에서 나무 木을 추가하여 나무로 집 위에 겹쳐 지은 것이 누각이라는 의미이다. 용례) 望樓(망루)
여러 루(누) 屢	婁의 이다는 뜻에서 주검 尸를 추가하여 전쟁터에서 시체가 겹겹이 쌓여 있는 것을 표현하여 수효가 많은, 여러, 자주라는 의미가 되었다. 용례) 屢次(누차)
셈 수 數	婁의 거두다는 뜻에서 도구를 든 모양인 攵을 추가하여 바구니에 들어있는 물건을 센다는 뜻으로 셈, 산법, 수단, 방법, 셈하다, 헤아리다라는 의미이다. 용례) 數値(수치)

■ 청동기시대의 의식주

1. 衣

청동기시대에는 본격적으로 누에를 통해 실을 뽑아 옷을 만들어 입는 단계에 이르렀는데 산누에나방의 고치에서 실을 뽑는 것을 천잠이라고 하고 집에서 누에를 키워 실을 뽑는 것을 양잠이라고 한다.

나라 이름 촉

갑골문	금문	소전	예서

원래 산누에나방 유충을 표현하였는데 나뭇잎과 몸 색이 같아 눈만 보이므로 눈을 강조하여 그렸고 소전 이후 벌레 虫을 추가하였다. 후에 나라 이름으로 쓰였다.

닿을 촉 觸	뿔 角을 추가하여 산누에나방이 몸이 울퉁불퉁 뿔 모양으로 생긴 것을 표현하였다. (뿔에) 닿다, 범하다, 찌르다, 느끼다는 의미이다. 용례) 接觸(접촉)
촛불 촉 燭	觸에 불 火를 추가하여 불이 산누에나방 뿔처럼 작고 약하게 난 모습을 표현하여 촛불, 등불, 비추다라는 의미이다. [角이 생략됨] 용례) 燭光(촉광)

이을 촉/무리 속 屬	꼬리 尾를 추가하여 누에가 꼬리에서 실을 토해내 고치를 짓는 모습을 표현하였다. 잇다, 엮다, 모이다는 의미이고 후에 모이다는 뜻에서 무리, 속하다, 거느리다(속)라는 의미로 확장되었다. 용례) 屬人主義(속인주의)
부탁할 촉 囑	屬의 잇다는 뜻에서 입 口를 추가하여 말을 계속 이어한다는 뜻으로 부탁하다, 위탁하다, 의뢰하다는 의미이다. 용례) 囑託(촉탁)
홀로 독 獨	인공적으로 키우게 되는 양잠에 비해 자연 상태의 산누에나비유충 蜀은 홀로 떨어져 있어 혼자라는 뜻을 내포하고 있으므로 짐승 犭을 추가하여 혼자 떨어져 다니는 짐승을 표현하였다. 홀로, 혼자, 외롭다는 의미이고 오직, 다만 이라는 의미로 확장되었다. 용례) 獨也靑靑(독야청청)
흐릴 탁 濁	물 氵를 추가하여 고치를 물에 끓여 실로 푸는 모습을 표현하였다. 하얀 고치를 물에 끓이면 물의 색이 검게 변하므로 흐리다, 더럽다, 혼탁하다는 의미가 되었다. 용례) 混濁(혼탁)

작을 요 幺	갑골문	금문	소전
	8	8	8

고문을 보면 누에고치에서 갓 뽑는 실타래를 표현하였다. 가는 실 자체를 의미하여 작다, 어리다는 의미가 되었다.

어릴 유 幼	幺의 작다는 뜻에서 힘 力을 추가하여 작다, 어리다는 의미를 강조하였다. 용례) 幼兒(유아)
고요할 요 窈	幼의 작다는 뜻에서 구멍 穴을 추가하여 작은 구멍을 통해 보는 모습이니 그윽하다, 희미하다, 고요하다, 얌전하다는 의미가 되었다. 용례) 窈窕淑女(요조숙녀)
꺾을 요 拗	幼의 어리다는 뜻에서 손 扌를 추가하여 어린아이가 손에 물건을 꼭 쥐고 버티는 모습을 표현하였다. 고집스럽다, 우기다는 의미이다. 용례) 拗執(요집)

그윽할 유 幽

幺의 실타래라는 원뜻에서 불 火를 추가하여 실타래를 불에 그슬리는 모습을 표현하였다. 검은색을 입히는 모습이므로 검다, 어둡다는 의미이고 후에 그윽하다, 아득하다, 멀다는 의미로 확장되었다.

용례) 幽冥(유명)

갑골문	금문	소전

실 꿸 관 𢇇

소전	예서	해서
		𢇇

고문을 보면 작은 실타래 幺幺와 쌍상투 丱를 합쳐 두 개의 실을 서로 연결하는 모습을 표현하였다. 실을 꿰다라는 의미이다.

관련할 관 關

고문을 보면 문 門과 꿸 串을 합쳐 문을 이중으로 걸어 잠근 모습을 표현하였다. 국경 등에 설치하여 경비를 강화하는 관문, 세관, 닫다, 감금하다라는 의미이고 자유로운 통제를 제한하므로 관계하다라는 의미로 확장되었다. [소전 이후 꿸 串이 실 꿸 𢇇으로 변형되었다]

용례) 關聯(관련)

금문 1	금문 2	소전	예서

연이을 련(연)
聯

고문을 보면 귀에 쌍 귀걸이를 한 모습을 표현하였다. 잇닿다, 잇다, 나란히 하다, 이어진 관계, 대(對)라는 의미이다. [소전 이후 귀 耳와 丝의 형태로 변형되었다] 용례) 聯合(연합)

갑골문	금문	소전 1	소전 2	예서

검을 현
玄

금문	소전	예서	해서

고문을 보면 실타래를 어느 곳에 매달아 늘어뜨린 모습을 표현하였다. 원래 활시위를 의미하여 매달리다, 걸리다라는 의미이나 후에 활시위에 송진을 발라 색이 검게 되었으므로 검다, 짙다, 깊다. 아득하다는 의미로 확장되었다. 용례) 玄關(현관)

시위 현 弦
玄이 검다는 의미로 주로 쓰이자 활 弓을 추가하여 활에 매다는 활시위라는 의미를 강조하였다.

악기 줄 현 絃
玄의 매달리다라는 뜻에서 실 糸를 추가하여 매단 실이란 뜻에서 악기 줄을 의미하게 되었다. 용례) 管絃樂(관현악)

솥귀 현 鉉
玄의 매달리다라는 뜻에서 쇠 金을 추가하여 큰 솥에 매달려 있는 손잡이인 솥귀를 의미한다.

자랑할 현 衒
玄의 매달리다라는 뜻에서 거리 行을 추가하여 사람들이 다니는 거리에 매단 모양이니 자랑하다라는 의미이다. 용례) 衒學(현학)

밝을 현 炫
玄의 짙다는 뜻에서 불 火를 추가하여 불빛이 밝다, 빛나다, 광채를 발하다라는 의미이다.

어지러울 현 眩
玄의 깊다는 뜻에서 눈 目을 추가하여 오래 한 곳을 보는 모습이니 어지럽다, 현혹하다, 눈부시다는 의미이다. 용례) 眩惑(현혹)

이끌 견 牽	고문을 보면 매달은 실타래를 뜻하는 玄과 소 牛, 덮을 冖을 합쳐 소에게 멍에와 연결된 끈으로 무엇인가를 끌게 하는 모습을 표현하였다. 끌다, 강제하다라는 의미가 되었다. 용례) 牽制(견제)

소전	예서
䍕	牽

검을 자 玆

갑골문	금문	소전

고문을 보면 玄을 겹쳐 여러 개의 실을 길게 매단 모습을 표현하였다. 玄의 검다, 짙다, 깊다. 아득하다는 원 의미 이외에 무성하다, 붙다는 의미가 되었고 후에 이, 이에, 여기, 이때, 지금 이라는 어조사로 가차되어 쓰이게 되었다.

용례) 玆山魚譜(자산어보)

불을 자 滋	玆의 무성하다는 뜻에서 물 氵를 추가하여 물이 불다, 무성하다는 의미이다. 용례) 滋養(자양)
사랑할 자 慈	玆의 무성하다는 뜻에서 마음 心을 추가하여 무성하게 생각하는 마음이란 뜻이니 사랑, 사랑하다, 자비, 인정, 어머니라는 의미가 되었다. 용례) 慈愛(자애)
자석 자 磁	玆의 붙다라는 뜻에서 돌 石을 추가하여 금속이 붙는 돌이 자석(磁石)이라는 의미이다.

가는 실 멱/실 사 糸

갑골문	금문	소전

고문을 보면 여러 개의 가는 실을 꼬아 온전한 실을 만드는 모습을 표현하였다. 가는 실, 가늘다, 작다는 의미이다. 주로 실이란 뜻으로 사용된다.

실 사 絲 糸가 주로 다른 글자와 함께 사용되면서 糸를 겹쳐 가는 실, 가늘다, 작다는 의미를 강조하였다. 용례) 生絲(생사)

엮을 철 綴 두 사람이 양손(又가 4개)으로 실을 잇는 모습을 표현하였다. 엮다, 잇다, 연결하다, 꿰매다는 의미이다. 용례) 綴字法(철자법)

소전	예서
	綴

맬 계 系

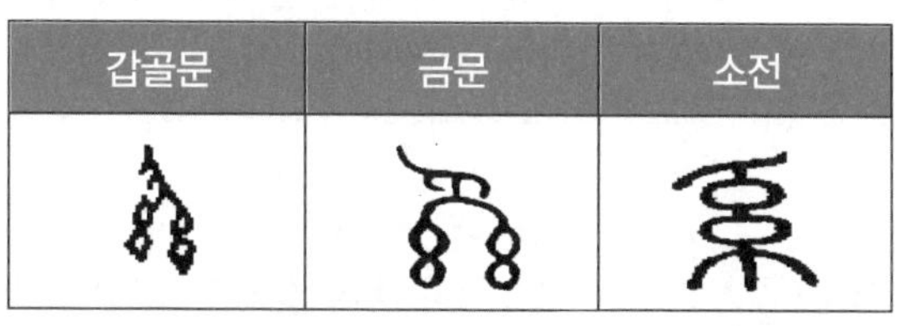

고문을 보면 실 絲와 손톱 爫를 합쳐 두 개의 실을 하나로 잇는 모습을 표현하였다. 이어 매다, 잇다, 묶다라는 의미이다. 용례) 體系(체계)

이을 계 係 사람 人을 추가하여 사람 간의 이어진 모습에 비유하여 잇다, 매다, 혈통, 핏줄, 사무 단위에서 가장 작은 단위라는 의미가 되었다. 용례) 係員(계원)

손자 손

孫

갑골문	금문	소전

고문을 보면 아들 子와 작을 幺를 합쳐 갓 태어난 아이를 표현하였다. 후에 幺를 실 糸로 해석하여 나의 후손, 손자라는 의미로 확장되었다. [소전 이후 손자라는 뜻을 강조하고자 幺가 系로 변형되었다]

용례) 孫子(손자)

겸손할 손 遜 孫의 갓 태어난 아이라는 원뜻에서 갈 辶을 추가하여 몸을 작게 하여 가는 모습이니 겸손하다는 의미가 되었다. 용례) 謙遜(겸손)

드러날 현

㬎

소전	예서	해서

고문을 보면 실 絲와 해 日을 합쳐 하얀 실타래가 햇빛에 밝게 빛나는 모습을 표현하였다. 드러나다, 밝다는 의미이다.

나타날 현 顯 㬎의 드러나다 뜻에서 머리 頁을 추가하여 숨어있던 동물의 머리가 드러난 모습이니 나타나다, 드러나다, 뚜렷하다는 의미이다.

용례) 顯出(현출)

젖을 습 濕 㬎의 밝다는 뜻에서 물 氵를 추가하여 물에 젖어 밝게 빛나는 모습이니 젖다, 축축하다, 물기, 습기라는 의미이다. 용례) 濕地(습지)

어지러울 란(난)

금문	소전	예서

고문을 보면 실패에 감긴 실타래를 양손으로 푸는 모습을 표현하였다. 실타래가 엉켜 있어 이를 푼다는 뜻으로 어지럽다, 어지럽히다, 손상시키다, 난리, 재앙이란 의미이다. [소전 이후 굽을 乙을 추가하여 실이 엉켜 있다는 뜻을 강조하였다]

용례) 混亂(혼란)

말할 사 辭

칼 刀를 추가하여 엉킨 실을 칼로 잘라 풀어버린다. 모습을 표현하였다. 끊다, 그만두다, 사양하다라는 의미이다. 후에 복잡한 사안을 정리하여 말한다, 말씀이란 의미로 확장되었다. [소전 이후 칼 刀가 칼 辛으로 변형되었다]

용례) 辭退(사퇴)

금문	소전	예서

거느릴 솔/ 우두머리 수/ 비율 률(율)

갑골문	금문	소전 1	소전 2	예서

고문을 보면 양쪽에 실을 묶어 팽팽하게 당기는 모습을 표현하였다. 굵은 동아줄로 당기다는 의미이나 동아줄에 딸려 움직이는 모습에서 거느리다, 좇다, 따르다(솔), 우두머리(수)라는 의미로 확장되었다. 또한, 줄이 팽팽한 모습에서 비율(율)이라는 의미가 파생되었다.

용례) 輕率(경솔), 確率(확률)

동아줄 률(율) 繂	率이 다른 의미로 사용되자 실 糸를 추가하여 동아줄이란 의미를 강조하였다. 용례) 係員(계원)
이을 윤 胤	고문을 보면 率에 고기 月을 합쳐 사람 간에 육체적으로 이어진다는 표현임을 알 수 있다. 잇다, 계승하다라는 의미이고 후에 사람에 비유하여 자손, 후손, 혈통이란 의미로 확장되었다. 용례) 後胤(후윤)

금문 1	금문 2	소전

이을 계

소전	예서	해서

고문을 보면 실을 이어 단계적으로 직물을 짜는 모습을 표현한 것으로 추정된다. 잇다, 이어나가다, 계속하다, 이어받는다는 의미가 되었다. 후에 이어받는 뜻에서 그다음에, 그 후에, 이어서라는 의미로 확장되었다.

이을 계 繼	실 糸를 추가하여 잇는다는 의미를 강조하였다. 용례) 繼母(계모)
끊을 단 斷	도끼 斤을 추가하여 짠 직물을 자르다라는 뜻으로 끊다, 결단하다, 나눈다는 의미가 되었다. 용례) 斷切(단절)

새끼줄 삭/찾을 색

索

갑골문	금문	소전	예서	해서

고문을 보면 사람이 두 손으로 새끼줄을 꼬는 모습을 표현하였다. 새끼줄이라는 의미이고 후에 밤에 홀로 새끼줄을 꼰다는 뜻에서 쓸쓸하다는 의미로 확장되었다. 또한, 새끼줄을 꼬는 모습에서 더듬다, 찾는다(색)는 의미가 파생되었다.

용례) 索莫(삭막), 索出(색출)

오로지 전

갑골문 1	갑골문 2	소전	예서

실을 모으는 방추를 표현하였다. 물레로 실을 뽑은 후에 한 방향으로 실을 감은 형태이므로 하나로 되다, 독차지하다, 가득 차다는 의미가 되었고 후에 한 방향이라는 뜻에서 오로지, 홀로, 단독으로라는 의미로 확장되었다.

은혜 혜 惠	叀의 가득 차다는 뜻에서 마음 心을 추가하여 사랑스러운 마음이 가득 찬 상태이니 은혜, 사랑, 자애, (은혜를)베풀다는 의미이다. 용례) 恩惠(은혜)
이삭 수 穗	惠의 가득차다라는 원뜻에서 벼 禾를 추가하여 벼의 이삭이 가득 찬 모습을 표현하였다. 용례) 麥穗(맥수)

오로지 전/모일 단 叀

갑골문 1	갑골문 2	소전	예서

고문을 보면 방추 叀과 손 又를 합쳐 방추를 돌려 실을 동글게 마는 모습을 구체적으로 표현하였다. 하나로 되다, 독차지하다, 가득 차다, 오로지, 홀로, 단독이라는 원 의미 이외에 모으다, 둥글다(단)는 의미로 확장되었다. [소전 이후 손 又가 寸으로 변형되었다]

용례) 專門家(전문가)

전할 전 傳 叀의 오로지라는 뜻에서 사람 人을 추가하여 여러 사람을 거치지 않고 사람과 사람을 통해 소식을 전하다, 알리다는 의미이다.

용례) 傳達(전달)

구를 전 轉 叀의 둥글게 말다는 원뜻에서 차 車를 추가하여 차의 바퀴가 둥글게 마는 모습이니 바퀴가 구르다, 회전하다라는 의미이다.

용례) 移轉(이전)

둥글 단 團 叀의 둥글다는 뜻을 강조하기 위해 에워쌀 囗를 추가하여 둥글다, 모이다, 모임이라는 의미가 되었다.

용례) 團合(단합)

북방 임 壬

갑골문	금문	소전	예서	해서

고문을 보면 실을 감는 얼레를 표현한 것으로 추정된다. 얼레에 실이 감겨 커지는 모습에서 크다, 성대하다는 의미가 되었다. 후에 아홉째 천간으로 사용되면서 방위로써 북방이란 의미가 파생되었다.

맡길 임 任	사람 人을 추가하여 큰 짐을 진 사람을 표현하였다. 맡다, 견디다, 능하다, (공을)세우다, 부담, 책무라는 의미가 되었다. 용례) 任務(임무)
고용할 임 賃	任에 재물 貝를 추가하여 일을 시키기 위해 돈을 주고 고용하다라는 의미이다. 용례) 賃金(임금)
임신할 임 妊	계집 女를 추가하여 여자의 배가 실패처럼 부풀어 오른 모습이니 임신하다라는 의미이다. 용례) 妊娠(임신)
가까이할 음 㸒	손톱 爪를 추가하여 일하기 위해 실패를 잡다는 뜻이니 가까이하다는 의미이다.
음란할 음 淫	㸒에 물 氵를 추가하여 물 속 깊이 들어간 모습을 표현하였다. 깊다, 심하다, 과하다, 지나치다는 의미이고 후에 욕심내다, 탐하다, 음란하다는 의미로 확장되었다. 용례) 淫談悖說(음담패설)

서로 호 互	금문	소전
	互	互

壬이 북방이란 의미로 주로 사용되자 실이 감긴 얼레를 구체적으로 표현하였다. 서로, 번갈아들다, 어긋매기다라는 의미이다. 용례) 互角之勢(호각지세)

얼레 호 笠	互가 얼레라는 뜻을 명확하게 하기 위해 재료인 대나무 竹을 추가하였다.

얽힐 구 丩

갑골문	금문	소전	해서

실이 서로 엉켜있는 모습을 표현한 것으로 얽히다, 넝쿨이 뻗는다는 의미이다.

얽힐 규 糾	실 糸를 추가하여 실이 엉켜 있는 모습을 강조하였다. 얽히다라는 의미이고 후에 얽혀 있는 것을 풀다는 뜻에서 살피다, 바로잡다, 규명하는 의미로 확장되었다. 용례) 糾合(규합)
부르짖을 규 叫	입 口를 추가하여 실이 엉켜있는 것처럼 감정이 북받쳐 크게 외치다, 부르짖다는 의미이다. 용례) 絕叫(절규)
거둘 수 收	손에 도구를 든 모습인 攵을 추가하여 잘 익은 곡식을 여러 다발로 묶어 거두어들이는 모습을 표현하였다. 곡식이 여물다, 거두다, 모으다라는 의미이다. 용례) 收斂(수렴)

물줄기 경 坙

금문	소전

날줄(세로줄)을 강조한 직물을 짜는 원시적인 베틀을 표현하였다. 후에 그 모양 때문에 밑으로 흐르는 물줄기라는 의미가 파생되었다.

지날 경 經	巠이 물줄기라는 의미로 사용되자 베틀임을 강조하여 실 糸를 추가하였다. 고대 옷감을 짤 때 베틀에 날줄(세로줄)을 고정시키고 북에 실타래를 담아 씨줄(가로줄) 사이를 왔다 갔다 하면서 짜는 방식이었으므로 날실, 지나다, 다스리다는 의미가 되었다. 후에 죽간이 모여 글이 되는 것에 비유하여 글, 경서, 법이란 의미로 확장되었다. **용례) 經度(경도)**
지름길 경 徑	巠의 날줄이라는 원뜻에서 걸을 彳을 추가하여 일직선으로 간다는 뜻이니 곧바로, 바로 가다, 지름길이란 의미가 되었다. (=逕) **용례) 捷徑(첩경)**
가벼울 경 輕	巠의 날줄이라는 원뜻에서 차 車를 추가하여 차를 타고 일직선으로 달려가는 모습이니 가볍다, 빠르다는 의미가 되었다. **용례) 輕視(경시)**
굳셀 경 勁	巠의 날줄이라는 원뜻에서 힘 力을 추가하여 날줄을 튼튼하게 매달은 모습으로 굳세다, 단단하다는 의미이다. **용례) 剛勁(강경)**
줄기 경 莖	巠의 날줄이라는 원뜻에서 풀 艹를 추가하여 아래로 곱게 뻗은 줄기를 표현하였다. **용례) 陰莖(음경)**
목 경 頸	巠의 날줄이라는 원뜻에서 머리 頁을 추가하여 머리에서 아래로 곱게 뻗어있는 것이 목이라는 의미이다. **용례) 頸椎(경추)**
정강이 경 脛	巠의 날줄이라는 원뜻에서 고기 月을 추가하여 사람의 신체 중 위에서 아래로 곱게 뻗어있는 것은 정강이, 종아리라는 의미이다. **용례) 脛骨(경골)**
경련 경 痙	巠의 날줄이라는 원뜻에서 병 疒을 추가하여 심줄이 당기고 몸이 뻣뻣해지는 병이 경련이라는 의미이다. **용례) 痙攣(경련)**
통할 경 涇	巠의 날줄이라는 원뜻에서 물 氵를 추가하여 물이 위에서 아래로 곧게 흐르다, 통하다는 의미이다. **용례) 涇渭(경위)**

나/줄 여

갑골문	금문	소전	예서

고문을 보면 북에서 실이 나온 모습을 표현한 것으로 추정된다. 북은 베를 짤 때 가운데 홈에 실꾸리를 넣고 북바늘로 고정시킨 후 날실 사이를 오가며 씨실을 넣어 직물을 짜는 배 모양의 나무통을 말하므로 펴다, 주다는 의미가 되었고 후에 각자 자신의 손에 맞는 북이 있으므로 나라는 의미로 확장되었다. 용례) 予奪(여탈)

북 저 杼	나무 木을 추가하여 나무로 만든 북을 강조하였다.
차례 서 序	予의 펴다라는 뜻에서 집 广을 추가하여 집을 지을 때 순서대로 펼쳐 짓는다는 뜻으로 펴다, 차례를 매기다, 차례라는 의미이다. 용례) 順序(순서)
펼 서 抒	予의 펴다라는 뜻에서 손 扌를 추가하여 북을 베틀에서 좌우로 던지며 직물을 짜는 모습을 강조하였다. 펴다, 표현하다, 풀어놓다, 털어놓다라는 의미가 되었다. 용례) 抒情(서정)
들 야 野	予의 펴다는 뜻에서 밭 里를 추가하여 밭이 넓게 펼쳐져 있는 곳을 뜻하니 성 밖, 교외, 들판, 야생의, 미개하다는 의미이다. 용례) 野生(야생)
미리 예 豫	予의 펴다라는 뜻에서 형상 象을 추가하여 직물을 짜면서 문양이 새기는 모습을 표현하였다. 문양을 새긴 직물에 기뻐하다, 즐기다라는 의미이고 후에 문양이 새기는 것은 어려운 일이므로 머뭇거린다는 의미와 미리 생각하고 거기에 맞춰 직물을 짜야 되므로 미리, 먼저라는 의미로 확장되었다. [후에 머리로 먼저 생각한다는 뜻에서 預과 통용되어 쓰였다] 용례) 豫想(예상)

헛보일/변할 환
幻

금문	소전	해서

予를 거꾸로 한 모양이다. 거꾸로 된 북에서 실이 나오는 모습이니 바뀌다, 변하다, 괴이하다, 헛보이다, 미혹하다는 의미가 되었다. 용례) 幻想(환상)

수건 건
巾

갑골문	금문	소전

고문을 보면 피륙을 짠 후 장대에 걸어 햇볕에 말리는 모습을 표현한 것으로 추정된다. 기초적인 피륙 형태이므로 피륙, 두건, 헝겊, 수건이라는 의미가 되었다.

용례) 黃巾賊(황건적)

고치 견 繭

누에(虫)가 뽕(艹)을 먹고 고치를 만든 것으로 실(糸)을 뽑아 피륙(巾)을 생산한다는 뜻으로 고치, 실이란 의미가 되었다.

용례) 繭絲(견사)

펼칠 포

갑골문	금문	소전

고문을 보면 피륙 巾과 칠 攴을 합쳐 피륙을 쳐서 곱게 펴는 모습을 표현하였다. 원래 거친 삼베를 넓게 펴서 다듬는 모습으로 베, 펴다, 펼치다, 벌이다는 의미이다. [소전 이후 攴이 ナ의 형태로 변형되었다] (= 㫄) 용례) 公布(공포)

두려워할 포 怖	布의 치다는 원뜻에서 마음 忄을 추가하여 두려워하다라는 의미이다. 용례) 恐怖(공포)

해질 폐 敝	갑골문	금문	소전

고문을 보면 베를 치는 모습 㡀과 날리는 보푸라기를 합쳐 거친 보푸라기를 떨구는 모습을 표현하였다. 해지다, 깨지다, 버리다, 숨기다는 의미이다.

용례) 敝衣(폐의)

헤질/폐단 폐 弊	양손 廾을 추가하여 양손으로 쳐서 더 많이 헤졌다는 뜻으로 폐단, 폐해, 부정행위, 해지다, 나쁘다는 의미이다. 용례) 弊端(폐단)
화폐 폐 幣	천 巾을 추가하여 여러 번 손질해서 만드는 고급비단을 뜻한다. 고급비단이 화폐로 쓰이게 되므로 비단, 예물, 재물, 재화의 의미가 되었다. 용례) 貨幣(화폐)
죽을 폐 斃	敝의 해지다는 뜻에서 죽을 死를 추가하여 해지는 것을 사람에 비유하여 사람이 죽다, 자빠지다라는 의미이다. 용례) 斃死(폐사)
덮을 폐 蔽	敝의 숨기다는 뜻에서 풀 艹를 추가하여 풀로 덮어 숨기는 모습이니 덮다, 가리다는 의미이다. 용례) 隱蔽(은폐)
침침할 폐/눈 깜짝할 별 瞥	敝의 해지다는 뜻에서 눈 目을 추가하여 눈을 많이 써서 해졌다는 비유적인 표현으로 침침하다, 눈이 흐려 안 보인다는 의미이고 후에 (눈을)깜짝하다, 얼핏 보다, 잠깐보다(별)는 의미로 확장되었다. 용례) 瞥眼間(별안간)
자라 별 鼈	瞥의 잠깐보다는 뜻에서 맹꽁이 黽을 추가하여 크기가 작아 맹꽁이로 오인되는 자라를 의미한다. [目이 생략됨] 용례) 鼈主簿傳(별주부전)

바랄 희 希

소전	예서	해서

고문을 보면 피륙 巾과 교차한 무늬 爻를 합쳐 무늬를 새긴 피륙을 표현하였다. 무늬를 새긴 피륙은 드물었기에 드물다, 드문드문하다, 바라다, 동경하다, 사모하다는 의미가 되었다. 용례) 希望(희망)

드물 희 稀 希의 드문드문하다는 뜻에서 벼 禾를 추가하여 벼를 드문드문 심은 모습을 표현하였고 드물다는 의미가 되었다. 용례) 稀貴(희귀)

옷 의

갑골문	금문	소전	예서

옷깃이 있는 상의 모양을 표현하였다. (다른 글자와 함께 사용될 때에는 衤로 쓴다.) 용례) 衣服(의복)

〈발굴된 한나라 의복〉

의지할 의 依 사람 人을 추가하여 사람이 옷을 입은 모습을 표현하였다. 사람에게 옷은 추위 등을 피하기 위해 꼭 필요한 물건이므로 의지하다, 따르다, ~의해서라는 의미이다. 용례) 依支(의지)

후손 예 裔

옷 衣와 꼬리 丙, 입구 口를 합쳐 옷의 밑부분이자 입구를 표현하였다. 옷단, 끝, 변방이란 뜻이고 후에 변방에 사는 오랑캐, 나의 끝인 후손이란 의미로 확장되었다. 용례) 後裔(후예)

금문	소전	예서

쇠할 쇠 衰

소전 1	소전 2	예서

짚이나 띠 같은 풀로 촘촘하게 잇달아 엮어 빗물이 스며들어 가지 않게 하는 우장인 도롱이 모습을 표현하였다. 어깨 위로 축 늘어져 있으므로 약하다, 쇠하다는 의미가 되었다.

용례) 衰落(쇠락)

도롱이 사 蓑

衰가 쇠하다는 뜻으로 주로 쓰이자 풀 艹를 추가하여 원 의미를 명확하게 하였다.

슬플 애

금문	소전	예서

고문을 보면 옷 衣와 입 口를 합쳐 베옷을 입고 입으로 곡을 하는 모습을 표현하였다. 사람이 죽었으니 슬프다, 슬픔, 상중이란 의미이다. 용례) 哀悼(애도)

길 원 袁

고문을 보면 衣와 발 止를 합쳐 베옷을 입고 장지를 향해 나가는 모습을 표현하였다. 천천히 나아가므로 길다, 멀다는 의미가 되었다. 후에 성씨로도 쓰이게 되었다. [예서 이후 止가 土로 변형되었다]

금문	소전	예서	해서

멀 원 遠

袁의 멀다는 뜻에서 갈 辶을 추가하여 멀다는 의미를 강조하였다.

용례) 永遠(영원)

정원 원 園

袁의 길다는 뜻에서 둘레 口을 추가하여 집 안의 넓은 장소인 정원, 뜰을 의미한다.

용례) 庭園(정원)

원숭이 원 猿

袁의 길다는 뜻에서 짐승 犭을 추가하여 손이 길게 늘어진 원숭이를 의미한다.

용례) 類人猿(유인원)

돌아올 환 還

금문	소전	예서

고문을 보면 멀 遠과 눈 目을 합쳐 눈동자를 크게 한 바퀴 돌리는 모습을 표현하였다. 굴리다, 돌다, 둥글다는 의미이다.

용례) 返還(반환)

고리 환 環

還의 둥글다라는 뜻에서 구슬 玉을 추가하여 옥을 둥글게 고리 양으로 만든다는 뜻으로 고리, 둥근 옥, 둘레, 두르다라는 뜻이다. [辶이 생략됨]

용례) 還刀(환도)

마칠 졸
卒

갑골문	금문	소전	예서

고문을 보면 옷섶을 단단히 여미는 모습을 표현하였다. 고대 사람이 죽었을 때 옷을 단단히 묶는 모습에서 마치다, 죽다, 끝내다, 갑자기, 별안간, 마침내라는 의미가 되었다. 후에 군사들도 갑옷을 단단히 묶어 입으므로 병졸, 군사라는 의미로 확장되었다.

용례) 卒業(졸업), 兵卒(병졸)

갑자기 졸 猝	卒의 갑자기라는 뜻을 강조하기 위해 갑자기 뛰어나오는 개 犭을 추가하였다. 용례) 猝富(졸부)
부술 쇄/ 순수할 수 粹	卒의 죽다는 뜻에서 쌀 米를 추가하여 쌀의 타작하여 껍질을 벗기다, 부수다는 의미이고 후에 정미하다는 뜻에서 쌀의 정수, 순수하다, 순결하다, 자세하다(수)는 의미로 확장되었다. 용례) 純粹(순수)
부술 쇄 碎	卒의 죽다라는 뜻에서 돌 石을 추가하여 돌이 죽는 것이니 돌을 잘게 부순다는 의미이다. 용례) 粉骨碎身(분골쇄신)
파리할 췌 悴	卒이 죽다라는 뜻에서 마음 忄을 추가하여 마음이 죽었다는 뜻이니 마음을 아파하다, 근심하다, 시들다, 파리하다는 의미이다. 용례) 憔悴(초췌)
모을 췌 萃	卒의 묶는다는 원뜻에서 풀 艹를 추가하여 풀을 모아 묶는다는 뜻으로 모으다, 무리, 모임이라는 의미이다. 용례) 拔萃(발췌)
췌장 췌 膵	萃에 고기 月을 추가하여 신체기관 중 십이지장과 함께 붙어 있는 기관인 췌장(膵臟), 이자를 표현하였다.
물총새/푸를 취 翠	卒의 별안간이란 뜻에서 깃 羽를 추가하여 별안간 물속으로 들어가 물고기를 낚는 새인 물총새를 의미하게 되었고 후에 물총새의 깃색이 푸른색이므로 푸르다는 의미로 확장되었다. 용례) 翡翠色(비취색)

〈장신구〉

도울 양 襄					
	갑골문	금문 1	금문 2	소전	예서

고문을 보면 초기에는 머리에 장식을 달아 치장하는 모습이었다가 이후 옷에 장식을 달아 치장하는 모습을 표현한 것으로 추정된다. 머리모양을 높게 꾸민다는 뜻에서 오르다, 이루다, 높다는 의미이고 후에 (꾸미는 것을) 돕다, 옮기다는 의미로 확장되었다. 용례) 襄禮(양례)

흙덩이 양 壤	襄의 높다라는 뜻에서 흙 土를 추가하여 흙을 모아 높게 쌓는다는 뜻으로 흙덩이, 경작지라는 의미이다. 용례) 土壤(토양)
술빚을 양 釀	襄의 높다라는 뜻에서 술단지 酉를 추가하여 술단지에 음식을 넣고 오래 발효시켜 술을 만든다는 의미이다. 용례) 釀造場(양조장)
사양할 양 讓	襄의 돕다는 뜻에서 말 言을 추가하여 다른 사람을 도와주려고 말을 하는 것이니 사양하다, 양보하다는 의미이다. 용례) 讓步(양보)
물리칠 양 攘	襄의 장식을 하다라는 원뜻에서 손 扌를 추가하여 장식했던 장식물을 제거하다, 없앤다는 의미이고 후에 물리치다, 내쫓다, 침탈하다라는 의미로 확장되었다. 용례) 斥攘(척양)
아가씨 양 孃	襄의 장식을 하다라는 원뜻에서 계집 女를 추가하여 몸을 장신구로 치장한 여자가 아가씨라는 의미이다. 용례) 令孃(영양)
주머니 낭 囊	襄의 장식을 하다라는 원뜻에서 묶을 束을 추가하여 물건을 담는 장식 주머니라는 의미이다. 용례) 背囊(배낭)

누르를 황

黃

갑골문	금문 1	금문 2	소전

고문을 보면 사람의 허리를 묶는 혁대를 표현한 것으로 추정된다. 고대 중국에서는 노란 패옥을 단 혁대를 매었는데 이를 통해 누렇다, 황금이란 의미가 되었고 후에 황금이란 뜻에서 크다, 빛나다, 황제라는 의미로 확장되었다. [소전 이후 관을 쓴 관리가 혁대를 찬 모습으로 변형되었다] 용례) 黃金(황금)

패옥 황 璜 구슬 玉을 추가하여 혁대에 차는 패옥을 의미한다.

가로 횡 橫 黃의 혁대라는 뜻에서 나무 木을 추가하여 가로로 놓인 막대를 표현하여 가로로 놓다, 가로지르다, 가로, 갑작스러운, 뒤엉키다, 넓이라는 의미이다. 용례) 橫行(횡행)

넓을 광

廣

갑골문	금문	소전

고문을 보면 황제 黃과 집 宀을 합쳐 임금이 사는 대궐을 표현하였다. 크다, 넓다, 빛나다는 의미이다. [소전 이후 집 宀이 广으로 변형되었다] 용례) 廣場(광장)

빌/밝을 광 曠 廣의 크다는 뜻에서 해 日을 추가하여 해가 크게 빛나는 모습이니 밝다, 넓다, 탁 트이다라는 의미가 되었다. 후에 탁 트이다는 뜻에서 황폐하다, 공허하다는 의미로 확장되었다. 용례) 曠劫(광겁)

뫼 구덩이 광 壙 廣의 크다는 뜻에서 흙 土를 추가하여 흙이 높이 쌓아 만든 무덤을 의미하고 후에 일반적인 무덤을 뜻하여 뫼 구덩이, 공허하다는 의미로 확장되었다. 용례) 壙中(광중)

쇳돌 광 鑛	廣의 빛나다는 뜻에서 쇠 金을 추가하여 빛나는 광석인 쇳돌(쇠붙이의 성분이 섞여 있는 돌)을 의미하게 되었다. 용례) 鑛石(광석)
넓힐 확 擴	廣의 넓다는 뜻에서 손 扌를 추가해 넓히다, 늘이다, 확대하다는 의미이다. 용례) 擴張(확장)

중요할 요

要

금문	소전	예서

고문을 보면 여자가 장신구 등을 다는 모습을 표현하였다. 얻다, 취득하다, 이루다, 원하다는 의미이고 후에 중요한 장식을 혁대에 달았던 풍습에서 허리, 요약하다, 중요하다는 의미로 확장되었다. [예서 이후 장신구를 다는 모습이 덮을 覀로 변형되었다]
용례) 要件(요건)

허리 요 腰	要의 허리라는 뜻에서 고기 月을 추가하여 사람의 신체인 허리를 강조하였다. 용례) 腰帶(요대)

무릅쓸 모

금문	소전

고문을 보면 머리에 두건을 쓴 모습을 표현하였다. 덮다, 씌우다, 나아가다, 무릅쓰다라는 의미이다. 후에 일반적인 모자라는 의미로 확장되었다. (다른 글자와 함께 사용될 경우 쓰개 冃, 冂로 쓰인다)
용례) 冒瀆(모독)

두건/모자 모 帽	冒의 두건이라는 뜻에서 천 巾을 추가하여 두건, 모자라는 의미를 강조하였다. **용례) 官帽(관모)**

끌 만
曼

금문	소전

고문을 보면 손으로 두건을 끌어 내리는 모습을 표현하였다. 길게 끌다, 길다, 멀다는 의미가 되었다. [소전 이후 冒와 구분되게 눈 目이 현재의 모습으로 변형되었다]

용례) 曼壽(만수)

게으를 만 慢	曼의 길게 끌다라는 뜻에서 마음 忄을 추가하여 길게 끄는 본성이라는 뜻에서 게으르다, 거만하다, 업신여기다라는 의미이다. **용례) 慢性(만성)**
질펀할 만 漫	曼의 길다는 뜻에서 물 氵를 추가하여 물이 길게 흩어진다는 뜻이니 흩어지다, 질펀하다, 가득찬다는 의미이다. **용례) 放漫(방만)**
만두 만 饅	曼의 길다는 뜻에서 먹을 食을 추가하여 길쭉한 음식인 만두를 의미한다. **용례) 饅頭(만두)**
덩굴 만 蔓	曼의 길다는 뜻에서 풀 艹를 추가하여 길게 자라는 식물인 덩굴, 덩굴지다, 퍼지다는 의미한다. **용례) 蔓延(만연)**
뱀장어 만 鰻	曼의 길다는 뜻에서 고기 魚 추가하여 긴 물고기인 뱀장어를 의미한다.

덮어쓸 몽

소전	예서	해서

고문을 보면 덮어쓸 冃과 사람 人을 합쳐 사람에게 두건을 씌어 앞을 가린 모습을 표현하였다. 덮어쓰다, 어둡다는 의미이다. [소전 이후 사람 대신 돼지 豕로 변형되어 눈을 가리고 돼지를 잡는 모습으로 변형되었다]

어두울 몽 蒙 풀 艹를 추가하여 풀을 덮어 가리다, 어둡다, 어리석다, 어리다, 속이다는 의미가 되었다. 용례) 啓蒙(계몽)

고깔 변

소전	예서	해서

양손으로 고깔 모양의 모자를 들고 쓰는 모습을 표현하였다. 고대에 머리에 관을 쓰는 사람은 지배층이었으므로 관을 쓴다는 것은 다스리는 행위를 뜻하여 재판하다, 말씀, 떨다, 두려워하다라는 의미이고 후에 날카로운 고깔 모양에서 급하다, 서두르다라는 의미로 확장되었다. 용례) 武弁(무변)

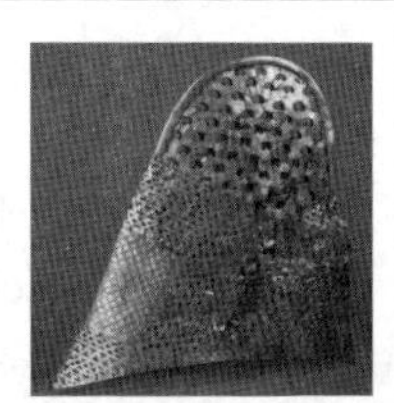

[천마총 금관 관모]

성씨 변 卞 弁의 이체자로 사람 人과 관 모양을 합쳐 생성하였다. 법, 법도, 성급하다, 조급하다는 의미이고 후에 성씨로 쓰이게 되었다.

맏 윤 允

갑골문	금문	소전	예서

고문을 보면 고깔 弁을 쓴 사람을 표현한 것으로 추정된다. 지위가 높은 사람이 제사를 지내기 위해 쓰는 것이므로 진실로 기원한다는 뜻에서 진실로, 참으로, 마땅하다, 허락하다라는 의미가 되었고 후에 맏이가 주로 행사를 주재하므로 맏이라는 의미로 확장되었다. 용례) 允許(윤허)

병기 윤 鈗 允의 뾰족한 모습에서 쇠 金을 추가하여 날카로운 무기라는 의미가 되었다.

천천히 걷는 모양 준

소전	예서	해서

고문을 보면 맏 允과 뒤져올치 夊를 합쳐 높은 사람이 천천히 걷는 모양을 표현하였다. 높다, 뛰어나다는 의미이다.

마칠 준 竣 설 立을 추가하여 천천히 걷다 멈춰 섰다는 뜻이니 멈추다, 마치다, 끝내다는 의미이다. 용례) 竣工(준공)

준걸 준 俊 夋의 뛰어나다는 뜻에서 사람 人을 추가하여 뛰어나다, 걸출하다, 당당하다, 크다, 높다, 수려하다, 준걸(재주와 슬기가 매우 뛰어난 사람)이란 의미이다. 용례) 俊秀(준수)

준마 준 駿 夋의 뛰어나다는 뜻에서 말 馬를 추가하여 걸출한 말인 준마(駿馬)를 의미한다.

깊을 준 浚	夋의 뛰어나다는 뜻에서 물 氵를 추가하여 물이 깊다는 의미이다. 용례) 浚渫(준설)
밝을 준 晙	夋의 뛰어나다는 뜻에서 해 日을 추가하여 해가 밝다는 의미이다.
높을 준 峻	夋의 높다는 뜻에서 산 山을 추가하여 산이 높다, 가파르다, 엄하다는 의미이다. 용례) 峻嚴(준엄)
높을 준 埈	夋의 높다는 뜻에서 흙 土를 추가하여 땅이 높다, 솟다, 가파르다, 험하다는 의미이다.
고칠 전 悛	夋의 뛰어나다는 뜻에서 마음 忄을 추가하여 생각이 뛰어난 것이니 깨닫다, 개오하다(잘못을 깨닫고 뉘우치다), 고치다는 의미가 되었다. 용례) 改悛(개전)
신맛/식초 산 酸	夋의 뛰어나다는 뜻에서 술 酉를 추가하여 술이 너무 익으면 신맛이 나는 식초가 된다는 의미이다. 용례) 鹽酸(염산)
부추길 사 唆	夋의 크다는 뜻에서 입 口를 추가하여 말을 크게 하는 모습이니 부추기다, 꼬드기다는 의미이다. 용례) 敎唆犯(교사범)

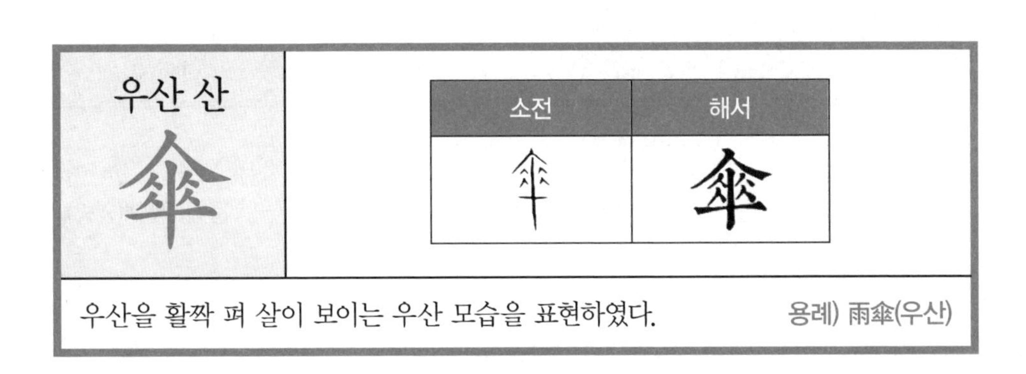

우산을 활짝 펴 살이 보이는 우산 모습을 표현하였다. 용례) 雨傘(우산)

2. 食

청동기시대에는 본격적으로 벼를 재배하여 쌀을 주식으로 이용하게 되었으며 풍족한 식량으로 인하여 다양한 음식과 이를 담는 용기가 발전하게 되었다.

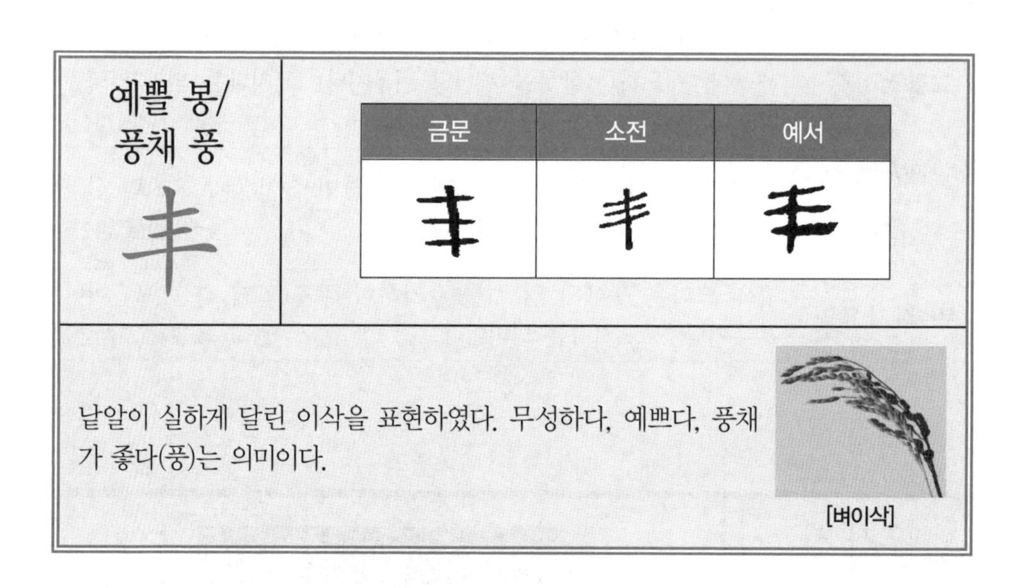

예쁠 봉/풍채 풍

丰

금문	소전	예서
丰	丰	丰

낟알이 실하게 달린 이삭을 표현하였다. 무성하다, 예쁘다, 풍채가 좋다(풍)는 의미이다.

[벼이삭]

나라 방 邦

고을 阝를 추가하여 무성하게 사람들이 모여 사는 고을을 뜻하여 나라, 수도를 의미하게 되었다. 용례) 聯邦(연방)

끌 봉 夆	금문 1	금문 2	소전

고문을 보면 무성할 丰과 뒤져올 夊를 합쳐 낱알이 천천히 무성하게 자란 모습을 표현하였다. 크다, 넉넉하다는 의미이고 후에 벼 이삭이 길쭉한 모양이므로 이끌다, 이르다, 날카롭다는 의미로 확장되었다.

봉우리 봉 峯	夆의 크다는 뜻에서 산 山을 추가하여 높은 산봉우리를 표현하였다. (= 峰) 용례) 最高峰(최고봉)
봉화 봉 烽	夆의 크다는 뜻에서 불 火를 추가하여 불을 크게 올리는 모습이 봉화(烽火)라는 의미이다.
칼날 봉 鋒	夆의 날카롭다는 뜻에서 쇠 金을 추가하여 쇠를 날카롭게 만든 것이 칼날, 병기라는 의미이다. 용례) 先鋒(선봉)
벌 봉 蜂	夆의 날카롭다는 뜻에서 벌레 虫을 추가하여 날카로운 침을 가지고 있는 벌레인 벌을 표현하였다. 용례) 養蜂(양봉)
만날 봉 逢	夆의 이르다는 뜻에서 갈 辶을 추가하여 맞이하다, 영접하다, 만나다는 의미가 되었다. 용례) 相逢(상봉)
꿰맬 봉 縫	逢에 실 糸를 추가하여 실이 이리저리 움직여서 최종적으로 만나 마무리하는 모습을 표현하여 꿰매다, 바느질하다라는 의미가 되었다. 용례) 縫合(봉합)
쑥 봉 蓬	逢에 풀 艹를 추가하여 사방에서 만날 수 있는 풀이 쑥이라는 의미이다. 용례) 麻中之蓬(마중지봉)

길할 길 吉

금문	소전

고문을 보면 무성할 丰과 그릇 口를 합쳐 그릇에 가득 곡식을 담은 모습을 표현하였다. 가득, 가득차다라는 의미이고 후에 풍족하다는 뜻에서 좋다, 길하다, 행복이란 의미로 확장되었다. [소전 이후 丰이 士로 변형되었다] 용례) 吉凶(길흉)

일할 길 拮	吉의 가득이라는 뜻에서 손 扌를 추가하여 바쁘게 일하다라는 의미이다. 용례) 拮抗(길항)
꾸짖을 힐 詰	吉의 가득이라는 뜻에서 말 言을 추가하여 심하게 말하는 모습이니 꾸짖다, 벌하다는 의미가 되었다. 용례) 詰難(힐난)
맺을 결 結	吉의 가득이라는 뜻에서 실 糸를 추가하여 단단히 묶은 모습이니 묶다, 매다, 단단히 하다는 의미가 되었다. 용례) 結婚(결혼)

풍년 풍 豐

갑골문	금문	소전

고문을 보면 제기 豆와 곡식이 무성하게 자란 모양인 丰丰를 합쳐 곡식을 가득 담아 제사 지내는 모습을 표현하였다. 무성하다, 풍성하다, 풍년이 들다, 풍년이라는 의미이다. [약자는 豊으로 쓴다] 용례) 豊足(풍족)

고울 염 艶	豊의 풍성하다는 뜻에서 색 色을 추가하여 색이 진하고 풍성한 모습이니 아름답다, 곱다, 탐스럽다는 의미이다. 용례) 妖艶(요염)

예도 예(례) 禮

금문	소전	예서
豊	禮	禮

고문을 보면 豊이 주로 풍년이란 의미로 사용되자 제사 示를 추가하여 풍성하게 잘 자란 곡식 등을 제기에 담아 제사 지내는 모습을 강조하였다. 조상을 공경하여 잘 자란 곡식을 풍성하게 바치는 것이 예도, 예절이라는 의미이다.

용례) 禮節(예절)

단술 예(례) 醴 술 酉를 추가하여 제사를 지낼 때 따르는 맑은 술, 단술을 의미한다. [示가 생략됨]

몸 체 體 禮의 풍성하다는 원뜻에서 뼈 骨을 추가하여 사람의 뼈에 여러 장기와 살을 담으면 비로소 몸, 신체, 형상이 된다는 의미이다. [示가 생략됨]

용례) 體格(체격)

쌀 미 米

갑골문 1	갑골문 2	금문	소전
米	米	米	米

고문을 보면 벼 이삭에 달린 벼 낟알을 분리한 모습이다. 쌀이라는 의미이고 고대에는 쌀가루를 얼굴에 바르는 분으로 사용하였기에 분가루, 화장하다, 유혹하다라는 의미가 파생되었다.

용례) 玄米(현미)

미혹할 미 迷 米의 유혹하다는 뜻에서 갈 辶을 추가하여 길을 가는데 유혹하다, 어지럽게 하다, 미혹하다, 길을 잃다, 헤매다는 의미이다.

용례) 迷信(미신)

분별할 변 釆

갑골문	금문	소전	해서
			釆

고문을 보면 쌀 米와 같은 어원이나 米가 타작한 낟알인 쌀이라는 의미가 되자 벼의 낟알을 분리하다, 구분하다, 분별하다라는 의미로 분화되었다. [소전 이후 米와 구분하고자 벼 禾에 낟알이 분리된 모습으로 변형되었으나 고문에서는 대부분 米와 병행하여 쓰였다]

차례 번 番

금문	소전 1	소전 2

고문을 보면 벼를 타작하여 쌀가마니에 넣은 모습을 표현한 것으로 추정된다. 쌓다, 많다, 번성한다는 의미이고 후에 타작한 순서대로 쌀가마니를 쌓게 되므로 갈마들다(서로 번갈아들다), 차례, 횟수라는 의미로 확장되었다. **용례) 番號(번호)**

우거질 번 蕃	番의 번성하다라는 뜻에서 풀 艹를 추가하여 풀이 우거지다, 번성하다, 늘다, 붇다는 의미이다. **용례) 蕃盛(번성)**
울타리 번 藩	蕃의 번성하다라는 뜻에서 물 氵를 추가하여 수량이 많은 강을 표현하였다. 후에 고대 강을 보호막으로 삼아 도시를 건설하였기에 경계, 울타리, 지경이라는 의미로 확장되었다. **용례) 藩主(번주)**
번역할 번 飜	番의 타작하다라는 원뜻에서 날 飛를 추가하여 타작하면서 껍질을 날려버리는 모습을 표현하였다. 뒤집다, 엎어지다라는 의미이고 후에 말을 뒤집어 해석한다는 뜻으로 번역하다라는 의미로 확장되었다. **용례) 飜譯(번역)**
강 이름 반(번) 磻	番의 번성하다라는 뜻에서 돌 石을 추가하여 암석이 많은 지역을 의미한다. **용례) 磻溪(반계)**

서릴 반 蟠	番의 번성하다라는 뜻에서 뱀이 똬리를 튼 모양인 虫을 추가하여 뱀이 몸을 서리고 서 있는 모습을 표현하였다. 서리다(뱀 따위가 몸을 똬리처럼 동그랗게 감다, 실 따위를 헝클어지지 아니하도록 둥그렇게 포개어 감다), 두르다, 빙 감다는 의미이다. **용례) 蟠桃(반도)**
뜨물 반 潘	番의 갈마들다는 뜻에서 물 氵를 추가하여 쌀을 물에 여러 번 씻은 뜨물, 쌀뜨물을 의미한다. 후에 성씨로도 쓰이게 되었다.
뿌릴 파 播	番의 타작하다라는 원뜻에서 손 扌를 추가하여 벼 이삭을 타작하는 모습을 구체적으로 표현하였다. 까불다, 키질을 하다는 의미이나 후에 껍질을 흩뜨리다, 퍼뜨리다, 뿌리다는 의미로 확장되었다. **용례) 播種(파종)**

살필 심 審

소전	예서	해서
審	審	審

고문을 보면 분별할 釆과 집 宀을 추가하여 수확한 곡식을 곳간에 저장한 모습을 표현하였다. 묶다, 정하다, 안정시키다, 바르게 하다는 의미이다. 후에 곳간을 잘 지켜야 하므로 살피다, 주의하여 보다는 의미로 확장되었다. **용례) 審判(심판)**

즙 낼 심 瀋	審의 묶다는 뜻에서 물 氵를 추가하여 사물을 꼭 묶어 즙을 낸다는 의미이다. 후에 물 이름, 성씨로도 쓰이게 되었다.

밥뭉칠 권

소전	해서
	龹

고문을 보면 분별할 釆과 두 손을 모은 모습(廾)을 그려 쌀을 두 손으로 움켜쥔 모습을 표현하였다. 밥을 뭉치다, 둥글다는 의미이다. [다른 글자와 함께 쓰일 때는 𠔉으로 쓰인다]

주먹 권 拳	손 手를 추가하여 손을 둥글게 만든 모습이니 주먹을 쥐다, 주먹, 주먹질하다는 의미가 되었다. 용례) 拳鬪(권투)
돌볼 권 眷	눈 目을 추가하여 눈을 동그랗게 크게 뜨고 살피는 모습이니 보살피다, 권속, 식솔이라는 의미가 되었다. 용례) 眷屬(권속)
책 권 卷	무릎을 꿇고 있는 모습 㔾을 추가하여 둥글게 만 상태를 강조하였다. 후에 고대 대나무 조각에 쓰던 죽간을 둥글게 말아 보관하였는데 이를 책이라고 하였기에 말다, 두루마기, 책이란 의미로 쓰이게 되었다. 용례) 壓卷(압권)
거둘/말 권 捲	卷의 말다라는 뜻에서 손 扌를 추가하여 죽간을 돌돌 마는 모습을 강조하여 말다, 힘쓰다, 힘써 일하다, 불발하다, 거두다는 의미가 되었다. 용례) 捲土重來(권토중래)
우리 권 圈	卷의 말다라는 뜻에서 에워싼 울타리를 뜻하는 口을 추가하여 몸을 말아 가두는 작은 감옥, 우리, (한정된) 구역이나 범위, 가두다, 감금하다라는 의미이다. 용례) 圈內(권내)
게으를 권 倦	卷의 말다라는 뜻에서 사람 人을 추가하여 몸을 만 상태로 가만히 있는 사람이 게으르다, 진력난다는 의미이다. 용례) 倦怠(권태)
문서 권 券	卷의 책이란 뜻에서 칼 刀를 추가하여 고대 나무 조각 등에 글에 새기고 칼로 자른 후 서로 나눠 가진 후 나중에 이를 맞춰보는 증표로 삼은 모습을 표현하여 문서, 증표, 증서, 계약서, 언약하다, 일치한다는 의미가 되었다. [㔾이 생략됨] 용례) 福券(복권)

깊을 오
奧

고문을 보면 집 宀과 밥뭉칠 𢍃을 합쳐 주먹을 쥔 모습처럼 집안의 보이지 않은 깊숙한 곳을 표현하였다. 깊다, 깊숙하다, 깊숙한 안쪽, 속, 구석, 아랫목이라는 의미이고 후에 깊이 있어 잘 보이지 않는다는 뜻으로 흐리다, 그윽하다는 의미로 확장되었다.

용례) 奧妙(오묘)

물가 오 墺	奧의 구석이라는 뜻에서 흙 土를 추가하여 뭍, 뭍의 끝, 물가라는 의미이다.
한할 오 懊	奧의 깊다라는 뜻에서 마음 忄을 추가하여 마음 깊숙한 곳에 있는 것이 한이라는 뜻으로 한하다(몹시 억울해하거나 원통하여 원망스럽게 생각하다), 괴로워한다는 의미이다. 용례) 懊惱(오뇌)

사나울 폭(포)

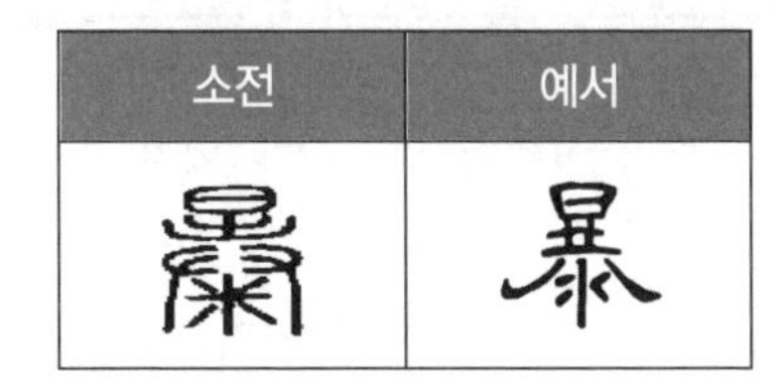

고문을 보면 밥뭉칠 𢍃과 해 日, 날 出을 합쳐 해가 뜬 이후 곡식을 양손에 들고 나가 말리는 모습을 표현하였다. 쬐다, 햇빛에 말리다는 의미이고 후에 강렬한 햇볕이라는 뜻에서 세차다, 사납다, 난폭하다는 의미로 확장되었다. [예서 이후 쌀 米가 氺의 형태로 변형되었다]

용례) 暴利(폭리)

사나울 폭(포) 曝	暴의 세차다는 뜻에서 해 日을 추가하여 햇볕이 세차다, 사납다, 난폭하다는 의미를 강조하였다. 용례) 曝陽(폭양)

불 터질 폭 爆	暴의 세차다는 뜻에서 불 火를 추가하여 불이 심하게 타오르는 것을 표현하여 불 터지다, 폭발한다는 의미이다. 용례) 爆彈(폭탄)
폭포 폭/ 소나기 포 瀑	暴의 세차다는 뜻에서 물 氵를 추가하여 물이 심하게 쏟아지는 것을 표현하여 폭포(폭), 소나기(포)라는 의미이다. 용례) 瀑布(폭포)

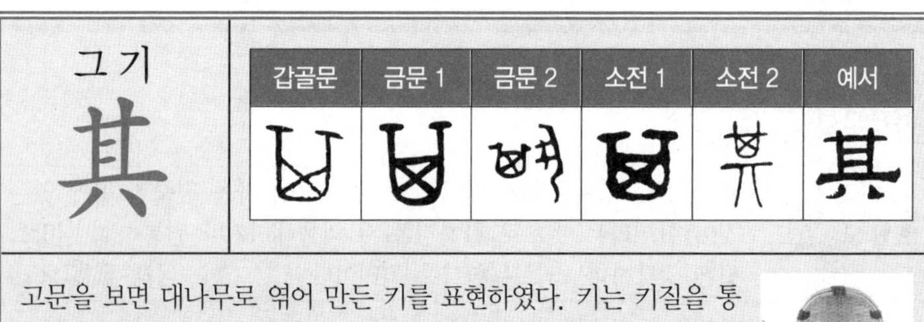

그 기
其
갑골문
금문 1
금문 2
소전 1
소전 2
예서

고문을 보면 대나무로 엮어 만든 키를 표현하였다. 키는 키질을 통해 낟알 이외의 불순물이 분리하는 도구이다. 현재는 그, 그것이라는 어조사로 쓰인다. [소전 이후 양손 廾을 추가하여 키질하다는 의미를 강조하였다] 용례) 其他(기타)

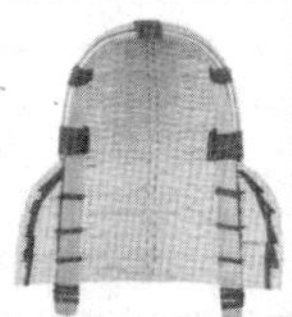

키 기 箕	其가 어조사로 쓰이게 되자 키를 만드는 대나무 竹을 추가하여 키라는 의미를 명확히 하였다. 용례) 箕裘(기구)
터 기 基	흙 土를 추가하여 키가 곡식 알맹이를 고르는 도구이므로 이를 땅에 비유하여 쓸모 있는 땅을 잘 고르다는 의미이다. 터를 닦다, 근본, 토대라는 의미이다. 용례) 基礎(기초)
아름다운 옥 기 琪	옥 玉을 추가하여 키가 불순물을 제거하는 도구이므로 불순물이 섞이지 않은 아름다운 옥을 의미한다.
준마 기 騏	말 馬를 추가하여 불순물이 섞이지 않은 아름다운 말을 의미한다. 용례) 騏驎(기린)
기린 기 麒	사슴 鹿을 추가하여 사슴과 비슷하나 더욱 아름다운 상상 속의 짐승이 기린이라는 의미이다.

물 이름 기 淇	물 氵를 추가하여 위나라에 있던 기수의 이름이다. 키를 이용하듯 깨끗하게 정비하였다는 의미로 해석된다.
장기 기 棋	나무 木을 추가하여 나무에 대나무를 잘 엮어 만든 키 무늬가 그려져 있는 모습을 표현하였다. 장기, 바둑이라는 의미이다. 용례) 將棋(장기)
기 기 旗	깃발 㫃을 추가하여 키는 높이 들었다 내렸다를 반복하여 사용하는 도구인데 기 또한 전쟁에서 높이 들었다 내렸다 하면서 신호를 하는 도구라는 뜻이다. 용례) 旗幟(기치)
기약할 기 期	달 月을 추가하여 반복적으로 높이 들었다 내리는 키와 같이 달이 커졌다 작아졌다를 반복함을 표현하였다. 고대에는 달의 크기에 따라 시간의 흐름을 알았기에 기간, 기한, 기일, 예정된 날짜, 돌(1주년)이란 의미가 되었고 예정된 날을 기다리다는 뜻에서 기약하다, 바라다는 의미로 확장되었다. 용례) 期待(기대)
돌 기 朞	期와 같은 어원이나 期가 주로 기약하다는 뜻으로 쓰이자 달 月을 其의 밑으로 쓰고 돌, 1주년이란 뜻으로 구분하여 쓰이게 되었다. 용례) 朞年祭(기년제)
속일 기 欺	입을 크게 벌린 모양 欠을 추가하여 행동을 과장되게 하면서 입을 크게 벌려 떠버리는 모습에서 속이다, 업신여기다, 추하다, 거짓, 기만이란 의미가 되었다. 용례) 欺罔(기망)
이 사 斯	도끼 斤을 추가하여 불순물을 제거하는 키와 물건을 자르는 도끼처럼 분리하다, 쪼개다, 떠나다라는 의미이고 후에 떠나다라는 뜻에서 떨어지다, 천하다는 의미로 확장되었다. 현재는 이, 이것이란 어조사로 가차되어 쓰인다. 용례) 斯文亂賊(사문난적)

마칠 필 畢

갑골문	금문	소전

고문을 보면 대나무로 엮은 키 모양에 자루를 단 삼태기를 표현하였다. 삼태기는 쓰레기를 담는 용도이므로 마치다, 끝내다, 다하다, 완성하다는 의미가 되었다. [금문 이후 밭 田을 추가하여 농작물을 수확하고 정리한다는 뜻을 강조하였다.]

용례) 畢生(필생)

묶을 필 縪

畢의 마치다는 뜻에서 실 糸를 추가하여 바느질을 마치면서 실을 묶다, 깁는다는 의미이다.

똥 분 糞

고문을 보면 삼태기 畢을 두 손으로 잡고 쓰레기를 담는 모습을 표현하였다. 금문 이후 쌀(米)을 추가하여 밥을 먹고 나오는 쓰레기인 똥이란 의미를 강조하였다. [해서 이후 쌀 米의 다른 형태가 똥이란 뜻에서 삼태기 畢이 다를 異의 형태로 변형되었다] 용례) 糞尿(분뇨)

갑골문	금문	소전	해서
			糞

버릴 기 棄

고문을 보면 쓰레기 糞과 아이 子를 합쳐 죽은 아이를 담아 버리는 모습을 표현하였다. 버리다, 돌보지 않다, 그만두다, 물리치다는 의미이다. [예서 이후 삼태기를 잡은 양손 모양이 나무 木의 형태로 변형되었다]

용례) 棄却(기각)

갑골문	금문	소전	예서	해서
			棄	棄

절구 구

금문	소전	예서

고문을 보면 낟알의 껍질을 벗기기 위해 사용하는 속이 울퉁불퉁한 절구의 모습을 표현하였음을 알 수 있다. 후에 그 모양이 새 둥지와 비슷하므로 새 둥지라는 의미가 파생되었다.

용례) 臼磨(구마)

옛 구 舊

臼의 새 둥지라는 뜻에서 부엉이 萑을 추가하여 부엉이가 항상 둥지에 머무르고 있는 것으로 보이므로 오래되다, 옛, 늙은이라는 의미가 되었다.

용례) 親舊(친구)

시아비/외삼촌 구 舅

舊에 남자 男을 추가하여 늙은 남자를 존칭하는 표현으로 시아비, 장인, 외삼촌이란 의미이다. [萑가 생략됨]

용례) 國舅(국구)

헐 훼 毁

고문을 보면 받침대가 있는 절구(臼)를 몽둥이(殳)로 때려 부수는 모습을 표현하였다. 헐다, 부수다, 제거한다는 의미이다 (= 毀)

용례) 毁損(훼손)

금문	소전	예서	해서

퍼낼 요

소전	예서	해서

고문을 보면 절구에 손을 넣어 정미한 곡식을 퍼내는 모습을 표현하였음을 알 수 있다. 퍼내다, 긁어내다는 의미이다.

벼 도 稻

舀의 퍼내다라는 뜻에서 벼 禾를 추가하여 절구에서 껍질이 벗겨진 벼 낟알을 퍼내는 모습을 표현하였다. 벼, 쌀을 일다(흔들어 쓸 것과 못 쓸 것을 가려낸다)는 의미이다. **용례) 立稻先賣(입도선매)**

물 넘칠 도 滔

舀의 퍼내다는 뜻에서 물 氵를 추가하여 가득찬 물을 퍼내는 모습이니 물이 넘치다, 창일하다, 넓다는 의미이다.

밟을 도 蹈

舀의 퍼내다라는 뜻에서 발 𧾷을 추가하여 디딜방아로 곡식 등을 빻는데 손을 넣어 곡식을 뒤집는 모습을 표현하였다. 디딜방아를 밟다라는 뜻으로 밟다, (발을)구르다, (박자에)따르다는 의미이다.

용례) 蹈襲(도습)

〈디딜방아 사용 모습〉

낮 오 午

갑골문 1	갑골문 2	금문 1	금문 2	소전

고문에서 보면 절구에 넣은 곡식을 빻는 절굿공이를 표현하였음을 알 수 있다. 후에 일곱째 지지로 쓰이게 되었고 시간상 11~13시를 뜻하게 되면서 하루 중 가운데인 정오, 낮이라는 의미가 파생되었다. **용례) 端午(단오)**

〈청동기시대 나무 절굿공이 유물〉

밝을 오 旿

午의 정오라는 뜻에서 해 日을 추가하여 해가 높게 뜬 정오를 강조하여 밝다, 한낮이라는 의미이다.

공이 저 杵	午가 낮이란 의미로 주로 사용되자 절굿공이를 뜻하기 위해 나무 木을 추가하였다. 용례) 杵臼(저구)
허락할 허 許	절구는 껍질을 벗겨 먹을 수 있게 하는 작업이므로 말 言을 추가하여 허락하다, 승낙한다는 의미가 되었다. 용례) 許諾(허락)

찧을 삽

臿

소전	해서

고문을 보면 절구 臼와 절굿공이 午를 합쳐 절구를 찧는 모습을 표현하였다. 찧는다는 의미이다.

꽂을 삽 插	손 扌를 추가하여 절굿공이를 잡고 절구에 꽂다, 끼우다, 삽입하다, 찌르다라는 의미이다. 용례) 插入(삽입)
찧을 용 舂	고문을 보면 절구 臼와 양손으로 절굿공이를 잡은 모습을 합쳐 절구질하는 모습을 구체적으로 표현하였다. 절구질하다, 찧는다는 의미이다. [예서 이후 절굿공이를 잡은 손 모양이 현재의 모습으로 변형되었다] 용례) 舂精(용정)

갑골문	금문	소전	예서

풀 사 卸

갑골문	금문	소전

고문을 보면 사람이 무릎 꿇고 절구질하는 모습을 표현하였음을 알 수 있다. 낟알을 분리하는 작업이니 떨어지다, 풀다는 의미가 되었다. [소전 이후 그칠 止를 추가하여 껍질을 없앤다는 의미를 강조하였다]

용례) 卸白(사백)

어거할 어 御

卸의 떨어지다라는 뜻에서 조금걸을 彳을 추가하여 떨어진 장소로 이동하는 모습을 표현하였다. 고대 임금이 궁을 떠나 다른 장소로 이동한다는 뜻으로 행차하다, 다스린다는 의미이고 후에 많은 인원이 수행하는 모습에서 거느리다, 어거하다(수레를 메운 소나 말을 부리어 몰다)라는 의미로 확장되었다. 용례) 制御(제어), 御史(어사)

막을 어 禦

卸의 떨어지다라는 뜻에서 제단 示를 추가하여 외딴곳에서 제사를 지내는 모습을 표현하였다. 올리다, 받치다, 제사 지내다라는 의미 이외에 은밀히 제사 지낸다는 뜻에서 (출입을)금하다, 막다, 방어하다라는 의미로 확장되었다. 용례) 防禦(방어)

〈용기〉

무릇 범 凡

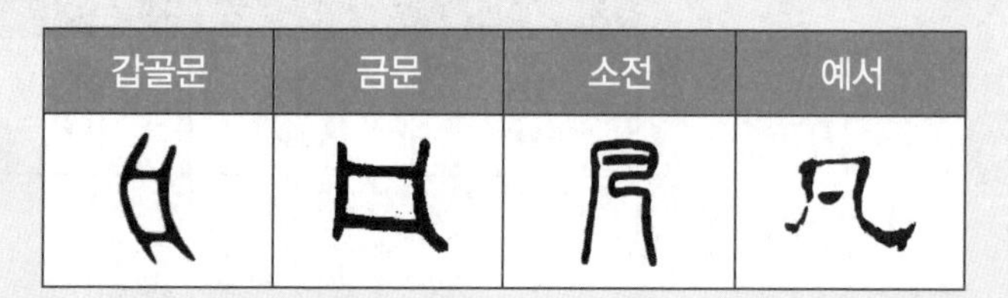

갑골문	금문	소전	예서

고문을 보면 소반을 표현한 것으로 추정된다. 소반은 네다리가 달린 작은 상인데 다리를 입체적으로 표현하지 못하여 사방으로 발이 달린 모습으로 상형되었다. 소반에는 여러 음식을 한꺼번에 담을 수 있으므로 모두, 다, 전부라는 의미이고 후에 모두를 아우른다는 뜻에서 대강, 무릇, 보통의, 범상하다는 의미로 확장되었다. 용례) 平凡(평범)

〈무용총에 나타난 소반〉

돛 범 帆	凡의 모두라는 뜻에서 천 巾을 추가하여 바람 모두를 담을 수 있는 큰 천이 돛이란 의미이다. 용례) 帆船(범선)
넓을 범 汎	凡의 모두라는 뜻에서 물 氵를 추가하여 물이 많다는 뜻이니 넓다, 넘치다라는 의미이다. 용례) 汎國民的(범국민적)
찰 패 佩	고문을 보면 사람 人과 넓을 凡, 천 巾을 합쳐 사람이 넓은 천을 매단 모습을 표현하였다. 고대에는 귀족들이 천을 옷에 매다는 풍습이 있었기에 차다, 달다, 휴대하다라는 의미가 되었다. (= 珮) 용례) 佩用(패용)

금문	소전	예서
[illegible]	[illegible]	佩

훔칠 도 盜	고문을 보면 소반 앞에서 사람이 침을 흘리는 모습을 표현하였다. 욕심내다, 훔치다, 도둑이라는 의미로 쓰이게 되었다. [금문 이후 소반 凡이 그릇 皿으로 변형되었다] 용례) 竊盜(절도)

갑골문	금문	소전	예서
[illegible]	[illegible]	[illegible]	盜

일반 반 般

갑골문	금문	소전	예서
[illegible]	[illegible]	[illegible]	般

고문을 보면 소반 凡과 도구를 든 모습 攴을 합쳐 소반에 골고루 음식을 올리는 모습을 표현하였다. 소반, 가지런한 모양, 일반이라는 의미이고 후에 빙 둘러 음식을 올린다는 모습에서 돌다, 배회하다라는 의미로 확장되었다. [소전 이후 凡이 배 舟로 오인되어 변형되었다]

용례) 全般(전반)

소반 반 盤	般의 소반이란 뜻에서 그릇 皿을 추가하여 여러 음식을 담는 소반이라는 의미를 강조하였다. (=槃) 용례) 音盤(음반)

반석 반 磐	般의 소반이란 뜻에서 돌 石을 추가하여 소반처럼 평평한 너럭바위를 의미한다. 용례) 磐石(반석)
옮길 반 搬	般의 소반이란 뜻에서 손 扌를 추가하여 소반을 옮긴다는 의미가 되었다. 용례) 運搬(운반)

옷 복 服

갑골문	금문	소전	예서

고문을 보면 소반 凡과 다스릴 𠬝을 합쳐 음식을 나르도록 일을 시키는 모습을 표현하였다. 일, 직책, 일하다, 행하다, 사용하다, 복종하다, 합당하다는 의미이고 후에 합당하다는 뜻에서 합당한 옷을 입다, 합당한 약을 먹다라는 의미로 확장되었다. [소전 이후 凡이 舟로 오인되었고 예서 이후 月의 형태로 변형되었다]

용례) 衣服(의복), 服用(복용)

받을 수

갑골문	금문	소전	예서

고문을 보면 소반을 건네주는 모습을 표현하였다. 주고받는다는 의미이나 현재는 주로 받는다는 의미로 쓰인다. [예서 이후 소반 모양이 덮을 冖의 형태로 변형되었다]

용례) 受容(수용)

줄 수 授	손 扌를 추가하여 소반을 건네주는 모습을 강조하여 주다는 의미가 되었다. 용례) 教授(교수)

한가지 동 同	갑골문	금문	소전	예서

고문을 보면 소반 凡과 그릇 口를 합쳐 소반에 담긴 음식을 한 그릇에 모두 담는 모습을 표현하였다. 한가지, 함께, 합치다는 의미이다. 용례) 同時(동시)

오동나무 동 桐	同의 합치다는 뜻에서 나무 木을 추가하여 나무의 재질이 단단한 오동나무라는 의미이다. [오동나무는 예로부터 물건을 만드는 재료로 사용되었다] 용례) 碧梧桐(벽오동)
구리 동 銅	同의 합치다는 뜻에서 광석을 뜻하는 金을 추가하여 다른 광석과 합치는 데 사용하는 구리를 의미한다. [구리와 주석을 합치면 청동이 되고 구리와 아연을 합치면 황동이 된다] 용례) 銅像(동상)
몸통 동 胴	同의 합치다는 뜻에서 고기 月을 추가하여 사람의 몸에서 장기들이 모여 있는 부분이 몸통이란 의미이다. 후에 대장(큰창자)이라는 의미로 확장되었다. 용례) 胴體(동체)
골짜기 동/밝을 통 洞	同의 합치다는 뜻에서 물 氵를 추가하여 산에서 물이 합쳐 내려오면서 만들어진 골짜기, 동굴을 의미하고 후에 골짜기를 뚫는다는 뜻에서 통하다, 통달한다(통)는 의미로 확장되었다. 용례) 洞察(통찰), 空洞化(공동화)
대통 통 筒	同의 합치다는 뜻에서 대나무 竹을 추가하여 대나무를 합쳐 만든 통을 의미한다. 용례) 筆筒(필통)

흥할 흥

興

갑골문	금문	소전	예서

고문을 보면 소반에 있는 음식을 여러 명이 함께 먹는 모습을 표현하였다. 축제에서 다 함께 식사하는 모습이므로 기쁘다, 흥겹다, 성공하다, 흥, 흥미라는 의미가 되었다. [소전 이후 凡이 同으로 변형되었다]

용례) 興奮(흥분)

써 이

以

갑골문	금문	소전	예서

고문을 보면 음식을 뜨는 국자를 표현한 것으로 추정된다. 국자로 음식을 푸는 것이므로 ~써, ~로, ~를 가지고, ~에 따라, ~로 인해, ~ 까닭에, ~ 때문에, ~부터, ~하여 등의 의미로 쓰이게 되었다. (= 㠯) [소전 이후 사람 人이 추가되어 사람이 국자를 이용하는 모습을 강조하였다]

닮을 사 似

사람 人을 추가하여 국자를 사용하여 같은 양의 음식을 뜨는 모습을 표현하였다. 닮다, 비슷하다, 같다는 의미이다.

용례) 似而非(사이비)

기뻐할 이/ 별 이름 태

금문	소전	예서	해서

고문을 보면 국자로 푼 음식을 그릇에 담는 모습을 표현하였다. 음식을 푸는 것이니 기뻐한다(이)는 의미가 되었다. 후에 국자 모양의 북두칠성 별 이름으로 사용되면서 별(태)이란 의미가 파생되었다.

기쁠 이 怡	마음 忄을 추가하여 기쁘다는 뜻을 강조하였다. 용례) 怡悅(이열)
비로소 시 始	台의 국자라는 뜻에서 계집 女를 추가하여 여자가 국자를 가지고 음식을 만들게 되므로 비로소, 먼저, 일찍, 처음, 시초, 근본, 시작한다는 의미이다. 용례) 始作(시작)
다스릴 치 治	台의 국자라는 뜻에서 물 氵를 추가하여 넘치는 물을 푸다, 다스린다는 의미이다. 용례) 政治(정치)
이끼 태 苔	始에 풀 艹를 추가하여 기초적인 식물이 이끼라는 의미이다. [女가 생략됨]
아이 밸 태 胎	台의 국자라는 뜻에서 고기 月을 추가하여 여자가 국자 모양으로 배가 불렀으니 아이를 배다, 태아, 태, 태반이라는 의미이다. 용례) 孕胎(잉태)
게으를 태 怠	胎에 마음 心을 추가하여 아이를 밴 산모가 게으르다, 지치다라는 의미이다. [月이 생략됨] 용례) 怠慢(태만)
거의 태 殆	台의 국자라는 뜻에서 뼈 歹을 추가하여 뼈만 국자에 담기는 모습이니 음식이 떨어지다, 위태하다, 거의, 대개라는 의미가 되었다. 용례) 危殆(위태)
밟을 태 跆	台의 국자라는 뜻에서 발 足을 추가하여 밥도 못 먹게 발로 짓밟는 모습이니 짓밟다, 유린하다, 업신여기다는 의미가 되었다. 용례) 跆拳道(태권도)
태풍 태 颱	台의 국자라는 뜻에서 바람 風을 추가하여 국자 모양의 땅 모양인 台灣(대만)에서 불어오는 큰바람이란 의미이다. [중국에서는 태풍을 台風이라고 쓴다] 용례) 颱風(태풍)

볼기칠 태 笞	台의 국자라는 뜻에서 대나무 竹을 추가하여 국자 모양의 대나무로 볼기를 치다. 태형이라는 의미가 되었다. 용례) 笞刑(태형)
풀무 야 冶	台의 국자라는 뜻에서 엉길 冫을 추가하여 국자로 엉긴 것을 푸는 모습을 표현하였다. 후에 쇠를 녹이는 데 사용하는 풀무라는 의미로 쓰이게 되었다. 용례) 陶冶(도야)

말 두 斗

갑골문	금문	소전	예서

고문을 보면 물건의 양을 재는 손잡이가 있는 큰 국자 모양의 도구를 표현하였다. 용량 단위인 말(용량의 단위)이란 의미로 쓰이게 되었고 후에 하늘에 국자 모양으로 떠 있는 북두칠성이란 의미로 파생되었다. [1말은 18L 정도이다]

용례) 北斗七星(북두칠성)

헤아릴 료(요) 料	쌀 米를 추가하여 쌀을 담아 양을 잰다는 의미로 헤아리다, 되질하다는 뜻이다. 용례) 料金(요금)

되 승 升

갑골문	금문	소전	예서

고문을 보면 斗에 술이나 곡식 등이 조금 담겨있는 모습을 표현하였다. 푸다, 올리다, 오른다는 의미이다. 후에 말보다 적은 용량의 단위 되라는 의미로 가차되어 쓰이게 되었다. [1되는 1.8L 정도이다]

용례) 斗升(두승)

오를 승 昇	升의 오르다는 뜻에서 해 日을 추가하여 (해가)떠오르다는 의미이다. 후에 (지위가)오르다, (산에)오르다는 의미로 확장되었다. 용례) 上昇(상승)

구기 작

勺

고문을 보면 술을 푸는 손잡이가 짧은 국자 모양인 구기의 모습을 표현하였다. 구기, 술잔이라는 의미이다.

구기 작 杓	勺의 구기라는 뜻에서 나무 木을 추가하여 나무로 만든 구기를 강조하였다.
불사를 작 灼	勺의 구기라는 뜻에서 불 火를 추가하여 불이 구기의 손잡이처럼 성하게 오른 모습이니 불사르다, 밝다, 선명하다, 성하다는 의미이다. 용례) 灼灼(작작)
술 부을 작 酌	勺의 술잔이라는 뜻에서 술 酉를 추가하여 술을 술잔에 따른다는 의미이다. 용례) 酬酌(수작)
작약 작 芍	勺의 술잔이라는 뜻에서 풀 艹를 추가하여 식물 중에 술잔 모양으로 꽃이 피는 함박꽃, 작약을 의미한다. 용례) 芍藥(작약)
과녁 적 的	勺의 구기라는 뜻에서 흰 白을 추가하여 구기의 양을 재기 위해 표시한 흰 눈금을 표현하였는데 후에 흰 눈금으로 표시된 과녁, 목표라는 의미로 확장되었다. 용례) 的中(적중)
낚을 조 釣	勺의 구기라는 뜻에서 쇠 金을 추가하여 구기의 자루처럼 쇠를 구부려 만든 것이 낚싯바늘, 낚시, 낚는다는 의미이다. 용례) 釣竿(조간)

맺을 약/부절 요 約

소전	예서

고문을 보면 구기를 술병에 실로 이어놓은 모습을 표현하였다. 맺다, 묶다라는 의미이고 후에 관계를 맺다는 뜻에서 약속하다, 약속, 부절(서로 간의 신표로 삼던 물건)이라는 의미로 확장되었다. 용례) 約束(약속)

꽃밥 약 葯 約의 맺는다는 뜻에서 풀 艹를 추가하여 꽃에서 매어져 있는 부위가 꽃밥, 꽃가루주머니라는 의미이다. 용례) 去葯(거약)

그릇 명 皿

갑골문	금문	소전	해서
			皿

굽이 높고 장식이 달려있는 화려한 제기를 표현하였다.

맏이 맹 孟 아들 子를 추가하여 갓 태어난 아이를 제일 처음 물이 담긴 그릇에서 씻기는 모습을 표현하였다. 처음, 맏, 맏이라는 의미이고 후에 물에 담긴 아이가 발버둥 치는 모습에서 애쓰다, 사납다, 과격하다는 의미로 확장되었다. 용례) 孟子(맹자)

사나울 맹 猛 孟의 사납다는 뜻에서 짐승 犭을 추가하여 사납다, 용맹스럽다는 의미를 강조하였다.

어질 온 昷	금문	소전

고문을 보면 그릇 皿과 해 日을 합쳐 제기가 햇빛을 받아 따뜻해진 모습을 표현하였다. 따뜻하다, 어질다, 온화하다는 의미이다. 후에 글자 모양을 오인하여 사람이 욕조에서 목욕한다는 의미가 파생되었다. (= 𥁕)

따뜻할 온 溫	𥁕의 따뜻하다는 뜻에서 물 氵를 추가하여 물을 데우다, 따뜻하게 하다, 온화하다는 의미이다. 용례) 溫室(온실)
헌솜 온 縕	𥁕의 따뜻하다는 뜻에서 실 糸를 추가하여 따뜻하게 하는 실이 헌솜, 넉넉하다, 풍부하다는 의미이다. 용례) 縕袍(온포)
쌓을 온 蘊	縕의 넉넉하다는 뜻에서 풀 艹를 추가하여 쌓다, 저축하다, 모으다는 의미가 되었다. 용례) 蘊奧(온오)

피 혈 血	갑골문	금문	소전	예서

제기에 신성한 피를 받는 모습을 표현하였다. 고대에 신성한 양을 제물로 바치면서 양의 피를 제기에 담는 모습이므로 피라는 의미가 되었다. 용례) 血盟(혈맹)

불쌍할 휼 恤	마음 忄을 추가하여 피를 흘리는 것을 생각하는 마음이란 뜻이니 불쌍하다, 근심하다, 구휼하다라는 의미이다. 용례) 救恤(구휼)

덮을 합 盍			
	금문	소전	예서

고문을 보면 그릇에 담긴 음식을 이중으로 덮은 모습을 표현하였다. 덮다, 합하다, 모은다는 의미이다. [예서 이후 글자가 오인되어 갈 去와 그릇 皿의 형태로 변형되었다]

덮을 개 蓋	盍의 덮는다는 뜻에서 풀 艹를 추가하여 덮다, 덮어씌우다, 뚜껑이라는 의미를 강조하였다. 용례) 覆蓋(복개)

살필 감 監				
	갑골문	금문	소전	예서

고문을 보면 사람이 그릇에 비치는 자신을 바라보는 모습을 표현하였다. 거울, 보다, 살피다, 자세하다, 심하다는 의미이다. [소전 이후 눈을 내려 깐 모양 臣과 사람 人, 피 血의 형태로 변형되었다] 용례) 監督(감독)

거울 감 鑑	監의 거울이라는 뜻에서 쇠 金을 추가하여 청동으로 만든 거울을 의미한다. 용례) 鑑定(감정)
볼 람(남) 覽	監의 보다는 뜻에서 볼 見을 추가하여 보다는 의미를 강조하였다. 용례) 觀覽(관람)
물넘칠 람(남) 濫	監의 심하다는 뜻에서 물 氵를 추가하여 그릇에 담긴 물이 넘치다라는 의미이다. 용례) 汎濫(범람)

누더기 람(남) 襤	監의 심하다라는 뜻에서 옷 衤를 추가하여 옷이 심하게 해진 모습이니 누더기라는 의미가 되었다. 용례) 襤褸(남루)
쪽빛 (진한 푸른 빛) 람(남) 藍	監의 심하다는 뜻에서 풀 艹를 추가하여 식물에서 뽑아낸 진한 쪽빛을 의미한다. 용례) 青出於藍(청출어람)
대바구니 람(남) 籃	監의 심하다는 뜻에서 대나무 竹을 추가하여 대나무로 만든 큰 바구니를 의미한다. 용례) 搖籃(요람)
큰배 함 艦	監의 심하다는 뜻에서 배 舟를 추가하여 큰 배를 의미한다. 용례) 艦艇(함정)
우리 함 檻	監의 살피다는 뜻에서 나무 木을 추가하여 동물 등을 살피기 위해 만들어 놓은 우리, 난간을 의미한다. 용례) 檻車(함거)
소금 염 鹽	監의 심하다는 뜻에서 소금 鹵를 추가하여 햇볕을 계속 쐬어 소금 결정체를 얻는 모습을 표현하였다. 소금이라는 의미이다. 용례) 鹽酸(염산)

더할 익

益

갑골문	금문	소전	해서

그릇 皿과 물 水를 합쳐 그릇에 물이 가득 찬 모습을 표현하였다. 많다, 더하다, 돕다, 이롭다, 더욱, 점점 이라는 의미이다. 용례) 利益(이익)

넘칠 일 溢	물 氵를 추가하여 물이 넘친다는 의미를 강조하였다. 용례) 海溢(해일)
중량 일 鎰	쇠 金을 추가하여 고대에 가득채운 쇠의 중량단위를 뜻한다. 1鎰은 24兩 정도였다.

목맬 액 縊	실 糸를 추가하여 목에 실을 더하여 매었다는 뜻으로 목매다, 목을 졸라 죽이다는 의미이다. 용례) 縊死(액사)
좁을 애/막을 액 隘	언덕 阝를 추가하여 언덕이 많이 있어 길이 험하다는 뜻으로 험하다, 좁다, 협소하다는 의미이고 후에 막다, 방해하다(액)는 의미로 확장되었다. 용례) 隘路(애로), 隘守(액수)
시호 시 諡	말 言을 추가하여 왕이나 사대부들이 죽은 뒤에 그 공덕을 더하기 위하여 찬양하여 칭하는 호인 시호(諡號)라는 의미이다. (= 謚)

바꿀 역/쉬울 이 易

갑골문	금문 1	금문 2	소전	예서

여러 학설이 대립하나 고문을 보면 제기에 담긴 술을 쏟는 모습을 표현한 것으로 추정된다. 제기의 술을 쏟고 다시 술을 붓는다는 의미이니 바꾸다, 새로워지다, 교환하다, 무역하다라는 의미이고 후에 술을 쏟아버리는 것에서 어기다, 배반한다는 의미로 확장되었다. 또한, 제사를 지냈다는 뜻에서 편안하다, 평평하다, 쉽다(이)는 의미가 파생되었다. 용례) 易姓(역성), 容易(용이)

주석 석 錫	昜의 바꾼다는 뜻에서 광물 金을 추가하여 모양을 쉽게 바꾸는 광물이 주석이라는 의미이다. [주석의 녹는점은 231.93℃로 매우 낮다] 용례) 朱錫(주석)
줄 사 賜	고문을 보면 술을 제기에 따르는 모습을 구체적으로 표현하였다. 임금이 신하에게 술을 따라준다는 뜻으로 하사하다, 은덕, 베풀다라는 의미이다. [금문 이후 鼎(=貝)에 술을 따르는 모습으로 변형되었다] 용례) 下賜(하사)

갑골문	금문	소전

제기/콩 두

豆

갑골문	금문	소전
豆	豆	豆

고문을 보면 굽이 길쭉하고 높은 둥근 모양의 제기를 표현하였다. 제기, 둥글다는 의미이고 후에 둥근 제기 모양이 콩을 닮아 콩이란 의미가 파생되었다.

용례) 豆腐(두부)

콩 두 荳	豆가 콩이란 뜻으로 사용되자 풀 艹를 추가하여 콩이란 의미를 강조하였다.
천연두 두 痘	豆의 콩이란 뜻에서 병 疒을 추가하여 콩 같은 돌기가 온몸에 생기는 병인 천연두를 의미한다. 용례) 天然痘(천연두)
머리 두 頭	豆의 둥글다는 뜻에서 머리 頁을 추가하여 머리, 우두머리, 처음, 첫째라는 의미가 되었다. 용례) 沒頭(몰두)

그릇 희

䖒

소전	해서
䖒	䖒

호랑이 虍와 제기 豆를 상형하여 넓고 큰 그릇을 의미한다.

놀이 희 戲	창 戈를 추가하여 큰 그릇을 창으로 돌리는 유흥을 표현하였다. 놀이, 놀다, 희롱하다는 의미이다. 현재는 䖒가 빌 虛로 변형되어 戱로 통용되고 있다. 용례) 戱劇(희극)

화로 로(노)

갑골문	금문	소전	예서

고문을 보면 사냥한 짐승을 구워 먹는 화로의 모습을 표현하였다. 화로, 향로란 의미이고 후에 성씨로도 쓰이게 되었다. 이후 화로가 옆으로 평평하고 속이 비어있는 형태이므로 비다, 평평하다는 의미로 확장되었다. [소전 이후 큰 그릇이라는 뜻에서 그릇 虘, 그릇 皿, 꿸 毌의 형태로 변형되었다]

화로 로(노) 爐	화로라는 뜻을 명확하게 하기 위해 불 火를 추가하였다. 용례) 鎔鑛爐(용광로)
갈대 로(노) 蘆	盧의 비다는 뜻에서 풀 艹를 추가하여 속이 빈 식물이 갈대라는 의미이다.
농막집 려(여) 廬	盧의 평평하다는 뜻에서 집 广을 추가하여 논밭 가운데 평평한 곳에 지은 농막집(논밭 가운데 간단하게 지은 집), 오두막집, 주막 등을 의미하게 되었다. 용례) 三顧草廬(삼고초려)

오를 등

갑골문	금문	소전	예서

고문을 보면 제기 豆와 양손 및 양발을 합쳐 양손으로 제기를 들고 제단으로 올라가는 모습을 표현하였다. 오르다, 나가다는 의미이다. [소전 이후 양손 모양이 생략되었다]

용례) 登場(등장)

나라 이름 등 鄧	고을, 나라를 뜻하는 阝를 추가하여 땅이름, 나라 이름으로 쓰이게 되었다.
등잔 등 燈	불 火를 추가하여 불이 타오르게 만든 것이 등잔이란 의미가 되었다. 용례) 點燈(점등)
등자 등 鐙	쇠 金을 추가하여 말을 탈 때 발을 디디는 제구인 등자를 의미한다. 용례) 鐙子(등자)
등자나무 등 橙	鐙에 나무 木을 추가하여 등자 모양의 열매가 열리는 등자나무를 표현하였다. 등자나무, 귤을 의미한다. [金이 생략됨] 용례) 橙子(등자)
증거 증 證	말 言을 추가하여 제단에 올라 고하다, 알리다는 의미이다. 후에 제물로 진실함을 밝히다는 뜻으로 증명하다, 증거란 의미로 확장되었다. 용례) 證據(증거)
맑을 징 澄	登의 나가다는 뜻에서 물 氵를 추가하여 흐르는 물을 뜻하여 맑다, 맑고 깨끗하다는 의미이다. 용례) 明澄(명징)

먹을 식 食

갑골문	금문	소전

굽이 있는 제기에 음식을 담고 뚜껑을 닫은 모양을 표현하였다. 제기에 음식이 담겨 있으니 밥, 음식이란 의미가 되었고 후에 생계, 먹이다, 양육하다는 뜻으로 확장되었다. (다른 글자와 함께 사용될 경우 飠로 쓰인다.) 용례) 食堂(식당)

좀먹을 식 蝕	벌레 虫을 추가하여 벌레가 음식을 몰래 파먹다는 뜻으로 좀먹다, 갉아 먹다는 의미이고 후에 큰 벌레가 해와 달을 파먹는 것으로 여겨 일식, 월식이라는 의미로 확장되었다. 용례) 侵蝕(침식)

꾸밀 식 飾

고문을 보면 제기 食과 빗자루 상형을 합쳐 제기를 청소하는 모습을 표현하였다. 씻다, 꾸미다는 의미이다. [소전 이후 사람이 천을 들고 제기를 닦는 모습으로 변형되었다.] 용례) 裝飾(장식)

갑골문	소전	예서

곧 즉

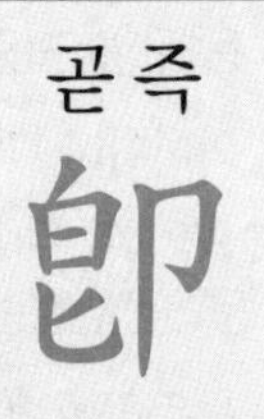

갑골문	금문	소전

고문을 보면 食에서 뚜껑을 열린 상형과 무릎 꿇은 사람 㔾을 합쳐 제기에 있는 음식을 막 먹으려는 모습을 표현하였다. 곧, 이제, 가깝다는 의미가 되었다.

용례) 卽時(즉시)

마디 절 節

대나무 竹을 추가하여 음식을 집어 먹는 대나무로 만든 젓가락을 표현하였다. 후에 대나무 마디를 자르는 것이므로 마디, 관절, 항목, 단락, 박자, 절도, 제한하다, 절제하다, 절약하다는 의미가 되었다. 용례) 節次(절차)

빗 즐 櫛

節의 마디라는 뜻에서 나무 木을 추가하여 나무를 마디마디로 나눈 것이 빗이라는 의미이다. 용례) 櫛比(즐비)

이미 기 既

갑골문	금문	소전

고문을 보면 卽과 구분되게 사람이 밥을 먹고 고개를 돌린 모습(旡)을 표현하였다. 이미 다 먹었다는 뜻이니 이미, 벌써, 다하다, 끝나다라는 의미가 되었다.

용례) 既得權(기득권)

마구간 구 廐	既의 끝나다라는 뜻에서 집 广을 추가하여 일을 마친 소와 말이 쉬는 곳이 마구간이란 의미이다. (= 廏) 용례) 馬廐(마구)
물 댈 개 漑	既의 끝나다라는 뜻에서 물 氵를 추가하여 밥을 다 먹은 다음 물에 대다, 헹구다, 씻는다는 의미이다. 후에 논에 물을 대는 의미로 확장되었다. 용례) 灌漑(관개)
대개 개 槪	既의 끝나다라는 뜻에서 나무 木을 추가하여 말이나 되에 곡식을 담고 마지막으로 그 위를 평평하게 밀어 고르게 하는 도구인 평미레를 표현하였다. 후에 평평하게 하다는 뜻에서 대강, 대개, 대략이란 의미로 확장되었다. 용례) 槪括(개괄)
슬퍼할 개 慨	既의 끝나다라는 뜻에서 마음 忄을 추가하여 끝난 마음 상태를 표현하여 슬퍼하다, 분개한다는 의미이다. 용례) 慨歎(개탄)

시골 향 鄕

갑골문	금문	소전	예서

고문을 보면 食에서 뚜껑을 열린 상형에 사람이 마주 본 상형을 합쳐 여러 명이 모여 식사를 하는 모습을 표현하였다. 잔치, 접대, 대접하다라는 의미였으나 후에 시골에서는 다 같이 모여 식사를 한다는 뜻으로 마을, 시골, 고향이라는 의미로 확장되었다. [소전 이후 마을에서 사람들이 많이 모여 잔치를 한다는 뜻으로 사람들의 상형이 阝의 형태로 변형되었다]

용례) 故鄕(고향)

잔치할 향 饗	鄕의 잔치라는 뜻에서 밥 食을 추가하여 잔치하다, 대접하다, 제사를 지내다라는 의미를 강조하였다. 용례) 饗應(향응)
울릴 향 響	鄕의 잔치라는 뜻에서 소리 音을 추가하여 잔치하면서 음악을 울리는 것이니 울리다, 메아리치다, 울림, 소리라는 의미가 되었다. 용례) 影響(영향)
향할 향 嚮	鄕의 잔치라는 뜻에서 향할 向을 추가하여 잔치할 때 중앙을 향해 둘러앉아 있는 모습을 표현하여 향하다, 나아가다, 길잡다의 의미가 되었다. 용례) 嚮導(향도)

벼슬 경 卿

갑골문	금문	소전	예서

鄕과 같은 어원이었으나 소전부터 분화되어 단 둘만 식사를 하는 모습을 표현하였다. 고대 왕과 같이 식사를 할 수 있는 사람은 왕이 신임하는 신하였으므로 벼슬, 재상, 선생이란 의미가 되었다. 용례) 樞機卿(추기경)

덮을 아 襾

소전	해서

토기의 구멍에 맞춰 덮는 뚜껑을 표현하였다. 덮는다는 의미이다. [다른 글자와 함께 쓰일 때는 覀로 쓰인다]

담는 그릇 유 酉	갑골문	금문	소전	예서

술 항아리와 마개를 표현하였다. 술, 술을 담는 그릇이란 의미이고 후에 열째 지지로 사용되면서 십이지수와 결합하여 닭이라는 의미가 파생되었다.

술 주 酒	물 氵를 추가하여 술이라는 의미를 강조하였다. 용례) 燒酒(소주)
두목 추 酋	나눌 八을 추가하여 술단지의 술이 발효되어 부풀어 오른 모습을 표현하였다. 묵은 술, 익다, 성숙하다, 오래되다, 이루다, 성취하다, 뛰어나다는 의미이고 후에 뛰어난 사람이란 뜻에서 우두머리, 두목이란 의미로 확장되었다. 용례) 酋長(추장)
오히려 유 猶	酋에 짐승 犭을 추가하여 머리가 똑똑한 원숭이를 표현하였다. 원숭이의 성향을 따라 닮다, 의심하다, 망설이다는 의미이고 후에 오히려, 그대로, 마땅히 라는 의미로 확장되었다. 용례) 過猶不及(과유불급)
추할 추 醜	귀신 鬼를 추가하여 술을 먹으면 귀신처럼 추하게 된다는 의미이다. 용례) 醜態(추태)
취할 취 醉	마칠 卒을 추가하여 술이 다 떨어질 때까지 먹으면 취하게 된다는 의미이다. 용례) 醉客(취객)
갚을 수 酬	모이다는 뜻의 州를 추가하여 술잔이 오고간다는 의미이다. 용례) 酬酌(수작)
식초 초 醋	오래될 昔을 추가하여 술을 오래 발효시켜 만드는 것이 초, 식초라는 의미이다. 용례) 食醋(식초)
식초 혜 醯	흐를 㐬와 그릇 皿을 추가하여 술처럼 삭혀서 만든 것이 식초, 식혜, 육장이라는 의미이다. 용례) 食醯(식혜)

짝 배 配

고문을 보면 술항아리와 무릎을 꿇은 사람을 합쳐 정성스럽게 술을 만드는 모습을 표현하였다. 고대에는 술을 익게 하는 것이 중요한 일이었으므로 자세히 살펴보아야 했으므로 종사하다는 의미가 되었다. 후에 만든 술을 대작하다는 뜻에서 나누다, 견주다, 걸맞다, 짝이란 의미로 확장되었다. [소전 이후 무릎 꿇은 사람 상형이 몸 己의 형태로 변형되었다]

용례) 配偶者(배우자)

갑골문	금문	소전	예서

높을 존

갑골문	금문	소전	예서

고문을 보면 술단지를 양손으로 받들고 제사에 올리는 모습을 표현하였다. 술통, 술잔이라는 의미 이외에 높이다, 높다, 우러러보다라는 의미로 확장되었다. [소전 이후 酉가 발효된 술 酋로, 양손 모양이 마디 寸으로 변형되었다] 용례) 尊重(존중)

술통 준 樽

尊의 술통이란 뜻을 명확하게 하기 위해 술통을 만드는 재료인 나무 木을 추가하였다.

좇을 준 遵

尊의 우러러보다라는 뜻에서 갈 辶을 추가하여 우러러보는 사람을 따라가다, 따르다, 좇다는 의미이다.

용례) 遵守(준수)

제사 지낼 전 奠

제단에 술단지를 올려놓은 모습을 구체적으로 표현하였다. 제사 지내다, 드리다, 바치다라는 의미이고 후에 술이나 음식을 자리에 놓다, 두다, 정하다는 의미로 확장되었다. [소전 이후 酉가 酋로, 제단 示가 양손 모양 廾으로 변형되었다]

용례) 香奠(향전)

갑골문	금문	소전	예서

가득할 복

갑골문	금문	소전

고문을 보면 아래가 뾰족한 모양인 酉와 구분되게 아래가 넓어 많은 양이 들어가는 술병을 표현하였다. 가득하다, 넓다는 의미이고 후에 너비라는 의미로 확장되었다. [소전 이후 마개, 술병 목, 술병 배의 형태로 구분되어 변형되었다]

쪼갤 복(핍)/ 버금 부 副	畐의 가득하다는 뜻에서 칼 刂를 추가하여 쪼개다, 나누다, 도움이라는 의미이다. 후에 쪼갠 모습에서 둘째, 버금(부)이란 의미로 확장되었다. **용례) 副本(부본)**
복 복 福	畐의 가득하다는 뜻에서 제사 示를 추가하여 음식을 가득하여 올리는 모습이니 행복, 복, 상서롭다는 의미가 되었다. **용례) 幸福(행복)**
두건 복/넓이 폭 幅	畐의 넓다는 뜻에서 천 巾을 추가하여 머리에 쓰는 넓은 두건을 의미한다. 후에 畐의 너비라는 뜻에서 가로 넓이를 재는 폭이란 의미로 확장되었다. **용례) 幅巾(복건)**
길 복 匐	畐의 가득하다는 뜻에서 쌀 勹를 추가하여 무릎 꿇고 최대한 몸을 부풀린 모습을 표현하였다. 엎드리다, 기다는 의미이다. **용례) 匍匐(포복)**
바퀴살 복(폭) 輻	畐의 가득하다는 뜻에서 차 車를 추가하여 차바퀴에 가득 찬 바퀴살을 표현하였다.
닥칠 핍 逼	畐의 가득하다는 뜻에서 갈 辶을 추가하여 많은 사람들이 포위하여 좁혀가는 모습을 표현하였다. 몰다, 좁아지다, 가까이하다, 핍박한다는 의미이다. **용례) 逼迫(핍박)**
부유할 부 富	畐의 가득하다는 뜻에서 집 宀을 추가하여 재물로 가득한 집이니 부유하다는 의미이다. **용례) 貧富(빈부)**

병 호 壺

갑골문	금문	소전	예서

고문을 보면 뚜껑이 있고 길쭉한 술병 모습을 표현하였다. [예서 이후 몸체가 볼록한 모습인 豆의 형태로 변형되었다]

용례) 投壺(투호)

하나 일 壹

고문을 보면 병 壺와 길할 吉을 합쳐 술이 꽉 찬 술병의 모습을 표현한 것으로 추정된다. 하나, 오직, 오로지, 통일하다라는 의미이다. 후에 一과 음이 같아 고대부터 숫자의 변형을 방지하고자 一의 대체자로 사용되었다. [예서 이후 壺과 豆의 형태로 변형되었다]

용례) 壹萬(일만)

소전	예서

깊을 담 覃

금문	소전	예서

고문을 보면 음식을 싸 항아리에 보관하는 모습을 표현하였다. 음식을 싼다는 것은 오래 보관하려는 모습이므로 길다, 깊다, 크다는 의미가 되었다. [소전 이후 소금 鹵를 추가하여 오래 보관한다는 뜻을 강조하였으나 예서 이후 두껑 襾을 덮는 형태로 다시 변형되었다]

용례) 覃恩(담은)

못 담 潭

覃의 길다, 깊다는 뜻에서 물 氵를 추가하여 물이 깊게 고여 있는 못이란 의미이다. 용례) 白鹿潭(백록담)

클/말씀 담 譚

覃의 길다, 깊다는 뜻에서 말 言을 추가하여 말을 심도 깊게 나누다라는 뜻으로 말씀, 이야기, 이야기하다, 크다, 깊다는 의미이다.
용례) 民譚(민담)

솥 정 鼎

갑골문	금문	소전	예서

권력을 상징하는 발이 셋, 귀가 둘 달린 솥을 그렸다. 鼎은 왕실에서 신에게 제사 지내기 위해 사용하는 귀한 제기였다. (다른 글자와 함께 사용될 경우 貝로 쓰인다) 용례) 鼎談(정담)

인원 원/ 더할 운

갑골문	금문	소전

고문을 보면 鼎과 입구 口를 상형하여 솥의 입구를 표현하였다. 크다, 둥글다는 의미이나 후에 큰 솥에 들어가는 양이라는 뜻에서 수량, 인원이라는 의미로 확장되었다. 또한, 鼎에 제물을 담다는 뜻에서 더하다, 늘이다(운)라는 의미가 파생되었다.
용례) 職員(직원)

둥글 원 圓

員의 둥글다는 뜻에서 테두리 囗을 추가하여 둥글다는 의미를 강조하였다. 용례) 圓滿(원만)

운 운 韻	員의 더하다는 뜻에서 소리 音을 추가하여 소리가 더해지는 울림, 여운, 음향이라는 의미이고 후에 시를 지으면서 균일하게 나는 소리의 울림이라는 뜻에서 운, 운문이라는 의미로 확장되었다. 용례) 韻律(운율)
죽을 운 殞	員의 더하다는 뜻에서 죽을 歹을 추가하여 죽인 제물을 넣는 모습에서 희생으로 삼다, 죽다라는 의미가 되었다. 용례) 殞命(운명)
떨어질 운 隕	員의 더하다는 뜻에서 언덕 阝를 추가하여 언덕 아래로 더하는 모습이니 떨어뜨리다, 떨어지다, 죽다라는 의미이다. 용례) 隕石(운석)
덜 손 損	員의 더하다는 뜻에서 손 扌를 추가하여 제기 안에 담긴 재물을 다시 손으로 빼는 모습을 표현하였다. 덜다, 줄이다는 의미이다. 용례) 損壞(손괴)

법칙 칙/곧 즉 則

금문	소전

고문을 보면 鼎과 칼 刂를 합쳐 鼎에 칼로 글을 새긴 모습을 표현하였다. 고대 중국에서 왕이 제후들에게 鼎을 하사하면서 군신 간의 지켜야 할 도리 등을 솥에 새겼기에 법칙, 본받다라는 의미가 되었고 후에 鼎에 기재된 내용이 법칙이므로 곧, 만일 ~이라면(즉)이란 의미로 확장되었다. 용례) 原則(원칙)

슬퍼할 측 惻	마음 忄을 추가하여 鼎을 하사받은 감정을 표현하여 감격하다, 간절히 바라는 마음이라는 의미이나 후에 격한 감정이란 뜻에서 감창하다, 슬퍼하다라는 의미로 확장되었다. 용례) 惻隱之心(측은지심)
곁 측 側	사람 人을 추가하여 임금에게 鼎을 하사받은 사람이라는 뜻이니 곁, 가까이, 옆이란 의미가 되었다. 용례) 側近(측근)
헤아릴 측 測	則의 법칙이란 뜻에서 물 氵를 추가하여 비가 얼마나 왔는지 솥의 빗물 양으로 재서 헤아리다는 뜻으로 헤아리다, 재다는 의미이다. 용례) 測雨器(측우기)

곧을 정 貞	갑골문	금문	소전

고문을 보면 鼎과 점 卜을 합쳐 鼎에서 점을 치는 모습을 표현하였다. 鼎을 통해 큰 제사를 지내면서 점을 치게 되므로 정성을 다하다, 마음이 바르다, 곧다, 점치다라는 의미가 되었다. 용례) 貞淑(정숙)

상서로울 정 禎	제사 示를 추가하여 정성스럽게 제사를 지내다라는 뜻을 강조하여 상서롭다, 바르다, 곱다는 의미가 되었다.
염탐할 정 偵	貞의 점치다라는 뜻에서 사람 人을 추가하여 점을 치는 사람을 강조하였다. 후에 뼈에 갈라진 모습을 보고 길흉을 파악하는 것이므로 조사하다, 탐색하다라는 의미로 확장되었다. 용례) 偵察(정찰)
광나무 정 楨	貞의 곧다는 뜻에서 나무 木을 추가하여 곧게 자라는 나무인 광나무, 기둥이라는 의미이다. 용례) 楨幹(정간)
그림족자 정(탱) 幀	貞의 곧다는 뜻에서 수건 巾을 추가하여 비단 등에 그려 아래로 곧게 내린 그림족자를 의미한다. 용례) 影幀(영정), 幀畫(탱화)

도울 찬 贊	소전	예서

고문을 보면 鼎과 나아갈 兟을 합쳐 제사를 지내기 위해 사람들이 모인 모습을 표현하였다. 나아가다, 참례하다, 참여하다, 뵙다, 알리다, 기리다라는 의미이고 후에 貝를 화폐의 뜻으로 해석하여 돈을 주고받는 모습이니 돕다, 밝히다, 전달하다, 추천하다라는 의미가 파생되었다. [속자는 賛로 쓴다] 용례) 贊助(찬조)

기릴 찬 讚	贊의 기리다라는 뜻에서 말 言을 추가하여 기리다, 찬양하다라는 의미이다. 용례) 讚仰(찬앙)
제기 찬 瓚	贊의 돕다라는 뜻에서 옥 玉을 추가하여 제사에 도움이 되는 귀한 제기, 옥잔이라는 의미이다.
뚫을 찬 鑽	贊의 나아가다라는 뜻에서 쇠 金을 추가하여 나아가는 데 사용하는 쇠가 송곳이라는 의미이다. 후에 뚫다, 파고들다, 깊이 연구하다라는 의미로 확장되었다. 용례) 鑽仰(찬앙)

참 진

眞

금문	소전	예서

고문을 보면 鼎과 따비 匕를 합쳐 바닥을 파고 단단하게 고정시킨 鼎을 표현한 것으로 추정된다. 무겁고 튼튼한 鼎이라는 뜻에서 무겁다, 움직이지 않는다, 누르다, 오래되다, 참으로, 정말로, 진실하다, 참되다, 참, 진실, 진리, 본질이라는 의미가 되었다. (=真) 용례) 眞實(진실)

진압할 진 鎭	眞의 무겁다라는 뜻에서 쇠 金을 추가하여 무겁다, 누르다, 진압하다라는 의미를 강조하였다. 용례) 鎭靜(진정)
성낼 진 嗔	眞의 누르다라는 뜻에서 입 口를 추가하여 상대방을 누르기 위해 하는 말이니 성내다, 원망하다, 책망하다라는 의미이다. 용례) 元嗔(원진)
삼갈 신 愼	眞의 누르다라는 뜻에서 마음 忄을 추가하여 마음을 누르는 모습이니 삼가다, 근신하다, 두려워하다라는 의미이다. 용례) 謹愼(근신)
메울 전 塡	眞의 누르다라는 뜻에서 흙 土를 추가하여 갈라진 곳에 흙을 채워 넣어 메우다, 박아 넣다, 채우다라는 의미이다. 용례) 裝塡(장전)
엎드러질 전 顚	眞의 누르다라는 뜻에서 머리 頁을 추가하여 머리를 누르는 모습이니 거꾸로 하다, 뒤집히다, 넘어지다라는 의미이다. 용례) 顚倒(전도)

미칠 전 癲	顚에 병 疒을 추가하여 사람의 본성이 뒤집힌 병이란 뜻으로 미치다는 의미이다. 용례) 癲癎(전간)

갖출 구 具

갑골문	금문	소전	예서

고문을 보면 鼎과 양손 廾을 합쳐 양손으로 정을 들고 옮기는 모습을 표현하였다. 고대 제사를 지내기 위해 꼭 필요한 鼎을 함께 옮겨 준비한다는 뜻이니 구비하다. 갖추다, 모두, 함께라는 의미가 되었다. [소전 이후 貝가 오인되어 目의 형태로 변형되었다]

용례) 具備(구비)

함께 구 俱	具의 함께라는 뜻에서 사람 人을 추가하여 모두, 함께, 전부라는 의미를 강조하였다. 용례) 不俱戴天(불구대천)

솥 력/막을 격

갑골문	금문	소전	예서

모양은 鼎과 비슷하나 발부분이 비어 있는 구조인 솥을 표현하였다. 비어 있는 다리 부분에 물 등을 넣고 끓이고 솥에는 음식을 넣어 빨리 익게 만들었다. 다리부분과 솥 부분을 구분하여 막아 놓았기 때문에 가로막다는 의미로 확장되었다.

막을 격 隔	鬲의 막는다는 뜻을 명확하게 하기 위해 언덕 阝를 추가하였다. 막다, 나누다, 멀어지다는 뜻이다. 용례) 隔世之感(격세지감)
가슴 격 膈	鬲의 막는다는 뜻에서 고기 月을 추가하여 신체 중에 장기 사이를 막는 부위가 가슴, 횡격막이라는 의미이다. 용례) 胸膈(흉격)

솥 권 鬳

갑골문	금문	소전

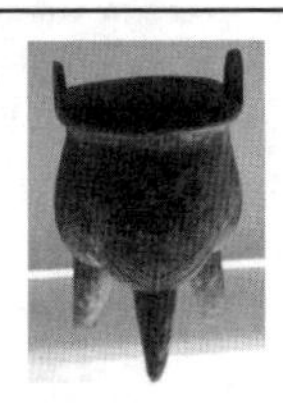

고문을 보면 솥 鬲에 솥귀가 있는 모습을 표현하였다. 큰 솥이라는 의미이다. [소전 이후 그릇 虘가 추가되어 크다는 의미를 강조하였다]

바칠 헌 獻 짐승 犬을 추가하여 임금에게 짐승을 솥에 담아 바치는 모습이니 바치다, 올린다는 의미이다. 용례) 獻血(헌혈)

통할 철 徹

갑골문	금문	소전	예서

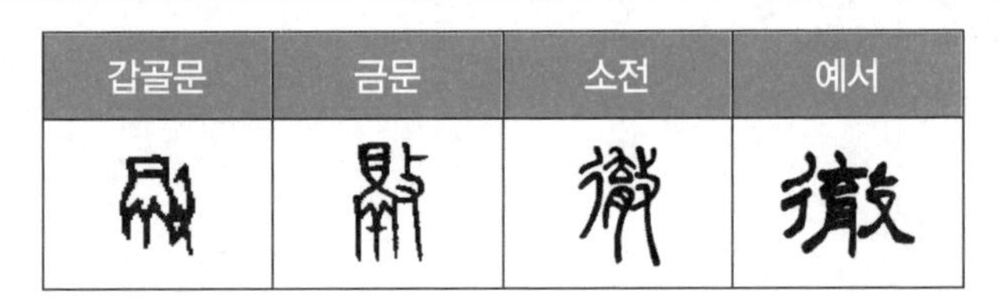

고문을 보면 솥 鬲과 칠 攴을 합쳐 음식을 조리한 솥을 씻는 모습을 표현한 것으로 추정된다. 벗기다, 제거하다, 다스리다라는 의미이고 후에 솥의 속까지 씻는다는 뜻에서 통하다, 꿰뚫는다는 의미로 확장되었다. [소전 이후 갓 태어난 아이를 씻는다는 뜻에서 彳, 育, 攵의 형태로 변형되었다] 용례) 徹夜(철야)

거둘 철 撤 徹의 제거하다라는 뜻에서 손 扌를 추가하여 제거하다, 줄이다, 치우다, 거두다는 의미를 강조하였다. 용례) 撤去(철거)

맑을 철 澈 徹의 제거하다라는 뜻에서 물 氵를 추가하여 불순물을 제거한 물이니 맑다는 의미이다. 용례) 澄澈(징철)

바퀴 자국 철 轍 徹의 꿰뚫다라는 뜻에서 차 車를 추가하여 차가 꿰뚫어 간 모습이니 바퀴 자국, 흔적, 궤도라는 의미가 되었다. 용례) 前轍(전철)

벼슬 작 爵

갑골문	금문	소전	예서	해서

고대에 사용한 참새 부리 모양의 술잔을 든 모습을 표현하였다. 술잔, 술, (술을) 마시다는 의미이고 후에 임금이 신하들과 술을 마실 때 사용하였으므로 벼슬, 작위, 벼슬을 주다는 의미로 확장되었다. 용례) 爵位(작위)

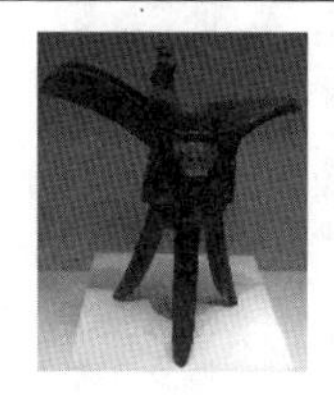

씹을 작 嚼 입 口를 추가하여 잔에 든 술이나 음식을 먹다는 뜻으로 씹다, 맛보다는 의미이다. 용례) 咀嚼(저작)

일찍 증 曾

갑골문	금문	소전	예서

시루(바닥에 여러 가지 크고 작은 구멍이 뚫려있고 물솥에 올려놓고 불을 때어 수증기가 구멍 속으로 들어와 음식물을 익게 하는 부엌용기)에서 김이 나는 모습을 표현하였다. [금문 이후 물이 들어있는 하단 그릇을 추가하였다.] 음식을 찐다는 것은 이미 익은 것을 계속하여 불을 가하는 것이므로 일찍, 이미, 이전에, 거듭, 겹치다, 더하다는 의미가 되었다. 용례) 曾孫(증손)

시루 증 甑 曾이 이전, 거듭이란 의미로 사용되자 시루를 나타내기 위해 질그릇 瓦를 추가하였다.

더할 증 增 曾의 겹치다라는 뜻에서 흙 土를 추가하여 흙을 겹치게 쌓는 모습이니 더하다, 늘리다, 겹치다라는 의미이다. 용례) 增加(증가)

줄 증 贈	曾의 더하다라는 뜻에서 재물 貝를 추가하여 재물을 남에게 더하는 것이니 주다, 선물이라는 의미이다. 용례) 贈與(증여)
미울 증 憎	曾의 더하다라는 뜻에서 마음 忄을 추가하여 마음속으로 무엇인가 자꾸 쌓이니 미워한다는 의미가 되었다. 용례) 憎惡(증오)
층 층 層	曾의 겹치다라는 뜻에서 주검 尸를 추가하여 사람의 주검이 층층이 쌓여 있다는 뜻으로 층, 겹, 높다는 의미가 되었다. 용례) 層層侍下(층층시하)

울창주 창

鬯

갑골문	금문	소전	예서

고문을 보면 시루 모양에 누룩 등을 버무려 익힌 후 술을 받아 내는 용기를 표현한 것으로 추정된다. 울초(튤립) 등을 넣어서 빚은 향기나는 술인 울창주라는 의미로 사용된다.

답답할 울 鬱	고문을 보면 울창주 鬯와 빛날 彡, 빽빽할 林, 용기 缶를 합쳐 잘 빚은 울창주를 용기에 가득 채워 놓은 모습을 표현한 것으로 추정된다. 가득 차다, 울창하다, 답답하다는 의미가 되었다. (= 속자 郁) 용례) 鬱寂(울적), 鬱草(울초)

소전	해서

두터울 후

厚

갑골문	금문	소전	예서

고문을 보면 돌 石과 토기 상형을 합쳐 돌로 만든 용기를 표현한 것으로 추정된다. 두텁다, 두껍다, 무겁다, 크다는 의미가 되었고 후에 짙다, 진하다는 의미로 확장되었다. [소전 이후 음식을 담은 제기 모양으로 간략화되었고 예서 이후 제기 모양을 오인하여 子로 변형되었다]

용례) 厚顔無恥(후안무치)

3. 住

신석기시대에 살던 움집은 땅을 움푹하게 파고 그 위에 지붕만 올린 형태이기 때문에 비가 내리면 빗물이 스며들기도 하고 땅에서 올라오는 습기 때문에 불편한 점이 많았다. 그로 인해 청동기시대에는 땅 위에 나무로 기둥과 벽을 세운 후 나뭇가지와 갈대 등을 엮어 지붕을 올리고 바람이 통하는 구멍도 벽에 뚫는 지상가옥이 생기게 되었고 여러 사람이 살게 됨에 따라 공용건물도 짓고 마을을 이루어 살게 되었다.

공구 공 工

갑골문 1	갑골문 2	금문	소전

고문을 보면 달구질하는 돌달구의 모양을 표현하였다. 돌달구는 아래에 무거운 돌을 달고 양손으로 드는 도구인데 집을 짓기 전 바닥을 다지는 용도로 사용되는 것이다. 다지다, 돌달구라는 의미이나 후에 공구를 다루고 흙을 단단하게 하는 것은 어려운 일이므로 일, 기교, 장인, 공교하다, 뛰어나다는 의미로 확장되었다.

용례) 工場(공장)

〈달구질로 땅을 다져 흙벽을 만드는 모습〉

칠 공 攻 工의 다지다라는 뜻에서 칠 攵을 추가하여 치다, 굳다, 다스리다, 공격하다라는 의미이다. 용례) 攻擊(공격)

빌 공 空	工의 다지다라는 뜻에서 구멍 穴을 추가하여 동굴 바닥을 인위적으로 바닥을 다져 공간을 만든 모습을 표현하였다. 비다, 구멍, 공간이라는 의미이고 후에 비다는 뜻에서 없다, 헛되다, 공허하다는 의미로 확장되었다. 용례) 空間(공간)
속 빌 강 腔	空에 고기 月을 추가하여 짐승의 속이 비다는 의미이다. 용례) 胸腔(흉강)
공 공 功	工의 훌륭하다는 뜻에서 힘 力을 추가하여 힘을 써서 훌륭하게 일하다라는 의미로 공, 공로, 업적 등의 의미가 되었다. 용례) 成功(성공)
바칠 공 貢	工의 훌륭하다는 뜻에서 재물 貝를 추가하여 잘 다듬은 공물을 의미한다. 후에 이를 바치다, 이바지하다라는 의미로 확장되었다. 용례) 貢獻(공헌)
무지개 홍 虹	工의 돌달구라는 원뜻에서 달구의 모양이 위아래를 연결하는 구조이므로 벌레 虫을 추가하여 무지개를 표현하였다. [옛날 사람들은 무지개는 하늘에서 양쪽을 이어주는 벌레라고 생각하였다] 용례) 虹彩(홍채)
붉을 홍 紅	工의 훌륭하다라는 뜻에서 실 糸를 추가하여 실을 염색할 때 제일 어려운 색이 붉은색이었으므로 솜씨 좋은 사람이 만든 실이 붉은 색이라는 뜻이다. 용례) 紅疫(홍역)
무너질 홍 訌	工의 돌달구라는 원뜻에서 말 言을 추가하여 말을 달구질하듯 시끄럽게 한다는 뜻이니 왁자지껄하다, 뒤숭숭하다, 어지럽다, 무너지다라는 의미가 되었다. 용례) 內訌(내홍)
목 항 項	工의 돌달구라는 원뜻에서 머리 頁을 추가하여 달구의 모양이 위아래를 연결하는 구조이므로 이를 사람에 비유하여 사람의 머리와 몸통을 연결하는 것이 목이라는 의미이다. 후에 나눈다는 의미로 항목, 조목 등의 뜻으로 확장되어 쓰이게 되었다. 용례) 項目(항목)
항문 항 肛	工의 다지다라는 뜻에서 고기 月을 추가하여 사람의 신체 중 무엇인가 다져서 단단하게 만드는 곳이 항문이라는 의미이다. (똥이 다져서 항문으로 나오는 것을 표현한 것이다) 용례) 肛門(항문)
항아리 항 缸	工의 다지다라는 뜻에서 질그릇 缶를 추가하여 질그릇을 잘 다져 만든 것이 항아리를 의미한다. 용례) 魚缸(어항)
마주들 강/짐 멜 항 扛	工의 돌달구라는 원뜻에서 손 扌를 추가하여 달구를 마주들다라는 의미이다. 후에 짐을 메다라는 의미로 확장되었다.

굳을 공 巩

금문	소전	예서	해서
[금문 자형]	[소전 자형]	[예서 자형]	巩

고문을 보면 달구 工과 올릴 丮를 합쳐 사람이 두 손으로 돌달구를 들고 일하는 모습을 표현하였다. 부지런히 일하다, 단단하다, 굳다, 묶다라는 의미이다. [해서 이후 丮이 凡으로 변형되었다]

굳을 공 鞏 巩의 묶다라는 뜻에서 가죽 革을 추가하여 가죽으로 단단하게 묶다, 굳다, 단단하다는 의미이다. 용례) 鞏固(공고)

두려울 공 恐 巩의 묶다는 뜻에서 마음 心을 추가하여 마음이 묶여 있는 모습이니 두렵다, 위협하다는 의미이다. 용례) 恐喝(공갈)

쌓을/악기이름 축 筑

소전	예서	해서
[소전 자형]	[예서 자형]	筑

고문을 보면 묶을 巩과 대나무 竹을 합쳐 대나무 막대로 연주하던 고대 현악기를 표현하였다. 묶여 있는 여러 줄의 현으로 인하여 쌓다라는 의미가 파생되었다.

쌓을 축 築 筑의 쌓다라는 뜻에서 나무 木을 추가하여 나무를 쌓아 만든 건축물을 표현하였다. 쌓다, 다지다, 짓다, 건축물이란 의미이다. 용례) 築城(축성)

삼갈 은 㥯

소전	예서	해서

고문을 보면 돌달구 工를 두 손으로 정성스럽게 잡은 모습과 마음 心을 합쳐 삼가다(몸가짐이나 언행을 조심하다)는 의미가 되었다.

숨을 은 隱
언덕 阝를 추가하여 그늘에서 삼가고 있는 모습이니 숨어 살다, 숨다는 의미가 되었다. 용례) 隱匿(은닉)

편안할 온(은) 穩
벼 禾를 추가하여 정성스럽게 벼를 키워 수확하다는 뜻으로 편안하다, 편온하다, 안정되다는 의미이다. 용례) 穩健派(온건파)

펼 전 展

갑골문	금문	소전	예서

고문을 보면 공구 工 네 개를 나란히 늘어놓은 모습을 표현하였다. 장인이 만든 물건을 가지런히 펼쳐 놓다라는 뜻에서 펴다, 늘이다, 가지런히 하다, 베풀다라는 의미이다. [소전 이후 옷 衣를 추가하여 옷을 펴다, 펼치다라는 의미를 강조하였는데 예서 이후 옷깃을 오인하여 주검 尸로 변형되었다] 용례) 發展(발전)

돌아누울 전 輾
展의 가지런히 하다는 뜻에서 차 車를 추가하여 전차가 나란히 늘어져 도는 모습을 표현하여 돌다, 구르다, 돌아 눕다라는 의미가 되었다. 용례) 輾轉不寐(전전불매)

붉을 단 丹

갑골문	금문	소전	예서

고대 성벽 등을 구축하는 판축기법을 표현한 것으로 추정된다. 판축기법은 2장의 판을 담의 두께만큼의 간격으로 배치하여 사이에 흙을 넣고 돌구 등으로 다지는 기법으로 중국의 황토지대에 적합한 기법으로 고대로부터 발전하였다. 만리장성도 판축기법으로 건설된 것이다. 판에 황토를 넣고 다진 모습이므로 황토색으로 인하여 붉다는 의미가 되었다. 용례) 丹粧(단장)

<판축>

집 면

갑골문	금문	소전

지붕과 벽이 있는 지상가옥을 표현하였다.

호탕할 탕 宕

고문을 보면 돌 石과 집 宀을 합쳐 돌로 지은 집을 표현하였다. 호탕하다, 대범하다는 의미와 돌이 무너질 수 있으니 방탕하다, 방종하다, 어리석다는 상반된 의미를 내포하게 되었다. 용례) 豪宕(호탕)

갑골문	금문	소전	예서

찰 한 寒

고문을 보면 집 안에 풀 더미를 쌓아놓고 찬 바닥(얼음 冫) 위에서 사람이 발을 동동 구르고 있는 모습을 표현하였다. 차다, 춥다, 떨다, 쓸쓸하다는 의미이다. 용례) 寒波(한파)

금문	소전	예서

편안할 녕(령) 寧	고문을 보면 집 안에 있는 제단에 제기가 올려 있는 모습을 표현하였다. 항상 조상을 기린다는 뜻에서 문안하다, 편안하다는 의미가 되었다. [금문 이후 마음 心이 추가되어 공경한다는 뜻을 강조하였다] 용례) 安寧(안녕)

갑골문	금문 1	금문 2	소전	예서

집 가

갑골문	금문	소전	예서

고문을 보면 집 宀과 돼지 豕를 합쳐 지붕이 있는 우리 안에 돼지를 키우는 모습을 표현하였다. [초기 멧돼지를 가축으로 키우는 과정에서 상대적으로 저항력이 약해진 돼지를 위해 지붕으로 우리를 보호한 모습이다] 보호할 수 있게 지붕을 만들어 지은 것이 집, 가족, 집안이란 의미이고 후에 멧돼지를 길들이기 힘들므로 어떤 일에 능하거나 남들보다 뛰어난 사람이란 뜻에서 정통한 사람, 전문가, 학자라는 의미로 확장되었다. 용례) 專門家(전문가)

시집갈 가 嫁	家의 가족이란 뜻에서 계집 女를 추가하여 여자가 새로 가족이 된다는 뜻으로 시집가다, 떠넘기다라는 의미이다. 용례) 轉嫁(전가)
심을 가 稼	家의 정통한 사람이란 뜻에서 벼 禾를 추가하여 벼를 심고 키운다는 뜻이니 (곡식을)심다, 일하다, 농사, 곡식, 양식이란 의미이다. 용례) 稼動(가동)

지킬 수

금문	소전

고문을 보면 집 宀과 손 寸을 합쳐 집을 다스리는 모습을 표현하였다. 지키다, 다스리다, 머무르다는 의미이다. 용례) 遵守(준수)

사냥할 수 狩 守의 지키다는 뜻에서 개 犭을 추가하여 사냥개가 사냥된 짐승을 지키고 있는 모습을 표현하였다. 사냥하다, 정벌하다, 순시하다라는 의미이다. 용례) 巡狩碑(순수비)

마루 종

宗

갑골문	금문	소전

집 宀과 제단 示를 합쳐 조상에게 제사를 지내기 위해 지은 집을 뜻하여 사당, 가묘, 종묘, 제사, 같은 조상을 가진 일족을 의미한다. 또한, 고대에는 조상에게 제사를 지내는 것을 맏이가 하였으므로 마루, 근본, 으뜸, 우두머리, 가장 뛰어난 것, 높이다, 숭상하다라는 의미로 확장되었다. 용례) 宗敎(종교)

모을 종 綜 宗은 조상에게 제사를 지내는 것이므로 모든 일족이 다 모인다는 뜻을 내포하고 있으므로 실 糸를 추가하여 실을 모으다, 짜다는 의미이다. 후에 베틀에서 실을 모으는 역할을 하는 바디, 잉아(베틀의 굵은 실)의 의미로 확장되었다. 용례) 綜合(종합)

옥홀 종 琮 옥 玉을 추가하여 종묘에 제사를 지낼 때 들어야 하는 옥으로 만든 홀을 의미한다.

자취 종 踪 발 足을 추가하여 종묘에서 각자의 위치에 서야 하는 자리를 표현하여 자취, 흔적이라는 의미이다. 용례) 失踪(실종)

높을 숭 崇 宗의 높이다는 뜻에서 높은 산 山을 추가하여 높다, 높이다, 존중하다는 의미이다.
용례) 崇尙(숭상)

변방 새/
막힐 색

갑골문	금문	소전

고문을 보면 달구 工로 단단하게 다져 성벽을 쌓는 모습을 표현하였다. 변방에 성벽을 쌓아 외부인의 침입을 막는다는 뜻으로 막다, 채우다, 보루, 요새, 변방(새), 충만하다(색)는 의미이다. [소전 이후 흙 土를 추가하여 그 뜻을 강조하였다]
용례) 塞翁之馬(새옹지마), 語塞(어색)

〈토성의 단면〉

목책 채 寨 塞의 요새라는 뜻에서 나무 木을 추가하여 나무로 만든 목책, 울타리, 성채라는 의미이다. [土가 생략됨]
용례) 山寨(산채)

편안 안

安

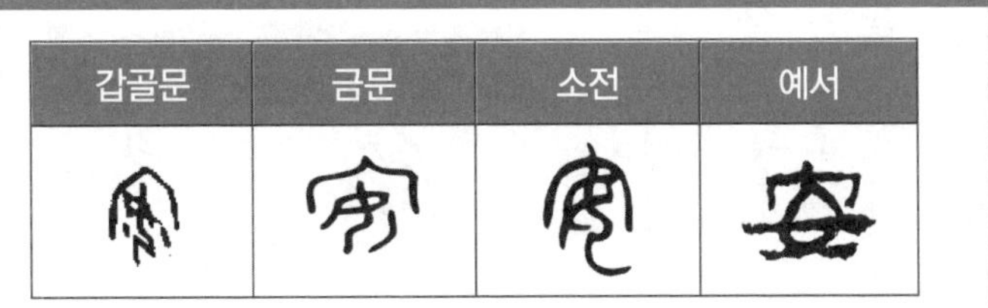

갑골문	금문	소전	예서

고문을 보면 여자가 집 안에서 청소하는 모습을 표현하였다. 깨끗하다, 편안하다, 편안이라는 의미가 되었다. [소전 이후 집 宀과 여자 女로 간략화되었다]
용례) 安寧(안녕)

누를 안 按 安의 청소하다라는 원뜻에서 손 扌를 추가하여 어루만지다, 쓰다듬다, 누르다, 살피다라는 의미이다.
용례) 按配(안배)

책상 안 **案**	安의 편안하다는 뜻에서 나무 木을 추가하여 책을 읽을 때 편안하게 올려놓는 책상을 의미한다. 후에 책상을 통해 글을 읽거나 쓰면서 생각을 가다듬게 되니 생각, 안건, 초안, 상고하다, 인도하다라는 의미로 확장되었다. 용례) 案內(안내)
안장 안 **鞍**	安의 편안하다는 뜻에서 가죽 革을 추가하여 말을 탈 때 편안하게 말에 씌우는 안장을 의미한다. 용례) 鞍裝(안장)
늦을 안 **晏**	安의 편안하다는 뜻에서 해 日을 추가하여 하늘이 맑다, 곱다는 의미이고 후에 해가 곱다는 뜻에서 노을, 해가 저물다, 늦다는 의미로 확장되었다. 용례) 晏眠(안면)

향할 향
向

갑골문	금문	소전

고문을 보면 집 宀과 입 口를 합쳐 집을 출입하는 출입구를 표현하였다. ~로 향하다, 나아가다라는 의미가 되었고 후에 문을 통해 밖과 마주 볼 수 있으므로 대하다, 바라보다는 의미로 확장되었다. 용례) 方向(방향)

높일 상
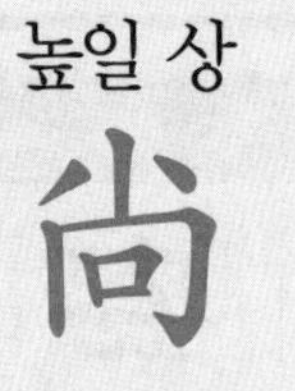

금문	소전	예서

고문을 보면 향할 向과 나눌 八을 합쳐 집의 굴뚝에서 연기가 나가는 모습을 표현하였다. 높다, 높이다, 꾸미다, 더하다, 숭상하다는 의미이고 후에 더하다는 뜻에서 오히려, 더욱이, 또한 이라는 의미로 확장되었다. 용례) 崇尚(숭상)

떳떳할/항상 상 常	尙의 더하다라는 뜻에서 천 巾을 추가하여 속바지에 더하여 입는 치마를 표현하였다. 외출할 때는 일반적인 의상이므로 평범하다, 떳떳하다, 항상, 늘, 도리, 법도라는 의미로 쓰이게 되었다. 용례) 恒常(항상)
치마 상 裳	常가 항상이라는 뜻으로 주로 쓰이자 옷 衣를 추가하여 치마라는 뜻을 강조하였다. [巾이 생략됨] 용례) 衣裳(의상)
맛볼 상 嘗	尙의 높다라는 뜻에서 먹을 旨를 추가하여 음식의 윗부분을 조금 먹어본다는 의미이다. 용례) 臥薪嘗膽(와신상담)
상줄 상 賞	尙의 숭상하다라는 뜻에서 재물 貝를 추가하여 공을 세운 사람에게 재물을 주어 칭찬하다, 상주다는 의미이다. 용례) 懸賞金(현상금)
갚을 상 償	賞에 사람 人을 추가하여 공을 세운 사람에게 보상을 준다는 의미를 강조하였다. 보상, 보답, 갚다, 상환하다라는 의미이다. 용례) 償還(상환)
마땅 당 當	尙이 높이다는 뜻에서 밭 田을 추가하여 밭 위에 복토를 하는 모습을 표현하였다. 밑바탕, 바닥이라는 의미이고 밭에 고르게 복토를 한다는 뜻에서 균형되다, 비교하다, 마주보다, 마땅하다는 의미로 확장되었다. 용례) 該當(해당)
아가위 당 棠	尙의 숭상하다라는 뜻에서 나무 木을 추가하여 귀신을 쫓는다고 숭상하였던 아가위(산사나무)를 의미한다. 용례) 海棠花(해당화)
무리 당 黨	尙의 굴뚝에서 연기가 나간다는 원뜻에서 검을 黑을 추가하여 검은 연기가 뭉게뭉게 나가는 모습을 표현하였다. 후에 뭉친 모습, 무리라는 의미로 쓰이게 되었다. 용례) 與黨(여당)
손바닥 장 掌	尙의 높이다는 뜻에서 손 手를 추가하여 받들다라는 의미이다. 후에 손을 높이 올리면 보이는 것이 손바닥이니 손바닥이란 의미가 파생되었다. 용례) 掌握(장악)
버틸 탱 撐	掌이 손바닥이란 뜻으로 주로 쓰이자 손 扌를 추가하여 손으로 받들다, 올려 버티다, 버팀목이라는 의미를 강조하였다. (= 撑) 용례) 憤氣撐天(분기탱천)

시원할 창

소전	예서

고문을 보면 높일 尙에 칠 攵을 추가하여 집의 굴뚝을 제거하는 모습을 표현하였다. 굴뚝이 없는 모습이니 시원하다, 탁 트이다, 드러나다는 의미가 되었다.

용례) 敞然(창연)

헛간 창 廠 집 广을 추가하여 굴뚝이 없는 사람이 살지 않는 창고, 헛간을 의미한다. 용례) 基地廠(기지창)

집 당

堂

금문	소전

고문을 보면 높일 尙에 흙 土를 합쳐 흙을 돋우어 올려 높은 지대에 지은 집이란 뜻으로 관아, 당당하다, 풍채가 좋다는 의미이다. 현재는 일반적인 집, 사랑채, 마루, 대청이라는 의미로 쓰인다.

용례) 講堂(강당)

사마귀 당 螳 堂의 당당하다라는 뜻에서 곤충 虫을 추가하여 당당하게 서 있는 사마귀, 버마재비를 의미한다. 용례) 螳螂拒轍(당랑거철)

곳집 름/ 넘칠 람

갑골문	금문	소전

고문을 보면 음식을 차곡차곡 저장한 창고의 모습을 표현하였다. 곳집이란 의미이고 후에 가득하다는 뜻에서 넘치다는 의미로 확장되었다.

곳집 름/여쭐 품 稟	벼 禾를 추가하여 벼를 저장하는 곳집이란 의미를 강조하였다. 후에 고대에는 곳집에 공동으로 음식물을 저장하고 일정량을 배급하는 방식이었으므로 후에 우두머리에게 식량이 필요함을 아뢰다, 우두머리가 허락하여 내려주다, 식량을 받다(품)는 의미로 확장되었다. 용례) 性稟(성품)
곳집 름/넘칠 람 廩	稟이 아뢰다는 뜻으로 변형되어 주로 사용되자 집 广을 추가하여 곳집(름), 넘치다(람)는 의미를 강조하였다. 용례) 倉廩(창름)
찰 름(늠) 凜	곳간은 식량을 저장하는 곳이므로 항상 서늘하여야 하므로 얼음 冫을 추가하여 차다는 의미가 되었다. 후에 식량이 오래 보관되다라는 뜻에서 의젓하다, 늠름하다는 의미로 확장되었다. 용례) 凜凜(늠름)

더러울/ 마을 비

갑골문	금문	소전

고문을 보면 곳집 㐭과 지역을 뜻하는 口을 합쳐 곳간이 있는 장소를 표현하였다. 고대 농사를 짓는 곳은 도시와 떨어진 변방이므로 촌스럽다, 천하다, 더럽다, 변방, 교외라는 의미가 되었다.

더러울/마을 비 鄙	마을 阝를 추가하여 변방, 교외, 천하다는 의미를 강조하였다. 용례) 鄙淺(비천)
그림 도 圖	啚의 변방이라는 뜻에서 에두를 囗을 합쳐 변방의 구획을 표현하였다. 경계를 그리다, 베끼다, 계산하다, 헤아리다, 지도라는 의미이고 후에 지도의 뜻에서 그림, 도장, 책이란 의미로 확장되었다. 용례) 試圖(시도)

아낄 색 嗇

갑골문	금문	소전

고문을 보면 곳집 㐭과 보리 來를 합쳐 보리를 보관한 곳집을 표현하였다. 곳집, 넘치다(람)는 의미이나 후에 보리는 여름에 수확하여 벼를 수확하는 시기까지 식량으로 사용하여야 했으므로 아끼다, 인색하다는 의미로 확장되었다.

용례) 吝嗇(인색)

거둘 색 穡	嗇이 아끼다, 인색하다는 뜻으로 주로 사용되자 곡식을 수확하다, 저장하다는 본래의 의미를 강조하기 위해 벼 禾를 추가하였다.
담 장 墻	嗇의 넘치다라는 뜻에서 흙 土를 추가하여 흙을 높이 쌓아 올린 것이 담이라는 의미이다. (= 牆) 용례) 路柳墻花(노류장화)
돛대 장 檣	嗇의 넘치다라는 뜻에서 나무 木을 추가하여 나무를 높게 세운 것이 돛대라는 의미이다.
장미 장 薔	嗇의 넘치다라는 뜻에서 풀 艹를 추가하여 가지와 가시가 많은 풀이 장미(薔薇)라는 의미이다.

집 호 户

갑골문	금문	소전
(고문자)	(고문자)	(고문자)

집의 방으로 들어가는 외짝 문 모습을 표현하였다. 지게문, 출입구, 구멍, 방이란 의미이다. 현재는 일반적인 집이란 의미로 쓰인다. 용례) 戶籍(호적)

따를 호 扈

户의 방이란 뜻에서 몸을 숙여 들어간다는 뜻인 邑을 추가하여 외짝 문을 통해 순차적으로 들어가는 모습을 표현하였다. 뒤따르다, 호종하다라는 의미이고 후에 작은 문으로 많은 사람이 한꺼번에 들어가지 못하므로 막다, 제지하다, 통발이라는 의미로 확장되었다. 용례) 扈衛(호위), 跋扈(발호)

어깨 견 肩

고기 月을 추가하여 사람의 신체 중 외짝문과 비슷한 구조를 가진 부분이 어깨라는 의미이다. 용례) 肩胛骨(견갑골)

바 소 所

도끼 斤을 추가하여 지게문 옆에 놓여있는 도끼를 표현하였다. 고대 나무를 하는 것이 주된 일이었으므로 도끼는 문 바로 옆에 놓아야 했다. 그런 이유로 거처하다, 곳, 처소라는 의미가 되었고 후에 당연한 일이라는 뜻에서 바(일의 방법이나 방도), 도리, 사리, 경우의 의미로 확장되었다. 용례) 所得(소득)

샘낼 투 妬

고문을 보면 계집 女와 지게 户를 합쳐 작은 방에 거처하는 첩이 샘내다, 시기하다, 투기하다라는 의미이다. [소전 이후 户를 오인하여 石으로 변형되었다] (= 妒) 용례) 妬忌(투기)

소전	예서	해서
(고문자)	(고문자)	妬

거슬릴 려(여)

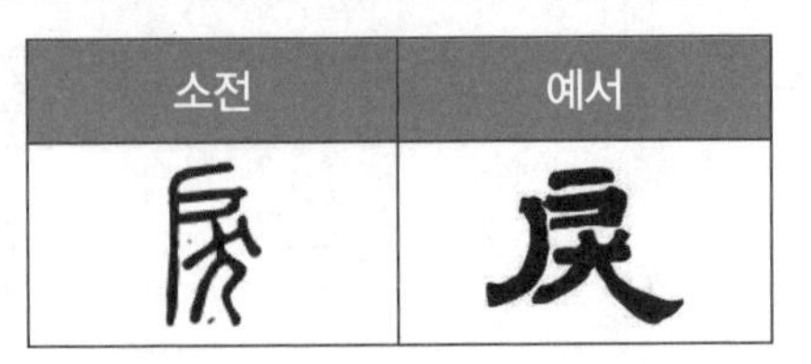

소전	예서

고문을 보면 외짝 문틈으로 나오려고 애를 쓰는 개를 표현하였다. 사납다, 맹렬하다, 거세다는 의미이고 결국 나오지 못하므로 거스르다, 어그러지다, 돌아가다, 돌려주다라는 의미로 확장되었다.

용례) 返戾(반려)

눈물 루(누)

涙

물 氵를 추가하여 자유를 속박당한 짐승이 눈물을 흘리는 모습을 표현하여 눈물, 울다라는 의미이고 후에 눈물과 비슷한 촛농이란 의미로 확장되었다.

용례) 催涙彈(최루탄)

부채 선

소전	예서

지게 戶와 깃 羽를 합쳐 외짝 문 모양으로 새의 깃을 붙여 만든 것이 부채라는 의미이다.

용례) 扇風機(선풍기)

부채질할 선

煽

불 火를 추가하여 불을 피우기 위해 부채질을 한다는 뜻으로 불이 일다, 부추기다, 부채질하다라는 의미이다.

용례) 煽動(선동)

열 계 啓

갑골문	금문	소전
[illegible]	[illegible]	[illegible]

고문을 보면 지게 戶와 칠 攴을 합쳐 문을 강제로 여는 모습을 표현하였다. 열다, 깨우다, 일깨우다는 의미이다. [금문 이후 입 口가 추가되었다] 용례) 啓蒙(계몽)

비롯할 조 肇 붓 聿을 추가하여 초안을 잡는 모습을 표현하였다. 비롯하다, 창시하다, 시초, 기원이라는 의미이다. 용례) 肇造(조조)

문 문 門

갑골문	금문	소전
[illegible]	[illegible]	[illegible]

고문을 보면 외짝 문이 아닌 두 개의 문짝이 닫힌 모습을 표현하였다. 두 개의 문짝이 있는 방은 많은 사람들이 들어가는 큰 장소이므로 동문, 문벌, 집안, 전문이란 의미가 되었다. 또한, 후에 문이 어떠한 길로 나가는 곳이므로 방법, 요령이란 의미로 확장되었다. 용례) 窓門(창문)

물을 문 問 입 口를 추가하여 문 앞에서 소리치는 모습이니 묻다, 방문하다, 찾다, 부르다, 알리다는 의미이다. 용례) 質問(질문)

들을 문 聞 귀 耳를 추가하여 문에 귀를 기울인 모습이니 듣다, 알다, 깨우치다라는 의미이다. 용례) 新聞(신문)

온화할 은 誾 말 言을 추가하여 문을 닫고 말을 한다는 뜻이니 평온하게 토론을 하는 모양, 화기애애하다, 온화하다, 향기가 짙다는 의미가 되었다. 후에 성씨로도 쓰였다. 용례) 苦悶(고민)

답답할 민 悶 마음 心을 추가하여 문이 닫혀 있는 것과 같은 마음이니 답답하다, 번민하다, (사리에)어둡다는 의미이다.

번쩍일 섬 閃	사람 人을 추가하여 닫힌 문 사이로 사람의 모습이 언뜻 보이는 모습을 표현하였다. 번쩍이다, 번득이다, 언뜻 보이다, 엿보다는 의미이다. 용례) 閃光(섬광)

한가할 한 閒

금문	소전	예서

고문을 보면 문 門과 달 月을 합쳐 어두운 밤에 달빛이 문틈으로 스며드는 모습을 표현하였다. 틈, 사이라는 의미이나 후에 달빛이 틈새로 비취는 모습으로 인하여 한가하다, 아름답다, 조용하다는 의미가 되었다. (= 閑) 용례) 閑暇(한가)

사이 간 間

금문	소전	예서

閒이 한가하다는 뜻으로 주로 쓰이자 예서 이후 月 대신 日을 추가하여 사이, 틈, 끼이다는 의미로 분화되었다. 용례) 時間(시간)

대쪽 간 簡	間의 사이라는 뜻에서 대나무 竹을 추가하여 고대 대나무를 쪼개 글을 적었던 죽간을 표현하였다. 간략하다, 문서, 편지라는 의미이다. 용례) 簡單(간단)
산골 물 간 澗	間의 틈이란 뜻에서 물 氵를 추가하여 산과 산 사이의 골짜기에서 흐르는 물이라는 의미이다. 용례) 鷄澗(계간)
간질 간 癎	間의 틈이란 뜻에서 병 疒을 추가하여 잠깐의 시간 사이에 앓는 병이란 의미로 간질, 지랄병이란 의미이다. 용례) 癎疾(간질)

윤달 윤 閏	금문	소전

문 門과 임금 王을 합쳐 닫힌 문안에 임금이 남아있는 모습을 표현하였다. 고대에는 날짜가 없는 윤달에는 임금이 나가지 않고 궁 안에만 있었으므로 윤달, 잉여(쓰고 난 후 남은 것)란 의미가 되었다. 용례) 閏年(윤년)

윤택할 윤 潤	閏의 잉여라는 뜻에서 물 氵를 추가하여 물이 넘친다는 뜻이니 물에 젖다, 윤이 나다, 윤택하다는 의미이다. 용례) 潤澤(윤택)

가로막을 난(란) 闌	금문	소전

문 門과 가릴 柬을 합쳐 들어오는 사람을 가리기 위해 문을 가로막는다는 모습이므로 가로막다, 방지하다, 난간 이라는 의미가 되었다. 용례) 興闌(흥란)

난간 난(란) 欄	闌의 난간이란 뜻을 명확하게 하기 위해 나무 木을 추가하였다. 용례) 欄干(난간)
난초 난(란) 蘭	闌의 가로막다라는 뜻에서 풀 艹를 추가하여 추위에 약해 문을 닫고 키워야 하는 난초를 의미한다. 용례) 蘭草(난초)
빛날 난(란) 爛	闌의 가로막다라는 뜻에서 불 火를 추가하여 일정한 장소에서만 불을 켠 모습이니 환하게 빛나다, 화려하다, 무르익다, 문드러지다, 너무 익다는 의미가 되었다. 용례) 爛商(난상)

물결 난(란) 瀾	闌의 가로막다라는 뜻에서 물 氵를 추가하여 물결이 가로막혀 위로 솟구치는 모습이니 큰 물결, 큰 파도를 의미한다. 용례) 波瀾(파란)

새이름 린(인)

藺

금문	소전

문 門과 새 隹를 합쳐 관상용으로 새장에서 키우는 작은 새를 표현하였다. 작다는 의미이고 후에 주로 횃대를 밟고 있으므로 밟다라는 의미로 확장되었다.

골풀 린(인) 藺	閵의 작다는 뜻에서 풀 艹를 추가하여 줄기가 얇은 골풀을 의미한다.
짓밟을 린(인) 躪	閵의 밟다라는 뜻에서 발 足을 추가하여 짓밟다, (수레가 짓밟고) 지나가다, 유린하다는 의미이다. 용례) 蹂躪(유린)

닫을 폐

閉

금문	소전	예서	해서

고문을 보면 문에 빗장을 걸어 닫아놓은 모습을 표현하였다. 닫다, 막다, 가리다는 의미이다. [해서 이후 빗장이 才의 형태로 변형되었다]

용례) 閉場(폐장)

열 개 開

閉의 빗장이라는 뜻에서 양손 廾을 추가하여 닫힌 빗장을 양손으로 여는 모습을 표현하였다. 열다, 방면하다, 개척하다, 시작하다, (꽃이)피다, 사면하다, 사라지다라는 의미이다. (속자는 幵로 쓴다)

용례) 開放(개방)

금문	소전	예서

창 창/바쁠 총

금문	소전	해서 1	해서 2

고문을 보면 창살이 있는 창을 사실적으로 표현하였다. 창, 굴뚝이라는 의미이고 후에 굴뚝에서 연기가 계속 나가므로 바쁘다(총)는 의미로 확장되었다. (= 囪)

바쁠/총명할 총 悤

囱의 바쁘다는 뜻에서 생각 心을 추가하여 생각이 끊이지 않고 계속하는 모양이니 바쁘다는 의미이고 후에 총명하다, 슬기롭다, 밝다는 의미로 확장되었다.

용례) 悤忙(총망)

거느릴 총 總

悤의 바쁘다는 뜻에서 실 糸를 추가하여 실을 막힘이 없이 잇다는 뜻으로 모으다, 합하다, 종합하다, 총괄하다, 거느리다, 다, 모두라는 의미이다.

용례) 總括(총괄)

귀 밝을 총 聰

悤의 밝다는 뜻에서 귀 耳를 추가하여 귀가 밝다, 총명하다는 의미이다.

용례) 聰明(총명)

창 창 窓

悤의 밝다라는 뜻에서 구멍 穴을 추가하여 밝게 하는 구멍이 창문, 굴뚝이라는 의미이다. 窗의 이체자이나 우리나라에서는 주로 창이란 의미로 사용된다. [예서 이후 囱이 厶로 간략화되었다] (= 窗)

용례) 窓門(창문)

소전	예서 1	예서 2	해서

빛날 경

갑골문	금문	소전

창으로 빛이 들어오는 모습을 표현하였다. 창, 빛나다, 밝다라는 의미이다. (= 冏)

송곳질할 율 矞	창 矛를 추가하여 창문을 내기 위해 창으로 구멍을 뚫는 모습을 표현하였다. 송곳질하다는 의미이다.
귤나무 귤 橘	矞에 나무 木을 추가하여 송곳질한 것처럼 과일에 구멍이 송송 뚫려있는 귤이라는 의미이다. **용례) 柑橘(감귤)**

밝을 명

갑골문	금문	소전	예서
			明

고문을 보면 창문으로 달빛이 들어오는 모습을 구체적으로 표현하였다. 어두운 밤에 달빛이 밝게 비추는 모습이니 밝다는 의미가 되었다. [예서 이후 囧이 오인되어 日로 변형되었다] **용례) 明快(명쾌)**

싹 맹 萌	明의 밝다라는 뜻에서 풀 艹를 추가하여 어두운 땅을 뚫고 나오는 밝은 새싹을 표현하였다. 싹, 움, 싹트다, 비롯하다라는 의미이다. **용례) 萌芽(맹아)**
맺을 맹 盟	明의 밝다라는 뜻에서 그릇 皿을 추가하여 술잔을 서로 나눠 마시고 서로 간의 관계를 밝게 만드는 모습을 표현하였다. 약속, 맹세라는 의미이다. **용례) 同盟(동맹)**

말미암을 유

갑골문	금문	소전

고문을 보면 고대 그릇에 기름을 넣고 심지를 빼 불을 밝힌 등잔을 표현한 것으로 추정된다. 등잔, 심지라는 의미이나 밤에 불을 밝히는 행위는 어떠한 일을 하기 위함이니 행하다, 꾀하다, 따르다, 말미암다는 의미로 확장되었다. 용례) 由來(유래)

기름 유 油	由의 등잔이라는 뜻에서 물 氵를 추가하여 등잔에 쓰는 물 같은 것이 기름이라는 의미이다. 용례) 石油(석유)
명주 주 紬	由의 등잔이라는 뜻에서 실 糸를 추가하여 심지로 사용하는 실이 명주라는 의미이다. 용례) 明紬(명주)
집 주 宙	由의 등잔이라는 뜻에서 집 宀을 추가하여 집 안에 불을 밝혀 사람이 사는 집 자체를 표현하였다. 용례) 宇宙(우주)
자손/투구 주 胄	由의 심지라는 뜻에서 고기 月을 추가하여 심지처럼 사람의 신체가 이어진 것이 자손, 핏줄, 혈통이라는 의미이다. 후에 글자 모양이 머리를 보호하는 투구 모양이므로 투구라는 의미로 확장되었다. 용례) 甲胄(갑주)
소매 수 袖	由의 심지라는 뜻에서 옷 衤를 추가하여 윗옷에서 심지처럼 빠져나온 부분이 소매라는 의미이다. 용례) 領袖會談(영수회담)
뽑을 추 抽	由의 심지라는 뜻에서 손 扌를 추가하여 심지를 뽑는 모습을 표현하였다. 뽑다, 당기다, 빼다, 없애다는 의미이다. 용례) 抽出(추출)
바디 축/유자 유 柚	由의 등잔이라는 뜻에서 나무 木을 추가하여 등잔처럼 생긴 열매가 열리는 유자라는 의미이다. 후에 베틀에서 실이 심지처럼 빠져나온 기구인 바디라는 의미로 확장되었다. 용례) 柚子(유자) 〈바디〉 〈베틀〉

굴대 축 軸	柚의 바디라는 뜻에서 차 車를 추가하여 양 수레바퀴 사이에 끼우는 바디 역할을 하는 굴대를 의미한다. [木이 생략됨] 용례) 主軸(주축)
피리 적 笛	由의 심지라는 뜻에서 대나무 竹을 추가하여 대나무에 심지 구멍 같은 여러 개의 구멍을 낸 것이 피리라는 의미이다. 용례) 汽笛(기적)

옛 고

古

갑골문	금문	소전

고문을 보면 심지를 두껍게 하여 오래 밝히게 만든 등잔을 표현한 것으로 추정된다. 오래되다라는 의미이고 후에 오래되다라는 뜻에서 옛날, 선조란 의미로 확장되었다. 용례) 古今(고금)

시어미 고 姑	古의 오래되다라는 뜻에서 계집 女를 추가하여 나이 많은 여자를 뜻하니 시어머니, 고모라는 의미이다. 용례) 姑從四寸(고종사촌)
마를 고 枯	古의 오래되다라는 뜻에서 나무 木을 추가하여 나무가 오래되었으니 말라 버려 진액이 다 빠지게 되었음을 의미한다. 용례) 枯死(고사)
허물 고 辜	古의 오래되다라는 뜻에서 죄인에게 문신을 한다라는 뜻의 辛을 추가하여 오래 남는 문신을 남긴다는 뜻이니 허물, 죄, 재난, 처벌하다라는 의미이다. 용례) 無辜(무고)
쓸 고 苦	古의 오래되다라는 뜻에서 풀 艹를 추가하여 식물을 오래 두면 무르고 상하게 되므로 쓰다, 괴롭다는 의미가 되었다. 용례) 苦痛(고통)
복 호 祜	古의 오래되다라는 뜻에서 제사를 뜻하는 示를 추가하여 오랜 시간 정성스럽게 조상에게 제사를 지낸다는 뜻이니 행복, 복이란 의미가 되었다.

연고 고 故	금문	소전	예서
	𠇱	故	故

고문을 보면 등잔 古와 도구를 든 모양 攵을 합쳐 등잔불을 켜는 모습을 표현하였다. 古와 같이 오래되다, 예전의, 옛날이라는 의미 이외에 등잔은 중요한 행사에 켜는 것이므로 연고, 까닭, 이유, 관례, 사건, 반드시, 일부러라는 의미로 확장되었다. 또한, 攵를 치다는 뜻으로 해석하여 등잔을 끄다, 죽다, 상하다는 의미가 파생되었다.

용례) 故意(고의)

지을 주 做 사람 人을 추가하여 등잔을 밝히고 일을 하는 모습을 표현하여 만들다, 짓다라는 의미가 되었다.

용례) 做作(주작)

오랑캐 호 胡	금문	소전	예서
	胡	胡	胡

고문을 보면 오래될 古와 고기 月을 합쳐 나이 들어 늘어난 신체 부위를 표현하였다. 원래 턱밑살을 의미하였으나 후에 턱밑살처럼 늘어난 구레나룻, 수염, 크다라는 의미로 확장되었고 수염이 많이 자란 종족인 오랑캐란 뜻으로도 쓰이게 되었다. [고대 중국에서는 특히 夷狄(동쪽과 북쪽 오랑캐)를 칭하였다]

용례) 胡蝶(호접)

호수 호 湖 胡의 크다라는 뜻에서 물 氵를 추가하여 물이 크게 모여 있는 곳이 호수라는 의미이다.

용례) 湖水(호수)

풀칠할 호 糊 胡의 크다라는 뜻에서 쌀 米를 쌀을 불려 크게 만든 것이 죽이라는 의미이고 후에 (입에)풀칠하다, 풀칠하다, 바르다는 뜻으로 확장되었다.

용례) 糊口(호구)

산호 호 瑚	胡의 크다라는 뜻으로 구슬 玉을 추가하여 구슬처럼 반짝이는 큰 물체가 산호(珊瑚)라는 의미이다.

살 거 居

금문	소전	예서

고문을 보면 등잔 古와 사람인 앉은 모습 尸를 합쳐 사람이 등잔을 켜고 살다, 거주하다라는 의미가 되었다. 용례) 居住(거주)

거만할 거 倨	居가 오래 앉아 있는 모습이니 사람 人을 추가하여 앉아만 있는 사람이라는 뜻으로 거만하다, 불손하다는 의미가 되었다. 용례) 倨慢(거만)

굳을 고

금문	소전	예서

고문을 보면 옛 古와 성을 뜻하는 에워쌀 口을 합쳐 오래된 성을 표현하였다. 성이 오래되었다는 것은 튼튼하게 지어졌다는 뜻이니 막다, 굳다, 단단하다, 완고하다, 평온하다, 경비, 방비라는 의미가 되었다. 용례) 固執(고집)

막을 고 錮	固의 막다라는 뜻에서 쇠 金을 추가하여 막다, 가두다, 가로막다라는 의미를 강조하였다. 용례) 禁錮刑(금고형)
고질 고 痼	固의 굳다라는 뜻에서 병 疒을 추가하여 오랫동안 굳어져서 잘 낫지 않는 고질병을 의미한다. 용례) 痼疾(고질)

낱 개 箇	소전	예서	해서
	箇	箇	箇

고문을 보면 단단할 固에 대나무 竹을 추가하여 재료로 쓰이는 단단한 대나무를 표현하였다. 후에 낱, 개 등 물건을 세는 단위로 쓰이게 되었다. 용례) 箇箇(개개)

낱 개 個 箇가 사물의 세는 단위로 쓰이자 사람 人을 추가하여 낱낱, 하나, 단독의 등 사람을 세는 단위로 쓰이게 되었다. [竹이 생략됨]
용례) 個人(개인)

표 표 票	소전	예서
	票	票

고문을 보면 등잔에 있는 불똥을 두 손으로 소중히 다루는 모습을 표현하였다. (불꽃이)튀다, 불똥이란 의미이고 후에 밤에 불을 켜면 사물의 형체가 나타나므로 나타내다, 표시하다, 표, 증표라는 의미로 확장되었다. [예서 이후 오인되어 覀와 示의 형태로 변형되었다] 용례) 投票(투표)

급할 표 慓 票의 불꽃이 튀다라는 뜻에서 마음 忄을 추가하여 급하다, 사납다는 의미이다. 용례) 慓毒(표독)

겁박할 표 剽 慓의 사납다는 뜻에서 칼 刂를 추가하여 겁박하다, 위협하다, 사납다, 표독하다, 찌르다, 벗기다, 도둑질하다는 의미가 되었다. [忄이 생략됨] 용례) 剽竊(표절)

나부낄 표 飄 票의 불똥이라는 뜻에서 바람 風을 추가하여 바람에 불꽃이 나부끼는 모습을 표현하였다. 나부끼다, 방랑하다라는 의미이다.
용례) 飄然(표연)

떠다닐 표 漂	飄의 방랑하다라는 뜻에서 물 氵를 추가하여 (물에) 떠다니다, 방랑하다, 유랑하다는 의미가 되었고 후에 흐르는 물에 자연스럽게 때가 빠지게 빨래를 하다, 표백하다라는 의미로 확장되었다. [風이 생략됨] 용례) 漂流(표류), 漂白(표백)
표할 표 標	票의 표시하다는 뜻에서 나무 木을 추가하여 나무에 표하다, 기록하다, 나타내다, 표라는 의미가 되었다. 용례) 目標(목표)

안석 궤 几

금문	소전	예서

고문을 보면 벽에 세워놓고 앉아 있을 때 몸을 기대는 안석을 표현하였다. 안석, 받침대, 작은 책상, 기대다는 의미이다.
용례) 書几(서궤)

책상 궤 机	几의 책상이라는 뜻에서 나무 木을 추가하여 나무로 만든 작은 책상이라는 의미이다. 용례) 机下(궤하)
주릴 기 飢	几의 작은 책상이라는 뜻에서 밥 食을 추가하여 음식을 작은 책상 위에 올려놓은 모습이니 많이 먹지 못하게 되므로 주리다, 기아라는 의미가 되었다. 용례) 飢餓(기아)
살가죽 기 肌	几의 기대다라는 뜻에서 고기 月을 추가하여 사람의 신체 부위 오장육부가 기대고 있는 부위가 살, 피부라는 의미이다. 용례) 氷肌(빙기)

곳 처 處

고문을 보면 사람이 안석(几)에 기대어 있는 모습을 표현하였다. 거주하다, 살다, 곳, 처소라는 의미이다. [소전 이후 호랑이 虍와 뒤져올 夊를 추가하여 호랑이가 거주하는 곳이란 뜻으로 변형되었다]

용례) 處世術(처세술)

금문	소전 1	소전 2	예서

조각 편 片

갑골문	금문	소전	해서
			片

나무를 쪼갠 오른쪽 부분을 표현하였다. 조각, 한쪽, 쪼개다라는 의미이다. 글자 모양으로 인하여 평상, 침대, 평평하다는 의미가 파생되었다. 용례) 片肉(편육)

나뭇조각 장(상) 爿

갑골문	금문	소전	해서
			爿

나무를 쪼갠 왼쪽 부분을 표현하였다. 片과 같이 나뭇조각, 쪼개다라는 의미이고 후에 글자 모양으로 인하여 평상, 침대, 평평하다는 의미가 파생되었다. [다른 글자와 함께 평상이라는 뜻으로 쓰일 때는 广로 변형되어 쓰이기도 한다]

평상 상 牀

爿의 평상이란 뜻을 명확하게 하기 위해 나무 木을 추가하였다. (=床)

용례) 病牀(병상)

형상 상/문서 장 狀	爿의 평상이라는 뜻에서 짐승 犬을 추가하여 평상에 올린 짐승고기를 표현하였다. 형태를 그대로 한 음식이므로 모양, 형상, 용모, 나타나다, 형용하다라는 의미가 되었고 후에 나타나는 모양을 글에 비유하여 문서, 편지(장)라는 의미로 확장되었다. 용례) 狀態(상태)
죽일 장 戕	爿의 쪼개다라는 뜻에서 창 戈를 합해 창으로 사람을 상하게 하다, 죽이다는 의미이다. 용례) 戕命(장명)

착할 장

臧

갑골문	금문 1	금문 2	소전

고문을 보면 눈 目과 창 戈를 합쳐 노예의 눈을 찔러 도망가지 못하게 하는 모습을 표현하였다. 도망가지 못하게 된 순종적인 노예라는 뜻으로 종, 착하다, 좋다는 의미가 되었다. 후에 도망가지 못하도록 가두다, 감추다, 가두는 장소인 곳집이라는 의미가 파생되었다. [소전 이후 눈을 내리깐 모습 臣과 상할 戕으로 변형되었다]

용례) 臧否(장부)

장물 장 贓	臧의 숨기다는 뜻에서 재물 貝를 추가하여 재물을 받아 숨기다, 감추다, 장물이라는 의미이다. 용례) 贓物(장물)
감출 장 藏	臧의 숨기다는 뜻에서 풀 艹를 추가하여 풀을 덮어 숨기다, 감추다는 의미이다. 용례) 貯藏(저장)
오장 장 臟	臧의 곳집이라는 뜻에서 고기 月을 추가하여 사람의 신체기관 중 곳집과 같이 음식이 쌓이는 곳이 오장(배 안에 있는 여러 기관의 총칭)이라는 의미이다. 용례) 五臟(오장)

장수/장차 장 將

갑골문	금문	소전	예서

고문을 보면 평상을 두 손으로 든 모습을 표현하였음을 알 수 있다. 평상을 들어 올릴 정도로 힘이 센 장수라는 의미이고 후에 장수는 군을 이끌게 되므로 인솔자, 인솔하다, 행하다, 장차라는 뜻으로 확장되었다. [소전 이후 손 하나의 모양이 오인되어 고기 月으로 변형되었다]

용례) 將軍(장군), 將來(장래)

성씨 장 蔣

풀 艹를 추가하여 크게 성장하는 줄(볏과의 여러해살이 풀)을 뜻하였으나 후에 성씨로 쓰이게 되었다.

장려할 장 奬

고문을 보면 평상 위에 고기를 올려 잔치를 베푼 모습을 표현하였다. 소전 이후 개 犬이 추가하여 귀한 개고기를 베풀었음을 강조하였다. 장려하다, 칭찬하다, 표창하다라는 의미이다. [해서 이후 將과 개 犬의 형태로 변형되었다] (속자는 奬으로 쓴다)

용례) 奬勵(장려)

갑골문	소전	해서

젓갈 장 醬

금문	소전	예서	해서

고문을 보면 평상 위에 육장을 올린 모습을 표현하였다. 육장이란 포를 썰어 누룩 및 소금을 섞어서 술에 담근 음식이다. 그 후 일반적인 장, 장조림, 젓갈이란 의미로 확장되었다. [해서 이후 將과 술 酉의 형태로 변형되었다]

용례) 炸醬麵(자장면)

즙 장 漿	물 水를 추가하여 장을 담근 후 흐르는 국물이란 뜻으로 즙, 음료, 미음이란 의미가 되었다. [酉가 생략됨] 용례) 血漿(혈장)

장할 장 壯

금문	소전	예서
𤕮	壯	壯

고문을 보면 평상 爿과 설 立을 합쳐 평상을 세운 모습을 표현하였다. 크다, 굳세다, 단단하다, 씩씩하다, 웅장하다는 의미이다. [금문 이후 立이 士의 형태로 변형되었다] (= 庄)
용례) 壯丁(장정)

풀 성할 장 莊	壯의 크다는 뜻에서 풀 艹를 추가하여 풀이 무성하게 자랐음을 표현하였다. 풀이 성하다는 의미이나 후에 가축에게 먹이기 위한 풀을 기르는 장소인 장원, 별장이란 의미로 확장되었다. 용례) 別莊(별장)
꾸밀 장 裝	壯의 웅장하다는 뜻에서 옷 衣를 추가하여 옷을 예쁘게 꾸미다, 치장하다, 꾸밈, 장식의 의미이다. 후에 튼튼하다는 뜻에서 옷을 단단히 꾸미다, 행장, 짐, 싣다는 의미로 확장되었다. 용례) 裝飾(장식)
단장할 장 粧	庄의 웅장하다는 뜻에서 분을 뜻하는 米를 추가하여 화려하게 꾸미다, 단장하다는 의미이다. (= 妝) 용례) 丹粧(단장)

병들어 누울 녁(역)

疒

갑골문	소전	예서	해서
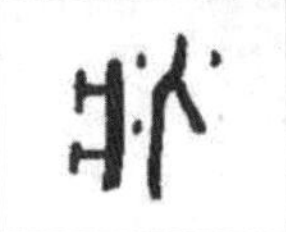	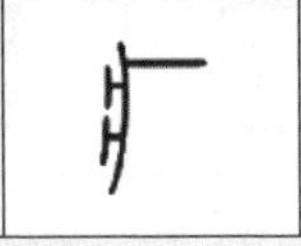		

고문을 보면 침상 위에 병이 걸린 사람이 땀을 흘리며 누워있는 모습이다. 앓다, 병이란 의미이다.

머뭇거릴 유/나아갈 임

冘

갑골문	금문	소전
		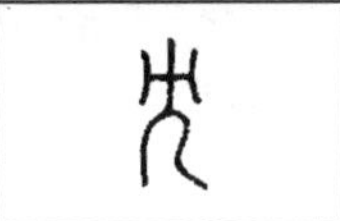

고문을 보면 사람이 목침을 베고 누워있는 모습을 표현하였다. (잠에)빠지다, 게으르다, 망설이다, 머뭇거리다는 의미이고 후에 머뭇거리면서 나아가다(임)는 의미로 확장되었다.

베개 침 枕	冘이 머뭇거리다라는 뜻으로 주로 쓰이자 나무 木을 추가하여 목침, 베개라는 의미를 강조하였다. 용례) 枕上(침상)
잠길 침/성씨 심 沈	冘의 빠지다라는 뜻에서 물 氵를 추가하여 물에 깊이 빠지다, 잠기다, 가라앉다라는 의미이고 후에 성씨(심)로도 쓰이게 되었다. 용례) 沈下(침하)
즐길 탐 耽	冘의 빠지다라는 뜻에서 귀 耳를 추가하여 음악을 듣고 빠지다라는 뜻으로 즐기다, 좋아하다, 빠지다라는 의미이다. 용례) 耽味(탐미)
노려볼 탐 眈	冘의 빠지다라는 뜻에서 눈 目을 추가하여 빠져서 계속 쳐다보다라는 뜻으로 노려보다라는 의미가 되었다. 용례) 虎視眈眈(호시탐탐)

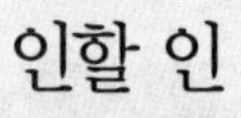

갑골문	금문	소전	예서

고문을 보면 사람이 편한 모습으로 이부자리에 누워있는 모습을 표현하였음을 알 수 있다. 의지하다, 의거하다라는 의미이나 후에 이불과 사람의 몸과 맞닿아 있는 모습에서 잇닿다, 인연, 연고, 유래, 인하다, 말이암다라는 의미로 확장되었다.

용례) 因緣(인연)

자리 인 茵	因이 인하다는 뜻으로 주로 쓰이자 풀 艹를 추가하여 자리, 깔개라는 의미를 명확하게 하였다. 용례) 茵席(인석)
시집갈 인 姻	因의 인연이라는 뜻에서 계집 女를 추가하여 여자로 인연이 이어진 것이니 딸을 시집보낸다는 뜻이다. 혼인, 시집가다라는 의미이다. 용례) 婚姻(혼인)
목구멍 인/목멜 열 咽	因이 잇닿다라는 뜻에서 입 口을 추가하여 입에 있는 음식물을 이어받는 것이 목구멍이라는 의미이고 후에 목구멍이 맞닿아 있다는 뜻에서 목이 메이다, 막히다(열)라는 의미로 확장되었다. 용례) 咽喉炎(인후염), 嗚咽(오열)
은혜 은 恩	因이 의지하다라는 뜻에서 마음 心을 추가하여 의지하게 되는 마음이란 뜻이니 은혜, 혜택, 인정이라는 의미가 되었다. 용례) 恩惠(은혜)

자리 석 席

갑골문	금문 1	금문 2	소전

고문을 보면 돗자리를 표현하였음을 알 수 있다. 자리, 자리를 깔다라는 의미이다. [금문 이후 집 厂이 추가되어 집에 앉는 자리라는 의미를 강조하였고 소전 이후 식사 자리에서 앉는 자리라는 뜻으로 廿와 巾의 형태로 변형되었다] (= 㡯)

용례) 坐席(좌석)

잠잘 숙 宿

고문을 보면 사람이 집 안에서 돗자리 위에 누워있는 모습을 표현하였다. 잠자다, 묵다, 오래되다라는 의미이다. [소전 이후 돗자리가 西의 형태로 변형되었다가 예서 이후 오인되어 다시 百으로 변형되었다]

용례) 宿泊(숙박)

갑골문	금문	소전	예서

줄일 축 縮

宿의 오래되다라는 뜻에서 실 糸를 추가하여 실이 오래되어 숨이 죽어 줄어든 모습이니 줄이다, 감축하다, 오그라지다라는 의미이다.

용례) 縮小(축소)

도울 필 弼

고문을 보면 돗자리 위에 활 두 개를 같이 묶어 놔둔 모습을 표현하였다. 트집난 활을 바로잡기 위해 묶어 놓는다는 뜻으로 도지개, 바로잡다, 돕다, 보필하다는 의미가 되었다. [소전 이후 돗자리가 西의 형태로 변형되었다가 예서 이후 오인되어 다시 百으로 변형되었다.]

용례) 輔弼(보필)

금문	소전	예서

비 추
帚

갑골문	금문	소전	예서	해서

고문을 보면 싸리를 묶어 만든 빗자루를 표현하였다. 비, 쓸다라는 의미이다. [소전 이후 비를 잡은 손 又가 추가되었다]
용례) 梳帚(소추)

아내 부 婦
계집 女를 추가하여 빗자루를 잡고 청소하는 여자를 뜻하니 아내, 지어미, 며느리라는 의미이다.
용례) 夫婦(부부)

쓸 소 掃
손 扌를 추가하여 빗자루를 손으로 잡고 바닥을 쓴다는 뜻을 강조하였다.
용례) 掃蕩(소탕)

잠잘 침 寢
집 宀을 추가하여 집 안을 깨끗하게 청소하는 모습을 표현하였다. 깨끗하다, 편하다, 쉬다, 자다는 의미이다. [소전 이후 잔다는 뜻으로 주로 쓰이자 침상 爿이 추가되었다]
용례) 寢所(침소)

갑골문	금문	소전	예서

침노할 침
侵

갑골문	금문	소전	예서

고문을 보면 사람이 빗자루를 잡고 소를 때리는 모습을 표현하였다. 농경사회에서 중요한 소를 때리는 행위이므로 범하다, 침노하다, 추하다는 의미가 되었다. [금문 이후 소 대신 사람을 때리는 모습으로 변형되었다]
용례) 侵入(침입)

잠길 침 浸

侵의 침노하다라는 뜻에서 물 氵를 추가하여 (물에)잠기다, 담그다, 스며들다, 적시다는 의미이다. [人이 생략됨] 용례) 浸出(침출)

비/꼬리별 혜

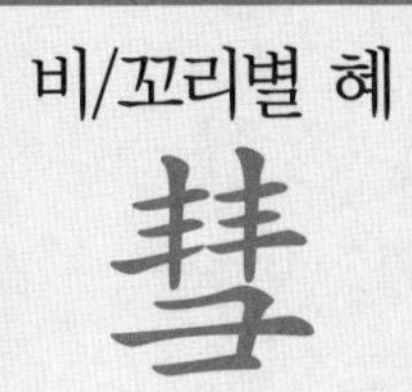

갑골문	금문	소전	예서

고문을 보면 새의 깃으로 먼지를 터는 모습을 표현하였다. 일반적인 비가 아니고 먼지떨이를 의미하나 후에 빗자루, 털다, 쓸다는 의미로 확장되었다. 또한 꼬리별(혜성)이 빗자루처럼 길게 꼬리를 그리며 운행하므로 꼬리별, 살별, 빛나다, 총명하다는 의미가 파생되었다. [예서 이후 먼지떨이의 모습이 丰의 형태로 변형되었다] 용례) 彗掃(혜소), 彗星(혜성)

슬기로울 혜 慧

彗의 총명하다는 뜻을 명확하게 하기 위해 마음 心을 추가하여 총명하다, 슬기롭다, 슬기, 지혜라는 의미가 되었다. 용례) 慧眼(혜안)

Ⅳ.
철기시대
– 역사의 시작 –

청동을 발견한 인류는 제련기술이 발전하면서 불의 온도를 1,600°까지 가열하여 철 성분까지 얻을 수 있게 되어 철기시대로 변화하였는데 철기는 청동기보다 훨씬 단단하고 쓸모가 많았기 때문에 무기는 물론 생활도구로도 널리 쓰이게 되었다. 철기시대에는 우수한 무기를 바탕으로 정복활동이 활발하게 이루어지면서 점차 큰 국가의 기틀이 완성되었고 왕권의 신성함을 강조하기 위해 자신들의 역사를 문자로 이야기하기 시작하였다.

■ 철기시대의 특징

1. 무기의 발달

청동기는 구하기도 어렵고 생각보다 단단하지 않아 대부분 지배층의 장식품으로 사용되었고 극히 일부가 무기로 사용되었다. 이러한 과정에서 청동기보다 훨씬 다루기 쉽고 단단한 철이 발견되면서 정복전쟁에도 철로 만든 여러 무기가 본격적으로 등장하게 되었다.

화살 시
矢

갑골문	금문	소전	예서
			矢

화살의 화살촉, 화살대, 화살 깃을 구체적으로 표현하였다. 석기시대에는 돌을 갈아서 사용하거나 동물의 뼈를 이용하여 화살촉을 만들었으나 철제 화살촉, 활과 활시위의 개량 등으로 전쟁무기로 발전하였다. 용례) 弓矢(궁시)

꿩 치 雉	새 隹를 추가하여 화살 깃으로 쓰이는 새가 꿩이란 의미이다. 용례) 雉岳山(치악산)
알 지 知	입 口를 추가하여 화살처럼 빠르게 말을 하는 모습이니 알다, 알리다, 지식이라는 의미가 되었다. 용례) 知識(지식)
지혜 지 智	知의 지식이라는 뜻에서 말씀 曰을 추가하여 알고 있는 지식을 말한다는 뜻이니 지혜롭다, 슬기롭다, 지혜, 슬기라는 의미이다. 용례) 智慧(지혜)

짧을 단 短	화살은 일정한 규격으로 만들어졌기 때문에 길이를 재는 도구로도 사용되었다. 일반적으로 음식을 담는 제기 중에 豆가 제일 작으므로 화살과 제기를 함께 그려 짧다는 의미를 표현하였다. 짧다, 작다, 가깝다는 뜻이다. 용례) 短縮(단축)

병 질

갑골문	금문	소전

고문을 보면 사람의 옆구리에 화살이 박힌 모습을 표현하였다. 화살에 맞아 다치다라는 뜻이므로 병, 아프다, 괴롭다는 의미이다. [금문 이후 병 疒과 화살 矢로 변형되었다]
용례) 疾病(질병)

시기할 질 嫉	疾의 병이란 뜻에서 계집 女를 추가하여 여자들의 괴로움은 남을 시기하기 때문에 생긴다는 뜻으로 미워하다, 투기하다라는 의미이다. 용례) 嫉妬(질투)

앓는소리 예

금문	소전

고문을 보면 화살과 활을 꼽는 동개(医)와 몽둥이 殳를 합쳐 동개를 몽둥이로 치는 모습을 표현하였다. 아프다, 앓는 소리라는 의미로 쓰인다.

고칠 의 醫	술 酉를 추가하여 술을 먹여 고통을 줄이는 모습을 표현하였다. 고치다, 치료하다, 의원이라는 의미이다. 용례) 醫師(의사)

어조사 의

矣

금문	소전 1	소전 2	예서

고문을 보면 화살 矢와 얽힐 ㄐ를 합쳐 화살이 박혀 빠지지 않는 모습을 표현하였다. 화살이 멈춰 있는 상태이므로 ~이다, ~였다, ~여라 등의 종결 어조사로 쓰이게 되었다. [예서 이후 ㄐ가 厶로 변형되었다] 용례) 汝矣島(여의도)

티끌 애 **埃**	矣의 멈추다라는 뜻에서 흙 土를 추가하여 흙이 묻은 더러운 모습이므로 티끌, 먼지, 더러움이라는 의미이다. 용례) 塵埃(진애)

이를 지

至

갑골문	금문	소전	예서

화살이 땅에 거꾸로 박힌 모습을 표현하였다. 화살을 쏘아서 도착지에 이르다, 다하다, 닿다, (영향을)미치다라는 의미이다. 용례) 至極(지극)

조카 질 **姪**	至의 다하다라는 뜻에서 계집 女를 추가하여 자신과 관련된 여자를 통해 미치는 관계의 끝이 조카라는 의미이다. 용례) 姪女(질녀)
차꼬 질 **桎**	至의 다하다라는 뜻에서 나무 木을 추가하여 나무로 막은 차단막을 뜻하여 차꼬, 수갑이라는 의미가 되었다. 용례) 桎梏(질곡)
막힐 질 **窒**	至의 다하다는 뜻에서 구멍 穴을 추가하여 동굴의 끝이라는 뜻에서 막다, 막히다, 멈추다, 그치다는 의미이다. 용례) 窒素(질소)
음도 질 **膣**	窒에 고기 月을 추가하여 사람의 신체 중 구멍이나 끝이 막혀 있는 부분이 여성의 생식기라는 의미이다. 용례) 膣口(질구)

집 실 室	至의 이르다라는 뜻에서 집 宀을 추가하여 집에 도착하여 이르는 곳이 방, 거실이라는 의미이다. 후에 사람들이 거주하는 집, 건물이란 의미로 확장되었다. 용례) 室内(실내)

이를 치 致	금문	소전	예서

고문을 보면 이를 至와 사람이 멈춘 상형을 합쳐 사람이 도달한 모습을 표현하였다. 이르다, 도달하다, 다하다라는 의미이다. [소전 이후 사람의 도착 모습이 뒤쳐져올 夂의 형태로 변화되었다가 예서 이후 오인되어 攵의 형태로 변형되었다]

용례) 致傷罪(치상죄)

면밀할 치 緻	致의 다하다라는 뜻에서 실 糸를 추가하여 바느질을 마무리하였다는 의미이다. 후에 바느질이 면밀하다, 찬찬하다, 촘촘하다, 빽빽하다는 의미로 확장되었다. 용례) 緻密(치밀)

이를 도 到	금문	소전	예서

고문을 보면 이를 至와 사람 人을 합쳐 사람이 도달한 모습을 표현하였다. 이르다, 닿다, 미치다라는 의미이다. 후에 사람이 화살처럼 거꾸로 서다는 의미로 확장되었다. [소전 이후 사람 人을 오인하여 칼 刂로 변형되었다]

용례) 到着(도착)

넘어질 도 倒	到의 거꾸로 서다는 뜻에서 사람 人을 추가하여 뒤집다, 넘어지다, 망하다, 후퇴하다라는 의미가 되었다. 용례) 壓倒(압도)

집 옥 屋	금문	소전
	𡱂	屋

고문을 보면 앉을 尸와 이를 至를 합쳐 화살을 화살통에 넣은 모습을 표현하였다. 화살통, 덮개라는 의미이나 후에 화살통은 화살의 집이라는 뜻에서 집, 주거라는 의미로 확장되었다.
용례) 屋上(옥상)

쥘 악 握 屋의 화살통이란 뜻에서 손 扌를 추가하여 화살통을 쥐다, 장악하다라는 의미이다.
용례) 握力(악력)

갖출 비 備	금문	소전
	𤰈	𠈁

고문을 보면 화살을 넣은 전통(箭筒)을 사람이 맨 모습을 표현하였다. 사냥이나 전쟁에 나가기 위해 전통을 매었다는 뜻이니 준비를 갖추었다는 의미가 되었다.
용례) 準備(준비)

고단할 비 憊 마음 心을 추가하여 만반의 준비를 갖추기 위해 노력한 심정이 고단하다, 고달프다, 피곤하다는 의미이다.
용례) 虛憊(허비)

함 함 函

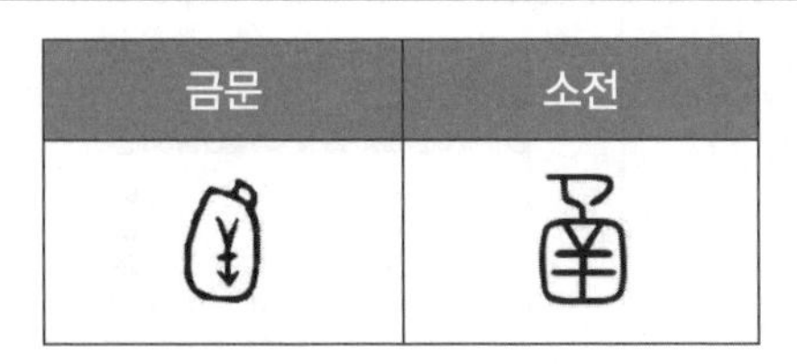

고문을 보면 많은 화살을 넣어 보관하는 용기를 표현하였다. 함, 상자, 넣다, 품다라는 의미이다.
용례) 函數(함수)

젖을 함 涵 函의 넣다라는 뜻에서 물 氵를 추가하여 물속에 넣은 모습이니 담그다, 잠기다, 젖다라는 의미이다.
용례) 涵養(함양)

과녁/제후 후 矦

갑골문	금문	소전	예서	해서

고문을 보면 언덕 厂과 화살 矢를 합해 언덕에서 화살을 쏘는 모습을 표현하였다. 고대 변방에서 방어하는 모습이므로 살피다, 망보다, 염탐하다, 관측하다, 상황, 상태, 조짐이라는 의미가 되었고 후에 변방을 지키는 제후, 후작이라는 의미로 확장되었다. 또한, 중요한 요충지를 지킨다는 뜻에서 요충지, 과녁이라는 의미가 파생되었다. [소전 이후 언덕에서 살핀다는 뜻에서 𠂆과 矢의 형태로 간략화되었다가 해서 이후 현재의 모습으로 변형되었다]
용례) 諸侯(제후)

기후 후 候 矦가 주로 제후라는 뜻으로 사용되자 사람 人을 추가하여 살피다, 망보다, 염탐하다, 관측하다, 기후, 상황, 상태, 조짐, 증상이라는 의미를 강조하였다.
용례) 候補(후보)

목구멍 후 喉 矦의 요충지라는 뜻에서 입 口를 추가하여 입을 통해 뱃속으로 가는 요충지가 목구멍이란 의미이다.
용례) 喉頭炎(후두염)

오랑캐 이

夷

갑골문	금문	소전	예서

고문을 보면 화살 矢와 크다는 뜻의 己를 합쳐 큰 화살을 표현하였다. 크다, 멸하다라는 의미이나 후에 큰 화살을 쓰는 고대 중국 동쪽에 사는 종족을 의미하게 되었다. [소전 이후 큰 활을 사용한다는 뜻에서 大와 弓의 형태로 변형되었다]

이모 이 姨

夷의 크다라는 뜻에서 계집 女를 추가하여 여자 형제 중 맏이를 의미하나 후에 어머니의 형제, 아내의 형제 등의 의미로 확장되었다.

용례) 姨母(이모)

상처 이 痍

夷의 크다라는 뜻에서 병 疒을 추가하여 크게 다치다, 상처라는 의미이다.

용례) 滿身瘡痍(만신창이)

범 인

寅

갑골문	금문	소전	예서

고문을 보면 화살이 과녁을 완전히 뚫고 깊이 박힌 모습을 표현하였다. 깊다, 크다는 의미이나 후에 금문 이후 두 손으로 화살을 빼내는 모습이 추가되면서 당기다는 의미로 확장되었다. 또한, 셋째 지지로 사용되면서 십이지수와 결합하여 범이라는 의미가 파생되었다. [소전 이후 화살촉 부분이 오인되어 집 宀의 형태로 변형되었다]

펼 연 演

寅의 당기다는 뜻에서 물 氵를 추가하여 물길을 넓게 펴다, 넓히다, 늘리다라는 의미가 되었다. 후에 늘리다라는 뜻에서 (기한을) 연기하다, (말로) 자세히 설명하다라는 의미로 확장되었다.

용례) 演劇(연극)

헤아릴 계

갑골문	금문	소전 1	소전 2	예서

고문을 보면 화살 두 개를 엇갈려 놓은 모습으로 추정된다. 고대에는 화살 두 개를 엇갈린 후 방향을 정하고 사냥을 하였는데 이를 통해 헤아리다라는 의미가 되었다. 후에 열 번째 천간으로 사용되면서 오행에 따라 방향은 북쪽, 계절은 겨울을 의미하는 것으로 파생되었다. [소전 이후 벌어질 癶과 화살 矢로 변형되었다]

헤아릴 규 揆

癸의 헤아리다라는 뜻에서 손 扌를 추가하여 도구를 가지고 측정하는 모습을 강조하였다. 헤아리다, 가늠하다, 관리하다, 꾀, 계략, 법도라는 의미이다.

해바라기 규 葵

癸의 화살을 엇갈린 모습에서 풀 艹를 추가하여 사방으로 꽃잎이 활짝 벌어져 피는 아욱꽃, 접시꽃, 해바라기를 의미한다.

용례) 葵藿(규곽)

〈아욱꽃〉

〈해바라기〉

돼지머리 계 彐

소전	해서 1	해서 2

고문을 보면 목표물을 관통하여 빠져나온 화살의 화살촉만을 표현하였다. 후에 화살의 머리 부분이므로 머리라는 의미로 확장되었다. (= ⺕, 彐)

새길 록(녹) 彔

갑골문	금문	소전	예서	해서
				彔

고문을 보면 천연 도료로 사용되는 옻나무 등에 화살촉으로 상처를 내어 수액을 받는 모습을 표현한 것으로 추정된다. 나무에 표시가 난다는 뜻에서 새기다, 기록하다는 의미가 되었고 후에 염색하다, 무늬를 넣다라는 의미로 확장되었다. [소전 이후 화살촉 彑과 물 氺의 형태로 간략화되었다]

조개풀 록(녹) 菉	彔의 염색하다라는 뜻에서 풀 艹를 추가하여 고대 푸른색으로 염색하는 데 사용하였던 조개풀을 의미한다.
푸를 록(녹) 綠	菉에 실 糸를 추가하여 푸른색으로 염색한 실을 뜻하여 푸르다, 초록빛을 표현하였다. [艹가 생략됨] 용례) 草綠(초록)
푸른 돌 록(녹) 碌	菉에 돌 石을 추가하여 푸른 돌, 푸른빛이라는 의미가 되었다. [艹가 생략됨] 용례) 碌碌(녹록)
기록할 록(녹) 錄	彔의 기록하다는 뜻에서 쇠 金을 추가하여 청동기를 만든 후 문자를 새긴 모습을 표현하였다. 기록하다, 적다, 기재하다는 의미이다. 용례) 記錄(기록)
녹 록(녹) 祿	彔의 상처를 낸다는 원뜻에서 제사 示를 추가하여 짐승의 잡아 제물로 바치는 모습을 표현하였다. 복, 복을 내리다라는 의미이고 후에 임금이 신하에게 복을 내리다라는 뜻에서 녹을 주다, 녹(관리의 봉급)이라는 의미로 확장되었다. 용례) 祿俸(녹봉)
벗길 박 剝	彔의 상처를 낸다는 원뜻에서 칼 刂를 추가하여 벗기다, 벗겨지다, 깎다, 다치다라는 의미이다. 용례) 剝皮(박피)

활 궁 弓	갑골문 1	갑골문 2	갑골문 3	금문 1	금문 2	소전

고문을 보면 활줄을 걸어놓은 활 또는 활줄을 풀어놓은 활의 모습을 표현하였다. 활이라는 의미이고 후에 길이의 단위로 사용하면서 길이의 단위(여덟 자)로 확장되었다.

용례) 國弓(국궁)

※ 여덟 자는 240cm 정도의 길이이다.

하늘 궁 穹	동굴 穴을 추가하여 동굴의 천장이 활처럼 크게 굽어 있는 모습을 표현하였다. 활꼴, 궁형, 크다, 하늘이라는 의미이다. 용례) 穹窖(궁교)
몸 궁 躬	몸 身을 추가하여 활처럼 배가 부른 임신한 여자를 표현하였다. 일반적인 몸이라는 의미로 쓰이게 되었고 후에 자기, 자신, 몸소, 스스로, 몸소 행하다, 스스로 하다는 의미로 확장되었다. 용례) 躬行(궁행)
궁할 궁 窮	躬에 동굴 穴을 추가하여 임신한 여자가 좁은 동굴에 있는 모습이니 궁하다, 가난하다, 외지다는 의미이다. 용례) 困窮(곤궁), 窮極的(궁극적)

쏠 사 射	갑골문	금문	소전

고문을 보면 활에 화살을 걸어 쏘는 모습을 구체적으로 표현하였다. 활을 쏘다라는 의미이고 후에 목표물을 향해 활을 쏜다는 뜻에서 추구하다라는 의미로 확장되었다. [소전 이후 활시위를 당겨 활을 쏜다는 뜻으로 부풀어 오른 모습 身과 손으로 잡는 모습 寸의 형태로 변형되었다]

용례) 射手(사수)

사례할 사 謝	射의 추구하다라는 뜻에서 말 言을 추가하여 사례하다, 보답하다, 보낸다는 의미이다. 용례) 感謝(감사)
사향노루 사 麝	射의 추구하다라는 뜻에서 사슴 鹿을 추가하여 몸에 지니는 사향(사향노루의 사향샘을 건조하여 얻은 향료)을 얻을 수 있는 사향노루라는 의미이다. 용례) 麝香(사향)

끌 인
引

갑골문	금문	소전

고문을 보면 활을 당기는 모습을 표현하였다. 당기다, 늘이다라는 의미가 되었다. [소전 이후 뚫을 丨의 형태로 변형되었다] 용례) 引上(인상), 牽引(견인)

지렁이 인 蚓	引의 늘이다라는 뜻에서 벌레 虫을 추가하여 늘어나는 벌레가 지렁이라는 의미이다. 용례) 蚯蚓(구인)

클 홍
弘

갑골문	금문	소전	예서

고문을 보면 활 弓과 입 口를 합쳐 활에서 나는 소리를 표현하였음을 알 수 있다. 활 소리가 크게 나므로 크다, 높다, 넓다는 의미로 쓰이게 되었다. [소전 이후 口가 厶로 변형되었다] 용례) 弘報(홍보)

깊을 홍 泓	물 氵를 추가하여 물이 넓고 깊다는 의미이다. 용례) 深泓(심홍)

강할 강 強	벌레 虫을 추가하여 크고 강한 사슴벌레를 표현하였다. 후에 몸이 단단하고 힘이 센 모습에서 강하다, 굳세다, 힘쓰다라는 의미로 확장되었다 (=强) 용례) 强調(강조)

약할 약 弱

소전	예서

고문을 보면 활줄이 약해져 여러 가닥으로 풀어진 모습을 표현하였다. 약하다, 약해지다, 쇠해지다라는 의미이고 후에 힘이 약한 어린 자, 젊다는 의미로 확장되었다. 용례) 弱冠(약관)

빠질 닉(익) 溺	물 氵를 추가하여 물에 빠져 약해진 상태를 표현하여 빠지다, 그르치다라는 의미이다. 용례) 溺死(익사)

터놓을 쾌/깍지 결

갑골문	소전	해서

활시위를 당길 때 엄지손가락에 껴서 홈에 활시위를 고정시키는 깍지(韘)를 표현하였다. 후에 목표물을 정한 후 깍지를 놓게 되므로 정하다, 터놓다, 나누다, 가르다(쾌)는 의미로 확장되었다.

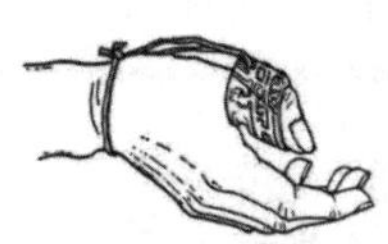

〈섭 착용모습〉

쾌할 쾌 快	夬의 터놓다는 뜻에서 마음 忄을 추가하여 마음이 상쾌하다, 시원하다, 즐겁다는 의미이다. 용례) 欣快(흔쾌)
소매 메 袂	夬의 터놓다라는 뜻에서 옷 衤를 추가하여 옷에서 터져 있는 부분이 소매라는 의미이다. 용례) 袂別(메별)
결단할 결 決	夬의 터놓다라는 뜻에서 물 氵를 추가하여 막혀 있던 물을 트는 모습이니 터지다, 자르다라는 의미이고 후에 夬의 정하다는 뜻에서 결정하다, 결단하다 의미로 확장되었다. [고대 중국에서는 황하의 잦은 범람으로 치수사업이 왕의 제일 중요한 결정사항이었다] 용례) 決定(결정)
이지러질 결 缺	夬의 터놓다라는 뜻에서 질그릇 缶를 추가하여 질그릇이 한쪽이 터져 이지러지다(한쪽 귀퉁이가 떨어져 없어지다), 없어지다, 모자르다라는 의미이다. 용례) 缺乏(결핍)
도려낼 결 抉	夬의 자르다라는 뜻에서 손 扌를 추가하여 손으로 자르는 행위를 강조하였다. 도려내다, 긁어내다, 들추어내다, 폭로하다라는 의미이다. 용례) 剔抉(척결)
이별할 결 訣	夬의 자르다라는 뜻에서 말 言을 추가하여 말로 잘라낸다는 뜻이니 이별하다, 헤어지다라는 의미이다. 용례) 訣別(결별)

말 물 勿

갑골문	금문 1	금문 2	소전

고문을 보면 활의 줄이 끊어진 모습을 표현하였다. 활의 시위가 끊어진 것은 사용하지 못하게 된 것이므로 아니다, 없다, 말다, 말라는 부정의 의미가 되었다. [금문 이후 오인되어 칼(刀)이 부러진 모습으로 변형되었다] 용례) 勿論(물론)

목 벨 문 刎	勿의 끊어지다라는 뜻에서 칼 刂를 추가하여 칼로 목을 베다는 의미가 되었다. 용례) 刎頸之交(문경지교)

물건 물 物	勿의 끊어지다라는 뜻에서 소 牛를 추가하여 고대 제물로 소를 잡는 모습을 표현하였다. 희생이라는 의미이고 후에 제물로 바치는 물건, 사물, 만물, 재물이라는 의미로 확장되었다. 용례) 物件(물건)
홀 홀 笏	勿의 끊어지다라는 뜻에서 대나무 竹을 추가하여 대나무를 잘라 만든 홀을 표현하였다.
갑자기 홀 忽	勿의 활시위가 갑자기 끊어지다라는 원뜻에서 마음 心을 추가하여 갑자기, 돌연히, 어지럽다라는 의미가 되었다. 용례) 忽然(홀연)
황홀할 홀 惚	忽가 갑자기라는 뜻으로 주로 쓰이자 정신이 끊어지다라는 뜻에서 마음 忄을 추가하여 어지럽다, 흐릿하다, 황홀하다는 의미가 되었다. 용례) 恍惚(황홀)

창 모

矛

금문	소전	예서

고문을 보면 뾰족하고 긴 양날 형태의 고대 무기를 표현하였다. 창날 뿌리 부분에 고리가 있어 장대를 끼운 후 장대에 묶어 사용하였다. 전차에서 주로 사용하던 무기였으나 전차가 퇴보한 이후에는 개량되어 보병이 사용하는 창으로 변화되었다. 용례) 矛盾(모순)

띠 모 茅	풀 艹를 추가하여 잎이 길게 자라는 식물 띠를 의미한다.

힘쓸 무 務

금문	소전 1	소전 2	예서

고문을 보면 창 矛와 칠 攵을 합쳐 공격하는 모습을 표현하였다. 힘쓰다, 일하다, 일, 직무라는 의미이다. [소전 이후 전쟁이 아닌 일반적인 일을 열심히 한다는 뜻에서 힘 力이 추가되었다]

용례) 職務(직무), 公務(공무)

안개 무 霧 비 雨를 추가하여 비가 힘써 앞이 보이지 않는 모양이니 안개, 안개가 자욱하여 어둡다는 의미이다.

용례) 霧散(무산)

부드러울 유 柔

금문	소전

고문을 보면 창 矛와 나무 木을 합쳐 무기 矛를 장대를 끼운 모습이다. 矛는 전차에서 주로 사용하였기에 유연한 나무에 끼워 사용하였다. 그런 이유로 부드럽다, 여리다, 순하다는 의미가 되었다.

용례) 柔軟(유연)

밟을 유 蹂 柔의 장대를 끼운 창이란 원뜻에서 발 足을 추가하여 공격하다, 죽이다, 밟다, 짓밟다라는 의미가 되었다.

용례) 蹂躪(유린)

창 과
戈

갑골문	금문	소전	예서

전차에서 적의 목을 걸어 베는 역할을 하도록 장대 끝에 갈고리 모양으로 단 고대 무기를 표현하였다. [금문 이후 戈를 잡고 휘두르는 모습으로 변형되었다]

용례) 兵戈(병과)

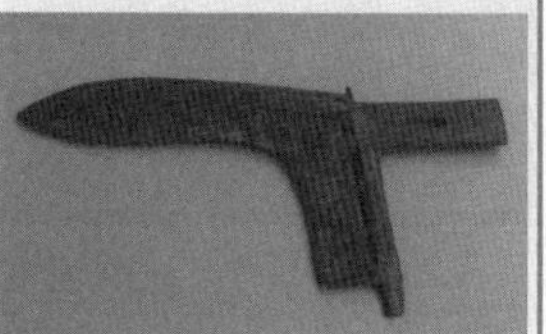

칠 벌
伐

갑골문	금문	소전	예서

고문을 보면 창 戈를 사람의 목에 걸어 베는 모습을 표현하였다. 치다, 베다, 정벌하다라는 의미이다. 후에 戈는 동시에 여러 명을 죽일 수 있으므로 다수, 무리라는 의미로 확장되었다.

용례) 討伐(토벌)

뗏목 벌 筏	伐의 무리라는 뜻에서 대나무 竹을 추가하여 대나무를 무리로 엮어 만든 것이 뗏목이라는 의미이다. 용례) 筏橋(벌교)
문벌 벌 閥	伐의 무리라는 뜻에서 집안 門을 추가하여 가문, 문벌이라는 의미이다. 용례) 門閥(문벌)

다할 첨 𢦏	소전	해서
		𢦏

고문을 보면 창 戈로 여러 명을 한꺼번에 걸어 베는 모습을 표현하였다. 다하다, 끊다, 다수, 무리라는 의미이다.

부추 섬 韱	𢦏의 무리라는 뜻에서 부추 韭를 추가하여 무리로 자라는 부추를 강조하였다. 부추, 무리, 가늘다는 의미이다.
다 죽일 섬 殲	韱의 무리라는 뜻에서 뼈 歹를 추가하여 다 죽이다, 없애다, 멸하다라는 의미이다. **용례) 殲滅(섬멸)**
가늘 섬 纖	韱의 가늘다는 뜻에서 실 糸를 추가하여 가늘다, 가냘프다, 부드럽다는 의미를 강조하였다. **용례) 纖纖玉手(섬섬옥수)**
제비 첨 籤	韱의 가늘다는 뜻에서 대나무 ⺮을 추가하여 가늘게 자른 대나무 조각을 뜻한다. 고대에 여러 대나무 조각에 각기 표시를 한 후 통에 넣고 흔들어 뽑아 길흉을 점쳤는데 이로 인하여 제비(기호 등에 따라 승부 따위를 결정하는 방법), 쪽지라는 의미가 되었다. **용례) 籤辭(첨사)**
예언 참 讖	籤에 말 言을 추가하여 길흉을 점쳐 말하다라는 뜻으로 예언하다, 참서(예언을 기록한 책)란 의미이다. [⺮이 생략됨] **용례) 讖書(참서)**
뉘우칠 참 懺	讖과 병행하여 쓰였으나 해서 이후 예언에 따라 몸가짐을 조심하다, 뉘우치다, 회개하다라는 의미가 파생되면서 마음 忄이 추가된 형태로 분리되었다. **용례) 懺悔(참회)**

깎을 잔/ 적을 전 戔	갑골문	금문	소전

고문을 보면 창 戈를 겹쳐 여러 번 벤 모습을 표현하였다. 깎다, 헤쳐 없애다라는 의미이고 후에 계속 깎으니 적다, 작다는 의미로 확장되었다.

잔인한 잔 殘	戔의 깎다라는 뜻에서 뼈 歹을 추가하여 사람의 뼈까지 깎는 모습에서 잔인하다, 멸하다라는 의미가 되었고 후에 뼈만 남았다는 뜻에서 남다, 나머지라는 의미로 확장되었다. 용례) 殘忍(잔인)
잔 잔 盞	戔의 작다라는 뜻에서 그릇 皿을 추가하여 작게 만든 그릇이 잔이란 의미이다. 용례) 燈盞(등잔)
사다리 잔 棧	戔의 작다라는 뜻에서 나무 木을 추가하여 작은 나무를 차례로 이어 만든 것이 사다리라는 의미이다. 용례) 雲棧(운잔)
푼돈 전 錢	戔의 작다는 뜻에서 금 金을 추가하여 적은 돈, 푼돈이란 의미이다. 용례) 銅錢(동전)
기록할 전 箋	戔의 작다는 뜻에서 대나무 竹을 추가하였다. 고대에는 작은 대나무 조각에 글을 썼으므로 기록하다, 글, 문서라는 의미이다. 용례) 箋筒(전통)
보낼 전 餞	戔의 작다라는 뜻에서 밥 食을 추가하여 밥을 작게 싼 도시락이란 뜻이니 떠나다, 보내다는 의미이다. 용례) 餞別(전별)
밟을 천 踐	戔의 헤쳐 없애다라는 뜻에서 발 足을 추가하여 적을 물리치고 짓밟다, 유린하다라는 의미이고 전쟁에서 이겼으므로 이행하다, 실천하다라는 의미로 확장되었다. 용례) 實踐(실천)
얕을 천 淺	戔의 작다는 뜻에서 물 氵를 추가하여 물이 적게 있으니 얕다는 의미이다. 용례) 淺薄(천박)
천할 천 賤	戔의 작다는 뜻에서 재물 貝를 추가하여 재물이 적게 있으니 신분이 낮고 비천한다는 의미이다. 용례) 賤待(천대)

심을 재 栽

금문	소전	예서

고문을 보면 창 戈로 나무의 곁가지를 정리하는 모습을 표현하였다. 정리하다라는 의미이고 후에 자르는 부위인 어린싹, (어린싹을 다시)심다, 처음이라는 의미로 확장되었다. (다른 글자와 함께 사용될 때에는 𢦏로 쓰인다) 용례) 盆栽(분재)

어조사 재 哉	𢦏의 처음이라는 뜻에서 입 口를 추가하여 말을 시작하는 모습이니 처음, 비롯하다라는 의미이나 현재는 어조사로 쓰인다. 용례) 快哉(쾌재)
마를 재 裁	𢦏의 처음이라는 뜻에서 옷 衣를 추가하여 마르다(옷을 치수에 맞게 자르다), (옷을)만들다라는 의미가 되었고 후에 옷을 만들기 위해서는 잘 분별하여 재단하여야 하므로 분별하다, 결단하다, 헤아리다라는 의미로 확장되었다. 용례) 裁判(재단)
실을 재 載	𢦏의 정리한다는 뜻에서 차 車를 추가하여 차에 잘 정리하여 싣다라는 뜻으로 싣다, 오르다, 갈무리하다(물건 따위를 잘 정리하거나 정리하다)는 의미이다. 용례) 搭載(탑재)
머리에 일 대 戴	載에 머리에 탈을 쓴 모습인 異를 추가하여 머리 위에 올려놓다, 이다, 받들다는 의미이다. [車가 생략됨] 용례) 戴冠式(대관식)

끊을 절 截

소전	예서

고문을 보면 작다는 뜻의 작을 雀과 창 戈를 합쳐 끊다, 다스리다, 정제하다(정돈하여 가지런히 하다)라는 의미이다. [예서 이후 𢦏과 隹의 형태로 변형되었다]

용례) 去頭截尾(거두절미)

구렁말 철 戴	바칠 呈을 추가하여 잘 정제하여 임금에게 바치다라는 의미이고 후에 잘 관리된 구렁말(밤색 털빛의 말), 튼튼하다는 의미로 확장되었다. (= 驖) [隹이 생략됨]
쇠 철 鐵	戴에 광석 金을 추가하여 단단한 광석, 쇠, 단단하다는 의미이다. 용례) 鐵人(철인)

굳셀 무

갑골문	금문	소전	예서	해서

고문을 보면 무기 戈와 발 止를 합쳐 무기를 들고 앞으로 나아가는 모습을 표현하였다. 굳세다, 용맹스럽다, 무인, 무사, 호반, 무예라는 의미이다. 용례) 武器(무기)

구실 부 賦	재물을 뜻하는 貝를 추가하여 무력으로 세금을 걷는다는 의미이다. 구실(온갖 세납을 통틀어 이르던 말), 부세(세금을 매겨서 부과하는 일), 거두다, 받다는 의미이다. 용례) 賦課(부과)

지킬 수

戍

갑골문	금문	소전	예서

고문을 보면 창 戈와 사람 人을 합쳐 창을 들고 있는 사람을 표현하였다. 창을 들고 지키다, 수자리(변방을 지키는 일), 병사를 의미한다. 용례) 戍樓(수루)

기미 기 幾

금문	소전	예서	해서

고문을 보면 지킬 戍와 실을 뜻하는 幺幺를 합쳐 오랜 기간 베틀에 앉아 직물을 짜는 모습을 표현하였다. 베틀, 기틀이라는 의미이고 후에 날실을 수없이 움직여 직물을 짜는 것이므로 몇, 얼마, 자주라는 의미로 확장되었다. 또한, 작은 움직임을 살핀다는 뜻으로 해석하여 자세히 살펴보다, 기미, 낌새, 조짐, 징조라는 의미가 파생되었다.

용례) 幾微(기미)

틀 기 機	幾가 베틀이라는 뜻을 명확하게 하기 위해 나무 木을 추가하였다. 베틀, 기계, 기교라는 의미이고 후에 기계는 정확함을 요구하므로 기회, 때, 계기라는 의미로 확장되었다. 용례) 危機(위기)
밭 갈 기 機	幾의 베틀이라는 뜻에서 쟁기 耒를 추가하여 직물을 짜는 것처럼 꼼꼼하게 밭을 간다는 의미이다.
구슬 기 璣	幾의 베틀이라는 뜻에서 구슬 玉을 추가하여 잘 다듬어진 구슬을 의미한다. 후에 천문기계, 별 이름으로 쓰이게 되었다.
비웃을 기 譏	幾의 베틀이라는 뜻에서 말 言을 추가하여 직물을 꼼꼼하게 잘 짜는 것처럼 잘잘못을 잘 파악해 나무라다, 책하다, 비웃다, 간하다, 기찰하다라는 의미이다. 용례) 譏察(기찰)
경기 기 畿	幾의 베틀이라는 뜻에서 밭 田을 추가하여 고대에 왕실에서 직물을 짜기 위해 키웠던 뽕밭을 표현하였다. 후에 왕실에서 직접 관리하는 땅이란 의미로 쓰이게 되었는데 왕도 주위의 500리 이내의 땅을 의미한다. [人이 생략됨] 용례) 京畿(경기)

경계할 계 戒

금문	소전	예서

무기 戈와 양손 廾을 합해 무기를 양손으로 단단히 잡고 있는 모습을 표현하였다. 경계하다, 조심하고 주의하다, 알리다는 의미가 되었다. 용례) 警戒(경계)

기계 계 械 나무 木을 추가하여 감시하는 죄인에게 씌우는 형틀, 기계장치를 뜻하였으나 후에 일반 기계, 기구, 연장이란 의미로 확장되었다.
용례) 機械(기계)

병장기 융

갑골문	금문	소전	예서

고문을 보면 무기 戈와 새싹을 뜻하는 十을 함께 그려 싹을 심어 농작물을 생산하듯 싸우기 위한 무기를 많이 만들다는 뜻으로 추정된다. 병장기, 병거, 병사, 싸움, 난잡하다는 의미가 되었고 후에 난잡하다는 뜻에서 북방 오랑캐를 의미하는 것으로 확장되었다. 용례) 夷蠻戎狄(이만융적)

융 융 絨 실 糸를 추가하여 솜털이 병장기처럼 삐쭉 삐죽 일어나게 짠 피륙인 융을 의미한다. 용례) 絨緞(융단)

도둑 적 賊 재물 貝를 추가하여 무기를 들고 재물을 빼앗는 도둑을 의미한다.
용례) 賊反荷杖(적반하장)

나 아

갑골문	금문	소전	예서

고문을 보면 창 戈에 세 개의 날을 붙인 고대 무기를 표현하였다. 삼지창은 무기로 적합하지 않은 의례용으로 사용된 것이다. 우두머리가 가지고 있는 것이기에 나, 나의, 우리라는 의미가 되었다. 용례) 我執(아집)

주릴 아 餓	밥 食을 추가하여 듬성듬성 날이 있는 我처럼 밥이 없는 상태를 뜻하여 주리다, 굶다는 의미이다. 용례) 餓死(아사)
갑자기 아 俄	사람 亻을 추가하여 우두머리가 我를 잡고 있는 모습을 표현하였다. 기울다, 높게하다는 의미이고 특별한 일이 있는 경우에 사용하므로 갑자기라는 의미로 확장되었다. 용례) 俄頃(아경)

옳을 의

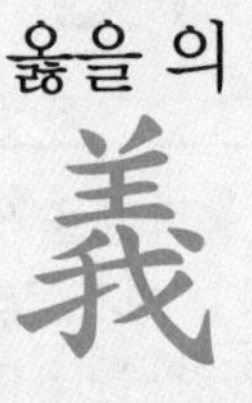

갑골문	금문	소전	예서

고문을 보면 양 탈을 쓴 우두머리가 我를 잡고 있는 모습을 표현하였음을 알 수 있다. 격식을 차리고 의례를 진행한다는 뜻이므로 옳다, 바르다, 예절, 의식, 거동, 법도가 되었다. 용례) 義務(의무)

거동 의 儀	사람 亻을 추가하여 격식을 차리고 의식을 하는 사람을 강조하였다. 법도, 법식, 예절, 거동이란 의미이다. 용례) 儀仗(의장)
의논할 의 議	말 言을 추가하여 격식을 차리고 말을 한다는 뜻이니 의논하다, 토의하다, 의견, 의논이란 의미이다. 용례) 論議(논의)

복희씨 희
羲

소전	예서

고문을 보면 의식 義에 벼 禾와 제단에 가득 올린 모습 兮를 합쳐 추수한 곡식을 가득 바치는 모습을 표현하였다. 중국 고대 전설의 제왕인 복희씨(伏羲氏)가 백성들에게 농사와 목축을 알려주었기에 복희씨에게 제사를 지낸다는 의미가 되었다.

희생 희 犧

소 牛를 추가하여 복희씨에게 제사를 지내면서 의식에 따라 희생물을 바친다는 뜻으로 희생(제물로 바치는 산 짐승)이란 의미이다.

용례) 犧牲(희생)

창 극

금문	소전	예서

고문을 보면 창 戈와 많을 丰을 합쳐 戈의 날이 여러 개 있는 고대 무기를 표현하였다. [소전 이후 햇살이 비추는 모습을 뜻하는 倝와 戈로 변형되었는데 과의 날을 여러 개 붙인 모습이 해가 서서히 떠오르는 모습이라는 뜻으로 추정된다]

용례) 刺戟(자극)

도끼 월
戉

갑골문	금문	소전

고문을 보면 일반 장대에 도끼를 달아 무기로 쓰던 쇠도끼를 표현하였다. [금문 이후 장대가 창 戈로 변형되었다]

도끼 월 鉞	쇠로 만든 도끼라는 의미로 쇠 金을 추가하였다. 용례) 斧鉞(부월)

무성할 무

갑골문	금문	소전

고문을 보면 창 戈에 초승달 모양의 날을 붙인 고대 무기를 표현하였다. 날이 여러 개 있으므로 무성하다, 우거지다는 의미가 되었다. 후에 다섯째 천간으로 사용됐다.

무성할 무 茂	풀 艹를 추가하여 풀이 무성하다는 의미이다. 용례) 茂盛(무성)

해 세

歲

갑골문	금문	소전

고문을 보면 무성할 戊와 걸을 步를 합쳐 오랜 시간이 흘렀다는 뜻을 표현한 것으로 추정된다. 오래 살아왔으니 해, 세월, 나이, 일생이라는 의미가 되었다.

용례) 歲月(세월)

더러울 예 穢	歲의 세월이 지났다는 뜻에서 벼 禾를 추가하여 오래 방치된 벼가 더럽다, 더러워지다, 거칠다는 의미가 되었다. 용례) 榛穢(진예)
종족이름 예 濊	물 氵를 추가하여 오래 흐를 강을 뜻하나 후에 강 이름, 부족 이름으로 쓰이게 되었다. 용례) 濊貊(예맥)

아름다울 술

갑골문	금문 1	금문 2	소전

고문을 보면 창 戈에 도끼 모양의 날을 붙인 고대 무기를 표현하였다. 크고 아름다운 모습이므로 크다, 아름답다는 의미이고 후에 우두머리가 가진 무기라는 뜻에서 위엄, 권위라는 의미로 확장되었다. 또한, 열한 번째 지지로 쓰이게 되면서 십이지수와 결합하여 동물 개라는 의미가 생성되었다.

위엄 위 威 여자 女를 추가하여 집안의 여자 어른인 시어머니를 의미하나 후에 위엄, 권위라는 의미로 확장되었다. 용례) 威脅(위협)

멸할 멸

갑골문	금문	소전

고문을 보면 클 戌과 불 火를 합쳐 큰불이 발생한 모습을 표현하였다. 멸망하다, 죽다, 다하다, 없어지다라는 의미이다.

멸할 멸 滅 물 氵를 추가하여 큰 불과 홍수가 나서 멸망하다. 다하다라는 의미를 강조하였다. 용례) 滅亡(멸망)

다 함/덜 감 咸	갑골문	금문	소전

고문을 보면 클 戌과 입 口를 합쳐 크게 소리치는 모습을 표현하였다. 두루 미치다, 널리 미치다라는 의미이고 후에 다(남거나 빠진 것이 없이 모두), 모두(함)이란 의미로 확장되었다. 또한, 무기로 사물을 자르다라는 뜻으로 해석하여 덜다, 줄이다(감)란 의미가 파생되었다. 용례) 咸告(함고)

소리칠 함 喊	咸가 모두라는 뜻으로 주로 쓰이자 입 口를 추가하여 소리치다, 고함지르다라는 의미를 강조하였다. 용례) 喊聲(함성)
봉할 함 緘	咸의 모두라는 뜻에서 실 糸를 추가하여 실로 옷의 헤진 곳을 꿰매다, 봉하다는 의미이다. 용례) 緘口(함구)
짤 함 鹹	咸의 모두라는 뜻에서 소금 鹵를 추가하여 소금이 많다, 짜다는 의미이다. 용례) 鹹水(함수)
느낄 감 感	咸의 모두라는 뜻에서 마음 心을 추가하여 모조리 느끼다, 감응하다, 감동하다는 의미이다. 용례) 感動(감동)
섭섭할 감 憾	感이 감동하다는 뜻으로만 주로 사용되자 마음 忄을 추가하여 섭섭하다, 원망하다, 원한, 유감이란 의미로 구분하게 되었다. 용례) 遺憾(유감)
덜 감 減	咸의 덜다는 뜻을 강조하기 위해 물 氵를 추가해 물이 줄어들다는 의미가 되었다. 용례) 減少(감소)
경계/바늘 잠 箴	咸의 덜다는 뜻에서 대나무 竹을 추가하여 대나무를 깎아 작게 만든 바늘을 의미한다. 후에 바늘에 찔리지 않게 경계하다, 경계라는 의미로 확장되었다. 용례) 箴言(잠언)
침 침 鍼	箴에 쇠 金을 추가하여 쇠를 바늘처럼 가늘게 만들었다는 뜻으로 치료에 쓰이는 침, 침을 놓다, 찌르다는 의미이다. [竹이 생략됨] 용례) 鍼術(침술)

이룰 성 成

갑골문	금문 1	금문 2	소전	예서	해서

고문을 보면 클 戊과 못 丁을 합쳐 큰 못을 박는 모습을 표현하였다. 크다, 살찌다, 우거지다는 의미이나 후에 큰 못을 박으면 가지런해지므로 이루다, 가지런하다, 끝나다, 완성하다라는 의미로 확장되었다.

용례) 成功(성공)

성 성 城 成의 크다는 뜻에서 흙 土를 추가하여 흙이 크게 쌓아 만든 큰 건축물이 성이란 의미이다. 용례) 城郭(성곽)

밝을 성 晟 成의 크다는 뜻에서 해 日을 추가하여 해가 크고 밝게 비치는 모습이니 밝다, 환하다, 성하다는 의미이다.

성할 성 盛 成의 크다는 뜻에서 그릇 皿을 추가하여 그릇에 음식을 크게 담아 놓으니 성대하다, 성하다, 무성하다, 두텁다는 뜻이다. 용례) 盛大(성대)

정성 성 誠 成의 가지런하다라는 뜻에서 말 言을 추가하여 말을 가지런하게 말하는 모습이니 진실, 참, 참되게 하다, 정성이라는 의미가 되었다. 용례) 忠誠(충성)

방패 간 干

갑골문 1	갑골문 2	금문 1	금문 2	소전	예서
			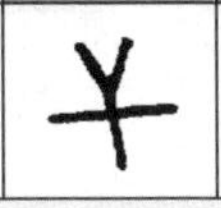		

고문을 보면 창 戈의 가운데 방패를 달아 공격과 수비를 동시에 하는 고대 무기를 표현하였다. 방패, 막다, 방어하다라는 의미이고 후에 자신의 몸에 딱 붙여 방패를 들고 있으므로 몸, 근본, 본체, 줄기라는 의미로 확장되었다.

용례) 干涉(간섭), 欄干(난간)

새길 간 刊

칼 刂를 추가하여 고대 자신의 방패에 무늬를 새긴 모습을 표현하였다. 용례) 出刊(출간)

간사할 간 奸

干의 막다라는 뜻에서 계집 女를 추가하여 거부하는 여자라는 뜻이니 간사하다는 의미이고 후에 침범하다, 간음하다는 의미로 확장되었다. (= 姦) 용례) 弄奸(농간)

간 간 肝

干의 방패라는 뜻에서 고기 月을 추가하여 사람의 신체 중 방패 모양의 기관이 간이라는 의미이다. 용례) 肝炎(간염)

낚싯대 간 竿

干의 줄기라는 뜻에서 대나무 竹을 추가하여 대나무로 만들어 물고기를 잡는 장대, 낚싯대를 의미한다. 용례) 百尺竿頭(백척간두)

몽둥이 간 杆

干의 줄기라는 뜻에서 나무 木을 추가하여 나무줄기로 만든 몽둥이를 의미한다.

땀 한 汗

干의 몸이란 뜻에서 물 氵를 추가하여 사람의 몸에서 나오는 물이 땀이란 의미이다. 용례) 汗蒸幕(한증막)

드물 한 罕

干의 줄기라는 뜻에서 그물 罒을 추가하여 긴 장대에 그물을 달아 사용한 도구로 추정된다. 희귀한 도구이므로 희소하다, 드물다는 의미가 되었다. (= 罒) 용례) 稀罕(희한)

가물 한 旱

干의 줄기라는 뜻에서 해 日을 추가하여 해가 높이 솟아 있는 모습이니 가물다, 가뭄이란 의미가 되었다. 용례) 旱魃(한발)

사나울 한 悍

旱에 마음 忄을 추가하여 감정이 메말랐다는 뜻이니 사납다, 억세고 모질다는 의미이다.

추녀 헌 軒

干의 줄기라는 뜻에서 수레 車를 합쳐 긴 나무줄기로 만든 높은 벼슬아치가 타는 수레를 표현하였다. 수레, 초헌이라는 의미이고 후에 나무가 길게 나온 난간, (집의)처마, 추녀, 집이란 의미로 확장되었다.

소전 1	소전 2	예서

〈초헌〉

평평할 견 幵

소전	해서
幵	幵

고문을 보면 방패 干을 겹쳐 막는 모습을 표현하였다. 서로 평평하게 방패를 들게 되므로 평평하다는 의미가 되었다.

갈 연 研	돌 石을 추가하여 돌을 평평하게 갈다, 문지르다는 의미이다. 후에 학문에 비유하여 궁구하다, 연구하다는 의미로 확장되었다. 용례) 研修(연수)
고울 연 姸	研에 계집 女를 추가하여 갈아서 매끄러운 돌처럼 곱다, 아름답다, 예쁘다는 의미이다. [石이 생략됨] 용례) 姸蚩(연치)

놀낼 녑(엽)

소전	예서	해서
㚔	㚔	㚔

고문을 보면 줄기 干과 사람 人을 합쳐 나무줄기 위로 사람이 올라간 모습을 표현하였다. 살피다, 감시하다, 엿보다는 의미이고 후에 높은 나무 위로 올라갔으므로 높다, 놀래다라는 의미로 확장되었다. (= 幸)

불알/못 고 睾	㚔의 높다는 뜻에서 코 自를 추가하여 코가 높이 솟은 모습을 표현하였다. 높이 솟은 모양, 언덕이라는 의미이고 후에 높이 솟은 불알이라는 의미로 확장되었다. 또한, 땅이 높이 솟아 물이 막힌 곳이란 뜻에서 못, 늪이란 의미가 파생되었다. (= 皐) 용례) 睾丸(고환)

엿볼 역/못 택 睪	소전	해서
	睪	睪

고문을 보면 나무 위로 올라간 사람 㚔과 눈 目을 합쳐 높은 곳에서 감시하는 모습을 강조하였다. 살피다, 엿보다는 의미이고 후에 교대하면서 감시한다는 뜻에서 바꾸다, 교대하다라는 의미로 확장되었다. 또한, 睪과 모양이 비슷하여 병행하여 쓰이게 되면서 못, 늪(택)이라는 의미가 파생되었다.

역 역 驛	睪의 바뀌다라는 뜻에서 말 馬를 추가하여 역참에서 말을 갈아타는 것을 뜻한다. [고대에는 말이 가장 빠른 운송수단이므로 중간중간에 역참을 두어 말을 갈아탈 수 있도록 조치하였다] 역, 정거장이란 의미가 되었다. 용례) 電鐵驛(전철역)
번역할 역 譯	睪의 바뀌다라는 뜻에서 말 言을 추가하여 다른 말을 통역하다, 번역하다라는 의미가 되었다. 용례) 飜譯(번역)
풀 역 繹	睪의 살피다라는 뜻에서 실 糸를 추가하여 엉킨 실을 살펴 풀다, 늘어놓다라는 의미이다. 용례) 演繹法(연역법)
풀 석 釋	睪의 살피다라는 뜻에서 분별할 釆을 추가하여 자세히 살펴 분별하다, 풀다라는 의미이다. 용례) 釋放(석방)
가릴 택 擇	睪의 살피다라는 뜻에서 손 扌를 추가하여 살펴본 후 뽑다, 가리다라는 의미이다. 용례) 選擇(선택)
못 택 澤	睪의 못이라는 뜻에서 물 氵를 추가하여 못, 늪, 축축하다, 윤택하다는 의미가 되었다. 용례) 潤澤(윤택)
방울 탁 鐸	睪의 못이라는 뜻에서 쇠 金을 추가하여 쇠가 모여 있는 모습이니 방울이라는 의미이다. 용례) 木鐸(목탁)

방패 순

盾

갑골문	금문 1	금문 2	소전	예서

고문을 보면 방어만을 목적으로 하는 일반적인 방패를 표현하였다. 방패, 피하다, 숨다라는 의미이다. [금문 이후 눈(目)높이에 맞춰 방패(干)를 든 모습으로 변형되었다] 용례) 矛盾(모순)

돌 순 循	盾의 둥근 방패라는 뜻에서 걸을 彳을 추가하여 둥글게 돌다, 돌아다니다라는 의미이다. 용례) 循環(순환)
숨을 둔 遁	盾의 피하다는 뜻에서 갈 辶을 추가하여 숨다, 달아나다, 피하다는 의미이다. 용례) 隱遁(은둔)

수레 차(거)

車

갑골문	금문 1	금문 2	소전

두 바퀴, 축, 멍에로 수레를 표현하였다. [금문 이후 단순화 과정을 거쳐 차축 하나로 변화되었다] 수레, 차라는 의미이다. 용례) 車輛(차량), 自轉車(자전거)

울릴/수레 소리 굉

차 車를 여러 대 그려 많은 전차가 지나감을 표현하였다. 울리다, 떠들썩하다, 수레 소리라는 의미이다. 용례) 轟音 (굉음)

가마 연(련) 輦

고문을 보면 사람 2명이 마차를 끄는 모습을 표현하였다. 짐승이 끄는 차가 아니라 사람이 들고 옮기는 가마, 손수레를 의미한다. 용례) 京輦(경련)

금문	소전	예서

이어질 연(련)
連

금문	소전

수레 車와 갈 辶을 합쳐 전차가 이어져서 가는 모습을 표현하였다. 잇닿다, 이어지다, 연속하다, 관련되다라는 의미이다. 용례) 連結(연결)

연꽃 연(련) 蓮	풀 艹를 추가하여 서로서로 얽혀 이어져 피는 연꽃을 의미한다. 용례) 蓮根(연근)
잔물결 연(련) 漣	물 氵를 추가하여 물결이 이어지는 모습이니 잔물결이라는 의미이다.

굴대끝 예/세
軎

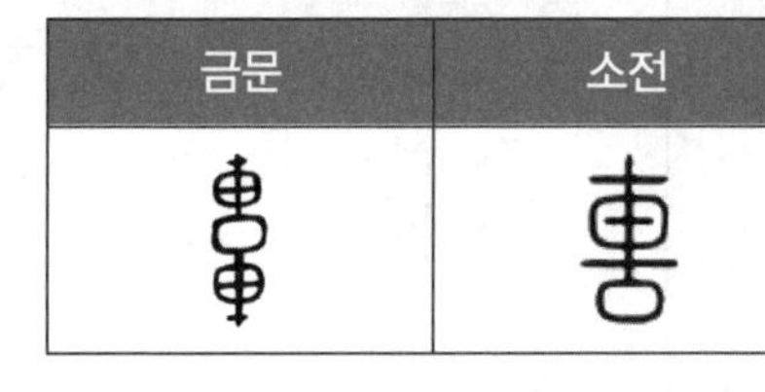

고문을 보면 수레의 굴대끝 모습을 표현하였다.

매어 기를 계/ 부딪칠 격 毄	몽둥이 殳를 합쳐 수레에 굴대를 고정시키는 모습을 표현하였다. 고정시키다, 매다는 의미이고 후에 고정시키기 위해 두드리다, 치다는 의미로 확장되었다. (= 毃)
맬 계 繫	毄의 매다는 뜻에서 실 糸를 추가하여 매다, 이어매다, 묶다, 잇다는 의미를 강조하였다. 용례) 繫留(계류)

칠 격 擊	毄의 치다는 뜻에서 손 手를 추가하여 치다, 부딪히다, 공격하다는 의미를 강조하였다. 용례) 衝擊(충격)

벨 참 斬

소전	예서

고문을 보면 수레 車와 도끼 斤을 합쳐 수레에 죄인의 사지를 묶어 찢어 죽이던 고대 형벌을 표현하였다. 베다, 끊다, 끊기다라는 의미이다. 용례) 斬首(참수)

구덩이 참 塹	斬의 끊기다라는 뜻에서 흙 土를 추가하여 땅이 중간에 끊겼다는 뜻으로 인공적으로 판 구덩이, 해자를 의미한다. 용례) 塹壕(참호)
부끄러울 참 慙	斬의 참형이라는 원뜻에서 마음 心을 추가하여 고대에 참형이 중죄인에게 내리는 형벌이므로 참형을 당하는 마음이 부끄럽다, 부끄럽게 여기다, 수치라는 의미이다. 용례) 慙悔(참회)
잠깐 잠 暫	斬의 참형이라는 원뜻에서 시간을 뜻하는 日을 추가하여 참형을 당하는 순간이 짧다는 뜻으로 잠시, 잠깐, 별안간, 짧다는 의미이다. 용례) 暫定(잠정)
점점/적실 점 漸	斬의 끊기다라는 뜻에서 물 氵를 추가하여 물의 흐름이 끊긴 모습을 표현하였다. 물을 막으면 다른 곳으로 퍼지게 되므로 점점, 차츰, 번지다, 스미다, 적시다, 젖다는 의미가 되었다. 용례) 漸入佳境(점입가경)

군사 군

금문	소전	예서

고문을 보면 수레 車와 쌀 勹를 합쳐 덮개를 씌운 군사용 전차를 표현하였다. 전차, 막다, 싸다, 진을 치다는 의미이고 후에 갑옷을 입은 군사라는 의미로 확장되었다. [예서 이후 勹가 덮을 冖으로 변형되었다] 용례) 軍隊(군대)

옮길 운 運	軍의 덮개를 덮은 수레라는 원뜻에서 갈 辶을 추가하여 차에 물건을 싣고 덮개로 덮은 후 옮기다, 나르다는 의미이다. 용례) 運動(운동)
무리 훈/어지러울 운 暈	軍의 싸다는 뜻에서 해 日을 추가하여 해를 싸고 있는 무리(불그스름한 빛의 둥근 테두리, 햇무리, 달무리)라는 의미이고 후에 무리로 인하여 어지럽다(운)는 의미로 확장되었다. 용례) 眩暈(현훈), 暈圍(운위)
흐릴/뒤섞일 혼 渾	軍의 막다라는 뜻에서 물 氵를 추가하여 물이 흐르는 것을 막은 모습이니 흐리다, 혼탁하다, 뒤섞이다라는 의미이다. 용례) 渾身(혼신)
휘두를 휘 揮	軍의 전차라는 뜻에서 손 扌를 추가하여 전차를 조정하는 모습을 표현하였다. 지휘하다, 지시하다는 의미이고 후에 (채찍을) 휘두르다라는 의미로 확장되었다. 용례) 指揮(지휘)
빛날 휘 輝	軍의 진 친다는 뜻에서 빛 光을 추가하여 진영에 불을 환히 밝힌 모습을 표현하였다. 빛나다, 비추다, 빛이라는 의미이다. 용례) 輝光(휘광)

두 양(량)
兩

갑골문	금문	소전
兩	兩	兩

원래 두 마리의 말이 끄는 수레의 멍에를 그린 것이다. [소전 이후 두를 帀과 멍에의 상형 入 두 개로 간략화 되었다.] 수레를 말 두 마리가 끌게 되어 있으므로 둘, 한 쌍, 짝이란 의미가 되었다. 후에 수레를 세는 단위(50승), 편제 단위(25인), 무게의 단위 등으로 확장되어 쓰이게 되었다. 용례) 一擧兩得(일거양득)

수레 양(량) 輛	차 車를 추가하여 말 두 마리가 끄는 수레임을 명확하게 하였다. 후에 두 마리의 말이 경쟁하며 수레를 끌게 되므로 서로 비슷하다, 필적하다는 의미로 확장되었다. 용례) 車輛(차량)
재주 양(량) 倆	사람 人을 추가하여 말 두 마리가 끄는 수레를 모는 사람이라는 뜻이니 재주, 솜씨, 재능이라는 의미가 되었다. 용례) 技倆(기량)

평평할 만
㒼

소전	해서
㒼	㒼

고문을 보면 두 兩과 손 맞잡을 廾을 합쳐 수레의 고삐를 힘껏 당긴 모습을 표현하였다. 평평하다, 빈틈이 없다는 의미이다.

찰 만 滿	물 氵를 추가하여 물이 빈틈이 없이 가득하다는 뜻으로 가득 차 있다, 꽉 채우다, 만족하다는 의미이다. 용례) 滿了(만료)
속일 만 瞞	눈 目을 추가하여 눈의 빈틈이 없다는 뜻이니 눈을 감다는 뜻이다. (눈이)어둡다, 흐리다, 속이다는 의미이다. 용례) 欺瞞(기만)

빨리날 신 卂	금문	소전

고문을 보면 고정된 깃대에 있는 깃발이 바람에 휘날리는 모습을 표현하였다. 휘날리다, 빨리 날다라는 의미이다.

빠를 신 迅	갈 辶을 추가하여 빠르다는 뜻을 강조하였다. 빠르다, 신속하다는 의미이다. 용례) 迅速(신속)
물을 신 訊	말 言을 추가하여 고대 전쟁터에서 기를 흔들어 상황을 전달하는 모습을 표현하였다. 말하다, 알리다는 의미이고 후에 상황을 자세히 살펴보고 지시를 하여야 하므로 묻다, 신문하다, 다스리다라는 의미로 확장되었다. 용례) 訊問(신문)

나부낄 언 㫃	갑골문	금문	소전	예서

고문을 보면 창에 단 군기(軍旗)가 바람에 휘날리는 모습을 표현하였다. [소전 이후 사람이 들고 다니는 기라는 뜻에서 方과 𠂉의 형태로 변형되었다]

군대/나그네 여(려) 旅

고문을 보면 㫃과 사람들의 모습을 합쳐 군기 아래에 병사들이 모여 있는 모습을 표현하였다. 군대, 무리라는 의미이고 후에 무리를 지어 이동하므로 나그네라는 의미로 확장되었다. 용례) 旅行(여행)

갑골문	금문	소전	예서

겨레 족 族

갑골문	금문	소전	예서
[illegible]	[illegible]	[illegible]	[illegible]

고문을 보면 㫃과 길이를 재는 단위인 화살 矢를 합쳐 군기 아래에 있는 사람들의 단위를 표현하였다. 무리라는 의미이나 후에 겨레, 일가, 친족이라는 의미로 확장되었다.
용례) 族丈(족장)

조릿대 족 簇 族의 무리라는 뜻에서 대나무 竹을 추가하여 대나무가 군집을 이룬 모습이므로 조릿대(가는 대), 떼, 무리, 모이다는 의미이다.
용례) 簇子(족자)

부추길 주 嗾 族의 무리라는 뜻에서 입 口를 추가하여 무리들이 한꺼번에 외치는 모습이니 부추기다라는 의미가 되었다. 용례) 使嗾(사주)

돌 선 旋

갑골문	금문	소전
[illegible]	[illegible]	[illegible]

고문을 보면 㫃과 바를 疋을 합쳐 군기를 향해 대열을 갖추고 모인 모습을 표현하였다. 주로 기를 중앙에 두고 원을 그려 대형을 유지하였기에 원을 그리다, 돌다는 의미가 되었다.
용례) 斡旋(알선)

옥 선 璇 旋의 돌다라는 뜻에서 옥 玉을 추가하여 옥이 둥글게 잘 세공되었다는 뜻으로 아름답다, (아름다운)옥이라는 의미이다.

놀 유 斿

갑골문	금문	소전

고문을 보면 㫃과 아이 子를 합쳐 아이가 기를 흔들며 평화롭게 뛰어다니며 노는 모습을 표현하였다. 깃발, 놀다라는 의미가 되었다.

놀 유 遊	斿의 놀다라는 뜻에서 갈 辶을 추가하여 놀다, 여행하다, 유람하다라는 의미이다. 용례) 遊說(유세)
헤엄칠 유 游	斿의 놀다라는 뜻에서 물 氵를 추가하여 물에서 노는 것이니 헤엄친다는 의미이다. 용례) 游泳(유영)

가운데 중

갑골문 1	갑골문 2	금문 1	금문 2	소전

고문을 보면 장대를 바르게 세워 고정해 놓은 모습이다. 원래 바르다, 곧다는 의미이나 후에 고대 진영의 가운데 깃발을 세웠기에 가운데, 속, 안이란 의미로 확장되었다.
용례) 集中(집중)

버금 중 仲	中의 가운데라는 뜻에서 사람 人을 추가하여 형제들 간 중간, 또는 둘째를 의미한다. 용례) 伯仲之勢(백중지세)
화할 충 沖	中의 가운데라는 뜻에서 물 氵를 추가하여 강물이 흐르는 중심부를 표현하였다. 강물의 중심부는 물살이 거칠지 않고 유순하므로 화하다(따뜻하고 부드럽다), 담백하다, 공허하다는 의미가 되었다. 후에 유순하다는 뜻에서 어리다는 의미로 확장되었다. 용례) 沖年(충년)

충성 충 忠	中의 가운데라는 뜻에서 마음 心을 추가하여 한쪽으로 치우치지 않고 마음이 가운데 정해져 있다는 뜻으로 공변되다, 정성스럽다, 충성하다라는 의미이다. 용례) 忠告(충고)
속마음 충 衷	中의 속이란 뜻에서 옷 衣를 추가하여 속에 입는 옷이니 속옷이라는 의미이다. 후에 속마음, 정성이라는 의미로 확장되었다. 용례) 衷心(충심)

투구 두/ 도솔천 도 兜

소전	해서

사람이 머리에 투구를 쓴 모습을 표현하였다. 후에 불교가 들어오면서 장차 부처가 될 보살이 사는 안전한 곳을 뜻하는 도솔천(兜率天)이란 의미로 쓰이게 되었다. 용례) 馬兜鈴(마두령)

이길 극 克

갑골문 1	갑골문 2	금문	소전	예서

고문을 보면 장식을 한 투구와 가죽 갑옷을 입은 모습을 표현하였다. 이기다, 견디다, 해내다라는 의미이다. 용례) 克己(극기)

이길 극 剋	칼 刂를 추가하여 이기다, 견디다라는 의미를 강조하였다. 용례) 相剋(상극)
떨릴 긍 兢	克을 겹쳐 무장한 군인들의 모습이니 떨리다, 두려워하다는 의미가 되었다. 용례) 戰戰兢兢(전전긍긍)

벨 예

갑골문	금문	소전

칼로 좌우를 베는 모습을 표현하였다. 베다, 깎다, 다스리다, 안정되다라는 의미이다.

벨 예 刈	칼 刂를 추가하여 칼로 베는 모습을 강조하였다. 용례) 刈草(예초)
쑥 애 艾	乂의 다스리다는 뜻에서 풀 艹를 추가하여 몸을 다스리는 데 쓰이는 풀이 쑥이라는 의미이다. [고대부터 약쑥을 말려 지사제, 진통제 등으로 다려 마시고 쑥뜸을 하기도 하였다.]

싸울 두(투)

鬥

갑골문	금문	소전	예서

두 사람이 머리를 산발하여 손으로 다투고 있는 모습을 표현하였다. 싸우다, 경쟁하다라는 의미이다. (속자는 斗로 쓴다)

싸울 투 鬪	북을 치는 모습 尌를 추가하여 서로 싸우는 모습을 강조하였다. 용례) 戰鬪(전투)

2. 정복전쟁으로 인한 계급 분화

청동기시대부터 집단적 공동체가 형성되기 시작하면서 공동체 우두머리는 식량과 이를 생산할 노동력 확보가 우선시되었다. 그 결과 주변 공동체를 공격하여 노동력과 식량을 확보하는 정복전쟁이 발생하게 되었고 기존에 있던 공동체 평등사회는 새로운 전환점을 맞이하게 되었다.

임금 주 主	갑골문	금문	소전	예서

고문을 보면 등잔의 심지를 표현하였다. 심지가 가장 중요한 부분이므로 주요한, 주되다, 주관하다라는 의미가 되었고 후에 주인, 주체, 자신, 임금이라는 의미로 확장되었다. 용례) 主上(주상)

심지 주 炷	불 火를 추가하여 등잔에서 불이 붙어 타고 있는 심지를 강조하였다. 용례) 燈炷(등주)
살 주 住	主의 불을 밝히다라는 원뜻에서 사람 人을 추가하여 밤에 등잔을 밝히고 사람이 산다는 의미이다. 용례) 居住(거주)
머무를 주 駐	住에 말 馬를 추가하여 말과 함께 살고 있다는 뜻이니 머무르다, 체류하다는 의미이다. [亻이 생략됨] 용례) 駐屯(주둔)
부을 주 注	主의 주요한이란 뜻에서 물 氵를 추가하여 물을 중심적인 한 곳으로 붓다, 흐르다라는 의미이다. 용례) 注入(주입)
기둥 주 柱	主의 주요한이란 뜻에서 나무 木을 추가하여 집의 중심이 되는 나무기둥을 의미한다. 용례) 支柱(지주)

글 뜻 풀 주 註	主의 주되다는 뜻에서 말 言을 추가하여 글을 읽고 그에 대한 생각을 주관적으로 말한다는 의미이다. 글 뜻을 풀다, 뜻을 풀어 밝히다, 기술하다, 적다, 주해, 해석이라는 뜻으로 쓰인다. [한자는 상형문자이므로 한 글자가 여러 의미를 포함할 수밖에 없는 구조적인 문제점이 있기에 예로부터 글을 쓴 사람의 의중을 여러 가지로 해석하게 된 것이다] 용례) 註釋(주석)

임금 황 皇

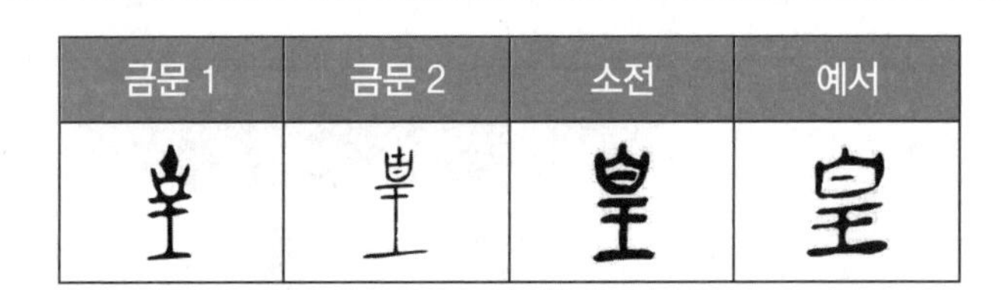

고문을 보면 높은 등잔대를 강조하여 표현하였다. 빛나다, 크다, 훌륭하다, 아름답다는 의미이고 후에 임금, 봉황이라는 의미로 확장되었다. [소전 이후 등잔대 王과 밝다는 뜻의 白으로 간략화되었다] 용례) 皇帝(황제)

빛날 황 煌	皇의 빛나다라는 뜻에서 불 火를 추가하여 빛나다, 성하다, 아름답다는 의미를 강조하였다. 용례) 輝煌(휘황)
헤맬 황 徨	皇의 크다라는 뜻에서 조금 걸을 彳을 추가하여 크게 당황하여 걷는 모습이니 길을 찾지 못해 헤맨다는 의미이다. 용례) 彷徨(방황)
급할 황 遑	皇의 크다라는 뜻에서 달릴 辶을 추가하여 크게 서둘러 달린다는 의미이니 급하게 가는 모습이다. 급하다, 허둥거리다라는 뜻으로 쓰인다. 용례) 遑急(황급)
봉황 황 凰	皇의 크다라는 뜻에서 바람을 뜻하는 凡을 추가하여 큰바람을 일으킨다는 뜻으로 바람의 신인 봉황이란 의미이다. 용례) 鳳凰(봉황)
두려울 황 惶	皇의 크다라는 뜻에서 마음 忄을 추가하여 심장이 크게 뛰는 모양이니 당황하다, 두려워하다라는 의미이다. 용례) 惶恐(황공)

불씨 선 灷

갑골문	금문	소전	해서

고문을 보면 심지와 양손 廾을 합쳐 불씨를 소중히 하는 모습을 표현하였다. 불씨라는 의미이다. [다른 글자와 함께 사용될 때는 밥뭉칠 关과 병행되어 쓰인다.]

보낼 송 送

고문을 보면 갈 辶과 불씨 灷을 합쳐 횃불을 들고 밤길을 배웅하는 모습을 표현하였다. 보내다, 전달하다, 전송하다, 알리다는 의미이다.

용례) 送信(송신)

금문	소전	예서	해서

나 짐 朕

갑골문	금문 1	금문 2	소전 1	소전 2	예서

고문을 보면 배 舟와 불씨 灷을 합쳐 횃불을 들고 밤에 배가 운행하는 것을 인도하는 모습을 표현하였다. 인도하다라는 의미이고 후에 상황을 잘 살핀다는 뜻에서 조짐, 징조라는 의미로 확장되었다. 또한, 진시황이 인도하는 자라는 뜻으로 자신을 지칭하는 말로 쓰면서 짐, 나라는 의미가 파생되었다.

용례) 兆朕(조짐)

이길 승 勝

朕의 인도하다라는 뜻에서 힘 力을 추가하여 뛰어나다, 훌륭하다, 이기다라는 의미이다.

용례) 勝利(승리)

오를 등 騰

朕의 인도하다라는 뜻에서 말 馬를 추가하여 말 등에 오르다, 타다, 힘차게 달리다, 도약하다라는 의미이다.

용례) 急騰(급등)

등나무 등 藤	朕의 인도하다라는 뜻에서 풀 艹와 물 氺를 추가하여 넝쿨이 힘차게 위로 타고 오르는 등나무를 의미한다. 용례) 葛藤(갈등)
베낄 등 謄	朕의 인도하다라는 뜻에서 말 言을 추가하여 말을 잘 인도한다는 뜻이니 베끼다, 등사하다라는 의미로 사용되었다. 용례) 謄寫(등사)

임금 제

갑골문 1	갑골문 2	갑골문 3	금문	소전	예서

고문을 보면 머리카락을 묶어 고정시킨 모습을 표현한 것으로 추정된다. 중국의 홍산 문화 제사장 유골에서 상투를 감싸던 옥고(玉箍)가 확인되었는데 고대에는 제사를 지내기 위해 몸을 단정하면서 상투를 하였던 것으로 추정된다. 머리를 올려 묶은 모습에서 크다, 묶다, 맺다라는 의미가 되었고 후에 제사장, 임금이라는 의미로 확장되었다. 용례) 帝王(제왕)

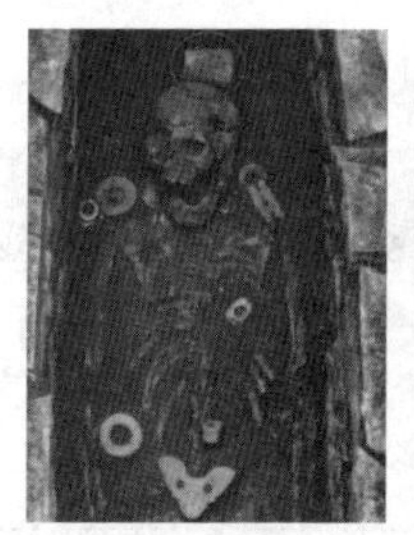

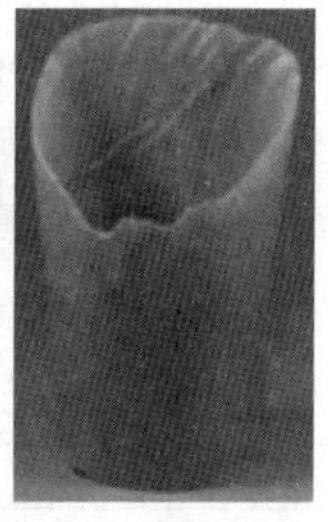

〈홍산문화 후하량 적석총 발굴모습과 옥고〉

발굽 제 蹄	帝의 묶다는 뜻에서 발 足을 추가하여 말의 발을 묶어 단단하게 하는 발굽을 의미한다. 용례) 口蹄疫(구제역)
울 제 啼	帝의 크다는 뜻에서 입 口를 추가하여 소리내어 말하다, 울다는 의미이다. 용례) 啼泣(제읍)
울 제/살필 체 諦	帝의 크다는 뜻에서 말 言을 추가하여 소리내어 말하다, 울다는 의미이다. 후에 크게 다그쳐 말하며 신문하다는 뜻에서 살피다(체)는 의미로 확장되었다. 용례) 要諦(요체)

제사 체 禘	帝의 제사라는 원 뜻에서 제사 礻를 추가하여 하늘에 제사를 지낸다는 의미를 강조하였다.
맺을 체 締	帝의 묶다는 뜻에서 실 糸를 추가하여 묶다, 맺다, 체결하다는 의미가 되었다. 용례) 締結(체결)
꼭지 체 蒂	帝의 맺다는 뜻에서 풀 艹를 추가하여 식물의 열매가 맺는 모양인 꼭지를 의미한다.

밑동 적 啇

금문	소전

고문을 보면 임금 帝와 입 口를 합쳐 임금이 말하는 것을 표현하였다. 임금의 말이 정당하다, 화하다라는 의미이고 후에 口를 둥근 사물의 모양으로 해석하여 물방울, 밑동이라는 의미로 확장되었다.

갈 적 適	啇의 정당하다는 뜻에서 갈 辶을 추가하여 맞다, 마땅하다, 가다, 이르다, 만나다, 전일하다(마음과 힘을 모아 오직 한 곳에 쓰다)는 의미이다. 용례) 適任(적임)
정실 적 嫡	啇의 정당하다는 뜻에서 계집 女를 추가하여 정실, 본처라는 의미이다. 후에 정실이 낳은 아들, 맏아들이란 뜻으로 확장되었다. 용례) 嫡出(적출)
대적할 적 敵	啇의 정당하다는 뜻에서 칠 攵을 추가하여 임금의 말에 대들다라는 뜻이니 거역하다, 대적하다, 맞서다, 원수의 의미이다. 용례) 敵國(적국)
귀양갈 적 謫	敵에 말 言을 추가하여 거역한 자에게 말을 한다는 뜻이니 꾸짖다, 벌하다, 귀양 가다는 의미이다. [攵이 생략됨] 용례) 謫所(적소)
물방울 적 滴	啇의 둥근 사물이라는 뜻에서 물 氵를 추가하여 둥근 모양의 물이 물방울이라는 의미이다. 용례) 硯滴(연적)
딸 적 摘	啇의 둥근 사물이라는 뜻에서 손 扌를 추가하여 열매를 따다, 들추어내다, (요점만을)가려서 쓰다는 의미가 되었다. 용례) 摘出(적출)

가질 취 取				
	갑골문	금문	소전	예서

귀를 손으로 잡은 모습이다. 고대엔 전쟁에서 적을 죽였을 경우 그 증거로 귀를 잘라 가져가 공로를 인정받았기에 가지다, 취하다, 멸망시키다는 의미가 되었다.

용례) 取扱(취급)

장가들 취 娶	계집 女를 추가하여 고대에 다른 부족의 여자를 빼앗아 부인으로 삼았던 풍습에서 장가들다, 아내를 맞다는 의미가 되었다. 용례) 嫁娶(가취)
뜻 취/재촉할 촉 趣	달릴 走를 추가하여 무엇인가를 얻기 위해 달려나간다는 뜻으로 향하다, 취하다라는 의미이고 후에 사람의 마음이 쏠리는 방향이란 뜻에서 뜻, 취지, 멋이란 의미로 확장되었다. 또한 적의 귀를 취하기 위해 빠르게 달려나간다는 뜻으로 빠르다, 재촉하다(촉)라는 의미도 파생되었다. 용례) 趣味(취미), 趣旨(취지)
모일 취 聚	전쟁이 끝난 후 적의 귀를 잘라서 군인들이 모여드는 모습을 표현하였다. 모으다, 거두어들이다, 무리, 마을, 함께라는 의미가 되었다. 용례) 聚合(취합)

가장 최 最				
	소전	예서	해서 1	해서 2

고문을 보면 가질 取와 덮을 冃을 합쳐 적의 귀를 모두 합친 모습을 표현하였다. 모조리, 합계, 모으다, 가장, 제일, 최상이라는 의미이다. [해서 이후 冃가 해 日로 변형되었다]

용례) 最上(최상)

모을/사진 찍을 촬 撮	손 扌를 추가하여 모으다라는 뜻을 명확하게 하였다. 후에 사진기가 생기면서 어떠한 장면을 모은다는 뜻으로 사진을 찍는다는 의미로 확장되었다. 용례) 撮影(촬영)

아내 처 妻	갑골문	금문	소전	예서

고문을 보면 머리를 풀어헤친 여자의 머리카락을 손으로 잡은 모습을 표현하였다. 전쟁을 통해 성숙한 여자를 잡아다 아내로 삼았다는 뜻으로 아내, 아내로 삼다는 의미이다.

용례) 妻家(처가)

슬퍼할 처 悽	마음 忄을 추가하여 잡혀 온 여자의 마음이 슬퍼하다, 야위다는 의미이다. 용례) 悽慘(처참)
쓸쓸할 처 凄	얼음 冫을 추가하여 잡혀 온 여자의 마음이 차갑다, 싸늘하다, 쓸쓸하다, 처량하다는 의미이다. 용례) 凄凉(처량)

종 노 奴	갑골문	금문	소전	예서

고문을 보면 여자를 손으로 잡는 모습을 표현하였다. 다른 부족 원 중 남자들은 노예로 쓰고 여자는 잡아다 허드렛일을 하는 종으로 부렸다는 의미이다. 후에 남자, 여자의 구분이 없이 남에게 부림을 받는 천한 사람이란 의미로 확장되었다.

용례) 奴婢(노비)

힘쓸 노 努	힘 力을 추가하여 종이 힘쓰면서 부지런히 일하는 모습을 표현하였다. 힘쓰다, 부지런히 일 하다는 의미이다. 용례) 努力(노력)
쇠뇌 노 弩	努에 활 弓을 추가하여 힘써서 사용하여야 하는 쇠뇌(여러 개의 화살이나 돌을 잇달아 쏘는 큰 활)를 의미한다. [力이 생략됨] 용례) 弓弩手(궁노수)
성낼 노 怒	마음 心을 추가하여 종을 향한 마음이니 성내다, 화내다, 꾸짖다라는 의미이다. 용례) 怒氣(노기)
둔한 말 노 駑	말 馬를 추가하여 재능이 없고 미련한 말을 종에 비유하여 둔하다, 누리다, 둔한 말이라는 의미이다. 용례) 駑馬(노마)
잡을 나 拏	손 手를 추가하여 노예를 잡았다는 뜻을 명확하게 하였다. 붙잡다, 체포하다는 의미가 되었다. (= 拿) 용례) 拏捕(나포)

어찌 해

갑골문	금문	소전	예서

고문을 보면 머리에 실을 묶어 손으로 잡은 모습을 표현하였다. 즉 노예로 잡아끌고 오는 모습을 뜻하여 종, 하인이란 의미이고 후에 하인에게 묻는 의문사로 쓰여 어찌, 왜, 무슨, 어디, 무엇이라는 의미로 확장되었다. 용례) 奚必(해필)

닭 계 鷄	새 鳥를 추가하여 잡혀 있는 새라는 뜻으로 닭을 의미한다. 용례) 養鷄(양계)
시내 계 溪	물 氵를 추가하여 넓은 들에서 흐르는 물이 아니고 산골짜기 사이에서 묶인 듯 졸졸 흐르는 시냇물을 뜻한다. 시내, 시냇물, 산골짜기, 헛되다는 의미가 되었다. 용례) 溪谷(계곡)

미칠 이/ 종 례(예) 隶	금문	소전	예서	해서
	[금문 자형]	[소전 자형]	[예서 자형]	隶

짐승의 꼬리를 손으로 잡은 모양으로 미치다, 닿다(이)는 의미이고 후에 짐승처럼 잡은 사람이라는 뜻으로 노예, 종, 죄인(예)이라는 의미로 확장되었다.

잡을 체 逮	隶의 미치다는 뜻을 강조하고자 갈 辶을 추가하여 뒤쫓아 동물의 꼬리를 잡는다는 의미이다. 용례) 逮捕(체포)
종 례(예) 隷	능금나무 柰를 추가하여 능금나무를 관리하는 노예, 종, 죄인이라는 의미이다. [능금나무는 제단에 올리는 과일이라서 귀하게 여겼다] (= 隸) 용례) 臣隷(신례)

매울 신 辛	갑골문 1	갑골문 2	금문 1	금문 2	금문 3	소전
	[갑골문 자형]	[갑골문 자형]	[금문 자형]	[금문 자형]	[금문 자형]	[소전 자형]

고문을 보면 노예나 죄인의 얼굴에 문신을 새기는 칼을 표현한 것으로 추정된다. [문신이 새겨진 상태를 표현하기 위해 한 획이 덧붙인 글자도 있다] 죄, 죄인, 고통, 맵다, 독하다, 괴롭다, 슬프다의 의미가 되었다. (다른 글자와 함께 사용될 경우 立으로 변형되어 쓰이기도 한다) 용례) 艱難辛苦(간난신고)

새 신 新	문신을 새기는 칼을 뜻하는 辛에 자귀 斤을 추가하여 새롭게 홈을 파거나 불로 무늬를 새겨 물건을 만드는 모습을 표현하였다. 새로운, 새롭다, 처음, 새것이란 의미가 되었다. 용례) 新聞(신문)
섶 신 薪	新의 칼과 도끼라는 원뜻에서 풀 艹를 추가하여 섶(땔나무), 잡초, 나무를 하다는 의미이다. 용례) 臥薪嘗膽(와신상담)

친할 친 親

문신을 새기는 칼을 뜻하는 辛에 볼 見을 추가하여 문신을 정밀하게 새기는 모습을 표현하였다. 가깝다, 숙달되다라는 의미이고 후에 사람 간의 사이가 가깝다는 뜻으로 친하다, 혼인이라는 의미로 확장되었다. 용례) 親舊(친구)

재상 재

갑골문	금문	소전	예서

고문을 보면 새김칼 辛과 집 宀을 합쳐 형벌을 집행하는 관청을 표현하였다. 관청, 벼슬아치, 관리, 재상이라는 의미이다. 후에 칼을 사용하는 집이란 뜻으로 해석하여 요리사, 도살하다는 의미가 파생되었다. 용례) 宰相(재상)

찌꺼기 재 滓

宰의 도살하다라는 뜻에서 물 氵를 추가하여 도살하면서 나오는 찌꺼기, 때, 앙금이란 의미가 되었다. 용례) 殘滓(잔재)

따질 변 辡

소전	해서

고문을 보면 칼을 들고 두 명이 서로 다투는 모습을 표현하였다. 따지다, 다투다라는 의미이다.

말씀 변 辯

말 言을 추가하여 서로 말로 다투는 모습이니 말씀, 말을 잘하다, 말다툼하다, 변론하다, 송사하다라는 의미이다. 용례) 辯士(변사)

분별할 변 辨	칼 刂를 추가하여 서로 자신이 옳다고 말을 하는 것을 관청에서 명확하게 분별하다, 밝히다, 바로잡다, 지혜롭다는 의미이다. 용례) 辨別(변별)
힘쓸 판 辦	힘 力을 추가하여 서로 이기기 위해 힘쓰다라는 의미이다. 용례) 辦公費(판공비)

피할 피/ 임금 벽 辟

갑골문	금문	소전	예서	해서
			辟	辟

고문을 보면 칼로 신체 일부분을 잘라내는 모습을 표현하였음을 알 수 있다. [고대 벽형(辟刑)은 허벅지 살을 도려내는 형벌이었다] 살을 잘라내니 벗어나다, 떠나다, 피하다(피)는 의미가 되었고 후에 임금을 폐위하는 대신 죽이지 않고 행하는 형벌이므로 임금, 허물, 죄주다, 물리치다, 절름발이라는 의미로 확장되었다.

용례) 辟邪(벽사)

피할 피 避	辟의 피하다라는 뜻에서 갈 辶을 추가하여 피하다, 벗어나다, 회피하다라는 의미이다. 용례) 避難(피난)
팔 비 臂	辟의 벗어나다는 뜻에서 고기 月을 추가하여 사람의 신체 중에 따로 벗어난 부분이 팔이라는 의미이다.
비유할 비 譬	辟의 벗어나다는 뜻에서 말 言을 추가하여 바로 말하지 않고 벗어나서 말을 한다는 뜻으로 비유하다, 설명하다, 깨우치다라는 의미이다. 용례) 譬喩(비유)
궁벽할 벽 僻	辟의 절름발이라는 뜻에서 사람 人을 추가하여 절름발이라는 의미이고 후에 절름발이는 몸이 기운 상태이므로 치우치다, 구석지다, 궁벽하다는 의미로 확장되었다. 용례) 僻地(벽지)
쪼갤 벽 劈	辟의 허물이라는 뜻에서 칼 刀를 추가하여 허물을 쪼개다, 깨뜨리다, 분별하다라는 의미가 되었다.

엄지손가락 벽 擘	辟의 임금이라는 뜻에서 손 手를 추가하여 손가락 중에 왕은 엄지 손가락이라는 의미이다. 용례) 巨擘(거벽)
버릇 벽 癖	辟의 임금이라는 뜻에서 병 疒을 추가하여 병 중에 가장 고치기 힘든 병이 버릇, 습관이란 의미이다. 용례) 潔癖(결벽)
구슬 벽 璧	辟의 임금이라는 뜻에서 구슬 玉을 추가하여 임금이 사용하는 둥근 옥, 구슬이란 의미이다. [중국 주나라부터 얇게 고리 모양으로 만든 옥을 사용하였다] 용례) 完璧(완벽)
벽 벽 壁	辟의 물리치다는 뜻에서 흙 土를 추가하여 무엇인가 막기 위하여 흙으로 쌓는 것이 벽이라는 의미이다. 용례) 障壁(장벽)
열 벽 闢	辟의 물리치다라는 뜻에서 문 門을 추가하여 문을 열다, 개척하다, 개간하다라는 의미이다. 용례) 天地開闢(천지개벽)

마침내 경 竟

갑골문	금문	소전	예서

고문을 보면 문신을 한 노예나 죄인의 모습을 표현하였다. 문신을 마친 상태를 뜻하여 마침내, 드디어, 끝내다, 끝, 도달하다란 의미가 되었고 후에 문신을 통해 다른 사람에게 알리게 되므로 두루 미치다, 본보기로 삼다는 뜻으로 확장되었다. [소전 이후 새김칼 辛의 상형이 사람의 머리와 합쳐져 音의 행태로 변형되었다]

용례) 畢竟(필경)

지경 경 境	竟의 끝이란 뜻에서 흙 土를 추가하여 땅의 끝, 지경(땅의 경계)이란 의미이다. 용례) 地境(지경)
거울 경 鏡	竟의 본보기로 삼다는 뜻에서 쇠 金을 추가하여 거울, 모범, 본보기라는 의미이다. 용례) 眼鏡(안경)

다툴 경 競

문신을 한 죄인이나 노예가 서로 말다툼을 하고 있는 모습을 표현하였다. 다투다, 겨루다, 나란하다는 의미이다. 용례) 競爭(경쟁)

갑골문	금문	금문	소전

첩 첩 妾

갑골문	금문	소전	예서

고문을 보면 문신을 한 여자를 표현하였다. 즉 포로로 잡아와 문신을 새긴 여자 노예를 취해 데리고 산다는 의미이다. 용례) 愛妾(애첩)

이을 접 接

손 扌를 추가하여 여자 노예를 취하다는 뜻을 강조하여 잇다, 접하다, 접붙이다, 접촉하다, 교제하다는 의미이다. 용례) 接近(접근)

글 장

금문	소전	예서

고문을 보면 문신을 새기는 칼로 문신하여 형체가 나타난 모습을 표현하였다. 무늬가 나타났다는 뜻으로 문채, 무늬, 형체, 글, 문장이란 의미가 되었고 후에 다른 사람에게 모범이 되고자 죄인에게 문신을 새기는 것이므로 모범, 본보기, 법이란 의미로 확장되었다. [소전 이후 문신을 새겨 글이 나타났다는 뜻으로 早의 형태로 변형되었다] 용례) 文章(문장)

막을 장 障	章이 죄인이나 노예가 도망가지 못하도록 몸에 문신을 새긴 것을 뜻하므로 막힌 언덕 阝를 추가하여 막다, 장애라는 의미가 되었다. 용례) 障壁(장벽)
노루 장 獐	章의 무늬라는 뜻에서 짐승 犭을 추가하여 몸에 무늬가 새겨 있는 동물이 노루라는 의미이다.
홀 장 璋	章의 법이라는 뜻에서 구슬 玉을 추가하여 법식을 차리는 행사에 신하가 들어야 하는 옥으로 만든 홀(圭)을 의미한다.
드러날 창 彰	章의 무늬라는 뜻에서 터럭 彡을 추가하여 죄인이나 노예의 몸에 새긴 문양이 밝게 드러내다라는 뜻으로 밝다, 뚜렷하다, 드러내다라는 의미이다. 용례) 表彰(표창)

아이 동
童

갑골문	금문	소전	예서

고문을 보면 사람의 눈을 칼로 찌르는 모습을 표현하였다. 고대에는 노예나 죄인의 눈을 찌르고 도망가지 못하게 한 후 일을 시켰다. 노예, 종이라는 의미이나 후에 눈을 잃으니 방향을 잘 잡지 못하고 어리석게 행동하므로 아이와 같다는 뜻으로 어리석다, 아이라는 의미로 확장되었다. [금문 이후 눈이 멀어 잘 움직이지 못한다는 뜻에서 무거운 重이 추가되었고 예서 이후 重이 오인되어 里로 변형되었다] 용례) 兒童(아동)

눈동자 동 瞳	童이 아이라는 뜻으로 주로 쓰이자 눈 目을 추가하여 눈동자, 무심히 보는 모양을 강조하였다. 용례) 瞳孔(동공)
동경할/어리석을 동 憧	童의 어리석다라는 뜻에서 마음 忄을 추가하여 어리석다, 둔하다는 의미이고 후에 노예가 상한 눈으로 인하여 오래 사물을 보는 모습을 비유적으로 동경하다, 그리워하다라는 의미로 쓰이게 되었다. 용례) 憧憬(동경)
칠 당 撞	손 扌를 추가하여 노예의 눈에 칼로 찌르는 행위를 강조하여 치다, 찌르다, 부딪히다, 충동하다라는 의미이다. 용례) 撞木(당목)

백성 민 民

금문 1	금문 2	소전	예서

눈을 날카로운 도구로 찔러 멀게 하는 모습을 표현하였다. 고대에는 노예의 눈을 찔러 도망가지 못하게 하고 농사 등을 시켰다. 정복국가 시대에서는 일반 노예가 농사를 짓도록 하고 평민은 전쟁에 참여하였으므로 일반적인 피지배계층을 의미하게 되었다.

용례) 國民(국민)

옥돌 민 珉 구슬 玉을 추가하여 평범한 옥돌을 의미하게 되었다.

잠잘 면 眠 눈 目을 추가하여 눈을 찔러 멀게 하듯 눈의 기능이 없어진 상태가 잠잔다는 의미이다.

용례) 睡眠(수면)

검을 흑 黑

갑골문	금문 1	금문 2	소전	예서

고문을 보면 사람의 얼굴에 묵형을 한 모습을 표현하였다. 검다, 검은빛, 나쁘다, 사악하다, (사리에)어둡다라는 의미이다. [금문 이후 먹이 떨어지는 모습이 추가되었는데 소전 이후 오인되어 불 灬의 형태로 변형되었다]

용례) 暗黑(암흑)

잠잠할 묵 默 黑의 사리에 어둡다는 뜻에서 개 犬을 추가하여 개가 짓지 않고 가만히 있음을 표현하였다. 잠잠하다, 입 다물다, 고요하다는 의미이다. (= 黙)

용례) 默契(묵계)

먹 묵 墨 문신을 새기는 먹을 강조하기 위해 흙 土를 추가하였다. [고대 중국에서는 천연으로 산출되는 석묵의 분발에다 옻을 섞어서 묵으로 사용하였다고 한다] 먹, 그을음이란 의미이다.

용례) 近墨者黑(근묵자흑)

불길 훈

금문	소전	해서
		熏

고문을 보면 검을 黑에 풀 屮를 합쳐 검은 연기가 솟아오르는 모습을 표현하였다. 불길, 연기, 불로 말리다는 의미이다. 용례) 熏煙(훈연)

향초 훈 薰 熏의 연기라는 뜻에서 풀 艹를 추가하여 풀에 태워 향기를 내는 향초를 의미한다. 용례) 薰風(훈풍)

공 훈 勳 熏의 불길이라는 뜻에서 힘 力을 추가하여 불길처럼 힘을 쏟아내는 모습이니 공, 공로, 공적이란 의미가 되었다. 용례) 勳章(훈장)

질나발 훈 壎 熏의 불길이라는 뜻에서 흙 土를 추가하여 흙을 불로 말려 만드는 질나발(흙으로 만든 악기)을 의미한다.

다행 행 幸

갑골문	금문	소전	예서	해서
				幸

원래 죄인이나 노예의 손을 움직이지 못하게 채우는 수갑을 상형하였다. 노예를 잡을 모습이니 다행, 행복이라는 의미로 확장되었다. (=倖) 용례) 幸福(행복)

마부 어 圉 에두를 口을 추가하여 노예나 죄인을 잡아 와서 가두는 감옥을 표현하였다. 집에 감옥이 없으므로 주로 마구간에 가두고 가축을 돌보는 일을 시켰기 때문에 감옥, 마구간, 마부의 의미가 되었다.

갚을/알릴 보 報	고문을 보면 사람을 무릎 꿇려 수갑을 채우려는 모습을 표현하였다. 잡아 온 죄인을 재판하고 그 죗값을 갚도록 한다는 뜻으로 재판하다, 판가름하다, 알리다, 갚다라는 의미가 되었다. 용례) 報償(보상), 報道(보도)

금문	소전	예서

잡을 집 執

갑골문	금문	소전	예서

노예를 무릎 꿇리고 수갑을 채우는 모습을 표현하여 잡은 모습을 강조하였다. 잡다, 처리하다라는 의미가 되었다. [예서 이후 丮이 丸으로 변형되었다]

용례) 執行(집행)

잡을 지 摯	손 手를 추가하여 잡다는 의미를 강조하였다. 용례) 眞摯(진지)
숨을 칩 蟄	執이 수갑을 채워 움직이지 못하게 하는 모습이므로 뱀의 상형 虫을 추가하여 뱀이 움직이지 않고 동면하는 모습을 표현하였다. (뱀이) 겨울잠을 자다, 숨다는 의미이다. 용례) 蟄居(칩거)

가운데 앙/ 선명한 모양 영 央				
	갑골문	금문	소전	예서

고문을 보면 큰 大와 멀 冂을 합쳐 죄인의 목에 큰 칼을 씌운 모습을 표현하였다. 큰 칼이 사람의 중심을 차지하고 있으므로 가운데라는 의미가 되었다. 또한 큰 칼을 찬 모습에서 선명한 모양(영)의 의미로 확장되었다. 용례) 中央(중앙)

원망할 앙 怏	마음 忄을 추가하여 큰 칼을 찬 죄인의 마음이 원망한다는 의미이다. 용례) 怏心(앙심)
모 앙 秧	벼 禾를 추가하여 벼가 밭이 아닌 갇힌 틀에 심어 있는 모습이므로 모, 묘목, 모내기라는 의미이다. 용례) 移秧(이앙)
재앙 앙 殃	뼈 歹을 추가하여 죽을 죄를 지은 중죄인에게 칼을 씌우므로 재앙, 하늘에서 내리는 벌이란 의미이다. 용례) 災殃(재앙)
원앙 앙 鴦	央의 선명한 모양이란 뜻에서 새 鳥를 추가하여 화려한 색으로 눈에 띄는 새가 원앙이라는 의미이다. 용례) 鴛鴦(원앙)
꽃부리/뛰어날 영 英	央의 선명한 모양이라는 뜻에서 풀 艹를 추가하여 꽃이 선명하게 핀 모습이니 꽃부리(꽃잎 전체), 꽃장식, 명예, 재주가 뛰어나다는 의미이다. 용례) 英雄(영웅)
비칠 영 映	英에 해 日을 추가하여 햇빛이 비치다. 덮다, 반사하다는 뜻이 되었다.(= 暎) [艹가 생략됨] 용례) 映畵(영화)
옥빛 영 瑛	英에 옥 玉을 추가하여 옥에서 빛나는 빛을 표현하였다.
물 맑을 영 渶	英에 물 氵를 추가하여 물빛이 맑음을 표현하였다.

높을 항 亢

갑골문	금문	소전	예서

고대 모질고 사나운 죄인의 발에 채운 착고(着庫)를 표현하였다. 착고(차꼬)에 발을 벌려 채우면 움직이지 못하는 상태가 되며 발을 넓게 벌린 모양이므로 벌리다, 지나치다, 높다는 의미가 되었고 후에 차꼬를 발목, 손목, 목에 채우면서 목, 목줄기, 목구멍이란 의미로 확장되었다. 용례) 亢進(항진)

겨룰 항 抗	亢의 높다라는 뜻에서 손 扌를 추가하여 손을 높이 들어 올리다, 겨루다, 대항하다, 막다라는 의미이다. 용례) 抵抗(저항)
넓을 항 沆	亢의 벌리다라는 뜻에서 물 氵를 추가하여 물이 넓다라는 의미이다.
배 항 航	沆에 배 舟를 추가하여 넓은 강이나 바다를 운행하는 배를 의미한다. [氵가 생략됨] 용례) 航海(항해)
구덩이 갱 坑	亢의 벌리다라는 뜻에서 흙 土를 추가하여 땅을 파서 벌어진 것이 구덩이, 갱도, 광혈이라는 의미이다. 용례) 坑道(갱도)

신하 신 臣

갑골문	금문	소전	예서

고문을 보면 눈동자가 아래로 처져 있는 모습을 표현하였다. [한자는 죽간 등의 영향으로 세로로 그려졌기 때문에 원래 눈의 모습으로 보면 눈동자가 아래를 향한 모습이다] 즉 사람을 똑바로 보지 못하고 눈을 내리깔고 있는 모습이니 노예, 포로라는 의미이다. 후에 일반적으로 왕보다 낮은 신분인 백성, 신하라는 의미로 확장되었다. 용례) 使臣(사신)

엎드릴 와 臥	사람 人을 추가하여 사람이 엎드려 눈이 아래로 향한 모습을 강조하였다. 엎드리다, 눕다, 누워 자다, 숨어 살다는 의미가 되었다. 용례) 臥薪嘗膽(와신상담)
임할 림(임) 臨	臥에 물건 品을 추가하여 사람이 엎드려 자세하게 물건을 살펴보는 모습을 표현하였다. 내려다보다, 대하다, 다스리다, 임하다(어떤 사태나 일에 직면하다)는 의미이다. 용례) 臨時(임시)
벼슬 환 宦	집 宀을 추가하여 집(궁궐)에서 일하는 신하를 의미하니 내시, 환관, 벼슬아치를 뜻하게 되었다. 용례) 宦官(환관)
여자 희 姬	계집 女를 추가하여 남편 앞에서 눈을 내리깔아야 하는 여자를 총칭하였다. 후에 정실 부인에게 고개를 숙여야 하는 첩, 측실이라는 의미로 확장되었다. 용례) 舞姬(무희)
빛날 희 熙	태아를 의미하는 巳와 臣을 합친 配는 갓난아이를 돌보다는 뜻으로 아름답다, 즐거워하다는 의미이다. 후에 아이를 돌보는 모습이 아름답게 빛난다는 뜻으로 불 灬를 추가하여 빛나다, 기뻐하다, 놀다는 의미가 되었다.

어질 현/
굳을 간

갑골문	금문	소전

손으로 눈을 비비는 모습을 표현하였다. 졸린 눈을 비비며 일을 한다는 뜻이니 어질다(현), (심지가)굳다(간)는 의미이다.

어질 현 賢	臤의 어질다는 뜻에서 재물 貝를 추가하여 부지런히 일하여 재물을 모으니 넉넉하다, 두텁다는 의미이고 후에 사람에 비유하여 어질다, 현명하다는 의미로 확장되었다. 용례) 賢明(현명)
굳을 견 堅	臤의 굳다는 뜻에서 흙 土를 추가하여 (땅이)굳다, 굳세다, 강하다는 의미가 되었다. 용례) 堅剛(견강)

긴할 긴 緊	臤의 굳다는 뜻에서 실 糸를 추가하여 실을 팽팽하게 당긴 모습을 표현하였다. 긴하다(꼭 필요하다), 급하다, 굵게 얽다, 팽팽하다, 단단하게 하다는 의미가 되었다. 용례) 緊張(긴장)
콩팥 신 腎	臤의 굳다는 뜻에서 고기 月을 추가하여 장기 중에 단단한 것이 콩팥이라는 의미이다. 후에 단단한 신체 부위라는 뜻으로 고환, 남자의 생식기라는 의미로 확장되었다. 용례) 腎不全(신부전)
세울 수 豎	臤의 굳다는 뜻에서 설 立을 추가하여 강건하게 세운다는 뜻으로 세우다, 서다, 곧다는 의미가 되었다. 용례) 豎立(수립)

드릴 정 呈

소전	예서	해서
呈	呈	呈

고문을 보면 신하가 몸을 숙이고 말을 하는 모습을 표현하였다. 임금에게 고하다, 드리다, 바치다라는 의미이다. 후에 바쳐야 하는 세금, 한도, 한정이란 의미로 확장되었다. [예서 이후 신하가 고개를 숙인 모습이 壬의 형태로 변형되었다]

용례) 呈單(정단)

한도/길 정 程	呈의 한도라는 뜻에서 벼 禾를 추가하여 벼를 수확하여 세금으로 받친다는 것이니 한도, 길, 법칙, 규정, 표준, 일정한 분량이라는 의미이다. 용례) 程度(정도)
성인 성 聖	呈의 고하다는 뜻에서 귀 耳를 추가하여 고대 다른 사람의 의견을 잘 들어주는 사람이 훌륭한 임금이란 뜻으로 성스럽다, 뛰어나다, 걸출한 인물, 성인이라는 의미가 되었다. 용례) 聖人(성인)
쾌할 령 逞	呈의 드리다라는 뜻에서 갈 辶을 추가하여 윗사람에게 즐겁게 바치러 간다, 즐겁다, 유쾌하다, 극진하다라는 의미이다.

조정 정 廷

금문 1	금문 2	소전	예서	해서
				廷

고문을 보면 계단을 통해 높은 곳으로 오르는 모습을 표현하였다. 고대 신하들이 계단을 통해 조정에 들어오는 모습이므로 조정, 관아라는 의미가 되었다. 후에 조정의 뜰에 관리들이 모이므로 뜰, 앞마당이란 의미로 확장되었다. [소전 이후 천천히 오를 廴과 신하가 숙인 모습 壬의 형태로 변형되었다] 용례) 朝廷(조정)

뜰 정 庭	반 지붕 广을 추가하여 집 안에 있는 뜰이란 의미를 명확하게 하였다. 용례) 家庭(가정)
옥이름 정 珽	廷의 조정이란 뜻에서 구슬 玉을 추가하여 고대에 조정에서 임금이 들었던 옥홀을 의미한다.
빼어날 정 挺	廷의 조정이란 뜻에서 손 扌를 추가하여 신하들의 의견을 임금이 골라 선택한다는 것이니 (의견을)내놓다, 뽑다, 빼내다라는 의미이다. 후에 다른 신하보다 의견이 뛰어나 뽑게 되니 빼어나다, 앞서다는 의미로 확장되었다. 용례) 挺身隊(정신대)
거룻배 정 艇	廷의 뜰이란 뜻에서 배 舟를 추가하여 앞마당처럼 작은 지역을 돛없이 다니는 거룻배를 의미한다. 용례) 艦艇(함정)

바랄 망 望

갑골문	금문 1	금문 2	소전	예서
				望

고문을 보면 신하가 숙인 모습 壬과 눈 目을 합쳐 신하가 임금의 지시를 기다리는 모습을 표현하였다. 기다리다, 망보다, 기대하다, 그리워하다, 바라다는 의미가 되었다. [금문 이후 초승달(亡+月)을 보면서 보름달이 뜨기를 기원하는 모습으로 변형되었다] 용례) 希望(희망)

홀 규 圭	금문	소전	예서
	圭	圭	圭

고문을 보면 톱니처럼 눈금이 표시된 자의 모습을 표현한 것으로 추정된다. [고대 천문관측 기계의 이름이 규표(圭表)였다] 모서리, 저울눈, 구분이란 의미이고 후에 신하들에게 품계에 따라 크기가 다른 저울눈 모양 옥을 들게 하면서 서옥, 홀이라는 의미가 파생되었다.

규표

홀/서옥 규 珪	옥 玉을 추가하여 상서로운 서옥, 서옥으로 만든 홀이란 의미를 강조하였다.
안방 규 閨	圭의 구분이라는 뜻에서 문 門을 추가하여 문을 통해 구분되는 안방, 규방이란 의미가 되었다. 용례) 閨中(규중)
규소 규 硅	圭의 구분이라는 뜻에서 돌 石을 추가하여 반짝거리며 빛나 일반 돌과 구분되는 것이 규소라는 의미이다. 유리의 주성분인 석영에서 주로 채취된다. 현대에 와서 실리콘의 재료로 사용되기에 실리콘의 의미도 생겼다. 용례) 硅素(규소)
별 규/걸을 귀 奎	클 大를 추가하여 옥을 든 사람이 크게 걷는 모습을 표현하였다. 후에 반짝이는 별을 규성(奎星)이라고 칭하면서 별이라는 의미로 확장되었다. 용례) 奎壁(규벽)
밭두렁 휴 畦	圭의 구분이라는 뜻에서 밭 田을 추가하여 밭과 밭 사이의 구분이 밭두렁, 지경이라는 의미이다. 용례) 廢畦(폐휴)
계수나무 계 桂	圭의 구분이라는 뜻에서 나무 木을 추가하여 圭의 모양처럼 나뭇잎 끝이 톱니처럼 갈라진 잎이 자라는 계수나무를 의미한다. 용례) 月桂樹(월계수)
아름다울 가 佳	圭의 홀이라는 뜻에서 사람 人을 추가하여 옷을 잘 차려입고 홀을 든 사람이니 아름답다, 좋다, 훌륭하다는 의미이다. 용례) 佳人(가인)
거리 가 街	圭의 구분이라는 뜻에서 사거리 行을 추가하여 圭로 측정하여 사람들이 다니게 만든 곳이 거리라는 의미이다. 용례) 商街(상가)

3. 고대국가로의 발전

정복전쟁이 활발해지면서 강력한 왕이 등장하게 되고 좁은 지역을 차지하던 도시국가를 통합해 가면서 점차 거대한 면적을 차지하는 고대국가로 발전하게 된다. 이러한 국가를 다스리는 왕은 신과 같은 영향력을 가지게 되었고 왕권을 강화하기 위해 여러 가지 제도와 문물이 생겨나게 되었다.

〈국가영토의 확대〉

혹 혹

갑골문	금문	소전	예서
𠁥	或	或	或

고문을 보면 무기를 가지고 음식을 지키는 모습을 표현하였다. [금문 이후 음식의 주위에 울타리를 추가로 친 모습으로 변화하였다] 고대에는 음식이 가장 중요하였고 다른 부족에 침입하여 음식물을 약탈하는 일이 비일비재하였기에 혹시 다른 부족이 침입할 것을 대비하여 무기를 들고 지킨다는 뜻이니 혹, 혹은, 어떤 이, 어떤 것, 의심하다, 미혹하다는 의미가 되었다. 용례) 或是(혹시)

미혹할 혹 惑	마음 心을 추가하여 或의 미혹하다는 뜻을 명확히 하였다. 미혹하다, 의심하다는 의미이다. 용례) 疑惑(의혹)
지경 역 域	흙 土를 추가하여 무기를 들고 지키는 땅이란 뜻으로 지경(땅의 가장자리), 구역, 국토, 나라라는 의미이다. 용례) 地域(지역)

나라 국 國	고문을 보면 或과 에우를 口을 합쳐 성곽을 쌓아 침입을 대비하는 모습을 표현하였다. 초기 국가는 성곽 국가였기에 나라, 국가라는 의미이다. 용례) 國家(국가)

금문	소전

둘레 곽 郭	

갑골문	금문	소전	예서

고문을 보면 성곽(口)과 앞, 뒤 출입문을 표현하였다. 고대 성곽도시에서는 성을 쌓고 앞, 뒤에만 출입문을 세워 방비하였기에 둘레, 성곽, 외성이라는 의미가 되었다. [소전 이후 고을 邑이 추가되었고 예서 이후 오인되어 享과 阝의 형태로 변형되었다]

용례) 城郭(성곽)

둘레 곽/클 확 廓	성을 둘러싼 외벽을 뜻하는 广을 추가하여 둘레, 울타리, 외성이란 의미를 강조하였고 후에 크다, 넓다, 텅비다(확)라는 의미로 확장되었다. 용례) 輪廓(윤곽), 廓然(확연)
외관 곽 槨	郭의 둘레라는 뜻에서 나무 木을 추가하여 시체를 넣는 관의 바깥 부분을 표현하였다. 관을 담는 궤, 덧널이라는 의미이다. 용례) 石槨(석곽)

〈건축의 거대화〉

굽을 곡 曲	갑골문	금문	소전	예서

물건을 재는 굽은 자의 모습을 표현하였다. 굽다, 굽히다, 구석, 그릇되게 하다, 바르지 않다는 의미가 되었다. 후에 대나무로 만든 각진 상자를 의미하는 것으로 확장되었다.

용례) 歪曲(왜곡)

〈곡자를 든 복희〉

클 거 巨	금문	소전	해서

손잡이가 있는 큰 곡자(曲尺)를 표현하였다. 큰 곡자는 큰 건축물을 짓는데 필수적인 도구로 (부피가)크다, (수량이)많다는 의미가 되었고 후에 손으로 방패 등을 잡은 모습으로 오인하여 막다, 항거하다라는 뜻으로 확장되었다. 용례) 巨大(거대)

막을 거 拒	巨의 막다라는 뜻에서 손 扌를 추가하여 막다, 방어하다, 거절하다라는 의미이다. 용례) 拒否(거부)
상거할 거 距	巨가 큰 거리를 재는 도구이므로 발 足을 추가하여 상거하다(멀리 떨어져있다), 떨어지다라는 의미이고 막다, 거부하다라는 뜻도 상존한다. 용례) 距離(거리)
개천 거 渠	巨의 막다라는 뜻에서 물 氵와 나무 木을 추가하여 침입자를 막기 위해 판 해자를 뜻한다. 개천, 해자라는 의미이고 후에 이와 같은 해자를 만든 큰 성에 거주하는 우두머리, 그(3인칭)라는 의미로 확장되었다. 용례) 開渠(개거)

모날 구 矩

고문을 보면 장정 夫와 곡자 巨를 합쳐 사람이 곡자를 들고 있는 모습을 구체적으로 표현하였다. 곱자, 모서리, 모나다, 단위를 재다, 새겨 표시하다, 새기다라는 의미이고 곱자에 새겨진 눈금이 기준이 되므로 규칙, 법도, 상규라는 뜻으로 확장되었다. [소전 이후 夫가 길이를 재는 도구 矢로 변형되었다.]

용례) 規矩(규구)

금문 1	금문 2	소전

자 척 尺

갑골문	금문	소전	예서

고문을 보면 사람의 무릎 부분을 점으로 표시하여 발바닥에서 무릎까지의 길이 단위를 표현하였다. 자, 길이, 길이의 단위라는 의미이다. [소전 이후 무릎을 굽은 모습 尸에 표시를 한 형태로 간략화되었다]

용례) 尺度(척도)

※ 1척은 시대별로 기준이 상이하지만 중국에서는 대략 25cm를 기준으로 하였고 우리나라에서는 30.3cm를 기준으로 하였다.

형국 국 局

자 尺과 구역 口를 합쳐 어떤 구역을 재는 모습을 표현하였다. 구획, 구분, 마을, 관청이라는 의미이고 후에 나무판에 구획을 정해 그린 바둑판, 장기판이란 뜻에서 판, 당면한 형국, 재간이란 의미로 확장되었다.

용례) 當局(당국)

소전	예서	해서

주살 익 弋

갑골문	금문	소전	예서

고문을 보면 장대 끝에 끈을 매단 모습을 표현하였다. 고대 넓을 거리를 측정하는 도구를 표현한 것으로 측량하다, 규칙, 법이라는 의미가 되었다. 후에 실을 매달아 사용하는 주살(화살의 끝 오늬 부분에 실을 매달아 연결시킨 연습용 화살)이라는 의미로 확장되었다. 용례) 弋器(익기)

법 식

소전	예서

법 弋과 만들 工을 합쳐 규칙에 따라 물건을 만드는 모습을 표현하였다. 본뜨다, 본받다, 법, 제도, 의식이라는 의미이다. 용례) 方式(방식)

씻을 식 拭	式의 의식이라는 뜻에서 손 扌를 추가하여 의식을 하기 전에 손을 씻는 모습을 표현하였다. 씻다, 닦다라는 의미이다. 용례) 拂拭(불식)
절할 식 軾	式의 의식이라는 뜻에서 차 車를 추가하여 수레에 탄 채 절을 하는 의식을 할 때 넘어지지 않기 위해 손으로 잡는 앞턱의 가로댄 나무를 의미한다.
죽일 시 弑	式의 의식이라는 뜻에서 죽일 殺을 추가하여 의식에 따라 죽인다는 뜻으로 주로 아랫사람이 윗사람을 죽일 때 쓰인다. 용례) 弑害(시해)
시험 시 試	式의 법이란 뜻에서 말 言을 추가하여 법, 제도 등을 말하게 한다는 뜻으로 고대 시험방식을 표현한 것으로 시험, 시험하다, 검증하다라는 의미이다. 용례) 試驗(시험)

대신할 대 代

소전	예서	해서
(篆)	(隸)	代

거리를 측정하는 도구 弋과 사람 人을 합쳐 여러 장소의 길이를 재기 위해 사람이 번갈아들며 측량하는 모습을 표현하였다. 번갈아들다, 교체하다, 대리하다, 대신하다라는 의미가 되었고 후에 번갈아 이어진다는 뜻에서 세대, 일생이라는 의미로 확장되었다. 용례) 代身(대신)

집터 대 垈 代의 번갈아들다라는 뜻에서 흙 土를 추가하여 번갈아들며 땅을 다지는 곳이 터, 집터라는 의미가 되었다. 용례) 垈地(대지)

자루 대 袋 代의 번갈아들다는 뜻에서 쌀 衣를 추가하여 번갈아 물건을 싸는 것이 자루, 부대라는 의미이다. 용례) 包袋(포대)

빌릴 대 貸 代의 교체하다는 뜻에서 재물 貝를 추가하여 재물의 주인을 교체하다는 뜻으로 빌린다는 의미가 되었다. 용례) 貸出(대출)

아우 제 弟

갑골문	금문	소전	예서
(甲)	(金)	(篆)	弟

고문을 보면 넓을 거리를 측정하는 도구 弋에 끈을 돌려 감는 모습을 표현한 것임을 알 수 있다. 엉키지 않게 잘 감는다는 뜻에서 차례, 순서라는 의미가 되었다. 후에 사람 간의 순서라는 뜻으로 나이 어린 사람, 아우라는 의미로 확장되었다. [예서 이후 묶은 끈의 모양이 弓의 형태로 변형되었다] 용례) 兄弟(형제)

차례 제 第 弟가 아우라는 뜻으로 주로 사용되자 弋의 재료인 대나무 竹을 추가하여 차례라는 의미를 강조하였다. 용례) 落第(낙제)

공손할 제 悌	弟의 차례라는 뜻에서 마음 忄을 추가하여 차례를 지키는 마음이니 순종하다, 공손하다는 의미가 되었다. 용례) 孝悌(효제)
사다리 제 梯	弟의 차례라는 뜻에서 나무 木을 추가하여 순서대로 밟고 올라가도록 만든 나무가 사다리라는 의미이다. 용례) 階梯(계제)
눈물 체 涕	弟의 아우라는 뜻에서 물 氵를 추가하여 어린아이가 울다, 울음이라는 의미이다. 용례) 涕泣(체읍)

끌 예

曳

소전 1	소전 2	해서
		曳

고문을 보면 넓을 거리를 측정하는 도구 弋에 매단 끈을 두 손으로 팽팽하게 당기는 모습을 표현하였다. 끌다, 끌어당기다라는 의미이다. 용례) 曳引(예인)

퍼질 예/샐 설 泄	물 氵를 추가하여 물을 끌어당긴다는 뜻이니 퍼지다는 의미이고 후에 물이 조금씩 나오다라는 뜻으로 새다, (비밀이)흘러나오다(설)라는 의미로 확장되었다. 용례) 天機漏洩(천기누설)

반드시 필

금문	소전 1	소전 2	예서	해서
				必

고문을 보면 거리를 측정하는 도구 弋과 나눌 八을 합쳐 측량하여 경계를 나눈 모습을 표현하였다. 땅을 측량하여 정확하게 구분하다라는 의미로 정확하다, 구분하다, 분리하다라는 의미이나 후에 반드시, 틀림없이, 꼭이라는 의미로 확장되었다. 용례) 必須(필수)

한자	설명
점잖을 필 佖	必의 정확하다는 뜻에서 사람 人을 추가하여 풀어지지 않는 바른 사람이니 점잖다, 위엄이 있다는 의미이다.
스며흐를 필/분비할 비 泌	必의 분리하다라는 뜻에서 물 氵를 추가하여 분리된 바위틈에서 물이 졸졸 스며 흐르다, 분비하다라는 의미이다. 용례) 分泌(분비)
심오할 필/숨길 비 祕	必의 분리하다는 뜻에서 제단을 뜻하는 示를 추가하여 중요한 일을 위해 별도의 은밀한 장소에 마련한 제단을 표현하였다. 신비하다, 심오하다는 의미이고 후에 숨기다(비)는 의미로 확장되었다. 용례) 祕書(비서)
심오할 필/숨길 비 秘	祕의 숨기다는 뜻에서 벼 禾를 추가하여 수확한 벼를 숨기다는 일반적인 의미로 쓰이게 되었다. [示가 생략됨]
솔 밀 監	必의 분리하다라는 뜻에서 그릇 皿을 추가하여 그릇에 묻은 찌꺼기를 제거하는 솔을 의미한다.
고요할 밀 謐	監에 말 言을 추가하여 말을 구분해야 한다는 뜻이니 삼가다, 고요하다, 조용하다는 의미이다. (= 謐) 용례) 安謐(안밀)
잠잠할 밀 宓	必의 분리하다라는 뜻에서 집 宀을 추가하여 중요한 일을 위해 별도의 은밀한 장소에 마련한 집을 표현하였다. 사람의 출입이 없으니 잠잠하다, 편안하다는 의미이다.
빽빽할 밀 密	宓의 잠잠하다라는 뜻에서 산 山을 추가하여 사람이 찾지 않는 깊은 산 속을 표현하였다. 조용하다, 은밀하다는 의미이고 후에 사람이 찾지 않아 나무들이 빽빽하므로 빽빽하다, 꼼꼼하다라는 의미로 확장되었다. 용례) 秘密(비밀)
꿀 밀 蜜	密의 빽빽하다라는 뜻에서 벌레 虫을 추가하여 벌집에 벌이 빽빽하게 모여 있는 모습을 표현하였다. 꿀, 달콤하다는 의미이다. [山이 생략됨] 용례) 蜜蠟(밀랍)

아저씨 숙

소전	예서

고문을 보면 분리할 必과 손 又, 낟알의 상형을 합쳐 손으로 물건을 분리하는 모습을 표현하였다. 일반적으로 분리하다, 구분하다라는 의미이나 후에 콩깍지에서 콩을 분리한다는 뜻에서 콩이란 의미로 확장되었다. 또한, 콩깍지에 여러 개의 콩이 들어 있으므로 아저씨, 시동생 등 같은 부모로부터 태어난 형제라는 의미가 파생되었다. [다른 글자와 함께 사용될 때에는 尗으로 쓰인다] 용례) 堂叔(당숙)

콩 숙 菽	叔이 아저씨 등의 뜻으로 주로 사용되자 풀 艹를 추가해 콩이란 의미를 강조하였다. 용례) 菽麥(숙맥)
맑을 숙 淑	叔의 분리하다라는 원뜻에서 물 氵를 추가하여 사람들이 찾지 않는 깊은 산 속의 물이 깨끗하다, 아름답다, 착하다라는 의미이다. 용례) 淑女(숙녀)
고요할 적 寂	叔의 분리하다라는 원뜻에서 집 宀을 추가하여 사람들과 떨어진 외딴집이니 고요하다, 쓸쓸하다라는 의미이다. 용례) 寂寞(적막)
친척/근심할 척 戚	叔의 분리하다라는 원뜻에서 도끼 戊를 추가하여 머리를 자르다, 두려워하다, 근심하다라는 의미이고 후에 叔를 형제라는 뜻으로 해석하여 같은 무기를 가진 친척, 일가라는 의미가 파생되었다. 용례) 親戚(친척)
감독할 독 督	叔의 분리하다라는 원뜻에서 눈 目을 추가하여 눈으로 자세히 살피면서 분리하는 모습을 표현하였다. 살피다, 세밀히 보다, 감독하다라는 의미가 되었다. 용례) 監督(감독)

장정 정

丁

갑골문 1	갑골문 2	금문 1	금문 2	소전	예서

고문을 보면 못의 대가리를 표현하였음을 알 수 있다. 못, 세차다, 강성하다, 끝이라는 의미이고 후에 못처럼 단단한 사람이란 뜻으로 장정이란 의미로 확장되었다. 글자 모양이 고무래와 비슷하여 고무래라는 뜻도 파생되었으나 고무래와는 전혀 상관없다. 넷째 천간으로 사용되어졌다. [소전 이후 못의 대가리와 몸체로 변형되었다]
용례) 兵丁(병정)

못 정 釘	쇠 金을 추가하여 쇠로 만든 못을 의미한다. 용례) 地釘(지정)
바로잡을 정 訂	못의 바른 모습에서 말, 글 言을 추가하여 어떤 말이나 글을 바로잡다, 고치다, 정하다는 뜻이 되었다. 용례) 訂正(정정)
정수리 정 頂	丁의 끝이라는 뜻에서 머리 頁을 추가하여 사람의 머리 부분에서 끝이 정수리라는 의미이다. 용례) 頂上(정상)
물가 정 汀	丁의 끝이라는 뜻에서 물 氵를 추가하여 강의 끝부분인 물가를 의미한다. 용례) 汀岸(정안)
밭두둑 정 町	丁의 끝이라는 뜻에서 밭 田을 추가하여 밭의 끝인 밭두둑이란 의미이다. 후에 경계, 밭, 경작지라는 의미로 확장되었다.
술 취할 정 酊	丁의 끝이라는 뜻에서 술 酉를 추가하여 술을 마시고 결국 취한다는 의미이다. 용례) 酒酊(주정), 酩酊(명정)
칠 타 打	丁의 못이라는 뜻에서 손 扌를 추가하여 못을 박는 모습을 표현하였다. 치다, 때리다라는 의미이다. 용례) 打作(타작)

언덕 부
阜

갑골문 1	갑골문 2	갑골문 3	금문	소전	예서

고문을 보면 흙을 차례차례 인위적으로 쌓아 만든 계단을 표현한 것으로 추정된다. 높다, 쌓다, 크다는 의미이고 후에 언덕을 오르기 위해 계단을 만드는 것이므로 언덕이란 의미로 확장되었다. (다른 글자와 함께 쓰일 때는 좌측변에 阝로 쓰인다)

용례) 大阜島(대부도)

부두 부 埠	흙 土를 추가하여 높은 언덕임을 강조하였고 바다보다 높은 부두, 선창을 의미하게 되었다. 용례) 埠頭(부두)
장수 수/ 거느릴 솔 帥	고문을 보면 언덕 阜와 수건 巾을 합쳐 고대 언덕 위에서 기를 통해 군사를 지휘하는 장수를 표현하였다. 장수, 인솔자는 의미이고 후에 거느리다, 인도하다(솔)라는 의미로 확장되었다. 용례) 將帥(장수)

소전	예서

벼슬 관

갑골문	금문	소전	예서

고문을 보면 집 宀과 계단 阜를 합쳐 계단이 있는 관공서를 표현하였다. 관청이란 의미이고 후에 직무, 벼슬아치, 관리하다라는 의미로 확장되었다. 용례) 官吏(관리)

객사 관 館	먹을 食을 추가하여 외국사신이 음식을 먹고 묶어 가는 관청을 뜻하였는데 후에 주로 여관, 묵다, 투숙하다는 의미로 쓰이게 되었다. 용례) 大使館(대사관)
대롱 관 管	官의 계단이 있는 집이란 원뜻에서 대나무 竹이 합쳐 계단처럼 단계적으로 나눠 있는 대나무를 표현하였다. 대나무의 대롱이라는 의미이고 후에 대나무로 만든 피리라는 의미로 확장되었다. 용례) 保管(보관)
옥 피리 관 琯	管의 피리라는 뜻에서 옥 玉을 추가하여 옥으로 만든 옥피리라는 의미이다. [竹이 생략됨]
널 관 棺	管의 속이 빈 대롱이라는 뜻에서 나무 木을 추가하여 속이 빈 널이라는 의미가 되었다. [竹이 생략됨] 용례) 木棺(목관)

높을 륭(융) 隆

금문	소전	예서	해서

고문을 보면 언덕 阝, 해 日, 제단 示, 뒤져올 夊를 합쳐 해처럼 높게 쌓아 올린 제단에 올라 제사 지내는 모습을 표현한 것으로 추정된다. 높다, 성하다, 두텁다는 의미이다. [소전 이후 언덕 阝에 날 生, 이그러질 舛을 합쳐 제사를 지내기 위해 높은 제단으로 제물을 옮기는 모습으로 변형되었다] 용례) 隆起(융기)

재주 재 才

갑골문	금문	소전	예서

고문을 보면 집을 세울 때 통나무 기둥을 세운 뒤, 기둥과 기둥 사이에 가로지르는 도리를 얹고 도리에 걸쳐 서까래를 우산대처럼 듬성듬성 얹는 모습을 표현한 것으로 보인다. 큰 통나무 기둥이 튼튼하게 받쳐 주어야지 집을 지을 수 있으므로 근본, 바탕, 기본이란 의미가 되었다. 후에 큰 집을 지을 때 도리와 서까래를 올리는 방식이 어려우므로 재주, 재주가 있는 사람이란 의미로 확장되었다.

용례) 才能(재능)

〈경복궁 근정전 가구 모양〉

재목 재 材	나무 木을 추가하여 큰 건물의 토대가 되는 기둥을 뜻한다. 재목, 재료, 자질, 재능이라는 의미이다. 용례) 素材(소재)
재물 재 財	조개 貝를 추가하였는데 貝는 일반 조개가 아니고 열대지방에 서식하는 자안패이다. 크고 모양이 좋은 자안패가 화폐로 사용되었다는 뜻으로 재물, 재산, 보물이라는 의미가 되었다. 용례) 財物(재물)

있을 재 在

금문	소전	예서

고문을 보면 재목 才와 도끼 士를 합쳐 재목으로 쓸 나무를 벌채하는 모습을 표현하였다. (재목을) 찾다, 살피다, 있다, 존재하다, 장소, 겨우, 가까스로라는 의미이다. [소전 이후 士가 土로 변형되었다]

용례) 在任(재임)

있을 존 存

아들 子를 추가하여 나무를 살펴보는 바와 같이 아이를 보살핀다는 뜻으로 보살피다, 살펴보다, 보전하다, 관리하다, 살아 있다, 있다는 의미이다. [土가 생략됨] 용례) 存在(존재)

멀 경 冂

갑골문	금문	소전 1	소전 2

고문을 보면 성문의 모습을 표현하였다. 고대 성곽도시에서 성문은 사람이 살지 않는 들로 나가는 곳이므로 들, 멀다, 비다, 공허하다는 의미가 되었다. (= 冋)

빛날 형 炯

冋의 멀다라는 뜻에서 불 火를 추가하여 멀리까지 비추게 불이 타오른다는 뜻으로 빛나다, 밝다는 의미이다. 용례) 炯眼(형안)

높을 고 高

갑골문	금문	소전	예서

고대에 도시를 지키는 관문과 누각을 그렸다. 사람들이 출입할 수 있는 대문이 있고 성위에서는 감시할 수 있는 높은 누각을 지었기에 높다는 뜻이 생겼다. 높다, 크다, 뛰어나다는 의미이다.
용례) 最高(최고)

〈문경관문〉

볏집/원고 고 稿	벼 禾를 추가하여 수확한 벼를 누각처럼 높이 쌓아놓은 모습을 표현하였다. 후에 막 써놓은 원고도 정리되지 않고 쌓여 만 있으므로 원고란 뜻으로 확장되었다. 용례) 原稿(원고)
두드릴 고 敲	칠 攴을 추가하여 성문을 열기 위해 두드리는 모습을 표현하였다. 용례) 推敲(퇴고)
기름 고 膏	고기 月을 추가하여 고기가 뛰어나다는 뜻으로 기름지다, 살진 고기, 기름, 지방이란 의미가 되었다. 용례) 軟膏(연고)
호경 호 鎬	금 金을 추가하여 금이 많다는 뜻으로 빛나다는 의미이고 중국 고대 서주의 수도 이름(鎬京)으로 사용되었다.
쑥 호 蒿	풀 艹를 추가하여 연기가 높게 솟아오르는 식물이 쑥이라는 의미이다. 고대부터 쑥을 피워 모기 등 해충을 쫓았다.
울릴 효 嚆	蒿에 입 口를 추가하여 쑥을 피워 연기가 솟아오르듯 소리를 크게 친다는 뜻이다. 외치다, 울다, 울리다는 의미이다. 용례) 嚆矢(효시)

호걸 호

금문	소전	예서

클 高와 돼지 豕를 합쳐 용감한 호저(豪豬)를 표현하였다. 호저는 땅돼지 모양의 동물로 몸에 가시털로 덮여있어 맹수의 공격에도 이겨내는 동물이다. 이로 인하여 용감하다, 굳세다, 뛰어나다, 우두머리, 호걸이라는 의미가 되었다.

용례) 豪傑(호걸)

〈호저〉

해자 호 壕	豪의 굳세다라는 뜻에서 흙 土를 추가하여 방어하기 위해 흙을 쌓아 올린 모습이니 해자라는 의미이다. 용례) 塹壕(참호)
해자 호 濠	豪의 굳세다라는 뜻에서 물 氵를 추가하여 방어하기 위한 물이 해자, 도랑이라는 의미이다. 후에 물에 둘러싸여 있는 나라인 오스트레일리아를 음역하여 나라 이름(濠洲)으로 사용하게 되었다.

높을 교 喬	금문 1	금문 2	소전	해서
				喬

고문을 보면 고대 건축물의 용마루 끝에 높게 부착하던 치미를 표현한 것으로 추정된다. [금문에서는 튀어나왔다는 뜻으로 손, 발의 상형이었으나 소전 이후 구부러져서 장식한다는 뜻으로 夭로 변형되었다.] 높다, (높이) 솟다, 뛰어나다, 교만하다는 의미가 되었다. 용례) 喬木(교목)

〈치미〉

더부살이 교 僑	치미가 장식하기 위해 덧붙인 것이므로 사람 人을 추가하여 다른 사람에게 의지하여 사는 사람이라는 뜻으로 더부살이, 잠시 머물다, 타관살이하다는 의미이다. 용례) 僑胞(교포)
바로잡을 교 矯	치미가 아치형으로 구부러진 모양이므로 화살 矢를 추가하여 화살이 구부러졌다, 속이다, 거스르다는 의미이다. 후에 구부러진 화살을 바로잡다는 의미로 확장되었다. 용례) 矯角殺牛(교각살우), 矯導(교도)
교만할 교 驕	喬의 교만하다는 뜻에서 말 馬를 추가하여 비스듬히 거만하게 말을 탄 모습을 표현하였다. 교만하다, 오만하다, 경시하다라는 의미이다. 용례) 驕慢(교만)
아리따울 교 嬌	喬의 뛰어나다는 뜻에서 계집 女를 추가하여 아름답다, 사랑스럽다는 의미이다. 용례) 令嬌(영교)
다리 교 橋	喬의 뛰어나다는 뜻에서 나무 木을 추가하여 나무로 만든 아치 모양의 아름답고 높은 다리를 의미한다. 용례) 橋梁(교량)
가마 교 轎	喬의 뛰어나다는 뜻에서 수레 車를 추가하여 높은 사람이 타는 장식한 가마라는 의미이다. 용례) 駕轎(가교)

돈대 대

갑골문	소전	예서	해서

고문을 보면 높은 망루에 오른 모습을 표현하였다. 적을 살피기 위해 높이 올린 망루라는 의미이나 후에 높게 쌓아 올린 돈대(높게 두드러진 평평한 땅), 대(높고 평평한 건축물), 무대, 받침대라는 의미로 확장되었다. [소전 이후 발 止, 높을 高, 흙 土의 형태로 간략화되었다가 해서 이후 발 止가 士로 변형되었다]

용례) 土臺(토대)

들 대 擡 臺의 높다는 뜻에서 손 扌를 추가하여 높이 들어 올리다, 치켜들다는 의미이다. 용례) 擡頭(대두)

정자 정

금문	소전	예서

고문을 보면 지붕과 못 丁을 합쳐 기둥만 있는 정자의 모습을 표현하였다. 정자, 머무르다라는 의미이다. 용례) 老人亭(노인정)

머무를 정 停 亭의 머무르다는 뜻을 강조하기 위해 사람 人을 추가했다. 머무르다, 멈추다는 의미이다. 용례) 停止(정지)

서울 경 京

갑골문	금문	소전

고문을 보면 습기 등을 피하기 위해 기둥 위에 높게 올려 지은 창고를 표현하였다. 곳집, 큰 창고라는 의미이고 후에 높다, 크다, 성하다, 서울, 수도, 도읍이라는 의미가 되었다. 용례) 京鄉(경향)

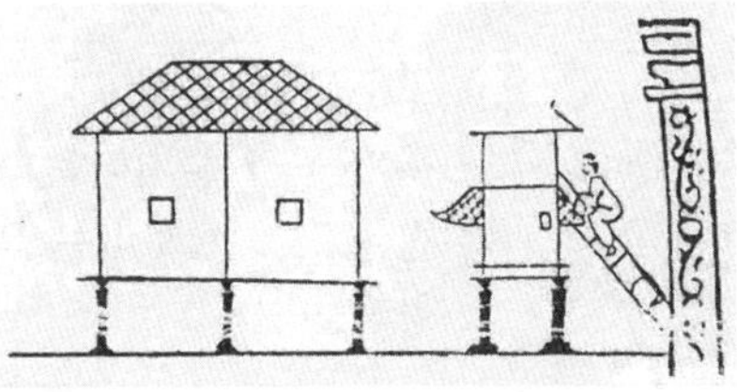

〈고구려 벽화 속의 부경〉

고래 경 鯨	京의 크다라는 뜻에서 물고기 魚를 추가하여 물고기 중 가장 큰 것이 고래라는 의미이다. 용례) 捕鯨船(포경선)
빛날/경치 경 景	京의 크다라는 뜻에서 해 日을 추가하여 햇볕이 밝게 빛나니 볕, 햇빛, 빛나다, 경치가 좋다는 의미가 되었다. 용례) 景致(경치)
옥빛 경 璟	景에 옥 玉을 추가하여 옥의 빛이 빛난다는 뜻으로 옥빛, 옥의 광채를 의미한다.
깨달을/동경할 경 憬	景에 마음 忄을 추가하여 어둡던 마음이 갑자기 밝게 빛나니 깨닫는다는 의미이고 후에 마음에 빛이 남아있다는 뜻으로 동경하다, 그리워하다는 의미로 확장되었다. 용례) 憧憬(동경)
그림자 영 影	景에 터럭 彡을 추가하여 햇빛에 그림자가 비치는 모습을 표현하였다. 빛, 그림자라는 의미이나 후에 그림자는 본래 사물에 대한 형상, 모습을 표현하는 환상, 가상이란 의미로 확장되었다. 용례) 影響(영향)
시원할 량(양) 涼	京의 기둥 위에 세운 창고라는 원뜻에서 물 氵를 추가하여 기둥 아래에 물을 흐르게 하여 시원하게 하다는 의미이다. 용례) 納涼(납량)
서늘할 량(양) 凉	涼의 속자로 얼음 冫을 추가하여 물이 얼 정도로 서늘하다는 의미이다. 용례) 凄凉(처량)

살펴 알/ 믿을 량(양) 諒	京의 높다는 뜻에서 말 言을 추가하여 높은 곳에서 보고 말하다, 살피다, 살펴 알다는 의미이다. 후에 위에서 보고 자세히 살핀 후 말한 것이니 믿다, 참으로라는 의미로 확장되었다. 용례) 諒解(양해)
노략질할 략(약) 掠	京의 기둥 위에 세운 창고라는 원뜻에서 손 扌를 추가하여 창고의 곡식을 훔치다, 노략질하다, 탈취하다라는 의미이다. 용례) 掠奪(약탈)
밝을 량(양) 亮	고문을 보면 창고 京과 소리치는 사람의 상형을 합쳐 신원을 밝힌 후 창고를 출입하는 모습을 표현하여 밝다, 분명해지다, 드러내다, 진실로, 참으로라는 의미가 되었다. [소전 이후 현재의 모습으로 변형되었다] 용례) 淸亮(청량)

금문	소전

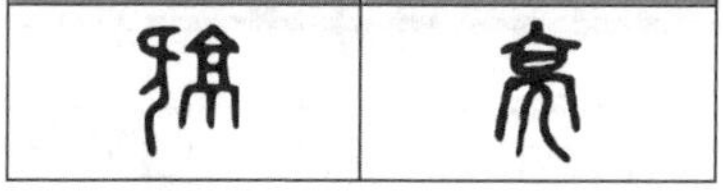

드릴 향/ 형통할 형 亨

갑골문	금문 1	금문 2	소전	예서	해서

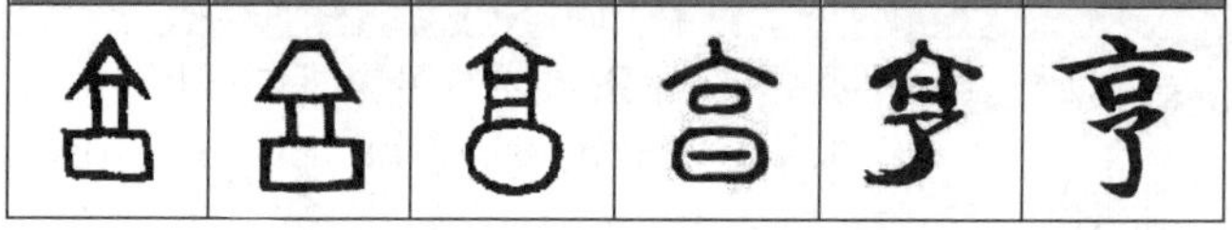

고문을 보면 넓은 마당을 가진 높은 건물을 표현하였다. 고대 많은 사람들이 함께 제사를 지내는 사당을 뜻하여 (제사)올리다, 제사, 드리다라는 의미이고 후에 조상에게 무사히 제사를 마치다는 뜻에서 형통하다(모든 일이 뜻과 같이 잘되어 가다), 통달하다(형)라는 의미로 확장되었다. (= 亯) [원형은 큰 마당이 있는 건물이었으나 소전 이후 음식을 바친다는 뜻에서 亯로 변형되었고 예서 이후 제사를 마치다는 뜻에서 다시 了로 변형되었다] 용례) 亨通(형통)

삶을 팽 烹	亨의 제사라는 뜻에서 불 灬를 추가하여 제물을 삶다라는 의미이다. [제사 음식은 푹 삶아서 올려야 한다] 용례) 兎死狗烹(토사구팽)

누릴 향 享

갑골문	금문 1	금문 2	소전	예서	해서

亨과 같은 어원이나 소전 이후 분화되었다. 음식을 제단에 올린 모습을 구체적으로 표현하여 제사 지내다, 제사, 드리다라는 의미이고 조상이 흠향하다(신명이 제물을 받아먹다), 누리다는 의미로 확장되었다. [소전 이후 제단에 음식을 올린 모습으로 간략화되었다가 예서 이후 이를 오인하여 子로 변형되었다]

용례) 享樂(향락)

깨끗할 순 淳 享의 제사라는 뜻에서 물 氵를 추가하여 제사에 사용하는 물이 깨끗하다는 뜻으로 순박하다, 깨끗하다는 의미이다. 용례) 淳朴(순박)

전국술 순 醇 享의 제사라는 뜻에서 술 酉를 추가하여 제사에 사용하는 전국술(군물을 타지 않은 진국의 술), 순수하다는 의미이다.

용례) 醇化(순화)

익을/누구 숙 孰

갑골문	금문	소전	예서	해서

고문을 보면 사당 享과 잡을 丮을 합쳐 두 손으로 정성스럽게 음식을 바치는 모습을 표현하였다. 제사에 올리는 음식은 익혀야 하므로 익다, 익히다라는 의미가 되었고 후에 누가, 무엇을, 얼마나(익혔느냐?)라는 의문사로 확장되었다. [해서 이후 丮이 丸으로 변형되었다]

익을 숙 熟 孰이 의문사로 주로 쓰이자 익다는 뜻을 명확하게 하기 위해 불 灬를 추가하였다. 익다, 익히다, 무르익다는 의미이고 후에 사람이나 일에 비유하여 익히다, 익숙하다, 숙련되다, 정통하다는 의미로 확장되었다.

용례) 熟練(숙련)

글방 숙 塾	孰의 익히다라는 뜻에서 흙 土를 추가하여 사람이 배우고 익히는 장소인 글방, 학당, 서당이라는 의미가 되었다. 용례) 私塾(사숙)

도타울 돈 敦

금문	소전	예서
		敦

고문을 보면 상스러운 양을 잡아 사당에 제사 지내는 모습을 표현하였다. 고대 양은 귀하고 상스러운 동물이었으므로 양을 잡아 제사를 지내는 것은 도탑다(서로의 관계에 사랑이나 인정이 많고 깊다), 힘쓰다, 노력하다라는 의미가 되었다. [예서 이후 양 羊이 생략되고 享과 칠 攵의 형태로 간략화되었다] 용례) 敦篤(돈독)

불빛 돈 燉	敦의 도탑다라는 뜻에서 불 火를 추가하여 불이 이글이글 타오른다는 의미이다.
도타울 돈 惇	敦의 도탑다라는 뜻에서 마음 忄을 추가하여 도탑다는 의미를 강조하였다. [攵이 생략됨]

이룰 취 就

갑골문	금문	소전	예서
			就

고문을 보면 창고 京과 사당 享을 합쳐 창고에 있는 음식을 사당으로 가져가는 모습을 표현하였다. 나아가다, 이루다는 의미이다. [소전 이후 창고 京과 마디 寸의 형태로 간략화되었다가 예서 이후 寸이 尤의 형태로 변형되었다]

용례) 就任(취임)

찰 축 蹴	就의 나아가다는 뜻에서 발 足을 추가하여 발로 차다, 좇다는 의미이다. 용례) 蹴球(축구)

좋을 량(양) 良

갑골문	금문 1	금문 2	소전	예서	해서

고문을 보면 고대 건물을 연결하는 회랑을 표현한 것으로 추정된다. 회랑, 이어지다라는 의미이고 후에 아름답고 솜씨가 뛰어난 건축물이었으므로 길하다, 진실로 좋다, 어질다, 아름답다, 뛰어나다, 공교하다라는 의미로 확장되었다. 용례) 改良(개량)

〈경복궁 회랑〉

사내 랑(낭) 郞	良의 이어지다라는 뜻에서 마을을 뜻하는 阝를 추가하여 원래 궁과 회랑으로 연결된 인접한 지역에 모여 살던 왕의 시종들을 뜻하였다. 후에 사내, 남편이랑 의미로 확장되었다. 용례) 新郞(신랑)
사랑채 랑(낭) 廊	郞이 사내라는 뜻으로 주로 쓰이자 집 广을 추가하여 회랑으로 연결된 건축물이란 뜻으로 사랑채, 행랑이라는 의미이다. 용례) 行廊(행랑)
물결 랑(낭) 浪	良의 이어지다라는 뜻에서 물 氵를 추가하여 강이나 바다의 물결이 옆으로 퍼져가는 모습을 표현하였다. 물결, 파도, 유랑하다, 방종하다는 의미이다. 용례) 浪費(낭비)
이리 랑(낭) 狼	良의 이어지다라는 뜻에서 개를 뜻하는 犭을 추가하여 개와 혈통이 인접한 동물인 이리를 표현하였다. 후에 사납다, 어지럽다는 의미로 확장되었다. 용례) 狼藉(낭자)
여자 랑(낭) 娘	良의 좋다, 어질다는 뜻에서 계집 女를 추가하여 아름답고 어진 여자라는 의미이다. 용례) 娘子(낭자)
밝은 랑(낭) 朗	良의 좋다, 뛰어나다는 뜻에서 달 月을 추가하여 달이 밝게 빛나면서 멀리 비치는 모습을 표현하였다. 밝다, 환하다는 의미이다. 용례) 明朗(명랑)

회복할 복/다시 부 夏				
	갑골문	금문	소전	예서

고문을 보면 회랑을 뜻하는 良에 뒤져올 夊를 합쳐 회랑을 통해 갔다가 되돌아오는 모습을 표현하였다. 되풀이하다, 겹치다, 회복하다라는 의미이고 후에 다시, 거듭(부)의 의미로 확장되었다. [예서 이후 회랑의 상형이 현재의 모습으로 변형되었다]

회복할 복/다시 부 復	걸을 彳을 추가하여 되돌아오는 모습을 강조하였다. 夏과 같은 의미이다. 용례) 復命(복명)
다시 복/덮을 부 覆	復에 덮을 襾를 추가하여 회랑을 덮은 지붕을 표현하였다. 復과 같은 의미이고 후에 회랑을 덮은 지붕이라는 뜻에서 덮다(부)는 의미가 파생되었다. 용례) 飜覆(번복)
겹칠 복(부) 複	復의 겹치다라는 뜻에서 옷 衤를 추가하여 옷을 겹쳐 입은 모습이니 겹옷, 겹치다, 거듭되다는라 의미이다. 용례) 重複(중복)
전복 복 鰒	復의 겹치다라는 뜻에서 물고기 魚를 추가하여 껍데기가 겹쳐 있는 전복을 의미한다. [고대에는 전복이 조개와 달리 한쪽만 껍데기가 있으므로 껍데기가 붙어있는 물고기로 생각하였다] 용례) 全鰒(전복)
배 복 腹	復의 되풀이하다라는 뜻에서 고기 月을 추가하여 숨을 쉬기 위해 되풀이되어 움직이는 신체 부위가 배라는 의미이다. 용례) 腹痛(복통)
향기 복 馥	復의 되풀이하다라는 뜻에서 향기 香을 추가하여 향기가 되풀이되어 난다는 뜻으로 향기, 향기롭다, 향기가 흩어지다라는 의미이다. 용례) 馥郁(복욱)
강퍅할 퍅(팍) 愎	復의 되풀이하다라는 뜻에서 마음 忄을 추가하여 자기주장만 되풀이하는 성격이란 뜻으로 강퍅하다(성격이 까다롭고 고집이 세다), 괴팍하다는 의미이다. 용례) 剛愎(강퍅), 乖愎(괴팍)

밟을/신 리(이)

履

금문	소전	예서
䪞	履	履

고문을 보면 배 舟, 나아갈 正, 머리 頁을 합쳐 우두머리가 배에 오르는 모습을 표현하였다. 나아가다, 오르다, 행하다, 밟다라는 의미이고 후에 밟다라는 뜻에서 신이라는 의미로 확장되었다. [소전 이후 배에 올라 앉다라는 뜻에서 彳과 尸가 추가되었고 예서 이후 頁이 오인되어 夊로 변형되었다] 용례) 履歷(이력)

버금 아

亞

갑골문 1	갑골문 2	금문	소전	예서
亞	亞	亞	亞	亞

고문을 보면 회랑으로 연결된 규모가 큰 중국 전통가옥 구조를 표현하였다. 모든 가옥을 회랑으로 연결한 구조이므로 무리, 동아리라는 의미가 되었다. 후에 궁전에 비교되는 큰 가옥이라는 뜻에서 다음가는, 버금이란 의미로 확장되었다.

용례) 亞父(아부)

벙어리 아 啞	亞의 버금이라는 뜻에서 입 口를 추가하여 말을 하지 못하는 상태라는 뜻이니 벙어리라는 의미이다. 용례) 聾啞(농아)
흰 흙 악 堊	亞의 무리라는 뜻에서 흙 土를 추가하여 흙을 뭉친 모양을 표현하였다. 일반적으로 토기를 만드는 모습으로 후에 토기를 만들기 위해 필요한 흰 흙, 백토를 의미하게 되었다. 용례) 白堊館(백악관)
악할 악/미워할 오 惡	亞의 버금이란 뜻에서 마음 心을 추가하여 정상적이지 않은 마음이니 나쁘다, 악하다, 미워하다(오)라는 의미가 되었다. 용례) 惡化(악화)

전각 전 殿

금문	소전	예서	해서

문을 보면 원래 사람을 형틀 위에 눕히고 볼기를 치는 모습을 표현하였다. [예서 이후 형틀에 묶는 모습이 함께 共으로 변형되었다] 평정하다, 진압하여 안정하게 하다는 의미였으나 후에 형벌을 집행하는 큰 집, 전각, 대궐, 절이라는 의미로 확장되었다.

용례) 宮殿(궁전)

앙금 전 澱	殿의 진압하다는 뜻에서 물 氵를 추가하여 음식을 압축할 때 흘러내려 쌓인 것이 앙금, 찌꺼기라는 의미이다. 용례) 沈澱(침전)
볼기 둔 臀	殿이 전각이란 뜻으로 주로 쓰이자 고기 月을 추가하여 볼기, 궁둥이라는 의미를 강조하였다. 용례) 臀部(둔부)

뜰 저 宁

갑골문	금문	소전	예서

고대 건축물 사이에 있는 빈터인 뜰을 표현하였다. [예서 이후 집 宀과 못 丁으로 간략화되었는데 못이 빈 곳에 박는 것이므로 집의 빈터라는 뜻으로 추정된다]

쌓을 저 貯	재물 貝를 추가하여 뜰에 재물을 쌓아놓은 모습이니 쌓다, 안치하다, 저축하다라는 의미가 되었다. 용례) 貯蓄(저축)

〈도예의 발전〉

힘쓸 골 圣	갑골문	금문	소전
	[glyph]	[glyph]	[glyph]

고문을 보면 손으로 흙을 뭉쳐 정성스럽게 매만지는 모습을 표현하였다. 즉 흙으로 무엇을 만들다라는 뜻으로 힘쓰다, 열심히 일하다라는 의미이다.

괴이할 괴 怪 마음 忄을 추가하여 흙으로 만든 형상을 보고 놀란다는 뜻으로 괴이하다, 기이하다, 괴상하다는 의미이다.

용례) 怪常(괴상), 怪獸(괴수)

질그릇 부 缶	갑골문	금문	소전	예서
	[glyph]	[glyph]	[glyph]	[glyph]

고문을 보면 절구 午와 토기 口를 합쳐 단단한 질그릇을 표현하였다. 고대 진흙을 뭉쳐 만들던 일반적인 토기에서 가마에 구워 단단한 질그릇으로 발전하게 되었으므로 질그릇, 장군(배가 불룩하고 목 좁은 아가리가 있는 질그릇)이란 의미이다.

용례) 水缶(수부)

보배 보 寶 집 宀, 구슬 玉, 재물 貝, 장군 缶를 합쳐 집 안에 값비싼 구슬, 재물, 질그릇 등이 가득 차 있는 모습을 표현하여 보배, 보물, 진귀한, 귀하게 여기다라는 의미이다.

용례) 寶位(보위)

질그릇 요 䍃

소전	예서	해서

고문을 보면 질그릇 缶와 고기 月을 합쳐 고기를 담는 질그릇을 표현하였다.

멀 요 遙	갈 辶을 추가하여 고기를 담은 질그릇을 가지고 이동하는 모습이니 멀리 간다는 뜻에서 멀다, 아득하다는 의미이다. 용례) 遙遠(요원)
흔들 요 搖	손 扌를 추가하여 고기를 담은 질그릇을 옮기는 모습을 표현하였다. 움직이다라는 의미이나 후에 무거운 질그릇을 힘들게 옮기는 모습에서 흔들리다, 흔들다라는 의미로 확장되었다. 용례) 搖籃(요람)
노래 요 謠	搖의 흔들다라는 뜻에서 말 言을 추가하여 정확하지 않은 말, 풍문이라는 의미이다. 후에 몸을 흔들며 말한다는 뜻에서 노래하다, 노래라는 의미로 확장되었다. [扌가 생략됨] 용례) 歌謠(가요)

가마 요/질그릇 도

금문	소전

고문을 보면 질그릇 缶와 사람 人을 합쳐 질그릇을 만드는 사람을 표현하였다. 도공, 질그릇이란 의미이나 후에 사람 人이 쌀 勹로 변형되면서 질그릇을 만드는 가마(요)라는 의미로 확장되었다. 용례) 匋文(도문)

질그릇 도 陶	언덕 阝를 추가하여 언덕처럼 높은 가마를 강조하였다. 匋과 같은 의미이고 후에 가마 온도에 따라 질그릇이 만들어지니 기뻐하다와 근심하다라는 상반된 의미가 파생되었다. 용례) 陶醉(도취)

(쌀)일 도 淘	가마에서 나온 좋은 질그릇만 사용하는 것이므로 물 氵를 추가하여 쌀을 일다(물에 흔들어서 쓸 것과 못 쓸 것을 가려내다)는 의미가 되었다. 용례) 淘汰(도태)

기와 와

瓦

소전	예서

기와 두 개가 맞물려 있는 모습을 표현하였다. 약한 불에 흙을 구어 만들므로 보통 질그릇이란 의미로 사용된다. 용례) 煉瓦(연와)

막을 인

垔

금문	소전	예서	해서
			垔

고문을 보면 불을 떼는 아궁이와 위를 덮은 모습의 가마를 구체적으로 표현하였다. 막다, 묻다, 흙을 쌓다라는 의미이다.

〈가마〉

잠길 인/막힐 연 湮	垔의 막다라는 뜻에서 물 氵를 추가하여 물에 묻히다, 잠기다, 빠지다라는 의미이다. 용례) 湮滅(인멸)
연기 연 煙	垔의 가마라는 원뜻에서 불 火를 추가하여 불을 피워 연기가 오르는 모습을 강조하였다. 연기, 안개라는 의미이다. 용례) 煙幕(연막)
질그릇 견 甄	垔의 가마라는 원뜻에서 기와 瓦를 추가하여 가마에서 꺼낸 질그릇을 표현하였다. 살피다, 나타내다, 질그릇이란 의미이다. 용례) 甄拔(견발)

말씀 언 言

갑골문 1	갑골문 2	금문	소전	예서

고문을 보면 토기 口와 새김칼 辛을 합해 도기에 무늬를 새기는 모습을 표현하였다. 도공이 자신의 생각을 무늬로 새기는 것이므로 글자, 문자, 의견, 말, 말하다라는 의미로 쓰이게 되었다.

용례) 言語(언어)

말할 화 話 言의 말하다라는 뜻에서 혀 舌을 추가하여 사람이 직접 말하는 모습이니 말하다, 말씀이라는 의미이다.

용례) 話者(화자)

가르칠 훈 訓 言의 말하다라는 뜻에서 내 川을 추가하여 물 흐르듯이 말하는 모습이니 타이르다, 가르치다, 가르침, 훈계라는 의미이고 후에 남을 가르치는 것은 어떠한 기준에 따라야 하므로 모범, 표준이란 의미로 확장되었다.

용례) 訓令(훈령)

베풀 설 設

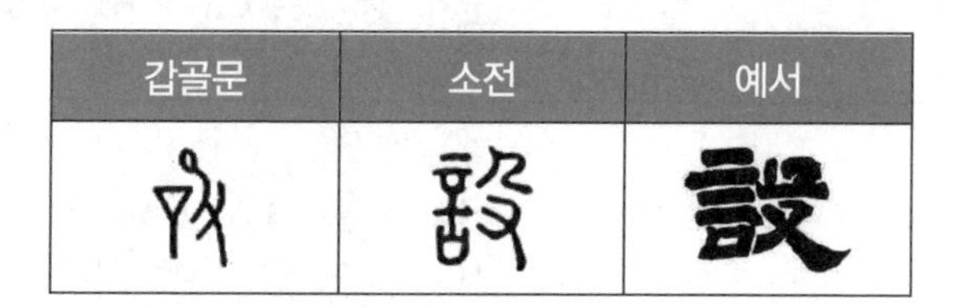

새김칼 辛과 도구를 든 모습 殳를 추가하여 새김칼을 도구로 두드리면 도기에 세밀하게 무늬를 새기는 모습을 구체적으로 표현하였다. 도모하다, 진열하다, 세우다, 설치하다, 갖추어지다, 베풀다(일을 차리어 벌리다)라는 의미가 되었다.

용례) 設令(설령)

칠 토 討	금문	소전	예서

고문을 보면 말씀 言과 칼 刂를 합쳐 말로 상대방을 공격하는 모습을 표현하였다. 비난하다, 책망하다, 치다, 공격하다라는 의미이다. [소전 이후 칼 刂가 손 寸으로 변형되었다] (= 訓)
용례) 討伐(토벌)

벌할 벌 罰 책망할 訓에 그물 罒을 추가하여 잘못한 죄인을 잡아 꾸짖고 벌을 내린다는 의미이다.
용례) 刑罰(형벌)

소리 음 音	금문	소전	예서

고문을 보면 토기에 음식이 가득 찬 모습 曰과 새김칼 辛을 합쳐 도기의 안쪽에 무늬를 새기는 모습을 표현하였다. 도기의 안쪽이란 뜻에서 그늘이라는 의미가 되었고 후에 간접적인 의사 표현이라는 뜻에서 소리, 음악이라는 의미로 확장되었다.
용례) 音樂(음악)

어두울 암 暗 音의 그늘이라는 뜻에서 해 日을 추가하여 어둡다, 보이지 않는다, 숨기다라는 의미를 강조하였다.
용례) 暗示(암시)

어두울 암 闇 音의 그늘이라는 뜻에서 문 門을 추가하여 문이 닫혀있다는 뜻으로 어둡다, 보이지 않는다, 숨기다라는 의미를 강조하였다.
용례) 昏闇(혼암)

뜻 의

소전	예서

고문을 보면 소리 音과 마음 心을 합쳐 말이 아닌 신호 및 음악에 대하여 그 의미를 생각한다는 뜻이니 뜻, 의미, 생각, 생각하다라는 의미가 되었다.

용례) 意味(의미)

한숨 쉴 희 噫	意의 간접적인 표시를 생각하다라는 원뜻에서 입 口를 추가하여 입에서 나오는 의미 없는 소리가 한숨, 한숨을 쉬다, 탄식하다는 의미이다.
생각할 억 憶	意의 생각하다라는 뜻에서 마음 忄을 다시 추가하여 생각하다, 기억하다, 추억하다라는 의미를 강조하였다. 용례) 追憶(추억)
가슴 억 臆	意의 생각하다라는 뜻에서 고기 月을 추가하여 생각하는 신체 부위가 가슴이라는 의미이다. [고대에는 심장이 생각하는 것이라고 알았다] 후에 머리가 생각한다는 사실을 알게 된 후 臆은 잘못 생각한다는 의미로 확장되었다. 용례) 臆測(억측)
억 억 億	意의 생각하다라는 뜻에서 사람 人을 추가하여 사람이 오래 생각하다, 헤아리다라는 의미이고 후에 숫자를 오래 헤아리다라는 뜻에서 많은 수, 억이란 의미로 확장되었다. 용례) 億丈(억장)

악기이름 각

壳

소전	해서
壳	壳

거북의 등껍질을 받침대 위에 올리고 끈으로 매단 원시적인 고대 악기를 표현하였다.

껍질/내리칠 각 殼	몽둥이 殳를 추가하여 거북의 등껍질을 두드리면서 소리 내는 모습을 표현하였다. 껍질, 내리치다라는 의미이다. **용례) 甲殼類(갑각류)**
성실할 각 愨	殼에 마음 心을 추가하여 악기를 연주하는데 정성스럽고 성실하게 하여야 한다는 뜻에서 성실하다, 정성스럽다라는 의미이다. **용례) 誠愨(성각)**
곡식 곡 穀	殼의 껍질이라는 뜻에서 벼 禾를 추가하여 껍질을 까지 않은 곡식을 의미한다. [几가 생략됨] **용례) 穀食(곡식)**

악기이름 미

𢼸

소전	예서
𢼸	𢼸

고문을 보면 壳보다 작은 나무판 등을 받침대 위에 올리고 두드리는 모습을 표현하였다. 원시적인 고대 악기이고 작다는 의미가 되었다.

작을 미 微	갈 彳을 추가하여 이동할 수 있는 작은 악기임을 강조하였다. 작다, 자질구레하다, 정교하다는 의미이다. **용례) 微妙(미묘)**

고비 미 薇	微의 작다는 뜻에서 풀 艹를 추가하여 크기가 작은 식물인 고비를 의미하고 후에 나무 몸체가 작은 장미, 백일홍 등을 의미하는 것으로 확장되었다. 용례) 薔薇(장미)

악기 이름 주 壴	갑골문	금문	소전
	𡔷	𡔷	壴

고대에 받침대 위에 올린 후 위를 끈으로 묶어 매단 큰 북의 모습을 표현하였다.

〈북의 청동모형〉

하인 주/세울 수 尌	손을 뜻하는 寸을 추가하여 받침대를 지탱하는 모습을 표현하였다. 세우다라는 의미이고 후에 주로 노예나 하인들이 담당하는 일이므로 하인이라는 의미로 확장되었다.
부엌 주 廚	尌의 하인이라는 뜻에서 집 广을 추가하여 하인이 거주하는 곳이 부엌이란 의미이다. 용례) 廚房(주방)
나무 수 樹	尌의 세우다라는 뜻에서 나무 木을 추가하여 나무를 심다, 세우다라는 의미이다. 용례) 樹立(수립), 神檀樹(신단수)
북 고 鼓	壴의 북이라는 뜻에서 손에 북채(支)를 들고 북을 치는 모습을 표현하였다. 북, 북을 치다는 의미이다. 용례) 鼓舞(고무)
아름다울 가 嘉	壴의 북이라는 뜻에서 더할 加를 추가하여 잔치를 열어 음악을 연주하는 모습이니 아름답다, 경사스럽다, 기뻐하다, 즐기다라는 의미이다. 용례) 嘉俳(가배)

부풀 팽 彭	갑골문	금문	소전

북 壴와 터럭 彡을 합쳐 북을 쳐서 소리가 퍼지는 모습을 표현하였다. 부풀어 오르다, 북 치는 소리를 의미하고 후에 성씨로도 쓰이게 되었다.

부풀 팽 膨	고기 月을 추가하여 (배가)부풀다, 부르다는 의미이다. 용례) 膨脹(팽창)
물소리 팽 澎	물 氵를 추가하여 물결이 서로 부딪혀 북소리처럼 크게 난다는 뜻으로 물소리, 물결이 서로 부딪히는 소리, 물결 치다라는 의미이다. 용례) 澎湃(팽배)

기쁠 희 喜	갑골문	금문	소전

북 壴와 입 口를 합쳐 북을 치면서 노래를 부르는 모습을 표현하여 즐겁다, 기쁘다, 좋아하다, 좋다는 의미이다.
용례) 喜悅(희열)

기뻐할 희 憙	喜의 기쁘다라는 뜻에서 마음 心을 추가하여 기쁜 마음을 더 강조하였다. 기뻐하다, 좋아하다라는 의미이다.
빛날 희 熹	喜의 좋다라는 뜻에서 불 灬를 추가하여 불빛이 환한 모습이니 빛나다, 밝게 비추다, 환하다는 의미이다.
아름다울 희 嬉	喜의 좋다라는 뜻에서 계집 女를 추가하여 아름답다는 의미이다. 용례) 嬉笑(희소)

복 희 禧	喜의 좋다라는 뜻에서 제사 示를 추가하여 제사를 지내 좋은 일이 생겼다는 일이니 복, 행복, 경사라는 의미이다.
쌍희 희 囍	기쁠 喜를 두 개 겹쳐 써서 혼인이나 경사가 있는 날 그 기쁨을 표현하도록 우리나라에서 만든 글자이다.

어찌 기/
개가 개

豈

갑골문	금문	소전

壴와 같은 상형이나 소전 이후 분화되었다. 북 위에 매단 장식을 더 강조하여 전쟁에서 승리하고 돌아오면서 연주하는 모습을 표현하였다. 개가, 승전악(개)의 의미이고 후에 의문, 감탄사로 어찌, 어찌하여(기)라는 의미로 확장되었다.

개선할 개 凱	안석 几를 추가하여 편안하게 앉게 화려한 북을 치면서 오는 모습이니 전쟁에서 승리하여 개선하다, 이기다는 의미이다. 용례) 凱歌(개가)
높은 땅 개 塏	豈 土를 추가하여 북을 높게 매단 모습을 땅에 비유하여 높은 지대에 있는 땅이란 의미가 되었다. 용례) 勝塏(승개)

부를 징 徵

금문	소전	예서

고문을 보면 군기를 휘날리며 군인들이 행군하는 모습을 표현하였다. 징집하다, 소집하다, 부르다는 의미이고 후에 불러 죄상을 밝히다, 징계하다는 의미로 확장되었다. 또한, 군인들이 행군하는 모습은 전쟁이 발생하였다는 것을 나타내므로 징조, 조짐, 현상이라는 의미가 파생되었다. [소전 이후 북을 치며 행군하는 모습으로 변형되었다]

용례) 象徵(상징), 徵收(징수)

징계할 징 懲	徵의 징계하다라는 뜻에서 마음 心을 추가하여 징계하다, 벌주다는 의미이다. 용례) 懲戒(징계)
아름다울 휘 徽	악기에 달린 장식을 강조하기 위해 실 糸를 추가하여 아름답다, 훌륭하다는 의미가 되었고 후에 아름답게 묶은 장식이란 뜻에서 묶다, 표기(목표로 세운 기)라는 의미로 확장되었다. [壬이 생략됨] 용례) 徽章(휘장)

즐길 락/ 좋아할 요/ 노래할 악

갑골문	금문	소전	예서

나무에 실을 여러 줄 매단 모습으로 원시적인 현악기를 표현하였다. [금문 이후 흰 白을 추가하여 나무에 연결된 하얀 실을 강조하였다] 음악을 연주하는 것이니 즐기다, 즐거워하다(락)는 의미가 되었고 좋아한다(요)는 의미로 확장된 후 음악을 연주하면 노래를 부르게 되니 노래한다(악)는 뜻까지 생성되었다.

용례) 喜怒哀樂(희로애락), 樂山樂水(요산요수), 樂器(악기)

조약돌 력(역) 礫	樂의 노래하다라는 뜻에서 돌 石을 추가하여 파도가 연주하는 것에 비유하여 파도 소리의 재료인 조약돌, 자갈을 의미하게 되었다.
약 약 藥	樂의 즐거워하다라는 뜻에서 풀 艹를 추가하여 먹으면 즐거워지는 약초를 뜻하였으나 후에 일반적인 약이란 의미로 쓰였다. 용례) 痲藥(마약)

어지러울 련(연)

䜌

금문	소전

고문을 보면 현악기의 줄을 튕겨 소리 내는 모습을 표현하였다. 현악기의 줄이 여러 개이므로 잇다, 어지럽다는 의미가 되었다. [소전 이후 줄을 튕겨 말하다라는 뜻에서 말 言이 추가되었다]

그리워할 련(연) 戀	䜌의 잇다라는 뜻에서 마음 心을 추가하여 계속하여 생각나는 모습이니 그립다, 그리워하다, 사랑하다라는 의미가 되었다. 용례) 戀愛(연애)
난새 란(난) 鸞	䜌의 어지럽다는 뜻에서 새 鳥를 추가하여 중국 전설상의 새인 난새를 표현하였다. [난새는 봉황의 일종으로 기러기, 기린, 뱀, 물고기, 황새, 원앙, 용, 호랑이, 제비, 닭의 형태를 조금씩 가지고 있고 다섯 가지 색으로 꾸며 있다고 한다]
오랑캐 만 蠻	䜌의 잇다라는 뜻에서 벌레 虫을 추가하여 긴 뱀을 표현하였다. 후에 고대 중국 남쪽에 있던 종족을 비하한 뜻으로 쓰이게 되면서 오랑캐, 거칠다, 야만적이다, 업신여기다라는 의미가 파생되었다. 용례) 蠻勇(만용)
굽을 만 彎	䜌의 잇다라는 뜻에서 활 弓을 추가하여 활을 쏘기 위해 활시위를 건 모습이니 활을 당기다, 굽게 하다, 굽다는 의미이다. 용례) 彎曲(만곡)

물굽이 만 灣	彎에 물 氵를 추가하여 물줄기가 굽다는 뜻이니 물굽이(강물이나 바닷물이 굽이지어 흐르는 곳), 만(바다가 육지 쪽으로 들어와 있는 곳)이라는 의미이다. 용례) 港灣(항만)
변할 변 變	악기채를 든 모습 攵을 추가하여 현악기의 줄을 퉁기는 모습을 구체적으로 표현하였다. 줄 하나하나를 퉁기는 것에 따라 다른 소리로 변화하므로 변하다, 변화하다, 변화라는 의미가 되었다. 후에 소리가 변한다는 뜻이 물건이 변한다는 의미로 확장되어 고치다, 변경하다, 움직이다라는 뜻으로도 쓰이게 되었다. 용례) 變化(변화)

쌍옥 각

珏

갑골문	금문	소전

한 쌍의 구슬을 표현하였다. 실로 꿴 구슬을 여러 개 놓고 퉁기면 맑은소리가 나므로 줄을 퉁기는 현악기라는 뜻으로도 사용된다.

얼룩 반 斑	무늬 文을 추가하여 옥 사이에 무늬가 있으니 얼룩이라는 의미이다. 용례) 屍斑(시반)
나눌 반 班	칼 刂를 추가하여 한 쌍의 구슬을 칼로 나눈 모습을 표현하였다. 고대에는 쌍옥을 나눠 가지면서 정표로 삼았으므로 나누다, 이별하다라는 의미가 되었다. 용례) 班長(반장)
비파 비 琵	견줄 比를 추가하여 쌍옥 珏 소리와 견줄 정도로 아름다운 소리가 나는 악기가 비파라는 의미이다.
비파 파 琶	손으로 긁는다는 뜻의 巴를 추가하여 손으로 긁듯이 연주하는 현악기인 비파라는 의미이다. 용례) 琵琶(비파)

거문고 금 琴

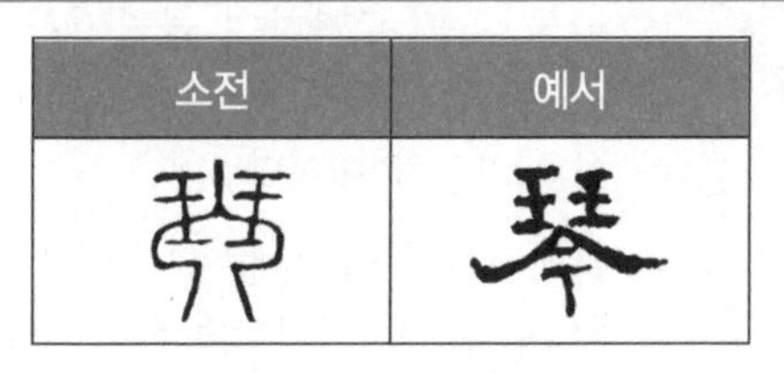

고문을 보면 줄이 달린 거문고의 단면을 표현하였다. [예서 이후 몸통 부분이 今으로 변형되었다]

용례) 琴瑟(금슬)

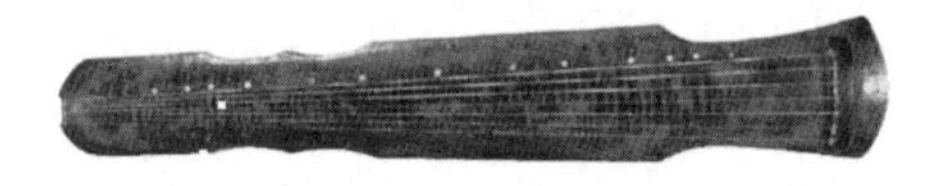

비파 슬 瑟

분리할 必을 추가하여 거문고보다 더 큰 비파, 큰 거문고를 의미한다. [今이 생략됨]

업 업 業

금문 1	금문 2	소전	예서

고문을 보면 고대 악기인 편종이나 편경에서 횡목을 얹기 위해 양쪽에 세우고 윗부분에 걸침목이 있는 받침대의 모습을 표현하였다. 기초, 공적, 순서 등의 의미이나 후에 불교가 전래되면서 'karma'(전생에 했던 소행으로 현세에서 받는 응보)를 나타내는 글자로 쓰이게 되면서 업, 일, 직업, 학업, 산업, 잇다, 계승하다, 업으로 삼다, 일하다라는 의미로 확장되었다. [무거운 횡목을 받치는 역할을 하므로 업이란 글자로 사용된 것으로 보인다]

용례) 事業(사업)

대할 대 對

고문을 보면 丵과 손 又를 합쳐 받침대를 바르게 하는 모습을 표현하였다. 2개의 받침대를 마주 보게 하여 횡목을 얻는 것이므로 대하다, 대조하다, 짝, 상대라는 의미가 되었다. [예서 이후 又가 寸으로 변형되었다]

용례) 對應(대응)

갑골문	금문	소전	예서
[glyph]	[glyph]	[glyph]	[glyph]

소리 성 聲

갑골문	소전	예서
[glyph]	[glyph]	[glyph]

고문을 보면 각 음대로 깎인 옥돌을 나무에 걸어 편경을 만든 후 손에 도구를 들고 때리면서 귀로 듣고 연주하는 모습을 그렸음을 알 수 있다. 편경을 연주하여 아름다운 소리가 나므로 소리라는 의미가 되었다.

용례) 喊聲(함성)

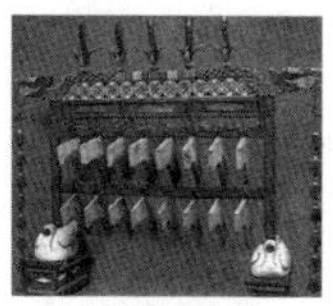

〈편경〉

경쇠 경 磬

돌 石을 추가하여 편경에 사용되기 위해 깎은 경쇠를 의미한다. [耳가 생략됨]

용례) 風磬(풍경)

향기로울 형

향기 香을 추가하여 소리가 퍼져나가듯 꽃향기가 퍼져나간다는 뜻으로 향기롭다, 향기라는 의미이다. [耳가 생략됨] 용례) 馨香(형향)

피리 약
龠

갑골문	금문	소전	예서
[illegible]	[illegible]	[illegible]	龠

대나무 여러 개를 묶어 입으로 부는 악기인 고대 악기를 표현하였다. 피리, 생황이란 의미이다. [금문 이후 대나무를 여러 개 합친다는 의미로 合이 추가되었다] (= 籥)

〈생황〉

■ 역사시대로의 전환

고대국가로 발전하면서 초기 길흉을 점치던 행위를 거북 등껍질 및 동물 뼈 등에 새기던 상형문자가 청동기에 새겨지기도 하고 나뭇조각 등을 이용하여 간략한 의사전달의 역할을 하기 시작하였다. 사람의 말이 문자로 변화되어 전달되는 역사시대로 접어들었던 것이다.

1. 문자의 발전과정

중국 고대국가였던 상나라 은허에서 발견된 갑골문을 보면 대부분 정복 전쟁이 활달한 시기에 길흉을 점치던 행위를 적었던 것이다. 이러한 글자들은 특정 지배층에서만 사용하였는데 은을 멸한 주나라에서는 청동기 등에 문자를 새겨 넣었고 이를 금문이라고 한다. 그 후 각 지역에 따라 다른 형태로 발전하던 상형문자는 중국의 혼란스러운 춘추전국시대를 통일한 진나라 시황제에 의해 진나라가 사용하던 글자로 통일하게 되는데 이것이 소전이라고 한다. 소전 이후로 한자의 상형성이 많이 약해지면서 본격적인 문자로서의 길을 가게 된다.

새길 갈/
맺을 계

契

갑골문	금문
[illegible]	[illegible]

고문을 보면 칼로 무엇인가 새기는 모습을 표현하였다. [여기서 丯은 지사자이다] 고대에는 어떠한 증표로 나무조각 등에 새겨 나눠 가졌는데 이를 부절이라고 한다. 즉 이러한 부절을 새기는 모습이므로 새기다, 부합하다, (인연을)맺다, 약속하다는 의미가 되었다.

맺을 계 契	두 손 廾을 추가하여 부절을 서로 나눠 가지는 모습을 강조하였다. 㓞과 같은 의미이다. 용례) 契約(계약)
헤아릴 혈/ 깨끗할 결 絜	실 糸를 추가하여 실타래로 묶어 표시하는 결승문자를 표현하였다. 두르다, 묶다, 헤아리다라는 의미이다. 후에 칼로 새기지 않고 실로 묶는 것이니 깨끗하다(결)는 의미로 확장되었다.
깨끗할 결 潔	絜의 깨끗하다는 뜻을 명확하게 하기 위해 물 氵를 추가하여 깨끗하다, 간결하다, 맑다는 의미가 되었다. 용례) 簡潔(간결)
먹을 끽 喫	契의 부합하다는 뜻에서 입 口를 추가하여 (음식을)먹다, (음료를)마시다, (담배를)피우다라는 의미가 되었다. 용례) 喫煙(끽연)

찰흙 시

戠

갑골문	금문	소전
[illegible]	[illegible]	[illegible]

고문을 보면 창 戈와 말 言을 합쳐 점토판에 글을 새기는 모습을 표현하였다. 점토판을 뜻하는 찰흙이라는 의미로 쓰인다. [소전 이후 言이 音으로 변형되었다]

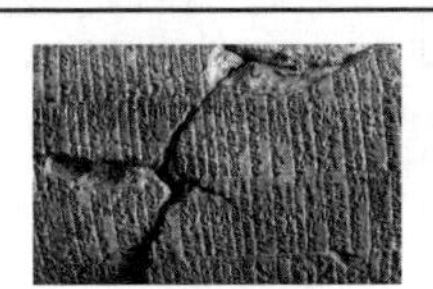
〈점토판〉

기 치 幟	천 巾을 추가하여 천에 문양을 새긴 것이 기, 깃발이라는 의미이다. 용례) 旗幟(기치)
성할 치 熾	불 火를 추가하여 점포판에 글을 새기고 이를 굽는다는 뜻이다. [고대에는 점포판에 글을 새기고 중요한 것은 불에 구워 보관하였다.] 성하다, 불길이 세다는 의미이다. 용례) 熾烈(치열)
알 식 識	말 言을 추가하여 글을 새긴 점토판을 읽고 말을 한다는 뜻이니 알다, 지식, 식견이라는 의미가 되었다. 용례) 識別(식별)
직분 직 職	귀 耳를 추가하여 소리를 듣고 점토판에 새기는 행위를 강조하였다. 고대 점토판에 글을 새기는 사람을 뜻하여 직분, 직책, 벼슬, 일, 맡다는 의미가 되었다. 용례) 職位(직위)
짤 직 織	실 糸를 추가하여 실로 문양이 있는 직물을 짜는 모습을 표현하여 짜다, 만들다, 직물, 베틀이라는 의미가 되었다. 용례) 組織(조직)

점 복 卜

갑골문	금문	소전

중국 고대 상나라에서는 거북의 등껍질이나 소뼈 등을 불로 지져 그 갈라지는 모습을 통해 점을 쳤는데 갈라진 그 모양을 표현하였다. 점, 점치다, 헤아리다는 의미이다.

용례) 占卜(점복)

성씨 박 朴	나무 木을 추가하여 나무껍질이 갈라진 모습을 표현하였다. 자연 그대로의 모습이므로 순박하다는 의미이나 후에 성씨로 쓰이게 되었다. 용례) 素朴(소박)
다다를 부 赴	달릴 走를 추가하여 뼈 등에 불을 지졌을 때 순식간에 갈라져 점괘를 알리는 모습을 표현하였다. 다다르다, 나아가다, 힘쓰다, 달려가다, 알리다는 의미이다. 용례) 赴任(부임)
부고 부 訃	말 言을 추가하여 부정적인 점괘를 말하다는 뜻에서 부고, 이르다, 일컫다는 의미가 되었다. 용례) 訃告(부고)

바깥 외 外	저녁 夕을 추가하여 저녁에 점을 치는 모습을 표현하였다. 고대에는 주로 해가 떠 있는 낮에 점을 쳤는데 특별한 경우 달이 떠 있는 저녁에 점을 치게 되었다. 그리하여 일반적인 일에서 벗어나다, 멀리하다, 바깥, 밖이란 의미가 되었다. 용례) 除外(제외)

점칠 점

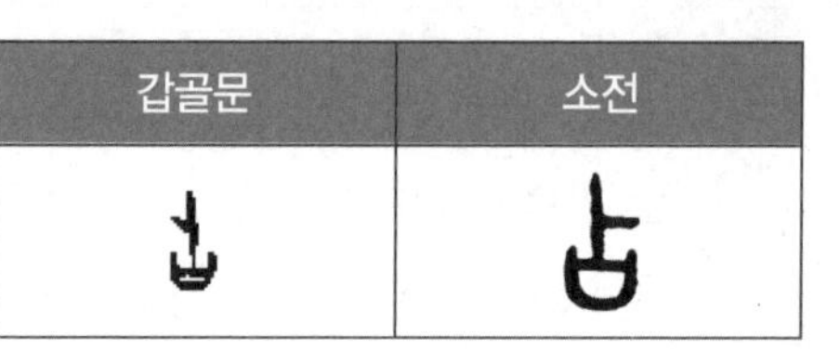

갑골문	소전

점 卜과 입 口를 합쳐 점친 것을 해석하여 말한다는 뜻이다. 점치다, 자세히 살펴보다, 헤아리다라는 의미이고 후에 글자 모양이 어느 한 지역에서 뻗어 나가는 모양이므로 차지하다, 점령한다는 의미로 확장되었다. 용례) 占領(점령)

점 점 點	검을 黑을 추가하여 불로 지져서 점을 친 자리가 검게 변하였음을 표현하여 점, 얼룩, 점 찍다는 의미가 되었다. 용례) 焦點(초점)
붙을 점 粘	占의 차지하다라는 뜻에서 쌀 米를 추가하여 쌀이 서로 붙다, 끈끈하다는 의미이다. 용례) 粘膜(점막)
젖을 점 霑	占의 차지하다라는 뜻에서 비 雨, 물 氵를 추가하여 비가 온몸을 차지한 모습이니 젖다, 적시다, 은혜를 입다라는 의미이다. 용례) 霑潤(점윤)
가게 점 店	占의 차지하다라는 뜻에서 집 广을 추가하여 물건들이 가득 차지하고 있는 집이 가게라는 의미이다. 용례) 店鋪(점포)
문서 첩 帖	占의 차지하다는 뜻에서 수건 巾을 추가하여 천에 그림이나 글씨를 붙여 놓은 모습을 표현하였다. 고대에는 중요한 그림이나 글씨를 천에 붙여 보관하였기에 문서, 장부, 명함, 표제 등을 의미하게 되었다. 용례) 手帖(수첩)
붙일 첩 貼	帖에 재물 貝를 추가하여 재물과 관련된 장부 등을 붙여 보관한다는 뜻이다. 붙이다, 보태주다, 저당 잡히다, 도와주다, 메우다, 보증금, 수당 이라는 의미이다. [巾이 생략됨] 용례) 貼付(첩부)

다듬잇돌 침 砧	占의 차지하다는 뜻에서 돌 石을 추가하여 한 자리를 차지하고 움직이지 않는 돌이라는 뜻으로 다듬잇돌이라는 의미이다. 용례) 砧骨(침골)
역마을 참 站	占의 차지하다는 뜻에서 설 立을 추가하여 우두커니 서다는 의미이고 후에 길을 가다가 잠시 쉬는 역마을이란 의미로 확장되었다. 용례) 兵站(병참)

점괘 괘 卦

소전	예서
卦	卦

원시적인 점 卜에서 발전하여 양과 음의 조화에 따라 팔괘로 나누고 다시 이를 조합한 64괘를 통해 점을 친 모습을 표현하였다. 각 괘의 모양이 나뭇가지의 길고 짧은 모양이므로 圭와 卜을 합쳐 생성하였다. 점괘(점을 쳐서 나오는 괘)라는 의미이고 점을 칠 때마다 해당 괘에 위치시켰으므로 걸다, 걸치다, 매달다라는 의미로 확장되었다. 용례) 占卦(점괘)

줄 괘 罫	그물 罒을 추가하여 64괘를 그린 모양을 표현하였다. 줄이라는 의미가 되었다. 용례) 罫紙(괘지)
걸 괘 掛	卦의 걸다라는 뜻에서 손 扌를 추가하여 걸다, 걸치다, 매달다, 입다라는 의미가 되었다. 용례) 掛佛(괘불)

조짐 조 兆

갑골문	소전	예서	해서

거북 등뼈 등에 불로 지져 갈라진 모습을 표현하였다. 사방팔방으로 갈라진 모습을 통해 점괘를 얻었는데 갈라지면서 어떠한 조짐이 일어나니 조짐, 빌미, 점괘, 점치다라는 의미가 되었다. 후에 갈라진 금이 많이 나타나므로 숫자로 많음을 표시하는 조로 의미가 확장되었다. 용례) 吉兆(길조)

볼 조 眺	눈 目을 추가하여 점괘를 보다, 살피다는 의미이다. 용례) 眺望(조망)
뛸 도(조) 跳	발 足을 추가하여 불에 지졌을 때 순식간에 갈라지는 모습을 사람의 발에 비유적으로 표현하여 빨리 달리다, 뛰다, 뛰어넘다, 솟구치다, 도약하다, 달아나다는 의미가 되었다. 용례) 跳躍(도약)
달아날 도 逃	跳에서 달아나다는 뜻을 명확하게 하기 위해 갈 辶을 추가하였다. 달아나다, 도망가다, 피하다, 숨다는 의미이다. [足이 생략됨] 용례) 逃亡(도망)
끌어낼 도 挑	손 扌를 추가하여 점을 쳐서 갈라진 금을 손으로 확인하는 모습을 표현하였다. 뼈가 갈라진 모습이 잘 드러나도록 한다는 뜻이므로 돋우다(도드라지거나 높아지게 하다), 꾀다, 꼬드기다, 후비다, 긁어내다, 끌어내다는 의미가 되었다. 용례) 挑戰(도전)
복숭아 도 桃	나무 木을 추가하여 갈라진 주름이 있는 씨를 가진 열매가 열리는 복숭아라는 의미이다. 용례) 扁桃腺(편도선)
예쁠 요 姚	계집 女를 추가하여 뼈가 잘 갈라진 모습을 여자에 비유하여 예쁘다, 곱다는 의미가 되었다. 용례) 姚江學(요강학)

글월 문

갑골문 1	갑골문 2	금문 1	금문 2	소전	예서

고문을 보면 사람의 가슴에 여러 가지 문양이 그려져 있는 모습을 표현하였다. 그 문양이 제각각인 것으로 보아 고대 문신을 새기는 부족을 표현한 것으로 보인다. 몸에 새기다, 꾸미다, 무늬, 채색, 빛깔, 빛나다, 아름답다, 어지러워지다라는 의미이다. 후에 해당 문신이 각자를 구별하는 기준이 되므로 사물을 각자 구별하게 표현한 글자, 문장, 문서 등이란 의미로 확장되었다. 또한, 글자 모양으로 인하여 덩치가 좋다, 성숙하다라는 의미가 파생되었다. 용례) 文化(문화)

무늬 문 紋	실 糸를 추가하여 실로 어떤 문양을 만들었다는 뜻이니 무늬라는 의미이다. 용례) 指紋(지문)
모기 문 蚊	벌레 虫을 추가하여 물리면 몸의 색이 바뀌거나 무늬가 새겨지는 벌레가 모기라는 의미이다. 용례) 見蚊拔劍(견문발검)
물 이름 문 汶	물 氵를 추가하여 아름다운 물의 이름으로 쓰인다.
어지러울 문 紊	文의 어지러워지다는 뜻에서 실 糸를 추가하여 여러 실로 어지럽게 문양을 새긴 모양을 뜻하여 어지럽다, 어지럽히다, 문란하다는 의미가 되었다. 용례) 紊亂(문란)
근심할 민 閔	文의 어지러워지다는 뜻에서 문 門을 추가하여 문을 닫고 고민하는 모습이니 근심하다, 걱정하다, 위문하다는 의미이다. 후에 성씨로 사용되어졌다.
근심할 민 憫	閔의 뜻을 명확하게 하기 위해 마음 忄을 추가하였다. 근심하다, 불쌍히 여기다, 민망하다는 의미이다. 용례) 憐憫(연민)
하늘/화할 민 旼	文의 빛나다는 뜻에서 해 日을 추가하여 화하다(따뜻하고 부드럽다), 온화하다, 가을 하늘이라는 의미가 되었다. (= 旻)
아름다운 돌 민 玟	文의 아름답다는 뜻에서 옥 玉을 추가하여 아름다운 돌, 옥돌이라는 뜻이다.

아낄 린(인) 吝

文의 어지러워지다라는 뜻에서 입 口를 추가하여 직접적인 말을 하지 않고 돌려서 거절하는 모습이니 인색하다, 아끼다라는 의미가 되었다. **용례) 吝嗇(인색)**

낳을 산 產

금문	소전

고문을 보면 날 生과 언덕 厂, 글 文을 합쳐 식물이 크게 자란 모습을 표현한 것으로 추정된다. 자라다, 일어나다라는 의미이나 후에 일반적으로 낳다, 태어나다, 출생이란 의미로 확장되었다. **용례) 財產(재산)**

선비 언 彥

터럭 彡을 추가하여 크게 자란 모습을 강조하였다. 크다, 빛나다는 의미이고 후에 학식이 높은 사람이라는 뜻에서 선비라는 의미로 확장되었다. [生이 생략됨] **용례) 彥士(언사)**

언문 언 諺

彥에 말 言을 추가하여 빛나는 말, 글이라는 뜻으로 세종실록 권 102에 '上親製諺文二十八字'라고 기재된 것으로 보아 세종 때부터 한글을 언문으로 칭한 것으로 보인다. **용례) 諺文(언문)**

낯 안 顏

彥의 빛나다라는 뜻에서 머리 頁을 추가하여 얼굴의 빛나는 부분인 낯, 이마, 안면이란 의미이고 후에 얼굴빛을 보다는 뜻에서 표정, 체면, 명예라는 의미로 확장되었다. **용례) 顏面(안면)**

글자 자

字

금문	소전	예서

고문을 보면 집에서 아이가 태어나다, 기르다라는 의미를 표현한 것을 알 수 있다. 진시황 이후 문자라는 말이 생겨났는데 文과 文이 합쳐 새로운 字가 생겨난다는 의미였다.

용례) 數字(숫자)

붓 율

갑골문	금문	소전	예서

붓을 손으로 잡고 있는 모습으로 붓, 펴다, 세우다 라는 의미가 되었다. 후에 붓을 들어야 무엇인가 쓰게 되니 이에, 마침내, 드디어, 펴다, 따르다 라는 어조사로 의미로 확장되었다.

법칙 률(율) 律	聿의 세우다라는 뜻에서 갈 彳을 추가하여 사람들이 행해야 하는 기준을 세우는 모습이니 법, 법칙, 규칙을 의미한다. 용례) 法律(법률)
붓 필 筆	聿의 붓이란 뜻에서 붓의 재료인 대나무 竹을 추가하여 붓, 글씨, 글을 쓰다는 의미를 강조하였다. 용례) 隨筆(수필)
글 서 書	聿의 붓이란 뜻에서 가로 曰을 합쳐 붓으로 말을 한다는 뜻이니 글, 글자, 쓰다는 의미가 되었다. 용례) 讀書(독서)
낮 주 晝	聿의 세우다는 뜻에서 아침 旦을 추가하여 해가 떠서 수직으로 선 상태인 낮, 정오를 의미한다. 용례) 晝夜(주야)
나루 진 津	聿의 세우다는 뜻에서 물 氵를 추가하여 물에 기둥을 세워 배 등을 정박시키는 곳이 나루, 나루터라는 의미이고 후에 붓에서 먹물이 떨어진다고 해석하여 진액, 침, 땀이란 의미로 확장되었다. 용례) 鷺梁津(노량진), 松津(송진)

세울 건 建

금문 1	금문 2	소전	예서

고문을 보면 붓 聿과 길게걸을 廴을 합쳐 긴 글을 쓴 모습을 표현하였다. 아뢰다, 개진하다라는 의미이나 후에 국가의 새로운 법률, 세우다, 일으키다라는 의미로 확장되었다.
용례) 建設(건설)

굳셀 건 健 建의 세우다라는 뜻에서 사람 人을 추가하여 몸을 세운 모습이니 굳세다, 꿋꿋하다, 건강하다는 의미가 되었다. 용례) 健康(건강)

힘줄 건 腱 健의 굳세다라는 뜻에서 고기 月을 추가하여 힘을 쓸 때 두드러지는 신체 부위가 힘줄이라는 의미이다. [人이 생략됨] 용례) 腱索(건삭)

열쇠 건 鍵 健의 굳세다라는 뜻에서 쇠 金을 추가하여 원래 수레바퀴를 굴대에 단단히 고정시키는 쇠로 만든 비녀장(轄)을 뜻하였으나 후에 비녀장이 두 바퀴를 가로질러 연결하는 모양이므로 문빗장, 자물쇠, 열쇠라는 의미로 확장되었다. [人이 생략됨] 용례) 關鍵(관건)

그림 화/그을 획 畫

갑골문	금문 1	금문 2	소전	예서

고문을 보면 종이 위에 붓으로 일정하게 구분하여 그리는 모습을 표현하였다. 집을 짓는 도면을 그린 것으로 추정된다. 그리다, 그림이란 의미이고 후에 분할하다, 구분하다, 계획하다, 설계하다(획)란 의미로 확장되었다. (= 畵) 용례) 映畫(영화)

그을 획 劃 畫의 분할하다는 뜻을 명확하게 하고자 칼 刂를 추가하였다. 긋다, 구획하다, 분할하다, 구별하다, 계획하다, 꾀하다는 의미이다.
용례) 劃一(획일)

다할 진 盡	갑골문	금문	소전	예서

고문을 보면 붓 聿과 그릇 皿을 합쳐 붓을 사용하고 먹물을 빼기 위해 물그릇에 넣은 모습을 표현하였다. 다하다, 다 없어지다, 최고에 달하다, 완수하다라는 의미이다. [예서 이후 먹물이 흩어지는 모습을 灬의 형태로 추가하였다]

용례) 盡力(진력)

불탄 끝 신 燼	盡의 다하다라는 뜻에서 불 火를 추가하여 불이 모두 탄 후 남은 것(깜부기 불), 불탄 끝, 불타다는 의미이다. 용례) 灰燼(회신)

엄숙할 숙 肅	금문	소전	예서

고문을 보면 붓 聿과 못 淵을 합쳐 조용하게 잔잔하게 글을 쓰는 모습을 표현하였다. 엄숙하다, 정중하다, 공경하다, 엄하다, 삼가다는 의미이다. 용례) 嚴肅(엄숙)

수놓을 수 繡	肅의 엄숙하다는 뜻에서 실 糸를 추가하여 엄숙하게 실로 수를 놓다, 수라는 의미이다. 용례) 刺繡(자수)
쓸쓸할 소 蕭	肅의 삼가다는 뜻에서 풀 艹를 추가하여 풀이 무성하지 않고 한두 개 난 모습을 표현하여 쓸쓸하다는 의미이다. 용례) 蕭寂(소적)
퉁소 소 簫	蕭에 대나무 竹을 추가하여 대나무를 잘라 만든 쓸쓸한 분위기의 소리가 나는 악기인 퉁소를 의미한다. [艹가 생략됨] 용례) 太平簫(태평소)

역사 사 史	갑골문	금문	소전	예서

고문을 보면 위로 향한 붓을 손으로 들고 있는 모습을 표현하였다. 이는 붓 聿과 구분하기 위해 붓을 들고 있는 사람 자체를 강조한 글자로 글을 쓰는 사관, 문인을 의미한다. 후에 사관이 쓴 글인 사기, 기록된 문서, 역사 등으로 의미가 확장되었다.

용례) 歷史(역사)

벼슬아치 리(이) 吏

史가 역사라는 뜻으로 주로 쓰이자 끝이 갈라진 붓으로 일하는 벼슬아치, 관리 그 자체를 강조하였다. 용례) 官吏(관리)

하여금/부릴 사 使

吏에 일을 시키는 사람 人을 추가하여 하여금(누구를 시키어), 심부름꾼, 하인, 사신, 부리다, 따르다는 의미이다. 용례) 勞使(노사)

일 사 事

고문을 보면 史와 같은 어원이나 예서 이후 분화되었다. 붓을 들고 있을 한다는 뜻을 강조하여 일하다, 종사하다, 힘쓰다, 섬기다, 일, 직업, 관직 등의 의미가 되었다. 용례) 事件(사건)

갑골문	금문	소전	예서

책 책 冊

갑골문	금문	소전	예서	해서

간독을 엮어 만든 책을 표현하였다. 옛날 종이가 발명되기 전에는 대나무나 나무를 잘라 글을 쓰고 차례대로 엮어 책을 만들었다.
대나무로 만든 재료를 竹簡, 나무로 만든 재료를 木牘이라고 칭하는데 둘을 합친 말이 簡牘이다. [간독을 차례차례 엮어서 책을 만들었으므로 종이가 발명된 이후에도 오른쪽에서 왼쪽으로 글을 쓰게 되었고 잘린 세로형태의 간독에 글을 써야 했으므로 한자도 세로로 모양이 변화하게 된 것이다] 용례) 冊床(책상)

〈죽간〉

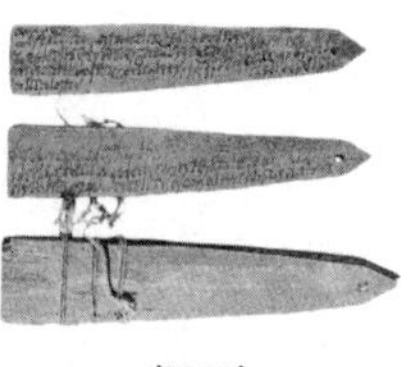
〈목독〉

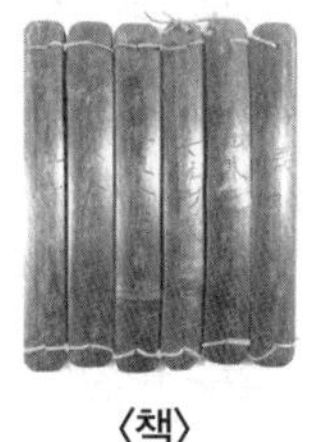
〈책〉

울타리 책 柵
나무 木을 추가하여 책 모양처럼 대나무나 싸리나무 등을 묶어 연결한 울타리를 의미한다. 용례) 木柵(목책)

깎을 산 刪
칼 刂를 추가하여 간독을 칼로 긁는 모습을 표현하였다. 대나무 등에 글씨를 쓰는 경우 오타가 생기면 칼로 긁어내고 다시 써야 했으므로 깎다, 삭제하다는 의미가 되었다. 용례) 刪蔓(산만)

산호 산 珊
刪에 옥 玉을 추가하여 옥처럼 깎아 쓸 수 있는 산호를 의미한다. 산호(珊瑚)를 깎아 패옥이나 홀로 사용하였다. [刂가 생략됨]

법 전 典
고문을 보면 책을 두 손으로 받들어 든 모습이다. 중요한 책이라는 뜻으로 법, 법전, 경전이라는 의미를 되었다. 용례) 經典(경전)

갑골문	금문	소전	예서

작을 편
扁

소전	해서
扁	扁

책 冊과 작은 문 戶를 합쳐 펼쳤을 때 작은 문 크기의 간독을 엮은 책을 의미하여 작다, 납작하다는 의미이다. 후에 글자 모양 그대로 문 크기에 맞춰 쓴 글이라는 뜻으로 현판, 편액이라는 의미로 확장되었다. 용례) 扁平(편평)

책 편 篇	扁이 작다는 뜻으로 주로 쓰이자 대나무 竹을 추가하여 책, 완결된 시문, 편(서책의 부류)이라는 의미가 되었다. 용례) 短篇(단편)
엮을 편 編	扁의 책이라는 뜻에서 실 糸를 추가하여 엮다, 짓다, 얽다, 매다, 꾸미다, 편집하다라는 의미가 되었다. 용례) 編成(편성)
두루 편 遍	扁의 책을 활짝 펴다라는 원뜻에서 갈 辶을 추가하여 두루 퍼지다, 두루 미치다, 모두, 두루, 온통이라는 의미가 되었다. 용례) 遍在(편재)
치우칠 편 偏	扁의 현판이라는 뜻에서 사람 人을 추가하여 한 편에 묶여 있는 사람이니 치우치다, 편향되다, 속이다, 한쪽, 절반의 의미가 되었다. 용례) 偏頗(편파)
속일 편 騙	扁의 현판이라는 뜻에서 말 馬를 추가하여 말의 눈 옆에 달아 옆을 보지 못하도록 만든 가림막을 표현하였다. 속이다, 기만하다라는 의미가 되었다. 용례) 騙取(편취)

생각할/
둥글 륜(윤)

금문	소전	예서

고문을 보면 삼합 亼과 책 冊을 합쳐 책을 둥글게 만 모습을 표현하였다. 고대 죽간 등에 글을 적어 마무리한 후 이를 말아 보관하였기에 생각을 정리하여 책을 완성하다라는 뜻으로 생각하다, 조리를 세우다라는 의미이고 후에 둥글게 만 모습에서 둥글다는 의미로 확장되었다.

논할 론(논) 論	侖의 생각하다라는 뜻에서 말 言을 추가하여 생각한 내용을 논하다, 서술하다, 언급하다, 논의하다, 토론하다라는 의미이다. 용례) 論議(논의)
빠질 륜(윤) 淪	侖의 둥글다라는 뜻에서 물 氵를 추가하여 소용돌이에 빠지다, 잠기다, 스며들다, 망하다라는 의미가 되었다. 용례) 淪落(윤락)
벼리 륜(윤) 綸	侖의 둥글다라는 뜻에서 실 糸를 추가하여 실을 둥글게 묶은 벼리(그물코를 꿴 굵은 줄)란 의미이다. 용례) 經綸(경륜)
산 이름 륜(윤) 崙	侖의 둥글다라는 뜻에서 산 山을 추가하여 산등성이가 둥근 모양의 산을 표현하였다. 용례) 崑崙(곤륜)
인륜 륜(윤) 倫	侖의 둥글다라는 뜻에서 사람 人을 추가하여 사람들이 둥글게 모인 모습을 표현하였다. 무리, 동류라는 의미이나 후에 사람들 사이에 돌고 돌아오는 차례, 순서, 인륜, 윤리, 도리라는 의미로 확장되었다. 용례) 倫理(윤리)
바퀴 륜(윤) 輪	侖의 둥글다는 뜻에서 수레 車를 추가하여 수레바퀴, 돌다는 의미이다. 용례) 輪廻(윤회)

인쇄할 쇄

刷

소전	해서
	刷

사람이 엎드려 수건으로 정성스럽게 닦는 모습에 칼 刂가 추가된 모습이다. 고대에 인쇄라는 것은 나무에 글자를 칼로 새기고 이를 깨끗하게 정리한 후 먹을 나무판에 문질러 종이에 묻게 하는 것이므로 이를 표현한 것이다. 인쇄하다, 등사하다, 쓸다, 닦다, 털다, 깨끗하게 하다는 의미이다. 용례) 刷新(쇄신)

2. 문자의 추상화

역사시대에 접어들면서 기존 사물의 모습을 상형한 문자로는 표현하지 못하는 철학적인 문제에 직면하였다. 그리하여 직접 눈으로 볼 수 없는 사물에 대해서도 상상력을 동원하여 새로운 문자를 만들기 시작하였다.

〈숫자 – 기수〉

사귈 효

갑골문	금문 1	금문 2	소전

고대 산가지(算木)를 엇갈리게 하여 숫자를 세는 모습을 표현하였다. 고대에는 산가지를 이용하여 숫자를 세었기에 엇갈리다, 가로 긋다, 수효, 배우다, 본받다라는 의미가 되었다. 후에 사귈 交과 모양이 비슷하여 사귀다라는 의미가 파생되었다.

용례) 數爻(수효)

가르칠 교 敎	아이 子, 칠 攵을 추가하여 아이들에게 산가지로 계산하는 방법을 때리면서 가르치는 모습을 표현하였다. 가르치다, 본받다는 의미이다. 용례) 敎師(교사)
얼룩말/논박할 박 駁	爻의 가로 긋다는 뜻에서 말 馬를 추가하여 줄무늬가 있는 얼룩말을 표현하였다. 얼룩말, 섞이다, 어긋나다는 의미이고 후에 서로 의견이 어긋나다는 뜻으로 논박하다는 의미로 확장되었다. 용례) 論駁(논박)

시원할 상 爽

고문을 보면 소매가 넓어 바람이 많이 들어오는 옷을 표현하였다. 상쾌하다, 시원하다, (기분이)좋다, (마음이)밝다는 의미이다. [소전 이후 가로그을 爻를 추가하여 옷에 구멍이 난 형태로 변형되었다]

용례) 爽快(상쾌)

갑골문	금문	소전

배울 학

갑골문 1	갑골문 2	금문	소전	예서

고문을 보면 배울 爻와 집 宀을 합쳐 배우는 장소를 표현하였다. 학교, 배우다, 공부하다라는 의미이다. [금문 이후 숫자를 세는 양손과 아이들에게 가르친다는 뜻에서 子가 추가되었다]

용례) 學生(학생)

깨달을 각/깰 교 覺

볼 見을 추가하여 학교에서 보고 배우는 모습을 강조하였다. 깨닫다, 깨우치다, 터득하다라는 의미이다. 후에 잠에서 깨다(교)는 의미로 확장되었다. [子가 생략됨]

용례) 覺悟(각오)

흔들 교 攪

覺의 잠에서 깨다는 뜻에서 손 扌를 추가하여 손으로 흔들어 깨우다, 흔들다, 휘젓다라는 의미이고 후에 곤한 잠을 흔들어 깨우는 것이니 방해하다, 훼방을 놓다, 어지럽히다라는 의미로 확장되었다.

용례) 攪亂(교란)

하나 일

一

갑골문	금문	소전

산가지 하나로 숫자 일을 표현하였다.

둘 이

二

갑골문	금문	소전

산가지 두 개로 숫자 이를 표현하였다.

둘 이 貳 화살을 세는 단위로 弌, 弍, 弎으로 쓰던 것이 재물 貝를 추가하여 재물, 물건을 세는 단위로 확장되었다.

셋 삼

갑골문	금문	소전

산가지 세 개를 나란히 놓아 숫자 삼을 표현하였다.

석 삼/참여할 참

금문 1	금문 2	소전	예서

고문을 보면 하늘에서 빛나는 삼태성을 표현하였다. 나란히 일직선으로 별 셋이 서 있는 모습에서 나란하다, 간여하다, 관계하다, 참여하다(참)라는 의미이고 후에 숫자 셋(삼)이란 의미로 확장되었다. 용례) 參與(참여)

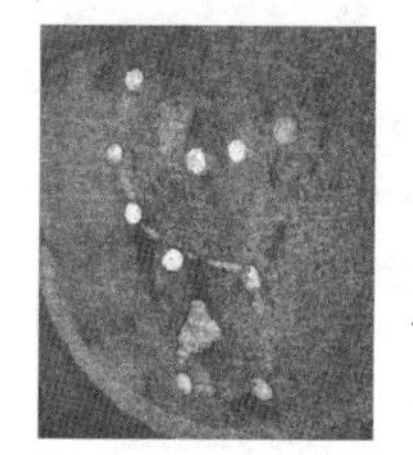

〈고려벽화 속의 삼태성〉

참혹할 참 慘	參의 간여하다라는 뜻에서 마음 忄을 추가하여 마음에 간여된 상태이니 참혹하다, 비참하다, 해치다는 의미가 되었다. 용례) 悲慘(비참)
스며들 삼 滲	參의 간여하다라는 뜻에서 물 氵를 추가하여 물이 스며들다, 스미다라는 의미이다. 용례) 滲透壓(삼투압)
삼 삼 蔘	參의 셋이란 뜻에서 풀 艹를 추가하여 뿌리가 세 갈래로 자라는 삼, 인삼을 의미한다. 용례) 人蔘(인삼)

넷 사

四

갑골문	금문 1	금문 2	소전	예서

고문을 보면 초기에는 산가지 네 개를 나란히 놓은 모습이었으나 금문 이후 콧구멍 상형(㊇)과 숫자 二를 합쳐 숫자 사를 표현하였음을 알 수 있다. 콧구멍은 2개이므로 고대에 한 쌍이라는 개념으로 사용되었다. [소전 이후 숫자 二가 생략되었다.] 용례) 駟馬(사마)

물 이름 사 泗	물 氵를 추가하여 泗水(사수) 등 물 이름으로 쓰였다.
수저 사 柶	四의 한 쌍이라는 원 뜻에서 나무 木을 추가하여 나무를 깎아 쌍으로 만든 것이 수저라는 의미이다. 후에 깎은 나무 4개를 뜻하여 윷이란 의미로 확장되었다.
쉴 희 呬	四의 콧구멍이란 원 뜻에서 입 口를 추가하여 입과 콧구멍으로 숨을 쉬다는 의미이다.

다섯 오 五

갑골문	금문	소전	예서

고문을 보면 고대 얼레를 표현한 것으로 추정된다. 얼레는 실을 뽑아 마지막으로 감는 도구이므로 둥글다, 회전하다는 의미 이외에 끝, 영역, 경계, 테두리라는 의미가 되었다. 후에 한 손으로 세는 숫자의 마지막이라는 뜻에서 숫자 오로 가차되어 쓰이게 되었다. 용례) 五列(오열)

다섯 사람 오 伍	사람 人을 추가하여 다섯 사람이라는 의미이다. 고대에 오열을 기준으로 하였기에 대오, 군대라는 의미로 확장되었다. 용례) 落伍(낙오)
나 오 吾	五의 회전하다는 원 뜻에서 입 口를 추가하여 서로 말하다, 대화하다, 논의하다, 논쟁하다는 의미이나 후에 대화를 하는 당사자인 나, 그대, 우리라는 의미로 확장되었다. 용례) 吾等(오등)
깨달을 오 悟	吾의 논의하다라는 뜻에서 마음 忄을 추가하여 깨닫다, 슬기롭다는 의미가 되었다. 용례) 覺悟(각오)
잠 깰 오 寤	吾의 말하다라는 뜻에서 집의 침상 위에 누워 있다가 말하는 모습이니 잠을 깨다, 깨닫다, 각성하다라는 의미이다. 용례) 寤寐不忘(오매불망)

오동나무 오 梧	吾의 말하다라는 뜻에서 나무 木을 추가하여 현악기에 사용하는 나무가 오동(梧桐)나무라는 의미이다.
말씀 어 語	吾의 말하다라는 뜻에서 말 言을 추가하여 말하다, 말, 말씀이라는 의미가 되었다. 용례) 言語(언어)
옥 어 圄	吾의 논쟁하다는 뜻에서 에워쌀 口을 추가하여 다툼이 발생하여 가둔 상태이니 옥, 감옥이라는 의미가 되었다. 용례) 囹圄(영어)
관청 아 衙	吾의 논의하다는 뜻에서 행할 行을 추가하여 논의를 하는 장소인 관청, 궁궐이라는 의미이다. 후에 사람들이 모여 논의하다는 뜻에서 모이다, 사람들이 모여 사는 마을이라는 의미로 확장되었다. 용례) 衙前(아전)

여섯 육 六

갑골문	금문	소전	예서

고문을 보면 이동식 장막을 표현한 것으로 추정된다. 장막은 높게 솟은 모습이므로 솟다, 높다는 의미가 파생되었다. 후에 숫자 다섯보다 많은 수라는 뜻에서 숫자 육으로 가차되어 쓰이게 되었다. 용례) 六矣廛(육의전)

일곱 칠

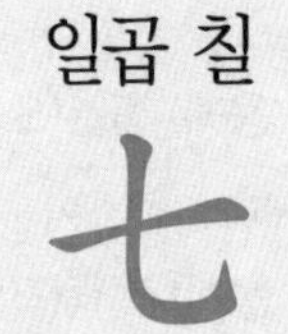

갑골문	금문	소전	예서

고문을 보면 사방으로 칼을 휘두른 모습을 표현하였다. 후에 일곱을 나타내는 음과 비슷하여 숫자 일곱으로 가차되어 쓰이게 되었다. [소전 이후 열 十과 모양이 비슷해지자 세로획을 구부리는 모양으로 변형되었다]

끊을 절 切	칼을 휘두른다는 뜻을 강조하기 위해 칼 刀를 추가하여 끊다, 베다, 정성스럽다는 의미이다. 용례) 切實(절실)
꾸짖을 질 叱	입 口를 추가하여 칼을 휘두르듯 말을 한다는 뜻이니 꾸짖다, 책망하다, 욕하다는 의미이다. 용례) 叱咤(질타)

여덟 팔

갑골문	금문	소전	예서

고문을 보면 사물을 둘로 나눈 모습을 표현하였다. 후에 여덟을 나타내는 음과 비슷하여 숫자 여덟로 가차되어 쓰이게 되었다.

아홉 구

갑골문	금문	소전	예서

고문을 보면 사람의 굽은 팔을 표현하였다. 사람이 팔로 가득 움켜쥐고 있으므로 모으다, 합하다, 많다는 의미가 되었다. 후에 아홉을 나타내는 음과 비슷하여 숫자 아홉으로 가차되어 쓰이게 되었다.

연구할 구 究	九의 모으다라는 뜻에서 구멍 穴을 추가하여 구멍을 파고 광석을 캐는 모습을 표현하였다. 후에 궁구하다(파고들어 깊게 연구하다), 다하다, 헤아리다라는 의미로 확장되었다. 용례) 硏究(연구)
원수 구 仇	九의 팔을 구부린 모습이라는 원뜻에서 사람 人을 추가하여 해치다, 죽이다, 적, 원수라는 의미가 되었다. 용례) 仇恨(구한)
비둘기 구 鳩	九의 팔을 구부린 모습이라는 원뜻에서 새 鳥를 추가하여 전령으로 사용하던 비둘기라는 의미이다.

해가 뜰 욱 旭	九의 아홉이라는 뜻에서 해 日을 추가하여 매일 아침 해가 뜨는 모습을 표현하였다. 해가 뜨다, 밝다, 아침 해, 해 돋는 모양이라는 의미이다. [고대에는 해가 하루 하루 새로 뜬다고 생각하였다] 용례) 旭日昇天(욱일승천)
던질 포 抛	九의 팔을 구부린 모습이라는 원뜻에서 힘 力과 손 扌를 추가하여 팔을 구부렸다가 펴면서 힘껏 멀리 내던지다, 던지다라는 의미이다. 용례) 抛物線(포물선)
바퀴자국 궤 軌	九의 많다라는 뜻에서 수레 車를 추가하여 수레를 여러 번 운행하여 생긴 바퀴 자국, 궤도, 길, 법도, 규범이란 의미이다. 용례) 軌道(궤도)
물들일 염 染	九의 많다라는 뜻에서 물 氵, 나무 木을 합쳐 염색에 쓰이는 나무껍질 등을 물에 넣고 천을 여러 번 담가서 물을 들인다는 의미이다. 용례) 汚染(오염)

열 십 十

갑골문	금문	소전	예서

고문을 보면 세로로 세워져 있는 막대를 표현하였다. 후에 열을 나타내는 음과 비슷하여 숫자 열이라는 의미로 가차되어 쓰이게 되었다. [금문 이후 막대를 묶어 고정시킨 모습으로 변형되었다]

열사람 십/세간 집 什	사람 人을 추가하여 사람이 열 명 있음을 뜻한다. 후에 사람이 살면서 필요한 것들이란 뜻으로 세간이란 의미로 확장되었다. 용례) 什長(십장), 什器(집기)
셀 계 計	말 言을 추가하여 열까지 세면서 계산하다, 셈하다, 세다, 헤아리다라는 의미이다. 용례) 計劃(계획)
바늘 침 針	十의 막대라는 뜻에서 쇠 金을 추가하여 쇠로 만든 바늘, 침을 의미한다. 용례) 針小棒大(침소봉대)

즙 즙 汁	針에 물 氵를 추가하여 바늘로 찔러 나오는 즙을 의미한다. [金이 생략됨] 용례) 膽汁(담즙)

일백 백/ 힘쓸 맥

갑골문 1	갑골문 2	금문	소전	예서

고문을 보면 벌집을 표현한 것으로 추정된다. 벌들이 바삐 움직이므로 힘쓰다(맥)는 의미이나 후에 벌집에 벌이 많다는 뜻에서 숫자 백이라는 의미로 가차되어 쓰이게 되었다.

맥국 맥 貊	짐승 豸를 추가하여 짐승이 많이 살던 지역 이름으로 추정되며 고대 중국의 북쪽에 살던 종족 이름으로 쓰였다.
클 석 奭	사람이 팔을 크게 벌린 모양인 大를 추가하여 벌통을 양손으로 든 모습이니 힘쓰다, 크다, 성하다는 의미이다.

일천 천

갑골문	금문	소전	예서

고문을 보면 사람의 다리를 묶은 모습을 표현하였다. 원래 묶다는 의미이나 후에 군대의 일정한 편제라는 뜻으로 쓰이게 되면서 숫자 천이란 의미로 가차되었다. (= 仟)

두렁 천 阡	千의 묶다는 원뜻에서 언덕 阝를 추가하여 흙을 높게 언덕처럼 묶어 쌓아 올린 것이 두렁, 두둑이란 의미이다.

일만 만 萬	갑골문	금문	소전	예서

고문을 보면 전갈의 모습을 표현하였다. 전갈은 알을 체내에서 낳아 태어난 새끼들을 성체가 될 때까지 어미가 등에 가득 올려 키우기에 많다는 의미가 생겼다. 후에 숫자 만이란 뜻으로 가차되었다. [속자는 万으로 쓴다]

전갈 채 蠆	萬이 일만이란 뜻으로 쓰이자 벌레 虫을 추가하여 전갈을 표현하였다.
멀리 갈 매 邁	萬의 많다라는 뜻에서 쉬엄쉬엄 갈 辶을 추가하여 멀리 가다, 지나다, 순행하다라는 의미가 되었다. 용례) 邁進(매진)

갈 려(여) 厲	금문 1	금문 2	소전

고문을 보면 돌 石과 많다는 뜻의 萬이 합쳐진 모양으로 도구로 쓰기 위해 돌을 가는 모습을 표현하였다. 갈다라는 의미이나 후에 돌을 가는 것은 힘든 일이므로 힘쓰다, 괴롭다는 의미로 확장되었다. [소전 이후 돌 石이 기슭 厂으로 변형되었다]

숫돌 려(여) 礪	厲의 갈다는 뜻에서 돌 石을 추가하여 가는데 쓰는 돌인 숫돌을 의미한다.
힘쓸 려(여) 勵	厲의 힘쓰다는 뜻을 명확하게 하기 위해 힘 力을 추가하였다. 용례) 激勵(격려)

〈숫자 – 서수〉

• 十干– 10

처음 서수를 만들 때 손가락이 10개이므로 10을 세는 단위를 만들었을 것이다. 은나라에서는 10을 세는 단위를 갑, 을, 병, 정, 무, 기, 경, 신, 임, 계로 구분하였는데 갑골문에 복순(卜旬)이라고 하여 어느 날부터 향후 10일간의 길흉을 점쳤던 기록이 남겨져 있다. 후에 이러한 10을 세는 단위를 십간(천간)이라고 불렀다.
기존에 있던 한자를 어떠한 이유로 천간으로 사용하였는지는 명확하게 알 수 없지만 글자의 원래 의미를 헤아려보면 계절에 따라 식물의 성장과정을 토대로 10이라는 서수를 만든 것으로 추정된다.

순서	갑골문	해석
첫째 천간 갑 甲		싹을 심으면 봄에 땅을 뚫고 나온다.
둘째 천간 을 乙		새싹이 조금씩 몸을 펴게 된다.
셋째 천간 병 丙		떡잎이 생선의 꼬리처럼 양쪽으로 벌어진다.
넷째 천간 정 丁		식물이 자라나 못처럼 바르게 서게 된다.
다섯째 천간 무 戊		식물의 잎이 무성하게 자라게 된다.
여섯째 천간 기 己		식물이 다 자라면 열매를 맺고 늘어지게 된다.
일곱째 천간 경 庚		다 자란 곡식을 수확하여 탈곡한다.
여덟째 천간 신 辛		탈곡한 곡식을 칼로 요리하여 먹는다.
아홉째 천간 임 壬		음식을 먹으면 실패처럼 배가 부르게 된다.
열 번째 천간 계 癸		곡식이 떨어지는 겨울에는 사냥을 해야 한다.

열흘 순 旬	갑골문	금문	소전	예서

고대 은나라에서는 10개의 태양이 땅속에 있다가 하루에 하나씩 떠오른다고 생각하여 10일 단위로 점을 쳤기 때문에 대지가 태양을 모두 감싸 안아 10일이 되었다는 뜻이다. 후에 열이라는 의미에서 열 번, 십 년, 두루, 두루 미치다는 의미로 확장되었다.

죽순 순 筍	대나무의 순이 열흘이면 대나무로 자란다는 의미로 대나무 竹을 추가하여 생성하였다. 용례) 竹筍(죽순)
풀 이름 순 荀	풀 艹를 추가하여 풀이 열흘이면 자란다는 뜻으로 풀 이름으로 쓰였다. 용례) 荀子(순자)
따라 죽을 순 殉	고대에는 해가 죽었어도 다시 살아나 떠오르듯이 사람이 죽어도 다시 살아난다고 여겨 우두머리 등이 죽었을 경우 이들을 수행할 여자나 하인을 같이 매장하였다. 이로 인하여 죽는다는 뜻의 歹을 추가하여 순장하다, 따라 죽다, 따르다는 의미가 되었다. 용례) 殉葬(순장)
옥 이름 순 珣	旬의 두루 미치다라는 뜻에서 옥 玉을 추가하여 밝게 빛나는 옥을 의미한다.
참으로 순 洵	旬의 두루 미치다라는 뜻에서 물 氵를 추가하여 넓을 강을 표현하였다. 후에 참으로, 진실로라는 의미로 확장되었다.
무늬 현 絢	旬의 두루 미치다라는 뜻에서 실 糸를 추가하여 실로 골고루 짠 모양이니 무늬, 곱다는 의미이다. 용례) 絢爛(현란)

• 十二支- 12

은대에는 12달을 세는 단위로 자, 축, 인, 묘, 진, 사, 오, 미, 신, 유, 술, 해로 구분하여 사용하였는데 후에 이를 십이지라고 불렀다. 기존에 있던 한자를 어떠한 이유로 십이지로 사용하였는지는 명확하게 알 수 없지만 글자의 원래 의미와 12달이라는 개념을 통해 헤아려보면 남녀가 만나 아이가 태어나는 과정을 토대로 12이라는 서수를 만든 것으로 추정된다.

순서	갑골문	해석
첫째 지지 자 子		아이는 어떻게 태어나는가?
둘째 지지 축 丑		우선 마음에 드는 여자를 찾고
셋째 지지 인 寅		남자의 성기가 커지게 되면
넷째 지지 묘 卯		서로의 몸을 밀착한다.
다섯째 지지 진 辰		여성의 성기를 찾아 남자의 성기를 넣는다.
여섯째 지지 사 巳		아주 작은 태아가 잉태되는데
일곱째 지지 오 午		태아는 점차 절굿공이처럼 성장하게 되고
여덟째 지지 미 未		태아의 머리카락까지 생기면
아홉째 지지 신 申		임신한 여자의 배가 번개처럼 늘어날 것이고
열째 지지 유 酉		마지막에는 술단지처럼 크게 부풀어 오를 것이다.
열한째 지지 술 戌		아이를 낳을 때 아이의 큰 머리부터 나오게 되며
열둘째 지지 해 亥		아이가 태어나면 탯줄을 잘라야 한다.

• 십이지수

한대에 와서 십이지는 방위나 시간의 단위로 사용되기 시작하였고 불교 등이 전래되면서 십이지에 각각의 동물이 결합되었다. 고대 바빌로니아에서는 천문 역법과 관련하여 원을 중심으로 12등분하고 각 방위마다 그에 상응하는 동물이나 인물 등을 배치(보병, 쌍어, 백양, 금우, 쌍녀, 게, 사자, 처녀, 천징, 천갈, 인마, 마갈)하였는데 이러한 천문 역법이 인도 등을 통해 중국으로 전래되면서 생활과 밀접한 동물로 대체된 것으로 추정된다. 십이지에 동물이 결합되면서 해당 한자가 십이지수의 훈으로 불리는 경우가 있으나 본래 의미와는 전혀 상관없다는 사실을 유념하여야 한다.

• 六十甲子

은대에는 십간, 십이지가 날짜를 표기하는 수단이었으나 한대에 와서는 십간과 십이지를 합쳐 60개의 단위를 세는 육십갑자로 발전하였고 연도, 월, 시간에도 사용되기 시작하였다. 후에 음행오행설과 결합되어 길흉을 점치는 등 동양사상에 막대한 영향을 끼치게 된다.

십이지	십이지수	시간	방향
자(子)	쥐(鼠)	23~1시	북(北)
축(丑)	소(牛)	1~3시	북북동
인(寅)	호랑이(虎)	3~5시	동동북
묘(卯)	토끼(兎)	5~7시	동(東)
진(辰)	용(龍)	7~9시	동동남
사(巳)	뱀(蛇)	9~11시	남남동
오(午)	말(馬)	11~13시	남(南)
미(未)	양(羊)	13~15시	남남서
신(申)	원숭이(猿)	15~17시	서서남
유(酉)	닭(鷄)	17~19시	서(西)
술(戌)	개(犬)	19~21시	서서북
해(亥)	돼지(豕)	21~23시	북북서

1 갑자	11 갑술	21 갑신	31 갑오	41 갑진	51 갑인
2 을축	12 을해	22 을유	32 을미	42 을사	52 을묘
3 병인	13 병자	23 병술	33 병신	43 병오	53 병진
4 정묘	14 정축	24 정해	34 정유	44 정미	54 정사
5 무진	15 무인	25 무자	35 무술	45 무신	55 무오
6 기사	16 기묘	26 기축	36 기해	46 기유	56 기미
7 경오	17 경진	27 경인	37 경자	47 경술	57 경신
8 신미	18 신사	28 신묘	38 신축	48 신해	58 신유
9 임신	19 임오	29 임진	39 임인	49 임자	59 임술
10 계유	20 계미	30 계사	40 계묘	50 계축	60 계해

〈방위〉

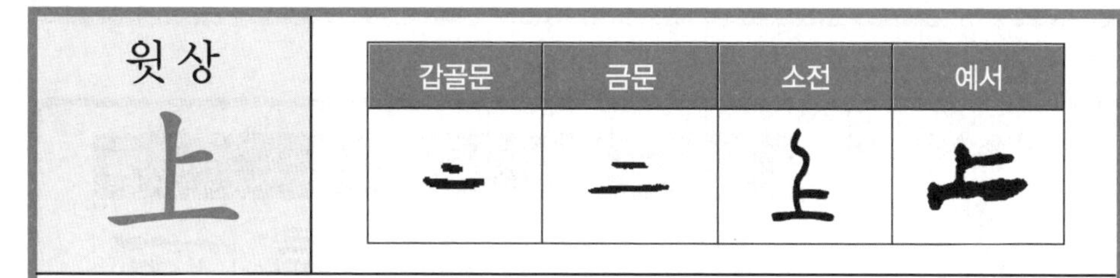

땅 위로 올라오는 식물을 점찍어 위를 표현하였다.

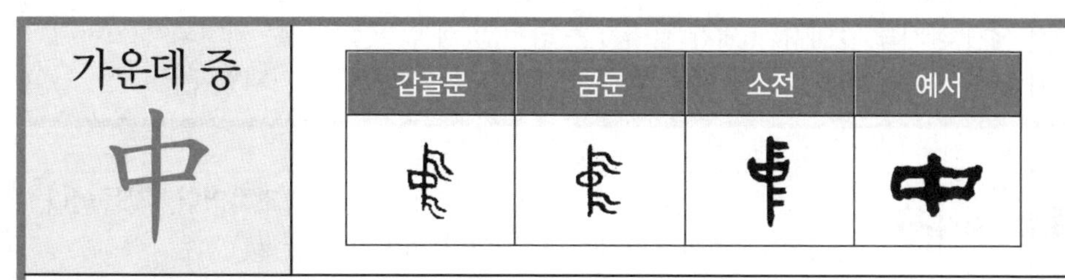

군영 가운데 펄럭이는 깃발을 세워놓은 모습이다. 깃발을 중심으로 막사를 설치하게 되므로 가운데, 속, 안 이라는 의미가 되었다.

아래 하

下

갑골문	금문	소전	예서

땅 아래 식물의 뿌리를 점찍어 아래를 나타내었다.

동녘 동

갑골문	금문	소전

나뭇가지에 식량 등을 담은 자루를 단단하게 묶은 모습을 표현하였다. 후에 나무에 해가 걸려있는 모습으로 해석하여 해가 뜨는 동쪽이란 의미로 가차되어 쓰이게 되었다.

서쪽 서

갑골문	금문	소전 1	소전 2	예서

나뭇가지 등으로 얼기설기 짠 새둥지를 표현하였다. 깃들이다는 의미이나 해가 지면 새가 둥지로 날아가니 새가 날아가는 방향인 서쪽이란 의미로 가차되어 쓰이게 되었다. [소전 이후 새 둥지 위에 새(乙)가 앉아 있는 모습이 추가되었다.]

깃들일 서 栖 나무 木을 추가하여 나무에 있는 새 둥지를 강조하였다. 깃들이다, 거취 하다, 살다, 보금자리, 집이란 의미이다. (= 棲)

옮길 천 遷

고문을 보면 새둥지를 여러 명이 양 손(廾)으로 조심스럽게 옮기는 모습을 표현하여 옮기다는 의미를 나타내었고 후에 새둥지처럼 사람의 보금자리를 옮긴다는 뜻에서 마을 邑이 추가되어 떠나가다, 내쫓다는 의미로 확장되었다. [소전 이후 마을 邑이 생략형 㔾로 변형되었고 갈 辶이 추가되어 옮기다는 뜻을 강조하였다.]

용례) 遷都(천도)

금문 1	금문 2	소전 1	소전 2	예서

남쪽 남

南

갑골문 1	갑골문 2	금문	소전	예서

여러 학설이 있으나 고문을 보면 유목민이 사용하는 이동식 조립주택(게르)을 표현한 것으로 추정된다. 유목민들은 따뜻한 남쪽으로 이동하므로 후에 남쪽이라는 의미로 가차되어 쓰이게 되었다.

북녘 북/ 달아날 배

갑골문	금문	소전	예서

등을 마주 대고 있는 두 사람을 표현하였다. 등지다, 달아나다라는 의미이고 후에 중국에서 이민족들이 사는 북쪽으로 달아나게 되므로 북쪽이란 의미로 가차되어 쓰이게 되었다.

등 배 背	고기 月을 추가하여 사람이 마주 대고 있는 신체 부위인 등을 강조하였다. 용례) 背景(배경)

〈계절〉

갑골문	금문	소전	예서
			春

고문을 보면 해가 우거진 풀숲 사이에 있는 모습(莫)과 새싹이 돋아나는 모습(屯)을 합쳐 땅속에 있던 싹이 돋아나는 모습을 강조하였다. 이후 새싹이 돋아나는 계절인 봄을 의미하게 되었다.

용례) 春秋(춘추)

참죽나무 춘 椿	나무 木을 추가하여 봄에 나무에서 새순이 자라남을 표현하여 가장 쉽게 알 수 있는 참죽나무라는 의미가 되었다. [고대에는 참죽나무의 새순을 채취하여 식용으로 사용하였다]
꾸물거릴 준 蠢	뱀을 뜻하는 虫을 추가하여 뱀이 봄에 겨울잠을 자고 꾸물거리며 나온다는 뜻으로 꾸물거리다, 꿈틀거리다는 의미이다. 용례) 蠢動(준동)

여름 하 夏

갑골문	금문 1	금문 2	소전	예서
				夏

고문을 보면 머리에 짐을 올린 모습을 표현한 것으로 추정된다. 크다, 풍성하다는 의미이고 후에 태양이 제일 강한 계절인 여름이라는 의미로 가차되었다. 나라 이름으로도 쓰인다. [예서 이후 머리 頁과 뒤져올 夊의 형태로 변형되었다]

용례) 夏至(하지)

가을 추 秋

갑골문	소전 1	소전 2	예서
			秋

고문을 보면 메뚜기가 벼를 먹는 모습을 표현하였음을 알 수 있다. 벼가 익어 메뚜기가 날아오는 계절인 가을을 의미한다. [소전 이후 메뚜기가 붉은색이므로 불 火로 변형되었다]

용례) 秋收(추수)

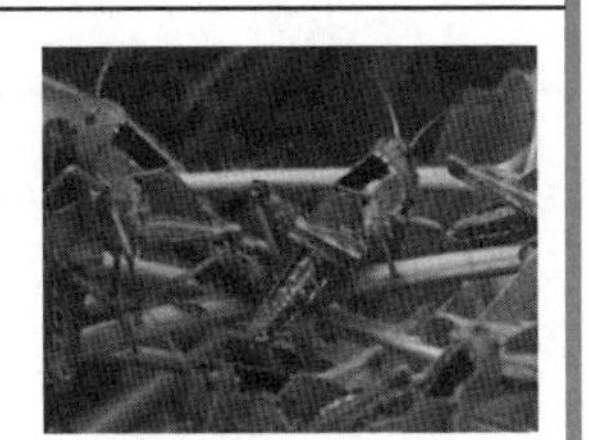

가래나무 추 楸	나무 木을 추가하여 가을에 열매가 벼와 같이 누렇게 익는 가래나무, 호두나무를 의미한다.
미꾸라지 추 鰍	물고기 魚를 추가하여 가을에 벼를 수확한 후 논두렁 등에서 잡아먹는 물고기가 미꾸라지라는 의미이다. 용례) 鰍魚湯(추어탕)
근심 수 愁	마음 心을 추가하여 메뚜기가 날아와 벼를 먹는 모습에 걱정하다는 뜻으로 얼굴빛을 바꾸다, 근심하다, 시름겹다, 근심, 시름이라는 의미이다. 용례) 憂愁(우수)

겨울 동

갑골문	금문	소전	예서	해서

고문을 보면 집의 끝부분을 바람이 들어오지 않게 돌이나 실로 단단하게 묶는 모습을 표현하였다. 추운 날씨라는 뜻이므로 겨울, 겨울을 나다는 의미가 되었다.

아플 동 疼	병 疒을 추가하여 몸이 추운 것처럼 (몸이 쑤시고) 아프다, 욱신거리다는 의미이다. 용례) 疼痛(동통)
마칠 종 終	실 糸를 추가하여 끝을 묶는 모습을 강조하였다. 추운 겨울을 대비하여 집을 튼튼하게 하는 것을 말하므로 겨울이 오기 전에 준비를 마치다, 끝내다, 다하다, 끝, 마지막이란 의미가 되었다. 용례) 最終(최종)

3. 기타 외래어

포도 포 葡	풀 艹와 기어갈 포(匍)를 합쳐 길게 기어가면서 자라는 포도를 표현하였다. 당나라 때 서역으로부터 전래되어 Budau(중앙아시아의 토어)을 음역하여 포도(葡萄)라고 하였다.

포도 도 萄	질그릇 도(匋)에 풀 艹를 추가하여 질그릇 모양으로 자라는 포도를 표현하였다.

탑 탑 塔	탑은 고대 인도어인 'stupa'에서 유래한 말로 중국으로 전래될 당시 팔리어 'thupa'를 한자로 표기한 탑파(塔婆)의 준말이다. 원래 스투파가 부처님의 사리를 봉안하는 묘의 의미를 지니고 있어 탑도 흙과 풀을 합쳐 만든 묘라는 의미로 쓰이게 되었다. 용례) 多寶塔(다보탑)

절 찰 刹	죽일 殺에 칼 刂를 추가하여 죽인다는 뜻으로 추정되나 후에 불교가 들어오면서 범어인 'Ksetra'를 음역하여 죽은 스님의 유골이나 사리를 봉안하는 절, 사원, 탑이라는 의미로 쓰이게 되었다. 용례) 刹那(찰나)

절 가 伽	산스크리트의 상가라마(samgharama)는 교단을 구성하는 남승, 여승, 남자 신도, 여자 신도가 모여 사는 곳이란 뜻인데 이를 한자에서 음역하면서 승가람마(僧伽藍摩)라고 하였고 나중에 이를 줄여 가람이라고 칭하게 되었다.

중 승

僧

산스크리트어 상가(samgha)의 음역인 僧加(승가)에서 온 글자로 상가는 원래 집단, 공동체의 의미로 수행자의 집합, 교단을 일컫는 말로 개개의 수행자라는 의미로 쓰인다.

부처 이름 가

부처를 이르는 말인 석가모니(釋迦牟尼)는 sakya-muni buddha를 음역한 글자이다. 원뜻은 석가족의 성인이라는 뜻이다.

부처 불

부처의 원이름은 고타마 싯다르타인데 깨달음을 얻은 후 buddha로 불리게 되었고 이를 음역한 글자가 불타(佛陀)이다. 부처, 불경, 불교 등의 의미로 사용된다.

부처 타

원래 뱀 它에 언덕 阝를 추가하여 험한 벼랑, 비탈지다는 뜻이나 부처의 음역으로 쓰이게 되었다.

보살 살

낳을 産에 언덕 阝, 풀 艹를 추가하여 어려운 역경 속에서 낳다는 뜻으로 불교가 전래된 후 산스크리트어 bodhisattva를 음역하여 菩薩이라고 쓰게 되었다.

보살 보

菩

씨방 咅에 풀 艹를 추가하여 꽃이 피고 진 후 열매가 열린다는 뜻으로 불교가 전래되면서 꽃이 피고 진 후 열매가 열리듯 사람이 깨달아서 새로운 사람이 된다는 뜻으로 보살이란 의미로 가차되어 쓰이게 되었다.

두루 미

彌

그물을 뜻하는 爾에 길이를 재는 도구인 활 弓을 추가하여 멀다, 가득 메우다, 퍼지다, 두루, 널리, 멀리라는 의미이다. 후에 불교가 전래되면서 친구를 뜻하는 미트라(mitra)에서 파생한 마이트리야(maitreya)를 음역하여 미륵이란 의미로 쓰이게 되었다.

용례) 彌勒(미륵)

만자 만

卍

불교에서 석가모니의 가슴과 발 등에 나타난 문양으로 상서로운 상으로 삼는 무늬이다. 불교가 전래되면서 글자로 생성되었다.

불시 게

불경에서 보통 네 구(句)를 한 偈라고 하는데, 다섯 글자나 일곱 글자를 한 구(句)로 하여 한시처럼 만든 글을 의미한다.

범어 범

梵

브라만(brahman)의 음역으로 범어(산스크리트어), 불경이라는 의미이다.

사바세상 사 	산스크리트어 사하(saha)의 음역으로 불교에서 우리가 사는 세상을 일컫는 의미이다.
할머니 파/ 사바세상 바 	산스크리트어 사하(saha)의 음역으로 불교에서 우리가 사는 세상을 일컫는 의미이다.
바리때 발 	불교 사찰에서 쓰는 식기를 이르는 말로 발(鉢) 또는 발우(鉢盂)라고 한다. 범어인 발다라(鉢多羅)의 약칭이다. **용례) 鉢囊(발낭-바랑)**
나라 이름 섬 	해가 퍼진다는 뜻이나 태국의 옛 이름인 시암(siam)을 음역하여 섬라(暹羅)로 쓰였다.

■ 국가의 흥망성쇠(중국의 고대: 하나라 ~ 한나라)

고대 중국은 분열과 통합의 역사였다. 초기 황하 유역에서 시작한 한족은 점차 그 터전을 넓혀가며 주변 이민족을 제압하였다. 그러나 이민족의 끈질긴 저항에 부딪혔고 넓은 지역을 다스리기 어려웠던 관계로 영토를 분할하여 제후들에게 다스리게 하였기에 시간이 흐르면서 동질감이 약해지고 제후들의 도전 등으로 인하여 항상 전란에 봉착하였고 분열과 통합의 역사가 되풀이되었다.

1. 하(夏)나라 (BC 2070 ~ BC 1598)

신석기 말기에는 황하(黃河) 유역을 중심으로 많은 부락이 분포했고, 그 중 황제(黃帝)의 후예인 하후씨(夏後氏)를 창시자로 보는 하(夏) 부족이 주변 여러 부족을 융합해 부락(씨족) 연맹체가 됨으로써 기원전 2070년경 중국 역사상 최초의 왕조로 발전하였다.

이 연맹체는 민주적 방법으로 군주를 추천하고 선발하는 선양제(禪讓制)를 시행하여, 요(堯) 임금, 순(舜) 임금, 우(禹) 임금이라는 걸출한 부락연맹의 수령이 차례로 등장했다.

허나 하나라는 중국의 역사서에 기술되어 있을 뿐 그 유물 및 유적지를 확인할 수 없어 아직 전설상의 나라로 남아있다.

나라 이름 하
夏

갑골문	금문 1	금문 2	소전	예서
				夏

고문을 보면 머리에 짐을 올린 모습을 표현한 것으로 추정된다. 크다, 풍성하다는 의미이고 후에 태양이 제일 강한 계절인 여름이라는 의미로 가차되었다. 나라 이름으로도 쓰인다. [예서 이후 머리 頁과 뒤져올 夂의 형태로 변형되었다]

요임금 요
堯

갑골문	소전	예서
		堯

고문을 보면 사람이 흙덩어리를 짊어진 모습을 표현하였다. [소전 이후 흙 土를 세 개 합쳐 흙을 높이 쌓아 올린 모습으로 변화하였다] 높다, 멀다는 의미이고 후에 고대 중국의 전설상의 임금인 요임금을 뜻하는 글자로 쓰이게 되었다.

황하 유역에 위치한 하나라는 당시 황하의 잦은 범람으로 큰 재난을 겪고 있었기 때문에 요임금은 곤(鯀)에게 홍수를 다스리도록 명하였으나 그 뜻을 이루지 못하였다고 알려지고 있다. 그러나 최초로 왕위를 아들이 아닌 순임금에게 선양하였다 하여 추앙받고 있다.

요행 요/속일 교
僥

사람 人을 추가하여 흙으로 높이 제방을 쌓는 사람의 모습을 표현하였다. 요임금 때 치수를 위해 제방을 쌓아 작은 홍수는 막았기에 바라다, 구하다, 요행이란 의미가 되었지만 결국 큰 홍수를 막지 못하였으므로 속이다, 거짓말하다(교)는 의미가 파생되었다.

용례) 僥倖(요행)

어지러울 요
撓

손 扌를 추가하여 흙을 높이 쌓는다는 뜻을 강조하였다. 흙을 높이 쌓으면 조그만 충격에도 흔들리게 되므로 흔들리다, 구부러지다, 굽히다, 휘다, 어지럽다는 의미가 되었다. 용례) 百折不撓(백절불요)

넉넉할 요 饒	堯의 높다는 뜻에서 밥 食을 추가하여 밥이 높게 쌓여 있으니 넉넉하다는 의미이다. 용례) 豊饒(풍요)
불사를 소 燒	堯의 높다는 뜻에서 불 火를 추가하여 불이 높고 크게 타오르는 모습을 표현하였다. 불사르다, 불태우다, 타다는 의미이다. 용례) 燒却(소각)
새벽 효 曉	堯의 높다는 뜻에서 해 日을 추가하여 해가 점차 크게 떠오르는 모습을 표현하여 새벽, 밝다, 깨닫다는 의미가 되었다. 용례) 曉星(효성)

순임금 순 舜

소전	예서
[illegible]	[illegible]

꽃이 흐드러지게 붉게 핀 모양을 표현하였으나 후에 중국 고대 전설적인 순임금, 뛰어나다는 의미로 쓰이게 되었다.

요임금으로부터 왕위를 이어받은 순임금은 곤(鯀)의 아들 우(禹)에게 홍수를 다스리게 하였고 우는 둑을 쌓아 물을 막는 방법과 달리 작은 물줄기는 큰 물줄기로 흐르게 하고 큰 물줄기는 바다로 향하게 하는 방법으로 치수사업에 성공하였고 순임금은 우에게 왕위를 물려주었다.

눈깜짝일 순 瞬	눈 目을 추가하여 유심히 보다는 뜻으로 주시하다, 보다는 의미였으나 후에 계속 한 곳을 보면 눈이 아프므로 (눈을) 깜짝이다, 눈을 깜짝할 사이, 잠깐이란 의미로 확장되었다. 용례) 瞬間(순간)

우임금 우 禹

금문 1	금문 2	소전	예서

고문을 보면 무기를 든 뱀의 모습을 표현하였다. 뱀을 숭상하는 종족으로 추정되고 하우씨(우임금), 성씨로 쓰이게 되었다.

우임금은 치수사업에 성공하여 왕위를 올랐으나 그 이후에 전통적인 선양을 하지 않고 아들에게 왕위를 물려줌으로써 우임금으로부터 본격적으로 세습적인 하왕조가 시작된다.

홰 걸 桀

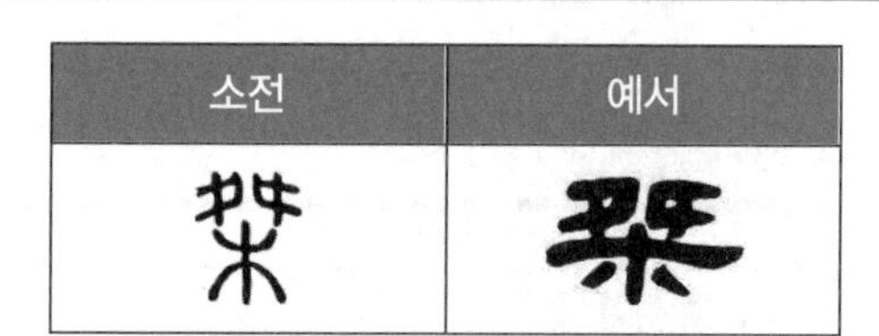

나무 위에 두 발이 올라가 있는 모습을 표현하였다. 닭의 홰를 의미하였으나 후에 사람이 나무 꼭대기에 올라갔다는 뜻으로 뛰어나다, 용감하다는 의미로 확장되었다. 중국 고대 하나라의 폭군인 마지막 왕의 이름이 걸왕이다.

걸왕은 하나라의 마지막 군주로 매희(妹喜)라는 여인과 사치에만 빠져 생활하다 제후의 우두머리였던 은(殷)의 탕(湯)에게 쫓겨 죽임을 당하였다. 걸왕의 사치에 대해 술로 못을 만들고 고기를 달아 숲을 만든 다음 남녀가 벌거벗고 밤낮으로 술을 퍼마시면 즐겼다고 하여 주지육림(酒池肉林)이라는 고사성어가 생겼다.

뛰어날 걸 傑	桀의 뛰어나다는 뜻을 명확하게 하기 위해 사람 人을 추가하였고 뛰어나다, 출중하다, 흉포하다는 의미가 되었다. 용례) 傑作(걸작)
뛰어날 걸 杰	傑의 속자로 불에 잘 타는 나무를 표현하였다. 고대에는 나무로 불을 피웠으므로 다른 나무보다 잘 타는 것에서 뛰어나다, 출중하다, 사납다는 의미가 되었다.

2. 상商(은殷)나라(BC 1600 ~ BC 1046)

하나라 순임금 때 우(禹)의 치수를 도와준 공이 있어 설(卨)에게 사도라는 벼슬을 주고 상(商)에 봉하였다는 기록이 있는 것으로 보아 순임금 이래로 商 지역을 다스렸던 것으로 알 수 있는데 湯王에 이르러 하나라의 폭군 걸왕을 제후들과 함께 앞장서서 쫓아내고 상나라를 세웠다. 상나라는 왕실 내부의 왕위쟁탈 등으로 통치가 불안정하여 여러 차례 도읍을 옮기게 되었는데 19대 왕인 반경(盤庚)이 도읍을 은(殷)으로 천도하여 부강을 이루었기에 상나라를 은(殷)이라고도 한다. 상나라 역시 유물 및 유적지를 확인할 수 없어 전설상의 왕조로 여겨졌으나 1899년 은허가 발견됨에 따라 그 존재가 명확해졌다.

장사 상

갑골문 1	갑골문 2	금문 1	금문 2	소전	예서

고문을 보면 생선의 꼬리 丙과 칼 辛을 합쳐 생선를 요리하여 먹던 중국 고대 상나라를 의미하고 후에 상나라가 멸망한 후 상나라의 유민들이 주로 장사에 종사를 하였기에 장사하다, 장수라는 의미로 확장되었다. [금문 이후 입 口가 추가하여 생선을 먹는 의미를 강조하였다.]

용례) 商品(상품)

많을/ 나라 이름 은

殷

금문 1	금문 2	소전

고문을 보면 임신한 여자를 뜻하는 身에 몽둥이 殳를 합쳐 아이가 태어날 만큼 배가 크게 부풀어 올랐음을 뜻하여 많다, 성하다, 두텁다는 의미가 되었다. 후에 나라이름으로 쓰였다.

용례) 殷墟(은허)

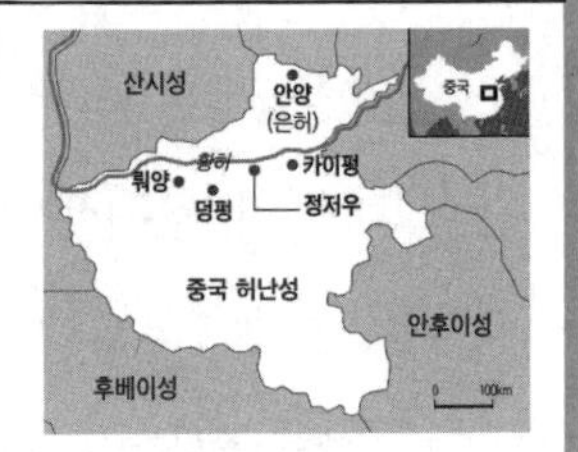

〈은허의 위치〉

주 임금 주

紂

갑골문	소전

실 糸에 마디 寸을 추가하여 말굴레에 매어서 끄는 말고삐 등을 의미하나 후에 고대 중국 은나라의 마지막 임금의 시호로 쓰이게 되었다.

상나라 후기에 이르러 귀족들의 부패와 사치가 극심하였고 왕이 신령에게 제사를 지낼 때 사람을 죽여 제물로 바치고 왕족이 죽으면 수많은 사람을 같이 순장하는 등 여러 악습으로 인하여 나라가 흔들리던 중 상나라 마지막 왕인 주왕에 이르러 포악한 성품과 애첩 달기(妲己)와 함께 사치스러운 생활에 빠져 있어 발(發, 후에 주 무왕)이 제후국들과 연합하여 목야에서 주왕과 결전을 치르고 승리하여 주왕은 자결하였다.

3. 주(周)나라(BC 1046 ~ BC 770)

주나라의 시조인 기(棄)는 하나라 때 농업을 관장하는 관리를 지냈다고 전해지는데, 이후 그는 농업에 뛰어난 능력이 있어서 농업의 신인 후직(后稷)으로 추존되었다. 그의 9대손인 고공단보(古公亶父)는 부락민을 이끌고 기산(岐山)의 남쪽 주원(周原)으로 이주하여 초기 국가조직인 도성을 쌓아 도읍을 정하고 관직을 설치하였기에 그를 '태왕(太王)'이라 칭하며 주나라의 건국자로 여겼다.

고공단보의 아들인 계력(季歷)과 손자인 창(昌, 이후 주나라 문왕(文王)이 됨)에 이르러 국력이 더욱 강성해졌고 상나라와 밀접한 관계가 있는 숭(崇) 부족을 멸망시키고 도읍을 숭 부족의 옛 땅인 풍읍(豊邑)으로 옮기면서 상나라를 위협할 만큼 성장하였다. 결국 문왕의 뒤를 이은 무왕에 이르러 상나라를 멸망시키게 되었다. 무왕 때 도읍을 호경(鎬京, 지금의 시안)으로 옮겼는데 이를 서주 시기라 하고 기원전 770년 호경에서 동쪽의 낙읍으로 천도한 이후를 동주 시기라고 하여 구분한다.

주나라 정치제도의 기본형식은 분봉제였는데 이는 정복 지역에 대한 안정을 위해 시행한 것으로 왕은 왕기(王畿) 이내 땅인 호경과 군사적 거점지역인 낙읍의 일부 지역만을 직접 다스리고, 그 외 지역은 제후국으로 봉하여 땅과 토지를 부여했다.

두루 주

周

갑골문	금문 1	금문 2	금문 3	소전	예서

고문을 보면 밭에서 골고루 곡식이 잘 자란 모습을 표현하였다. 금문 이후 곡식이 잘 자라는 지역이란 의미로 口이 추가되었고 나라이름으로 쓰이게 되었다.

용례) 周易(주역)

〈춘추시대(BC 770 ~ BC 403)〉

주의 유왕 때 유목 민족이 침입하여 수도가 함락되었기에 기원전 770년 수도를 호경에서 동쪽의 낙읍으로 천도하게 되었는데 이후를 동주시기라고 한다. 이 시기에 주왕실의 권위는 무너져 버리고 힘을 키운 제후들이 싸우는 힘의 춘추전국시대가 열리게 되었는데 당시 세력이 강하던 진(晉)이 위(魏), 한(韓), 조(趙) 세 나라로 나뉘게 된 시기를 기준으로 앞을 춘추시대, 진시황이 통일하기 전까지의 뒤를 전국시대로 구분한다. 춘추시대에는 주 천자는 천하 공주(共主)로서의 지위를 상실하고 과거 봉건 종속관계로 형성된 제후국과의 통일 유대는 더 이상 지속할 수 없었지만 당시 140여 개나 되는 제후국들은 주 왕실을 상징적 종주로 인정하면서 예(禮)적 질서를 지켰다. 춘추시대의 세력 강한 제후국들을 춘추오패(春秋五霸)라 칭하는데 제(齊), 진(晉), 초(楚), 오(吳), 월(越)이다.

※ 춘추시대는 공자가 엮은 노나라 역사서 '춘추'에서 유래하였다.

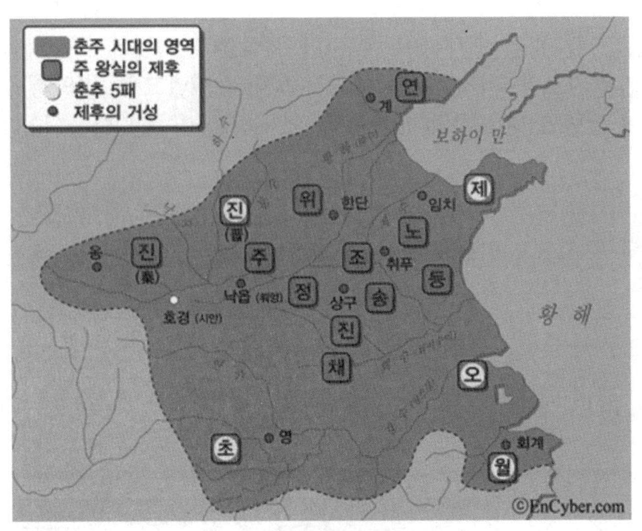

〈춘추시대의 영역〉

가지런할 제/ 재계할 재 齊

갑골문	금문	소전	예서

고문을 보면 보기 좋게 가지런하고 크기가 같게 골고루 잘 여문 보리 이삭의 모습을 표현하였다. [보리의 날카로운 이삭 모양에서 예서 이후 무기인 辛, 刀, 匕의 형태로 변화되었다] 이삭이 가지런한 모습이므로 가지런하다, 단정하다는 의미가 되었다. 후에 몸을 단정하게 한다는 뜻으로 재계하다, 공손하다(재)는 의미로 확장되었다. 나라 이름으로 쓰였다.

용례) 整齊(정제)

재개할 재 齋

齊의 재개하다는 뜻을 명확하게 하기 위해 제사 지낸다는 뜻의 示를 추가하여 제사 지내기 위해 재개하다(몸과 마음을 깨끗이 하다), 공경하다는 의미이고 후에 재개하는 장소, 집이라는 의미로 확장되었다.

용례) 書齋(서재)

배꼽 제 臍

고기 月을 추가하여 신체 중 이삭처럼 잘 여물어져 있는 곳이 배꼽이란 의미이다. 이런 이유로 제사를 지낼 때 공손한 모습으로 손을 배꼽에 대는 것이다.

용례) 臍帶炎(제대염)

조제할 제 劑	칼 刂를 추가하여 잘 자란 이삭을 가지런하게 수확한다는 뜻으로 자르다, 가지런하게 하다는 의미가 되었고 후에 약제를 가지런히 자른 모양을 통해 조제하다, 조제라는 의미로 확장되었다. 용례) 藥劑(약제)
건널 제 濟	물 氵를 추가하여 옛날 제나라 옆에 있던 강 이름이다. 후에 강을 건너다, 건너게 하다, 구제하다의 의미로도 사용되어졌다. 용례) 救濟(구제)

나라 이름 진 晉

갑골문	금문	소전	예서

사냥감에 화살 두 개가 꽂혀있는 모습(臸)을 표현하여 억누르다, 꽂다는 의미이고 후에 나라 이름, 성씨로 쓰이게 되었다. (= 속자 晋)

초나라/회초리 초 楚

갑골문	금문	소전	예서

고문을 보면 나무가 빽빽한 곳을 지나가는 모습을 표현하였다. 고통스럽게 뚫고 나가는 모습이니 우거지다, 아프다, 괴롭다, 가시나무, 회초리라는 의미이고 후에 초나라의 나라 이름으로 사용되었다. 용례) 苦楚(고초)

주춧돌 초 礎	돌 石을 추가하여 어려운 길을 뚫고 나가는 굳건한 다리와 같은 돌이라는 의미로 건물의 기초가 되는 주춧돌을 뜻한다. 용례) 礎石(초석)

성씨 오/큰소리칠 화 吳

갑골문	금문	소전	예서 1	예서 2

사람이 크게 소리를 치는 모습을 표현하였다. [소전 이후 몸을 젖히고 소리치는 모습으로 변화되었다] 큰 소리치다(화)는 의미였으나 후에 나라 이름과 성씨(오)로 사용되어지게 되었다. (= 吴)

즐길 오 娛	계집 女를 추가하여 여자들이 떠들면서 즐거워하는 모습을 표현하였다. 즐기다, 즐거워하다, 장난치다는 의미이다. 용례) 娛樂(오락)
그르칠 오 誤	말 言을 추가하여 큰 소리로 떠드는 것을 표현하여 그르치다, 잘못하다는 의미가 되었다. [오나라는 강남지역에 있어 고대에는 중국의 변방이었다. 그리하여 오나라 사람들을 중원에서는 무시하여 부정적인 뜻으로 많이 사용하였다] 용례) 過誤(과오)

넘을 월 越

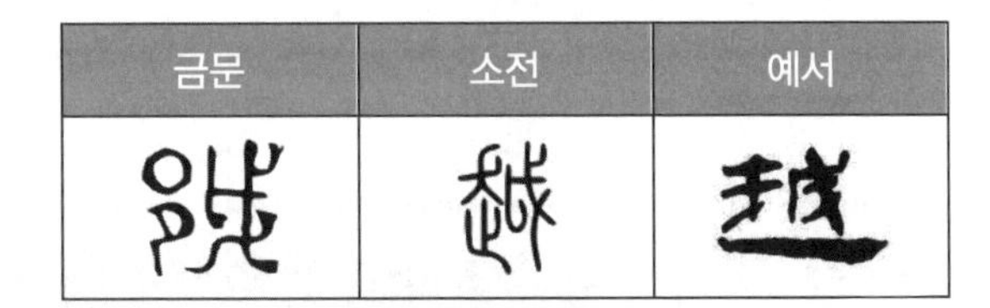

도끼 戉과 달릴 走를 합쳐 무사가 도끼를 들고 교착에 빠진 싸움터에 뛰어들어가는 모습이니 넘다, 초과하다, 지나다, 빼앗다라는 의미이다. 나라 이름으로도 쓰였다.

염려할/
나라 이름 우

虞

갑골문	금문	소전	예서

고문을 보면 호랑이를 사냥하는 모습을 표현하였다. [금문 이후 사람이 크게 소리를 쳐서 호랑이를 유인하는 모습으로 변화하였다] 염려하다, 근심하다, 헤아리다는 의미이고 후에 나라 이름으로 쓰였다. 용례) 虞犯(우범)

노둔할 노

갑골문	금문	소전	예서

고문을 보면 물고기가 말하는 모습을 표현하여 물고기를 숭상하는 부족으로 추정된다. [소전 이후 입 口가 가로 曰로 변화되었다] 물고기가 입을 뻐금뻐금 벌리는 것을 말한다고 생각한다는 뜻이므로 노둔하다, 미련하다는 의미가 되었고 후에 나라 이름으로 쓰이게 되었다.

나라 이름 정

갑골문	금문	소전	예서

술동이를 제단에 바쳐 제사 진다는 뜻의 奠에 마을을 뜻하는 邑을 추가하여 나라 이름, 성씨로 쓰게 되었다.

던질 척 擲 해서 이후 보이는 글자로 손 扌를 추가하여 (술동이를) 던지다, 내버리다는 의미이다.

용례) 投擲(투척)

송나라 송

갑골문	금문	소전

집 宀과 나무 木을 합쳐 나무로 지은 튼튼한 집을 뜻하였으나 후에 나라 이름과 성씨로 쓰였다.

나라 이름 설

금문 1	금문 2	소전

고문을 보면 달을 칼로 자른 모습이다. 둥근 달의 테두리를 자른 것처럼 톱니 모양 입이 나는 맑은대쑥을 표현하였고 이후 성씨로도 쓰이게 되었다. [소전 이후 풀 艹 추가하여 풀이란 뜻을 강조하였다]

〈전국시대(BC 403 ~ BC 221)〉

BC 403년 진(晉)나라의 대부 위(魏), 한(韓), 조(趙) 세 가문이 주 왕실로부터 정식 제후로 공인받아 셋으로 나뉘게 된 이후 진시황에 의해 중국이 통일될 때까지의 시기를 전국시대라고 부른다. 춘추시대의 장기간 전쟁을 통해 일곱 제후국만 남게 되었는데 이들 전국칠웅(戰國七雄)이 바로 위(魏), 한(韓), 조(趙), 진(秦), 제(齊), 연(燕), 초(楚)이다.

전국 초기에는 한, 조, 위 세 나라가 동맹을 맺어 다른 제후국보다 강했으나, 이후 동맹이 깨지면서 제나라와 진나라가 강성해졌다. 이에 소진(蘇秦)은 6국이 종적으로 연합하여 진의 강성에 대항하는 합종(合縱)을 주장했고, 장의(張儀)는 진과 6국이 개별적으로 횡적 동맹을 맺는 연횡(連橫)을 주장했다. 이러한 합종연횡의 결과로 말미암아 전국 후기에는 진나라의 세력이 더욱 강해졌다. 특히 상앙(商鞅)의 변법은 진나라를 부강케 하는 계기가 되었고, 이후 전국을 통일할 수 있는 기초를 다졌다. 결국 진나라는 나머지 6국의 소멸과 동시에 최초의 통일 국가를 건립하게 되었다.

※ 전국(戰國)시대라는 명칭은 한(漢)나라 유향(劉向)이 편찬한 『전국책(戰國策)』에서 유래했다.

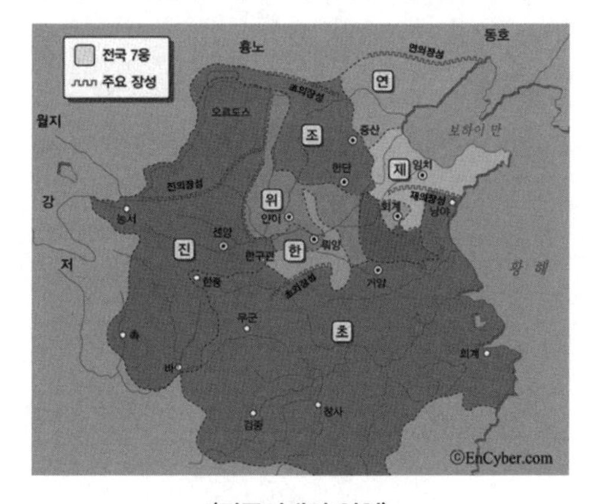

〈전국시대의 영역〉

위나라 위/
뛰어날 외

魏

소전	예서	해서

맡길 委와 귀신 鬼을 합쳐 귀신처럼 높고 뛰어나다는 의미이고 후에 나라 이름, 성씨로 쓰이게 되었다.

높고 클 외 巍 魏의 높다는 뜻에서 산 山을 추가하여 산이 높고 크다는 의미이다.

나라 한

韓

금문	소전	예서	해서

햇빛 빛날 倝와 가죽 韋를 합해 다룸가죽처럼 햇볕이 온 사방을 비춘다는 의미이다. 후에 나라 이름으로 쓰이게 되었고 고종이 대한제국을 선포하면서 한국이라는 의미가 되었다. [예서 이후 사람 人이 생략되었다] 용례) 大韓民國(대한민국)

나라 이름 조

금문	소전	예서

작을 肖와 손을 크게 저으며 걷는 모양 走를 합쳐 천천히 간다, 지체가 높다는 의미이다. 후에 나라 이름, 성씨로 쓰이게 되었다.

4. 진(秦)나라 (BC 221 ~ BC 206)

전국칠웅 가운데 진나라는 6국을 차례로 정복하여 기원전 221년 중국 최초의 중앙집권적 봉건국가를 건립하였다. 진시황(秦始皇)은 당시 군주의 지위인 왕의 명칭을 전설상의 삼황오제(三皇五帝)에서 '황'과 '제'를 차용해 '황제(皇帝)'라 정하였고, 이로부터 이 명칭은 청대까지 이어지게 되었다.
진시황은 중국을 통일한 후 자신의 통치를 공고히 하기 위해 중앙집권적 관리체계인 군현제(郡縣制)를 시행하여, 전국을 36군(郡)으로 나누고 지방관을 파견했다. 또 각 군은 몇 개의 현(縣)을 관할하게 했고, 이들의 수장인 군수(郡守)나 현령(縣令) 등은 모두 황제가 임명하였다. 아울러 이들의 부임지를 수시로 옮겨 한 곳에 정착하여 세력을 키우는 것을 미연에 방지하였다.
또한 진나라는 황제를 정점으로 한 중앙통치기구로 삼공구경제(三公九卿制)를 실시하였는데 이러한 황제제, 군현제, 삼공구경제는 거의 완전한 정치제도로 중국 고대 정치제도의 새로운 발전을 가져다주었을 뿐만 아니라, 통일 왕조를 탄탄하게 하는 데 중요한 작용을 하였다. 그리하여 이후 2,000여 년의 봉건왕조 역시 기본적으로 이 제도를 답습하게 된다.

나라 이름 진 秦	갑골문	금문	소전	예서
				秦

두 손으로 절구를 잡은 상형과 벼 禾를 추가하여 양손으로 공이를 잡고 벼를 절구질하는 모습을 표현하였다. 벼가 많이 잘 자란다는 뜻으로 후에 나라 이름, 성씨로 쓰이게 되었다.

5. 한(漢)나라 (BC 206 ~ AD 220)

진나라는 대규모의 토목사업과 정벌 등으로 농민들은 가혹한 부역과 무거운 세금을 지출해야만 했다. 또한 가혹한 법치주의로 여러 폐단이 나타났는데 이러한 모순 속에서 진승(陳勝)과 오광(吳廣)이 주동한 농민 봉기가 발생하였고, 이를 계기로 진나라에게 정복당한 6국의 구 귀족들이 전국적으로 반진(反秦) 운동을 전개함으로써, 진나라는 중국을 통일한 지 14년 만에 막을 내렸다.
진광과 오승의 봉기에 이어 나타난 반진(反秦) 운동에 중심 역할을 한 인물이 바로 유방(劉邦)과 항우(項羽)였는데 결국 수적 열세였던 유방이 항우와의 싸움에서 승리하여 중국을 재통일하고 장안(長安)을 수도로 삼은 한 제국을 건설하게 되었다. 한 고조 유방은 진나라의 삼공구경제와 중앙집권체제를 그대로 유지하였지만 진나라의 군현제에 있어서는 군현제와 분봉제를 절충한 군국제를 시행하였는데 한 무제에 이르러 이를 폐지하고 중앙집권화가 확립되었다.

한수/ 한나라 한 漢	금문	소전	예서
	𤃬	𤃬	漢

고문을 보면 마를 堇과 물 氵를 합쳐 무두질한 가죽처럼 강을 잘 정비한 한수를 표현하였다. 후에 이 지역을 기반으로 한나라가 발생하였고 중국을 대표하는 뜻으로 쓰이게 되었다. 나라이름, 종족이름, 사나이, 놈이란 의미이다.

용례) 怪漢(괴한)

■ 참고문헌

『한자학강의』, 최영애, 통나무, 1995

『갑골문이야기』, 김경일, 바다출판사, 1999

『김경일 교수의 제대로 배우는 한자교실』, 김경일, 바다출판사, 1999

『갑골에 새겨진 신화와 역사』, 김성재, 동녘, 2000

『무기와 방어구』, 시노다고이치, 들녘, 2001

『욕망하는 천자문』, 김근, 삼인, 2003

『한자 오디세이』, 정춘수, 부키, 2003

『350자로 2200자를 깨치는 원리한자』, 박홍균, 이비락, 2005

『의·식·주를 통해 본 중국의 역사』, 이재정, 가람기획, 2005

『목간과 죽간으로 본 중국 고대 문화사』, 도미야이타루, 사계절, 2005

『한자 백가지 이야기』, 시라카와시즈카, 황소자리, 2005

『한자의 역사를 따라 걷다』, 김경일, 바다출판사, 2005

『한자를 알면 세계가 좁다』, 김미화, 중앙생활사, 2006

『중국 고대의 역사와 문화』,이춘식, 신서원, 2007

『중국 책의 역사』, 류슈바오, 다른생각, 2008

『소리로 만든 글자 한자의 재발견』, 이재황, NEWRUN, 2008

『만화 중국서예사 上,下』, 우오즈미 가즈아키, 소와당, 2009

『부수한자 자원해설자전』, 이철성, 참벗교연, 2009

『중국 음식 문화사』, 왕런샹, 민음사, 2010

『이미지로 읽는 한자 1,2』, 장세후, 연암서가, 2014

『한자의 탄생』, 탕누어, 김영사, 2015

『그림을 품은 한자』, 이미정, 도서출판 들녘, 2015

『12개 한자로 읽는 중국』, 장일청, 뿌리와이파리, 2016

『우리한자 808』, 이기훈, 책미래, 2017

찾아보기

대표음	급수	한자	대표훈음	쪽
			ㄱ	
가	7급	家	집 가	511
가	7급	歌	노래 가	416
가	5급	價	값 가	278
가	5급	加	더할 가	180
가	5급	可	옳을 가	415
가	4급	假	거짓 가	373
가	4급	街	거리 가	607
가	4급	暇	틈/겨를 가	373
가	3급	佳	아름다울 가	607
가	3급	架	시렁 가	180
가	2급	柯	가지 가	415
가	2급	賈	값 가/장사 고	278
가	2급	軻	수레/사람이름 가	416
가	2급	迦	부처이름 가	686
가	2급	伽	절 가	685
가	1급	嘉	아름다울 가	640
가	1급	呵	꾸짖을 가	416
가	1급	嫁	시집갈 가	511
가	1급	稼	심을 가	511
가	1급	苛	가혹할 가	415
가	1급	袈	가사 가	181
가	1급	駕	멍에 가	180
가	1급	哥	성씨 가	416
가	특급	叚	빌릴 가	373
각	6급	各	각각 각	77
각	6급	角	뿔 각	332
각	4급	刻	새길 각	341
각	4급	覺	깨달을 각/깰 교	666
각	3급	脚	다리 각	25
각	3급	閣	집 각	77
각	3급	却	물리칠 각	25
각	2급	珏	쌍옥 각	645
각	1급	恪	삼갈 각	77
각	1급	殼	껍질 각	639
각	특급	愨	성실할 각	639
각	특급	壳	악기이름 각	639
간	7급	間	사이 간	522
간	4급	簡	대쪽/간략할 간	522
간	4급	看	볼 간	121
간	4급	干	방패 간/마를 건	571
간	3급	刊	새길 간	572
간	3급	幹	줄기 간	194
간	3급	懇	간절할 간	125
간	3급	肝	간 간	572
간	3급	姦	간음할 간	572
간	2급	杆	몽둥이 간	572
간	2급	艮	그칠 간	124
간	1급	奸	간사할 간	572
간	1급	墾	개간할 간	125
간	1급	澗	산골물 간	522
간	1급	癎	간질 간	522
간	1급	竿	낚싯대 간	572
간	1급	艱	어려울 간	125
간	1급	諫	간할 간	425
간	1급	揀	가릴 간	425
간	특급	柬	가릴 간	425
간	특급	貇	간절할 간	125
간	특급	倝	햇빛이 빛나는 모양 간	194
갈	3급	渴	목마를 갈	178
갈	2급	葛	칡 갈	178
갈	2급	鞨	오랑캐이름 갈	178
갈	1급	喝	꾸짖을 갈	178
갈	1급	竭	다할 갈	177
갈	1급	褐	갈색/굵은베 갈	178
갈	특급	碣	비석 갈	177
갈	특급	曷	어찌 갈	177
갈	특급	匃	빌 갈/개	177
갈	특급	㓞	새길 갈/맺을 계	650
감	6급	感	느낄 감	570
감	4급	減	덜 감	570
감	4급	監	볼 감	484

걸	3급	乞	빌 걸	162
걸	2급	桀	홰 걸	692
걸	2급	杰	뛰어날 걸	692
검	4급	檢	검사할 검	380
검	4급	儉	검소할 검	380
검	3급	劍	칼 검	380
겁	1급	怯	겁낼 겁	25
겁	1급	劫	위협할 겁	25
게	2급	憩	쉴 게	134
게	2급	揭	높이들 게	178
게	1급	偈	불시 게	687
격	5급	格	격식 격	77
격	4급	擊	칠 격	577
격	4급	激	격할 격	414
격	3급	隔	사이뜰 격	501
격	1급	檄	격문 격	414
격	1급	膈	가슴 격	501
격	1급	覡	박수 격	230
견	5급	見	볼 견/뵈올 현	121
견	4급	堅	굳을 견	604
견	4급	犬	개 견	323
견	3급	遣	보낼 견	239
견	3급	肩	어깨 견	519
견	3급	絹	비단 견	268
견	3급	牽	이끌/끌 견	436
견	2급	甄	질그릇 견	635
견	1급	繭	고치 견	447
견	1급	譴	꾸짖을 견	239
견	1급	鵑	두견새 견	268
견	특급	幵	평평할 견	573
결	5급	結	맺을 결	462
결	5급	決	결단할 결	556
결	4급	潔	깨끗할 결	650
결	4급	缺	이지러질 결	556
결	3급	訣	이별할 결	556
결	특급	抉	도려낼 결	556
겸	3급	兼	겸할 겸	402

겸	3급	謙	겸손할 겸	402
경	6급	京	서울 경	625
경	5급	敬	공경 경	430
경	5급	輕	가벼울 경	445
경	5급	競	다툴 경	597
경	5급	景	빛날/경치 경	625
경	4급	境	지경 경	596
경	4급	經	지날/글 경	445
경	4급	警	깨우칠 경	430
경	4급	慶	경사 경	326
경	4급	驚	놀랄 경	430
경	4급	更	고칠 경/다시 갱	280
경	4급	傾	기울 경	226
경	4급	鏡	거울 경	596
경	3급	頃	이랑/잠깐 경	226
경	3급	徑	지름길/길 경	445
경	3급	硬	굳을 경	281
경	3급	耕	밭갈 경	182
경	3급	卿	벼슬 경	492
경	3급	庚	별 경	418
경	3급	竟	마침내 경	596
경	2급	璟	옥빛 경	625
경	2급	儆	경계할 경	430
경	2급	瓊	구슬 경	95
경	2급	炅	빛날 경	146
경	1급	勁	굳셀 경	445
경	1급	鯨	고래 경	625
경	1급	憬	깨달을/동경할 경	625
경	1급	頸	목 경	445
경	1급	莖	줄기 경	445
경	1급	脛	정강이 경	445
경	1급	磬	경쇠 경	647
경	1급	痙	경련 경	445
경	1급	梗	줄기/막힐 경	281
경	특급	涇	통할 경	445
경	특급	冂	멀 경	621
경	특급	冋	빛날 경	526

경	특급	巠	물줄기 경	444
계	6급	界	지경 계	15
계	6급	計	셀 계	672
계	4급	係	맬 계	437
계	4급	階	섬돌 계	261
계	4급	鷄	닭 계	592
계	4급	季	계절 계	400
계	4급	系	이어맬 계	437
계	4급	繼	이을 계	440
계	4급	戒	경계할 계	565
계	3급	契	맺을 계	650
계	3급	桂	계수나무 계	607
계	3급	啓	열 계	521
계	3급	溪	시내 계	592
계	3급	械	기계 계	565
계	3급	繫	맬 계	576
계	3급	癸	북방/천간 계	551
계	1급	悸	두근거릴 계	400
계	특급	彑	돼지머리 계	551
계	특급	㡭	이을 계	440
계	특급	毄	매어기를 계/부딪힐 격	576
고	6급	高	높을 고	621
고	6급	古	옛 고	528
고	6급	苦	쓸 고	528
고	5급	告	고할 고	330
고	5급	考	생각할 고	108
고	5급	固	굳을 고	530
고	4급	故	연고 고	529
고	4급	孤	외로울 고	262
고	4급	庫	곳집 고	369
고	3급	姑	시어미 고	528
고	3급	稿	원고/볏짚 고	622
고	3급	鼓	북 고	640
고	3급	顧	돌아볼 고	314
고	3급	枯	마를 고	528
고	2급	雇	품팔 고/뻐꾸기 호	314

고	2급	皐	언덕 고	573
고	1급	敲	두드릴 고	622
고	1급	辜	허물 고	528
고	1급	袴	바지 고	106
고	1급	拷	칠 고	108
고	1급	叩	두드릴 고	111
고	1급	股	넓적다리 고	52
고	1급	呱	울 고	262
고	1급	膏	기름 고	622
고	1급	痼	고질 고	530
고	1급	錮	막을 고	530
고	특급	羔	새끼양 고	335
고	특급	睪	불알/못 고	573
곡	5급	曲	굽을 곡	610
곡	4급	穀	곡식 곡	639
곡	3급	哭	울 곡	323
곡	3급	谷	골짜기 곡	220
곡	1급	梏	수갑 곡	331
곡	1급	鵠	고니/과녁 곡	331
곤	4급	困	피곤할 곤	289
곤	3급	坤	땅 곤	196
곤	1급	昆	맏 곤	30
곤	1급	棍	몽둥이 곤	30
곤	1급	袞	곤룡포 곤	421
곤	특급	崑	산이름 곤	30
골	4급	骨	뼈 골	141
골	1급	汨	골몰할 골/물이름 멱	217
골	특급	圣	힘쓸 골	633
공	7급	工	장인 공	506
공	7급	空	빌 공	507
공	6급	公	공평할 공	421
공	6급	共	한가지 공	60
공	6급	功	공 공	507
공	4급	孔	구멍 공	100
공	4급	攻	칠 공	506
공	3급	貢	바칠 공	507
공	3급	供	이바지할 공	61

공	3급	恐	두려울 공	508
공	3급	恭	공손할 공	61
공	1급	鞏	굳을 공	508
공	1급	拱	팔짱낄 공	61
공	특급	巩	굳을 공	508
공	특급	廾	받들 공	60
과	6급	果	열매 과	254
과	6급	科	과목 과	399
과	5급	課	매길/과정 과	254
과	5급	過	지날 과	142
과	3급	誇	자랑할 과	106
과	3급	寡	적을 과	224
과	2급	菓	과자/실과 과	254
과	2급	戈	창 과	559
과	2급	瓜	오이 과	262
과	1급	顆	낱알 과	254
과	특급	夸	사치할/자랑할 과	106
과	특급	冎	뼈 발라낼 과	141
곽	3급	郭	둘레/외성 곽	609
곽	1급	廓	둘레 곽/클 확	609
곽	1급	槨	외관 곽	609
곽	1급	藿	콩잎/미역 곽	198
곽	특급	霍	곽란 곽	198
관	5급	觀	볼 관	314
관	5급	關	관계할 관	434
관	4급	官	벼슬 관	618
관	4급	管	대롱/주관할 관	619
관	3급	寬	너그러울 관	337
관	3급	貫	꿸 관	301
관	3급	館	객사 관	619
관	3급	慣	익숙할 관	301
관	3급	冠	갓 관	86
관	2급	款	정성/항목 관	232
관	2급	琯	옥피리 관	619
관	2급	串	꿸 관/땅이름 곶	301
관	1급	棺	널 관	619
관	1급	顴	광대뼈 관	313
관	1급	灌	물댈 관	314
관	특급	丱	쌍상투 관	101
관	특급	絲	실 꿸 관	434
관	특급	毌	꿰뚫을 관	301
관	특급	雚	황새 관	313
괄	1급	刮	긁을 괄	120
괄	1급	括	묶을 괄	120
광	6급	光	빛 광	147
광	5급	廣	넓을 광	454
광	4급	鑛	쇳돌 광	455
광	3급	狂	미칠 광	387
광	1급	曠	빌 광	454
광	1급	壙	뫼구덩이 광	454
광	1급	匡	바로잡을 광	353
광	1급	胱	오줌통 광	147
광	특급	筐	광주리 광	353
괘	3급	掛	걸 괘	653
괘	1급	罫	줄 괘	653
괘	1급	卦	점괘 괘	653
괴	3급	壞	무너질 괴	123
괴	3급	怪	괴이할 괴	633
괴	3급	塊	흙덩이 괴	229
괴	3급	愧	부끄러울 괴	229
괴	2급	傀	허수아비 괴	228
괴	2급	槐	회화나무/느티나무 괴	229
괴	1급	拐	후릴 괴	141
괴	1급	魁	괴수 괴	229
괴	1급	乖	어그러질 괴	207
굉	1급	肱	팔뚝 굉	421
굉	1급	轟	울릴/수레소리 굉	575
굉	1급	宏	클 굉	421
굉	특급	厷	클/팔뚝 굉	421
교	8급	校	학교 교	27
교	8급	教	가르칠 교	665
교	6급	交	사귈 교	26
교	5급	橋	다리 교	623

국	특급	臼	깍지낄 국/들 거	63
국	특급	匊	움킬 국	41
군	8급	軍	군사 군	578
군	6급	郡	고을 군	50
군	4급	君	임금 군	50
군	4급	群	무리 군	50
군	1급	窘	군색할 군	50
굴	4급	屈	굽힐 굴	33
굴	2급	窟	굴 굴	33
굴	2급	掘	팔 굴	33
궁	4급	宮	집 궁	385
궁	4급	窮	다할/궁할 궁	553
궁	3급	弓	활 궁	553
궁	1급	躬	몸 궁	553
궁	1급	穹	하늘 궁	553
권	4급	權	권세 권	314
권	4급	券	문서 권	466
권	4급	勸	권할 권	314
권	4급	卷	책 권	466
권	3급	拳	주먹 권	466
권	2급	圈	우리 권	466
권	1급	眷	돌볼 권	466
권	1급	捲	거둘/말 권	466
권	1급	倦	게으를 권	466
권	특급	𢍏	밥뭉칠 권	466
권	특급	鬳	솥 권	502
궐	3급	厥	그 궐	25
궐	2급	闕	대궐 궐	24
궐	1급	蹶	일어설/넘어질 궐	25
궐	특급	欮	상기 궐	24
궤	3급	軌	바퀴자국 궤	672
궤	1급	潰	무너질 궤	201
궤	1급	詭	속일 궤	368
궤	1급	几	안석 궤	532
궤	1급	櫃	궤짝 궤	201
궤	1급	机	책상 궤	532
귀	5급	貴	귀할 귀	200

귀	4급	歸	돌아갈 귀	239
귀	3급	鬼	귀신 귀	228
규	5급	規	법 규	17
규	3급	糾	얽힐 규	444
규	3급	叫	부르짖을 규	444
규	2급	閨	안방 규	607
규	2급	珪	홀 규	607
규	2급	揆	헤아릴 규	551
규	2급	奎	별 규/걸을 귀	607
규	2급	圭	홀 규	607
규	1급	逵	길거리 규	201
규	1급	葵	아욱/해바라기 규	551
규	1급	窺	엿볼 규	17
규	1급	硅	규소 규	607
균	4급	均	고를 균	42
균	특급	匀	고를 균	42
균	특급	囷	곳집 균	289
균	3급	菌	버섯 균	289
귤	1급	橘	귤 귤	526
극	4급	極	다할/극진할 극	375
극	4급	劇	심할 극	346
극	3급	克	이길 극	583
극	1급	隙	틈 극	195
극	1급	剋	이길 극	583
극	1급	戟	창 극	567
극	1급	棘	가시 극	213
극	특급	亟	빠를 극/자주 기	375
극	특급	丮	잡을 극	65
극	특급	㡿	틈 극	195
근	6급	根	뿌리 근	125
근	6급	近	가까울 근	371
근	4급	勤	부지런할 근	247
근	4급	筋	힘줄 근	179
근	3급	僅	겨우 근	247
근	3급	謹	삼갈 근	247
근	3급	斤	도끼 근	370
근	2급	瑾	아름다운옥 근	247

기	1급	畸	뙈기밭/불구 기	417
기	특급	气	기운 기	199
기	특급	旡	목멜 기	116
기	특급	畿	밭갈 기	564
긴	3급	緊	긴할 긴	605
길	5급	吉	길할 길	462
길	1급	拮	일할 길	462
끽	1급	喫	먹을 끽	650
		ㄴ		
나	3급	那	어찌 나	290
나	1급	拏	잡을 나	592
나	1급	懦	나약할 나	133
나	1급	拿	잡을 나	592
나	1급	儺	푸닥거리 나	248
낙	3급	諾	허락할 낙	92
난	4급	暖	따뜻할 난	51
난	4급	難	어려울 난	248
난	1급	煖	더울 난	51
날	1급	捏	꾸밀 날	378
날	1급	捺	누를 날	258
남	8급	南	남녘 남	681
남	7급	男	사내 남	391
납	4급	納	들일 납	381
납	1급	衲	기울 납	381
낭	1급	囊	주머니 낭	453
내	7급	內	안 내/들일 납	381
내	3급	耐	견딜 내	132
내	3급	奈	어찌 내/나	257
내	3급	乃	이에 내	92
내	특급	柰	사과/어찌 내	257
녀	8급	女	계집 녀	102
년	8급	年	해 년	403
년	1급	撚	비빌 년/연	325
녁	특급	疒	병들어누울 녁	537
녈	1급	涅	열반/개흙 녈	378
녈	특급	圼	막을 녈	378
념	5급	念	생각 념	295

녕	3급	寧	편안 녕	511
노	4급	怒	성낼 노	592
노	4급	努	힘쓸 노	592
노	3급	奴	종 노	591
노	1급	弩	쇠뇌 노	592
노	1급	駑	둔한말 노	592
농	7급	農	농사 농	170
농	2급	濃	짙을 농	170
농	1급	膿	고름 농	170
뇌	3급	腦	골/뇌수 뇌	135
뇌	3급	惱	번뇌할 뇌	135
뇌	특급	頪	엇비슷할 뇌	225
뇨	2급	尿	오줌 뇨	32
눌	1급	訥	말더듬거릴 눌	381
뉴	1급	紐	맺을 뉴	45
능	5급	能	능할 능	350
니	3급	泥	진흙 니	33
니	2급	尼	여승 니	33
닉	2급	溺	빠질 닉	555
닉	1급	匿	숨길 닉	92
		ㄷ		
다	6급	多	많을 다	300
단	6급	短	짧을 단	545
단	5급	團	둥글 단	442
단	5급	壇	제단 단	188
단	4급	斷	끊을 단	440
단	4급	單	홑 단	292
단	4급	檀	박달나무 단	188
단	4급	端	끝 단	168
단	4급	段	층계 단	374
단	3급	旦	아침 단	188
단	3급	但	다만 단	188
단	3급	丹	붉을 단	510
단	2급	鍛	쇠불릴 단	374
단	2급	湍	여울 단	169
단	1급	蛋	새알 단	83
단	1급	簞	소쿠리 단	292

도	1급	萄	포도 도	685
도	1급	禱	빌 도	109
도	1급	睹	볼 도	407
도	1급	濤	물결 도	109
도	1급	屠	죽일 도	408
도	1급	淘	쌀일 도	635
도	1급	掉	흔들 도	158
도	1급	堵	담 도	407
도	1급	滔	물넘칠 도	472
도	특급	涂	칠할 도	377
도	특급	匋	질그릇 도/가마 요	634
독	6급	讀	읽을 독/구절 두	277
독	5급	獨	홀로 독	433
독	4급	毒	독 독	90
독	4급	督	감독할 독	616
독	3급	篤	도타울 독	262
독	1급	禿	대머리 독	401
독	1급	瀆	도랑/더럽힐 독	277
돈	3급	敦	도타울 돈	628
돈	3급	豚	돼지 돈	337
돈	2급	惇	도타울 돈	628
돈	2급	燉	불빛 돈	628
돈	2급	頓	조아릴 돈	156
돈	1급	沌	엉길 돈	156
돌	3급	突	갑자기 돌	365
돌	2급	乭	이름 돌	144
동	8급	東	동녘 동	425
동	7급	動	움직일 동	427
동	7급	同	한가지 동	477
동	7급	洞	골짜기 동/밝을 통	477
동	7급	冬	겨울 동	684
동	6급	童	아이 동	598
동	4급	銅	구리 동	477
동	3급	凍	얼 동	426
동	2급	棟	마룻대 동	426
동	2급	桐	오동나무 동	477
동	2급	董	바를 동	427

동	1급	疼	아플 동	684
동	1급	瞳	눈동자 동	598
동	1급	胴	큰창자/몸통 동	477
동	1급	憧	동경할 동	598
두	6급	頭	머리 두	487
두	4급	斗	말 두	480
두	4급	豆	콩 두	487
두	2급	杜	막을 두	200
두	1급	兜	투구 두/도솔천 도	583
두	1급	痘	역질 두	487
두	특급	竇	구멍 두	277
두	특급	荳	콩 두	487
둔	3급	屯	진칠 둔	156
둔	3급	鈍	둔할 둔	156
둔	1급	臀	볼기 둔	632
둔	1급	遁	숨을 둔	575
득	4급	得	얻을 득	278
등	7급	登	오를 등	488
등	6급	等	무리 등	76
등	4급	燈	등잔 등	489
등	3급	騰	오를 등	587
등	2급	藤	등나무 등	588
등	2급	謄	베낄 등	588
등	2급	鄧	나라이름 등	489
등	1급	橙	등자나무 등	489
등	특급	鐙	등자 등	489
ㄹ				
라	4급	羅	벌릴 라	305
라	2급	裸	벗을 라	254
라	1급	邏	순라 라	306
라	1급	螺	소라 라	392
라	1급	懶	게으를 라	424
라	1급	癩	문둥이 라	424
락	6급	樂	즐길 락/노래 악/좋아할 요	643
락	5급	落	떨어질 락	77
락	3급	絡	이을/얽을 락	77

락	2급	洛	물이름 락	77
락	1급	駱	낙타 락	77
락	1급	烙	지질 락	78
락	1급	酪	쇠젖 락	78
란	4급	亂	어지러울 란	439
란	4급	卵	알 란	271
란	3급	欄	난간 란	523
란	3급	蘭	난초 란	523
란	2급	爛	빛날 란	523
란	1급	瀾	물결 란	524
란	1급	鸞	난새 란	644
란	특급	闌	가로막을 란	523
랄	1급	剌	발랄할 랄	423
랄	1급	辣	매울 랄	424
람	4급	覽	볼 람	484
람	3급	濫	넘칠 람	484
람	2급	藍	쪽 람	485
람	1급	籃	대바구니 람	485
람	특급	襤	누더기 람	485
랍	2급	拉	끌 랍	18
랍	1급	蠟	밀랍 랍	136
랍	1급	臘	섣달 랍	136
랑	5급	朗	밝을 랑	629
랑	3급	浪	물결 랑	629
랑	3급	廊	사랑채/행랑 랑	629
랑	3급	娘	계집 랑	629
랑	3급	郞	사내 랑	629
랑	1급	狼	이리 랑	629
래	7급	來	올 래	405
래	2급	萊	명아주 래	405
랭	5급	冷	찰 랭	379
략	4급	略	간략할/약할 략	78
략	3급	掠	노략질할 략	626
량	5급	良	어질 량	629
량	5급	量	헤아릴 량	427
량	4급	兩	두 량	579
량	4급	糧	양식 량	427
량	3급	涼	서늘할 량	625
량	3급	梁	들보/돌다리 량	220
량	3급	諒	살펴알/믿을 량	626
량	2급	輛	수레 량	579
량	2급	樑	들보 량	220
량	2급	亮	밝을 량	626
량	1급	倆	재주 량	579
량	1급	粱	기장 량	220
량	특급	凉	서늘할 량	625
려	5급	旅	나그네 려	580
려	4급	麗	고울 려	327
려	4급	慮	생각할 려	344
려	3급	勵	힘쓸 려	674
려	2급	廬	농막집 려	488
려	2급	礪	숫돌 려	674
려	2급	呂	법칙 려	385
려	2급	驪	검은말 려	327
려	1급	侶	짝 려	385
려	1급	戾	어그러질 려	520
려	1급	濾	거를 려	344
려	1급	閭	마을 려	385
려	1급	黎	검을 려	406
려	특급	厲	갈 려	674
력	7급	力	힘 력	179
력	5급	歷	지날 력	403
력	3급	曆	책력 력	403
력	1급	瀝	스밀 력	403
력	1급	礫	조약돌 력	644
력	특급	鬲	솥 력/가로막을 격	501
련	5급	練	익힐 련	425
련	4급	連	이을 련	576
련	3급	鍊	쇠불릴/단련할 련	425
련	3급	蓮	연꽃 련	576
련	3급	聯	연이을 련	435
련	3급	戀	그리워할/그릴 련	644
련	3급	憐	불쌍히여길 련	149
련	2급	煉	달굴 련	425

련	2급	漣	잔물결 련	576
련	1급	輦	가마 련	575
련	특급	䜌	어지러울 련	644
렬	4급	列	벌릴 렬	138
렬	4급	烈	매울 렬	138
렬	3급	裂	찢어질 렬	138
렬	3급	劣	못할 렬	179
렴	3급	廉	청렴할 렴	402
렴	2급	濂	물이름 렴	402
렴	1급	斂	거둘 렴	380
렴	1급	殮	염할 렴	380
렴	1급	簾	발 렴	402
렵	3급	獵	사냥 렵	136
렵	특급	夲	놀랠 렵	573
렵	특급	巤	목갈기 렵	136
령	5급	領	거느릴 령	378
령	5급	令	하여금 령	378
령	3급	靈	신령 령	231
령	3급	嶺	고개 령	379
령	3급	零	떨어질 영/령	379
령	2급	玲	옥소리 령	379
령	1급	齡	나이 령	379
령	1급	囹	옥 령	379
령	1급	逞	굳셀 령	605
령	1급	鈴	방울 령	379
례	6급	例	법식 례	138
례	6급	禮	예도 례	463
례	3급	隷	종 례	593
례	2급	醴	단술 례	463
로	7급	老	늙을 로	107
로	6급	路	길 로	79
로	5급	勞	일할 로	151
로	3급	露	이슬 로	79
로	3급	爐	화로 로	488
로	2급	盧	화로/성 로	488
로	2급	鷺	해오라기/백로 로	79
로	2급	蘆	갈대 로	488

로	2급	魯	노나라/노둔할 로	700
로	1급	虜	사로잡을 로	343
로	1급	擄	노략질할 로	343
로	1급	撈	건질 로	151
로	특급	鹵	소금 로	398
록	6급	綠	푸를 록	552
록	4급	錄	기록할 록	552
록	3급	祿	녹 록	552
록	3급	鹿	사슴 록	326
록	1급	麓	산기슭 록	326
록	1급	碌	푸른돌 록	552
록	특급	菉	조개풀 록	552
록	특급	彔	새길 록	552
록	특급	圥	버섯 록	201
론	4급	論	논할 론	663
롱	3급	弄	희롱할 롱	60
롱	2급	籠	대바구니 롱	351
롱	1급	壟	밭두둑 롱	351
롱	1급	聾	귀먹을 롱	351
롱	2급	龐	충실할 롱/클 방	351
롱	1급	瓏	옥소리 롱	351
뢰	3급	賴	의뢰할 뢰	424
뢰	3급	雷	우레 뢰	198
뢰	1급	賂	뇌물 뢰	77
뢰	1급	磊	돌무더기 뢰	144
뢰	1급	牢	우리 뢰	329
뢰	1급	儡	꼭두각시 뢰	392
뢰	특급	耒	따비 뢰	182
뢰	특급	畾	밭갈피 뢰	392
료	5급	料	헤아릴 료	480
료	3급	僚	동료 료	149
료	3급	了	마칠 료	97
료	2급	療	병고칠 료	149
료	2급	遼	멀 료	149
료	1급	燎	횃불 료	149
료	1급	瞭	밝을 료	149
료	1급	聊	귀울 료	270

료	1급	寥	쓸쓸할 료	320
료	1급	寮	동관 료	149
료	특급	燎	횃불 료	149
료	특급	翏	높이날 료	320
루	3급	漏	샐 루	32
루	3급	樓	다락 루	431
루	3급	累	여러/자주 루	392
루	3급	淚	눈물 루	520
루	3급	屢	여러 루	431
루	1급	壘	보루 루	392
루	1급	陋	좁을 루	282
루	특급	褸	남루할 루	430
루	특급	婁	끌 루	430
루	특급	㔷	더러울 루	282
류	5급	流	흐를 류	94
류	5급	類	무리 류	225
류	4급	留	머무를 류	270
류	4급	柳	버들 류	270
류	2급	硫	유황 류	94
류	2급	謬	그르칠 류	320
류	2급	劉	죽일 류	270
류	1급	琉	유리 류	94
류	1급	溜	처마물 류	270
류	1급	瘤	혹 류	270
류	특급	㐬	흐를 류	94
륙	5급	陸	뭍 륙	201
륙	1급	戮	죽일 륙	320
륙	특급	坴	언덕 륙	201
륜	4급	輪	바퀴 륜	663
륜	3급	倫	인륜 륜	663
륜	2급	崙	산이름 륜	663
륜	1급	淪	빠질 륜	663
륜	1급	綸	벼리 륜	663
륜	특급	侖	산이름/차례 륜	663
률	4급	律	법칙 률	657
률	3급	率	비율 률/거느릴 솔	439
률	3급	栗	밤 률	256
률	1급	慄	떨릴 률	256
률	특급	繂	동아줄 률	440
륭	3급	隆	높을 륭	619
륵	1급	肋	갈빗대 륵	179
륵	1급	勒	굴레 륵	179
름	1급	凜	찰 름	517
름	특급	廩	쌀곳간 름	517
름	특급	㐭	곳집 름/넘칠 람	517
릉	3급	陵	언덕 릉	103
릉	2급	楞	네모질 릉	103
릉	1급	稜	모날 릉	103
릉	1급	綾	비단 릉	103
릉	1급	凌	업신여길 릉	103
릉	1급	菱	마름 릉	103
릉	특급	夌	언덕 릉	103
리	7급	里	마을 리	393
리	6급	利	이할 리	401
리	6급	理	다스릴 리	393
리	6급	李	오얏/성씨 리	257
리	4급	離	떠날 리	296
리	3급	吏	벼슬아치/관리 리	660
리	3급	履	밟을 리	631
리	3급	裏	속 리	393
리	3급	梨	배 리	401
리	1급	悧	영리할 리	401
리	1급	籬	울타리 리	297
리	1급	釐	다스릴 리	393
리	1급	俚	속될 리	393
리	1급	裡	속 리	393
리	1급	痢	이질 리	401
리	1급	罹	근심 리	306
리	특급	离	떠날 리	296
린	3급	隣	이웃 린	148
린	2급	麟	기린 린	148
린	1급	吝	아낄 린	656
린	1급	鱗	비늘 린	148
린	1급	燐	도깨비불 린	148

린	1급	躪	짓밟을 린	524
린	특급	藺	골풀 린	524
린	특급	閵	새이름 린	524
린	특급	粦	도깨비불 린	148
림	7급	林	수풀 림	211
림	3급	臨	임할 림	604
림	1급	淋	임질 림	211
림	특급	霖	장마 림	211
립	7급	立	설 립	18
립	1급	笠	삿갓 립	18
립	1급	粒	낟알 립	18
ㅁ				
마	5급	馬	말 마	328
마	3급	磨	갈 마	250
마	3급	麻	삼 마	250
마	2급	摩	문지를 마	250
마	2급	痲	저릴 마	250
마	2급	魔	마귀 마	251
막	3급	漠	넓을 막	192
막	3급	莫	없을 막	192
막	3급	幕	장막 막	192
막	2급	膜	꺼풀/막 막	192
막	1급	寞	고요할 막	192
만	8급	萬	일만 만	674
만	4급	滿	찰 만	579
만	3급	晩	늦을 만	96
만	3급	慢	거만할 만	456
만	3급	漫	흩어질 만	456
만	2급	娩	낳을 만	96
만	2급	灣	물굽이 만	645
만	2급	蠻	오랑캐 만	644
만	1급	輓	끌/애도할 만	96
만	1급	饅	만두 만	456
만	1급	蔓	덩굴 만	456
만	1급	鰻	뱀장어 만	456
만	1급	卍	만 만	687
만	1급	彎	굽을 만	644

만	1급	挽	당길 만	96
만	1급	瞞	속일 만	579
만	특급	曼	길 만	456
만	특급	㒼	평평할 만	579
말	5급	末	끝 말	209
말	2급	靺	말갈 말	209
말	1급	抹	지울 말	209
말	1급	沫	물거품 말	209
말	1급	襪	버선 말	127
망	5급	望	바랄 망	606
망	5급	亡	망할 망	176
망	3급	妄	망령될 망	176
망	3급	忘	잊을 망	176
망	3급	茫	아득할 망	177
망	3급	忙	바쁠 망	176
망	3급	罔	없을 망	274
망	2급	網	그물 망	274
망	1급	芒	까끄라기 망	177
망	1급	惘	멍할 망	274
망	특급	莽	풀 망	160
망	특급	网	그물 망	273
매	7급	每	매양 매	90
매	5급	買	살 매	277
매	5급	賣	팔 매	277
매	4급	妹	누이 매	208
매	3급	媒	중매 매	256
매	3급	梅	매화 매	90
매	3급	埋	묻을 매	393
매	2급	魅	매혹할 매	208
매	2급	枚	줄기 매	53
매	1급	煤	그을음 매	257
매	1급	罵	꾸짖을 매	328
매	1급	邁	갈 매	674
매	1급	呆	어리석을 매	98
매	1급	昧	어두울 매	208
매	1급	寐	잘 매	208
맥	4급	脈	줄기 맥	84

맥	3급	麥	보리 맥	405
맥	2급	貊	맥국 맥	673
맹	3급	孟	맏 맹	482
맹	3급	猛	사나울 맹	482
맹	3급	盲	소경/눈멀 맹	177
맹	3급	盟	맹세 맹	526
맹	1급	萌	싹 맹	526
멱	2급	覓	찾을 멱	45
멱	특급	冖	덮을 멱	288
면	7급	面	낯 면	127
면	4급	勉	힘쓸 면	96
면	3급	眠	잘 면	599
면	3급	綿	솜 면	259
면	3급	免	면할 면	96
면	2급	俛	힘쓸/구푸릴 면	96
면	2급	沔	물이름/빠질 면	87
면	2급	冕	면류관 면	96
면	1급	棉	목화 면	259
면	1급	眄	곁눈질할 면	87
면	1급	緬	멀 면	128
면	1급	麪	국수 면	87
면	특급	宀	집 면	510
면	특급	丏	가릴 면	87
멸	3급	滅	꺼질/멸할 멸	569
멸	2급	蔑	업신여길 멸	127
멸	특급	烕	멸할 멸	569
명	7급	名	이름 명	191
명	7급	命	목숨 명	379
명	6급	明	밝을 명	526
명	4급	鳴	울 명	315
명	3급	銘	새길 명	191
명	3급	冥	어두울 명	288
명	1급	溟	바다 명	177
명	1급	皿	그릇 명	482
명	1급	螟	멸구 명	288
명	1급	瞑	저물 명	288
명	1급	酩	술취할 명	191

몌	1급	袂	소매 몌	556
모	8급	母	어미 모	89
모	4급	毛	터럭 모	243
모	4급	模	본뜰 모	192
모	3급	謀	꾀 모	192
모	3급	貌	모양 모/모사할 막	225
모	3급	慕	그릴 모	192
모	3급	某	아무 모/매화 매	256
모	3급	暮	저물 모	192
모	3급	募	모을/뽑을 모	192
모	3급	冒	무릅쓸 모	455
모	3급	侮	업신여길 모	89
모	2급	矛	창 모	557
모	2급	帽	모자 모	456
모	2급	茅	띠 모	557
모	2급	謨	꾀 모	256
모	2급	牟	소우는소리 모	329
모	1급	摸	본뜰 모/더듬을 막	193
모	1급	牡	수컷 모	329
모	1급	糢	모호할 모	192
모	1급	耗	소모할 모	243
모	특급	皃	모양 모/모사할 막	225
목	8급	木	나무 목	206
목	6급	目	눈 목	120
목	4급	牧	가축을칠 목	53
목	3급	睦	화목할 목	201
목	2급	沐	머리감을 목	206
목	2급	穆	화목할 목	219
목	특급	㣎	잔무늬 목	219
몰	3급	沒	빠질 몰	138
몰	1급	歿	죽을 몰	138
몽	3급	蒙	어두울 몽	457
몽	3급	夢	꿈 몽	127
몽	특급	冡	덮어쓸 몽	457
묘	4급	墓	무덤 묘	193
묘	4급	妙	묘할 묘	204
묘	3급	卯	토끼 묘	270

묘	3급	廟	사당 묘	193
묘	3급	苗	모 묘	398
묘	2급	昴	별이름 묘	270
묘	1급	猫	고양이 묘	398
묘	1급	描	그릴 묘	398
묘	1급	杳	아득할 묘	186
묘	1급	渺	아득할/물질펀할 묘	204
묘	특급	眇	애꾸 묘	204
무	5급	無	없을 무	229
무	4급	務	힘쓸 무	558
무	4급	武	호반 무	563
무	4급	舞	춤출 무	229
무	3급	貿	무역할 무	271
무	3급	茂	무성할 무	568
무	3급	戊	천간 무	568
무	3급	霧	안개 무	558
무	1급	巫	무당 무	230
무	1급	蕪	거칠 무	229
무	1급	畝	이랑 무/묘	89
무	1급	毋	말 무	89
무	1급	撫	어루만질 무	230
무	1급	拇	엄지손가락 무	89
무	1급	憮	어루만질 무	230
무	1급	誣	속일 무	230
묵	3급	墨	먹 묵	599
묵	3급	默	잠잠할 묵	599
문	8급	門	문 문	521
문	7급	文	글월 문	655
문	7급	問	물을 문	521
문	6급	聞	들을 문	521
문	3급	紋	무늬 문	655
문	2급	紊	어지러울/문란할 문	655
문	2급	汶	물이름 문	655
문	1급	蚊	모기 문	655
문	특급	刎	목자를 문	556
물	7급	物	물건 물	557
물	3급	勿	말 물	556
미	6급	美	아름다울 미	334
미	6급	米	쌀 미	463
미	4급	未	아닐 미	208
미	4급	味	맛 미	208
미	3급	微	작을 미	639
미	3급	尾	꼬리 미	32
미	3급	迷	미혹할 미	463
미	3급	眉	눈썹 미	126
미	2급	彌	미륵/오랠 미	284
미	1급	靡	쓰러질 미	251
미	1급	薇	장미 미	640
미	1급	媚	아첨할/예쁠 미	126
미	특급	𢼸	악기이름 미	639
민	8급	民	백성 민	599
민	3급	敏	민첩할 민	91
민	3급	憫	민망할 민	655
민	2급	旻	하늘 민	655
민	2급	閔	근심할 민	655
민	2급	玟	아름다운돌 민	655
민	2급	珉	옥돌 민	599
민	2급	旼	화할 민	655
민	1급	悶	답답할 민	521
민	특급	黽	힘쓸 민/맹꽁이 맹	269
밀	4급	密	빽빽할 밀	615
밀	3급	蜜	꿀 밀	615
밀	1급	謐	고요할 밀	615
밀	특급	[illegible]	솔 밀	615
밀	특급	宓	잠잠할 밀	615
ㅂ				
박	6급	朴	성씨 박	651
박	4급	博	넓을 박	397
박	4급	拍	칠 박	260
박	3급	迫	핍박할 박	260
박	3급	薄	엷을 박	397
박	3급	泊	머무를/배댈 박	260
박	2급	舶	배 박	259
박	1급	膊	팔뚝 박	397

박	1급	搏	두드릴 박	397
박	1급	縛	얽을 박	397
박	1급	箔	발 박	260
박	1급	撲	칠 박/복	168
박	1급	剝	벗길 박	552
박	1급	珀	호박 박	260
박	1급	樸	순박할 박	168
박	1급	粕	지게미 박	259
박	1급	駁	논박할 박	665
반	6급	半	반 반	331
반	6급	反	뒤집을 반	366
반	6급	班	나눌 반	645
반	3급	般	가지/일반 반	475
반	3급	盤	소반 반	475
반	3급	飯	밥 반	367
반	3급	伴	짝 반	331
반	3급	叛	배반할 반	367
반	3급	返	돌이킬 반	367
반	2급	搬	옮길 반	476
반	2급	潘	성씨 반	465
반	2급	磻	반계 반/번	464
반	1급	槃	쟁반 반	475
반	1급	斑	얼룩 반	645
반	1급	礬	백반 반	212
반	1급	絆	얽어맬 반	331
반	1급	畔	밭두둑 반	332
반	1급	蟠	서릴 반	465
반	1급	頒	나눌 반	164
반	1급	攀	더위잡을 반	212
반	1급	拌	버릴 반	332
반	특급	磐	너럭바위 반	476
발	6급	發	쏠 발	67
발	4급	髮	터럭 발	326
발	3급	拔	뽑을 발	325
발	2급	渤	바다이름 발	101
발	2급	鉢	바리때 발	688
발	1급	跋	밟을 발	325
발	1급	勃	노할 발	100
발	1급	魃	가물 발	326
발	1급	醱	술괼 발	67
발	1급	潑	물뿌릴 발	67
발	1급	撥	다스릴 발	67
발	특급	癶	등질 발	66
발	특급	犮	달릴 발	325
방	7급	方	모 방	411
방	6급	放	놓을 방	413
방	4급	防	막을 방	412
방	4급	房	방 방	412
방	4급	訪	찾을 방	412
방	4급	妨	방해할 방	411
방	3급	芳	꽃다울 방	412
방	3급	倣	본뜰 방	413
방	3급	傍	곁 방	412
방	3급	邦	나라 방	460
방	2급	紡	길쌈 방	411
방	2급	旁	곁 방	412
방	1급	彷	헤맬 방	411
방	1급	尨	삽살개 방	323
방	1급	謗	헐뜯을 방	412
방	1급	坊	동네 방	411
방	1급	膀	오줌통 방	412
방	1급	幇	도울 방	410
방	1급	昉	밝을 방	412
방	1급	肪	기름 방	411
방	1급	榜	방붙일 방	413
방	1급	枋	문지방 방	411
방	특급	匚	상자 방	352
배	5급	倍	곱 배	167
배	4급	拜	절 배	43
배	4급	背	등 배	682
배	4급	配	나눌/짝 배	494
배	3급	輩	무리 배	321
배	3급	培	북돋울 배	167
배	3급	排	밀칠 배	321

배	3급	杯	잔 배	165
배	2급	賠	물어줄 배	167
배	2급	俳	배우 배	322
배	2급	裵	성씨 배	321
배	1급	陪	모실 배	167
배	1급	胚	아기밸 배	166
배	1급	湃	물결칠 배	43
배	1급	徘	어정거릴 배	321
백	8급	白	흰 백	259
백	7급	百	일백 백	673
백	3급	伯	맏 백	259
백	2급	柏	측백 백	259
백	1급	魄	넋 백	259
백	1급	帛	비단 백	259
번	6급	番	차례 번	464
번	3급	繁	번성할 번	91
번	3급	飜	번역할 번	464
번	3급	煩	번거로울 번	224
번	1급	藩	울타리 번	464
번	1급	蕃	우거질 번	464
번	특급	樊	울타리 번	212
번	특급	棥	울타리 번	212
벌	4급	罰	벌할 벌	637
벌	4급	伐	칠 벌	559
벌	2급	閥	문벌 벌	559
벌	2급	筏	뗏목 벌	559
범	4급	犯	범할 범	37
범	4급	範	법 범	37
범	3급	凡	무릇 범	474
범	2급	汎	넓을 범	475
범	2급	范	법/성씨 범	37
범	1급	帆	돛 범	475
범	1급	梵	불경 범	687
범	1급	氾	넘칠 범	37
범	1급	泛	뜰 범/물소리 핍	71
범	특급	笵	법 범	37
법	5급	法	법 법	328

벽	4급	壁	벽 벽	596
벽	3급	碧	푸를 벽	260
벽	2급	僻	궁벽할 벽	595
벽	1급	癖	버릇 벽	596
벽	1급	劈	쪼갤 벽	595
벽	1급	闢	열 벽	596
벽	1급	擘	엄지손가락 벽	596
벽	1급	襞	구슬 벽	596
벽	특급	辟	물리칠 벽/피할 피	595
변	5급	變	변할 변	645
변	4급	邊	가장자리 변	131
변	4급	辯	말씀 변	594
변	3급	辨	분별할 변	595
변	2급	弁	고깔 변	457
변	2급	卞	성씨 변	457
변	특급	釆	분별할 변	464
변	특급	辡	따질 변	594
별	6급	別	다를/나눌 별	141
별	1급	鼈	자라 별	448
별	1급	瞥	눈깜짝할 별	448
병	6급	病	병 병	280
병	5급	兵	병사 병	372
병	3급	丙	남녘 병	280
병	3급	竝	나란히 병	18
병	3급	屛	병풍 병	20
병	2급	倂	아우를 병	20
병	2급	昺	밝을 병	280
병	2급	昞	밝을 병	280
병	2급	秉	잡을 병	402
병	2급	柄	자루 병	280
병	2급	炳	불꽃 병	280
병	1급	甁	병 병	20
병	1급	餠	떡 병	20
병	특급	幷	아우를 병	20
병	특급	甹	말이잴 병	237
보	4급	保	지킬 보	99
보	4급	步	걸음 보	67

부	1급	咐	분부할/불 부	58
부	1급	剖	쪼갤 부	166
부	1급	俯	구부릴 부	59
부	1급	孵	알깔 부	99
부	특급	孚	믿을 부	99
부	특급	溥	펼 부/넓을 보	397
부	특급	缶	장군 부	633
부	특급	咅	침 부	166
부	특급	尃	펼 부/퍼질 포	396
북	8급	北	북녘 북/달아날 배	681
분	6급	分	나눌 분	173
분	4급	粉	가루 분	173
분	4급	憤	분할 분	161
분	3급	奔	달릴 분	70
분	3급	奮	떨칠 분	309
분	3급	紛	어지러울 분	173
분	3급	墳	무덤 분	161
분	2급	芬	향기 분	173
분	1급	扮	꾸밀 분	173
분	1급	雰	눈날릴 분	173
분	1급	盆	동이 분	173
분	1급	焚	불사를 분	211
분	1급	吩	분부할 분	173
분	1급	噴	뿜을 분	161
분	1급	忿	성낼 분	173
분	1급	糞	똥 분	470
분	특급	賁	클 분/꾸밀 비	160
불	7급	不	아닐 불/부	165
불	4급	佛	부처 불	163
불	3급	拂	떨칠 불	163
불	2급	弗	아닐/말 불	163
불	1급	彿	비슷할 불	163
불	특급	市	슬갑 불	249
붕	3급	崩	무너질 붕	253
붕	3급	朋	벗 붕	252
붕	2급	鵬	새 붕	253
붕	1급	棚	사다리 붕	253

붕	1급	硼	붕사 붕	253
붕	1급	繃	묶을 붕	253
비	5급	比	견줄 비	28
비	5급	費	쓸 비	163
비	5급	鼻	코 비	130
비	4급	飛	날 비	322
비	4급	備	갖출 비	548
비	4급	非	아닐 비	320
비	4급	悲	슬플 비	321
비	4급	批	비평할 비	28
비	4급	祕	숨길 비/심오할 필	615
비	4급	碑	비석 비	159
비	3급	妃	왕비 비	97
비	3급	婢	계집종 비	159
비	3급	肥	살찔 비	38
비	3급	卑	낮을 비	159
비	2급	匪	비적 비	321
비	2급	泌	분비할 비/스며흐를 필	615
비	2급	丕	클 비	166
비	2급	毖	삼갈 비	29
비	2급	毘	도울 비	28
비	1급	誹	헐뜯을 비	321
비	1급	砒	비상 비	29
비	1급	妣	죽은어미 비	28
비	1급	鄙	더러울 비	518
비	1급	譬	비유할 비	595
비	1급	裨	도울 비	159
비	1급	臂	팔 비	595
비	1급	脾	지라 비	159
비	1급	翡	물총새 비	321
비	1급	扉	사립문 비	321
비	1급	秕	쭉정이 비	29
비	1급	痺	저릴 비	159
비	1급	琵	비파 비	645
비	1급	沸	끓을 비/용솟음할 불	163
비	1급	憊	고단할 비	548

비	1급	匕	비수 비	174
비	1급	蜚	바퀴/날 비	321
비	1급	庇	덮을 비	28
비	1급	緋	비단 비	321
비	특급	坒	섬돌 비	29
비	특급	匕	굽힐 비	28
비	특급	啚	더러울/마을 비	517
빈	4급	貧	가난할 빈	173
빈	3급	賓	손 빈	87
빈	3급	頻	자주 빈	68
빈	2급	彬	빛날 빈	211
빈	1급	殯	빈소 빈	88
빈	1급	濱	물가 빈	88
빈	1급	嬪	아내 빈	88
빈	1급	嚬	찡그릴 빈	68
빈	1급	瀕	물가/가까울 빈	68
빈	특급	牝	암컷 빈	174
빙	5급	氷	얼음 빙	217
빙	3급	聘	부를 빙	237
빙	2급	馮	탈 빙/성씨 풍	217
빙	1급	憑	기댈 빙	218
		ㅅ		
사	8급	四	넉 사	668
사	7급	事	일 사	660
사	6급	社	모일 사	231
사	6급	使	하여금/부릴 사	660
사	6급	死	죽을 사	140
사	5급	史	역사 사	660
사	5급	士	선비 사	386
사	5급	仕	섬길 사	386
사	5급	寫	베낄 사	318
사	5급	思	생각 사	135
사	5급	査	조사할 사	240
사	4급	寺	절 사/관청 시	75
사	4급	師	스승 사	238
사	4급	謝	사례할 사	554
사	4급	舍	집 사	376
사	4급	辭	말씀 사	439
사	4급	私	사사 사	420
사	4급	絲	실 사	437
사	4급	射	쏠 사	553
사	3급	邪	간사할 사	290
사	3급	沙	모래 사	204
사	3급	司	맡을 사	354
사	3급	蛇	긴뱀 사	265
사	3급	斜	비스듬할 사	377
사	3급	詞	말/글 사	354
사	3급	祀	제사 사	97
사	3급	巳	뱀 사	97
사	3급	捨	버릴 사	376
사	3급	斯	이 사	469
사	3급	詐	속일 사	176
사	3급	賜	줄 사	486
사	3급	似	닮을 사	478
사	2급	赦	용서할 사	21
사	2급	飼	기를 사	354
사	2급	唆	부추길 사	459
사	2급	泗	물이름 사	669
사	1급	些	적을 사	30
사	1급	麝	사향노루 사	554
사	1급	祠	사당 사	354
사	1급	紗	비단 사/작을 묘	204
사	1급	嗣	이을 사	355
사	1급	奢	사치할 사	407
사	1급	娑	춤출/사바세상 사	688
사	1급	徙	옮길 사	68
사	1급	瀉	쏟을 사	318
사	1급	獅	사자 사	238
사	1급	蓑	도롱이 사	450
사	특급	糸	실 사/가는실 멱	437
사	특급	厶	사사로울 사	420
사	특급	虒	뿔범 사/땅이름 제	345
사	특급	柶	수저 사	669
사	특급	虵	뱀 사/구불구불갈 이	266

사	특급	卸	풀 사	474
삭	3급	削	깎을 삭/채지 소	203
삭	3급	朔	초하루 삭	23
산	8급	山	산 산	205
산	7급	算	셈 산	263
산	5급	産	낳을 산	656
산	4급	散	흩을 산	250
산	2급	傘	우산 산	459
산	2급	酸	신맛 산	459
산	1급	疝	산증 산	205
산	1급	珊	산호 산	661
산	1급	刪	깎을 산	661
살	4급	殺	죽일 살/빠를 쇄	60
살	1급	撒	뿌릴 살	250
살	1급	煞	죽일 살/빠를 쇄	57
살	1급	薩	보살 살	686
삼	8급	三	셋 삼	667
삼	3급	森	수풀 삼	211
삼	2급	蔘	삼 삼	668
삼	1급	滲	스밀 삼	668
삼	특급	彡	터럭 삼	244
삼	특급	衫	적삼 삼	244
삽	2급	挿	꽂을 삽	473
삽	1급	澁	떫을 삽	69
삽	특급	歮	껄끄러울 삽	69
삽	특급	臿	찧을 삽	473
상	7급	上	윗 상	679
상	5급	商	장사 상	693
상	5급	相	서로 상	122
상	5급	賞	상줄 상	515
상	4급	常	떳떳할/항상 상	515
상	4급	床	상 상	533
상	4급	想	생각 상	122
상	4급	狀	형상 상/문서 장	534
상	4급	傷	다칠 상	234
상	4급	象	코끼리 상	347
상	3급	霜	서리 상	122
상	3급	裳	치마 상	515
상	3급	桑	뽕나무 상	258
상	3급	喪	잃을 상	258
상	3급	詳	자세할 상	334
상	3급	尙	오히려/높일 상	514
상	3급	像	모양 상	347
상	3급	償	갚을 상	515
상	3급	祥	상서 상	334
상	3급	嘗	맛볼 상	515
상	2급	箱	상자 상	122
상	2급	庠	학교 상	334
상	1급	爽	시원할 상	666
상	1급	翔	날 상	334
상	1급	觴	잔 상	234
상	1급	孀	홀어미 상	122
상	특급	牀	평상 상	533
새	1급	璽	옥새 새	284
색	7급	色	빛 색	38
색	3급	索	찾을 색/새끼줄 삭	441
색	3급	塞	막힐 색/변방 새	513
색	1급	嗇	아낄 색	518
색	특급	穡	거둘 색	518
생	8급	生	날 생	161
생	1급	牲	희생 생	161
생	1급	甥	생질 생	161
서	8급	西	서녘 서	680
서	6급	書	글 서	657
서	5급	序	차례 서	446
서	3급	恕	용서할 서	102
서	3급	緖	실마리 서	407
서	3급	徐	천천할 서	377
서	3급	署	관청 서	409
서	3급	暑	더울 서	407
서	3급	敍	펼 서	377
서	3급	逝	갈 서	373
서	3급	庶	여러 서	370
서	3급	誓	맹세할 서	373

서	2급	瑞	상서 서	169
서	2급	舒	펼 서	376
서	1급	抒	풀 서	446
서	1급	棲	깃들일 서	680
서	1급	犀	무소 서	332
서	1급	胥	서로 서	72
서	1급	薯	감자 서	409
서	1급	黍	기장 서	406
서	1급	嶼	섬 서	64
서	1급	曙	새벽 서	409
서	1급	鼠	쥐 서	346
서	1급	壻	사위 서	72
서	특급	栖	깃들일 서	680
석	7급	夕	저녁 석	191
석	6급	席	자리 석	539
석	6급	石	돌 석	144
석	3급	惜	아낄 석	183
석	3급	釋	풀 석/기뻐할 역	574
석	3급	昔	옛 석/섞일 착	183
석	3급	析	쪼갤 석	372
석	2급	碩	클 석	144
석	2급	錫	주석 석	486
석	2급	奭	클/쌍백 석	673
석	2급	晳	밝을 석	372
석	1급	潟	개펄 석	317
석	특급	舃	신 석/까치 작	317
석	특급	腊	포 석	183
선	8급	先	먼저 선	71
선	6급	線	줄 선	218
선	5급	鮮	고울/생선 선	336
선	5급	仙	신선 선	205
선	5급	善	착할 선	335
선	5급	選	가릴 선	232
선	5급	船	배 선	221
선	4급	宣	베풀 선	190
선	3급	禪	선 선	292
선	3급	旋	돌 선	581

선	2급	繕	기울 선	336
선	2급	璇	옥 선	581
선	2급	瑄	도리옥 선	190
선	2급	璿	구슬 선	140
선	1급	煽	부채질할 선	520
선	1급	銑	무쇠 선	71
선	1급	膳	선물/반찬 선	336
선	1급	羨	부러워할 선/무덤길 연	336
선	1급	扇	부채 선	520
선	1급	腺	샘 선	218
선	특급	蟬	매미 선	292
선	특급	灷	불씨 선	587
설	6급	雪	눈 설	197
설	5급	說	달랠 세/말씀 설/기뻐할 열	113
설	4급	設	베풀 설	636
설	4급	舌	혀 설	120
설	2급	薛	성씨 설	701
설	2급	卨	사람이름 설	142
설	1급	屑	가루 설	300
설	1급	泄	샐 설	215
설	1급	洩	샐 설/퍼질 예	614
설	1급	渫	파낼 설	215
섬	2급	纖	가늘 섬	560
섬	2급	陝	땅이름 섬	22
섬	2급	蟾	두꺼비 섬	369
섬	2급	暹	나라이름 섬	688
섬	1급	閃	번쩍일 섬	522
섬	1급	殲	다죽일 섬	560
섬	특급	韱	부추 섬	560
섭	3급	攝	다스릴/잡을 섭	130
섭	3급	涉	건널 섭	68
섭	2급	燮	불꽃 섭	146
섭	특급	聶	소곤거릴 섭	129
성	7급	姓	성씨 성	161
성	6급	成	이룰 성	571

성	6급	省	살필 성/덜 생	162
성	5급	性	성품 성	161
성	4급	誠	정성 성	571
성	4급	聲	소리 성	647
성	4급	盛	성할 성	571
성	4급	聖	성인 성	605
성	4급	城	성 성	571
성	4급	星	별 성	162
성	2급	晟	밝을 성	571
성	1급	醒	깰 성	162
세	7급	世	대 세	215
세	5급	洗	씻을 세/깨끗할 선	71
세	5급	歲	해 세	568
세	4급	勢	형세 세	410
세	4급	稅	세금 세	113
세	4급	細	가늘 세	134
세	2급	貰	세놓을 세	215
소	8급	小	작을 소	202
소	7급	少	적을 소	204
소	7급	所	바 소	519
소	6급	消	사라질 소	203
소	4급	笑	웃음 소	26
소	4급	掃	쓸 소	540
소	4급	素	바탕 소	251
소	3급	訴	호소할 소/헐뜯을 척	24
소	3급	燒	불사를 소	691
소	3급	疏	소통할 소	72
소	3급	蘇	되살아날 소	279
소	3급	召	부를 소	356
소	3급	昭	밝을 소	356
소	3급	蔬	나물 소	72
소	3급	騷	떠들 소	264
소	2급	紹	이을 소	356
소	2급	沼	못 소	356
소	2급	巢	새집 소	255
소	2급	邵	땅이름/성씨 소	356
소	1급	簫	통소 소	659
소	1급	塑	흙빚을 소	23
소	1급	遡	거스를 소	23
소	1급	逍	노닐 소	203
소	1급	蕭	쓸쓸할 소	659
소	1급	瘙	피부병 소	264
소	1급	疎	성길 소	72
소	1급	甦	깨어날 소	279
소	1급	梳	얼레빗 소	72
소	1급	宵	밤 소	190
소	1급	搔	긁을 소	264
소	특급	喿	울 소/조	111
소	특급	穌	깨어날 소	279
속	6급	速	빠를 속	423
속	5급	束	묶을 속	423
속	4급	俗	풍속 속	220
속	4급	屬	무리 속/이을 촉	433
속	3급	粟	조 속	404
속	1급	贖	속죄할 속	277
손	6급	孫	손자 손	438
손	4급	損	덜 손	498
손	1급	遜	겸손할 손	438
손	특급	巽	부드러울 손	232
송	4급	送	보낼 송	587
송	4급	頌	기릴/칭송할 송	422
송	4급	松	소나무 송	422
송	3급	訟	송사할 송	422
송	3급	誦	욀 송	363
송	2급	宋	성씨 송	701
송	1급	悚	두려울 송	423
쇄	3급	鎖	쇠사슬 쇄	276
쇄	3급	刷	인쇄할 쇄	664
쇄	1급	碎	부술 쇄	452
쇄	1급	灑	뿌릴 쇄	327
쇄	특급	𧴪	가루 쇄	276
쇄	특급	瑣	가루 쇄	276
쇄	특급	嗩	태평소 쇄	276
쇠	3급	衰	쇠할 쇠	450

쇠	특급	釗	쇠 쇠	386
수	8급	水	물 수	217
수	7급	手	손 수	43
수	7급	數	셈 수	431
수	6급	樹	나무 수	640
수	5급	首	머리 수	223
수	4급	修	닦을 수	54
수	4급	受	받을 수	476
수	4급	守	지킬 수	512
수	4급	授	줄 수	476
수	4급	收	거둘 수	444
수	4급	秀	빼어날 수	400
수	3급	愁	근심 수	683
수	3급	壽	목숨 수	109
수	3급	帥	장수 수/거느릴 솔	618
수	3급	殊	다를 수	210
수	3급	輸	보낼 수	273
수	3급	隨	따를 수	299
수	3급	需	쓰일/쓸 수	133
수	3급	垂	드리울 수	164
수	3급	獸	짐승 수	293
수	3급	睡	졸음 수	164
수	3급	須	모름지기 수	224
수	3급	雖	비록 수	304
수	3급	誰	누구 수	305
수	3급	搜	찾을 수	110
수	3급	囚	가둘 수	289
수	3급	遂	드디어/따를 수	339
수	2급	銖	저울눈 수	210
수	2급	隋	수나라 수	298
수	2급	洙	물가 수	210
수	1급	蒐	모을 수	229
수	1급	嫂	형수 수	110
수	1급	戍	지킬 수	563
수	1급	髓	뼛골 수	299
수	1급	酬	갚을 수	493
수	1급	袖	소매 수	527

수	1급	羞	바칠/부끄러울 수	46
수	1급	狩	사냥할 수	512
수	1급	繡	수놓을 수	659
수	1급	粹	순수할 수	452
수	1급	竪	세울 수	605
수	1급	穗	이삭 수	441
수	1급	瘦	여윌 수	110
수	1급	讎	원수 수	304
수	특급	叟	늙은이 수	110
수	특급	殳	몽둥이 수	52
수	특급	雔	새 한쌍 수	304
수	특급	㒸	따를 수	338
숙	5급	宿	잘 숙/별자리 수	539
숙	4급	叔	아저씨 숙	616
숙	4급	肅	엄숙할 숙	659
숙	3급	淑	맑을 숙	616
숙	3급	熟	익을 숙	627
숙	3급	孰	누구 숙	627
숙	1급	夙	이를 숙	65
숙	1급	菽	콩 숙	616
숙	1급	塾	글방 숙	628
순	5급	順	순할 순	216
순	4급	純	순수할 순	156
순	3급	旬	열흘 순	676
순	3급	瞬	눈깜짝일 순	691
순	3급	巡	순행할 순	215
순	3급	循	돌 순	575
순	3급	殉	따라죽을 순	676
순	3급	脣	입술 순	170
순	2급	盾	방패 순	575
순	2급	舜	순임금 순	691
순	2급	珣	옥이름 순	676
순	2급	淳	순박할 순	627
순	2급	洵	참으로 순	676
순	2급	荀	풀이름 순	676
순	1급	醇	전국술 순	627
순	1급	筍	죽순 순	676

순	1급	馴	길들일 순	216
술	6급	術	재주 술	59
술	3급	述	펼 술	59
술	3급	戌	개 술	569
숭	4급	崇	높을 숭	513
슬	2급	瑟	큰거문고 슬	646
슬	1급	膝	무릎 슬	207
습	6급	習	익힐 습	318
습	3급	濕	젖을 습	438
습	3급	拾	주울 습/열 십	358
습	3급	襲	엄습할 습	351
승	6급	勝	이길 승	587
승	4급	承	이을 승/구할 증	287
승	3급	乘	탈 승	207
승	3급	昇	오를 승	481
승	3급	僧	중 승	686
승	2급	升	되 승	480
승	2급	繩	노끈 승	269
승	1급	丞	도울 승/구할 증	287
승	특급	蠅	파리 승	269
시	7급	時	때 시	75
시	7급	市	저자 시	235
시	6급	始	비로소 시	479
시	5급	示	보일 시	231
시	4급	詩	시 시	75
시	4급	試	시험 시	612
시	4급	視	볼 시	231
시	4급	施	베풀 시	267
시	4급	是	옳을 시	181
시	3급	侍	모실 시	75
시	3급	矢	화살 시	544
시	2급	屍	주검 시	32
시	2급	柴	섶 시	30
시	1급	柿	감나무 시	236
시	1급	匙	숟가락 시	181
시	1급	媤	시집 시	135
시	1급	弑	윗사람죽일 시	612

시	1급	猜	시기할 시	390
시	1급	諡	시호 시	486
시	1급	豺	승냥이 시	342
시	특급	戠	찰흙 시	650
시	특급	豕	돼지 시	337
시	특급	尸	주검 시	32
식	7급	食	밥/먹을 식	489
식	7급	植	심을 식	124
식	6급	式	법 식	612
식	5급	識	알 식	651
식	4급	息	쉴 식	134
식	3급	飾	꾸밀 식	490
식	2급	殖	불릴 식	124
식	2급	軾	수레가로나무 식	612
식	2급	湜	물맑을 식	181
식	1급	熄	불꺼질 식	134
식	1급	蝕	좀먹을 식	489
식	1급	拭	씻을 식	612
신	6급	身	몸 신	93
신	6급	神	귀신 신	195
신	6급	信	믿을 신	15
신	6급	新	새 신	593
신	5급	臣	신하 신	603
신	4급	申	거듭 신	195
신	3급	愼	삼갈 신	500
신	3급	辛	매울 신	593
신	3급	伸	펼 신	195
신	3급	晨	새벽 신	169
신	2급	紳	띠 신	195
신	2급	腎	콩팥 신	605
신	1급	薪	섶 신	593
신	1급	迅	빠를 신	580
신	1급	蜃	큰조개 신	169
신	1급	燼	불탄끝 신	659
신	1급	宸	대궐 신	169
신	1급	娠	아이밸 신	169
신	1급	呻	읊조릴 신	195

애	2급	艾	쑥 애	584
애	2급	埃	티끌 애	546
애	1급	崖	언덕 애	366
애	1급	曖	희미할 애	117
애	1급	隘	좁을 애/막을 액	486
애	1급	靄	아지랑이 애	178
애	특급	碍	거리낄 애	278
애	특급	厓	언덕 애	366
액	4급	液	진 액	21
액	4급	額	이마 액	78
액	3급	厄	재앙 액	367
액	1급	扼	잡을 액	367
액	1급	腋	겨드랑이 액	21
액	1급	縊	목맬 액	486
앵	1급	櫻	앵두 앵	276
앵	1급	鶯	꾀꼬리 앵	150
야	6급	夜	밤 야	21
야	6급	野	들 야	446
야	3급	也	이끼/어조사 야	266
야	3급	耶	어조사 야	290
야	2급	惹	이끌 야	92
야	2급	倻	가야 야	291
야	1급	揶	야유할 야	291
야	1급	冶	풀무 야	480
야	1급	爺	아비 야	291
약	6급	弱	약할 약	555
약	6급	藥	약 약	644
약	5급	約	맺을 약	482
약	3급	若	같을 약	91
약	3급	躍	뛸 약	310
약	1급	葯	꽃밥 약/동여맬 적	482
약	특급	龠	피리 약	648
양	6급	陽	볕 양	233
양	6급	洋	큰바다 양	333
양	5급	養	기를 양	333
양	4급	羊	양 양	333
양	4급	樣	모양 양	333

양	3급	讓	사양할 양	453
양	3급	壤	흙덩이 양	453
양	3급	揚	날릴 양	233
양	3급	楊	버들 양	233
양	2급	孃	아가씨 양	453
양	2급	襄	도울 양	453
양	1급	攘	물리칠 양	453
양	1급	恙	병/근심할 양	334
양	1급	釀	술빚을 양	453
양	1급	癢	가려울 양	334
양	1급	瘍	헐 양	233
양	특급	昜	볕 양/쉬울 이	233
양	특급	羕	강이 길 양	333
어	7급	語	말씀 어	670
어	5급	漁	고기잡을 어	279
어	5급	魚	물고기 어	279
어	3급	御	거느릴 어	474
어	3급	於	어조사 어/탄식할 오	415
어	1급	圄	옥 어	670
어	1급	禦	막을 어	474
어	1급	瘀	어혈질 어	415
어	특급	圉	마부 어	600
억	5급	億	억 억	638
억	3급	憶	생각할 억	638
억	3급	抑	누를 억	36
억	1급	臆	가슴 억	638
언	6급	言	말씀 언	636
언	3급	焉	어찌 언	315
언	2급	彦	선비 언	656
언	1급	堰	둑 언	103
언	1급	諺	언문 언	656
언	특급	㫃	나부낄 언	580
엄	4급	嚴	엄할 엄	294
엄	1급	掩	가릴 엄	197
엄	1급	奄	문득 엄	196
엄	1급	儼	의젓할 엄	294
엄	특급	厂	기슭 엄	366

엄	특급	广	집 엄	369
업	6급	業	업 업	646
여	4급	餘	남을 여	377
여	4급	如	같을 여	102
여	특급	舁	마주들 여	63
여	4급	與	더불/줄 여	63
여	3급	輿	수레 여	64
여	3급	汝	너 여	102
여	3급	余	나/남을 여	376
여	3급	予	나/줄 여	446
역	4급	逆	거스릴 역	23
역	4급	域	지경 역	608
역	4급	易	바꿀 역/쉬울 이	486
역	3급	疫	전염병 역	52
역	3급	亦	또 역/겨드랑이 액	20
역	3급	役	부릴 역	52
역	3급	譯	번역할 역	574
역	3급	驛	역 역	574
역	1급	繹	풀 역	574
역	특급	屰	거스릴 역	23
역	특급	睪	엿볼 역	574
연	7급	然	그럴 연	325
연	4급	煙	연기 연	635
연	4급	硏	갈 연	573
연	4급	演	펼 연	550
연	4급	燃	탈 연	325
연	4급	鉛	납 연	221
연	4급	緣	인연 연	338
연	4급	延	늘일 연	82
연	3급	沿	물따라갈/따를 연	221
연	3급	軟	연할 연	114
연	3급	宴	잔치 연	103
연	3급	燕	제비 연	318
연	2급	硯	벼루 연	121
연	2급	衍	넓을 연	80
연	2급	姸	고울 연	573
연	2급	淵	못 연	217

연	1급	鳶	솔개 연	316
연	1급	捐	버릴 연	268
연	1급	筵	대자리 연	82
연	1급	椽	서까래 연	338
연	특급	蜎	구불구불할 연	82
연	특급	㕣	산속의 늪 연	221
연	특급	肙	장구벌레 연	268
열	5급	熱	더울 열	410
열	3급	悅	기쁠 열	113
열	3급	閱	볼 열	113
염	3급	染	물들 염	672
염	3급	鹽	소금 염	485
염	3급	炎	불꽃 염/아름다울 담	147
염	2급	厭	싫어할 염	269
염	2급	閻	마을 염	286
염	1급	焰	불꽃 염	286
염	1급	艶	고울 염	462
염	특급	猒	물릴 염	269
엽	5급	葉	잎 엽	214
엽	2급	燁	빛날 엽	165
엽	특급	枼	잎 엽	214
영	6급	英	꽃부리 영	602
영	6급	永	길 영	83
영	4급	榮	영화 영	150
영	4급	迎	맞을 영	36
영	4급	映	비칠 영	602
영	4급	營	경영할 영	150
영	3급	影	그림자 영	625
영	3급	詠	읊을 영	83
영	3급	泳	헤엄칠 영	84
영	2급	盈	찰 영	92
영	2급	瑛	옥빛 영	602
영	2급	暎	비칠 영	602
영	1급	嬰	어린아이 영	276
영	특급	渶	물 맑을 영	602
영	특급	賏	목치장 영	276
예	4급	藝	심을/재주 예	410

예	4급	豫	미리 예	446
예	3급	譽	기릴/명예 예	64
예	3급	銳	날카로울 예	113
예	2급	預	맡길/미리 예	446
예	2급	芮	성씨 예	381
예	2급	睿	슬기 예	139
예	2급	濊	종족이름 예	568
예	1급	詣	이를 예	175
예	1급	曳	끌 예	614
예	1급	穢	더러울 예	568
예	1급	裔	후손 예	450
예	특급	刈	벨 예	584
예	특급	乂	깎을 예	584
예	특급	殹	앓는소리 예	545
예	특급	軎	굴대끝 예/세	576
예	특급	埶	심을 예/기세 세	409
예	특급	蓺	심을 예	409
오	8급	五	다섯 오	669
오	7급	午	낮 오	472
오	4급	誤	그르칠 오	699
오	3급	烏	까마귀 오	316
오	3급	悟	깨달을 오	669
오	3급	嗚	슬플 오	316
오	3급	娛	즐길 오	699
오	3급	吾	나 오	669
오	3급	傲	거만할 오	413
오	3급	汚	더러울 오	106
오	2급	梧	오동나무 오	670
오	2급	墺	물가 오	467
오	2급	吳	성씨 오	699
오	1급	奧	깊을 오	467
오	1급	懊	한할 오	467
오	1급	伍	다섯사람 오	669
오	1급	寤	잠깰 오	669
오	특급	旿	밝을 오	472
오	특급	敖	거만할 오	413
옥	5급	屋	집 옥	548

옥	4급	玉	구슬 옥	252
옥	3급	獄	옥 옥	323
옥	2급	鈺	보배 옥	252
옥	2급	沃	기름질 옥	26
온	6급	溫	따뜻할 온	483
온	2급	穩	편안할 온	509
온	1급	蘊	쌓을 온	483
온	특급	昷	온화할 온	483
온	특급	縕	헌솜 온	483
올	특급	兀	우뚝할 올	85
옹	3급	擁	낄 옹	292
옹	3급	翁	늙은이 옹	422
옹	2급	甕	독 옹	291
옹	2급	雍	화할 옹	291
옹	2급	邕	막힐 옹	291
옹	1급	壅	막을 옹	291
와	3급	瓦	기와 와	635
와	3급	臥	누울 와	604
와	1급	訛	그릇될 와	31
와	1급	渦	소용돌이 와	142
와	1급	蝸	달팽이 와	142
와	특급	咼	삐뚤어질 와/괘	142
완	5급	完	완전할 완	86
완	3급	緩	느릴 완	51
완	2급	莞	왕골 완	86
완	1급	婉	순할/아름다울 완	39
완	1급	宛	완연할 완	39
완	1급	玩	즐길 완	85
완	1급	腕	팔뚝 완	39
완	1급	阮	성씨 완	86
완	1급	頑	완고할 완	85
왈	3급	曰	가로 왈	118
왕	8급	王	임금 왕	386
왕	4급	往	갈 왕	387
왕	2급	汪	넓을 왕	387
왕	2급	旺	왕성할 왕	387
왕	1급	枉	굽을 왕/미칠 광	387

왜	2급	歪	기울 왜/외	74
왜	2급	倭	왜나라 왜	404
왜	1급	矮	난쟁이 왜	404
외	8급	外	바깥 외	652
외	3급	畏	두려워할 외	228
외	1급	巍	높고클 외	703
외	1급	猥	외람할 외	228
요	5급	要	중요할 요	455
요	5급	曜	빛날요	310
요	4급	謠	노래 요	634
요	3급	遙	멀 요	634
요	3급	腰	허리 요	455
요	3급	搖	흔들 요	634
요	2급	妖	요사할 요	26
요	2급	姚	예쁠 요	654
요	2급	堯	요임금 요	690
요	2급	耀	빛날 요	310
요	1급	擾	시끄러울 요	226
요	1급	窈	고요할 요	433
요	1급	窯	기와가마 요	335
요	1급	邀	맞을 요	414
요	1급	撓	어지러울 요	690
요	1급	饒	넉넉할 요	691
요	1급	僥	요행 요/속일 교	690
요	1급	凹	오목할 요	384
요	1급	拗	꺾을 요	433
요	1급	夭	어릴 요	26
요	특급	幺	작을 요	433
요	특급	舀	퍼낼 요	471
요	특급	䍃	질그릇 요	634
욕	5급	浴	목욕할 욕	220
욕	3급	慾	욕심 욕	221
욕	3급	欲	하고자할 욕	221
욕	3급	辱	욕될 욕	170
용	4급	龍	용 용	350
용	6급	勇	날랠 용	363
용	6급	用	쓸 용	362

용	4급	容	얼굴 용	422
용	3급	庸	떳떳할 용	419
용	2급	熔	녹을 용	422
용	2급	傭	품팔 용	419
용	2급	瑢	패옥소리 용	422
용	2급	溶	녹을 용	422
용	2급	鎔	쇠녹일 용	422
용	2급	鏞	쇠북 용	419
용	1급	踊	뛸 용	363
용	1급	蓉	연꽃 용	422
용	1급	茸	풀날 용/버섯 이	129
용	1급	聳	솟을 용	82
용	1급	涌	물 솟을 용	363
용	특급	甬	길 용	363
용	특급	舂	찧을 용	473
우	7급	右	오른쪽 우	47
우	5급	友	벗 우	46
우	5급	雨	비 우	197
우	5급	牛	소 우	329
우	4급	優	넉넉할 우	226
우	4급	遇	만날 우	349
우	4급	郵	우편 우	164
우	3급	憂	근심 우	226
우	3급	偶	짝 우	349
우	3급	宇	집 우	106
우	3급	愚	어리석을 우	349
우	3급	羽	깃 우	318
우	3급	于	어조사 우/어	105
우	3급	尤	더욱 우	46
우	3급	又	또 우	46
우	2급	佑	도울 우	47
우	2급	禹	우임금 우	692
우	2급	祐	복 우	47
우	1급	虞	염려할/나라이름 우	700
우	1급	迂	에돌 우	106
우	1급	寓	부칠 우	349
우	1급	嵎	산굽이 우	349

우	1급	隅	모퉁이 우	349
우	특급	禺	긴꼬리원숭이 우	349
욱	2급	旭	아침해 욱	672
욱	2급	昱	햇빛밝을 욱	319
욱	2급	煜	빛날 욱	319
욱	2급	郁	성할 욱/답답할 울	504
욱	2급	頊	삼갈 욱	252
운	6급	運	옮길 운	578
운	5급	雲	구름 운	199
운	3급	韻	운 운	498
운	3급	云	이를 운	198
운	2급	芸	향풀 운	199
운	1급	耘	김맬 운	199
운	1급	殞	죽을 운	498
운	1급	隕	떨어질 운	498
울	2급	鬱	답답할 울	504
울	2급	蔚	고을이름 울/제비쑥 위	34
웅	5급	雄	수컷 웅	421
웅	2급	熊	곰 웅	350
원	6급	園	동산 원	451
원	6급	遠	멀 원	451
원	5급	元	으뜸 원	85
원	5급	原	언덕 원	218
원	5급	院	집 원	86
원	5급	願	원할 원	219
원	4급	圓	둥글 원	497
원	4급	員	인원 원	497
원	4급	怨	원망할 원	39
원	4급	援	도울 원	51
원	4급	源	근원 원	218
원	2급	苑	동산 원	39
원	2급	瑗	구슬 원	51
원	2급	袁	옷길 원	451
원	2급	媛	계집 원	51
원	1급	冤	원통할 원	348
원	1급	猿	원숭이 원	451

원	1급	鴛	원앙 원	39
원	특급	爰	이에 원	51
원	특급	夗	누워뒹글 원	39
월	8급	月	달 월	190
월	3급	越	넘을 월	699
월	특급	鉞	도끼 월	568
월	특급	戉	도끼 월	567
위	5급	偉	클 위	80
위	5급	位	자리 위	18
위	4급	衛	지킬 위	80
위	4급	爲	다스릴 위	347
위	4급	圍	에워쌀 위	289
위	4급	委	맡길 위	404
위	4급	威	위엄 위	569
위	4급	慰	위로할 위	34
위	4급	危	위태할 위	368
위	3급	胃	밥통 위	136
위	3급	僞	거짓 위	347
위	3급	謂	이를 위	137
위	3급	違	어긋날 위	80
위	3급	緯	씨줄 위	80
위	2급	尉	벼슬 위/다리미 울	34
위	2급	渭	물이름 위	137
위	2급	韋	에워쌀 위	79
위	2급	魏	위나라 위/뛰어날 외	703
위	1급	萎	시들 위	404
위	특급	厃	위태로울 위/우러러 볼 첨	368
유	7급	有	있을 유	298
유	6급	由	말미암을 유	527
유	6급	油	기름 유	527
유	4급	遊	놀 유	582
유	4급	乳	젖 유	100
유	4급	儒	선비 유	133
유	4급	遺	남길 유	201
유	3급	猶	오히려 유	493
유	3급	幽	그윽할 유	434

유	3급	幼	어릴 유	433
유	3급	柔	부드러울 유	558
유	3급	維	벼리 유	305
유	3급	裕	넉넉할 유	221
유	3급	誘	꾈 유	400
유	3급	悠	멀 유	53
유	3급	唯	오직 유/누구 수	305
유	3급	酉	닭 유	493
유	3급	愈	나을 유	272
유	3급	惟	생각할 유	305
유	2급	庾	곳집/노적가리 유	64
유	2급	兪	점점 유	272
유	2급	踰	넘을 유	273
유	2급	楡	느릅나무 유	273
유	1급	揄	야유할 유	273
유	1급	柚	유자 유/바디 축	527
유	1급	游	헤엄칠 유	582
유	1급	鍮	놋쇠 유	273
유	1급	癒	병나을 유	273
유	1급	諛	아첨할 유	64
유	1급	諭	타이를 유	273
유	1급	蹂	밟을 유	558
유	1급	喩	깨우칠 유	273
유	1급	愉	즐거울 유	273
유	1급	宥	너그러울 유	298
유	특급	攸	다스릴 유	53
유	특급	囿	동산 유	298
유	특급	冘	머뭇거릴 유	537
유	특급	斿	놀 유	582
유	특급	臾	잠깐 유/권할 용	64
육	8급	六	여섯 육	670
육	7급	育	기를 육	94
육	4급	肉	고기 육	297
윤	3급	潤	윤택할 윤	523
윤	3급	閏	윤달 윤	523
윤	2급	允	맏 윤	458
윤	2급	胤	자손 윤	440
윤	2급	鈗	창 윤	458
윤	2급	尹	다스릴 윤	49
율	특급	聿	붓 율	657
율	특급	矞	송곳질할 율	526
융	2급	融	녹을 융	263
융	1급	絨	가는베 융	565
융	1급	戎	병장기/오랑캐 융	565
은	6급	銀	은 은	125
은	4급	恩	은혜 은	538
은	4급	隱	숨을 은	509
은	2급	垠	지경 은	125
은	2급	誾	향기 은	521
은	2급	殷	은나라 은	694
은	특급	斦	모탕 은	371
은	특급	㥯	삼갈 은	509
을	3급	乙	굽을 을	162
음	6급	音	소리 음	637
음	6급	飮	마실 음	114
음	4급	陰	그늘 음/침묵할 암	295
음	3급	淫	음란할 음	443
음	3급	吟	읊을 음	294
음	1급	蔭	그늘 음	295
음	특급	㸒	가까이할 음	443
읍	7급	邑	고을 읍	290
읍	3급	泣	울 읍	18
읍	1급	揖	읍할 읍/모을 집	129
응	4급	應	응할 응	311
응	3급	凝	엉길 응	118
응	2급	鷹	매 응	311
응	1급	膺	가슴 응	311
의	6급	意	뜻 의	638
의	6급	醫	고칠 의	545
의	6급	衣	옷 의	449
의	4급	議	의논할 의	566
의	4급	義	옳을 의	566
의	4급	依	의지할 의	449
의	4급	儀	거동 의	566

의	4급	疑	의심할 의	117
의	3급	矣	어조사 의	546
의	3급	宜	마땅 의	242
의	1급	毅	굳셀 의	339
의	1급	椅	의자 의	417
의	1급	擬	비길 의	118
의	1급	誼	옳을 의	242
의	특급	豙	성나 털 일어날 의	339
이	8급	二	두 이	667
이	5급	以	써 이	478
이	5급	耳	귀 이	128
이	4급	移	옮길 이	301
이	4급	異	다를 이	227
이	3급	已	이미 이	268
이	3급	而	말이을 이	132
이	3급	夷	오랑캐 이	550
이	2급	貳	둘 이	667
이	2급	怡	기쁠 이	479
이	2급	伊	저 이	49
이	2급	珥	귀고리 이	128
이	1급	餌	미끼 이	128
이	1급	姨	이모 이	550
이	1급	痍	상처 이	550
이	1급	爾	너 이	284
이	1급	弛	늦출 이	266
이	특급	隶	미칠 이/종 례	593
익	4급	益	더할 익	485
익	3급	翼	날개 익	227
익	2급	翊	도울 익	319
익	1급	翌	다음날 익	319
익	특급	弋	주살 익	612
인	8급	人	사람 인	15
인	5급	因	인할 인	538
인	4급	印	도장 인	35
인	4급	引	끌 인	554
인	4급	認	알 인	172
인	4급	仁	어질 인	15

인	3급	忍	참을 인	172
인	3급	寅	범/동방 인	550
인	3급	姻	혼인 인	538
인	2급	刃	칼날 인	172
인	1급	蚓	지렁이 인	554
인	1급	靭	질길 인	172
인	1급	咽	목구멍 인/목멜 열/삼킬 연	538
인	1급	湮	묻힐 인/막힐 연	635
인	특급	茵	자리/사철쑥 인	538
인	특급	垔	막을 인	635
인	특급	廴	길게 걸을 인	82
일	8급	一	한 일	667
일	8급	日	날 일	186
일	3급	逸	편안할 일	348
일	2급	壹	하나 일	496
일	2급	佾	줄춤 일	300
일	2급	鎰	중량 일	485
일	1급	溢	넘칠 일	485
일	1급	佚	편안할 일/질탕할 질	44
일	특급	[illegible]	춤출 일	300
임	5급	任	맡길 임	443
임	3급	壬	북방 임	442
임	3급	賃	고용할 임	443
임	2급	妊	아이밸 임	443
입	7급	入	들 입	381
입	특급	廿	스물 입	354
잉	1급	剩	남을 잉	207
잉	1급	孕	아이밸 잉	92
ㅈ				
자	7급	子	아들 자	98
자	7급	自	스스로 자	130
자	7급	字	글자 자	657
자	6급	者	놈 자	407
자	4급	資	재물 자	115
자	4급	姿	모양 자	116
자	4급	姉	손윗누이 자	236

자	3급	紫	자줏빛 자	29
자	3급	慈	사랑 자	436
자	3급	刺	찌를 자/척	213
자	3급	恣	방자할 자	116
자	3급	玆	무성할 자	436
자	2급	磁	자석 자	436
자	2급	諮	물을 자	115
자	2급	雌	암컷 자	29
자	2급	滋	불을 자	436
자	1급	疵	허물 자	29
자	1급	仔	자세할 자	98
자	1급	蔗	사탕수수 자	370
자	1급	炙	구울 자/적	152
자	1급	煮	삶을 자	407
자	1급	藉	깔 자/짓밟을 적	184
자	1급	瓷	사기그릇 자	115
자	특급	朿	가시 자	213
자	특급	咨	물을 자	115
작	6급	作	지을 작	175
작	6급	昨	어제 작	175
작	3급	酌	술부을/잔질할 작	481
작	3급	爵	벼슬 작	503
작	2급	杓	구기 작	481
작	1급	炸	터질 작	175
작	1급	勺	구기 작	481
작	1급	灼	불사를 작	481
작	1급	綽	너그러울 작	158
작	1급	嚼	씹을 작	503
작	1급	芍	작약 작	481
작	1급	雀	참새 작	309
작	1급	鵲	까치 작	183
작	특급	乍	일어날 작/잠깐 사	175
잔	4급	殘	잔인할 잔	561
잔	1급	盞	잔 잔	561
잔	1급	棧	사다리 잔	561
잔	특급	𣦼	해칠 잔	139
잔	특급	戋	깎을 잔/적을 전	561

잠	3급	暫	잠깐 잠	577
잠	3급	潛	잠길 잠	117
잠	2급	蠶	누에 잠	117
잠	1급	箴	경계 잠	570
잠	1급	簪	비녀 잠	117
잡	4급	雜	섞일 잡	307
잡	특급	帀	두를 잡	249
장	8급	長	긴 장	104
장	7급	場	마당 장	233
장	6급	章	글 장	597
장	4급	將	장수 장	535
장	4급	障	막을 장	598
장	4급	奬	장려할 장	535
장	4급	裝	꾸밀 장	536
장	4급	腸	창자 장	233
장	4급	張	베풀 장	104
장	4급	壯	장할 장	536
장	4급	帳	장막 장	104
장	3급	莊	씩씩할 장	536
장	3급	葬	장사지낼 장	140
장	3급	臟	오장 장	534
장	3급	粧	단장할 장	536
장	3급	掌	손바닥 장	515
장	3급	丈	어른 장	55
장	3급	藏	감출 장	534
장	3급	墻	담 장	518
장	2급	獐	노루 장	598
장	2급	庄	전장 장	536
장	2급	璋	홀 장	598
장	2급	蔣	성씨 장	535
장	1급	檣	돛대 장	518
장	1급	薔	장미 장	518
장	1급	漿	즙 장	536
장	1급	醬	장 장	535
장	1급	杖	지팡이 장	55
장	1급	匠	장인 장	352
장	1급	仗	의장 장	55

장	특급	贓	장물 장	534
장	특급	藏	착할 장	534
장	특급	戕	죽일 장	534
장	특급	爿	나뭇조각 장	533
재	6급	才	재주 재	620
재	6급	在	있을 재	620
재	5급	財	재물 재	620
재	5급	材	재목 재	620
재	5급	災	재앙 재	216
재	5급	再	다시 재	282
재	3급	栽	심을 재	562
재	3급	裁	옷마를 재	562
재	3급	載	실을 재	562
재	3급	哉	어조사 재	562
재	3급	宰	재상 재	594
재	1급	齋	재계할/집 재	697
재	1급	滓	찌끼 재	594
쟁	5급	爭	다툴 쟁	50
쟁	1급	錚	쇳소리 쟁	50
저	5급	貯	쌓을 저	632
저	4급	低	낮을 저	154
저	4급	底	밑 저	154
저	3급	著	나타날 저/붙을 착	408
저	3급	抵	거스를 저	154
저	2급	沮	막을 저	241
저	1급	狙	원숭이/엿볼 저	241
저	1급	豬	돼지 저	407
저	1급	箸	젓가락 저	407
저	1급	咀	씹을 저	241
저	1급	詛	저주할 저	241
저	1급	躇	머뭇거릴 저	408
저	1급	邸	집 저	154
저	1급	觝	닥뜨릴/씨름 저	154
저	특급	杵	공이 저	473
저	특급	猪	돼지 저	407
저	특급	氐	근본 저	154
저	특급	宁	뜰 저	632

저	특급	杼	북 저	446
적	5급	的	과녁 적	481
적	5급	赤	붉을 적	152
적	4급	敵	대적할 적	589
적	4급	積	쌓을 적/저축 자	214
적	4급	籍	문서 적	184
적	4급	適	맞을 적	589
적	4급	績	길쌈 적	214
적	4급	賊	도둑 적	565
적	3급	跡	발자취 적	21
적	3급	寂	고요할 적	616
적	3급	笛	피리 적	528
적	3급	摘	딸 적	589
적	3급	蹟	자취 적	214
적	3급	滴	물방울 적	589
적	1급	嫡	정실 적	589
적	1급	謫	귀양갈 적	589
적	1급	狄	오랑캐 적	152
적	1급	迹	자취 적	21
적	특급	翟	꿩 적	310
적	특급	啇	밑동 적	589
적	특급	耤	적전 적	184
전	7급	電	번개 전	197
전	7급	前	앞 전	272
전	7급	全	온전 전	375
전	6급	戰	싸움 전	293
전	5급	傳	전할 전	442
전	5급	典	법 전	661
전	5급	展	펼 전	509
전	4급	田	밭 전	390
전	4급	專	오로지 전/모일 단	442
전	4급	轉	구를 전	442
전	4급	錢	푼돈 전	561
전	3급	殿	전각 전	632
전	2급	甸	경기 전	390
전	1급	塡	메울 전	500
전	1급	箋	기록할 전	561

제	8급	弟	아우 제	613
제	6급	第	차례 제	613
제	6급	題	제목 제	182
제	4급	濟	건널 제	698
제	4급	提	끌 제	182
제	4급	制	절제할 제	208
제	4급	製	지을 제	209
제	4급	除	덜 제	377
제	4급	際	즈음/가 제	236
제	4급	祭	제사 제	236
제	4급	帝	임금 제	588
제	3급	諸	모두 제	407
제	3급	齊	가지런할 제	697
제	3급	堤	둑 제	182
제	2급	劑	조제할 제	698
제	1급	啼	울 제	588
제	1급	梯	사다리 제	614
제	1급	悌	공손할 제	614
제	1급	蹄	굽 제	588
제	특급	臍	배꼽 제	697
조	7급	祖	조상 조	240
조	6급	朝	아침 조	193
조	5급	調	고를 조	394
조	5급	操	잡을 조	112
조	4급	鳥	새 조	315
조	4급	助	도울 조	240
조	4급	早	이를 조	158
조	4급	造	지을 조	330
조	4급	條	가지 조	54
조	4급	潮	밀물/조수 조	193
조	4급	組	짤 조	240
조	3급	租	조세 조	240
조	3급	照	비칠 조	356
조	3급	兆	조짐/억조 조	654
조	3급	燥	마를 조	112
조	3급	弔	조상할 조	110
조	2급	措	둘 조/섞일 착	183

조	2급	釣	낚을/낚시 조	481
조	2급	彫	새길 조	394
조	2급	趙	나라 조	703
조	2급	曺	성씨 조	428
조	2급	祚	복 조	176
조	1급	詔	고할 조	356
조	1급	藻	마름 조	112
조	1급	躁	조급할 조	111
조	1급	阻	막힐 조	241
조	1급	凋	시들 조	395
조	1급	嘲	비웃을 조	193
조	1급	曹	무리 조	428
조	1급	棗	대추 조	213
조	1급	粗	거칠 조	240
조	1급	肇	비롯할 조	521
조	1급	遭	만날 조	428
조	1급	槽	구유 조	428
조	1급	繰	고치켤 조	112
조	1급	糟	지게미 조	428
조	1급	稠	빽빽할 조	395
조	1급	漕	배로실어나를 조	428
조	1급	爪	손톱 조	45
조	1급	眺	볼 조	654
조	특급	蚤	벼룩 조	264
조	특급	俎	도마 조	241
조	특급	澡	씻을 조	112
족	7급	足	발 족	73
족	6급	族	겨레 족	581
족	1급	簇	가는대 족	581
존	4급	尊	높을 존	494
존	4급	存	있을 존	621
졸	5급	卒	마칠 졸	452
졸	3급	拙	서투를 졸	287
졸	1급	猝	갑자기 졸	452
종	5급	種	씨 종	426
종	5급	終	마칠 종	684
종	4급	宗	마루 종	512

종	4급	鍾	쇠북 종	426
종	4급	從	좇을 종	81
종	3급	縱	세로 종	82
종	2급	綜	모을 종	512
종	2급	琮	옥홀 종	512
종	1급	踵	발꿈치 종	426
종	1급	慫	권할 종	81
종	1급	腫	종기 종	426
종	1급	踪	자취 종	512
좌	7급	左	왼 좌	48
좌	4급	座	자리 좌	202
좌	3급	坐	앉을 좌	202
좌	3급	佐	도울 좌	48
좌	1급	挫	꺾을 좌	202
좌	특급	屮	왼 좌	48
죄	5급	罪	허물 죄	322
주	7급	住	살 주	585
주	7급	主	임금/주인 주	585
주	6급	注	부을 주	585
주	6급	晝	낮 주	657
주	5급	週	돌 주	394
주	5급	州	고을 주	216
주	4급	走	달릴 주	70
주	4급	酒	술 주	493
주	4급	朱	붉을 주	209
주	4급	周	두루 주	394
주	3급	柱	기둥 주	585
주	3급	珠	구슬 주	210
주	3급	株	그루 주	210
주	3급	奏	아뢸 주	62
주	3급	洲	물가 주	216
주	3급	鑄	쇠불릴 주	109
주	3급	宙	집 주	527
주	3급	舟	배 주	271
주	2급	駐	머무를 주	585
주	2급	疇	이랑 주	109
주	1급	躊	머뭇거릴 주	109

주	1급	輳	몰려들 주	62
주	1급	誅	벨 주	210
주	1급	做	지을 주	529
주	1급	胄	자손/투구 주	527
주	1급	呪	빌 주	112
주	1급	嗾	부추길 주	581
주	1급	廚	부엌 주	640
주	1급	紂	주임금 주	694
주	1급	紬	명주 주	527
주	1급	註	글뜻풀 주	586
주	특급	炷	심지 주	585
주	특급	壴	악기이름 주	640
주	특급	尌	세울/하인 주	640
죽	4급	竹	대 죽	262
준	4급	準	준할 준	312
준	3급	遵	좇을 준	494
준	3급	俊	준걸 준	458
준	2급	准	비준 준	312
준	2급	駿	준마 준	458
준	2급	濬	깊을 준	139
준	2급	浚	깊게할 준	459
준	2급	晙	밝을 준	459
준	2급	峻	높을/준엄할 준	459
준	2급	埈	높을 준	459
준	1급	竣	마칠 준	458
준	1급	樽	술통 준	494
준	1급	蠢	꾸물거릴 준	682
준	특급	隼	새매 준	312
준	특급	睿	준설할 준/밝을 예	139
준	특급	夋	천천히걷는모양 준	458
중	8급	中	가운데 중	582
중	7급	重	무거울 중	426
중	4급	衆	무리 중	31
중	3급	仲	버금 중	582
즉	3급	卽	곧 즉	490
즐	1급	櫛	빗 즐	490
즙	1급	葺	기울 즙/집	129

즙	1급	汁	즙 즙	673
증	4급	增	더할 증	503
증	4급	證	증거 증	489
증	3급	憎	미울 증	504
증	3급	曾	일찍 증	503
증	3급	症	증세 증	74
증	3급	蒸	찔 증	287
증	3급	贈	줄 증	504
증	특급	烝	찔/뭇 증	287
증	특급	甑	시루 증	503
지	7급	紙	종이 지	153
지	7급	地	땅 지	266
지	5급	知	알 지	544
지	5급	止	그칠 지	65
지	4급	志	뜻 지	66
지	4급	指	가리킬 지	175
지	4급	支	지탱할 지	54
지	4급	至	이를 지	546
지	4급	持	가질 지	75
지	4급	智	슬기/지혜 지	544
지	4급	誌	기록할 지	66
지	3급	之	갈 지	70
지	3급	池	못 지	266
지	3급	枝	가지 지	54
지	3급	只	다만 지	308
지	3급	遲	더딜/늦을 지	332
지	2급	脂	기름 지	175
지	2급	旨	뜻 지	174
지	2급	芝	지초 지	70
지	2급	址	터 지	66
지	1급	咫	여덟치 지	308
지	1급	摯	잡을 지	601
지	1급	枳	탱자 지/기	308
지	1급	祉	복 지	66
지	1급	肢	팔다리 지	54
직	7급	直	곧을 직	123
직	4급	職	직분 직	651

직	4급	織	짤 직	651
직	2급	稷	피 직	406
직	2급	稙	올벼 직	124
진	4급	進	나아갈 진	303
진	4급	眞	참 진	500
진	4급	珍	보배 진	245
진	4급	盡	다할 진	659
진	4급	陣	진칠 진	196
진	3급	陳	베풀 진/묵을 진	196
진	3급	震	우레 진	170
진	3급	鎭	진압할 진	500
진	3급	辰	별 진/때 신	169
진	3급	振	떨칠 진	170
진	2급	診	진찰할 진	245
진	2급	津	나루 진	657
진	2급	塵	티끌 진	326
진	2급	秦	성씨 진	704
진	2급	晋	진나라 진	698
진	1급	嗔	성낼 진	500
진	1급	疹	마마 진	245
진	특급	賑	진휼 진	170
진	특급	㐱	숱많고 검을 진	244
질	5급	質	바탕 질	371
질	3급	疾	병 질	545
질	3급	秩	차례 질	44
질	3급	姪	조카 질	546
질	2급	窒	막힐 질	546
질	1급	帙	책권차례 질	44
질	1급	桎	차꼬 질	546
질	1급	膣	음도 질	546
질	1급	叱	꾸짖을 질	671
질	1급	跌	거꾸러질 질	44
질	1급	迭	갈마들 질	44
질	1급	嫉	미워할 질	545
짐	1급	朕	나 짐	587
짐	1급	斟	짐작할 짐	119
집	6급	集	모을 집	307

집	3급	執	잡을 집	601
집	2급	輯	모을 집	129
집	특급	咠	귓속말할 집	129
집	특급	鏶	판금 집	307
집	특급	潗	샘솟을 집	307
집	특급	亼	삼합 집	375
징	3급	徵	부를 징	643
징	3급	懲	징계할 징	643
징	1급	澄	맑을 징	489
		ㅊ		
차	3급	茶	차 차/다	261
차	4급	次	버금 차	115
차	4급	差	다를 차	48
차	3급	此	이 차	29
차	3급	借	빌/빌릴 차	183
차	3급	且	또 차	240
차	2급	遮	가릴 차	370
차	1급	叉	깍지낄 차	47
차	1급	嗟	탄식할 차	48
차	1급	蹉	미끄러질 차	49
착	5급	着	붙을 착/나타날 저	408
착	3급	錯	어긋날 착	183
착	3급	捉	잡을 착	73
착	1급	搾	짤 착	176
착	1급	窄	좁을 착	175
착	1급	鑿	뚫을 착	167
착	특급	辵	쉬엄쉬엄갈 착	83
착	특급	丵	무성할 착	167
찬	4급	讚	기릴 찬	500
찬	3급	贊	도울 찬	499
찬	2급	餐	밥 찬	139
찬	2급	瓚	옥잔 찬	500
찬	2급	鑽	뚫을 찬	500
찬	2급	璨	옥빛 찬	139
찬	2급	燦	빛날 찬	139
찬	1급	撰	지을 찬	232
찬	1급	纂	모을 찬	263

찬	1급	饌	반찬 찬	232
찬	1급	簒	빼앗을 찬	263
찬	특급	粲	정미 찬	139
찰	4급	察	살필 찰	237
찰	2급	刹	절 찰	685
찰	2급	札	편지 찰	163
찰	1급	擦	문지를 찰	237
참	5급	參	참여할 참/석 삼	668
참	3급	慙	부끄러울 참	577
참	3급	慘	참혹할 참	668
참	2급	斬	벨 참	577
참	1급	塹	구덩이 참	577
참	1급	站	역마을 참	653
참	1급	僭	주제넘을 참	116
참	1급	懺	뉘우칠 참	560
참	1급	讒	참소할 참	348
참	1급	讖	예언 참	560
참	특급	毚	약은토끼 참	348
참	특급	朁	일찍이 참	116
참	특급	譖	참소할 참	116
창	6급	窓	창 창	525
창	5급	唱	부를 창	187
창	4급	創	비롯할 창	359
창	3급	昌	창성할 창	186
창	3급	蒼	푸를 창	359
창	3급	倉	곳집 창	359
창	3급	暢	화창할 창	233
창	2급	滄	큰바다 창	359
창	2급	彰	드러날 창	598
창	2급	敞	시원할 창	516
창	2급	昶	해길 창	84
창	1급	槍	창 창	359
창	1급	脹	부을 창	104
창	1급	娼	창녀 창	187
창	1급	猖	미쳐날뛸 창	187
창	1급	廠	헛간 창	516
창	1급	瘡	부스럼 창	359

창	1급	倡	광대 창	187
창	1급	艙	부두 창	359
창	1급	菖	창포 창	187
창	1급	愴	슬플 창	359
창	1급	漲	넘칠 창	104
창	특급	鬯	울창주 창	504
창	특급	刅	비롯할 창	172
창	특급	囪	창 창/바쁠 총	525
채	4급	採	캘 채	255
채	3급	債	빚 채	214
채	3급	彩	채색 채	255
채	3급	菜	나물 채	255
채	2급	埰	사패지 채	255
채	2급	采	풍채 채	255
채	2급	蔡	성씨 채	236
채	1급	寨	목책 채	513
채	특급	蠆	전갈 채	674
책	5급	責	꾸짖을 책/빚 채	213
책	4급	冊	책 책	661
책	3급	策	꾀 책	213
책	1급	柵	울타리 책	661
처	4급	處	곳 처	533
처	3급	妻	아내 처	591
처	2급	悽	슬퍼할 처	591
처	1급	凄	쓸쓸할 처	591
척	3급	尺	자 척	611
척	3급	戚	친척 척	616
척	3급	拓	넓힐 척	144
척	3급	斥	물리칠 척	24
척	2급	隻	외짝 척	307
척	2급	陟	오를 척	67
척	1급	瘠	여윌 척	300
척	1급	滌	씻을 척	54
척	1급	脊	등마루 척	299
척	1급	擲	던질 척	701
척	특급	彳	조금걸을 척	81
천	7급	千	일천 천	673

천	7급	天	하늘 천	185
천	7급	川	내 천	215
천	4급	泉	샘 천	218
천	3급	踐	밟을 천	561
천	3급	賤	천할 천	561
천	3급	淺	얕을 천	561
천	3급	遷	옮길 천	681
천	3급	薦	천거할 천	328
천	2급	釧	팔찌 천	215
천	1급	闡	밝힐 천	293
천	1급	穿	뚫을 천	132
천	1급	擅	멋대로할 천	189
천	1급	喘	숨찰 천	169
천	특급	舛	어그러질 천	79
천	특급	阡	두렁 천	673
철	5급	鐵	쇠 철	563
철	3급	哲	밝을 철	373
철	3급	徹	통할 철	502
철	2급	撤	거둘 철	502
철	2급	澈	맑을 철	502
철	2급	喆	밝을/쌍길 철	373
철	1급	轍	바퀴자국 철	502
철	1급	綴	엮을 철	437
철	1급	凸	볼록할 철	384
철	특급	戜	구렁말 철	563
첨	3급	尖	뾰족할 첨	202
첨	3급	添	더할 첨	186
첨	2급	瞻	볼 첨	369
첨	1급	籤	제비(점대) 첨	560
첨	1급	僉	다/여러 첨	380
첨	1급	諂	아첨할 첨	286
첨	특급	詹	이를 첨/넉넉할 담	368
첨	특급	忝	욕될 첨	185
첨	특급	韱	다할 첨	560
첩	3급	妾	첩 첩	597
첩	2급	諜	염탐할 첩	214
첩	1급	帖	문서 첩	652

첩	1급	貼	붙일 첩	652
첩	1급	疊	거듭 첩	187
첩	1급	牒	편지 첩	214
첩	1급	捷	빠를 첩	69
첩	특급	疌	빠를 첩	69
청	8급	青	푸를 청	389
청	6급	清	맑을 청	389
청	4급	請	청할 청	389
청	4급	聽	들을 청	130
청	4급	廳	관청 청	130
청	3급	晴	갤 청	389
청	특급	鯖	청어 청	389
체	6급	體	몸 체	463
체	3급	滯	막힐 체	249
체	3급	遞	갈마들 체	345
체	3급	逮	잡을 체	593
체	3급	替	바꿀 체/참담할 참	19
체	2급	締	맺을 체	589
체	1급	涕	눈물 체	614
체	1급	諦	살필 체/울 제	588
체	특급	禘	제사 체	589
체	특급	蒂	꼭지 체	589
초	7급	草	풀 초	160
초	5급	初	처음 초	171
초	4급	招	부를 초	356
초	3급	超	뛰어넘을 초	356
초	3급	肖	닮을 초/작을 소	203
초	3급	礎	주춧돌 초	698
초	3급	抄	뽑을/베낄 초	204
초	3급	秒	분초 초	204
초	2급	哨	망볼 초	203
초	2급	焦	탈 초	306
초	2급	楚	초나라 초	698
초	1급	貂	담비 초	357
초	1급	礁	암초 초	306
초	1급	硝	화약 초	203
초	1급	憔	파리할 초	306

초	1급	醋	식초 초	493
초	1급	蕉	파초 초	306
초	1급	樵	나무할 초	306
초	1급	梢	나무끝 초	203
초	1급	稍	점점 초	203
초	1급	炒	볶을 초	204
초	특급	艸	풀 초	160
촉	3급	觸	닿을 촉	432
촉	3급	促	재촉할 촉	73
촉	3급	燭	촛불 촉	432
촉	2급	蜀	나라이름 촉	432
촉	4급	續	이을 촉/무리 속	277
촉	1급	囑	부탁할 촉	433
촌	8급	寸	마디 촌	57
촌	7급	村	마을 촌	57
촌	1급	忖	헤아릴 촌	57
총	4급	總	거느릴 총	525
총	4급	銃	총 총	93
총	3급	聰	귀밝을 총	525
총	1급	叢	떨기/모일 총	167
총	1급	塚	무덤 총	340
총	1급	寵	사랑할 총	351
총	특급	悤	바쁠 총	525
총	특급	冢	무덤 총	340
촬	1급	撮	모을/사진찍을 촬	591
최	5급	最	가장 최	590
최	3급	催	재촉할 최	303
최	2급	崔	높을 최	303
추	7급	秋	가을 추	683
추	4급	推	밀 추/퇴	302
추	3급	追	쫓을/따를 추	238
추	3급	醜	추할 추	493
추	3급	抽	뽑을 추	527
추	2급	趨	달아날 추/재촉할 촉	42
추	2급	鄒	추나라 추	42
추	2급	楸	가래나무 추	683
추	1급	槌	칠 추/방망이 퇴	238

추	1급	樞	지도리 추	362
추	1급	芻	꼴 추	42
추	1급	墜	떨어질 추	339
추	1급	鰍	미꾸라지 추	683
추	1급	鎚	쇠망치 추	238
추	1급	酋	우두머리 추	493
추	1급	錐	송곳 추	302
추	1급	錘	저울추 추	164
추	1급	椎	쇠몽치/등골 추	302
추	특급	隹	새 추/높을 최	302
추	특급	帚	비 추	540
축	5급	祝	빌 축	231
축	4급	築	쌓을 축	508
축	4급	蓄	모을 축	137
축	4급	縮	줄일 축	538
축	3급	畜	짐승/쌓을 축	137
축	3급	逐	쫓을 축	337
축	3급	丑	소 축	45
축	2급	蹴	찰 축	629
축	2급	軸	굴대 축	528
축	특급	竺	천축 축	262
축	특급	豖	발얽은돼지 축	340
축	특급	筑	쌓을/악기이름 축	508
춘	7급	春	봄 춘	682
춘	2급	椿	참죽나무 춘	682
출	7급	出	날 출	286
출	1급	黜	내칠 출	286
출	특급	朮	차조 출/재주 술	59
충	5급	充	채울 충	93
충	4급	忠	충성 충	583
충	4급	蟲	벌레 충	263
충	3급	衝	찌를 충	426
충	2급	衷	속마음 충	583
충	2급	沖	화할 충	582
충	특급	虫	벌레 충/훼	263
췌	1급	贅	혹 췌	414
췌	1급	悴	파리할 췌	452
췌	1급	膵	췌장 췌	452
췌	1급	萃	모을 췌	452
취	4급	取	가질 취	590
취	4급	就	나아갈 취	628
취	4급	趣	뜻 취/재촉할 촉	590
취	3급	吹	불 취	115
취	3급	醉	취할 취	493
취	3급	臭	냄새 취	324
취	2급	炊	불땔 취	115
취	2급	聚	모을 취	590
취	1급	娶	장가들 취	590
취	1급	翠	푸를/물총새 취	452
취	1급	脆	연할 취	368
측	4급	測	헤아릴 측	498
측	3급	側	곁 측	498
측	1급	惻	슬플 측	498
층	4급	層	층 층	504
치	5급	致	이를 치	547
치	4급	治	다스릴 치	479
치	4급	置	둘 치	124
치	4급	齒	이 치	131
치	3급	値	값 치	124
치	3급	恥	부끄러울 치	128
치	3급	稚	어릴 치	302
치	2급	峙	언덕 치	75
치	2급	雉	꿩 치	544
치	1급	幟	기 치	651
치	1급	嗤	비웃을 치	264
치	1급	痔	치질 치	75
치	1급	侈	사치할 치	301
치	1급	熾	성할 치	651
치	1급	癡	어리석을 치	118
치	1급	緻	빽빽할 치	547
치	1급	馳	달릴 치	266
치	특급	蚩	어리석을 치	264
치	특급	夂	뒤져서올 치	76
치	특급	豸	벌레 치/해태 태	342

태	1급	苔	이끼 태	479
태	1급	跆	밟을 태	479
태	1급	汰	일 태	16
택	5급	宅	집 택/댁 댁	155
택	4급	擇	가릴 택	574
택	3급	澤	못 택	574
탱	1급	撑	버틸 탱	515
터	1급	攄	펼 터	344
토	8급	土	흙 토	200
토	4급	討	칠 토	637
토	3급	吐	토할 토	200
토	3급	兔	토끼 토	348
통	6급	通	통할 통	363
통	4급	統	거느릴 통	93
통	4급	痛	아플 통	363
통	1급	慟	서러워할 통	427
통	1급	桶	통 통	363
통	1급	筒	통 통	477
퇴	4급	退	물러날 퇴	126
퇴	1급	頹	무너질 퇴	401
퇴	1급	堆	쌓을 퇴	303
퇴	1급	褪	바랠 퇴	126
퇴	1급	腿	넓적다리 퇴	126
투	4급	投	던질 투	52
투	4급	鬪	싸움 투	584
투	3급	透	사무칠 투	400
투	1급	套	씌울 투	104
투	1급	妬	샘낼 투	519
투	특급	鬥	싸움 투/두	584
특	6급	特	특별할 특	76
특	1급	慝	사특할 특	92
ㅍ				
파	4급	波	물결 파	245
파	4급	破	깨뜨릴 파	246
파	4급	派	갈래 파	84
파	3급	播	뿌릴 파	465
파	3급	把	잡을 파	38

파	3급	罷	마칠 파/고달플 피	350
파	3급	頗	자못 파	246
파	2급	坡	언덕 파	246
파	1급	巴	꼬리 파	37
파	1급	爬	긁을 파	38
파	1급	琶	비파 파	645
파	1급	芭	파초 파	38
파	1급	跛	절름발이 파/비스듬히설 피	246
파	1급	婆	할미 파/사바세상 바	246
파	특급	𠂢	갈래 파	84
판	5급	板	널 판	367
판	4급	判	판단할 판	332
판	3급	版	판목 판	367
판	3급	販	장사할 판	367
판	2급	阪	언덕 판	367
판	1급	辦	힘들일 판	595
팔	8급	八	여덟 팔	671
패	5급	敗	패할 패	275
패	3급	貝	조개 패	275
패	2급	霸	으뜸 패	246
패	1급	沛	비쏟아질 패	236
패	1급	牌	패 패	159
패	1급	悖	거스를 패	101
패	1급	唄	염불소리 패	275
패	1급	佩	찰 패	475
패	1급	稗	피 패	159
패	특급	覇	으뜸 패	246
패	특급	孛	살별 패/안색변할 발	100
패	특급	䩻	으뜸 패	246
팽	2급	彭	성씨/부풀 팽	641
팽	1급	膨	불을 팽	641
팽	1급	澎	물소리 팽	641
팽	특급	烹	삶을 팽	626
퍅	1급	愎	강퍅할 퍅	630
편	7급	便	편할 편/똥오줌 변	281
편	4급	篇	책 편	662

필	5급	筆	붓 필	657
필	3급	畢	마칠 필	470
필	3급	匹	짝 필	371
필	2급	弼	도울 필	539
필	1급	疋	짝 필/발 소	72
필	특급	佖	점잖을 필	615
필	특급	縪	묶을 필	470
핍	1급	逼	핍박할 필	495
핍	1급	乏	모자랄 핍	71
ㅎ				
하	7급	下	아래 하	680
하	7급	夏	여름 하	683
하	5급	河	물 하	416
하	3급	荷	멜 하	416
하	3급	賀	하례할 하	181
하	3급	何	어찌 하	416
하	1급	霞	노을 하	374
하	1급	遐	멀 하	373
하	1급	蝦	두꺼비/새우 하	373
하	1급	瑕	허물 하	374
학	8급	學	배울 학	666
학	3급	鶴	학 학	311
학	2급	虐	모질 학	345
학	1급	壑	구렁 학	140
학	1급	謔	희롱할 학	345
학	1급	瘧	학질 학	345
학	특급	隺	두루미 학	310
한	8급	韓	나라 한	703
한	7급	漢	한수/한나라 한	705
한	5급	寒	찰 한	510
한	4급	限	한할 한	125
한	4급	閑	한가할 한	522
한	4급	恨	한 한	125
한	3급	汗	땀 한	572
한	3급	旱	가물 한	572
한	2급	翰	날개 한	194
한	2급	邯	땅이름 한/감	119

한	1급	罕	드물 한	572
한	1급	悍	사나울 한	572
한	1급	澣	빨래할 한	194
한	특급	閒	한가할 한	522
할	3급	割	벨 할	364
할	1급	轄	다스릴/비녀장 할	364
함	3급	含	머금을 함	296
함	3급	陷	빠질 함	286
함	3급	咸	다 함/덜 감	570
함	2급	艦	큰 배 함	485
함	1급	緘	봉할 함	570
함	1급	涵	젖을 함	549
함	1급	檻	난간 함	485
함	1급	喊	소리칠 함	570
함	1급	函	함 함	549
함	1급	銜	재갈 함	80
함	1급	鹹	짤 함	570
함	특급	臽	함정 함	286
합	6급	合	합할 합	357
합	1급	盒	합 합	358
합	1급	蛤	조개 합	358
합	특급	盍	덮을 합	484
항	4급	航	배 항	603
항	4급	港	항구 항	61
항	4급	抗	겨룰 항	603
항	3급	恒	항상 항	189
항	3급	項	항목 항	507
항	3급	巷	거리 항	61
항	2급	沆	넓을 항	603
항	2급	亢	높을 항	603
항	1급	缸	항아리 항	507
항	1급	肛	항문 항	507
해	7급	海	바다 해	90
해	5급	害	해할 해	364
해	4급	解	풀 해	330
해	3급	亥	돼지 해	341
해	3급	奚	어찌 해	592

해	3급	該	갖출/마땅 해	341
해	1급	諧	화할 해	261
해	1급	骸	뼈 해	341
해	1급	楷	본보기 해	261
해	1급	偕	함께 해	261
해	1급	駭	놀랄 해	341
해	1급	懈	게으를 해	330
해	1급	咳	기침 해	341
해	1급	邂	우연히만날 해	330
핵	4급	核	씨 핵	341
핵	1급	劾	꾸짖을 핵/힘쓸 해	341
행	6급	幸	다행 행	600
행	6급	行	다닐 행/항렬 항	80
행	2급	杏	살구 행	257
행	특급	倖	요행 행	600
향	6급	向	향할 향	514
향	4급	鄕	시골 향	491
향	4급	香	향기 향	399
향	3급	響	울릴 향	492
향	3급	享	누릴 향	627
향	1급	嚮	향할 향	492
향	1급	饗	잔치할 향	492
허	5급	許	허락할 허	473
허	4급	虛	빌 허	344
허	1급	噓	불 허	344
허	1급	墟	터 허	344
헌	4급	憲	법 헌	364
헌	3급	獻	드릴 헌	502
헌	3급	軒	추녀 헌	572
헐	1급	歇	쉴 헐	178
험	4급	驗	시험 험	380
험	4급	險	험할 험	38
혁	4급	革	가죽 혁	246
혁	2급	爀	불빛 혁	152
혁	2급	赫	빛날 혁	152
현	6급	現	나타날 현	121
현	4급	賢	어질 현	604

현	4급	顯	나타날 현	438
현	3급	玄	검을 현	435
현	3급	絃	줄 현	435
현	3급	縣	고을/매달 현	223
현	2급	弦	시위 현	435
현	2급	峴	고개 현	121
현	2급	鉉	솥귀 현	435
현	2급	炫	밝을 현	435
현	1급	衒	자랑할 현	435
현	1급	眩	어지러울 현	435
현	1급	絢	무늬 현	676
현	특급	㬎	드러낼 현	438
현	특급	臤	어질 현/굳을 간	604
혈	4급	血	피 혈	483
혈	3급	穴	굴 혈	365
혈	특급	頁	머리 혈	224
혈	특급	絜	잴 혈/깨끗할 결	650
혈	특급	旻	눈짓할 혈/혁	121
혐	3급	嫌	싫어할 혐	402
협	4급	協	화합할 협	180
협	3급	脅	위협할 협	180
협	2급	峽	골짜기 협	22
협	2급	陜	좁을 협/땅이름 합	22
협	1급	俠	의기로울 협	22
협	1급	挾	낄 협	22
협	1급	狹	좁을 협	22
협	1급	頰	뺨 협	22
협	특급	夾	낄 협	22
협	특급	劦	합할 협	180
형	8급	兄	형 형	112
형	6급	形	모양 형	389
형	4급	刑	형벌 형	388
형	3급	衡	저울대 형/가로 횡	333
형	3급	亨	형통할 형	626
형	3급	螢	반딧불 형	150
형	2급	型	모형/거푸집 형	389
형	2급	馨	향기로울 형	647

화	2급	靴	신 화	31
화	2급	樺	벚나무/자작나무 화	165
화	2급	嬅	탐스러울 화	165
확	4급	確	굳을 확	311
확	3급	穫	거둘 확	313
확	3급	擴	넓힐 확	455
확	특급	雈	부엉이 확	313
환	5급	患	근심 환	301
환	4급	歡	기쁠 환	314
환	4급	環	고리 환	451
환	3급	還	돌아올 환	451
환	3급	換	바꿀 환	95
환	3급	丸	둥글 환	32
환	2급	幻	헛보일 환	447
환	2급	煥	빛날 환	95
환	2급	桓	굳셀 환	189
환	1급	宦	벼슬 환	604
환	1급	鰥	환어/홀아비 환	123
환	1급	喚	부를 환	95
환	1급	驩	기뻐할 환	314
환	특급	奐	빛날 환	95
환	특급	萈	산양 환	337
활	7급	活	살 활	120
활	2급	滑	미끄러울 활	141
활	1급	猾	교활할 활	141
활	1급	闊	넓을 활	120
황	6급	黃	누를 황	454
황	4급	況	상황 황	113
황	3급	皇	임금 황	586
황	3급	荒	거칠 황	177
황	2급	晃	밝을 황	147
황	2급	滉	깊을 황	147
황	1급	煌	빛날 황	586
황	1급	徨	헤맬 황	586
황	1급	遑	급할 황	586
황	1급	恍	황홀할 황	147
황	1급	慌	어리둥절할 황	177

황	1급	凰	봉황 황	586
황	1급	惶	두려울 황	586
황	특급	璜	패옥 황	454
회	6급	會	모일 회	360
회	4급	回	돌아올 회	222
회	4급	灰	재 회	49
회	3급	懷	품을 회	123
회	3급	悔	뉘우칠 회	90
회	2급	廻	돌 회	222
회	2급	淮	물이름 회	303
회	2급	檜	전나무 회	360
회	1급	賄	재물/뇌물 회	275
회	1급	誨	가르칠 회	91
회	1급	蛔	회충 회	222
회	1급	膾	회 회	360
회	1급	繪	그림 회	360
회	1급	晦	그믐 회	90
회	1급	徊	머뭇거릴 회	222
회	1급	恢	넓을 회	49
획	3급	獲	얻을 획	313
획	3급	劃	그을 획	658
횡	3급	橫	가로 횡	454
효	7급	孝	효도 효	108
효	5급	效	본받을 효	27
효	3급	曉	새벽 효	691
효	1급	嚆	울릴 효	622
효	1급	爻	사귈/가로그을 효	665
효	1급	酵	삭힐 효	108
효	1급	哮	성낼 효	108
후	7급	後	뒤 후	81
후	4급	厚	두터울 후	505
후	4급	候	기후/시중들 후	549
후	3급	侯	제후/과녁 후	549
후	2급	喉	목구멍 후	549
후	2급	后	임금/왕후 후	355
후	1급	逅	만날 후	355
후	1급	朽	썩을 후	105

후	1급	嗅	맡을 후	324
후	1급	吼	울부짖을 후	100
훈	6급	訓	가르칠 훈	636
훈	2급	勳	공 훈	600
훈	2급	熏	불길 훈	600
훈	2급	薰	향풀 훈	600
훈	2급	壎	질나팔 훈	600
훈	1급	暈	무리 훈/어지러울 운	578
훤	1급	喧	지껄일 훤	190
훼	3급	毁	헐 훼	471
훼	1급	喙	부리 훼	338
훼	1급	卉	풀 훼	160
휘	4급	揮	휘두를 휘	578
휘	3급	輝	빛날 휘	578
휘	2급	徽	아름다울 휘	643
휘	1급	麾	기 휘	251
휘	1급	彙	무리 휘	137
휘	1급	諱	숨길/꺼릴 휘	80
휴	7급	休	쉴 휴	206
휴	3급	携	이끌 휴	308
휴	2급	烋	아름다울 휴	206
휴	특급	畦	밭이랑 휴/규	607
휼	1급	恤	불쌍할 휼	483
흉	5급	凶	흉할 흉	285
흉	3급	胸	가슴 흉	285
흉	2급	匈	오랑캐 흉	285
흉	1급	兇	흉악할 흉	285
흉	1급	洶	용솟음칠 흉	285
흑	5급	黑	검을 흑	599
흔	1급	欣	기쁠 흔	372
흔	1급	痕	흔적 흔	125
흠	2급	欽	공경할 흠	114
흠	1급	歆	흠향할 흠	114
흠	1급	欠	하품 흠	114
흡	4급	吸	마실 흡	56
흡	1급	洽	흡족할 흡	358
흡	1급	恰	흡사할 흡	358
흥	4급	興	흥할 흥	478
희	4급	希	바랄 희	449
희	4급	喜	기쁠 희	641
희	3급	稀	드물 희	449
희	3급	戱	놀이 희	487
희	2급	熙	빛날 희	604
희	2급	姬	계집 희	604
희	2급	噫	한숨쉴 희	638
희	2급	熹	빛날 희	641
희	2급	憙	기뻐할 희	641
희	2급	嬉	아름다울 희	641
희	2급	羲	복희 희	567
희	2급	禧	복 희	642
희	1급	犧	희생 희	567
희	특급	囍	쌍희 희	642
희	특급	戲	놀이 희	487
희	특급	虛	그릇 희	487
희	특급	呬	쉴 희	669
힐	1급	詰	꾸짖을 힐	462